Circulus articus:
Jherusalem:
Tropicus cācri:
Os montes claros em africa
Linha equinocialis:
Mare barbaricus:
Mare prasodum
Janissaire d'Alger

THiNKr
新思

新一代人的思想

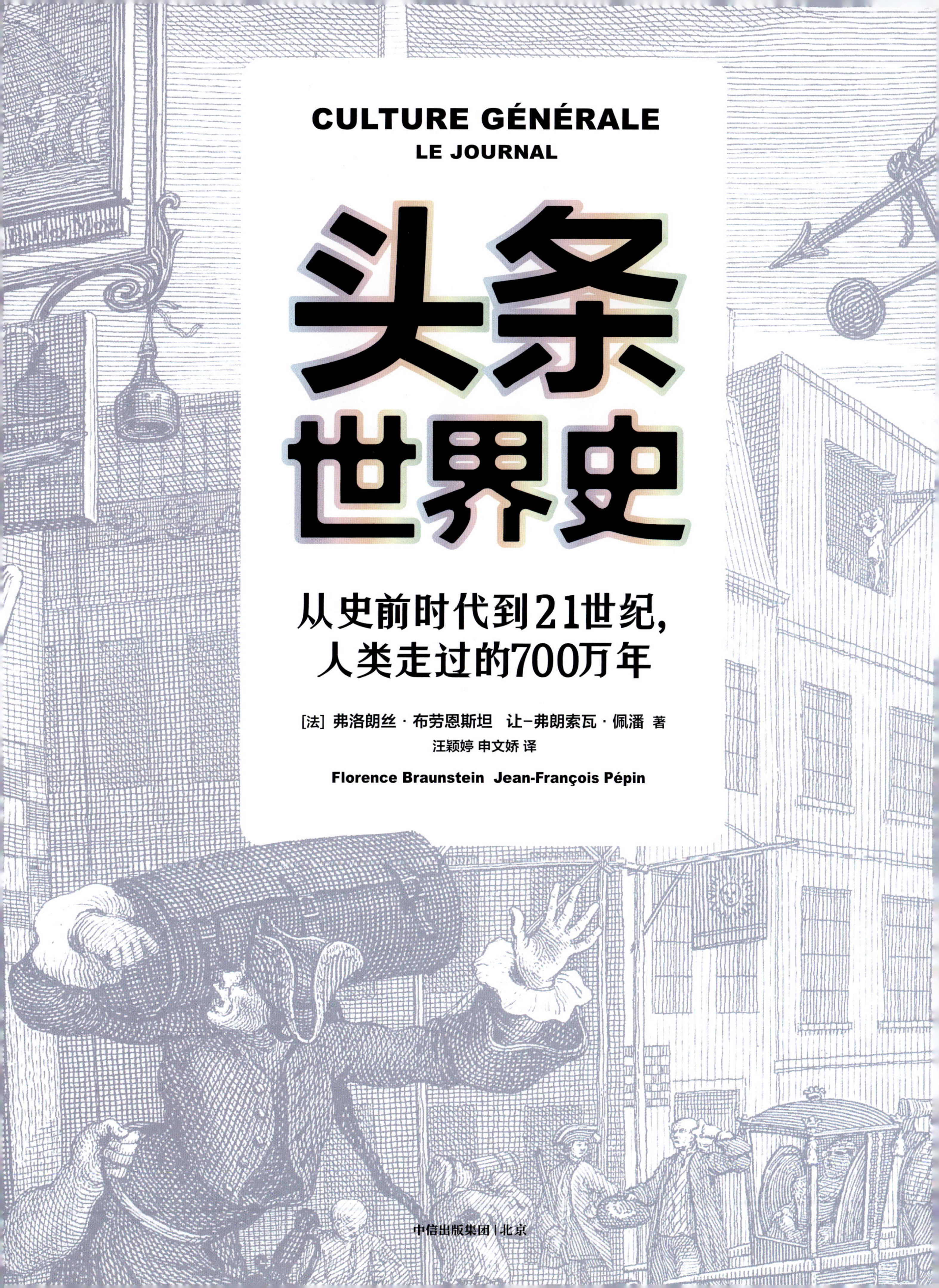

CULTURE GÉNÉRALE
LE JOURNAL

头条世界史

从史前时代到21世纪，人类走过的700万年

[法] 弗洛朗丝·布劳恩斯坦　让-弗朗索瓦·佩潘 著
汪颖婷 申文娇 译

Florence Braunstein Jean-François Pépin

中信出版集团 | 北京

图书在版编目（CIP）数据

头条世界史 /（法）弗洛朗丝·布劳恩斯坦，（法）让-弗朗索瓦·佩潘著；汪颖婷，申文娇译. — 北京：中信出版社，2023.4（2024.10 重印）
ISBN 978-7-5217-5224-3

I. ①头… II. ①弗… ②让… ③汪… ④申… III. ①世界史－史料 IV. ① K106

中国国家版本馆 CIP 数据核字 (2023) 第 023893 号

头条世界史
著者：［法］弗洛朗丝·布劳恩斯坦 ［法］让-弗朗索瓦·佩潘
译者：汪颖婷 申文娇
出版发行：中信出版集团股份有限公司
（北京市朝阳区东三环北路 27 号嘉铭中心 邮编 100020）
承印者：北京盛通印刷股份有限公司

开本：787mm×1092mm 1/16　印张：37　字数：595 千字
版次：2023 年 4 月第 1 版　印次：2024 年 10 月第 6 次印刷
京权图字：01-2022-7009　书号：ISBN 978-7-5217-5224-3
审图号：GS（2023）239 号
定价：298.00 元

服务热线：400-600-8099
投稿邮箱：author@citicpub.com

目录

致读者

早晨的一份报纸，跟桌上的咖啡和面包片一样，标志着一天的开始。日报用清晰明朗的格式，为读者奉上简洁明了的信息和每日值得关注的事件，读者可随心选择阅读顺序。日报不仅是一种获取信息的工具，也可以是一场真正的演出、竞技比赛、马戏表演、学术论坛，以及一扇打开新视角的窗户。

每个人都可以在政治、经济、社会版块，或广告栏和天气预报里搜寻大新闻，仿佛以此便拥有了无边的世界，一眼尽览天下事，即使是远在天边的事。

创作这本《头条世界史》时，我们想象的画面就是一位充满好奇心的读者，一个专栏一个专栏地翻阅，读有所得时兴奋不已。我们想在书中给读者提供一系列的小线索，由读者将这些线索根据自己的阅读串联起来。

您手中的这本《头条世界史》希望成为与历史中至诚之人的一场对话，一种让人们得以暂时抽离自己日常生活的途径，去打破孤独。伊西多尔 20 卷的百科全书《语源》成为 7 世纪最畅销的著作之一，我们怎能不为之惊叹呢？而 5 个世纪后，几乎所有人都在哼唱游吟诗人马卡布鲁的流行歌曲《洗衣歌》！

在任何年代，任何一块大陆上，我们都面对同样的命题：爱、死亡、战争、幸福。我们不想仅仅谈论历史文化中最重大的议题，这些主题很多作品早已涉及。我们顺着时代脉络，展现日常生活中最平凡普通的事件，既有圣贤事迹也有百姓生活，通过它们来窥见整个文化。

比如怎样在中世纪保持清洁卫生？洗澡贵得很：根据巴黎市

长规定的价格，蒸汽浴 2 块银币，温水浴得 4 块银币。本书中的时尚专栏将揭露美人的秘密，18 世纪的女人会叫道："我只要罗丝·贝尔坦设计的帽子，其他的都不戴。"这是一个注重美发的时代，女人的头发都梳得高高的，连门框都很难走过去。

这本书将带领我们走进各个时代，和那个时代的人共同感受时代的脉搏、时代的希望和发生在那个时代的事件，这就是这本新鲜有趣的《头条世界史》的初衷。无论是当时最重大的历史事件还是微不足道的琐碎小事，您都可以随心阅读。您可以跟克里斯托弗·哥伦布一起乘风破浪，行至世界尽头。人们经常提到奇特的巴比伦空中花园，那您知道图特摩斯三世的那座有 400 多种动植物的"植物园"吗？

总之，在阅读的过程中，您会学到如何理解我们的世界并更好地掌握未来，正如一份日报为您提供每日资讯让您可以更好地为明天做准备。

现在轮到您去文章中徜徉，愉快地在时代间穿梭，最终收获惊喜和学习带来的持久快乐了。

弗洛朗丝·布劳恩斯坦

让-弗朗索瓦·佩潘

露西

史前时代

◆ 社会

图迈、图根原人、阿尔迪、露西：

热带草原上昂首阔步的原始人

只有图迈适合我

-700万年

乍得·图迈是人类最早的祖先之一。人们在乍得的朱拉卜沙漠发现了他的踪迹。

图迈属于乍得沙赫人——或许是人科最早的代表。

图迈是非洲草原里迎风行走的两足动物？身材高挑，体重35千克，标准模特身材，这位贵公子居住在湖畔森林里。

他360毫升的脑容量与黑猩猩的相当，但臼齿和前臼齿的形态，以及严重后倾的枕骨，使他看起来更像人族分支的成员。

图根原人的曙光

-600万年

肯尼亚·图根原人的股骨会说话！告诉大家他们像两足动物，栖息于树上。1.15米到1.25米的个头，能爬善走，图根原人在肯尼亚的图根山丘里闲庭信步。他拥有独特的形态，比起人类更像是南方古猿。一言以蔽之，图根原人虽不完全是两足动物，但偶尔也能直立行走。

勇敢的阿尔迪

-440万年

埃塞俄比亚·我们很难知道美丽的始祖地猿阿尔迪是不是两足动物。她住在森林里，经常用四肢行走，想要让她长距离直立行走好像有些困难。她不像黑猩猩那样适应树栖生活，不能悬挂在树枝上，她的脑容量有450毫升，也和黑猩猩的不同。

露西“在树上”

-318万年

埃塞俄比亚·小露西的形态极为特别：身高1.1米，体重25千克，脑容量400毫升。露西在某些方面跟她的祖先阿尔迪很像，属于阿法南方古猿。据说露西生活在埃塞俄比亚东北部的哈达尔地区，走起路来婀娜多姿，喜好攀缘。但也正是她的这一爱好害她从13.7米高的树干，相当于四层楼高的房子上，以大约60千米/时的速度坠落，命丧黄泉。

◆ 自然

“宠物托管”：这个夏天

我们的动物朋友无人看管可怎么办？

-200万年 世界·“暑假”临近，我们那些长着茸毛、背着甲壳的小伙伴可怎么办呀？大自然为哺乳动物（如非洲象，马属动物和牛属动物）提供了良好的生存环境，使得猛犸和重 300 千克的猫科动物剑齿虎这样的大型生物得以诞生。绵延至阿尔卑斯山南坡的冻原上还出现过驯鹿和洞穴熊。间冰期生长的植物也和我们熟悉的那些长叶子的树和长花的植物并无二致。冰期，森林向南部退缩，回暖期，森林又重回北方。冰期末段将见证一场真正的动物大屠杀，大型哺乳动物消失殆尽。少数存活下来的只有大象、犀牛、美洲野牛，以及非洲和亚洲的长颈鹿。

小贴士

失物招领处

寻找远古器具的主人

-330万年·我们在肯尼亚洛迈奎地区发现了这些人工雕磨过的石块，它们体积巨大、极其简陋、经过压裂处理。而人属物种能人直到公元前280万年才出现，因此这些石器引出了一个严肃的问题。也许在能人出现之前还有一个人属物种，他们在能人出现的50万年前就已经存在，他们还会制造工具。也许就是这样！

旅行

为您定制的
专属攻略

-190万年

法国·我们向您推荐位于奥弗涅地区的希拉克镇，在这里能看到非同寻常的动物骸骨和经过打磨甚至是雕刻过的石块，这在当时极为罕见。一条附近布满泥沼的河流吸引各种大型哺乳动物在此栖息，如南方猛犸、乳齿象、鹿、瞪羚、熊、鬣狗……您可在此美餐一顿，这里也是周末猎奇的理想之地。

旅行

为您定制的
专属攻略

-90万年

法国·两星推荐瓦隆内洞穴，该洞穴已被占据10万年。这是欧洲最古老的岩洞居所，位于瓦隆内河谷110米高处，邻近罗克布吕讷-卡普马丹。洞穴里经过原始雕磨的器具与动物的骸骨发现于相同的位置，表明当时存在各种动物：鬣狗、欧美洲豹、熊、野牛、鹿……

奇闻逸事

南方古猿去哪儿了？

-200万年

非洲·南方古猿怎么了？

老实说，我们知之甚少。导致南方古猿消失的罪魁祸首可能是气候。气候太干燥，非洲大地逐渐干旱。

森林越来越少，他们也许难以快速适应，在危急时刻也无法躲到高处。

一些不同种的南方古猿通过传宗接代或跨种交配，出现了新属种：傍人、能人或直立人。

谁最终能幸存下来呢？

天气预报

-240万年·冰盖正在形成，得穿件毛衣了。现在正是把驯鹿带出去遛弯儿的好时候，它一定会喜欢的。

快讯

-180万年

能人也可能会得风湿病和关节病。

•

-80万年

最近，有5个人造访了英国东海岸诺福克郡的黑斯堡。我们之所以知道，是因为现场留有他们雕磨过的器具和12个清晰、完整的脚印。

•

-78万年

中国周口店著名的猿人，也就是“北京猿人”，可能并不是最早的中国人，因为云南的“元谋人”在此之前应该已存活了100万年。

•

◆ 休闲

野外露营

-180万年

非洲·野外露营自古以来一直存在。选址可定在南非的塔翁、马卡潘斯盖或斯泰克方丹洞穴，抑或是埃塞俄比亚类似的洞穴中，但都不及坦桑尼亚北部的奥杜瓦伊洞穴舒服。那里的原始人露营者用干石块给自己修了一个小围墙，用来挡风，并且向下深挖了很大一部分。他们的露营生活看起来井井有条，我们在附近发现了一堆动物骸骨，一些是他们狩猎的战利品，另一些是食腐后留下的残渣。

◆ 潮流

走路的最佳姿态

-150万年

非洲·能让我们对走路这件事特别关注的只有三个地方：一个在坦桑尼亚的莱托里，那里有南方古猿在公元前370万年留下的脚印；另外两处是最近在肯尼亚发现的。肯尼亚北部发现的脚印显示南方古猿跟我们有同样的行走方式。他们的大脚趾跟其他脚趾类似，足弓很突出，而类人猿的脚趾各不相同，以方便抓住树枝。南方古猿是第一种呈现出跟智人（*Homo sapiens*）相同身材比例的人科动物：他们的手臂比较短，腿比较长。

奇闻逸事

骨头坑

-43万年

西班牙·西班牙北部的阿塔普埃尔卡骨坑从名字上就听得出是一个不同寻常的“骨头坑”。一条河流穿凿成洞，形成了一个14米深的深坑。里面至少有28个人的遗骸，其中的一个无疑是被杀害的，因为他的颅骨有受过重击的迹象。6 800个人骨碎块和200只熊及其他动物的残骨混在一起。

肖像

托塔维尔人的一颗老残齿

-55万年

法国·在东比利牛斯山区的托塔维尔村，阿拉戈洞穴给狩猎采集者提供了一个毫无遮挡的绝佳视野，他们可以在捕猎前从远处观察猎物。在这里生活的人去世前牙齿都会掉光！从最近发现的牙齿残骸的磨损状况可以看出，牙齿主人吃的食物很损伤牙齿，并且他们还把牙齿当作工具，用来嚼皮或切筋。

◆科技

前方高温！

-40万年

世界·我们已在世界多地发现人类用火的印记，虽然我们认为人类可能在更早之前就掌握了用火的技术。

研究人员在中国的周口店就发现了用火点，那里留有堆积的残灰，有些地方可以堆到好几米高，周围还有烧焦的石头和骸骨。在法国，尼斯附近的特拉阿马塔，以及埃罗省吕内勒维耶勒镇的居民也都破解了用火之术。布列塔尼人也不甘落后，从普卢伊内克的默内-德雷冈取火点就可看出他们深谙用火之道。在英国，就得让剑桥附近的比奇斯皮特居民传授他们的生火技术了。此时用火还未普及，好几十万年后火才开始被广泛使用。

那为什么要用火呢？火在很大程度上改变并提高了人类的生活水平。夜晚，我们在小屋里或者洞穴深处用火取暖，我们用火照明让“白昼时间”延长，我们用火驱逐想袭击我们的野生动物。当然，我们还用火烹饪：用来烤赭石、其他石头、骨头和野味，甚至亲爱的邻居，所有东西都可以拿来烤！

技术。生火主要有两种方法。第一种是用燧石敲击，这是一种含铁的石块（比如黄铁），产生的火星引燃引火物，再用干草和小树枝烧火。另一种方法是利用摩擦，这只需要两块木头——但要注意选择干燥的木头，也要注意选择合适的树种。把两块木头互相摩擦能擦出一堆热的木屑，从而产生火炭。

加热燧石的好点子。特拉维夫附近的凯塞姆洞穴将成为一块真正的福地，让大家知道约公元前30万年的人类如何用燧石取火。这些燧石将在用火点附近被发现，还有一些骸骨，显示这些燧石经受过好几小时的炙烤，直到结构发生变化。如此，这些燧石也能通过不断挤压被打造成最美丽的石器，比如透明的“月桂叶状石”。

◆ 建筑

尼安德特人不可思议的建筑

-17.6万年

法国 · 老实说，尼安德特人不断地给我们带来惊喜！我们一开始以为尼安德特人只是会建造一个粗糙的大洞穴，而现在我们惊愕地发现他们竟还会利用地下空间。在阿韦龙河谷谷坡上的希吕尼凯勒镇，在一条近500米长的大长廊里，距离入口约300米处，尼安德特人建造了两个环形建筑，里面有400块并排的石笋。这些石笋排成一条112米长的直线，重达2.2吨。从工程量看，很明显，尼安德特人下过苦功。他们需要深入洞穴，在里面生火（有火点可以证明），他们还切断石笋，然后根据自己的创意把它们排列起来。只是不知道他们为什么这么做……这个地下洞穴直到约公元前4.6万年才再次有人居住。

草原之声

当尼安德特人大便

-6.5万年

欧洲 · 原始人的大便是什么样子的？几个尼安德特人的杰作回答了这个重要问题。他们似乎在法国的拉扎亥洞穴和西班牙的其他几个洞穴，如阿利坎特省附近的埃尔萨尔特洞穴，找到了自己思考人生的角落。而这些如厕点为我们现在了解当时的热门菜品提供了大量信息。这些粪便有可能跨越时代，有朝一日成为学术议题吗？

◆ 科技

怎样制造一把口袋手斧？

-10万年

世界·我们觉得自己什么都不会做的时候会怎样运用我们的十根手指头？找一块大石头或是较圆的鹅卵石，以及一块燧石。用圆形鹅卵石敲击燧石的边缘。一下下地敲，发出声响。这样你们就发现了“重击”技术，这是打造卵石器和其他手斧的核心技术。现在得温柔一点了！拿一根鹿角做的敲击棒，你们可以哐哐当当地做出各种专用工具：刮板、钻头、尖头工具。这就是勒瓦卢瓦-佩雷人的技术，深受莫斯特文化时期的人喜爱：从肾状燧石中打磨出一块乌龟形状的石块后，他们喜欢再把石块切割成精致的石片。时间过得越久，这些石器就越小，数量越多。

快讯

-6.5万年

勇猛的游人刚踏足萨胡尔大陆架（连接新几内亚和澳大利亚的大陆架）。他们将向南方迁移并在这块新土地上定居。

◆ 工艺

多功能瑞士刀

-5万年

法国·这些尼安德特人太聪明了！其中一些好像很早就懂得了骨骼的机械特性。有一个尼安德特人经过勃艮第大区的比宗洞穴时留下了一个厉害的工具，这个工具能在多种场合下使用。它呈鹿股骨的形状，是打磨石块的理想工具，还能用它切开猎物，从里面把骨髓分离出来。还能把它当石刮刀用呢。

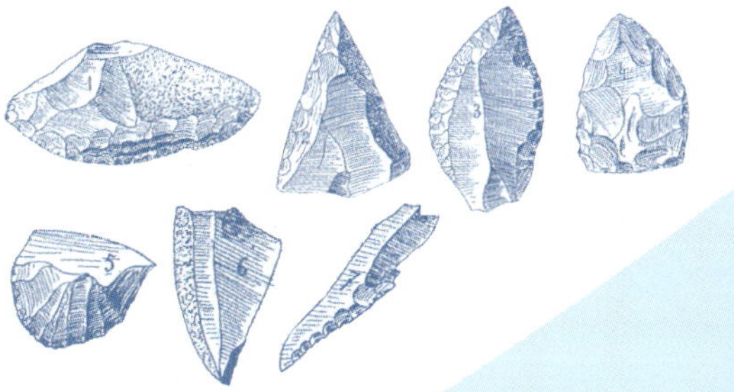

◆ 灾难

多巴火山 -7.3万年 的死亡苏醒

印度尼西亚·苏门答腊岛上，多巴火山的爆发已经超过了两周时间。后果是灾难性的。火山喷发出约 2 800 立方千米的岩浆，火山碎屑流蔓延至周围 20 000 平方千米的区域，大地被一层厚达 100 米到 400 米的由石块、灰烬和熔岩组成的东西覆盖！整个天空暗淡无光，导致气温平均下降了 3 摄氏度，有些地方的气温甚至下降了 16 摄氏度。这次中短期的火山爆发使无数人受害，也对动植物造成了毁灭性的打击。可以说，人类差点就灭绝了。

◆ 美食

开饭!

-4万年

欧洲·尼安德特美食：熟食、生食和腐食。既有生食、熟食，还有腐食。那谁是大厨呢？尼安德特人能烹饪出“腐味”食物吗？驯鹿的胃液让它胃里的地衣和苔藓发酵，从而使它们产生了近似于腌酸菜的味道，“这道菜”应该会大受欢迎！

草原之声

尼安德特人吃人？

尼安德特人会同类相食吗？推测的答案是否定的。一些考古人员在搜索遗迹时发现了奇怪的东西……

-4万年

欧洲·尼安德特人不久前在比利时那慕尔省的戈耶特洞穴留宿过。显然，他们把自己的邻人和土地上的食物混淆了。一些人的残骸上有切割的痕迹，证明这些身体曾被割开，骨头也被刮过，骨髓被挖出来吃，这些就像是动物干的一样。为了避免浪费，幸存者还把同伴的骨头当工具使用。

一个古老的现象。法国食人者的印记最早可追溯到旧石器时代中期，也就是8万年前。在阿尔代什省的博姆·穆拉-盖尔希洞穴里，我们在食物残迹中找到了六个人的残骸（两个成年人、两个青少年和两个孩子），上面还有被石器切割的痕迹。

那克罗马农人呢？克罗马农人每天都会做各式各样的菜，尤其是鱼和肉。还能用一项新的烹饪技术做烟熏三文鱼（当时的捕捞技术得到了发展）。至于肉，驯鹿肉极受欢迎。人们通常趁这些动物年幼的时候宰杀，然后剥取它们的皮，用它们的牙齿做项链，还会用鹿角做标枪和鱼叉。家家户户也都喜欢喝高脂肪的肉汤。想做肉汤，就得把树枝架成三角形，中间撑开一块浸湿的皮，然后不断往里面添加烧烫的鹅卵石；这样里面的肉块就能慢慢地被烫熟。也可以再加几块带骨髓的骨头，真是一顿美餐啊！

健康

医生日志

80% 的北京猿人会在 15 岁之前去世，而在中石器时代，80% 的人在 30 岁之前去世，95% 的人 40 岁之前去世。对克罗马农人来说，62% 的人在 30 岁之前去世，88% 的人在 40 岁之前去世。除了受伤，地球上的早期人类也会生病，还会疼得哇哇叫。

关节病。关节病困扰着坦桑尼亚奥杜瓦伊洞穴的能人和法国多尔多涅的智人。他们因定居生活患上了颈椎病。

脑积水。研究人员在多尔多涅的罗谢雷耶洞穴里发现了一个3岁小孩的头颅，他曾患脑积水。脑前侧的穿孔显示他曾接受穿颅术的治疗，但手术失败后死亡。

畸形牙。东比利牛斯山区的托塔维尔人深受牙齿畸形的困扰：他右侧上牙的第二颗前磨牙的位置是空的，牙槽也长平了，他极可能经历过一次创伤性拔牙。

关节脱位。南非斯泰克方丹的直立人和法国科雷兹省拉沙佩勒奥圣镇的尼安德特人都患有先天性髋关节脱位。

脑膜瘤。法国尼斯附近的拉扎亥洞穴里，我们在一名9岁的尼安德特小孩颅内发现了脑膜瘤的痕迹。

胆固醇。尼安德特人可以把胆固醇转化为粪固醇。如果他们的肠道菌群没有足够的活性，胆固醇能起到调节作用。

胃溃疡。一些非洲智人身上的幽门螺杆菌会引发胃溃疡。

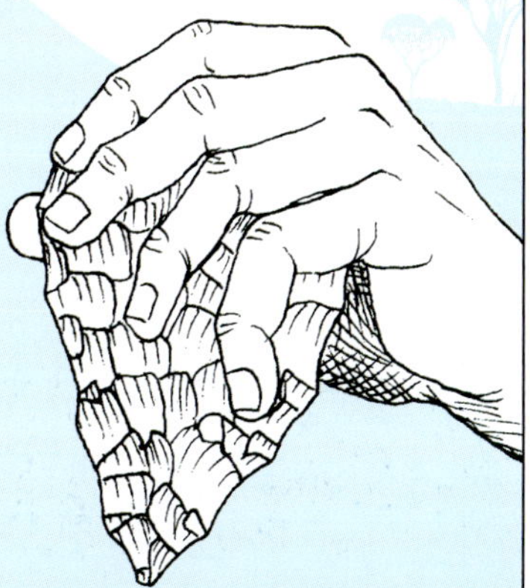

在西班牙，这种行为似乎出现得更早。西班牙北部阿塔普埃尔卡的大多利纳洞穴里，跟动物残骸混在一起的人类残骸显示他们曾被斩首，那是在75万多年前，他们的骸骨上有被砍杀的痕迹。在克罗地亚的克拉皮纳镇，也有13名尼安德特人被挖掘出来，他们的骨头曾被打碎、磨碎……

模糊的理由。这些现象与食人相关吗，还是只是一种仪式呢，或者更可能是为了求生？迄今为止还没有人指控这些人犯罪，因此疑惑也仍然存在。这也许只是一种殉葬仪式：幸存者取出死者的骨髓以防止他们的尸体腐烂……这也可能是啮齿动物干的。更难解释的是，在中国周口店和德国施泰因海姆发现的颅部枕骨的骨孔都被扩大过，也许是为了更方便地取出脑髓？

公元前700万—前3300年 公元前3300—前500年 公元前500—前1年 1—500年 500—1000年 11世纪 12世纪 13世纪

史前星象

接下来这周会发生什么呢？
机会将留给那些积极面对生活的人……

双门齿兽： 就像这种身材如汽车般庞大的有袋类动物，清晨出生于这个星座的人喜欢在遥远的澳大利亚地区旅游，那里正是它的故乡。

牛角龙： 上午中间时刻出生的人属于这个星座。就像这个大型食草兽一样，您体形惊人但沉着冷静。大家追寻您散发出的冷静气质。

翼龙： 遇到任何困难您都能展翅高飞，即便您不是鸟类。深夜出生的您，更爱在夜间活动。

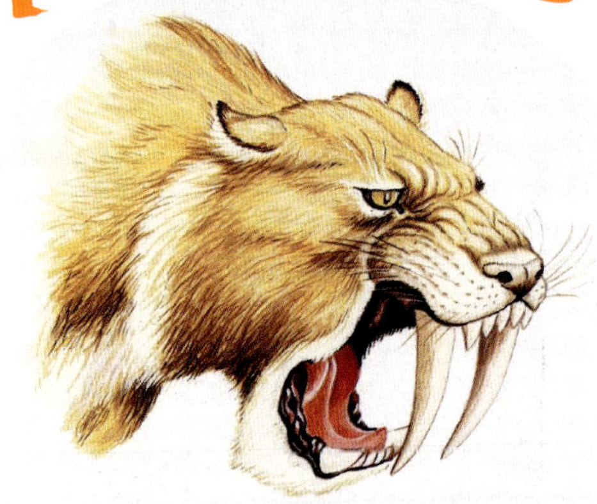

龙王鲸： 上午晚些时候出生于这个星座的人，您将听到一个好消息。但您还是得待在水中，这是您这样的巨型食肉鲸鱼的生存场所。

美洲剑齿虎： 出生在这个星座的人非常有力量，被称为“长着剑齿的老虎”，他们擅于自我防御，即使是在最危险的情况下。

加斯顿龙： 您形似一只2米高的漂亮鸟。午间或傍晚出生的人属于这个星座，您是头号捕食者。您这周将会大杀四方。

恐象： 下午早些时候出生的人属于这个星座。您常像大象一样跟人打交道，自带威严而又谦逊低调。身高达5米的您将会度过平静的一周。

时尚

-4万年　这个夏天去沙滩度假的时候穿什么呢？

世界·我们的同伴似乎从很早之前就开始打扮了。在南非开普敦以东300千米，厄加勒斯角附近的布隆伯斯洞窟里发现了公元前7万年（相当于我们的旧石器时代中期）留下的60多颗用腹足纲动物壳和甲壳类动物壳制成的串珠，这些串珠都被穿过孔并被串成一条项链。在现代，我们还能在土耳其和肯尼亚找到一些。奥瑞纳文化遗址留有大量串珠，它们是从骨头、鹿角、石头和象牙这些不同材质制成的小棍上切下来的。这些串珠应该还被燧石器穿过孔。这些串珠光亮的外表和缝隙里的氧化铁让人推测它们曾被人用赤铁矿抛过光。洛马阿尔塔发现的皮扣是用象牙做的，还被刻上了几何图案。而用方形皮扣束紧的皮带出现在好几处原始壁画上，比如法国维埃纳的拉马什洞穴里的壁画。用贝壳和动物牙齿做的肘链和手链也在法意边境的格里马尔迪洞穴里被发现。

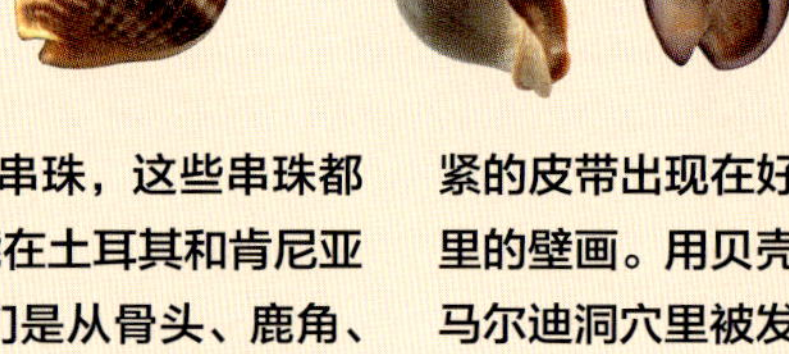

◆ 音乐

音乐向前冲！

-3.5万年

德国·尼安德特人完全可以用音乐来庆祝一件高兴的事，或仅仅是庆祝生存的幸福。居住在施瓦本汝拉山霍赫勒·菲尔斯洞穴的一个尼安德特人发明了笛子。这把笛子用天鹅骨制成，长22厘米，上面有3个孔，可以奏出丰富的旋律。世界上的其他地方也很可能有类似的乐器，比如用秃鹫骨或猛犸骨制成的笛子。这种笛子的用法就是让它们绕自身旋转，这样空气的摩擦振动就能发出声音。

当时还有一些刮擦器，可以用来刮擦骨头或鹿角的开孔处。此外，开过孔的指骨可被拿来当哨子用。

布拉桑普伊的女士

◆ 时尚

多样的发型

-2万年

欧洲·小胡须、大胡子、长头发，选哪种造型呢？法国中部拉马什洞穴里的男人好像留着大胡子，有时还同时留着小胡须，就像长流苏的小配饰。莱斯皮格的维纳斯是一尊身长近15厘米的牙雕。其头发一直垂落到肩部下方。下维斯特尼采的维纳斯雕像头部有一部分头发跟脸部赫然分离，而额头上方的头发让人想到发髻。加加林诺的维纳斯雕像头部好像包着一块头巾。而布拉桑普伊的女士头上戴的方格形东西，很难辨别出是什么。

奇闻逸事

-2.5万年 索米尔的死者，是“时尚受害者”吗？

俄罗斯·在这样的纬度，如果不想着凉最好多穿一点。狩猎得到的皮有各种用途，但如果不及时处理，这些皮很快就会腐烂。设计师并没有摈弃时尚，相反他们展现出惊人的想象力。在索米尔遗址，串珠备受重视，连死者身上都会佩戴串珠。有一具40多岁的男性遗骸，身上穿着皮质服饰，很可能是鹿皮（鹿是那里主要的猎物），这些衣服上饰有3 500颗小串珠和贝壳。他的上衣形似一件套头胸甲，一些用骨头或象牙做的小圆环收紧衣服。这个人的额头上还系着3条串珠。

草原之声

尼安德特人和智人“干坏事”？ -3万年

几千年间，尼安德特人就消失了。
是因为种族屠杀、瘟疫，还是难以适应环境变化？究竟发生了什么？

世界 · 尼安德特人在地球上生活了40万余年，他们逐渐灭绝的原因目前尚存争议。他们与“表兄弟”智人共存了很长一段时间，但共同居住的时间似乎短得多。对此，人们提出了两个推测。第一个推测认为，来自撒哈拉以南非洲的智人到了“表兄弟”尼安德特人最喜欢的领土欧洲后直接取代了他们。智人很快成为大多数，借助强大的工具夺取食物，造成“表兄弟”尼安德特人的灭亡。

第二个推测认为是人属物种的杂交，最终对智人更有利。因此，尼安德特人的灭绝很可能是因为杂交：他们的基因最终被智人的基因慢慢吸收、融合……

这两种推测同时发生也不无可能。

快讯

-2万年

捷克的帕夫洛夫发明了第一枚用猛犸牙制成的戒指，这个戒指很细，给爱情中的男女带去幸福。

■

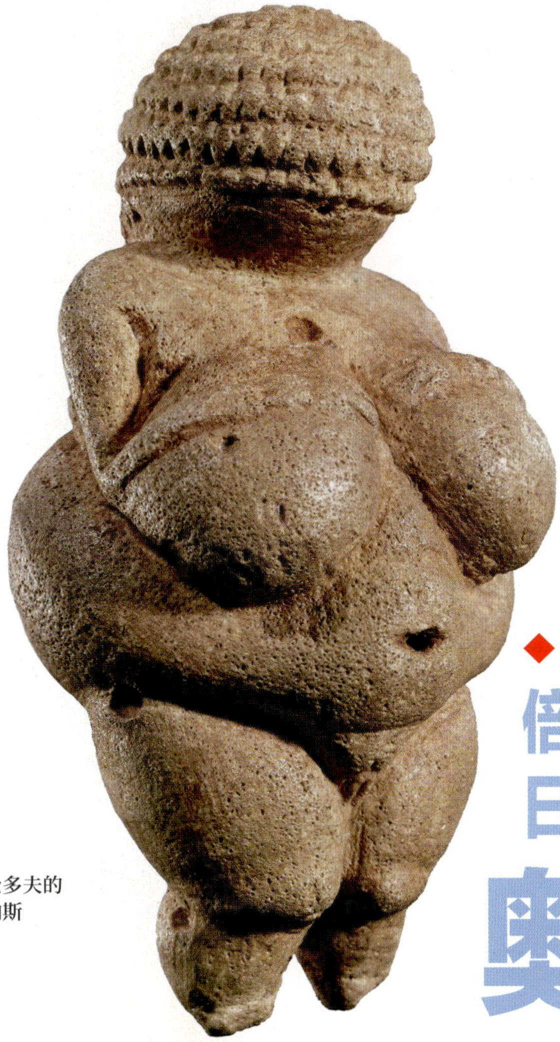

威伦多夫的维纳斯

库库特尼的维纳斯

◆ 美术

倍耐力公司的新年日历到了，配图是奥瑞纳文化时期

美丽的维纳斯

-2万年

欧洲·被称为“维纳斯”的雕像有200多个。这些美丽的雕像在各地被制作出来，比如在法国西南部的比利牛斯山区和多尔多涅省，还有的在德国、意大利和俄罗斯。“她们”优美的身形被雕刻在所有可用的材质上，比如象牙、滑石、石灰石……

这些雕像上的一些部位往往造型十分夸张——胸部、腹部、臀部，“威伦多夫的维纳斯”便是如此。“莱斯皮格的维纳斯”则是一座身高14厘米，用单线条勾勒的极现代风格雕像，非常具有竞争力。这里还不该忘了布拉桑普伊的小维纳斯雕像。这个雕像只有36毫米高，目前我们只找到了“她”的用象牙雕刻的头部，嘴部没有被刻出来。愿最美的维纳斯获胜！

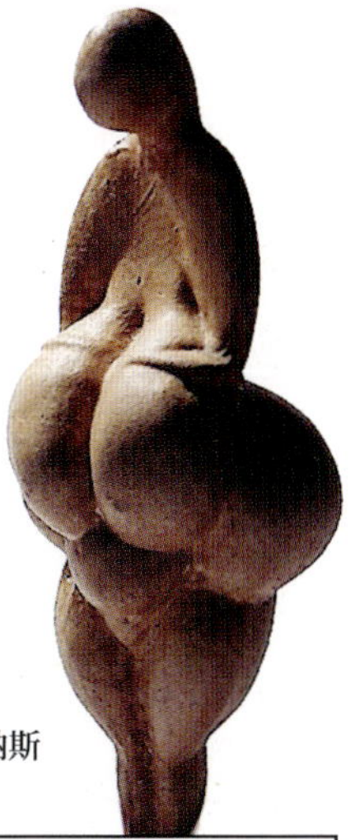

莱斯皮格的维纳斯

天气预报

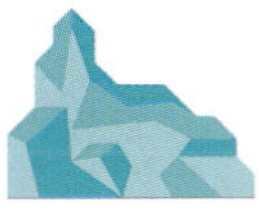

-2.1万年·本打算周末去瑞士存款的人得待在家里了，因为冰川覆盖了瑞士95%的土地。6 000年后冰川消退，日内瓦湖得以形成。这时离末次盛冰期已经不远了。

工艺

小手工：如何制作一盏灯

-1.5万

法国·一块空心的砂岩，添一点油脂，用毛发做灯芯。好啦，这样就可以照亮美妙的夜晚啦！

在拉斯科溶洞里，有些人就会制作灯盏。他们用粉砂岩做了一盏灯，这盏灯形似一个中空的圆穹顶，这个半圆体的一端有一个长形手柄。这种灯盏可放置在平面上，相对于火把来说具有不可否认的优势：它的主人可以解放双手，也不用担心失火。

◆ 建筑

住在猛犸骨制成的小屋里

-1.5万年

乌克兰·在第聂伯河河谷一带，那里既没有木材也没有岩石，我们能看到一些奇特的建筑。俯瞰着两条支流的岬角顶端，海平面上98米处坐落着梅日里奇遗址，那里有4个椭圆形的小屋，每个小屋占地12平方米到24平方米。这些小屋最奇特的地方在于它们是用堆积的猛犸骨建造的：头骨在最下面，肱骨堆在最上面。建造一座这样的小村庄需要149块骨头。猛犸还被用来当作大家的餐食，看到大坑里填满的骸骨就知道了。这些居民显然还爱吃野兔、野牛和驯鹿。所有这些食物都为他们雕刻出一系列的细石器工具提供了能量。

传统

红色女郎的菠菜花束

-1.7万

西班牙·之所以叫她红色女郎，是因为她的尸体上覆盖着红赭石。她应该是西班牙北部埃尔米龙洞穴里的重要人物，因为她就被厚葬在这个洞穴的中心。墓地上有人特意摆放鲜花，这一点从大量花粉的痕迹就能看出来。这样是为了掩盖尸体的气味吗，还是这些花有特别含义？由于这些花属于菠菜属，我们可以假设这些花是给死者吃的……

◆ 科学

纳图夫人的冰箱

-1.2万年

近东·纳图夫人在一片茂密的约旦森林里过着平静的生活。他们还分布在以色列的迈拉哈和哈约尼姆，以及叙利亚幼发拉底河沿岸的阿布胡赖拉。这里的猎物很丰富，但不幸的是，气候变化使气温升高了14摄氏度。3 000年间，高寒草原逐渐被长着橡树和阿月浑子树的稀树草原取代，这也表明温度和湿度在不断增加。仅两代人后，森林就消失了。

掌控温度。纳图夫人展现出极强的环境适应能力，他们选择把自己的圆形房屋埋在地下1.4米深处。他们在各处都这样做。他们可能发现这是减小昼夜温差的一种方法（当室外接近20摄氏度时，地下1.4米处只有8摄氏度）。所有村庄都用最大的房屋给食物保鲜。利用这套建筑体系，纳图夫人半地下房屋的温度始终保持在15摄氏度左右。

一群有创造力的人。纳图夫人是最早定居的人群之一。他们的文化成为推动近东地区居民迈入新石器时代的不可缺少的一环。我们得感谢他们成功地驯化了狗，还发明了打磨抛光石头的技术。他们使用石制镰刀来收割野生谷物，并用石臼和研钵等工具研磨他们喜欢吃的种子。

小贴士

史前五金店

这个时代有大量新式工具产生，对喜欢在家鼓捣东西的人来说是莫大的幸福。

为了改善您的日常生活，请配备：

- 投枪器；
- 箭头直立器；
- 缝制皮衣的大头针；
- 斜刃标枪；
- 经火烤硬的石矛和木桩；

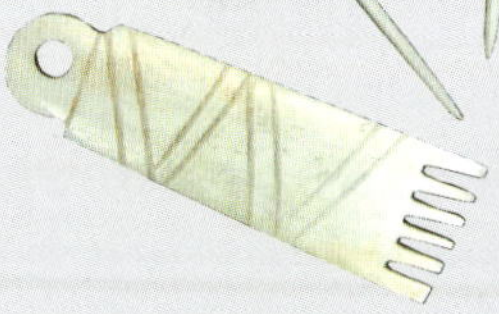

- 加热后更具弹性的骨头和象牙；
- 各种陶土制品，包括陶土小雕像和陶器；
- 洞穴壁画的颜料……

当然还有别的器具！

快讯

-1.4万年 纳图夫人开始在埋葬死者时放入鲜花，主要是用鼠尾草和薄荷花。

-1.3万年 在埃及阿斯旺附近的杰贝勒萨哈巴地区，我们发现了59具骸骨。这些骸骨都双手叠放在头下，身体向左侧卧。其中一些人被斩首，还有一些被肢解。可能是因为他们侵占了尼罗河附近肥沃的土地，才出现了这轮暴力冲突。

公元前700万—前3300年 公元前3300—前500年 公元前500—前1年 1—500年 500—1000年 11世纪 12世纪 13世纪

◆ 美术

乱七八糟的图案！

-1万年

拉斯科洞穴

法国·符号、斑点、手、女人、男人，还有几千只动物都在洞穴深处！最古老的痕迹距今已有约2万年，遗留在阿尔代什省的肖维洞穴里。拉斯科洞穴或佩奇-梅尔洞穴的岩壁上留有一些手指划出的印记，这些交错的线条是用手指在黏土上作画时留下的；它们可能已经有几千年的历史了。

技术。我们的艺术家们怎样创作出如此大作呢？他们用骨凿或燧石尖在岩壁上雕刻。有时为了做一面浅浮雕，他们会凿空一部分，就像在多尔多涅省的克马尔科洞穴那样。更稀奇的是他们用黏土来塑造作品的造型，阿尔代什省的蒂克多杜贝尔洞穴中的野牛就是一个绝佳的例子。

赭石的颜色从红色到棕色都有，而白色、绿色和蓝色的赭石还没见过。这些颜料都来自大自然——黑土、木炭或是氧化锰。用木炭笔或毛刷将粗点排列起来，排出一定形状。而颜色也有可能是被吹出来的。

堪称典范的拉斯科洞穴。穿过入口，我们就来到一个巨大的圆厅，另有一条狭长的走廊通向深处，走廊里也装饰着壁画：这里就是野牛大厅——总长超30米。这个野牛大厅是

◆ 潮流

人类最好的朋友

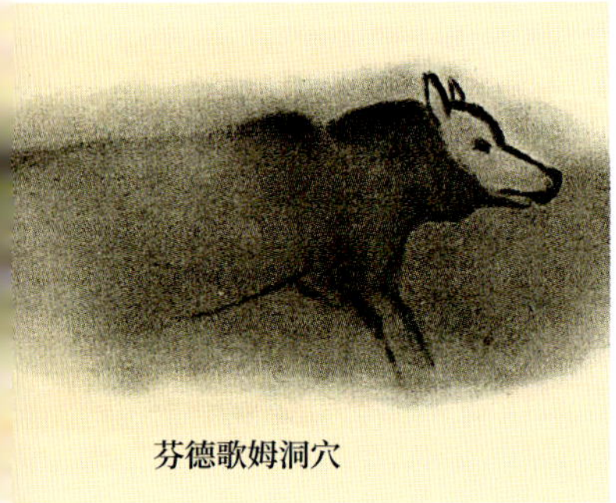
芬德歌姆洞穴

-1.1万年

欧洲·2万年前，第一只和人类一起生活的犬科动物在西伯利亚阿尔泰山脉地区的洞穴中寿终正寝。与狼相比，它的牙齿和鼻子都更短。可能是极端的气候条件，尤其是第四纪冰期，改变了它的进化进程并促使它被驯化。确切地说，这只犬科动物与现在人类身边养的宠物狗毫无亲缘关系。

不管怎样，狗都是狼的后代。它在不同时期，在世界各地（中东、中国和欧洲）被驯化，人类定居下来之后，与犬类之间各取所需。对人类来说，它是忠实的伙伴，可以保护人类，还能帮忙狩猎；对它来说，人类定居点制造的垃圾可以为它提供食物。

拉斯科洞穴

肖维洞穴

肖维洞穴

整个洞穴最精彩的部分，这里还画着大群的原牛、北山羊和马，走在它们前面的是某种独角野兽。

各个洞加起来共有 1 000 多个画像，有的并排排列，有的叠在一起。在高处作画时，人们大概用了一种类似脚手架的工具，现场的橡木块似乎能证明这一点。

井坑壁画展现了拉斯科洞穴最神秘的一面——一个阴茎勃起的男人和身旁的一只鸟站在一根木桩上，这个木桩可能是一个投枪器，刚刚让一头攻击这个男人的野牛开膛破肚。这是这个 5 米深的井坑中少有的彩绘作品。除此之外，其他的画都没有描绘狩猎或生育的场景。

拉斯科洞穴曾三次被人居住。最古老的考古遗迹至少已有 5 000 年历史，分布在通道、中厅和井坑等地方。人类第二次居住时留下了石窟壁画，以及创作壁画的石器工具和骨器工具。我们从遗留的研磨工具、石灰石和片麻岩色盘可以得知旧石器时代的艺术家所用的工具和颜料。

◆ 社会

-1万年

性别艺术

法国 · 洞穴岩壁上最早出现与性有关的形象是粗略的女性外阴，比如佩里戈尔地区费拉西洞穴里掩护石上的画像。一般来说，维纳斯雕像的创作者们都会突出女性的性特征：大腿、臀部、胸部、腹部、性器官……脸和手臂都是次要的。无论是绘画还是雕刻，女性的形象都会经过艺术处理。矛盾的是，1 万年前的作品似乎更写实，现在的作品反而没那么写实。

展现女性生殖器的作品比展现男性生殖器的作品要多得多，在法国有超过 200 件。在展现男性生殖器的作品中也有几件杰作，比如佩里戈尔地区驯鹿角上的双阴茎图。展现男性生殖器勃起的作品是很少的。与同类的女性作品相比，它们总是很潦草，没有体现出很强的艺术性。

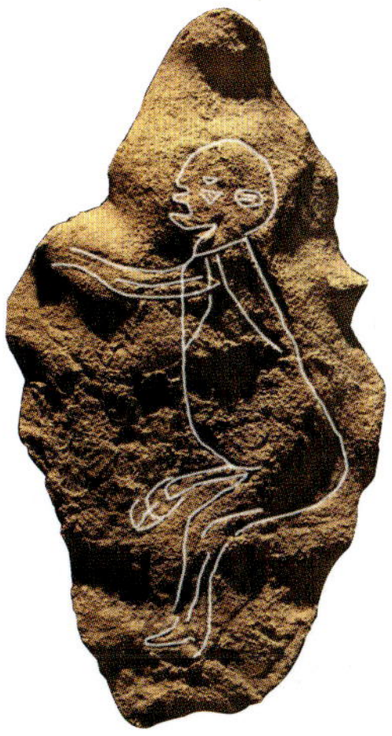

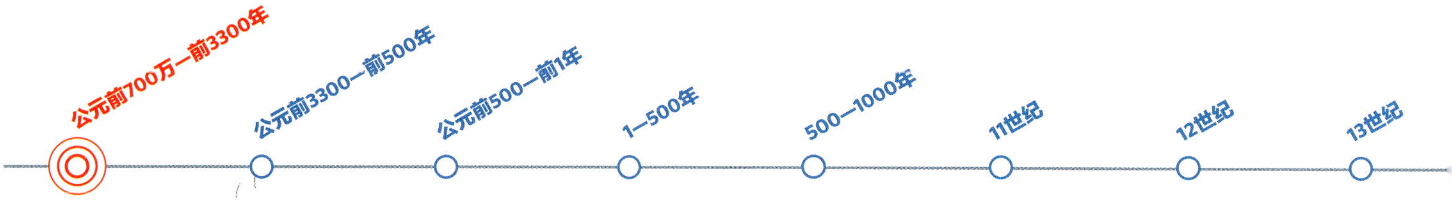

◆ 休闲

潘色旺遗址，夏季居所

-1万年

法国·潘色旺遗址是坐落在塞纳河畔，靠近蒙特罗镇的一处夏秋季居住地。这个地方久负盛名并非因为这里有丰富的艺术品，也不是因为这里的石器和骨器品质优良，而是因为这里房屋的建造结构。

三个帐篷并置，每个帐篷都有一个火塘，里面满是灰烬和石头。帐篷围起一块弓形空间，里面有许多骨头和石头之类材质的器物，这是一个手工制作的场所，也是一个入口。

其中两个火塘有一些大石凳。周边还有原牛、鹿和狼的骸骨，其中驯鹿的骸骨最多。有些营地占了1万多平方米的土地，露营生活持续几周的时间。

◆ 大工程

对小城镇的热情

-9000年

近东·他们不是一群躲在挡风矮墙后面的原始人，而是最初的城市建造者。每个遗址都有其独特的建筑特点。就像在卡尔迈勒山山脚的纳哈尔·奥伦，那里的房屋都建在阶地上；而叙利亚幼发拉底河畔穆赖拜特的墙是用泥砖砌的。这个时代的奇迹毫无疑问是耶利哥，这座防御森严的城市被一圈高达5米的石围墙环绕。

◆ 旅行

到达欧洲前的第一站

-7500年

塞浦路斯·塞浦路斯距离小亚细亚沿岸近在咫尺，是西进之路上的第一个歇脚点。大约1 500年前，从近东过来的航海者很可能也在此登岸。克利蒙纳斯遗址可以证明，这是地中海沿岸最古老的农耕村庄之一。我们在这里找到了小麦的痕迹以及猫和狗的遗骸，还有一个大型半地下建筑，很可能是用来储存农作物的仓库。

岛屿特色。从此之后，塞浦路斯的文化开始转变，并呈现出岛屿的特点：防御土墙围绕建筑群建造，房屋都修有厚厚的墙，坟墓埋在房屋地底下，乔伊鲁科蒂亚遗址和当塔遗址就是如此。整个岛屿都被利用起来，居民们在岛屿上种植谷物和蔬菜，还饲养牲畜（羊、猪……）。最近还在索迪拉镇发现了陶瓷制品：大部分的盆具和坛子都是用红陶做的。

新闻　经济

基克拉泽斯群岛游轮大减价

-7000年

希腊·现在正是借大减价的机会乘游轮出海的好时候！爱琴海位于两个海岸之间，西边是希腊的海岸，东边是小亚细亚半岛的海岸，这使爱琴海成为一个商业十字路口。基克拉泽斯群岛（帕罗斯岛、纳克索斯岛、锡罗斯岛、米洛斯岛……）是商业交流和发展的首选地。而克里特岛位于地中海的中部，因其特殊的地理位置，迎来了第一批停靠的船舶。

天气预报

-8800年·夏天太热，冬天太冷，请注意自己的小身板。

-6000年·加来海峡地区原本的陆地被海水淹没了，地中海漫过了博斯普鲁斯海峡，新形成的波罗的海将斯堪的纳维亚半岛与大陆其他地区分隔开来。

小贴士

多瑙河流域的漂亮房子

一座40米长、8米宽的长方形漂亮房子可以容纳一个大家庭，甚至是好几个家庭。房屋内部还需要装修，但必须保留几排承重柱。屋顶有两侧斜面，由木材和茅草搭建而成，柴泥（陶土和麦秆的混合物）和芦苇加固。跟其他同类型的建筑一样，考虑到风向，这类房屋的入口都设在东边。这个大型建筑坐落在法国埃纳河的右岸，洪水淹不到这里。这种典型的西欧风格建筑的建造灵感来源于多瑙河流域。移居者很可能将这些建筑的建造技巧带到了中欧。中欧也有一些相对较小的同类型建筑。河流沿岸有一些房屋群，两三个屋子建在一起，而这些小屋群在短时间内有扩大成小村落的趋势。

从下个月开始
以下的房产就空置了

硼山的房子出租

滨海
阿尔卑斯

阿拉戈洞穴。这是距离佩皮尼昂20千米的托塔维尔的美丽洞穴。洞穴长三十几米，有一个绝佳观景点，可以俯瞰十几米下的韦尔杜布勒河谷和水流。这个洞穴70万年前住着直立人，其中就有托塔维尔人。

帕永河岸边的小屋。帕永河的入海口有一个小湾，那里是河流和海水的交汇点，也是一处度假胜地。那里圆拱形的小屋长7~15米，宽4~6米。38万年前的狩猎者喜欢在此居住。

拉扎亥洞穴。地处硼山西坡，这个大洞穴长40米，宽20米。15万年前这里是阿舍利文化时期的狩猎者梦寐以求的居所。里面的小屋内部被整修过，是一处长11米、宽3.5米的生活场所。

◆ 大工程

我们去沙滩：埃及天文历法

-6500年

埃及·想象一下您完全置身于沙漠中，黄沙一望无际，蓝天被烈日烤得发白：这里就是阿布辛贝勒以西100多千米的纳布塔普拉雅石阵。这里最缺的就是大海。

公元前1万年就有人在此定居，享用气候潮湿时形成的水泊。这个地方的特别之处不止一个，这里有村落，有种植高粱的原始农业，还驯养牛。除了石器和陶器，纳布塔普拉雅的居民还建造了巨石结构：他们制造出巨大石板，并将其规律地排成一列，长达250米。在500米长、200米宽的空间里有30多块巨石构成的巨型石阵。石阵中央摆放一块或好几块横置的大石板。

挖掘出这些巨石中最大的一块后人们发现，在这些竖立的石块前面有一个6米长、4米深的大坑。坑里放置了一块约2.5吨重的石块。我们现在还不知道这意味着什么。

新闻

冲突

德国暴力事件：26人死亡

-7000年

德国·野蛮行径没有边界也没有下限。在德国的舍内克-基里安施塔滕，26个人被埋进坑里，这绝不是正常下葬。他们的头部在重击下被打碎，受害者似乎还受过箭伤。

一些人的腿骨碎裂，这表明他们的腿要么曾被虐打，要么在他们死后被损伤。在这26位不幸者中有一些是年长的妇女，还有一些男人和年轻男孩。我们不禁要问这些施暴者对年轻女孩做了什么。

快讯

-6020年

法国中央高原拉瓦什火山爆发。

-5000年

为了在苏格兰外海两个群岛——外赫布里底群岛和奥克尼群岛定居，一些马鹿（有别于该地区的赤鹿）被船运到当地。

-5000年

在坦桑尼亚纳特龙湖南岸附近的伦盖火山上，我们发现了一些脚印，这些可能是1.4万年前的脚印。我们发现了400个这样的脚印，主要是智人中的女人和小孩留下的。

-3500年

马耳他有一个地下墓地已被使用了500年。好几百人葬在这个哈尔·萨夫列尼地下宫殿里，这个地下墓地是直接用岩石雕造的，借助于用石头和动物的角做成的工具。

加泰土丘的祭拜场所

◆ 传统

给自己画幅肖像

-5500年

土耳其·加泰土丘是位于安纳托利亚的古代巨型城市，占地达0.15平方千米。这座城市还在过去的几千年里逐渐扩大。这里的房屋是长方形的，一座挨着一座，这是当地传统习俗。人们可以爬上屋顶，然后跟屋里的人通过修筑的小天窗说话。这座城市的掌权人是艺术家们，他们在这里发展出一种精致的艺术：女神的石雕像或墙上的浮雕、代表公牛的牛头饰、黏土制品、壁画……

活人和死人共享居住空间。新石器时代初的习俗是把死者的头砍下来，把头颅储藏在家里的地板下面，或者在墙上挖几个洞，然后把头放在墙洞里。每个家都是一个家庭祭祀场所。

不同地方的人装饰头颅的方式各不相同：一些地方的人会在颅骨上作画，还有一些地方的人先把石膏抹在颅骨上塑形，再用贝壳装饰眼眶。

新闻 奇闻逸事

在斯特拉斯堡打群架

-6000年

法国 · 在距离斯特拉斯堡几千米处，准确说是在阿施亥姆，发生了一起非常严重的事件。在300个窖穴（用来存放谷物和食品的坑）之中的一个，我们发现了6具尸体，其中有一个是青少年。他们被锁在这个直径2.5米的洞坑中，在极其糟糕的环境下死去。他们的腿、肋骨、手臂和头都有明显被殴打的痕迹。他们是战士吗？现场还发现了其他4个人的四肢，可能是胜利方的……截至目前，案件还在调查中。

◆ 社会

从源头开始流淌

-5000年

世界 · 水，是生命之源！几乎在所有时期，人类都整体向河流聚集，比如美索不达米亚平原的底格里斯河和幼发拉底河、埃及的尼罗河、印度肯帕德湾的马希河。水是发展的强力发动机，有了水，小麦和大麦都可以种植，牲畜数量也成倍增加，人类也可以长期定居，因而促进了人口增长。水同时也是制造陶器和土坯房的关键元素。“液体黄金”让生活更加便捷而惬意。

◆ 美术

在撒哈拉沙漠画画和游泳

-6500年

撒哈拉 · 撒哈拉的岩石下藏着奇迹。我们可以在那里游泳，采集大量植物，狩猎，在岩石下画画，或者睡一个美美的午觉。在阿尔及利亚的阿哈加尔高原、乍得的提贝斯提高原和利比亚的费赞地区发现了成千上万的雕刻或岩画。其中最古老的可能已经有3 000年历史了。最主要的图案是动物，有野生的长颈鹿、巨羚羊、其他羚羊，还有家养的绵羊……我们有时还会看到一些牛角间长球的公牛，也有一些长角的人，或是长羽毛的人。

在这块撒哈拉中部的高原上长出了很多松树、橡树和胡桃树，植被非常丰富。渐渐地，土地荒漠化要来了，生命的必要条件消失殆尽。

阿尔及利亚的阿杰尔高原洞穴

14世纪 15世纪 16世纪 17世纪 18世纪 19世纪 20世纪 21世纪

◆ 潮流

条纹能用来干吗

-4000年

欧洲 · 创意沿着多瑙河和它的支流传播开来。线纹陶文化得名于这一地区陶器的装饰风格，陶器上饰有曲折环绕的线条。这些陶器流传到巴黎盆地和卢瓦尔河流域的时间可追溯到千年之前。

在南方的地中海沿岸，人们更喜欢用（乌蛤）甲壳装饰的陶器，被称为“乌蛤陶文化”。

◆ 建筑

石圈

卡纳克石阵

-3500年

世界 · 我们挺想知道为什么人类要把巨石立起来。巨石构筑物在世界各地是非常普遍的，但由于各地的差异，这些建筑物之间没有任何联系。这种巨石到处都有：在科西嘉岛、巴利阿里群岛、朝鲜半岛等地都有称呼当地巨石的称谓。其他地方也有石棚和竖石纪念物，比如大西洋、非洲和北欧。这些巨石有的被排成圈，因此被称为“环状列石”。

法国最复杂的遗址是莫尔比昂省的卡纳克石阵。4 000多米的土地上排列了近4 000块巨石，自西南方向东北方延伸（英国威尔特郡巨石阵里的环状列石也会根据时令按同样的方向建造）。此处的石棚墓主要被当作墓室使用，还将继续被使用好几百年。据说，全世界有近5万座石棚，其中2万座在欧洲（4 500座在法国）。

新闻

经济

投资建议：盐可以保值

-4700年

保加利亚 · 普罗瓦迪亚-索尔尼察塔位于保加利亚东部，是西方最古老的城镇。有三五百人住在此地，从事采盐工作，住在两层高的房子里。此地有一个大门、几处庇护所和一些2米厚、3米高的防御墙。这是欧洲制盐的重要场所。好几个世纪前就有人开始提取盐，这座城市靠盐的贸易，或以盐换金的交易繁荣发展。

公元前3300—前500年

◆ 文化

学写自己的名字

-3300年

伊拉克 · 得亏有了被雕刻过的泥版，成百上千人从此之后就可以标记他们的物品和牲畜了。苏美尔人很快就学会了如何让自己的生活更便捷——最好说清楚哪个东西是谁的，并且记录下来，这样以后更方便。他们最开始用一些表意符号指代一些抽象的东西，活着的生物或是动作。之后，他们用线条代替了最初的象征符号，图画符号逐渐线性化，并因此发展成为文字，用尖锥刻在软黏土上。

这种文字被称为楔形文字（泥版中的线条呈现出钉子或是楔子的形状）。这些符号是从上到下排列的。如果有多行符号，就从右往左读。

泥版上刻录了行政部门编写的一些清单（尤其是神庙的物品清单）。之后，这些泥版还记载了有关神灵、国王和城市的文字。

◆ 美食

请给我开一瓶啤酒，啤酒节来了！

-3300年

伊拉克·大麦和斯佩耳特小麦已经在美索不达米亚平原种植很长时间了，它们接下来被酿成啤酒也只是顺理成章的事。在苏美尔，啤酒被称为“斯卡路”，意思是“液体的面包”，人们用长稻秆把啤酒从罐子里吸出来喝。此外，还有一个浅浮雕展现了一个女人一边摆出色情姿势，一边用稻秆喝啤酒。为了触发酿酒过程中必需的发酵步骤，我们浸泡由小麦和斯佩耳特小麦做成的面饼。在苏美尔神话中，啤酒往往与生育女神和啤酒女神联系在一起，啤酒女神发明了酿酒，满足了人们的口腹之欲。同一时期，埃及人也学会了酿酒。

在巴比伦，汉谟拉比国王（约前1792—前1750）为饮用啤酒和酿酒业制定过法规，因此有了那句名言：“卖假酒的人，就应该被淹死在假酒里。”

记事本

-3300年 文身的奥茨

奥地利·冰人奥茨的死因已经很明确了——一支箭射中了他的后背。在春天吃饱了野山羊之后死去真是太可惜了，但奥茨就是这么不幸。他有棕色的眼睛、黑色的头发，可能是科西嘉岛或是撒丁岛移民的后裔，可他到3 000米海拔的高山上去干什么呢？天然形成的木乃伊是极为罕见的。他的衣服是用五种不同的动物皮毛做成的。他的身上最少有61处文身。他高约1.6米，体重50千克，大概穿38码的鞋。警方正在调查这具尸体，请继续关注这起案件。

◆ 文化

700 个象形文字书写一切

埃及 · 象形文字用来书写埃及语，描绘日常环境中的事物：餐具、动物、植物、人体部位。象形文字的写法像草书，让誊写者能简化写法，这样写起来更快。这些象形文字符号加起来有 700 个，大量出现在陶器、莎草纸、雕像和画作上。到希腊罗马时期，这些文字符号发展到多达 5 000 个。

-3200年

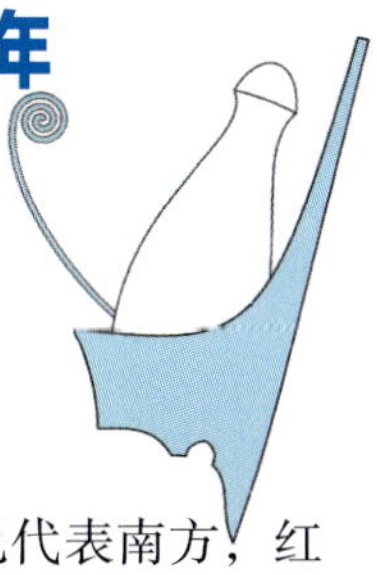

◆ 政治

她能看到每个省

-2700年

埃及 · 上埃及（在南方）和下埃及（在北方）只有一个法老？ 500 年来都是如此，因为上埃及的法老那尔迈（或称美尼斯）攻占了尼罗河三角洲。在此之前，为了区分两个王国，有两种不同的植物（三角洲的纸莎草，尼罗河谷的莲花），两套不同的象征系统（代表北方的蜜蜂，代表南方的灯芯草），两位保护神（南方的秃鹫女神涅赫贝特，北方的眼镜蛇女神瓦杰特）……

从此以后，统治者佩戴上下埃及的双重王冠红白双冠，白色代表南方，红色代表北方。自此，整个国家被划分为各“省”。严明的行政组织使利用引水渠的灌溉工程更合理，可耕地面积得以扩大，土地登记制度也保证了税收。不同的省通过各自不同的神灵、地域、图腾（瞪羚、眼镜蛇、隼……）和历史进程进行区分。由中央政权的省长统领各省。这套严密的行政组织使埃及成为一个组织有序的国家，并发展出丰富的文化财富。

探索发现

像按压按钮一样雕刻燧石

埃及 · 今天的埃及人在第一王朝的统治下采用了一种雕刻石块的新方法：通过按压的方式切割。这是一项理想的技术，因为通过这种方式可以获得双刃石剑。如此，燧石块（或切开的石块）也能得到最大限度的开发利用。

-3000年

最早开始使用这种按压切割法是在2.5万年前。

一块岩石越有弹性，就越好按压切割，最好的例子就是黑曜石这种火山熔岩。人们把黑曜石从红海沿岸、希腊和意大利进口到埃及。

文化

小心抄袭：洪水传说

-3300年

地中海 · 地中海一带可能发生过大洪灾，好几个文明都把这次洪灾记录在他们的神话传说里。这次洪灾首先出现在苏美尔人的记录里，然后被巴比伦人誊录在《吉尔伽美什史诗》里。神让乌特纳比西丁在暴雨肆虐的七天到来之前建造一艘船拯救动物们。船舶停靠在尼西尔山。乌特纳比西丁放飞了一只鸽子，随后又放飞了一只燕子。两只鸟儿又飞回来了。最后，他放走了一只乌鸦，而这只乌鸦没有回来。这说明他找到了一块可停靠的土地，而洪灾结束了。

印度人也在《吠陀》里写了这个神话，而摩奴是人类的始祖。继而轮到希腊人在《丢卡利翁》里记载这次洪灾了，而基督教徒也在《创世记》里记下了挪亚方舟的故事。

◆ 肖像

伊姆霍特普这个万人迷

-2625年

埃及 · 伊姆霍特普因他的学识和能力迷倒众生，那他到底是谁呢？他成功地掌握了各门学科：医学、政治学（他是埃及第三王朝法老左赛尔的重要大臣）、建筑学……书吏将他树立为国民的榜样。

他进行了宗教改革，还引进了奥西里斯神话。

他是萨卡拉大型墓地的建造者，他在这里修建了一座阶梯式金字塔。他将马斯塔巴（也被称为“长椅”或“长凳”）改造成一座平顶坟墓，并依次在其上又修建了好几层以作为第一王朝和第二王朝法老们的坟墓。为此，他用雕刻的石块替代了以前的黏土砖。

◆ 美食

餐具一天摆四次！

-2500年

伊拉克 · 美索不达米亚的神灵和国王一天吃四顿饭：早晨吃一顿丰盛的早餐和一顿简餐，晚上吃一顿丰盛的晚餐和一顿简餐。餐饮中包括大量的发酵饮料、面包、水果和肉。在乌鲁克，四大天神吞下50只羊、2头牛、1头小牛犊、8只小羊羔、70只家禽、4头野猪和6个鸡蛋，还配有由409升大麦粉加136升小麦粉做成的243块面包。吃甜品时，通常会吃约1 200个油馅饼，上面铺上各式椰枣。

大部分的居民饮食非常简单：面包、大麦、鱼、蔬菜、奶酪，还有一些用面粉和蜂蜜做的甜食。

◆ 社会

抄录员：一个有前途的职业

这份工作的稳定性令所有人都梦寐以求！
抄录员的身份还是世袭的，更让人垂涎。
但条件是不能害怕被打趴——不是说“抄录员边学边被打后背”吗？

-2500年

埃及·会读、会写、会做算术是必需的技能。除此之外，获取这个职位的必备物品还比较简单：几块黏土板、几支芦苇笔（用芦苇雕刻而成的书写工具）、几张莎草纸、一个用来浸湿笔的小碟子，和一个用来碾碎颜料块（红色和黑色）用来当墨水的小容器，当然当工作完成时还需要一个印章盖在莎草纸上。

抄录员是由国家招录并支付薪酬的公务员。

对社会各阶层来说，抄录员是法老制度下非常重要的组成部分，是行政系统里的主要环节，就像始终需要雇用一位严谨的会计那样。这些抄录员必须非常了解如何适应不同形式书写的演变，从美丽但写起来耗时长的碑铭体到简化后的僧侣体，抑或是用于速记的世俗体，他们都得掌握。

约公元前2000年或公元前1800年时，在赫蒂（他自己就是抄录员）写的《行业讽刺》里，这个光荣的职业被极力推崇，诸多优势也被大加赞誉。

工艺

小玩意 & 小技艺 制作自己的莎草纸

-2500年

埃及·当您把纸莎草养大的时候，请观察一下它：它那三角形的木质茎支撑着顶部星状排列的叶子。通常情况下，纸莎草长在尼罗河河岸和尼罗河三角洲。莎草纸就是用纸莎草的茎做出来的。需要顺着纸莎草的长度将它切成片，把细薄片浸泡后垂直叠放起来，然后挤压它们。在其中一面进行施胶处理，以防止漏墨。每块大约0.5米长，但我们可以把好几块粘接到一起，这样就做成了一卷。

小贴士

房 地 产　**投资吊在水上的新房**

吊脚房，湖中乐

谁不梦想着清晨醒来时能看到壮丽的湖景呢？德国南部、瑞士、意大利北部和法国东部有许多泥炭造的村落，那里的居民都住在湖边。我们推荐出售的这个帕拉德吕湖畔的美丽房屋位于沙拉维讷镇，刚建好不久。这个屋子是一个8米x4米的单间，中间有一个火炉，令人感到温暖舒适。屋墙是用交叉的树枝建造的，还混有一些青苔和草皮。村落定期有人居住，这里的火耕农业能说明这一点。

◆ 建筑

吉萨金字塔和石卫

-2500年

埃及·吉萨高原上的建筑工地已完工，建造的是当代最伟大的建筑之一。

胡夫首先建造了高146米，表面光滑的最大的金字塔。接下来他的后代哈夫拉修建了吉萨结构最完整的墓地，包括他自己的金字塔、高庙、墓道、低庙和狮身人面像。孟卡拉金字塔是吉萨三大金字塔中最小的一个。

狮身人面像。没有人知道这个用石头做的神奇动物是谁。这是胡夫的脸还是哈夫拉的脸呢？它守卫着王家墓地，当然还有太阳神庙。20多米高，75米长，14米宽，这个巨大的雕像是从一块高原岩石岬角上被雕刻出来的。狮身人面像戴着奈姆斯王巾，这是一种精致的亚麻头巾，额头上刻着圣蛇乌赖乌斯。

时尚

-2450年

去河边吃晚餐应该穿什么呢？

近东·无论是在尼罗河沿岸还是幼发拉底河沿岸，时尚都很简单，因为那里每天都很热。

埃及风。一件简单的灰褐色布裙，只用一块布就能裁剪出，在腹部用腰带收紧，这就是男人衣柜里的“镇柜之宝”了。对于上流人士来说，这件衣服还可以用金线或宝石装饰。我们在达官显贵家中还发现了假发和假须，它们也是华服的一部分。

◆ 宗教

最早的宗教文本

-2322年

埃及·乌纳斯是第五王朝的最后一位法老。他在塞加拉尼罗河沿岸修建了一座金字塔和一座独一无二的墓地。在他的金字塔中，我们发现了著名的金字塔铭文，刻在国王墓室的墙壁上以及通往墓室的走廊里。这些咒语经文是为了帮助法老死后渡过所有难关，获得永生。铭文汇集了古老的宗教和仪式概念，它们在被雕刻上岩壁之前就已形成，金字塔铭文也成为人类最古老的宗教文本。

而女人们也只有一件衣服，那就是一条紧身的笔直的裙子，系在裸露的胸部下方，一直垂至脚踝。可以用一两条吊带绑住裙子，不让它掉下来。埃及女人对她们的头发百般呵护，她们的头发一般都齐肩长，有的留刘海。但头发却不是很干净，是人工做的假发。

阿卡德风。 美索不达米亚平原的阿卡德人沿用了苏美尔人舒适的“卡吾那凯斯”服装，这是一种用山羊毛做的裙子，腰间用扣子收紧。一侧的肩膀上挂着一条长长的披肩。女人们常穿一件短袖上衣，配一个精致的发簪。长期以来，这套服装没有多大变化，只有布料的颜色和装饰更多了些。男人们更喜欢摆弄他们的发型，他们用烫发钳卷发，这样他们的头发和胡须就都是波浪形的了。

直到近千年后，女士服装才变得更加精致。亚麻编织者展现出高超的技艺，布料变得如此精细、透明，与其说衣服遮蔽了人们的身体，不如说它们展现出人们美妙的身姿。

◆ 宗教

大乐透和刮刮乐的中奖号码

-2500年

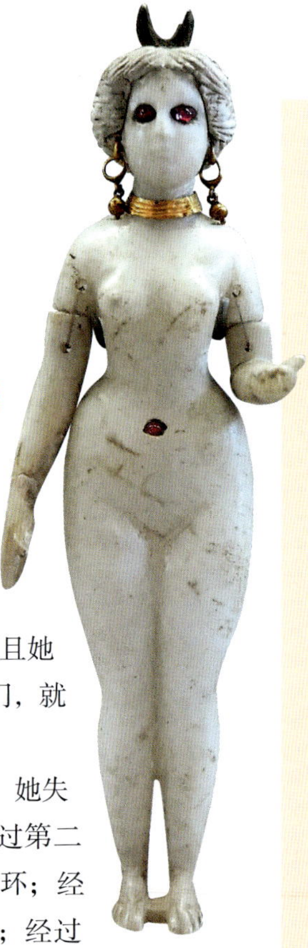

伊拉克 · 美索不达米亚人发明了一项创举，他们给每个神灵的名字按照等级分配数字。这些数字成为这些神灵最抽象的代表符号。公元前最后一千年的记录里记载了下面这个清单：

60， 六十进制里的完美数字：**安努**，众神之父。

50， 约等于每年下雨的天数：**恩利尔**，众神之王，风与大气之神。

40： **恩基**，水神。

30， 一个月的天数：**辛**，月神。

20： **沙马什**，《汉谟拉比法典》上的太阳神，因为他司掌正义和法律。

15： **伊什塔尔**，爱神，她的符号是一个圆圈中刻着一颗星。

让我们更仔细地来研究一下这个15号……

伊什塔尔的脱衣舞。虽然是女神，伊什塔尔却涉险降临地狱罢黜她的姐姐埃列什基伽勒——“冥界女主宰”。而且她每经过一扇地狱之门，就会丧失一件神器：

经过第一扇门，她失去了她的神冠；经过第二扇门，她失去了耳环；经过第三门失去项链；经过第四扇门，失去胸牌；经过第五扇门，失去用婴儿石做的腰带；经过第六扇门，失去手戒和脚戒；经过第七扇门，失去身上的衣服。赤身裸体且毫无防备，她再也没机会完成自己的任务。她被杀死，然后复活，条件是给地狱派一位替代者。那这个人是谁呢？这个人就是她的丈夫杜木兹，他将在地狱待半年时间。

您的巴比伦星座

根据穆尔·阿宾星表石板上的文字记载和相关翻译：

♒ 巨人座（水瓶座）：您将会在树林边缘邂逅您的野人恩奇杜（译者注：《吉尔伽美什史诗》的主要人物）。

♓ 双尾座（双鱼座）：您到处画画，提早了几个世纪。

♈ 日工座（白羊座）：您差点被剃掉毛发。

♉ 天牛座（金牛座）：您不喜欢红色的旗帜。

♊ 双胎座（双子座）：您被说成是复制品，就像双面门神雅努斯。

♋ 螃蟹座（巨蟹座）：您总是横着走，努力吧。

♌ 巨犬座（狮子座）：咆哮不能让您成为狮子，只会让您嗓子疼。

♍ 麦穗座（处女座）：不用犹豫，把麦穗扔到磨盘上吧！

♎ 天秤座：您将会一如既往地保持公平公正。

♐ 弓箭手帕比萨格（射手座）：瞄准了，否则射不中。

♏ 天蝎座：谁碰到它就会被它刺到，这一点您很清楚……

♑ 海洋山羊座（摩羯座）：是肉还是鱼，和您在一起永远都不会知道。

-2500年

城市之声

孟菲斯vs底比斯，首都是否在“白墙”里？

埃及 · 长久以来人们都在谈论这对宿敌：位于埃及南部的城市底比斯和位于埃及北部尼罗河三角洲的城市孟菲斯（或被称为“白墙”），谁将获胜呢？

据说，孟菲斯建于约1 000年前，由当时第一王朝的首位法老那尔迈建造，他也是上埃及和下埃及的统一者。第二王朝时期，首都迁至尼罗河三角洲。文字和行政组织正式形成，同时产生的还有埃及神祇的大部分神和与他们相关的风俗习惯。

公元前2180年前后，第八王朝的诸位法老沿袭了古代王国的传统，选定孟菲斯为首都，但第九王朝和第十王朝的法老再次远离孟菲斯，由赫拉克来俄波利斯家族掌权。

埃及也因此饱受分裂之苦。在南方，其他一些政权出现。第十一王朝时，底比斯成为首都，并在未来十个世纪闪耀出无与伦比的光芒。

◆ 国际

萨尔贡大帝行将何处？

这个男人，就像战士一样，威严肃立。萨尔贡大帝在乌鲁克举办了盛大的加冕仪式。从此他就是“天下四方之王”，也就是整个已知世界的主宰。

-2280年

近东·萨尔贡在阿卡德语里意指“真正的王”（可能是为了让人们忘掉他曾经从另一个人的手里夺走王冠的事实），当萨尔贡决定攻打苏美尔城邦时，他已经是启什的主宰，这是一座距离巴比伦几千米的城邦。苏美尔人擅长肉搏，他们在这次战役中佩戴了重型护盾，但难以抗衡装备更精良的阿卡德人；弓箭和标枪是阿卡德士兵的决胜武器。萨尔贡果决地加入战争，对抗美索不达米亚最强的君王——乌玛城的卢加尔扎克西。萨尔贡战胜了卢加尔扎克西，占领其首都乌鲁克，后继续征战，所向披靡，降伏了乌尔城，然后是整个美索不达米亚南部，直至波斯湾。

苏美尔人一投降，萨尔贡就将他的帝国延伸至叙利亚的马里和埃勃拉、埃兰和扎格罗斯山脉一带的波斯地区，直至小亚细亚。他建立了一个官僚制度化、中央集权制的国家，定都阿卡德。

阿卡德王国的光辉故事有不同的来源。成千上万的书版在吉尔苏、乌玛、尼普尔，直至苏萨的多个遗址被找到，记录了阿卡德王国政治和行政的相关信息。而像纪念碑这样的艺术品，比如“纳拉姆·辛纪念碑”，纪念了阿卡德军队的光辉战绩。约公元前2230年，萨尔贡的孙子粉碎了高山部落卢卢卑，并用石碑记载了此事。

宫廷生活

阿蒙涅姆赫特一世和他的儿子共同治理国家

-1980年

埃及·公元前1991年上位的第十二王朝首位法老阿蒙涅姆赫特一世任命他的儿子辛努塞尔特一世为联合执政人，以此确保王朝的延续性——这一做法后来也成为历任法老的惯常做法。

的确，法老必须经过多年的斗争才能树立自己的权威，自然是想让自己的子孙后代免受如此艰辛。

阿蒙涅姆赫特是第一批既想改革行政又想巩固边防的法老之一。他在各地方统治者和王权间制定了长期有效的规则，并谨慎地限制每个人的权力。但他最终还是在宫廷中被密谋杀害，当时他的儿子正在王国边境打仗。阿蒙涅姆赫特后来被葬在孟菲斯南部的利希特金字塔。一位诗人为他作赋：在《阿蒙涅姆赫特法老对他的儿子辛努塞尔特的教导诗》中，故世的法老阿蒙涅姆赫特揭发了谋害他的凶手，并教导他的继位者如何治理国家。

文学

时下畅销书

-2000年

《辛奴亥的故事》

毫无疑问，中王国时期的埃及文学是后来很多作家的灵感源泉。为数众多的书吏官负责保证语言的严谨性。人们的想象力通过故事变得越来越丰富，比如《辛奴亥的故事》讲述了一位达官显贵辛奴亥在阿蒙涅姆赫特一世遭谋害后不久遇到的险境。谋害者又瞄准了阿蒙涅姆赫特一世的继位者辛努塞尔特一世，但辛奴亥无法证明凶手的阴谋。因担心自己被怀疑，辛奴亥逃到叙利亚，娶了当地首领的女儿，成为一个有势力的人，但有关埃及的回忆让他思乡不已。辛努塞尔特的大赦对他来说来得正是时候，让他得以回到家乡，侍奉君主。

《吉尔伽美什史诗》

苏美尔人尊崇两大神话英雄：一个是最有文化的吉尔伽美什，他是乌鲁克第一王朝的第五位国王，500年前开始统治国家，还有一位野人恩奇杜，他一开始是吉尔伽美什的对手，后来成为他的挚友。如果说他们的丰功伟绩在今天足以写成一篇完整的文章，那存放在亚述王亚述巴尼拔位于尼尼微古城图书馆里的那本包含12块石板3 400个诗句的《吉尔伽美什史诗》才是最详尽的版本。

吉尔伽美什以乌鲁克的一位暴君为榜样，残酷地统治他的人民。当臣民怨声载道时，乌鲁克的主神安努给他创造了一位对手——野人恩奇杜。神为了教化恩奇杜，给恩奇杜送去了一位交际花。恩奇杜拜倒在她的石榴裙下，跟她寻欢作乐了六天七夜，也因此不再是野人。后来恩奇杜来到乌鲁克，向吉尔伽美什挑衅，尽管吉尔伽美什战胜了他，两人还是因此结下了友谊。之后他们一起跑遍世界，挑战女神伊什塔尔，屠杀天牛。

他们对伊什塔尔的冒犯为诸神所不容，天神恩利尔判处恩奇杜死罪。也正是在好友死后，吉尔伽美什才真正开始撰写他的史诗。他从那时开始追寻长生不老。史诗最终在这位英雄的苦涩生命历程中结束，一个痛苦的生命在求而不得中与世长辞。

《船难者的故事》

其他的埃及著作涌现在第十二王朝初期，《船难者的故事》描述了一个在“极绿”地中海上航行的人遇到暴风雨的故事。他的船沉没了，而他漂泊到一个神秘的“卡岛”上。刚开始他还被岛上的一条巨蛇吓到，但其实这是一条温和善良的蛇，它不仅让船难者变成一个富裕的人，还帮助他重返埃及。

建筑

像方尖碑一样直

-1950年

埃及·方尖碑在辛努塞尔特一世统治时期，也就是公元前1971—前1928年才最终成型。在尼罗河三角洲的古城赫利奥波利斯，人们用方尖碑第一次具体化地展现出太阳光的特征：像金字塔一样的方形底座，高耸入云，塔尖还有一个非常短的方棱锥，上面覆盖一层黄金。整个方尖碑上都刻着歌颂建造者辛努塞尔特一世的碑文。

◆ 经济

不做这个，也不做那个

-1800年

近东·腓尼基这个地名是希腊人用来称呼黎巴嫩海岸地区的。该地区长期居住着闪米特人。这些闪米特人跟迦南人和阿拉米人混居在一起。

腓尼基人这个称呼意指“棕榈树的民族”，他们长期以来颇有名气：一位亚洲的公主曾经远嫁给腓尼基人，这段故事记录在公元前2500年埃及第五王朝的国王萨胡拉金字塔的浮雕上。这位公主的护卫队在海上航行时用的船舶与比布鲁斯（今朱拜勒）用的船舶类似。

腓尼基的王公在大商人的帮助下掌管着好几个大城市：黎巴嫩的比布鲁斯、提尔、西顿、贝鲁特，还有叙利亚的鲁阿德和乌加里特。

这些王公都是卓越的航海者，他们不断完善船只的建造，并试图从提尔开始缔造一个真正的海上帝国。他们的舰队，无论是商船还是军舰，均在地中海的西部四处游弋。

强大的商业嗅觉。食品（油、酒、小麦……）、稀有金属和宝石、香料，还有雪松木是贸易往来的主要产品。腓尼基人是一群不解风情的商人，但他们懂得如何做生意赚钱。他们毫不犹豫地仿制埃及人、巴比伦人或叙利亚人做的东西，比如说他们模仿并改造了埃及人的玻璃压制技术。有一点是肯定的：人们不断地在谈论腓尼基人。

◆ 建筑

哈索尔：不管有理没理，反正新柱子已经在那儿了

-1880年 **埃及**·辛努塞尔特三世统治时期出现了一种新型石柱，被称作“爱神柱”，用来向爱神哈索尔——一位长着牛耳朵的女人，或是一尊牛神，表达崇敬之情。双面柱头由女神的两个头铸成，颈背靠在一起。如果是四面柱头，四面都是正脸像。这些柱子的柱身代表叉铃，这是一种类似拨浪鼓的乐器，用来向哈索尔表达崇敬之情；当我们摇动它时，上面的金属小圆片就会互相碰撞发出声响。我们能在代尔巴哈里墓葬庙宇群中的哈特舍普苏女王神殿看到这些特意为哈索尔建造的柱子，之后的托勒密王国和罗马帝国统治时期，我们还能在丹德拉神庙群和菲莱神庙群看到它们。

-1800年 美索不达米亚的音乐晚会 大家都来吧

从众多浅浮雕上看音乐家们吹拉弹奏各种乐器，从前，美索不达米亚的音乐大概是专门用来崇拜神灵的。它从那时起便具有越发重要的社会功能。

怎样组织一场传统音乐晚会呢？不同大小的竖琴和里拉琴迷倒一众乐迷。艺术家们用放在一块横木上的夹紧器调音。大多数艺术家也喜欢鲁特琴。

除弦乐器外还有打击乐器：钹、拨浪鼓、铃鼓、大鼓（需要两个人演奏）、其他鼓。管乐器则包含一些银管长笛，当然还有小号。

埃及音乐受到小亚细亚和东方的音乐影响。我们不仅能在埃及看到里拉琴、双簧管，还能看到用双手弹奏的竖琴（音盒更大）。人们也是第一次使用拨子，就是一根用来拨奏琴弦的小木棍。据说时常能看到法老亲自在神灵的雕像前唱歌。

◆ 国际

商朝：-1767年 文字和青铜器

中国·商朝（也称作殷朝），以文字、城市化和青铜器的出现为标志，在中国开创了第一个伟大文明。在用土城墙保护的城市中，坐落着寺庙、宫殿和房屋，这些房屋最初是一些半地下的圆形或矩形小屋。

最早的文字符号被刻写在龟甲上。战车和畜马业相继出现，艺术也空前发展，出现了刻有纹样的青铜器，其中最精美的代表就是三足动物造型的卣。

◆ 司法

《汉谟拉比法典》

-1750年

伊拉克·巴比伦法律文书《汉谟拉比法典》是极为罕见的法律资料。当然，在它之前还有《乌尔纳姆法典》，约300年前用苏美尔语写成，但我们今天只能见到一些碎片了。

这份包含282个条款的文本，不仅仅是法律措施的汇编，而且还列举了哪些行为是被允许的合法行为，哪些不是。每一个人都根据他的身份划分等级。最上等的是国王、王室家族、法官和商人。法律将普通人分为三类：自由人、下人（或是下属）、奴隶。奴隶是另一个人所拥有的财产，在法律上等同于一件家具。

女性的权利得到法律的保护。她们可以自由地支配自己所拥有的财产。她们可以从事很多职业，包括担任一些重要的岗位。在婚姻中，她需要服从丈夫的权威。在丈夫死后，她有权管理和维护丈夫的遗产。这部法典确定了继承的法规，同时也保障了被不公正地抛弃的妇女们的权利。

《汉谟拉比法典》刻在一块黑色的玄武岩石柱上，石柱高2.5米，最初摆放在巴比伦北部的西帕尔神庙中。石柱的顶部是汉谟拉比国王的浮雕，他站在正义之神也即太阳神沙马什面前，接收象征权力的权杖和指环。约公元前1150年，埃兰人将石柱搬到他们的首都苏萨。

奇闻逸事

海战棋：八艘船故意沉没

-1600年

英格兰·这是我们第一次和真正的船队打交道。

研究人员在英格兰彼得伯勒附近的马斯特农场遗址发现了迄今为止最大的船队残骸。其中一艘船有9米长，另一艘用方格布装饰，还有一艘至今还保有以便下水或上岸的桨柄。用来制造这些船的树木起码得有20米高，直径1米以上。

这些船有意地沉入河底。为什么之前都没有发现它们，这一直是一个谜。

◆ 冲突

喜克索斯人危险了

-1540年

埃及·这是一个混乱的时期，侵略者一次次入侵，还不一定是同一拨人。来自安纳托利亚的赫梯人攻占了巴比伦，而此前加喜特王朝在此定居已久。来自西亚的喜克索斯人，在100年前就侵占了埃及。起初，举国上下都宣誓效忠他们，但最终南方爆发了起义。来自底比斯的法老阿赫摩斯一世把外族喜克索斯人打得落花流水。在夺回尼罗河三角洲地区的城市阿瓦利斯后，他把喜克索斯人一直赶到了巴勒斯坦。他是第十八王朝的第一位君主。

城市之声

未解之谜：费斯托斯圆盘

-1700年

克里特岛·在克里特岛梅萨拉平原上的费斯托斯宫殿遗址里，我们发现了一个黏土圆盘，它两面都有一些让人完全看不懂的图形文字（一种用特有图案作为符号的语言）。这个圆盘直径约16厘

◆ 科学

天狼星告诉我们什么时候庆祝节日

怎样才能每年在同一个日子庆祝节日呢？日历的发明改变了人们的习惯，让大家的生活更便捷。

-1500年

近东·埃及。沿袭千年的老方法非常简单：观察每年的河水上涨的时间，并加以利用来满足农业需要。河水上涨的时间往往与天狼星的偕日升有关，也就是夜空中最亮的恒星因为靠太阳太近消失一段时间后重新出现。发现了这点之后，时间被划分为年、月、日。每一天从日落开始计算，夜晚和白天各有12个小时；每年从春天开始，有12个月，每个月30天。埃及历法是太阳历，分为3个季节：洪水季、播种季（初芽破土而出）、收获季（高温）。

美索不达米亚平原。每个城邦（巴比伦、亚述、苏美尔、叙利亚）都根据太阳活动的年度周期制定了自己的日历，并根据当地传统给每个月命以特殊的名称。

这些历法既是阴历，也是阳历——阴历为月，阳历为年，并补上了12个阴历月和1个阳历年之间11天的时差。当时，似乎巴比伦历更普遍一些，尤其是在美索不达米亚平原的中部和南部。

至于怎样计量时间，一个极其简易的日晷也是巴比伦的发明。它的原理是一根垂直针插入一个被线条十二等分的圆盘上。通过太阳投射下的针影，我们知道现在大概是几点。

米，厚度从1.6厘米到2.1厘米不等。圆盘的每一面都由螺旋线和竖线划分为多个小格子。在每一个格子中都有一个符号：奔跑的人、光秃的头、小鸟、鲜花等。有些会重复出现。总共有241个图案表示45种不同的符号。

迄今为止，还没有人能够确切地破译这个圆盘。如果你有心灵感应的话，也许可以……

◆ 时尚

克里特打扮：巴黎风尚

-1500年

克里特岛·性感的嘴唇、撩人的目光、涂脂抹粉的脸蛋，这就是这个夏天所有年轻女孩想要尝试的风格。卷发、炭黑眼瞳、性感嘴唇，梯林斯宫殿里的克里特岛女人紧跟时代潮流。她们环顾身边的大千世界，释放出放荡不羁的青春魅力。

克里特打扮极具巴黎的反叛精神，所以在多个世纪后相关文物出土时，人们称其为巴黎风尚。

◆ 政治

终于由女人掌权了！国家元首哈特舍普苏

-1470年

埃及·哈特舍普苏是图特摩斯一世和王后雅赫摩斯的女儿。她嫁给了同父异母的哥哥图特摩斯二世，这桩婚姻也让庶子图特摩斯二世掌权执政具有合法性。公元前1479年，图特摩斯二世逝世，留下了一个5岁的儿子，而这个孩子同样也是由庶妻所出。起初，哈特舍普苏摄政，与小男孩图特摩斯三世共享王位。但7年之后，她赶走了她的继子，自称法老，并女扮男装。她率军镇压了南部的努比亚叛乱，之后在她的统治下，天下太平。同时，她发展商业，尤其是和阿拉伯地区的神秘国家蓬特保持商贸往来。哈特舍普苏女王的名字刻在了无数的纪念碑上，尤其是她著名的墓地——哈特舍普苏女王神殿。

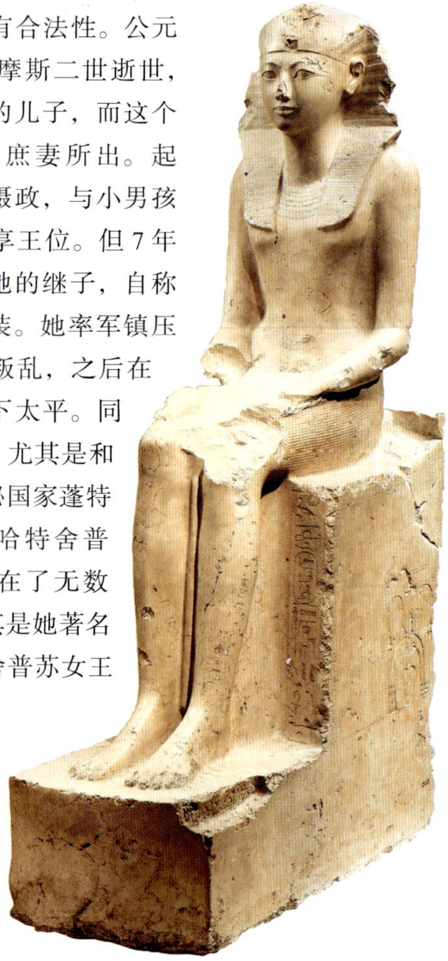

◆ 肖像

图特摩斯三世的军事胜利

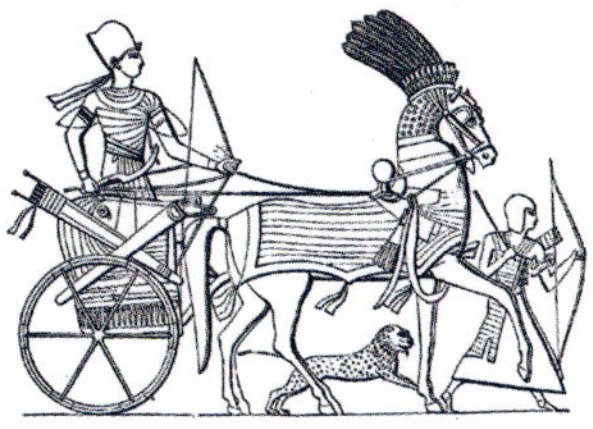

所有人都认为图特摩斯三世是一位伟大的战士：这位第十八王朝的第六位法老在他所有的战争中获胜。他在他统治王国的第五十三年与世长辞。

-1425年

埃及 · 图特摩斯三世刚继位时，由他的姑母也是后母哈特舍普苏掌权。图特摩斯三世这个被夺权的孩子在公元前1457年女王死后才开始独立执政。他虽然因长年在边境领兵得到军队的支持，但却长期待在远离底比斯的地方。图特摩斯三世接任哈特舍普苏后开展了一项“记录抹杀运动”，四处抹掉去世的女王的名字和头衔。出于报复，他还锤碎了她姑母纪念碑上的象形茧。

不过图特摩斯三世的人生大事是战争，让埃及成为一个让人闻风丧胆的政权。第一场战役就推翻了叙利亚、巴勒斯坦和腓尼基国王的联盟，这场战役由阿西河河岸的卡迭石的国王领兵，联盟军结成队伍挺进迦密山。也正是在此处，图特摩斯三世和他的1万名将士于公元前1458年5月14日和15日的米吉多战役中将敌人打败。米吉多被围攻7个月后投降。法老的军队继而转战叙利亚（包括卡迭石）和巴勒斯坦并攻克了它们。

然而，怂恿各国君王起义的真正敌人是黎凡特战争中埃及的劲敌——米坦尼国王。于是图特摩斯三世起兵攻打这个王国。他跨越幼发拉底河，在卡尔凯美什击败米坦尼人，阻止了他们的扩张。从此以后，幼发拉底河成为埃及的边境。

在南方，自公元前1428年的征战开始，整个努比亚（瓦瓦特和库施王国）都臣服于埃及法老。图特摩斯三世甚至跨过尼罗河第四瀑布，在那儿竖立起一块胜利纪念碑。

小贴士

出售

全新或二手的战车

能经受多次撞击

达官显贵们，不要犹豫！埃及战车日臻完善，是时候换新款了。如您预算有限，请选择图特摩斯一世的战车。这款车出产于一个世纪前，但仍然保值。

如果想提高档次，我们向您推荐更新的款式，毫无疑问，新款车的灵活性和操控性更具优势。这些新款车的车轮上有4条木杠，有的甚至有6条，比如图特摩斯三世的战车。白蜡木制车身可以根据需求盖上有多彩的图案装饰的皮革。

这些战车建造时可承载两人。我们还预留了一款经典家庭版车型，1 000年前曾在美索不达米亚的乌尔使用过。这款车车身体积大，重量也重，但使用起来非常方便，还能存放标枪。

自然

图特摩斯三世植物园里的400个物种

埃及 · 第十八王朝底比斯的墓地见证了繁复的自然。为了丰富自己拥有的植物品种，法老们通常会从其他地方引进一些新品种，要么他们自己从遥远的乡村回来时将新植物品种收在行囊中带回，要么一些使节为了讨好法老奉上美丽的花朵和稀奇的植物。

哈特舍普苏死后独立执政的图特摩斯三世，在阿蒙-拉神庙东边的卡纳克建造了一座“闪光的纪念堂”节日厅。这个建筑专门用来庆祝法老统治近30年后的复兴，整个建筑物包含一个中殿和好几个偏厅。这些房间的墙上除了写有61位法老的名单外，图特摩斯三世还命人在上面描绘了一个包含400多种丰富的动植物的“植物园”。这些浅浮雕如百科全书般极其详尽地描绘了战败国的植物和动物。我们能看到瞪羚、蝗虫和牛，但看不到任何人。每种植物、每种动物都是对神的祭礼，是这个丰富多彩的世界的缩影。

-1430年

◆ 传统

荷鲁斯之眼的奥秘

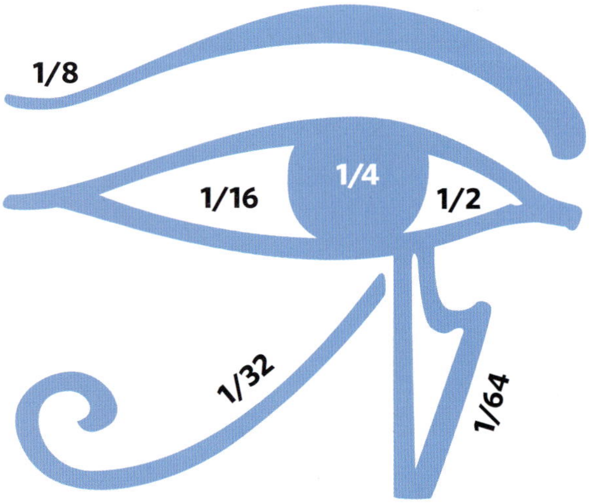

-1400年

埃及·画在或刻在坟墓上的乌加特眼又名荷鲁斯之眼，能让死者重返世间，用他的眼睛看世界。荷鲁斯之眼还能用来写书卷，比如农书。眼睛的每一部分代表一个分数，这些分数都有一个共同的分母64：瞳孔是1/4（也就是16/64），眉毛是1/8（也就是8/64），等等。当我们把乌加特眼的六个部分加起来时，我们总能得到一个奇妙的分数——63/64。

荷鲁斯的传奇故事可以解释其中奥妙，荷鲁斯的叔叔塞特是杀死他父亲奥西里斯的凶手，荷鲁斯和塞特对战时被挖出左眼。塞特后将荷鲁斯的左眼大卸六块，扔进尼罗河。托特是知识之神和医神，他想用一张渔网将荷鲁斯左眼的六块残骸捞起，但他只找到五块。于是托特施展了一个魔法修复，后将眼睛还给了荷鲁斯，让他恢复正常，但他的眼睛永远缺失了那著名的1/64。

快讯

-1420年

阿米诺菲斯二世找来了270位亚洲音乐家，他们带上自己的金乐器和银乐器来到阿米诺菲斯二世的宫廷。

•

-1347年

阿肯那顿放弃他的首都底比斯，在埃及中部的阿玛纳新建了一座都城，命名意指“阿顿神德泽照拂之地”。

◆ 宗教

从阿顿到阿蒙

-1335年

埃及·阿米诺菲斯四世于约公元前1350年改了名，改成了阿肯那顿，还放弃了底比斯这座阿蒙神庙祭司位高权重的都城，并宣布：从此以后要摒弃传统，信奉唯一的太阳神——阿顿。

阿顿神的象征形象是一轮太阳发射出太阳光，太阳光线的尾端是人手的图案，阿顿神这位太阳神取代了以前的几十位神。法老为他献上一首长诗——《阿顿的赞歌》，并为这位太阳神修建都城阿玛纳。然而，新建立的宗教并没有受到军人的欢迎，阿顿受到的崇拜也不及阿蒙。事实上，新宗教的信徒少之又少。

不再有阿肯那顿，也不再有阿顿。阿肯那顿刚去世不久，达官显贵重回底比斯，民众也开始重新信奉以前的神灵。阿蒙教的祭司们想要重塑阿蒙的威望。几年后，年少的图坦卡顿继位成为法老时，也热衷于修改自己的名字。于是，改名为图坦卡蒙的新法老放弃了他父亲的宗教改革。对阿顿的一神崇拜走到了末路，对传统多神教的尊崇卷土重来。公元前1186年至公元前1069年间，阿蒙神庙祭司们的权威之大使得卡纳克神庙成为国中之国。几十年后，大祭司赫里霍尔夺得整个上埃及地区的权力，并建立一个由阿蒙神庙大祭司统治的王朝，甚至可以抗衡法老的权力。

◆ 灾难

救命啊，克诺索斯烧起来了

我们刚得知克里特岛人的骄傲——整个克诺索斯宫殿都烧起来了。这座逃过好几次劫难的建筑奇迹如今烧得只剩下一点墙面和残迹。

-1370年

克里特岛·虽然从公元前8000年就开始有人定居克里特岛，但米诺斯文化时期的王宫克诺索斯、费斯托斯、扎尔科斯和马利亚是在约公元前1900年才在岛上平原地带修建起来的。约公元前1700年，这些宫殿曾在一次地震中差点被摧毁，不久后被修复。这些纪念性的宫殿不仅规模宏大，它们的结构也颇为巧妙，里面特意留出居住和待客的空间。没有防御工事，它们形成一个紧凑的住宅区。

不仅建筑本身，绘画也有重要的装饰作用：宫殿墙上画满了以植物和动物为主题的画作，比如斗牛的场景，或是贵族生活里特有的杂技。

一个世纪前，这些宫殿又倒了一次，有人说可能是喜克索斯人或是迈锡尼人入侵造成的，但看起来更有可能还是因为桑托林火山爆发引起的地震。这次宫殿倒塌标志着米诺斯文明的衰落。

而克诺索斯王宫在这次大火前一直被继续使用，传闻这座宫殿就像一座迷宫，整体面积达20 000平方米，因米诺斯王住过而闻名。

宫廷生活

-1327年 谁杀死了图坦卡蒙？

九年或十年的统治期间，他重塑了传统的宗教信仰，尤其是对阿蒙神的崇拜。阿肯那顿之子图坦卡蒙不久前逝世，年仅19岁，无继承人。究竟发生了什么？当人们用香料处理好尸体，将法老放进坟墓时，很多人发出了这样的疑问。

埃及·人还这么年轻怎么会死呢？是意外、突发疾病，还是谋杀？

犯罪假说。对十分低调的图坦卡蒙的生命是如何终结的，我们知之甚少，也许只是有人觊觎他的财富和权力。事实上，有可能想谋害他的大有人在：他的王后安赫塞娜蒙，对沦为宫廷权贵玩物的懦弱丈夫感到厌烦；权臣霍朗赫布是等待机会来临的年轻野心家；年迈的阿伊，法老的叔祖，同样对王位野心勃勃。最后这位叔祖还出现在侄孙的葬礼上：他按俗例打开死者的嘴巴，这一举动相当于他被正式指定为王位继承人。如果猜测不假，可以说阿伊把握住了自己的机会，因为他的梦想将成为现实：埃及的王位从此就是他的了。他还急着娶了安赫塞娜蒙，以此让自己的继位合理合法。

医疗假说。不可否认，这位年轻的法老确实身体孱弱。他身患疟疾，还患有慢性骨骼疾病——最终演化成让他难以抵抗的骨骼脱钙。如果再算上他在一次猎狮过程中被马车伤到……反正到目前为止图坦卡蒙的死还是一个谜。

通往冥界。我们还是希望这些假说不会惊扰到死去的国王。他刚被葬在帝王谷中央的墓穴里。2 000多件珍宝也被放在坟墓中陪他走完最后的旅程，对于这样的人物这是惯常做法。穿过一个小楼梯和走廊后能看到一个前厅，里面杂七杂八地堆满了东西。再往前走就是墓室，墓室由两名高大的黑人士兵驻守，里面安葬着图坦卡蒙，还有一个藏宝室。藏宝室里有许多稀世珍宝：一件手工镶嵌装饰品，用稀有木材制造的家具；一个带有莲花形瓶耳的大理石花瓶；一些罕见的珠宝；一些用珍贵宝石装饰的箱盒……

在好几座覆盖着金树叶的木质小教堂的掩护下，摆放着三座石棺，其中最后一座石棺用实心金块制成，里面是戴着法老面孔面具的木乃伊，面具用实心金块、熔融玻璃和青金石制成。这里有王家生活所需的一切：一个镀金的王冠，两架阅兵用的马车，一些镀金的床。甚至好像还有一把手柄处饰有十分罕见的水晶石的匕首，这把匕首是从包裹着木乃伊的布条里取出的，在年轻法老腹部的位置……据说它的刀身是用陨石制作的……图坦卡蒙始终被一团迷雾包围着。

◆ 潮流

引人注目的节庆妆容

-1300年

埃及·埃及人非常注重自己的外表，所有埃及人都化妆，无论是男人、女人还是小孩，他们尤其注重眼妆。

“埃及式”眼妆。这种风格化的眼妆特点是眼睛周围有一条细细的线，上眼睑也用同样的方式延长。还可以在眼睑的可活动区域画一条黑色的宽带来提高眼睛的高度。

胭脂色盘。埃及化妆术中，色彩扮演着最重要的角色，因为色彩被看作有生命的活物。太阳的黄色、植物的绿色、肥土的黑色、天空的蓝色或是沙漠的红色，这就是时尚的胭脂色盘。埃及人多么懂美妆啊！方铅矿研磨而成的黑色胭脂似乎最终取代了绿孔雀石研磨而成的绿色胭脂（绿色胭脂在古王国时期盛行）。把黑色脂粉精细地涂抹在眼睛周围，埃及人大概是想拥有鹰隼（荷鲁斯的圣兽）般锐利的眼睛。眼睛周围涂上自然的黑色眼影便有了非同寻常的文化内涵。

像埃伯斯纸草卷这样的医用纸莎草制成的胭脂还有对身体有益的功效，既能滋养皮肤又能保护眼睛免受阳光刺伤。

小贴士

家具出售

可以追溯至第十八王朝时期的非常漂亮的床、凳子、箱子和椅子。尊享埃及无花果木和雪花白大理石……既舒适又高档。

◆ 传统

如果您想到达永生之境，别忘了带好“旅行指南”

在任何时期，
都有非常好的指南，
它们保佑死者，
帮助他们在冥间
渡过难关，
并把他们带到
“芦苇原”
——埃及的绿色天堂。

-1300年

埃及·在千年前的古王国时期，首次在乌纳斯金字塔中出现的**金字塔铭文**，是仅为法老所刻。这些咒语将帮助法老战胜想摧毁他的木乃伊使他不能永垂不朽的敌人。500年后的中王国时期，**石棺铭文**出现了，就像它的名称一样，这些铭文被刻在石棺上，用来保佑死者在死后远离饥饿、口渴和魔鬼。石棺内外的彩绘上标记了要跨过的危险台阶，以便使死者最终到达死神奥西里斯审判庭。

在最近的新王国时期，《**死者之书**》成了冥间最经典的备忘录。死者死后要经过一道道可怕的门，并会遇到不断提出问题的邪灵。任何一个错误回答都会带来毁灭。刚出版的《**地狱之书**》就记述了死者的亡灵在夜间经过一道道门直达冥国的故事。最后，我们的旅行指南可不能少了《**洞穴之书**》，把这本书放在法老的陵墓中已成为惯例。这本书用来陪伴太阳神拉夜间游行时穿过6个地狱洞穴。

讣告

-1294年

拉美西斯一世，他登基时年事已高，仅在位一年，但开创了第十九王朝。他的儿子，塞提一世继承了王位。

建筑

克里特岛的独眼巨人墙重以吨计

-1300年

克里特岛·迈锡尼和梯林斯的游客对眼前所见之景赞叹不已。迈锡尼古城的主要入口被称为“狮子门”，它的支柱和门梁都是用数吨重的巨大石块做成的。在门梁上有一个巨大的三角楣石块，我们在上面雕刻了两个对称的狮子浮雕。

在梯林斯要塞的南部，叠放的独眼巨人石构成了尖形拱顶和一条狭长的走廊。

◆ 旅行

在阿布辛贝勒，每个人都有一座庙宇

-1260年

埃及·拉美西斯二世在努比亚阿布辛贝勒建造的岩壁神庙是家庭旅行的绝佳去处，您将看到法老和王后尼斐尔泰丽的庙宇不相上下。这座高60米的神庙嵌于悬崖峭壁之中，自拉美西斯二世时期建成以来世人便为之惊叹。露天入口处伴有四个巨大的法老坐像雕刻，每个高20米。在神庙的多柱式大厅中还有许多其他的法老巨像。这些雕像被摆放在柱前，手持鞭子和权杖，代表死神奥西里斯。神庙的中轴线朝着太阳下山的方向，因此当神庙大门打开时，阳光可以射进来并照亮神庙深处的宏伟雕像。

新闻

建筑

噢，我的坟墓，噢噢噢！

希腊·近两个世纪以来，建筑爱好者持续关注着在伯罗奔尼撒半岛迈锡尼出现的新型坟墓——圆顶墓。恰如其名，这种希腊坟墓墓室是圆形的，并取代了传统的竖井墓。

坟头用石头、泥土和黏土做成，墓身采用叠涩拱的形式，用雕刻过的石头从外向内不规则斜铺，一块叠着一块。我们通过一个地下通道进入其中。

最主要的圆顶墓被认为是国王或王子的墓地，其中陈放的无数财宝使它们成为著名的“宝藏坟墓”。而迈锡尼最著名的坟墓，毫无疑问是“阿特柔斯宝藏”(又名“阿伽门农墓”)，墓室高14米，不久前刚完工。

-1250年

记事本

尼罗河暴风雨：拉美西斯二世逝世了

-1213年

埃及·埃及最伟大的君主之一逝世很难不引人注意，人们不禁想问埃及将怎样开启一个新的时期。

他在位67年，覆盖了第十九王朝一半的时间，他用这些时间建造了很多庙宇和宫殿并南征北战。他刚继位时政治形势颇为不利，因为赫梯帝国日益壮大构成威胁。拉美西斯二世通过一系列战争打败了他们，在新生代眼中他因此成为永垂不朽的国王。约公元前1274年，他在卡迭石战役中一举击败穆瓦塔里二世和他盟友的军队，这一战役被记录在《庞达乌尔史诗》中。

拉美西斯二世是一位伟大的建造者，他在三角洲创立了第二个首都——培尔-拉美西斯，修建完工卡纳克阿蒙神庙的多柱式大厅，兴建了自己的陵墓——卢克索对面的拉美西姆以及努比亚的阿布辛贝勒神庙，并留下了众多巨大的雕像。

在他统治的晚期，国家忧患重重。他不得不接受阿蒙神大祭司的权威逐渐增长，财富源源不断地流向神庙。此外，他还选择把国家机器的诸多重要岗位委托给外邦移民，更不用提他的军队了——大部分是由苏丹人和利比亚人构成的外国雇佣兵。这些是不是都为未来埋下了隐患呢？

◆ 建筑

-1260年

恰高·占比尔的金字形神塔开幕仪式

刚刚在埃兰国诞生了一个新奇迹：天空在海拔60米处与大地相遇！

伊朗·乌尔王国的两大创始人，公元前2000年的乌尔纳姆国王和继承他王位的儿子舒尔吉建造了第一批金字形神塔，这些神塔是建在美索不达米亚梯田上的神庙，在乌鲁克、尼普尔和埃里都这几大宗教中心都可以见到。此后，这类建筑在其他地区也慢慢发展起来。在苏萨附近的恰高·占比尔，这里的金字形神塔刚刚完工，由恩塔什-高尔国王打造，这座神塔是埃兰人民的骄傲。它由砖块（烧制过的和没烧过的）砌成，高近60米，占地105平方米。与其他金字形神塔由外部楼梯进入不同，这座神塔由内部楼梯进入。埃特曼安吉是最后一个，也是最出名的一个金字形神塔，公元前6世纪由尼布甲尼撒二世在巴比伦修建，高91米，成为《圣经》中巴别塔神话的灵感源泉。

宗教

以色列人的圣火

-1200年

埃及·约柜是上帝居所和荣耀之所的会幕中的首要圣器，已成为游牧民族流动的圣所。在约柜中存放着刻有《十诫》的两块石版，这是上帝在西奈山给摩西的十条诫命。

这是一个长约1.2米、高约0.8米的镀金木柜，在柜子上有两尊用金属打造的天使。以色列人离开埃及时，利未人祭司携带着约柜直抵迦南。不能携带任何金属制品，他们就用木杆抬着约柜。教徒以外的任何人想要靠近约柜就有可能失去生命。事实上，沉迷法术的祭司从埃及人那里学来了原始版本的“莱顿瓶”（一种电容器）的秘密，并在约柜中引入了相似的装置。约柜盖上的两个金属雕像之间会冒出火花，这就是以色列人的圣火。

◆ 美术

奥尔梅克巨石头雕

-1200年

美洲·奥尔梅克，意为“橡胶林的居民”，其最令人熟知的就是奇大无比的巨石头雕，有两三米高，重20多吨。这些“大头”在玄武岩上被雕刻出来，是中美洲前古典期文明的经典，也就是墨西哥湾一带奥尔梅克文明的典型。这些“大头”是首领还是被斩首的敌人？是肖像雕刻还是胜利纪念品？这些胖脸大叔是谁呢？

◆ 建筑

心在努拉格

-1200年

意大利·撒丁岛一共约有 7 000 个努拉格，这些塔状的建筑内直径为 10~36 米，高 12~20 米，是名副其实的堡垒要塞。它们都有一个石头底座来支撑圆锥顶，最简易的形状就是一个圆锥台。墙壁是用未经加工的天然石块砌成的，一块块叠加，石块之间没有填充黏合物。

我们不知道它们的建造者和建造原因。这些建筑既是住所、要塞，也是寺庙，为所有氏族的炼金术士所用，他们做出了很多象征动物、战士和许愿船的铜像，这些铜像在岛上几乎随处可见。

值得一提的是，在巴利阿里群岛也有类似的建筑。

◆ 国际

赫梯人要完蛋了吗？

-1178年

数十年的衰退后，赫梯帝国和它的首都在同一时间沦陷，因为“海上民族”侵占了这里。让我们一起来回顾一下它500年的历史。

近东·来自阿纳托利的征服者赫梯人是谁?

拉巴尔那一世是赫梯帝国的开国君主。他的孙子，穆尔西里一世是名副其实的征服者，他夺取了叙利亚北部并大约在公元前 1595 年攻占了巴比伦。正是在他的统治之下，赫梯帝国在近东走向巅峰。但在接下来的内乱中，穆尔西里一世被谋杀，伟大的赫梯帝国也开始走向漫长的衰退之路，尤其是面对越来越强大的加喜特人。公元前 1475 年，加喜特人在巴比伦建立王朝，从此叱咤风云几百年。

赫梯帝国最后一位伟大的君主是苏庇路里乌玛一世。他与埃及阿肯那顿宫廷保持外交信件往来，也就是著名的阿马尔那泥版书信，他也因此名垂千古。

◆ 冲突

拉美西斯三世大战海上民族

-1170年

埃及·最近几十年来，埃及作为地中海东部的一部分，遇到了一个新威胁——海上民族（由不同民族组成的联盟，来源既多样又不确定，包括欧洲北部、西西里岛、撒丁岛和爱琴海的岛屿等）。拉美西斯二世的继位者，法老麦伦普塔第一次挫败了海上民族的进攻。但直到拉美西斯三世上位15年后，他的军队才彻底歼灭了海上民族。

海上民族摧毁了迈锡尼要塞梯林斯宫，放火烧了皮洛斯宫殿，加速了赫梯帝国的瓦解。塞浦路斯也被他们攻占，乌加里特被毁灭。手握最坚固的铁器，海上民族是不是就所向披靡了呢？就像他们神秘地出现一样，海上民族在埃及被击败后就神秘地消失了。

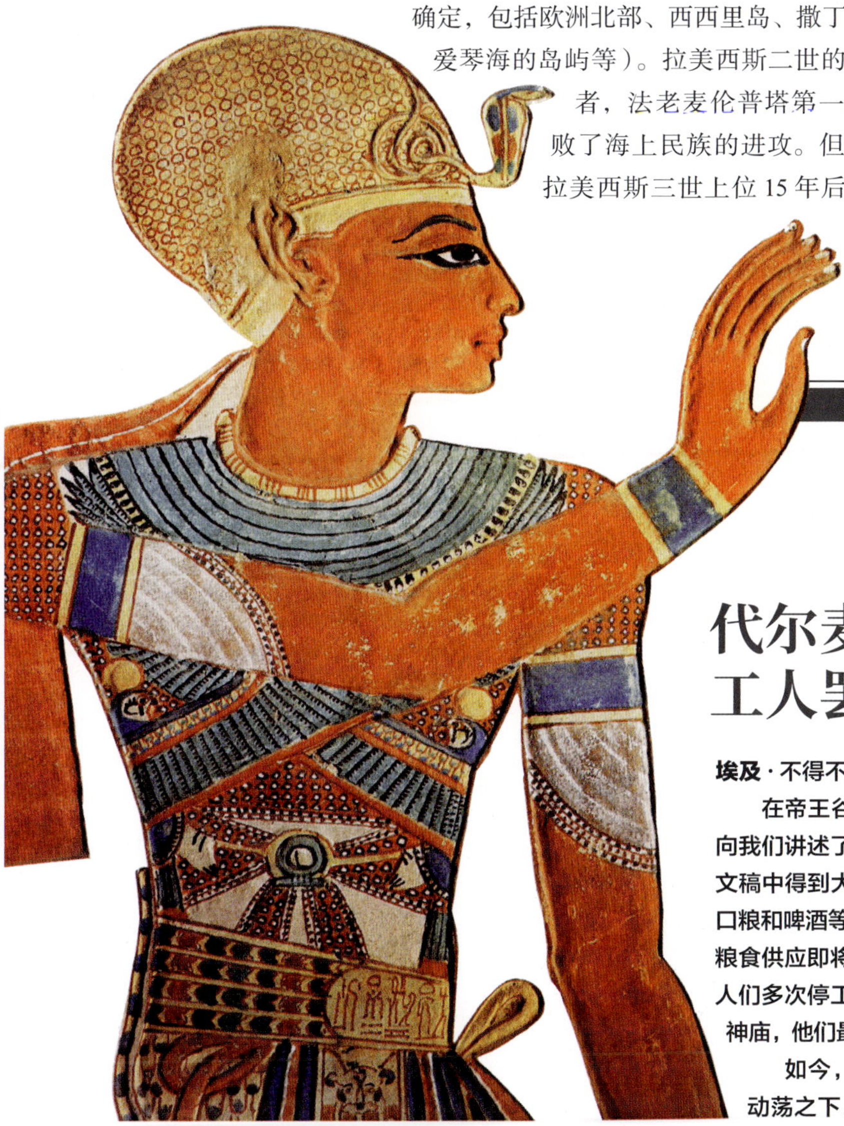

新闻 社会

代尔麦地那工人罢工

-1157年

埃及·不得不提的罕见事件——代尔麦地那陵墓工地的工人们罢工了。

在帝王谷工作的书吏官阿梅纳赫特用莎草纸记录了这起罢工事件，向我们讲述了工人们和拉美西斯三世官员之间的社会矛盾。我们从这份文稿中得到大量的信息，包括当时的工作条件、薪水、根据工种分配的口粮和啤酒等。似乎当时的主要问题就是口粮分配不合理并且质量太差。粮食供应即将耗尽，阿梅纳赫特甚至建议工人们向法老或官员投诉。工人们多次停工，泥工、石匠、画工和其他雕刻工占领了用作粮食仓库的神庙，他们最终一定会如愿以偿。

如今，王皇室陵墓盗窃案不断增加，这证明埃及被笼罩在社会动荡之下。

新闻

司法

后宫谋反

-1154年

埃及·通过都灵司法纸卷，我们知晓了对“后宫密谋者”的判决。拉美西斯四世对密谋者和谋杀他父亲的凶手处以严厉的惩罚。

拉美西斯三世统治末期冲突不断，王家权力式微，代尔麦地那工人罢工就是其中一例。老法老的第二任妻子泰伊王后密谋造反，企图将王位授予他们的儿子彭塔瓦尔，但拉美西斯三世和他的大王后伊西斯所生的孩子才是王位的合法继承人。于是泰伊王后和后宫其他女人以及宫里宫外的权贵合谋，最终杀害了拉美西斯三世。事发后太多人想要保守秘密。谋反者也被逮捕并处以极刑。都灵司法纸卷详细地记载着整件事的全部过程。还按罪行轻重将罪犯名单分为五类。罪犯的真实名字被替换成可憎的名字，这样他们死后便无法转世“生存”：没有名字，就不能永生。彭塔瓦尔被认定为罪犯，并在逼迫下自杀。

◆ 政治

法老失去他的权威

-1000年

埃及·事实上，离拉美西斯二世专制统治时期越久，拉美西斯王室掌握的权力就越少。大家说拉美西斯九世统治时期，法老的权威下降到令人担忧的境地，连王室墓地都被洗劫，君主的近亲都卷入这场丑闻当中。而同样的事情在拉美西斯十一世时期再次发生。

的确，第二十王朝的君主几乎丧失了对国家北部尼罗河三角洲地区的统治权。阿蒙神大祭司赫里霍尔起先被拉美西斯十一世派到上埃及地区恢复秩序，后来却控制了底比斯，并从努比亚分出自己的政权。他用“库什的王家子嗣”的名号自称国家的统治者。

到第二十一王朝，拉美西斯王室的统治时代彻底结束，北方首都塔尼斯的塞特神被废除，人们开始崇拜阿蒙神。也是在这个王朝时期，努比亚从埃及封建君主权中解放出来：一个当地亲王家族统治尼罗河第四瀑布附近的纳帕塔。

埃及帝国分崩离析……

◆ 冲突

终于有一本巴比伦旅行指南了——《汀提尔》

-1100年

伊拉克·汀提尔是巴比伦的名称之一，意为“生命所在之地”。但我们这里要说的《汀提尔》，是在尼布甲尼撒一世统治时被写成的一本书。《汀提尔》描绘了一张巴比伦所有神庙和宫殿的全景地形图，占地10平方千米。为了歌颂巴比伦并使之成为世界中心，《汀提尔》被雕刻在五六个不同的石板上，十分详尽地介绍了城市中的礼拜场所、教堂，祭坛和神庙，同样也提到了街道和宗教游行所经过的大门。除此之外，并未涉及其他建筑。

我们可以从中得知巴比伦被三面城墙围着，由装满水的沟渠隔开。城中穿插着多座大门，其中最出名的就是伊什塔尔城门，门上刻有狮子浅浮雕。河两岸用烧砖和木头做成的桥连接，十分坚固。

◆ 国际

耶路撒冷的国王：大卫

-1000年 **近东**·据最新消息，大卫在希伯伦被选为国王，而希伯伦将在未来7年作为大卫王的首都。攻克耶路撒冷后，大卫王改造了锡安山上的防御工事，这一举措具有重要的战略意义。他在新首都安置自己的亲信和最重要的神职人员。大卫王之所以赫赫有名，是因为当他还只是一个年轻牧羊人的时候，在以拉谷用一个弹弓就打倒了非利士人中最厉害的勇士巨人歌利亚。

大卫王在耶路撒冷的宫廷中开设了一所音乐学院，培训“国王的音乐家”。大家可以在学院里学习演唱和乐器，特别是

竖琴或希特拉琴、琵琶、笛子、铃鼓……大卫是圣诗曲调——一种随歌演唱的宣叙调——的创作者。

《圣经·撒母耳记》上下两册和《圣经·列王纪》上册讲述了大卫王的一生。

社会

遗体放入棺材，文字进行排版

-1000年

黎巴嫩·比布鲁斯的君主阿希拉姆自己提出将自己埋葬在一个巨大的石灰石棺里。这座石棺自然用来存放他的遗体，但也给我们留下了已知最古老的腓尼基字母。当时只记载了辅音字母，大概是出自青铜中期文化时期的字母，包含23个从埃及象形文字演化而来的文字，后来增加元音字母诞生了希腊字母和阿拉米语。

小贴士

珠宝：我们的精选礼物

人们总会给家人或朋友送礼。我们特意为您精选了能体现埃及式优雅的礼物，它们一定会大受赞赏：

- 一条饰有吊坠的精美项链；
- 一块饰有青金石的胸牌；
- 一枚刻有圣甲虫的戒指。

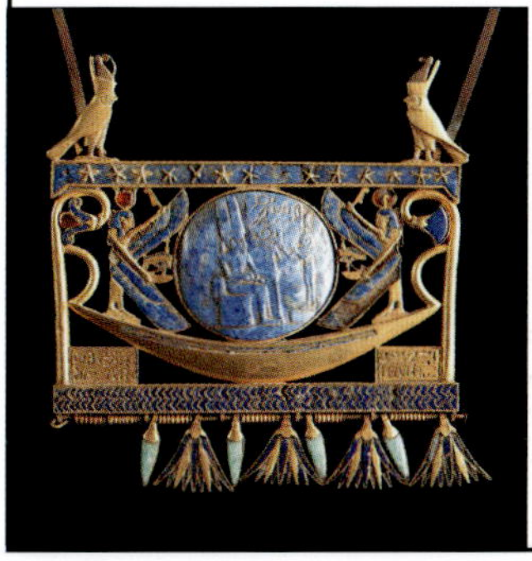

为了防止您在这些绝美的珠宝中挑花眼，我们先来回顾一下它们的基本象征意义：金被看作神灵的躯体，而银则是他们的骨骼。从颜色来看，绿色象征再生，青绿色象征生命的起源尼罗河。黑色象征重生和肥沃。至于红色，可得谨慎送出：它让人想起沙漠和暴力，这是塞特的颜色，而他是杀死自己亲兄弟奥西里斯的凶手。

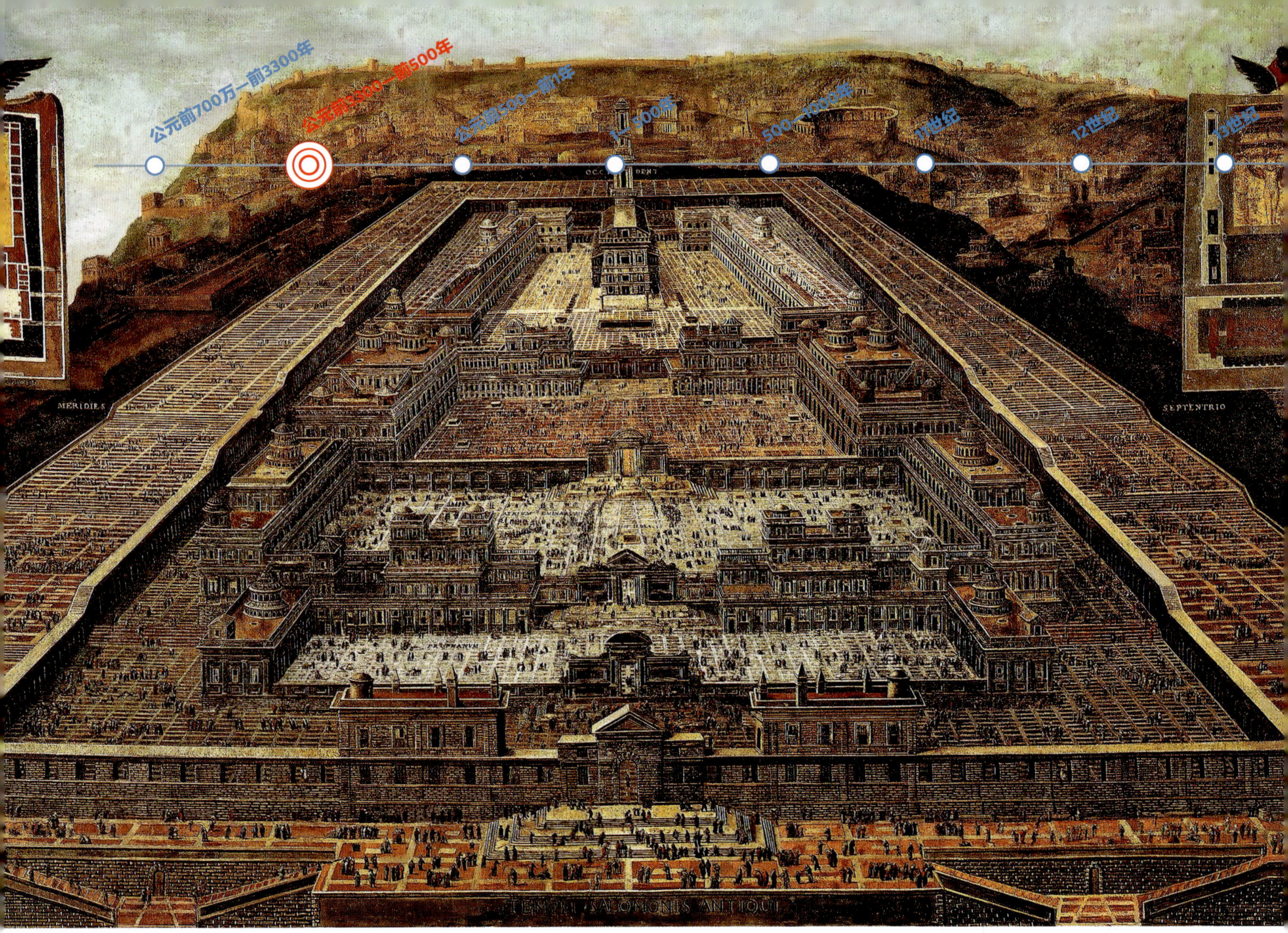

◆ 宗教

所罗门把他的圣殿献给耶路撒冷

-960年 **近东**·直到公元前970年所罗门加冕后的执政期间，耶路撒冷才建起一座圣殿。

这座圣殿位于被誉为“圣殿山”的摩利亚山上，这里成为犹太教朝圣的中心，根据神意，每年进行三次朝圣。据《圣经》记载，建筑这座圣殿耗时7年，动用17万名工人。圣殿其实是用来守护约柜的防御工事，约柜保存在圣殿里的至圣所中，只有大祭司才能进入。整座圣殿宏伟浩大，由屋顶平台、厚墙、公共区域、柱廊、净水池和祭台构成。圣殿里奢侈豪华，种植雪松，这是一种珍贵且芬芳的树木，由泰尔城的腓尼基王希拉姆提供。

但公元前931年所罗门去世时，国家南北分裂，北方的十个部落与南方的便雅悯和犹太两个部落分开来。

圣殿逐渐丧失自己的光辉，到公元前586年因巴比伦军队的入侵而彻底损毁。被囚禁的犹太人此时遭到流放。几十年后第二座圣殿才被修建起来。

◆ 社会

基色历，记着日子和农活

近东·在距离耶路撒冷约 30 千米的一块长 11 厘米、宽 7.2 厘米的陶土版上雕刻着一篇用古希伯来语书写的文章。原文排列成七行，以下是译文：

两个月采摘。 两个月播种。
两个月刈草。 一个月割麻。
一个月收麦。 一个月收割和丈量。
两个月收葡萄。一个月收晚果。

这篇有意思的文章反映了农民该做的农活。首先是九月和十月的时候在当地采摘橄榄和水果，然后三月和四月的时候割谷物、割亚麻。丈量能估算出收成的价值，之后就收葡萄。最后收晚果，此时又是一年的九月。

-950年

新闻

传统

秘鲁有什么新鲜事？

-900年

秘鲁·三个世纪以来，查文德万塔尔文化在秘鲁海岸的大部分地区发展壮大，从北边的兰巴耶克蔓延到南边的奇尔卡。查文德万塔尔文化崇拜猫科动物，虽然一块高高的“拉蒙蒂石碑”上刻的是另一位神明，他每只手上都拿着一根棍子，被称作“棍神”。

查文德万塔尔文化的追随者在安第斯山脉正中央、海拔 3 000 多米高的地方修建了一座祭祀中心。这座祭祀中心由梯形的大金字塔组成，其中最宏伟的要数卡斯蒂略金字塔。

那里的农业高度发展，玉米已被种植了近 1 000 年，和豆类、花生以及土豆一起构成了当地居民的主要粮食。那些住在海岸线上的居民还会钓鱼。

◆ 文化

一种新的文字出现了：希伯来文

-900年

近东·希伯来文几乎完全来源于腓尼基字母，从公元前 2000 年年末开始盛行。希伯来文的字形更现代，字母呈方形，在公元前 5 世纪犹太人流放时假借了巴比伦囚虏的文字，而他们的文字又是从亚述犹太人那里继承的。

根据《米德拉什》一书的解释，希伯来文里 22 个字母的顺序跟希伯来圣经的文本是同时确立的。

◆ 文学

世界尽头的诗歌

中国·由不同作家撰写的文献汇编《尚书》以趣闻逸事、个人建议、皇家训令和宗教训诫的形式描写了中国古老的历史。《诗经》也出于同时期，是中国最早的诗歌文集。我们能在里面读到庆祝节日或描写劳作的民间歌谣，以及宫廷诗歌和宗教颂歌。

-900年

◆ 事件

噢，狄多！迦太基城的建造者

突尼斯 · 迦太基文明起源于古代世界里最大的商业和军事强国之一，是柏柏尔人本地文化与腓尼基移民文化融合的产物。迦太基应是在腓尼基公主埃莉萨（大家熟知的狄多）和随从从她哥哥提尔王皮格马利翁的宫廷中出逃后建立的。

她请当地的君主给她提供一块像牛皮一样大的土地。聪明的狄多将那块牛皮分割成一条条的细皮带：首尾相连，用这条长皮带圈出了未来迦太基最初的边界。

迦太基城的战略位置和海上力量让狄多先是得以彻底摆脱提尔，后能够展开经济和海军扩张的政策。

-814年

◆ 体育

最早的奥林匹亚运动会！

记得买门票

-776年

希腊 · 这项赛事很重要，因为它是所有希腊人，也就是所有政治和经济上独立的城邦居民，聚集在奥林匹亚举办的盛会。今年是第一届，只有一个体育项目：赛跑，围着体育场跑一圈（不到200米的距离）。

有足够的票让所有人来看比赛吗？

别忘了只有自由且有名望的希腊人才能进来观赛。观众将从希腊各地，以及意大利、北非和小亚细亚的殖民地前来。无论如何，女人是不能进来的，否则会被判处死刑，但她们可以参加奥林匹亚竞技会结束后两周举行的女子竞赛尼米亚竞技会，这个竞赛是为纪念女神赫拉而举办的。

定期聚会。奥林匹亚竞技会按周期举办，每四年在奥林匹亚球场举行——传闻赫拉克勒斯经12次工程后建造了这个地方。往后每届运动会的项目不断增多：掷标枪、掷铁饼、跳远、五项竞技、战车比赛、摔跤、拳击（英式拳击的鼻祖）、潘克拉辛格斗（任何打法都允许，除了挖眼睛）……运动会还被诗人写入诗歌，如品达为冠军写的颂诗《奥林匹亚颂》。

对胜利者的崇拜。要知道奥林匹亚竞技会的奖品可不是什么昂贵的东西，也不是金钱，而仅仅是一根给优胜者和他的城市带来荣誉的橄榄枝。获胜者不仅名字会被列入胜利者名单，而且他的雕塑还能屹立在奥林匹亚的圣林之中。

克罗托那的米罗是最著名的运动员之一。作为一名杰出的摔跤运动员，他在奥林匹亚获得了十几项胜利，在皮提亚竞技会（在德尔斐举行）获得七次胜利，在尼米亚竞技会获得九次胜利，在伊斯特米亚竞技会（在科林斯举行）获得十次胜利，最后他经常因缺少对手不战而胜。

快讯

-800年 一批日耳曼移民刚抵达下莱茵河，导致凯尔特人向不列颠群岛、法国和西班牙方向迁移，和当地人混居。

◆ 奇闻逸事

双胞胎之间的谋杀

-753年 **意大利**·又是一桩家庭遗产纠纷！

阿尔巴隆加国王努米托尔的女儿莉亚·西尔维娅作为维斯塔神的女祭司曾发誓要恪守贞洁。但她最终爱上了战神玛尔斯并生下一对双胞胎。新国王阿慕留斯在此期间废黜了他的兄弟努米托尔，他认为双胞胎的出生是不祥的预兆，因为有人预言这对双胞胎将替努米托尔复仇。

于是这对双胞胎立刻被他们的舅公判处死刑，因为阿慕留斯不愿意承担任何风险。两个孩子因此被抛弃，境遇悲惨，但一头刚失去幼崽的母狼给他们提供了可贵的帮助：母狼救了他们，还给两个幼孩喂奶。被一位牧羊人和他的妻子收养后，罗慕路斯与勒慕斯渐渐长大，还知晓了他们的身世，他们杀了自己的叔叔并重立他们的祖父为王。

后来他们决定在自己被抛弃的地方建立一座城市。由于只能有一位创立者和一位首领，他们交给神来判定。根据占卜，他们得观鸟。站在帕拉蒂诺山顶上，罗慕路斯数了十二只秃鹫，而勒慕斯在阿文提诺山上只数出了六只。罗慕路斯因而获得了城市的建造权。作为特洛伊战争的英雄埃涅阿斯的后裔，罗慕路斯用一把犁划出了未来城市的神圣边界。然而勒慕斯因武装跨越这道具有象征意义的边境，被他的双胞胎兄弟杀死了。罗慕路斯希望以此捍卫这座城市的神力和神秘，从而保卫这座未来罗马城的安全。

讣告

-750年

赫西奥德，这位出生于维奥蒂亚州的希腊诗人是教训诗之父。他给我们留下了诗作《工作与时日》，不仅讲述了普罗米修斯和潘多拉的故事，还有他自己的国家现行的农业日历。

社会

条条大路通阿尔巴隆加

-753年

意大利·阿尔巴隆加是意大利最古老的城市之一，距离罗马约 20 千米，在现在甘多尔福堡的位置。据传说，英雄埃涅阿斯的儿子阿斯卡尼俄斯是这座城市的建造者。在这里定居的人跟罗马的建造者应该是同一批人。大概有 6 000 名居民，分居在七座小山丘上。除了这一块聚居地，拉齐奥地区再没有其他大城市了。

◆ 社会

罗马城是个大熔炉

-753年

意大利·罗马城建成于今年的4月21日。如果我们仔细观察，就能发现罗马建成前的意大利一直都是不同的人和不同文化的交融地：有博洛尼亚地区的维拉诺瓦文化里特殊的丧葬礼仪（焚化和“骨灰瓮”），至今仍在沿用；有拉齐奥和台伯河河谷的拉丁-法利斯克人；有源自多瑙河的伊利里亚部落……每个人都置身于这个熔炉之中！

从公元前9世纪开始，伊特鲁里亚人也加入其中，他们攻克了台伯河和阿尔诺河之间的土地（后又从波河河谷扩张至坎帕尼亚区）。拉丁人在拉齐奥定居，法利斯克人在位于台伯河河口北部的法莱里亚周围定居。后来意大利人在亚平宁山脉里定居，一直蔓延到意大利南部。至于希腊人，他们占据着东海岸。

意大利民族不久后必然经历巨大的变故，尤其是希腊人对他们的殖民。

后来我们在罗马找到了他们。伊特鲁里亚人在卡比托利欧山上驻扎了一支军队，对着古罗马广场开了一个市场，这里后来成为新的城市中心。

城市之王。前四位国王将发挥出各自明确的职能。在罗慕路斯之后，努玛·庞皮利乌斯（第二任国王）制定宗教礼仪，图卢斯·霍斯提利乌斯设立军事机构，而安库斯·马基乌斯发展了经济。

◆ 政治

埃及落入埃塞俄比亚人手中：黑法老时代

埃及·近两个世纪以来埃及的衰落让苏丹北部的地方首领得以解放。到公元前740年，其中一位纳帕塔（位于尼罗河第四瀑布下游）的王子彼安基在库施王国的上努比亚确立了权威，后又占领了底比斯。他今年刚成功航行至孟菲斯。这位黑法老某种程度上统一了埃及，但给尼罗河三角洲塞易斯地区的首领保留了一定的自主权。彼安基统治的时期是第二十五王朝，也被称为“埃塞俄比亚王朝”，在艺术史和文学史上标志着一次重大的文化复兴。他的继任者库施王国国王沙巴卡、沙巴塔卡和塔哈库兴建或扩大了神庙，比如凯沃寺就被修建为向阿蒙-拉神朝拜的重要场所。纳帕塔一直是王国的首都，直到公元前663年他们在亚述人的压力下被迫撤退到南方。

-726年

快讯

-724年

比萨的海佩努斯赢得了奥林匹亚竞技会的冠军（绕体育场跑两圈的比赛），今年首次出现这一比赛项目。

-722年

美索不达米亚发明了投石机。

体育

-720年 裸体和短裤

希腊·对麦加拉运动员奥西普斯来说，在第十五届奥林匹亚竞技会上，他能在自己的缠腰布掉了的情况下裸跑完全程实在是需要一定的勇气。他的事迹造成轰动，从此以后所有奥运会运动员都赤身裸体参加比赛。

从公元前450年开始，所有希腊运动员无论参加何种比赛，在室外运动场相见时都不穿衣服。

◆ 文化

雅典接受了腓尼基字母 -725年

希腊·这些希腊人花了不少时间建立自己的字母体系，但他们的字母实则出自腓尼基字母！有人对这种占为己有的行为加以指责。一些人看了迪皮隆（花瓶或彩陶酒坛）或内斯特杯（无脚双耳大饮杯）上的刻文后认为希腊人就是在这个年代借鉴了腓尼基字母。刻文用库迈字母书写，这是古希腊字母的变体，常见于埃维亚岛（尤其是岛上的城市库马和哈尔基斯）和南意大利的希腊殖民地。

而另一些人认为希腊字母早就出现了，甚至可追溯到公元前11世纪。但希腊字母似乎不太可能早于公元前10世纪出现，因为那时腓尼基字母尚未与由它衍生出的希腊字母相容。

宗教

新闻

罗马的新职位：大祭司长

-715年

意大利·大祭司长的职位在罗马设立，但大祭司长究竟扮演怎样的角色呢？他负责监督神庙和宗教仪式的举行。他将所有的重要事件记录在《大年表》里，这是罗马真正的历史年表。大祭司长的职级在罗马宗教中是最高的：大祭司长是唯一能订立日历上的吉日和凶日、确定工作日和非工作日的人。不仅如此，他还能确定供奉女灶神的贞女。大祭司长的职务为终身制。

◆ 工艺

铁来了

-700年

世界·我们怎能没有金属呢？冶金术改变了我们的习惯。人类已经经历了铜石并用时代和青铜时代，接下来就是铁器时代！虽然金属已早为人知，加工、浇铸矿石和冶炼合金的技术却改变了一切。为了得到一种比石头更坚硬的物质，有三个步骤是必须的：锻打、熔炼和炼造铜锡合金（形成青铜）。冶炼金属就像文字的诞生，对各种文明来说是相通的，或多或少会用到相同的技术。对铁的运用形成一个新的阶段。铁的冶炼技术如今已普及，好几个世纪前，它先出现在安纳托利亚，后传入欧洲、亚洲和非洲。

宗教

一种来自印度的事物：奥义书

-700年

印度·奥义书（直译为“师生对坐所传的玄奥教义”）是一种哲学性宗教文献的总称，构成了印度教的基础。奥义书被放在《吠陀》的最后，是一些写给圣贤的启示性文章，探讨知识，揭示“梵”（宇宙本原）和“我”（个人精神）的奥秘。

我们能在奥义书中读到不同作者在不同时期写的作品，也能读出早期《吠陀》梵文的哲学影响力。这些文章的目的不仅是探索哲学真相，更多的是给人类精神世界带去一份平和。玄学问题在奥义书中以对话的形式提出并解决。只有两条路能让信徒们通往神域，那就是祈祷和对自身进行最深刻的自省。

-700年

◆ 美术

豪尔萨巴德的五脚公牛像

伊拉克·在杜尔舍鲁金（又称豪尔萨巴德）古城，亚述国王去世的公元前705年，人们在这座又名“萨尔贡要塞”的城市里干了几件大事。这座城市距离尼尼微约30千米，完全是由国王建造而起。它是一块3平方千米的方形土地，城墙是用砖坯砌成的，墙上开了七扇门。由牛身人头像守护这些亚述帝国的城门。

其中一位保护神身高4米。由一整个石块雕刻而成，头部雕成圆锥体（三维立体），其余部位是高浮雕。头部是整个雕塑里唯一的人类器官：这是一位长着大胡子，有浓厚眉毛的男人的头。他戴着缀有繁星、上有犄角的圆锥形头饰。而身体是一头强壮的公牛，沉着冷静地向前走。

为了让人们在正面看到他休息的样子，在侧面看到他行走的样子，艺术家给他添上了第五只脚。后腿间有歌颂萨尔贡国王荣耀的刻文。

◆ 宗教

祆教：到处都是火！

-630年

伊朗·琐罗亚斯德（又称查拉图斯特拉）成立的祆教立足于二元论，认为世界是二元对立的：一边是善，由唯一的最高神阿胡拉·马兹达掌管；另一边是恶，由他的对手恶神阿里曼掌管。所有生灵都参与了世界的本质，但只有人类可以进行二元选择。通过琐罗亚斯德的解释，阿胡拉·马兹达给人类提供从善的可能性。先知琐罗亚斯德的预言汇编成宗教诗歌集《伽泰》。琐罗亚斯德的宗教崇拜本质上建立在崇拜圣火的基础上。祆教在被阿拉伯人征服之前一直都是波斯帝国的国教。

快讯

-660年

2月11日，传说中天照大御神的后代神武天皇开始统治日本。

-650年

拉丁字母的诞生：拉齐奥的居民向伊特鲁里亚人借用他们的字母（而他们的字母本身来源于希腊字母），并做了改进。

新闻 文化

亚述图书馆开门啦！

-630年

伊拉克·我们着急地等待图书馆开门，这样就可以借阅《吉尔伽美什史诗》和其他书籍了。

我们想要的，亚述人做到了！他们收集并汇编了所有他们能找到的写在黏土板上的文章，将它们打包好放在芦苇篮里，或随意地放在架子上。

尼尼微有好几个图书馆。最重要的要数亚述巴尼拔的图书馆，图书馆的大殿里藏有2.5万至3万块书版：有这个世纪及上一个世纪的文学和科学文献，还有宗教、占卜、神话、圣歌等各类文献。亚述巴尼拔不仅是精致的文人，也是一位战士。他将亚述的疆界扩大至下埃及和整个肥沃新月（巴比伦、埃兰、腓尼基……）。遗憾的是他在统治的最后几年遭遇了几次重大失败：失去埃及、受到北方蛮族的威胁和斯基泰人的攻击……

◆ 美术

希腊人开始做雕塑了

-630年

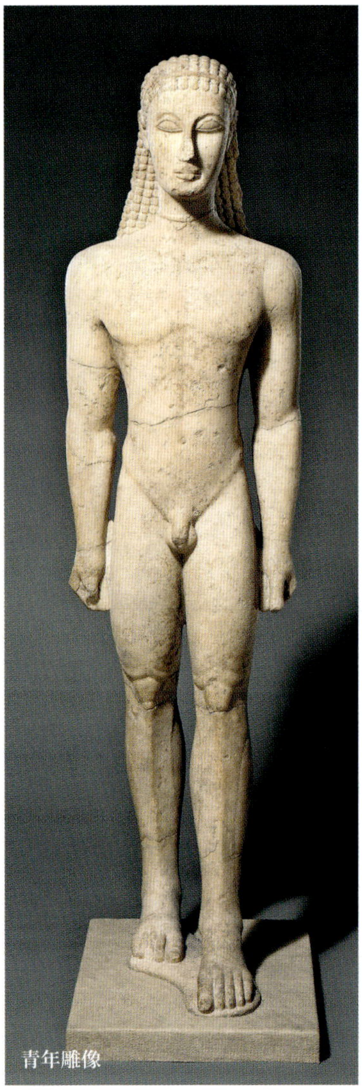

青年雕像

希腊·迄今为止，希腊雕塑家的手还没能做出什么惊世骇俗的作品，要么就是用易变质的材料做出的作品。最早一批雕塑家在大约一个世纪前开始制作还愿物，也就是用黏土、象牙或黄铜制成，献给死者的许愿雕塑。但自此以后，艺术家们就会将石头转化成艺术品了！

克里特岛的奥塞尔夫人雕塑展现出古代雕塑的全部特征：手臂贴着身体、勾出脸部轮廓。受到东方文化的影响，奥塞尔夫人是用石灰石制成的。此后，用同样方法制成的少女雕像和青年雕像被大量制造。

少女雕像

快讯

-621年

4月22日在巴比伦可看到月食。

-616年

伊特鲁里亚人卢奇乌斯·塔奎尼乌斯·普里斯库斯成为罗马第五任国王。他命人修建马克西姆下水道和马克西穆斯竞技场，还整修了卡比托利欧广场。

大工程

新闻

-610年

牛有了他们的广场

意大利·在罗马，伊特鲁里亚人刚抽干了卡比托利欧山、帕拉蒂诺山和阿文蒂诺山之间的一大块沼泽，这标志着第一个古罗马广场的诞生。这里事实上是一个牲畜市场，是牛贩子卖牛的集市，屠牛广场因此而得名。这个地方汇聚四方，成为一个交流中心点，苏布里基乌斯桥和埃米利乌斯桥（听说是罗马城最古老的桥梁）连接起屠牛广场和台伯河右岸。

屠牛广场上后来建起多座宗教建筑：水手的庇护神波图努斯神庙，胜利者海格力斯神庙……这里也举行一些丧葬仪式，比如最早的奴隶搏斗，通过这种方式向家族首领致敬，后来慢慢演变成角斗。

◆ 政治

亚述帝国的终结

-612年

近东·几家欢喜几家愁——米底人和巴比伦人联手攻占了尼尼微城，敲响了亚述帝国的丧钟。

亚述国王亚述巴尼拔去世15年后，那波帕拉萨尔率领着迦勒底军队，将巴比伦从亚述的枷锁中解放出来，建立了新巴比伦王国，并自称为王。底格里斯河以东的所有领土都归新国王，并且很快整个美索不达米亚都被他收到麾下。埃及也从亚述帝国的衰弱中获利，在尼罗河三角洲的普萨美提克一世的带领下重获独立。

科技

新闻

-610年

阿那克西曼德

希腊·米利都城的年轻人阿那克西曼德为日常生活发明了一个非常实用的装置：在垂直平面上竖着摆放一根木棍，根据不同高度的太阳所投射下的影子来判断时间。

经过更多观察，我们还能通过这个类似日晷的装置知道季节的轮换，标记出春分、夏至、秋分、冬至。

公元前700万—前3300年 公元前3300—前500年 公元前500—前1年 1—500年 500—1000年 11世纪 12世纪 13世纪

◆ 社会

住在巴比伦？-600年是有可能的

伊拉克·穿过空中花园后发现的巴比伦城令人叹为观止。它的庞大和富足给人留下深刻的印象。有两道城墙围绕着它（第一道6.5米厚，第二道3.75米厚）。城墙上规则排布的塔楼用于保卫安全。这座城的两个部分——幼发拉底河西侧的老城区和东侧的新城区，由一座115米长的桥梁连接。

市中心矗立着为马尔杜克神修建的神庙，和一座91米高的金字形神塔。多条主干道贯穿城市，通向一座座不同的大门，其中最著名的主干道连接了马尔杜克神庙和高12米的伊什塔尔城门。这条主干道是一条石板路，艺术家们在路边的墙上描绘神灵的象征物，分别是马尔杜克的怒龙和伊什塔尔的狮子。在巴比伦约40座神庙周围还排布着许多达官显贵的府邸，有些占地面积能达400平方米。

巴比伦伊什塔尔城门入口

◆ 建筑

像巴比伦一样拥有绿拇指

伊拉克·巴比伦一直令世人着迷，因为它是被摧毁和重建、被赞赏和唾弃次数最多的城市之一。它象征着世界和谐与马尔杜克神的力量，巴比伦的名字也来源于马尔杜克神，意指“神之门”。约两个世纪以来，得益于定期编纂的编年史，我们详细地知道了城中生活、重大活动、军事事件，或是达官显贵之间权力的游戏。

空中花园建于公元前605年后在位的巴比伦国王尼布甲尼撒二世的宫殿之中。坠入爱河的国王命人建造空中花

园来取悦一个女人——阿米提斯，她是米底国王的女儿，她为自己国家的山丘感到遗憾。这些高空植物引起了所有参观者的注意。高悬石柱、塔门、穹拱之上的这些不同层次的花园通过一套幼发拉底河定期输水的灌溉系统，无论是在夏季还是秋冬季都能得到稳定水量的浇灌。这些花园的高度跟围墙的高度一致，即25米。它们沿着幼发拉底河，像是一连串的露天平台高悬于一个公园之上。沟渠跟伊什塔尔城门东边的建筑相连。

如果说巴比伦空中花园给皇室家族带来些许新鲜感和轻松，那它们也同样以各式新鲜菜肴给神灵带去了供养。

◆ 社会

怎样认出斯基泰人？

-600年

欧亚大陆·圆锥形带耳头盔、覆满金属鳞片的皮甲、系在裤腿上的护腿和毛毡长裤……这就是斯基泰人的穿着方式：在冻土地带，您一定能一眼认出他们。这些骑兵都配备一套轻型武器装备：一把长匕首、一把带有箭杆和三角箭头的双曲角弓、一把剑，或一支标枪。他们能灵活运用这些武器。

游牧人的过去，野蛮人的名声。公元前8世纪，游牧民族斯基泰人横跨欧亚大草原，赶走著名的骑兵辛梅里安人。斯基泰人曾与亚述人联盟对抗米底人，后改变联盟（与米底人和巴比伦人结盟）参与到打垮亚述人的战争中，最终在公元前612年攻下他们的都城尼尼微。几十年间，斯基泰人已经攻克了美索不达米亚大部分地区，甚至延伸到中欧地区（波兰、乌克兰、匈牙利……）和埃及，埃及法老最终通过外交手段才制止了他们。

从此，斯基泰人慢慢定居下来。他们的疆域斯基提亚是一个繁荣的市场、真正的战略区域、希腊的粮仓。他们在接下来的两个世纪里兴建城市和商行。他们既不懂文字也不懂本国货币，他们既没有神庙也没有圣殿。但他们的堆墓（王公贵族的墓地）里留下的饰物和金器奢侈华贵，由此可见他们的文明程度之高。

斯基泰人的主神是掌管动物和火的女神塔比堤。他们也崇拜其他的神，比如天空之神帕帕伊奥斯和土地女神阿皮娅。

◆ 国际

希腊文化

攻陷整个地中海盆地

-610年

《马赛，希腊殖民地》，皮埃尔·皮维·德·夏凡纳，1869 年

地中海·许多希腊城市开始建立殖民地，大概是为满足人口大幅增长和社会运动的需求，以及商业扩展的需求。这些殖民地也是古希腊风格诞生的基础。

科林斯在西西里岛上建起叙拉古，米利都在埃及建起诺克拉蒂斯，福西亚建起马萨利亚和尼卡亚（现在的马赛和尼斯），麦加拉建起拜占庭……不怎么重要的雅典没有殖民地。这些新建的城市（无论是发展商业还是农业）后来都扮演重要的角色。此时，这些新城都采用与母城相同的宗教和习俗。希腊文化也如此传播和扎根。

时尚

帔络袍还是希顿，穿什么呢？

-600年

希腊·男士穿希顿出门，这是一块没有袖子，束在腰间，形似长内衣的织布。长到大腿中部，比较宽松。人们又为妇女做了类似的衣物，比希顿稍微长一点。参加宴会时，大家会穿一款特别的希顿，衣上织有图案，一直垂到脚面。

爱奥尼亚群岛和小亚细亚半岛上的亚麻制希顿是长款的，并带着褶儿。这一款现被希腊大陆沿用。

天气寒冷时，男士也会穿豹皮或羊毛大衣。衣服是贴身穿着的，毕竟男人即使裸露身体也不会引起什么尴尬。慢慢地，这种外衣演变成希玛纯，一种随意垂落的

◆ 经济

福西亚人在地中海开辟了一个新的港口

-600年 **法国**·为了在地中海发展贸易，福西亚人在高卢南部选择一个绝佳的位置，并将其命名为马赛。他们居住在马赛城的入口，也就是后来的老港。此前，可能只有海岸线上有其他人住过。

在接下来的100年，马赛城迎来了一个极为繁荣的时期，因为迦太基人在数次入侵马赛失败后，渐渐放弃了入侵的企图。有了这个喘息的机会，马赛城在地中海的存在感日益增强，并设立了多个商行，在昂蒂布、耶尔……从此，马赛成为高卢最大的中心城市之一。

帔络袍

长披风。女性身体不能像男性那样裸露，要用衣服将女性身体遮盖起来。因此才有了羊毛或亚麻制的长款帔络袍，大长方形布料缝制成桶状，长度比身体的高度还长。腰间束带收腰。装饰扣把衣服固定在肩部。前面的布料非常宽大，越过胸部，下摆能撩到肩膀后面，或者扎进腰间。衣服的上半身可折叠，调节成不同的高度。翻折下来的面料叫阿波太革玛，可以一直垂落到膝盖。也可以撩到头上作头巾。

为了更好地覆盖身体，人们也会在帔络袍外再穿一块宽大的布料。

希玛纯

◆ 音乐

长笛，可不是吹着玩的……

-600年

希腊·想要消磨下午的时光，那就像希腊人一样做一个音乐发烧友，学一样乐器。在希腊的底比斯、斯巴达和雅典，每个人都得会吹长笛。工作和吃饭都用赞歌伴奏，丧礼歌曲由唱诗班演唱。相比其他的艺术形式，希腊的音乐与东方传统文化的联系最为紧密。希腊人用两线谱标记音符，音符所采用的符号与腓尼基人的字母十分相像（希腊字母正是由此而来）。第一条线标记声调，第二条线标记相应的乐器，这套线谱没有给出任何节拍的提示。音乐成了希腊一项古老的传统，与诗歌和舞蹈有紧密的联系，并在教育中发挥十分重要的作用。

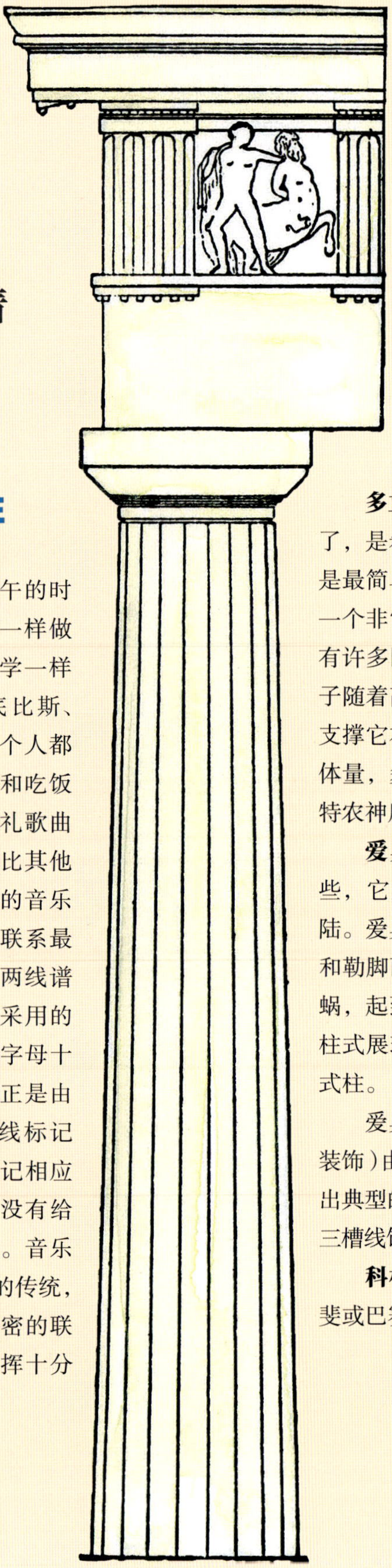

多立克柱式

◆ 建筑

柱子之间

希腊·当我们在希腊的城市中漫步时，无论是在哪个城市都有一件事是肯定的——我们一定会碰到柱子。以下就是柱子说明书：

多立克柱式在20多年前就已经出现了，是希腊最古老的建筑式样，毫无疑问也是最简单的。多立克柱直接矗立在地上，有一个非常简单的柱头，没有任何装饰。柱身有许多凹槽，这样可以更好地接收阳光。柱子随着高度增高而变细，因为柱子的底座要支撑它本身和柱顶的重量。说到它的力量和体量，多立克柱式经常被认为是男式柱。帕特农神庙就是多立克柱式最典型的建筑。

爱奥尼柱式比多立克柱式稍微现代一些，它从爱奥尼亚群岛逐渐流传到希腊大陆。爱奥尼柱的柱身也有凹槽，柱基由柱座和勒脚两部分组成，柱顶的特点是有两个盘蜗，起到了一种缓冲垫的作用。因为爱奥尼柱式展现出纤细秀美的风格，所以被视为女式柱。

爱奥尼柱支撑的柱上楣构（建筑物顶层装饰）由装饰精美的横饰带构成。它不再呈现出典型的多立克柱式排档间饰（矩形浮雕）与三槽线饰带（垂直槽线纹）交替的特点。

科林斯柱式于公元前4世纪出现在德尔斐或巴赛，柱头用毛茛叶作装饰。

-600年

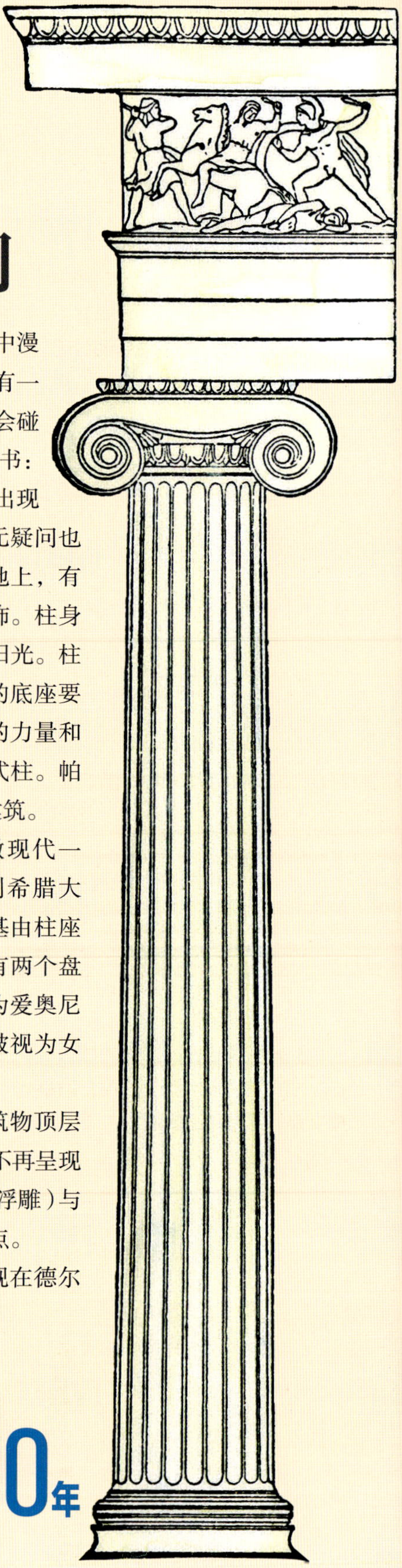

爱奥尼柱式

讣告

-590年

萨福，是一位出生于莱斯沃斯岛贵族家庭的希腊女诗人，她吟诵美丽的大自然和爱情，尤其是同性恋情。

◆ 文学

这篇寓言讲的是什么？

-590年

希腊·我们讲的是一位叫伊索的作家，他长得很丑。在他的寓言故事里，动物以跟人类相同的方式生活。他从这些故事中提炼出日常生活的道理。

赫西奥德早在公元前8世纪已经在他的老鹰与夜莺的寓言中使用了同样的文学手法。

这些寓言起先是口头故事，后被写成文字并于公元前4世纪编纂成文集，更有利于传播。

◆ 政治

德拉古之后，梭伦制定法律：雅典新风

-594年

所有人都翘首以待梭伦这位大法学家编纂的新法典。

希腊·在梭伦之前，立法者德拉古已于公元前621年编写并颁布了第一部法典。所有人都应该知道这些法律，因为它们就张贴在雅典街头的旋转木板上。这些法律经常判处死刑，由此后世称苛法为“德拉古法”。

也是在此背景下贵族和民众之间的关系越来越紧张，贵族几乎掌握了全部的政治决策权，而民众越来越多地争取社会正义。中产阶级因商贸富裕起来，希望更多地参与到公民生活当中，享受到更广泛的权利。农民得上交自己六分之一的收成，并可能为还债沦为奴隶。为了阻止权力滥用，平息民众的怒气，在萨拉米斯战役中一战成名的梭伦被选为执政官（负责管理城邦的行政官）。他制定的法律改革措施奠定了雅典民主制的基础。

梭伦订立的法律根据财富将公民分为四个阶层——城邦的行政官员只能在前三个阶层中产生。他组建了一个“四百人会议”，也就是最早的立法会议来制定法律。他将制止犯罪和禁止暴力复仇的工作交给最显赫的公民组成的亚略巴古议会。有意杀人和无意杀人被区分开。一次大赦宽恕了阿提卡的流放犯，但那些犯故意杀人罪的罪犯或叛乱分子除外。

梭伦还颁布了一项废除债务奴隶制的法令。为防止大地主继续扩大圈地，他规定了一条界线，法律上严禁越界。新一轮的货币改革和度量衡条例的制定刺激商业发展。雅典现在正铸造自己的货币。

通过以上这些举措，梭伦构建并优化了雅典社会。也难怪后代人将梭伦列入“古希腊七贤”。

快讯

-590年 **在科孚岛，阿耳忒弥斯（自然女神和狩猎女神）神庙刚刚竣工，这是希腊第一座使用三角楣饰的石制建筑：楣头的两边刻有两头强壮的豹子。**

◆ 文学

调查一位叫“荷马”的人

-580年

《荷马礼赞》，安格尔，1827

雅典的专制君主庇西特拉图刚开放第一座公共图书馆，并核对荷马的诗作，将其纳入泛雅典娜节的朗诵诗作中。但他想加深对这位著名作家的了解，于是开始对他展开调查。

希腊·庇西特拉图调动他的全部力量调查一个叫“荷马”的人：他是谁？他来自哪里？他是从什么时候开始写作的？于是最好的调查员开始寻找这位生活在200年前的神秘作家的踪迹，潜心在他的两部巨著中寻觅。

《伊利亚特》和《奥德赛》。文学丰碑《奥德赛》包含一万两千一百零九句诗，分为二十四首诗歌（被称为狂想曲）。不同于战争史诗《伊利亚特》，《奥德赛》是一部家庭史诗。里面描写了诸多日常生活的场景。诗句或诗句组经常反复，使文章富有节奏，朗诵起来犹如乐曲一般。这些荷马狂想曲被行吟诗人们背诵下来，在王公贵族的府邸中吟唱，或是在民间讲坛里传唱。

那作者荷马呢？他始终保持神秘，我们甚至连他是否存在都不确定。他始终是“诗人”，希腊人就喜欢这么称呼他。他的名字是什么意思呢？有的人说指“盲人”，有的人说指“人质”，还有些人认为“荷马”指的是一个女人或一群诗人。我们尚未得出定论……

新闻

事件

尼布甲尼撒将耶路撒冷夷为平地

-586年

近东·三年前，犹太王国的末代君主西底家拒绝向新巴比伦王国国王——从公元前605年开始统治的尼布甲尼撒二世——进贡。他似乎被公众意见左右，并听信了埃及人的承诺，这并不是一个好兆头。

这还不算失败！尼布甲尼撒二世围攻耶路撒冷18个月后城中出现严重饥荒，耶路撒冷最终沦陷。巴比伦人彻底摧毁了这座城市，包括所罗门圣殿，并将大部分人口转移至他们的都城和王国的其他地区。西底家被俘，犹太王国彻底灭亡。

科学

巴比伦人眼中的世界

-580年

伊拉克·在巴比伦北部城市西帕尔，一位醉心于绘制地图的艺术家在黏土板上刻下了巴比伦人设想的世界。大地被绘制成一块圆形。周围有海洋，海洋的边界有7座小岛。板上还有楔形文字描述绘制的内容：咸海、亚述、沼泽、巴比伦等。这块泥版高12厘米，宽8厘米，小巧便携，您可以将世界装进口袋。

◆ 美术

组织参观雅典陶器区

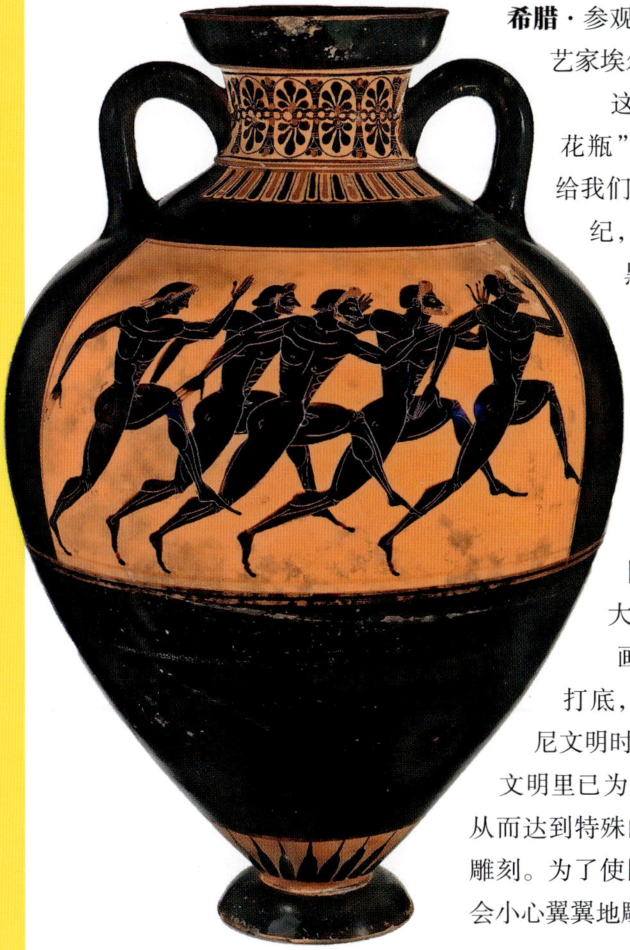

希腊·参观雅典陶器商人会聚的陶器区就能发现陶艺家埃尔戈蒂莫斯和画家克利提亚斯的工坊。

这两位艺术家刚完成伟大的“弗朗索瓦花瓶”，上面饰有270个神秘的画像，传递给我们有关陶艺新技术的大量信息。上一个世纪，科林斯的陶艺是在白色黏土底上绘制黑色画像，但现在雅典追上，甚至超越了科林斯的陶艺，在橙红色的底上绘制黑色画像。

这些花瓶上的画作不可被视为名画的仿品，也不可被看作简单的装饰，而是独立的作品，供世人瞻仰。每个地区、每座岛屿、每个城市的陶艺朝不同方向发展，花瓶的形状和上面的画作大不相同。

-570年

画家一般会用黑漆打底，这项技艺在迈锡尼文明时期和米诺斯的艺术文明里已为人知晓。画家用羽毛、毛刷或排刷涂漆从而达到特殊的效果。接下来用刮刀刮掉黑漆或进行雕刻。为了使图案更精致，画家一般会绘制边框，也会小心翼翼地雕刻黑漆里面的线条。

经济

进出口：勃艮第的马萨利亚人做担保

-550年

法国·贸易顺利的时候，一切都顺利！居住在勃艮第和弗朗什-孔泰的希腊马萨利亚人开始进口大宗双耳尖底瓮和希腊制造的其他花瓶。如此，住在上萨瓦罗讷河左岸的凯尔特人与罗讷河三角港的人便开始接触希腊和伊特鲁里亚艺术了。

之后葡萄树也通过马萨利亚进入了高卢。

快讯

-540年

庇西特拉图给雅典建造了诸多大型建筑：雅典卫城的奥林匹亚宙斯神庙和俗称旧帕特农神庙的赫卡托巴恩。他还建造了希腊的第一座公共图书馆。

-530年

希腊工程师欧帕里诺斯·德·墨伽拉在萨摩斯岛上建造了有史以来最长的隧道（1 000米），采用的方法是让两个建筑团队分头从山的两边开凿。

◆ 美术

诺克文化令人着迷

-550年

非洲·诺克文化起源于已在撒哈拉沙漠定居了好几世纪的狩猎人群体。它的影响范围一直延展至尼日利亚北部的包奇高原。该文化以盛产陶瓦雕像闻名。

这些陶瓦作品十分精致，是撒哈拉沙漠以南非洲艺术最早的古迹，强有力地证明了这些手工艺人技艺超群。他们创造出动物和人类的雕像，这些雕像的形象既简洁（脸部线条的风格）又极其精细（服装和珠宝的细节），尤其是人类雕像的头部非常图式化。

虽然统称为“诺克”，但陶瓦雕像事实上出自多处不同的地方，有些地方之间相隔数百千米。

-546年

城市之声

克罗伊斯——世界上最富有的人

土耳其·克罗伊斯是小亚细亚半岛吕底亚王国的国王，公元前560年登上王位，后竟犯下攻打波斯的愚蠢错误。他在萨迪斯被俘，被押去火刑柱前。当他从波斯国王的王座前经过时，大叫道：“噢，梭伦，梭伦！”居鲁士二世感到惊奇，问他缘故。克罗伊斯便向他讲述希腊立法者梭伦好多年前拜访他的事。

当时为了让梭伦印象深刻，克罗伊斯特意向他展现了自己所有的财富（来源于商贸、开矿和帕克托勒斯河运载的金块），并自称是最幸福的人，但梭伦答道：“任何人在死之前都别说自己是幸福的。”

居鲁士大帝被梭伦的话和克罗伊斯的悔悟触动，宽恕了克罗伊斯并赐予他一笔不小的财富。

记事本

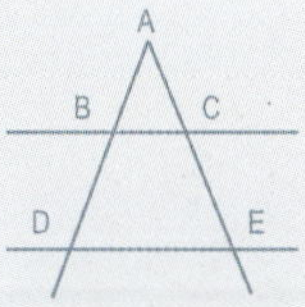

米利都学派的创始人去世了

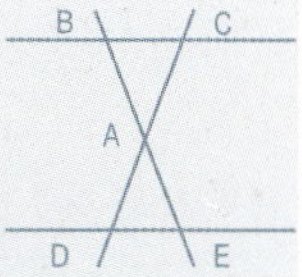

-547年

希腊·他的名字被列入“古希腊七贤”：米利都的泰勒斯刚刚离开了我们。

米利都学派的代表人物是希腊最早的一批知识分子。这些充满好奇心的人在大自然里寻找世间万物的答案。泰勒斯第一个提出世界存在唯一的基本物质是水。他认为水是世间万物一切生命的本原。许多名言警句都来源于他，例如“凡事勿过度”，但他似乎没有留下什么文字。他还提出了五个几何定理。

我们猜想他还用他的知识测量过埃及金字塔的高度，计算过海上船只离海岸的距离。

泰勒斯的理论受到其门徒阿那克西曼德的学说的挑战。阿那克西曼德摒弃了水，代之以“阿派朗”这种没有限制、没有固定性质和形状的物质。跟泰勒斯一样，他也对生命起源提出假说。他也认为最早的生物身上覆满鳞片，来自大海。他认为人类是进化的终极阶段。这些假说让人思考良久。

除了现代人，泰勒斯的后继者会更多地谈论他。哲学诗人色诺芬尼说他曾预言日食，阻止了公元前585年吕底亚国王阿吕亚泰斯和米底国王基亚克萨雷斯的战争。亚里士多德认为这位数学家是欧洲哲学的奠基人。

新闻

宗教

一位印度王子创立了一个新的宗教：佛教

印度·婆罗门教（或称古印度教）的过分行径，以及教士日益增长的权力促使新宗教产生。根据现有资料，新宗教似乎发展了《吠陀》里的教义，而《吠陀》的撰写工作从公元前18世纪到公元前8世纪间持续了近1 000年的时间。

王子悉达多（意为“义成就者”），又称“释迦牟尼”（意为“释迦族的圣人”），是这个宗教的创始人。在他顿悟之前，他被称作“菩萨”，意思是“即将顿悟的人”。后来，他成了“佛陀”，意为“悟道者”。释迦牟尼出生

-540年

于今尼泊尔境内。关于他的身世还有一则小传说：释迦牟尼的母亲摩耶夫人怀孕前曾梦到一头白色的大象。摩耶夫人手攀着一根无忧树的树枝生产，树上的花瓣落在她的身上。她刚产下孩子，孩子立马就站了起来。

佛教教义对俗家弟子规定五项戒律：不杀生、不偷盗、不邪淫、不妄语、不饮酒。和尚和尼姑必须遵守这些戒律，恪守贞洁，过极度清贫的生活。遵守这些戒律，人就能接近自由。经过数个轮回转世，人就能接近圆满。

-540年

经济

我们购物用什么付钱？

希腊·钱可是个好东西！物物交换的时代已经结束了。货币的诞生可以让人们体会到支付的乐趣，而且远不止于此！钱还是一项法律工具（人们从此可以被罚款了），以及外交政策（支付雇佣军费用）和内部政策（补偿参与公共生活的公民）的一项基本要素。

每个城市都有自己的货币，流通最广的是雅典的德拉克马，正面铸有雅典娜的肖像，反面是她的猫头鹰（她的象征）。工作一天的酬劳是1德拉克马。1斯塔特值4德拉克马，1塔兰特值6 000德拉克马。

我们最常用的是银币，银是从雅典南部的劳利翁银矿里采集的。还有金银矿，小亚细亚半岛发明的一种金银合金，吕底亚人和福西亚人最早开始使用它。很少有金币，因为仅有的两座金矿一座在色雷斯，一座在马其顿。至于铜币，从公元前4世纪才开始流通。

◆ 政治

居鲁士攻占巴比伦：胜利的荣耀

公元前556年登上王位的波斯国王居鲁士大帝不战而胜，占领了巴比伦王国的首都，并成为受人尊敬的征服者。

-539年 **伊拉克**·那波尼德国王因敌对巴比伦传统神职人员，被指责为亵渎宗教。但为了表示虔诚，他似乎完全走错了方向。在居鲁士二世的大军兵临城下的几天前，他为了参加一个神庙的开幕典礼而出行，结果被俘到波斯，并向波斯人投降。后来，总督戈比亚斯在马尔杜克祭司的帮助下率波斯军未经一战便进入了巴比伦城。同样，不费一兵一卒，波斯人就占领了巴比伦王国广阔的州郡。他们推崇巴比伦民族之神马尔杜克，也是在马尔杜克的保佑下他们才站稳脚跟。

居鲁士的仁慈。自公元前586年开始，被驱逐到巴比伦的犹太人将波斯人视作他们的解放者。居鲁士将犹太人送回他们的祖国，并准许他们重新建造耶路撒冷圣殿，实际上可以说是重建他们自己的国家。这位波斯国王因他的宽厚节制饱受赞誉。他的政治方针既史无前例又令人钦佩：他不仅没有处死战败者，也没有洗劫他们的臣民，掠夺或损坏他们的财产，还让贵族和神庙文人成为新征服的州郡的政府官员，使他们重新获得与他们的地位相称的生活。

居鲁士圆柱。这是一份居鲁士宣言，用楔形文字（阿卡德文字）雕刻在黏土上。回顾了攻占巴比伦的事迹后，这份文本讲述了居鲁士国王采取的政策，呈现出一个开明君主的完美形象。整个波斯帝国都使用这套规章制度。现在让我们把话筒递给这位史无前例的君主："我赋予所有人敬拜自己神灵的自由，并禁止任何人为此刑罚他们。我禁止摧毁任何房屋或财产。我为所有人保障和平与安宁。我认为每个人都有在自己选择的国家和平生活的权利。"

居鲁士大帝的这一法令被认为是《人权宣言》最早的范本。

宗教

耆那教是什么？

-527年

印度·筏驮摩那王子有一个更广为人知的称呼——尊者大雄玛哈维拉，他被认为是耆那教的创立者，这一教派与佛教几乎在同一时期兴起。耆那教与佛教和印度教有许多相似的地方，耆那教认为世界是永恒的，由自然法则支配，而非神创。

耆那教的最高目标是将人类从业力（不可抗拒的善恶报应之力）中解放出来，它严厉的苦行主义将它与佛教和印度教区别开来。耆那教的信徒们宣扬裸体主义，行为、语言或思想的无害性以及恪守贞节。

◆ 科学

毕达哥拉斯说地球是圆的

-525年

希腊·哲学家和数学家毕达哥拉斯喜欢在晚上和门徒或朋友吃饭的时候讨论他的理论。其中一些想法还很基础，比如数与音律之间的紧密联系，或是“万物皆数”的和谐观。但其最伟大的思想之一——地圆说，颠覆了当时的普遍认知。我们现在倾向于把地圆说归功于巴门尼德，但事实上巴门尼德只是想努力证实它。以下就是毕达哥拉斯提出的非常简单易懂的论据：越往北，北极星在空中看起来就越高；当船靠近地平线时，它的船尾会渐渐消失。这两个发现对他来说是显而易见的，再者说，球体是唯一适合“地球”的完美形状。

只要有人想听他的《金言》，毕达哥拉斯就会为他诵读。他的弟子吕西亚斯使《金言》广为传播，因此后人得以重识毕达哥拉斯的教义和方法论。他的弟子是第一批创立灵魂永生论的人，并将其称为转世，就像希腊人说的轮回。灵魂可以从一个肉体转到另一个肉体，因而不会死亡。

-534年·雅典狄奥尼索斯剧场

悲剧大赛

狄斯比斯要去碰碰运气

今晚在狄奥尼索斯悲剧大赛上，狄斯比斯想要大显身手，一展才华。参赛者需要展现三个悲剧作品和一个讽刺剧作品，然而这位雅典诗人想要来点创新：他将合唱团中的主角从合唱团中抽出来，并让主角与其他成员进行对话。因为有了主唱，狄斯比斯得以把对白加入表演中（从而产生了从合唱到戏剧的转变）。这位剧作家有时也会亲自上台表演，念大段独白。身兼剧作家和主唱的狄斯比斯前途一片光明。让我们一起为悲剧这种戏剧形式和悲剧演员这个职业的诞生欢欣鼓舞吧！

◆ 政治

克里斯提尼成为人民党领袖

-524年

希腊·克里斯提尼是雅典伟大的阿尔克迈翁家族的一员，刚被任命为执政官。然而，他正在筹划的改革不仅包含赋予平民参与政治生活的权利，还包括让他们有权成为城邦的法官。克里斯提尼想要用公民大会来取代部落代表制度（在雅典有领地的部落）。他推出的平等民权奠定了民主平等的公民法的基础，他创立的“五百人会议”替代了此前的“四百人会议”。为了让他的改革成功落地，他首先重新划分城市区域。城区、内陆地区和沿海地区被划分为100多个小的地区，即“德谟区”，这些小地区又被分组为多个“特里提斯”。从此，雅典公民的身份将由他所住的地区（而不是由他父亲的身份）决定，这在一定程度上限制了贵族世袭制。

◆ 美术

当杀人犯被城邦当作英雄

希腊·谁是“弑僭者”，弑杀僭主的人？哈尔摩狄奥斯和阿里斯托革顿，这一对雅典年轻情人成为追求民主的英雄。他们借助节日游行刺杀了僭主喜帕恰斯，这一英雄壮举也让他们付出了生命的代价。他们的动机既有政治因素也有个人因素，喜帕恰斯向哈尔摩狄奥斯求爱被婉拒后，当众羞辱了哈尔摩狄奥斯的妹妹。

雕塑家安特诺尔为了庆祝雅典从独裁统治中解放出来和民主的诞生，创作了西方第一尊政治纪念碑“弑僭者”来纪念这对情人，这尊青铜雕像创作于公元前510年，被放置在城市广场上。

-514年

◆ 潮流

墓都做好了，那就进去睡吧！

-520年

法国 · 来自中欧腹地的凯尔特人在法国西北部分散开来，后抵达法国中部地区。他们的殓葬方式非常独特，埋葬杰出人士时会用他所有的财产陪葬：剑、珠宝、家具，甚至是马车。在勃艮第地区的维市，一个30多岁的女人被置入她的坟墓中，身上穿戴着她所有的服装首饰。人们还在她的坟墓里放了一辆马车，还有一件非同寻常的器物，那是一个迄今已知最大的（1.64米高）青铜器（双耳爵），用来混合水和酒。这个双耳爵重207千克。

社会

来信了吗？

中东 · 大流士一世一年前开始统治这个古代最大的帝国之一，西起博斯普鲁斯海峡，东至印度河。

但是，想要管理这么大的一个帝国，信息传递必须非常通达，以便迅速了解各地发生的事情。大流士将他的领土分为20个省，由20个总督负责监管。为了知道这些总督在密谋什么，国王开设了邮政，也就是著名的高效的“波斯御道”。

这条御道从萨迪斯到苏萨全长2 700千米。得益于110个驿站（每隔约25千米有一个驿站），骑马的皇家信差只需要六七天就能从一座城市到达另一座城市。一个好的“众王之王”知道如何管理。

-521年

◆ 国际

犹太王国怎么样了？

-515年

近东 · 犹太王国成为庞大的波斯帝国的一部分。居鲁士二世在位期间开始重建宏伟的耶路撒冷圣殿。他的继任者冈比西斯二世叫停了这项建筑工程。但当地人在犹地亚总督所罗巴伯这位犹太王子的庇护下继续重建圣殿，并在大流士一世的治下完成建造。撒马利亚山区慢慢住进了摩押人、亚扪人和以东人。埃及的象岛上成立了一个犹太人社群。也就是在这儿发现了一张用阿拉米语书写的莎草纸，上面提到为耶和华和他的同伴阿纳特修建神庙，这表明当时的一神教还不具有排他性。

阿拉米语是犹地亚地区的行政用语。包容的波斯政权促进了犹地亚的经济发展，甚至连犹地亚地区也交由耶路撒冷的大祭司掌管。

《犹太人因被流放而哭泣》，爱德华·巴德曼，1832年

◆ 大工程

波斯波利斯是波斯世界的中心

-510年

波斯波利斯毫无疑问是大流士一世时期最重要的建筑工程。建成不到十年，这座城市一年间只有在庆祝新年的几个月发挥首都职能。庆祝典礼一结束，使团缴完贡金后，王室就会去另一个位于苏萨或巴比伦的王家住所。

伊朗·波斯波利斯绝不仅仅是一处住所。这座城市竖立在一个巨大的平台上，人们要爬一个大型楼梯才能上去，这里应该是用来接待帝国各地来向国王表示效忠并留下贡金的使团的。这些使团每年新年时都会来波斯波利斯。

使团一个接着一个地来。使臣们向波斯“众王之王”朝拜的仪式相当冗长。当各地使臣向大流士一世致敬时，他们会拿出他们的献礼，这些献礼被收入藏宝阁中贮藏。使团的领队是波斯尊贵的精锐部队，又称“长生军”或“万人军”，因为他们的人数是固定的，队伍里一旦有人伤亡马上就会有新的士兵补上。接下来的是苏萨人、米底人、吕底亚人、印度人、阿拉伯人和埃塞俄比亚人，每个人都穿着自己国家的传统服饰，并带着自己国家的献礼。之后就会在觐见厅和王座大厅（或称百柱宫）举办召见仪式和宴会。这一切的安排都是为了震慑“众王之王”的使臣们。

这些使团来访的场景被雕刻在波斯波利斯楼梯的浮雕里，这些浮雕也反映出希腊艺术的影响力（它们的表面是平整光滑的）。

思想

大图书馆：儒家和道教

-510年 **中国**·在中国，哲学家和他们的著作占据着极其重要的地位。

孔子做的是与民众相关的工作，作为朝臣、谏官、教育家，他的学说以“仁”为核心，认为“仁”即“爱人”。他的学说强调人应该相信天命。人在履行自己的职责即践行仁义道德的过程中找到自己的价值，成为正人君子。人的行为应当符合“中庸之道”。孔子的著作《论语》是一本语录体散文集，由他的弟子在他死后编纂而成。

道家也同样兴盛，这是哲学家老子创立的学说，他的格言被收录在《道德经》里。他认为人类所有刻意的行为都会扰乱事物的天然秩序。应该让“道”这个世界本原来规定世界的秩序和我们的存在。

◆ 戏剧

埃斯库罗斯的戏剧革命

-501年 **希腊**·当刚开始在剧院工作时，悲剧诗人埃斯库罗斯就变革了以往的惯例，大量减少了合唱的部分。他在剧本中增设了第二主角（次要主角），并第一次建立了真正的戏剧对话。

埃斯库罗斯不仅让大家发现了对话的艺术，还知道如何通过描绘战争和武力世界里无处不在的力量和命运来感动观众。在他的戏剧里，激情没有一席之地，但爱是被歌颂的主题。

戏剧里服装道具等物料营造出的视觉效果也很重要。穿戴好服饰后演员才显得更出众更有助于施展才华，面具掩盖了他们的面部轮廓但突出了他们的声音。

埃斯库罗斯编写了近80部悲剧，其中包括《波斯人》、《七将攻忒拜》(*Les Sept contre Thèbes*)、《哀求者》(*Les Suppliantes*)、《被缚的普罗米修斯》和三部曲《俄瑞斯忒亚》。

-509年 城市之声

被伊特鲁里亚人诅咒的国王：“高傲者”塔奎尼乌斯

意大利·如果小声地说，自公元前534年开始统治罗马的第七任君主“高傲者”塔奎尼乌斯在他的人生中坏事做绝，这样算不算诽谤啊？

人们提到他就像提到一位极其凶残的暴君。他是罗马第五任君主老塔奎尼乌斯的后代，也是罗马第六任君主伊特鲁里亚人塞维乌斯·图里乌斯的女婿。他的罪行从为了更快登上王位，谋杀他的岳父开始。之后他又处死了数位执政官，想要摆脱元老院自行执政。于是一个恐怖政权开始了。

得知塔奎尼乌斯的儿子塞克斯图斯强暴了拒绝他的罗马贵族女子柳克丽丝后，罗马城的民众终于起义反抗这个可恶的家族。这位年轻女子结束了自己的生命。群情激愤，塔奎尼乌斯家族被逐出罗马。“高傲者”是罗马王政时代的最后一位君主，那之后罗马共和国成立了。

塔奎尼乌斯想发动邻邦的人攻打罗马，夺回政权，最终白费功夫。

夫妻石棺，赤陶，切尔韦泰里，意大利，公元前 500 年

公元前500—前1年

◆ 传统

伊特鲁里亚人不断让我们惊奇

-500年 **意大利·**伊特鲁里亚人留下的墓园有着摄人心魄的美。他们沿道路修建的坟墓、圆拱形的坟头或墓室都彰显着他们绝高的建筑水平。尤其是切尔韦泰里附近的班迪塔西亚墓园和塔尔奎尼亚附近的曼特罗契墓地。提到墓园里令人难以置信的绘画和浮雕展现出舞者、宴会、小鸟的形象，就不得不也提到那些令人惊奇的赤陶石棺。伊特鲁里亚艺术具有独特性，被称作“夫妻石棺”的骨灰瓮呈长方体形状，就像宴会上的宾客使用的那种床，棺盖上面塑有一对夫妻的人像，表情闲适。只有两个人物的上半身被雕刻师精心雕刻过，头是分开的。夫妻二人的脸上均露出希腊雕塑式的经典笑容。

◆ 社会

偷盗和谋杀：一种新的教育方式

-500年 **希腊·**在全希腊，斯巴达人以不断地磨炼自己而著称。他们从很小的时候就开始这种训练。从7岁开始，被认为是精英的小男孩就离开自己的家，开始接受最初的启蒙教育——斯巴达教育。他过着集体生活，听从一位更年长的首领的命令。他一年只会得到一件衣服，这件衣服还会被故意做得特别短或是不够厚，无法抵御冬天的严寒。

他的食物被严格限量，这样是为了让他一直处于饥饿状态。他必须想办法找吃的，也就是说找准机会去偷取食物。如果他被人抓住，就会被狠狠地棒打或鞭打。注意：他不是因为偷盗被狠狠地惩罚，而是因为被人抓到才被惩罚！斯巴达城邦的居民没有一个会向他施以援手，给他提供食物或衣物。这样是为了激励一个弱小的、无法靠自己生存的青少年强大起来。

初级考验克里普提是一种习俗，需要在行动中杀掉一个奴隶希洛人而不被抓住。许多人不赞同这种做法，但其他人认为这是培养骁勇善战的战士所必须付出的代价。

◆ 思想

以弗所的赫拉克利特，理性光芒下的“晦涩哲人”

-500年

希腊 · 在以弗所有可能会碰到被褫夺等级特权的贵族赫拉克利特。不过事实是否如此无从知晓。

被称为“晦涩哲人”是因为赫拉克利特的思想复杂，写作风格为诗体，写作方式充满矛盾，认为火是“生命必需”和万物本原，在世界的起始和终结时刻都是如此，而世界既没有起始，也没有终结。

他的学说讨论的主题是“一切皆流”和“不稳定性”，而这些依然遵循一定的秩序，即“逻各斯”，但矛盾的是，这个秩序是无序的秩序。

赫拉克利特将事物永恒的流动理论化：黑夜接替白昼，死亡接替生命，炎热接替寒冷，干燥接替潮湿。生命就从这一系列的矛盾对立中产生。赫拉克利特的学说里第一次提到“逻各斯”的概念，指的是使一切矛盾对立和谐共处的普遍理性。他后来创作了一本书，名叫《论自然》。

◆ 美术

“德尔斐的御者”定下基调

-478年

希腊 · 我们怎能不被德尔斐神庙里这尊绝妙的阿波罗铜像所震撼呢？它是如此高大威严（身高 1.80 米）。这尊新生的古典主义人物雕像为后来的艺术创作定下基调。这位御者的长希顿，即战车车夫穿的长衣上没有常见的装饰性约束：衣服上的褶子因布料的重量自然垂落。许多人认为这一部分的造型非常美观，并从中得到灵感，此后便开始模仿。

◆ 潮流

体育冠军的宣传攻势 -500年

希腊 · 既是画家又是陶工的欧弗洛尼奥斯因他制造出的宽脚壶在雅典赫赫有名。他制作的陶器上描绘着神话里的场景，还配有文字，其中提到多位体育场上的冠军。最重要的是，人们通过他的艺术发现了一种新风格：陶器的黑底上画有红色的人物形象，这种风格逐渐取代红底（多为赤陶的本色）上描绘黑色人物的传统技艺。

◆ 政治

波斯的统治不断加强：爱奥尼亚的反抗

小亚细亚的希腊人陷入危局，甚至影响到博斯普鲁斯海峡的另一端……

-499年

土耳其·自波斯人统治开始，居住在小亚细亚半岛爱奥尼亚的希腊城邦的居民便不断受到压迫。波斯人凡事以他们自己的殖民地福西亚城邦为优先。

爱奥尼亚人的不满情绪与日俱增，终于揭竿起义反抗波斯人。米利都的僭主阿里斯塔格拉斯向一些中心地区的大希腊城邦求助。斯巴达拒绝了他，而雅典为了保护东地中海的自由贸易，派出了一些人手。米利都和其他12个城邦获得胜利，并洗劫了萨迪斯，萨迪斯是总督阿塔弗涅斯的所在地。但这位总督再次发动进攻，打败了以弗所的希腊人。赫拉克利特建议熔掉狄俄尼索斯神庙的祭品，用里面的金器武装舰队，但他的建议没有被采纳。

战争持续几年后，波斯人最终将起义的中心米利都夷为平地，并收服爱奥尼亚的城邦，这些城邦后来逐渐衰落。

◆ 冲突

马拉松：希腊人击退大流士的波斯人

-490年

希腊·昨天，希腊人欢庆了他们打败波斯人的卓越胜利。毋庸置疑，大流士一世曾想侵略希腊本土，因为他认为希腊帮助过小亚细亚的爱奥尼亚城邦叛乱，实属有罪。两年前，他派出自己的女婿马铎尼斯将军，让他收复色雷斯和马其顿，但一场暴风雨和敌军的进攻折损了他的远征军。大流士并未放弃，去年又派出一支军队，同时派出一些使节宣称向希腊城邦投诚。雅典和斯巴达拒绝了他们，并处死了这些不幸的外交使节。掠夺纳克索斯和埃雷特里亚后，波斯军队于9月12日在距离雅典城约40千米的马拉松附近登陆。

胜利的希腊人。配上铜甲的希腊重装步兵，在雅典将军小米太亚德的指挥下做好准备，等待波斯军队。他们沉重打击了轻装上阵的波斯军队，打得后者落花流水。波斯军队

◆ 冲突

300位英雄死于温泉关

-480年

希腊·严酷的斯巴达教育是为更大的牺牲做准备。列奥尼达一世仅带着300将士就与波斯整个军队在温泉关抗衡，温泉关居高临下地控制着进入阿提卡大区的要塞。希腊士兵的抵抗和牺牲让希腊城邦得以集结新的军事力量击退薛西斯一世的军队。

薛西斯一世为替自己的父亲大流士一世复仇已精心筹划多年：他与迦太基人和包括底比斯在内的一些希腊城邦结盟，建造了双层甲板船用于跨越达达尼尔海峡，还开凿了一条穿越地峡的运河，延伸至温泉关。在那场爱琴海沿岸的著名战役中，人数众多的波斯军队对阵300名斯巴达勇士和几百名前来增援的底比斯人。但厄菲阿尔特背叛了希腊军队，向波斯人透露一条可绕过希腊盟军阵地并剿灭他们的道路。

◆ 冲突

撞击，沉没

希腊人在萨拉米斯岛解除了波斯人的威胁。希波战争最终以希腊胜利告终。

希腊·波斯人不再是雅典和比雷埃夫斯的主人，局势已发生翻天覆地的变化。有人说这次史无前例的海上胜利要归功于机智的地米斯托克利将军，他最终成功保卫了希腊。继他在马拉松取得胜利后，薛西斯的军队被迫经历在另一场阿提密西安海战中因一场暴风雨造成的舰队损失。即便如此，波斯人还是攻下了雅典，洗劫了雅典卫城。

但在最近的一次萨拉米斯海战中，薛西斯的军队被人数大量减少但组织更加精良的希腊军队击败。这次战役也终结了波斯人的进攻。薛西斯回到自己的国家，委任他的表兄弟和连襟马铎尼斯担任军队指挥官。马铎尼斯在公元前479年的普拉提亚战役中被击败并阵亡，剩余的波斯海军没多久也在密卡尔战役中被烧死。

-480年

《马拉松的战士》，吕克-奥利维尔·默森，1869年

的攻击反被军事钳制。旋即，希腊步兵整装出发，前往波斯军队登陆的法莱尔海湾。波斯海军看到希腊步兵出现，意识到自己行动失败，立马掉转船头。正忙于处理埃及起义的大流士开始筹划复仇行动。

希腊步兵的这次壮举——战斗后连续步行8小时，让人联想到一位叫菲迪皮茨的年轻人的英雄事迹。战争后，他从马拉松跑到雅典宣告战争胜利，并在传递了这则消息后因体力透支而死去。

这场40多千米的长跑后来发展成一项奥运会项目。

◆ 美食

面包、谷物、酒和油
让希腊宫廷充满欢乐

-480年

希腊·不久前，市面上出现一种新的职业：面包师。在此之前小麦面包一直是在节庆日食用的，现在走进了日常生活，这说明谷物对饮食是多么的重要。

希腊的土地不易耕种，虽然人们向丰收女神得墨忒尔祈福，但谷物的收成还是不好。小麦和二粒小麦被广泛种植，但大麦仍是最流行的谷物，因为大麦最适应地中海气候。但不幸的是，大麦没办法做成面包。人们用大麦制作另一种基础食物——马扎，可以生吃或熟吃，可以放进汤里或做饼时使用烙成饼。

另一种主要的食物是葡萄酒，这可是宴会上必须准备的饮品，常和水掺在一起。人们也会研究葡萄酒，看是否能卖钱，但价格得定多高啊！葡萄树很难打理，而高大的葡萄树也需要大量人手来种植。

除葡萄树外，果树里种得最多的就是橄榄树了。橄榄油可用于饮食、卫生保健和照明……

但橄榄油需要用到昂贵的压榨机，压榨技术也需不断提升。无论在何时，农民都是令人尊敬的，因为农民辛勤工作来提供食物，即使在战争时期他们也非常重要。

新闻 大工程

比雷埃夫斯工地

雅典也有海上的野心？比雷埃夫斯港口的建造工程在米利都的建筑师希波达莫斯的领导下开始动工了。

-479年

希腊·米利都的希波达莫斯想重建被波斯人进攻的城市。雅典的港口选在比雷埃夫斯（而不是帕勒隆湾），这主要是由地米斯托克利选定的。地米斯托克利想将比雷埃夫斯建成一座陆上和海上的坚固要塞。为此，他打算用“长墙”（后由伯里克利建造）围住这座城市，并延伸至港口。周边城市反对这项军事工程，因为这项工程引起其居民深深的担忧……

现下，希波达莫斯采用一项新型建造计划。他认为这套城市建造新方案必须适合在城中举办各类政治、经济、宗教和社会活动。如此一来，只有棋盘形方格状建筑方案（此后被称为“网格计划”）最符合要求。于是住宅区和广场被划分开，同时被划分开的还有岛状区域，这些区域专门建有纪念性建筑，比如圣殿……

当比雷埃夫斯的经济迎来腾飞，创造出许多就业岗位时，阿提卡大区的人口预计会达到315 000人。

希腊人从萨拉米斯战役中归来

文化

一所与众不同的学校：埃利亚学派

-470年

意大利·在意大利南部的埃利亚地区，一些哲学家一起创立了古代第一所真正的哲学学校。除了创始人色诺芬尼之外，学院成员还有他最出名的门徒巴门尼德和芝诺。已逝世5年的色诺芬尼是希腊哲学史上最早的一批逻辑大师之一。正是通过逻辑推论，他确定了神的本质。就巴门尼德来说，他的形而上学将深远地影响希腊哲学，他的诗作《论自然》提及了存在的同一性和永恒性。

芝诺

◆ 政治

雅典，提洛同盟中的海上最强国

-478年

希腊·所有人，或者说几乎所有人都在结盟，以应对令人头疼的波斯的威胁。也许斯巴达人对海上作战不感兴趣，但对一些城邦和小岛屿来说，海战就显得尤为重要了，他们决定和雅典组成一个常态化防御联盟。在雅典劳里昂地区发现的银矿使得雅典在对希腊城邦实现了军事控制之外还实现了经济控制。

这一同盟是雅典实现霸权的工具，它的第一批成员包括萨摩斯岛、希俄斯岛、莱斯沃斯岛、萨索斯岛、萨莫色雷斯岛、基克拉泽斯群岛、提洛岛。提洛岛是同盟的政治和宗教中心，提洛同盟也因此得名。岛上的阿波罗神庙被用来作为金库及各城邦代表的会议场所。

新闻 政治

地米斯托克利被流放

-471年

希腊·因“陶片放逐法”，地米斯托克利被流放到阿尔戈斯。“陶片放逐法”是雅典公民的一项制度，每个人在陶片上写下他们想流放的人的名字，进行投票。地米斯托克利被投中是因为他与斯巴达敌对。因担心遭到斯巴达人报复，地米斯托克利打算逃到波斯，在那里波斯国王可能会让他统治小亚细亚半岛上的一些爱奥尼亚城邦。

◆ 戏剧

索福克勒斯，悲剧创作奖的第一名

-468年 **希腊**·索福克勒斯绝对是佼佼者！他24次获得悲剧创作奖的第一名。这个奖项是根据作品的创新性来评选的：这位剧作家在传统的两人对话的基础上增加了第三位演员，并让合唱团的人数由12名增加到15名，他自己还承担舞台解说的角色。他不采用三部曲的形式，而是创作单幕剧，索福克勒斯在剧中讲述与命运抗争的各色人物，但他们始终保有自己的良心。俗话说乱世出英雄，索福克勒斯不仅仅是一位剧作家，他还是政治家伯里克利的军师。他将医神阿斯克勒庇俄斯崇拜引入雅典，并自己担任大祭司。这些就是他的官方职务。别忘了他还创立了一个艺术家协会。

以上对索福克勒斯的介绍只会让人更想看他的戏剧作品，尤其是《安提戈涅》《厄勒克特拉》《俄狄浦斯王》。

◆ 司法

格尔蒂遗址：刻在石头上的国王

-460年 **希腊**·在克里特岛的《格尔蒂法典》里查看国王颁布的法律显然不是很方便，但如果它被刻在一面长9米、高2米的石墙上那就不一样了，我们肯定能一眼看到它。

确实需要一部法典来规定每位公民的身份，是外国人还是奴隶，是自由人还是奴隶。这部法典用多利亚方言撰写，规定了妇女的权利和儿童的监护权。偷盗和通奸都会被处以罚金。法典涉及人生各个阶段。如果夫妻双方离婚，两人平分财产，女方保留婚前财产。这部法典有一项巨大的创新，那就是证据制度：必须先提供证据，才能认定案件事实。

快讯

-450年

雕塑家和铜匠米隆刚完成他的作品《掷铁饼者像》，这位掷铁饼的人体现了希腊雕塑的尽善尽美。米隆用青铜展现出这位运动员旋转身体，准备做动作到完成动作的间隙。所有人都认为他的著作是不可复制的。

◆ 潮流

泛白的瓶子

-450年 **希腊** · 时下，雅典流行一种新式瓶。这种瓶子一个多世纪前就被发明出来了，但橄榄油瓶起初是用来装香油的。它的瓶身不断被拉长，现在成了又高又细的瓶罐，细瓶颈处还有一个瓶耳，是被埋进坟墓的陪葬品。瓶身上的画在白底上用黑色线条勾勒而成，还有一些星星点点的精巧着色。“克莱奥丰的画家”完成了几件最漂亮的作品。

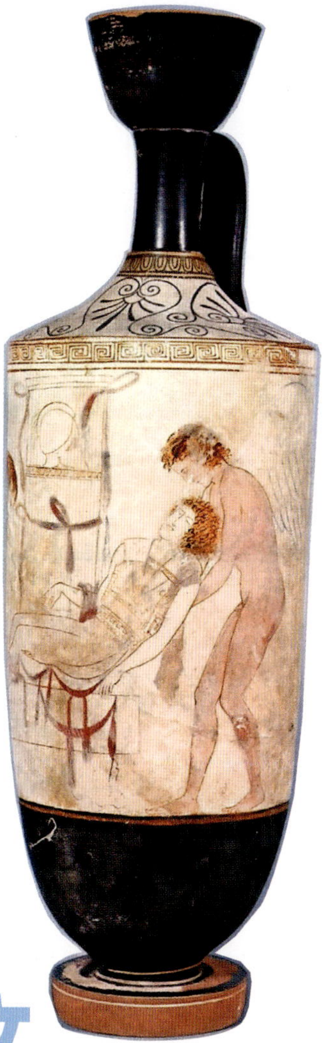

◆ 司法

罗马：用于保护平民阶层的法律碑文

-449年 **意大利** · 罗马的法律规定都被写入《十二铜表法》里，这部法律因为被刻在广场上竖立的十二块铜板上，故而得名。大家认为这部法律起源于梭伦给雅典城订立的法律。在此基础上，罗马十大执政官刚完成了它的编写工作。

从此以后，民法、刑法、诉讼程序这些截至目前靠口头传达的文件，终于以文字的形式确定下来。贵族的权力得到限制，逐渐地，平民百姓也可以成为行政官员。

然而，贵族和平民间禁止通婚，公元前367年前只有贵族才能成为执政官。法律面前人人平等还未真正实现。

小贴士

付费课程

去问普罗泰戈拉

您经过雅典时可以去上他的课，他是诡辩学派最杰出，也是最早的代表。普罗泰戈拉和他的同僚教授的科目有哲学、文学、艺术、文法、修辞、法律、政治学、数学、天文学……他们大多是思想家，来自不同的地方，与普罗泰戈拉一样前赴雅典。西西里的高尔吉亚、科斯岛的普罗迪科、伊利斯的希庇亚斯以及他们的门徒组成了诡辩学派的核心人员。所有人都希望通过知识获得荣誉和金钱。

诡辩者的首要工作就是讲话：讲话是为了说服别人。他们承诺传授让人无法辩驳的辩论方法。为此，文法是最重要的，他们研究词源、句式结构、时态和语态的含义。普罗泰戈拉区分出三种名词和动词时态，普罗迪科教授同义词的课程，希庇亚斯吹嘘自己了解字母和音节的作用。

◆ 建筑

工地上的卫城

雅典借助海上同盟扩张了自己的势力。提洛同盟的金库自公元前454年搬至雅典，雅典用这笔财富开启了一项巨大的建筑工程——卫城，这里不久前被波斯人攻打过。

-448年

希腊·卫城这个名称意指有神庙和辉煌的纪念碑的“高城”，而人们日常生活的地方则被称为“下城”。我们在希腊许多其他城市也找到了这样的高城，比如在科林斯。但雅典的这座高城远比其他的壮丽，因为雅典雇了2 000名高级建筑人才（一个人大约要25千克白银）。这一工程也促进了另外一些建筑的发展，出现了私人住宅、政治集会广场、剧院、体育场……

帕特农神庙。帕特农神庙堪称奇迹中的奇迹，它建在卫城的最高点，成为雅典繁荣的象征。公元前447—公元前432年，共有五位建筑师参与它的修建，包括伊克蒂诺斯和卡利克拉提斯。柱顶上围160米长的横饰刻画了400多个人物和200多只动物。著名的雕塑家菲狄亚斯负责监督神庙的建筑工程。

建筑师们千方百计满足光学需求，解决技术难题。为了给人留下精致、完美的印象，圆柱的水平线略微凸起，从而消除视觉变形。毫无疑问，帕特农神庙是当之无愧的艺术杰作。

-438年

城市之声

菲狄亚斯被怀疑挪用金子

希腊·《雅典娜神像》是一尊克里斯里凡亭雕像，菲狄亚斯刚刚为帕特农神庙完成了这尊巨型雕像。

高12米，镀以黄金缀以象牙，这位雅典的保护神令人肃然起敬。站立的雅典娜身穿帔络袍，头戴战盔，盾牌在左手，长矛持臂间，右手伸出托举着一个小的胜利女神像。这座雕像还是一个巨大的存钱罐，存着珍贵的金属。如果急需，熔化它可以得到至

《阿斯帕西娅在一群希腊哲学家中》，米歇尔·高乃依，1671 年

◆ 肖像

爱情导师阿斯帕西娅

-440年 **希腊**·有人说她是“高级妓女”。为了解释清楚这个名声不佳的职业，我们一起来回顾一下这位伯里克利的情妇，阿斯帕西娅的故事。

她出生于米利都，作为异乡人获准居住在雅典，不得嫁给雅典城中的公民，但拦不住她勾引政治强人伯里克利。伯里克利还为了她在公元前 445 年休了自己的妻子。

阿斯帕西娅的住所成为雅典文化生活的高端场所。从苏格拉底开始，她在家里接待城里最重要的男人，向渴望获得职业的年轻公民和渴望获得建议的成熟男人提供教导。更令人惊讶的是，各行各业的年轻女性也来听她的意见，以完善自己的成长之路。

阿斯帕西娅是高级妓女的最佳代表，这个词用来形容道德名声不好，相对独立，除了美貌吸引人之外，还有文化和学识的女人。伯里克利称她为“爱情导师”。

新闻

科学

哲学家德谟克利特的原子论

-430年 **希腊**·阿布德拉地区的德谟克利特有一个十分奇妙的关于宇宙的理论。这位哲学家认为宇宙是由原子和虚空组成的。大小各异的原子通过漩涡运动活跃起来，并在它们之间产生数次碰撞。

少1吨的金子。它的建造者菲狄亚斯因是唯一一个见过神的人而出名，他能雕刻出神的肖像，供他人瞻仰。在完成了多个建筑返回雅典后，他被怀疑私自挪用了一部分金子。只要称一下这些珍贵的金属就能证明他的清白，但他还是被迫流放到奥林匹亚，理由是他在《雅典娜神像》的盾牌上刻画了与亚马孙人的战役，而他自己和他的朋友伯里克利也出现在画面中。

◆ 美术

波吕克利特的标准身材

-430年

希腊·希腊人认为身体各部分之间以及部分与整体之间达到和谐比例的人体才是美的。人体各部分的尺寸决定人体的美。菲狄亚斯和亚哥斯的波吕克利特使希腊艺术达到巅峰。菲狄亚斯多采用丰富多变的艺术风格，而波吕克利特喜用简洁的风格。波吕克利特设定了人体黄金比例的基本标准。他的青铜雕塑《持矛者》完美地呈现出他在自己的论著《论法规》里提出的观点。

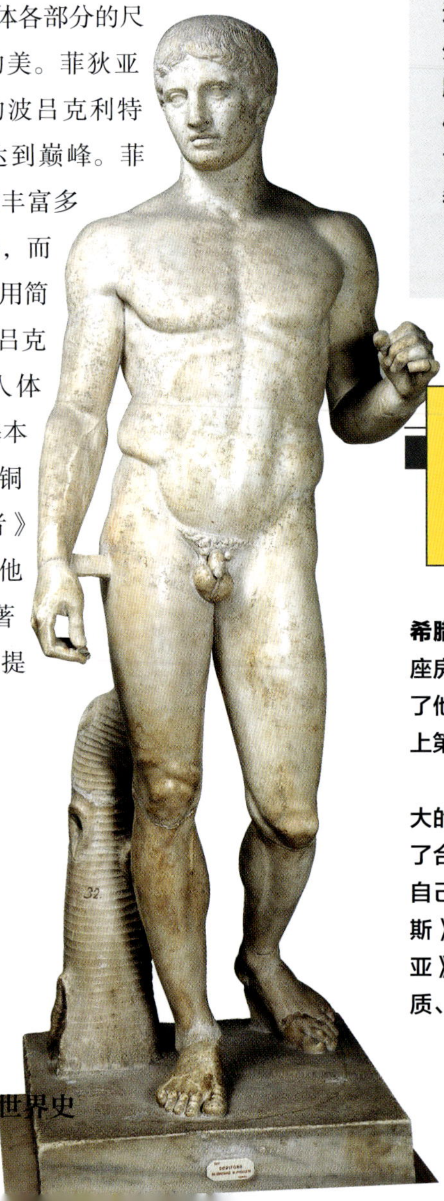

波吕克利特的《持矛者》

快讯

-430年

叙拉古的索夫龙在西西里发明了哑剧。

记事本

伯里克利去世：雅典为他哀悼

-429年

希腊·雅典为史上最伟大的政治家哭泣。杰出人士纷纷赞扬他的功绩。《伯罗奔尼撒战争史》的作者修昔底德认为他将提洛同盟发展成雅典的海上帝国，掌控整个东地中海的“制海权”。然而，喜剧作家阿里斯托芬严厉指责伯里克利的政策，认为他的政策害得农民倾家荡产，而且他发动战争，使土地荒芜。阿里斯托芬还多次讥讽伯里克利的外表，尤其是他畸形的脑袋，给他取外号叫“洋葱头”。伯里克利的外貌确实让他苦不堪言：他厌恶自己的丑陋外表，每次都在公共场合戴头盔来遮羞。

他的功业。即使伯里克利的家族不算是雅典最富贵的家族，他仍然算是出生在一个金摇篮里。他的母亲阿加里斯特出自雅典贵族阿尔克迈翁家族。公元前461年，伯里克利成为民主派的领袖，并铲除了他的贵族派劲敌西门。从此他便手握权力。公元前431年，他带领雅典发动伯罗奔尼撒战争，公元前404年，提洛同盟不敌斯巴达和伯罗奔尼撒联盟，宣告失败。伯里克利既是军事家、演说家，又是雕塑家菲狄亚斯和建筑师伊克蒂诺斯的好友，伊克蒂诺斯就是负责建造帕特农神庙的建筑师。

新闻

发现

我们找到了欧里庇得斯的洞穴！

-406年

希腊·几天以来，萨拉米斯岛南部的一个洞穴里的一座房屋向公众开放了。这座房屋没什么特别，唯一的特别之处在于刚去世不久的欧里庇得斯在那里写下了他的文章，还有一块写有他名字的瓦瓶碎片被找到。欧里庇得斯应该是历史上第一位拥有私人图书馆的人。

欧里庇得斯生前从未接触过埃斯库罗斯或索福克勒斯，但他也被认定为伟大的悲剧大师，因为他笔下的人物栩栩如生。在他的戏剧作品中，他大幅削减了合唱团的角色，改编了神话故事，让众神更具人性特征。他笔下的人物追随自己的热情所在。欧里庇得斯在希腊神话里选取自己的悲剧主题：《俄瑞斯忒斯》《伊菲革涅亚在陶洛人里》《酒神的伴侣》《美狄亚》。这些作品呈现出人与更强大的力量抗争：神、物质、血统、其他人。

肖像

希罗多德获历史大奖

-425年

希腊·希罗多德生活在雅典的鼎盛时期。作为诗人，他想讲述希腊人“伟大而罕见的奇特行为”。一道法令使他获得十位富有才华的帮手。

奥运会上他的作品《历史》被朗读出来，掀起全民的热情。

他出生于哈利卡纳苏斯，遭受到政治迫害后，他躲到萨摩斯岛。他对历史叙述的贡献意义重大，因为他第一次对历史事件产生的原因提出解释。他甚至将这些历史事件根据可信程度分为三类：有直接证据的事实，由个人间接转述的事实，带有个人观点的传言。他这部著作的9卷书以希波战争为主题。

◆ 事件

斯巴达战胜雅典

-404年

希腊·显然，斯巴达和雅典很难在同一片天空下和平相处。经历过公元前490年和公元前480—前479年希波战争的两次临时联盟后，斯巴达和雅典的战争又开始了：伯罗奔尼撒战争始于公元前431年，持续了27年。

战争的一方是雅典和它的提洛同盟，另一方是斯巴达和它的伯罗奔尼撒同盟，尤其是同盟里的科林斯和伊利斯。各方命运都不相同，但雅典的力量不断被削弱：公元前413年战败，对劳利翁银矿的控制力减弱，两年后出征西西里又遭到重创，损失好几万名将士。

公元前412年斯巴达和波斯人结盟，雅典人不敌。虽然雅典在公元前406年的阿尔吉努萨伊战役中获得胜利，但一年前，雅典在羊河海战中遭受到毁灭性打击，这次失败注定雅典将受到围攻。雅典不久前投降，它的“长墙”和比雷埃夫斯的防御工事也被毁坏。雅典的海上霸权自此丧失殆尽了。

科林斯头盔

冲突

“万人军”回到雅典

希腊·希腊不断训练重装步兵，现有大量精锐步兵在希腊！这些重装步兵将自己作为雇佣兵为别人卖命，他们无所谓主人是谁，只要付钱就行。

公元前404年，波斯的大流士二世去世之际，他的小儿子小居鲁士觊觎王位。他雇了近13 000名希腊人，号称“万人军”，想要推翻他的长兄，此时的君王阿尔塔薛西斯二世。他的雇佣兵深入波斯帝国，同一年在库纳克萨打败阿尔塔薛西斯二世的军队。但这个故事有点残酷：小居鲁士在这场战争中失去了生命。于是阿尔塔薛西斯二世保住了他的王位，雇佣兵自行解散。

他们的撤退历经苦难，他们的将领之一、历史学家色诺芬在《远征记》中讲述了这个过程。在他的带领下，约5 000名幸存者行6 000千米的路后返回希腊，途中多次遭到波斯人和他们同盟的骚扰。

-401年

健康

向医神阿波罗宣誓……

-400年

希腊·“仰赖医神阿波罗、阿斯克勒庇俄斯及天地诸神为证，鄙人敬谨宣誓愿以自身能力及判断力所及，遵守此约……”

接下来就是所有的准医生要宣读的誓言，也被称为《希波克拉底誓言》。

希波克拉底被认为是医学之父，他从病人的身体本身，而不是从宗教角度去寻找病因。尽管此前尼多斯医学院和科斯岛医学院已经开始关注疾病本身和医学护理，但希波克拉底对他们的研究做了一个总结。他的文章被汇编在《希波克拉底文集》中，共有70篇文章，体裁多样，比如医学论文、会议记录、研究笔记……在文集中，人体被描述为一个小宇宙，由气、水、火、土四元素支配，对应体内四种体液：血液、黏液、黄胆汁、黑胆汁。任何一种体液过剩都会引发疾病。

◆ 休闲

喝得尽兴，玩得开心

-400年

希腊·无论什么时期，人们都喜欢玩游戏。有一些游戏已经存在了几千年，比如埃及的塞尼特棋，或是美索不达米亚的乌尔王族局戏，又称廿格棋。简单一点的，我们喜欢掷骰子，掷羊拐骨，抽陀螺，玩用木头或骨头做成的溜溜球。孩子们也都玩得很开心。之后的球类游戏衍生了赌钱行为。

在澡堂里，人们最喜欢玩的是技巧类游戏。有一种饮酒类游戏——“科塔博斯”——已经火爆了近一个世纪。饮酒者在宴会上将酒杯中最后几滴酒洒向宾客间一个被称作“科塔博斯”的瓦罐。做这个动作时念出现场一位年轻男士或年轻女士的名字，以表达对他/她的爱慕。击中目标被认为是一个好兆头。

记事本

修昔底德逝世，雅典失去一位大史学家

-395年

希腊·伟大的史学家修昔底德去世了。公元前424年，他被选为十将军会的成员，但作为保卫色雷斯的舰队首领，他没能及时阻止斯巴达人攻陷安菲波利斯城邦。他被以叛国罪判处死刑，但最终减刑为流放。直到20年后，他才重新回到雅典，然而此时雅典已经开始大衰退。他在流放色雷斯期间完成了绝大部分文稿，提出了历史学方法论的原则，因为他，历史成为一门学术，不再夸大事件。他的《伯罗奔尼撒战争史》主要研究政治问题：相对斯巴达，雅典衰落的原因是什么？这些弊端的根源又是什么？这部作品的客观性是无可挑剔的。

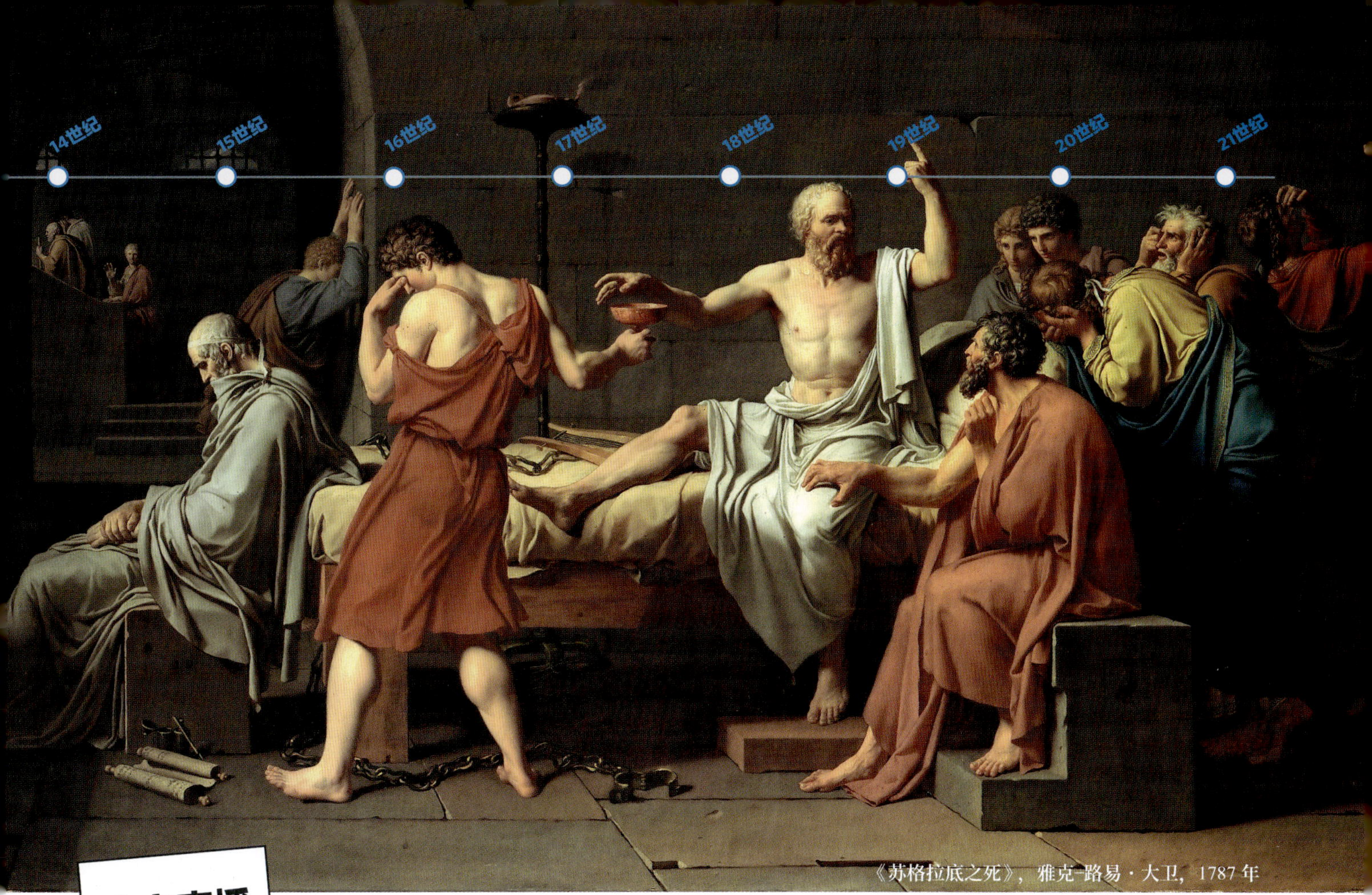

《苏格拉底之死》，雅克-路易·大卫，1787 年

庭审直播

◆ 司法

苏格拉底被判处死刑

著名的哲学家明天要喝毒芹汁。让我们回到那次让他千古留名的审判。

-399年 **希腊**·苏格拉底将因为他的毫不妥协而死，这让他的朋友们钦佩不已。但正义得到伸张了吗？他的敌人认为他是青年的腐蚀者、宗教的蔑视者，政客阿尼托斯为这些指控提供了有力的证据。

苏格拉底因三件事出名，这三件事也是他自传的主要内容：在公元前 406 年的阿吉纽西海战中，将领们因没打捞到将士们被暴风雨吹散的残骸而被判处叛国罪，苏格拉底是唯一一个反对集体审判他们的人；在“三十僭主”的专制统治下，他冒着生命危险拒绝了让他去逮捕别人的命令；最后一件事是他的庭审，他因此名垂青史。

哲学家。苏格拉底拒绝将自己的学说写下来，却还能千古留名，这要归功于他的徒弟柏拉图和色诺芬。

苏格拉底出生在希波战争结束后的雅典，他的父亲索佛洛尼斯科斯是一名雕刻匠，母亲费纳瑞特是一位助产士。作为一名道德哲学家，他想以自己为例，通过对话展现出自己的生活和思索，从而唤醒他的同胞。他通过理性的辩证游戏，抛出一系列问题，推动人们真正地思考自身，最后利用对手观点的矛盾之处来驳倒对手。这种方法也被称为“助产术”或“精神接生术”。

◆ 社会

被控制的雅典女人

-392年

希腊·阿里斯托芬最近出了一部喜剧。荒唐的是，他在作品《公民大会妇女》中设想女人掌握了城邦的政权。事实上，希腊是一个男人的世界。女人多被分配做家务活。

女人无权参与行政管理，也无法担任政治职务，这对居住在雅典的外国侨民和奴隶也都是明令禁止的。

女性受到兄弟和丈夫的监控。色诺芬认为女人的主要活动是纺织、缝补衣物和保障吃食。在农村，牛的数量不够时，女人还要做农活。

结婚时，若年轻女孩带上嫁妆，嫁妆就成了丈夫的财产。待字闺中对有教养的年轻女孩来说是一项义务。有一些女性受过教育，精神自由；还有的甚至是高等妓女，她们更加独立，但这种情况还是比较特殊的。

每个城邦的女人地位不尽相同：斯巴达的女人有更多的自由，但她们必须和男人受一样的训练，并学习战斗。

◆ 思想

柏拉图走出他的洞穴

人们从希腊各地赶来听著名的哲学家授课：柏拉图在雅典兴办学院。

-387年

希腊·学院这个词本来是雅典一处散步园林的名字，这个园林是跟忒修斯同一时期的英雄阿卡德摩斯留下的。依照苏格拉底的方法，柏拉图以对话的形式讨论哲学思想和诡辩论的思想。柏拉图的文献里有好几篇都描述了对话中的苏格拉底，柏拉图也借对话向苏格拉底传达了一些自己的见解。苏格拉底更关心个体，与老师不同的是，柏拉图认为政治机构十分重要。

思想。柏拉图哲学思想的核心是理念论。他认为感性世界和理性世界应该区分开。他在《理想国》的第七卷中运用了洞穴比喻，他认为人类就像被带入一个黑暗的山洞一样，背对洞穴的入口，他们在墙上只能看到自己的影子，便认为这些影子就是事实，但实际上这些只是光线的阴影。因此存在两个不同的世界：一个是感性世界，这是感官的世界，也是意见（doxa）的世界；还有一个是理性世界，是理念的世界，是善与美的世界。为了从一个世界提升至另一个世界，柏拉图设想了一种方法，即辩证法，可以让人超越肤浅的意见，获取真正的智慧，即对纯粹理念和事物本质的认识。

记事本

喜剧作家阿里斯托芬

-386年

希腊·人们听说了阿里斯托芬去世的消息，而这位希腊喜剧作家的生平鲜为人知。

他在喜剧作品中与法官、政客、自以为是的思想家和自认为要拯救城市的公民论战。阿里斯托芬嘲笑雅典过度的民主，他自己是和平的拥护者。他喜欢在合唱歌曲中用滑稽可笑的手法掩藏他的政治观点。他最著名的作品有《鸟》《马蜂》《蛙》等。

《卡比托利欧山的鹅》，
亨利-保罗·莫特，1889年

◆ 冲突

高卢人攻打罗马！

-390年

意大利·7月18日，高卢人在台伯河支流阿里亚河河岸击败了罗马人和他们的拉丁盟友。

随后高卢人进入罗马城，开始一场真正的屠杀并烧毁了城市大部分地区。一些罗马人躲到卡比托利欧山，这是城里防御最完备的山。当敌人企图进攻时，卡比托利欧山的鹅发出警报，阻止敌人入侵。

经过7个月无用的围攻，高卢人布伦努斯准备和罗马人谈判。罗马人同意支付巨额赎金，即与330千克黄金等值的贵重物品。

据说，罗马人还指责布伦努斯在秤上作弊，结果布伦努斯直接把他的剑加在了秤砣上，并高喊一句："败者为寇。"

新闻

美术

普拉克西特列斯雕刻女性身体

-360年

希腊 · 终于看到了展现真正的女性身体之美的雕像！而不再是那些衣服一直垂到脚踝的少女雕像。当普拉克西特列斯创作出《尼多斯的阿佛罗狄忒》时，人们认为这是大逆不道，因为这件雕塑作品展现出刚出浴的裸体女性的形象。诚然，这是一位女神的雕像，但其展现出裸体的全部诱惑力，而在此之前只有男人才可以裸体，因为大家认为唯一的真正的欲望是一个男人对另一个男人的欲望。

◆ 政治

底比斯的实力不断上升

继斯巴达和雅典之后，希腊会见证一个新兴城邦冉冉升起吗？

-371年

希腊 · 底比斯是一股上升的新力量，这对很多观察家来说是显而易见的事实。十多年前的公元前382年，这座城邦被斯巴达占领，斯巴达当时是雅典衰落后和与阿尔塔薛西斯二世媾和后的最强城邦。但公元前378年，底比斯人驱逐了斯巴达人，在游击性战争中斯巴达接连遭受重创。和斯巴达军队对抗的是伊巴密浓达将军，他拒绝了所有媾和提议。斯巴达军队在国王克里翁布罗特二世的带领下，同一年进入维奥蒂亚地区。

双方的对决重现于7月的留克特拉战役。这次伊巴密浓达将军采用了一项新的战术：不同于将精锐部队设置在部队左翼的传统兵法，他将自己的精锐部队放到右边，与斯巴达的精锐部队正面对战，并不断往自己的精锐部队里增加人手，以确保自己的精锐部队胜过敌军。胜利属于伊巴密浓达将军：国王克里翁布罗特和他的精锐士兵，以及三分之一的斯巴达公民被杀。

斯巴达丧失统治地位，伯罗奔尼撒地区不再接受它的监管。最强城邦的地位从此由雅典人和底比斯人互相争夺。

经济

奴隶市场价格飞涨

-338年

希腊 · 雅典有近8万名奴隶，他们几乎都是战争或海盗活动的俘虏，抑或是向邻邦购买而得。每家平均有三四个奴隶。演说家吕西亚斯的盾牌制造工坊里有120名奴隶。

虽然奴隶有时被看作家庭里独立的一部分，和其他家庭成员一起吃饭、一起睡觉，他们的地位却十分低下。最劣等的奴隶在劳利翁银矿里工作，那里共有近3万名奴隶。但也有不少奴隶逃跑：德摩斯梯尼时期有2万起奴隶逃跑事件。公元前338年的喀罗尼亚战役失败后，演说家希佩里德斯希望雅典城邦能再获得15万名奴隶。

据相关资料，一名奴隶的平均价格是157德拉克马，但大家通常只花20~75德拉克马就能购买到一名奴隶。奴隶的价格根据年龄、性别和出生地的不同而变化。越能干的奴隶卖得越贵。雅典的奴隶能受到良好的对待，公元前7世纪以后，德拉古制定的法律规定，杀害奴隶者将被处以死刑。

赫拉克勒斯，
伊特鲁里亚艺术，
公元前 400 年

◆ 国际

马其顿在喀罗尼亚战役中获胜

腓力二世让希腊北部的王国成为举足轻重的力量。

-338年 **希腊** · 对希腊人来说，马其顿是一块蛮荒之地，那里的专制君主都自称是大力神赫拉克勒斯的后裔，并将王国当作自己的私有财产。马其顿的崛起将让希腊人意识到自己的错误。若不是哥哥亚历山大二世和佩狄卡斯三世相继去世，腓力二世还当不了马其顿国王。腓力二世是阿敏塔斯三世的小儿子，他像人质一般在底比斯度过青年时期，他也在那儿目睹了伊巴密浓达将军发起的军事战略改革。

公元前 356 年继位后，腓力二世用武力逼退了威胁北方边境的伊利里亚人和佩奥尼亚人，收服了他骚动的家族中蠢蠢欲动的王公，并通过攻取海岸线上的希腊城邦安菲波利斯、彼得纳和波蒂迪亚，打开了王国通往爱琴海的路。

于是腓力二世开始攻打希腊了。公元前 354 年，他攻下了迈索尼，马其顿境内最后一个雅典基地灭亡。腓力二世通过武力、智计和矿里的金子从潘盖翁山一路攻入萨洛尼卡和色雷斯。公元前 357 年，腓力二世与莫洛西亚国王的女儿奥林匹娅成婚，婚后第二年，奥林匹娅给他生了一个儿子，就是未来的亚历山大大帝。

之后，腓力二世在希腊的各大城邦里用资金扶持亲马其顿的势力。在雅典，政治家和演说家德摩斯梯尼在名为《斥腓力》的系列演讲中猛烈抨击了腓力二世，最后，雅典也联合底比斯对抗他。

公元前 338 年，腓力二世打败了基菲索斯河沿岸喀罗尼亚地区的两个城邦。整个希腊处于马其顿的统治之下。当然，各个城邦仍旧保留，但没有实际的权力，各个机构自行延续。除斯巴达以外，腓力二世将各个城邦集结在一起召开科林斯大会，并宣布他打算攻打波斯，从而解放各个希腊城邦。然而，公元前 336 年，腓力二世在他的计划尚未实施前被人杀害。但他留下了一个儿子当继承人……

社会

犹太人开始四处流散

-332年

近东 · 亚历山大大帝攻取了埃及腓尼基海岸线上的城邦提尔，并控制了整个巴勒斯坦。现在是关键时期：这块区域刚开始被希腊化，而犹太人散居在亚历山大庞大帝国的各个地区。这种现象被称为“犹太人流散”。

但犹太社会的希腊化进程遭遇到强大的抵抗力。并非一切都玩完了……

◆ 事件

波斯波利斯烧起来了：是希腊人的报复吗？

-330年

伊朗 · 作为波斯帝国的一大象征，波斯波利斯和它的宫殿都被亚历山大烧毁了，这是一个极具象征意义的举动。他以此报复薛西斯犯下的罪行，薛西斯曾烧毁雅典卫城和诸多希腊神庙。也有人称这座波斯城市失火是个意外。历史将解决一切纷争。通过此举，希腊人和波斯人之间的争端告一段落。春天，希腊的军队在埃克巴坦那正式解散，并被派回自己的国家。

快讯

-331年

锡瓦亚扪人的神谕向亚历山大大帝证实他确实是宙斯的儿子。

-334年

城市之声

被一刀两断的结

土耳其 · 戈尔迪乌姆城邦位于小亚细亚的核心地带，是一条重要商路的控制点，并被看作东方的钥匙。戈尔迪乌姆因第二位国王弥达斯而出名，酒神狄奥尼索斯赏赐给他点石成金的能力。后来弥达斯受到罪罚，快被饿死渴死的时候，他将手浸在帕克托勒斯河的河流里，而河里的沙子全都变成了金沙，于是弥达斯请求神收回他的这项能力。

也是在戈尔迪乌姆城邦，亚历山大大帝的军队驻扎了一个冬天，等到春天再度开战。作为老弗里吉亚的都城，戈尔迪乌姆在公元前546年以后被并入波斯帝国。

最令人新奇的是，亚历山大造访了当地的丘比特神庙。庙里的神职人员向他展示了弥达斯父亲戈耳狄俄斯的战车，这辆马车的轭很特别，它由一排排非常紧密地缠绕在一起的结扣组成。神职人员告诉亚历山大，根据传说，谁能解开这些结谁就能称霸亚洲。亚历山大细细观察后，拔出自己的剑，一把斩断著名的“戈耳狄俄斯之结”。亚历山大只用了两年时间便实现了这则预言。

◆ 旅行

亚历山大港，地中海的新灯塔

-331年

埃及·亚历山大港是众多以亚历山大大帝命名的城市之一。这是马其顿英勇的国王建造的最后一座城市，亚历山大港建在罗哈克提斯山丘的遗迹上，这里曾是尼罗河西岸的一个渔村。

亚历山大大帝把这项建造计划交给了建筑师狄诺克拉底。这位建筑师受马其顿披风的启发，用互相垂直的平行街道将城市划分为一个个矩形。整个城市被高墙包围，留有两扇大门——太阳门和月亮门。根据地理学家斯特拉波的说法，宫殿的占地面积即使没有全城的三分之一，也超过了四分之一。城里有多个花园和行政大楼，一个图书馆，一个博物馆和一个为狄奥尼索斯修建的剧场。

公元前280年左右，世界七大奇迹之一，著名的亚历山大灯塔在近海的法罗斯岛上矗立起来，这座岛与城市之间通过一道1 300米长的石堤相连，相当于七个体育场跑道的长度，因此也被称为“七场堤”。如果说这座城市已经像亚历山大希望的那样越来越重要，那么它接下来将和提尔城不相上下，并成为地中海所有贸易往来的中心。

◆ 休闲

今晚，马克西穆斯竞技场有15万名观众

-329年

意大利·当卢奇乌斯·塔奎尼乌斯·普里斯库斯第一次想整修马克西穆斯竞技场时，竞技场已经建设了两个半世纪！那里长期开展驾乘和坐骑比赛，大家迫切地等待马克西穆斯竞技场这座“大竞技场”彻底开放。之所以叫它“大竞技场”，是因为它的容量巨大，可以容纳近15万名观众。

这座竞技场建于帕拉蒂诺山和阿文蒂诺山之间的穆尔西亚河谷，长500米，宽100多米。在赛道全长的中央竖起了一面矮墙，比赛时马车绕着这面矮墙跑。木制阶梯永久地悬在赛道两侧，在凯旋门处相接。跟所有竞马场一样，马克西穆斯竞技场首先用于马车竞赛，同时还承接其他一些一般在体育场举行的赛事，比如田径运动会。

毫无疑问，罗马未来的君主会不断地扩大并修缮这个特别的地方。

◆ 戏剧

为酒神狄奥尼索斯修建的新剧院

-326年

希腊·太了不起了！雅典卫城的狄奥尼索斯剧场的重建工程刚刚完工了。在政治家利库尔戈斯的推动下，以前的木制阶梯剧场被改造成全希腊独一无二的宏伟的石制建筑。这里将继续产生最伟大的悲剧家和喜剧家。毋庸置疑，观众们自愿起早去占最好的座位，并带上食物准备观看接连上演的剧目。

这里保留了希腊剧场所有的特点：乐池，合唱团唱歌跳舞的半圆形场地；台口，男演员（全是男演员，即使是女性角色）表演的区域；舞台前从低往高的半圆形阶梯，最下面的阶梯由大理石和砂岩雕刻而成，留给最有钱的观众，最上面的阶梯用简单的石头刻成，留给最贫穷的观众。利库尔戈斯重造了一个石制舞台，并添了一个柱廊和圆形围墙，就此完成剧场改造。后台是演员换装的区域，被背景墙遮挡起来。

如果说波吕克利特建造的著名的厄皮道鲁斯剧场可以容纳2万名观众，那么这座新剧场可以容纳1.7万名观众。这个剧场不仅音质绝佳，还给观众提供了赏心悦目的自然风光。

◆ 社会

亚历山大东征

他正位于权力顶峰，我们不妨来看看这位刚庆祝29岁生日的亚历山大大帝的权力之路。尤其是他在亚洲的远征势如破竹，史无前例。

-326年

希腊·亚历山大大帝生于马其顿王国的首都佩拉。他是国王腓力二世和妻子奥林匹娅所生的儿子，他的人生充满传奇色彩。他在13岁的时候就驯服了桀骜不驯的烈马布西发拉斯，据说这匹马原是色雷斯国王狄俄墨得斯养的一匹母马，用人肉喂养。亚历山大大帝注意到布西发拉斯会被自己的影子吓到，于是他掉转布西发拉斯的方向，让它面向太阳，这样它就看不到影子，亚历山大也就能顺利上马了。亚历山大的母亲在其成长过程中告诉亚历山大他真正的父亲是天神宙斯。德尔斐神庙的女祭司皮提亚认为亚历山大是不可战胜的。他有最杰出、最伟大的导师——亚里士多德。

当权。公元前336年，父亲腓力二世被杀害后，亚历山大继承王位并打算继续完成在马其顿王国周围建立希腊人联盟的计划。于是他带领军队攻打小亚细亚的波斯人，公元前334年成为35 000名精锐骑兵和步兵的首领。随后他接连赢得胜利：公元前334年春天的格拉尼库斯河战役和公元前333年秋天的伊苏斯战役。公元前332年，他被当时波斯的行省埃及当作解放者来欢迎。公元前331年高加米拉战役的胜利向他打开了巴比伦和波斯帝国的大门。他自称是波斯阿契美尼德王朝的继承者。他获得了全面胜利，而且他走得更远，从公元前327年开始深入中亚地区，直达巴基斯坦，在那里他损失惨重，但仍然在这一年的7月赢得了希达斯佩斯河战役的胜利，打败了印度国王波罗斯和他的战象。他命士兵随他到恒河河谷，但士兵们此后不愿再向前行进了。

◆ 事件

亚历山大逝世：帝国会怎样？

-323年

伊拉克·他的人生功绩卓著！色雷斯、伊利里亚、叙利亚、埃及、波斯帝国无不臣服，他的疆域一直延伸到印度，建造了70座城市，意欲集合波斯和马其顿的精英组成领导层，铸造广泛流通的四德拉克马银币……亚历山大大帝功勋赫赫。就在昨天，他还准备向阿拉伯远征，征讨连接埃及和美索不达米亚从巴比伦到亚历山大港的海路。但还未成行，他就去世了。就在这个6月11日，所向披靡的亚历山大因发热去世，享年32岁，昨晚就是他的32岁生日……

按照马其顿法律，权力应归军队。然而在骑兵、重装步兵、“携盾兵”和方阵步兵之间出现了纷争：步兵方阵要求让亚历山大同父异母的兄弟阿里达乌斯继位，并成为国王腓力三世，即使他患有癫痫并且智力落后；如果亚历山大的王后罗克珊娜肚子里怀的是男孩，腓力三世之后必须跟这个孩子一起统治王国。事实也的确如此，因为亚历山大四世于8月出生了。

新闻 奇闻逸事

德摩斯梯尼刚刚服毒自杀了

-322年

希腊·伟大的演说家德摩斯梯尼去世的消息刚刚传出。他在居住的波罗斯岛上波塞冬神庙的台阶上自杀身亡。自公元前351年起，他呼吁雅典抵抗马其顿国王腓力二世的进攻，后呼吁抵抗腓力二世的儿子亚历山大大帝的进攻，亚历山大企图让希腊各族人民屈服。德摩斯梯尼极力证明雅典和马其顿王国之间不可能和平相处，因为马其顿的真正目的是摧毁雅典。胜利者亚历山大饶过雅典后曾命人把德摩斯梯尼交到他手上，但没有成功。德摩斯梯尼的抗争最终殃及自己：公元前324年，他因被告挪用公款被流放。虽在一年后被召回，但旋即又在马其顿摄政安提帕特的威胁下要再次被流放。在被安提帕特的一个手下追上后，德摩斯梯尼显然宁愿自杀。

记事本

你在哪儿，我的情人？

-324年

伊朗·马其顿将军赫菲斯提安不久前在埃克巴坦那去世了。他是亚历山大最喜欢的人和贴身侍卫。国王为他的死痛哭了一整天，并把他的遗体运到巴比伦，为他建造了一座奢华的火葬台。亚历山大还派身边的一位亲信去锡瓦请示阿蒙神神谕，想知道赫菲斯提安是应被尊为神，还是应被尊为英雄。他得到的答案是“英雄”。于是他为赫菲斯提安举办了盛大的葬礼，人们从此以该有的方式纪念这位令人惋惜的将军。在亚历山大的命令下，埃及总督打算为赫菲斯提安建造两座神庙，一座建在亚历山大港，还有一座建在法罗斯岛上。

◆ 肖像

亚里士多德
拥有世界全部的知识

-324年

希腊 · 百科全书式的智者亚里士多德对所有学科的知识都抱有浓厚的兴趣：当然最感兴趣的是科学，无论是生物学、植物学、化学、动物学，还是逻辑学、形而上学、伦理、历史、修辞学和心理学，他统统感兴趣。亚里士多德用一种极简的方式解释世界的物理构成模式，不变的土地是中心，周围环绕着其他行星。他曾教导过亚历山大大帝，他为此深感自豪。

哲学层面，亚里士多德被看作逻辑学的奠基人和三段论的创立者。他提出思维的“工具”（organon）。他想在所有学科之上建立一个新的学科，那就是之后的“智慧”。他给这个学科命名为“形而上学”，产生于有形的物质之后。亚里士多德有关形而上学的 14 本书汇集了构成知识体系最首要的规则。

亚里士多德刚刚调查完希腊各城邦，并写就《雅典政制》，这本书是他最近政治上的思考所得。这部专著是研究希腊 158 个城邦政制的宏大项目的一部分。第一部就是这部关于雅典的了。

◆ 社会

亚壁古道已开放

-312年

意大利 · 令所有人欣喜的是，罗马第一条军事道路的修建工程刚刚竣工啦。它的修建者监察官克劳狄想要建造一条连接罗马和卡普阿的道路。这条道路已有名气，因为沿途有一些昏暗的旅馆，旅人常在此失踪，还有大量的卖淫者。但亚壁古道的主要功能是维持坎帕尼亚地区的秩序，这可是罗马用数场战役赢来的土地。已经有小道消息称这条古道可以一直延伸到布林迪西。考虑到要将帝国中心与各省相连，罗马人修建了近 90 000 千米的古道，方便马车以每小时 45 千米的速度前进。

记事本

雅典为米南德默哀

-292年

希腊·希腊城刚刚失去了一位杰出的剧作家——米南德。他的诗作轻松活泼，充满人性色彩，他的语言灵活多变，但在最近的比赛中，他却成绩平平。虽然他已写出上百部作品，但他在雅典戏剧节上获奖的次数没有超过八次。即便如此，还是会有很多人想念他的作品。不同于其他舞台剧那样，米南德在舞台上呈现的是日常生活中的人物：社会名流、严厉的父亲、诡计多端的奴隶。他的作品《两兄弟》《古怪人》《自我折磨的人》长久地留存在人们的记忆当中。

◆ 思想

待耕种的花园

-306年

希腊·萨摩斯岛的著名哲学家伊壁鸠鲁在雅典买了一个花园用来建造自己的学院。在那里，伊壁鸠鲁把哲学当作生命的艺术来讲授。伊壁鸠鲁提出人必须寻求智慧、追求幸福，学会战胜自己的恐惧（通过内心的平静远离纷扰，战胜对死亡的恐惧），亲近大自然，避免激情引起的冲动。他认为国家是烦恼之源，人应该把神灵和死亡完全置之度外。

科学

新闻

克特西比乌斯转动水力机械

埃及·克特西比乌斯是刚成立的亚历山大学派里最早的机械师。他在气体力学，也就是空气和气流压缩领域有诸多发明：乐器、水钟、水风琴、消防水泵、活塞……他在流体动力学领域有同样多的发明，他认为水的流动不是因为重力，而是由于人工施压。他还发明了战斗机械和自动装置。

克特西比乌斯发明的漏壶可以计算一件事持续的时间，大大方便了日常生活。实际上，漏壶的发明可以追溯到阿米诺菲斯三世统治时期，约公元前1400年。但在克特西比乌斯的改良下，漏壶达到了前所未有的精确程度。

-260年

《角斗士》，阿尼罗·法尔科内，约1630年

◆ 戏剧

流行的角斗士决斗

-264年

意大利·都城正在流行的新式表演——角斗士决斗——是罗马从外引进的一项娱乐活动。这是伊特鲁里亚文明的一项传统，人们会在举行葬礼时组织决斗。

罗马人从这种决斗中品味暴力。一般情况下，角斗士由能战到最后的战俘、死刑犯和奴隶组成。这项活动大为流行，人们甚至创办角斗士学校专门训练角斗士。特定情况下，还可以租用他们，但租金相当高昂。这项娱乐活动在罗马大受欢迎，一些富有的贵族还把他们最喜爱的角斗士的形象呈现在家里的镶嵌瓷砖上。即便如此，还是有一些人反对如此残忍的暴力冲突，把它们比作真正的屠杀。

文化

希伯来语在亚历山大港变成“死语言”

-250年

埃及·语言必须被使用，否则就会被人遗忘。如果我们想阅读经典，就有必要重新翻译这些最重要的文献。最近，希伯来语版的《旧约全书》就被翻译成希腊语。

犹太教大量的“新”教徒使这项翻译工作变得尤为必要，这些生活在亚历山大港犹太人社区里的成员已经看不懂巴勒斯坦的犹太人使用的希伯来语和阿拉米语。七十二位（或七十位）学者承担了这项翻译工作，他们翻译的作品也因此被冠名为《七十士译本》。

宗教

佛教信徒阿育王

-250年

印度·孔雀王朝第三位君主阿育王自公元前273年开始执政，并成功将自己的权威几乎拓展到整个印度大陆。至此他一直被称作“天爱喜见王”，此后他叫阿育王，意为“无忧王”，因为他已皈依佛教并从此致力于佛教精神的传播。

在他的统治下发生了佛教教内的第一次分裂，分为正统派教徒和更宽松的改革派教徒，不过阿育王对其他宗教持有非常开放的态度。

◆ 冲突

按人头计数

-226年

中国 · 自公元前5世纪开始，黄河流域的七国——魏、赵、韩、齐、燕、楚、秦——之间激烈交战。秦国的君主尤为残暴。

战争的胜利不是看胜方掠夺了多少领土或是降伏了多少民众，而是看砍掉了多少敌军的项上人头。一个士兵带回的人头数越多，他得到的奖赏就越多，晋升的机会也越多。公元前318年，在匈奴人的援助下，秦人让赵魏韩联军的8.2万名士兵人头落地；公元前312年是8万名敌国士兵的人头；公元前307年算是个小年，只斩获了6万人头……

很快，随着战争不断胜利，收割的人头数量也越来越多。公元前293年对战韩魏，秦人斩获24万人头；公元前275年再次攻打魏国，是4万人头；公元前274年，又是魏国的15万人头；公元前260年攻打赵国，斩获40多万士兵的人头……

自公元前247年始，秦国的新王嬴政似乎决意接力这场争霸以赢得至高无上的权力。这年，他开始一统天下的大业。再历经几场战役，他就可能成为一代帝王。

◆ 建筑

大一统中国的长城

-221年

中国 · 秦王嬴政在边境启动了一项巨大的工程。统一中原六国后，同年他自封“始皇帝”，意指“第一位皇帝”。

他的王朝秦是中国历史上第一个大一统王朝。专横、残暴和自大是常被用来形容他的词。他以“法”治国，认为君主即法律，无须其他任何根据。为确保所有人严格臣服于他，秦始皇统一了帝国的文字和度量衡……

此后便开始在中国北部修建家喻户晓的长城墙——“万里长城”，“里”是一个长度单位，现约为500米，数字“万”意指无尽。

历史学家司马迁在《史记》中提到30万人曾参与修建长城。很多人因工作环境恶劣死去，这也成了“第一位皇帝”的黑历史。但毋庸置疑，在长城的庇护下，中国变得繁荣富强。

新闻

灾难

罗得岛失去了它的巨人！

-227年

希腊·由于罗得岛的巨人就在港口的入口，无论是陆地上还是海洋上，都没有人能忽视它的存在！这座太阳神赫利俄斯的巨像身高30多米，是一座由青铜包裹的木质雕像，公元前292年为纪念罗得岛未被德米特里一世包围而建造此雕像，最近一次强烈的地震使它彻底崩塌。它是古代世界七大奇迹之一。

◆ 事件

永远不能没有我的大象

公元前228年，哈米尔卡·巴卡去世，迦太基失去了一位称职的将军。不过他的儿子汉尼拔很好地接替了父亲。汉尼拔发动了第二次布匿战争。意料之外的是，罗马在迦太基军队面前几近溃不成军。

-218年

意大利·这则消息在罗马城引起恐慌：汉尼拔·巴卡将军率领军队跨越了阿尔卑斯山，正在朝波河河谷挺进。他军备充足，率领5万到6万步兵、1万骑兵和36头大象，从西班牙出发，秋季跨越阿尔卑斯山，折损众多士兵和大象。但他仍连续四次战胜了罗马人，尤其是在特拉西梅诺湖战役中汉尼拔大获全胜。

活下来的22头战象成为主要兵力，让罗马军团闻风丧胆。罗马人并非不认识大象，但当他们看到这种巨型哺乳动物居然跟一支军队一起跨越阿尔卑斯山时，他们简直不敢相信自己的眼睛。

上哪儿找的这些动物啊？北非几乎没有适合这些大象生活的环境，因为它们每天都要吃200千克的植物。因此要到东非的森林里去捕捉它们，汉尼拔的大象好像比非洲丛林里的大象要小一些。

汉尼拔身上有了他的英雄亚历山大大帝的影子。亚历山大大帝曾在公元前326年的希达斯佩斯河战役中打败了国王波罗斯和他的200头战象。之后，亚历山大大帝将这些大象作为武器收服。

但由于缺乏攻城的条件，汉尼拔放弃了对罗马的进攻，虽然罗马此时几乎毫无防备。而罗马城则利用汉尼拔的这项错误决定重整旗鼓。

休闲

汉尼拔品味卡普阿的欢乐

-216年 **意大利**·与罗马交战期间，汉尼拔在卡普阿的房屋里过冬。他希望以此消耗敌军的兵力，此时已有一些盟军放弃了罗马军团。

卡普阿这座城市因能带给游人欢乐而远近驰名。它给人带来快乐、温暖的气候、丰富的美食和充满魅力的女人。在这些面前人们常常忘乎所以。这座城市让这些残暴的迦太基士兵变得温柔起来。这年在戛纳打了胜仗后，汉尼拔把自己的战斗计划抛诸脑后，让军队好好享受“卡普阿的欢乐”，因此丧失了接连胜利后一鼓作气粉碎罗马的战机。他很难醒悟了……

传统

一个颠倒的节日——农神节

-217年 **意大利**·马上就是农神节了，农神节在冬至前举行，从12月17日到12月23日，是祭祀农神萨图努斯的节日。学生和奴隶有五天的假期。农神节期间，一切都颠倒过来了：主人为奴隶服务，以此纪念以前没有奴隶制的时代。慷慨的国家为民众举办一场盛大的宴会。还有集市，人们可以为亲人购买礼物。大家还会在家里放一点槲寄生或冬青叶以带来好运。

◆ 科学

能撬起地球的人

-212年 **意大利**·阿基米德无疑是时下最伟大的科学家，不久前，他在马克卢斯将军攻打叙拉古时被杀害，虽然马克卢斯将军禁止任何人碰他一根头发。惨遭不幸时，这位智者正在地上研究他画出的一串几何图形，一位罗马士兵命令阿基米德跟他走，阿基米德头都没抬，答道：“别弄乱了我的圆。”这位士兵感觉受到了侮辱，挥剑刺死了阿基米德。

充实的一生。阿基米德会灵活运用所有数学、力学和天文学的知识。他发明了齿轮、蜗杆、斜面和各种各样的机器：起重机、螺旋扬水器、聚光镜……他成功制造出天体系统的模型，按照当时人们设想的方式模拟天体运动。由于他对杠杆原理和重心问题非常感兴趣，因而设计出一套杠杆滑轮装置用来抬起船舶，并宣称：“给我一个支点，我就能撬起整个地球。”

传说中，他用巧妙的方法回答了一个特别的问题：有人问他金银匠为叙拉古君王制作的金王冠是用纯金做的还是在银上镀了一层金？王冠如此贵重，不容有损，因此阿基米德必须在不触碰王冠的前提下回答问题。沉思良久后，他在浴缸里找到了解决办法：只要把王冠放进水里，测算它的体积和密度，再跟纯金比较就知道了。他欣喜若狂，从浴缸里一跃而起，光着身子跑到街上大叫：“我找到了！我找到了！”

◆ 大工程

沉默的士兵在墓穴一样的地方

-210年

中国·人们不断提起中国的秦始皇。他比西方骄奢淫逸的君主拥有更多的财富，30多年间，他不断修缮他的陵墓，强制动用70多万人。

奢华的宫殿和强大的军事力量必须在冥界继续陪伴他。照旧例，皇帝被埋葬时要屠杀多人陪葬：贵族、将士、嫔妃……秦始皇命人用陶土制作成千上万个真人大小的雕像恐怕不是为了挽救生命，而是确保自己的陪葬品比人的骨骼更经久不衰。陕西省境内西安城附近，这座陵墓环绕在一座仿造宫殿的周围：陵冢高76米，陵园周长约6千米，陵墓面积达56平方千米。陵墓周围有一些坑，里面是真人大小的皇家军队雕塑，整齐列队。一号坑里约有6 000余件兵马俑，有站立的士兵、屈膝的弓箭手和战马；二号坑有1 000多名精兵强将的雕塑，根据所属兵种分开列队——战车兵、骑兵、弓箭手、步兵。更令人惊叹的是，我们发现了一些深灰色小石板制成的盔甲，用青铜钩相连，还有一些头盔和马车也是用同样的金属制成，里面还有一些尝试新花样的摔跤手、舞人、杂技师和乐师的雕塑……这是一个自成一体的世界。

秦始皇陵兵马俑

新闻

国际

两次布匿战争后就是和平吗？

罗马和迦太基之间再起纷争。

-202年

意大利·罗马军队登陆非洲海岸，想要直接攻打迦太基。罗马军队的将领是大西庇阿，后得绰号“非洲征服者”。汉尼拔被迦太基紧急召回后在扎马战役中迎战罗马军队，罗马人和他们的盟军努米底亚人赢得了这场战争的胜利。虽然汉尼拔有80头战象，但他还是输了。大西庇阿改进了罗马传统布阵法，在紧凑的步兵队列旁安排好可供大象通过的通道，以此来迷惑汉尼拔的战象。

罗马提出了严苛的议和条件：迦太基放弃所有海外领地，并向努米底亚王国割让大面积的土地，用来建造拉丁人的殖民地。迦太基还必须支付10 000德拉克马的战争赔款。他们所有的战象和战船都交与罗马人，迦太基人未经罗马人的允许不得对外宣战。至于罗马，得益于与努米底亚人的联盟，他们才能将战象收入他们的军团中。

公元前218年开始的第二次布匿战争就这样结束了。

◆ 经济

丝绸之路

-200年

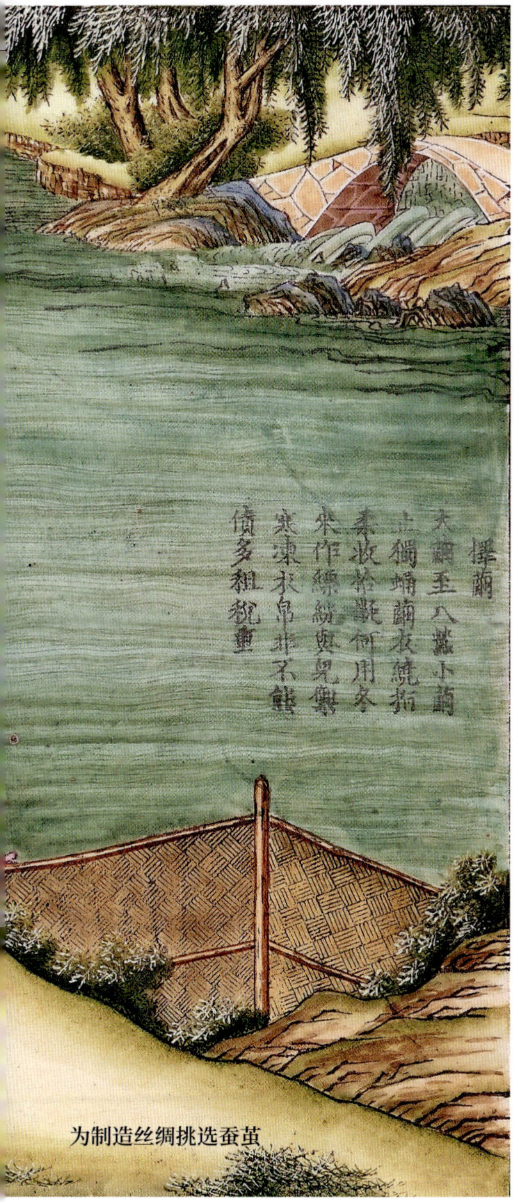

为制造丝绸挑选蚕茧

欧亚大陆· 全长16 000千米！从中国出发，这条沙漠商路跨越中亚，直达地中海东岸的安条克。据说这条路不太安全，但人们给它起了一个令人诧异的名字——丝绸之路。

丝绸文化。中国人好几千年来都保守着制造丝绸的秘诀，令人艳羡，这个秘诀已在亚洲传播开来，但欧洲人一直对此不以为意。《圣经·旧约》中已有记载，丝绸是众多布料中的优选。中国人深谙此道：当时的新王朝汉朝的君主们着力于开拓一条稳定的商路，通往西欧，用来运输生丝和丝绸制品。每卷丝的长度和宽度都是标准化的。因此，丝绸可被当作货币使用，用来支付税金等。根据丝绸所有者的官级，丝绸的使用方式也有严格规范，不可过度装饰和点缀。

那么纸呢？中国人还有另一项天才的发明，那就是制作纸张的技术。中国人用丝绸废料和亚麻布制成的纸跟羊皮纸和埃及人的莎草纸有不一样的质地。

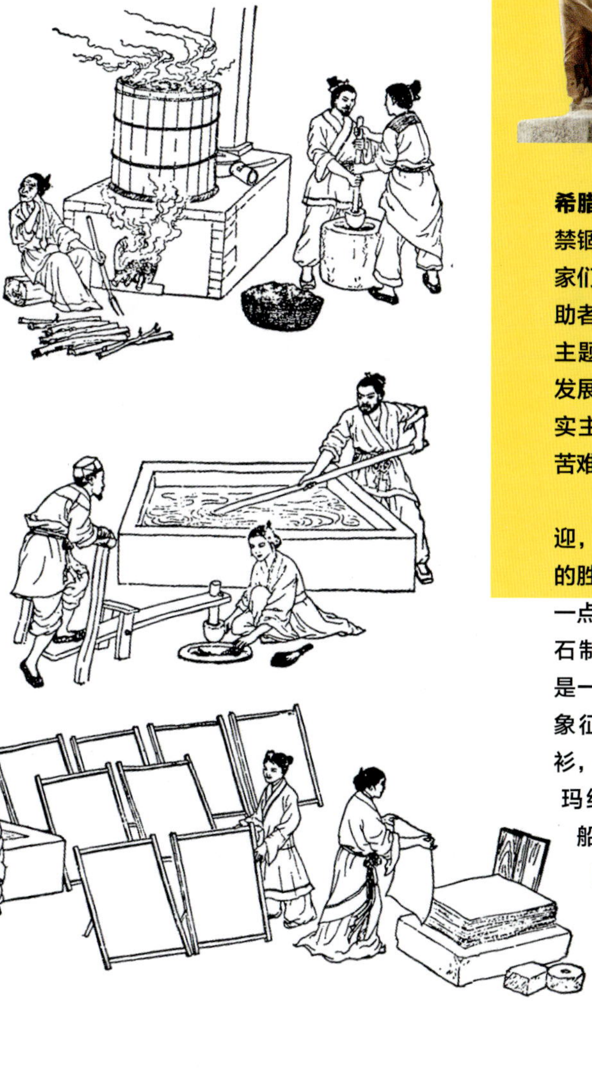

美术

萨莫色雷斯的雕塑长了一双翅膀

-190年

希腊·希腊雕塑从前几世纪的禁锢中解放出来。然而，雕塑家们还是要满足富有的艺术资助者的需求，放弃宗教或神话主题，转向更个体化的主题，发展肖像艺术。他们用大量现实主义手法处理衰老、疼痛、苦难、暴力等主题。

但象征手法仍然受到欢迎，最近完成的《萨莫色雷斯的胜利女神》雕塑就证明了这一点。这尊雕塑用帕里斯大理石制成，含底座高约5.5米，是一位长了翅膀的女人形象，象征胜利。雕像身着希顿长衫，外面还套着一件厚厚的希玛纯外套，身体前倾，形似船首。为制作这尊雕塑，工匠用金属螺栓组装了六块大理石。

◆ 戏剧

普劳图斯创造了罗马式喜剧

-184年

意大利·因为他，罗马人笑得不轻。因喜剧作品出名的普劳图斯不久前在都城去世。他成功革新了喜剧这一剧种，使之符合罗马人的期待。

他让罗马人喜欢上了新剧作品，这种作品节奏快，蕴含丰富的文字游戏，情节跌宕起伏，语言更平实。他让拉丁喜剧从神话、神灵和政治影射中解放出来，用简单、通俗的语言讲述日常生活。他的作品无论是《驴的喜剧》《锅》，还是《寄生虫》都讲述了曲折的爱情故事和人物内心的纠结。

今年，剧院失去了普劳图斯，但另一颗喜剧新星已经冉冉升起，他就是泰伦斯。

司法

新闻

监狱里的大西庇阿：一桩审判丑闻

意大利·卢基乌斯·科尔内利乌斯·西庇阿在叙利亚战争胜利后被指控侵吞公款。不仅如此，他的哥哥大西庇阿也被怀疑犯叛国罪！公元前190年，两兄弟率罗马军队在马格尼西亚战役中赢得胜利。但听闻他们给战败者塞琉西王国国王安条克三世开出了有利的和议条件，还收取赎金放了他已成战俘的儿子。被传唤后，大西庇阿出庭时无视那些指控他的人，还邀请民众随他到卡比托利欧广场，大家积极响应，表达对他的支持。但他仍然选择退出政坛，前往坎帕尼亚的庄园度过余生。

-188年

◆ 美术

帕加马城媲美雅典和亚历山大港

-180年 **土耳其**·诚然，雅典城不断扩大，拥有越来越多的广场、剧院和宫殿。雅典卫城也修建了新的建筑，但帕加马的宙斯祭坛完全是另一种格调！宙斯祭坛融合了希腊古典风和东方富丽堂皇的建筑风格。

这幢恢宏的建筑是爱奥尼柱式的。一座宽大的楼梯通往一个巨大的平台，平台周围环绕着柱廊。平台110米长的檐壁上的浮雕展现出巨人与神的较量，大地女神盖亚的儿子对抗奥林匹斯山上的诸神。庭院90米长的檐壁呈现的是帕加马传奇的缔造者赫拉克勒斯的儿子忒勒福斯的故事。人物的形象野蛮残暴，他们的身体扭打在一起，肌肉扭曲，具有希腊式和巴洛克式风格的特点，完全不同于古典风格展现出的平心静气。

◆ 宗教

犹太人拒绝被希腊化

-164年 **中东**·公元前200年，巴勒斯坦顺利交接到新的统治者塞琉西王国手中。原来的犹太教圣殿受到优待，并被给予特权。但好景不长，公元前188年，安条克三世被罗马人打败，需要钱支付战争赔款。他做出了糟糕的选择：洗劫圣殿、压榨民众。群众揭竿而起。

自公元前175年起，在安条克四世的统治下，局势每况愈下。他想把耶路撒冷变成一座希腊城市。他意欲混合各种宗教学说，在耶路撒冷圣殿里供奉腓尼基的神灵巴尔夏明，受到争议后，他又明令废除犹太教义《妥拉》，强制要求燔祭猪肉，禁止割礼。马加比家族组织传统犹太教士反抗。

这一年，犹大·马加比收复了耶路撒冷，他重建犹太教圣殿，恢复犹太人的宗教信仰。公元前152年，另一位马加比继位：他的弟弟约拿单，后成为大祭司和战略家。公元前129年，国家就彻底独立了。

文化

新闻

元老院不喜欢剧院

意大利·元老院下令拆除位于帕拉蒂诺山和山脚下卢珀尔卡尔洞穴之间的新剧院，此类型剧院在罗马尚属首座。保守派之首执政官普布利乌斯·科尔内利乌斯·西庇阿·纳西卡·塞拉皮奥让他的同僚相信戏剧这种娱乐方式有伤风化。从此，其他剧院的观众只能站着观赏剧目，只有这样才不会悠闲散漫。

-154年

这项举措令人诧异，因为大家想到二十几年前，罗马城曾斥资修建舞台，制造舞台装置，并给剧院发放津贴，而如今元老院却耗巨资特意斩断罗马人对戏剧的迷恋。

思想

如何避免不幸？

-147年 **意大利**·自亚历山大大帝逝世的公元前323年起，怀疑论者、伊壁鸠鲁学派和斯多葛学派不约而同地开始关注个体和即刻的概念。他们都想逃避接连的政治危机，力图避免灾难的发生。新执政官小西庇阿是大西庇阿收养的孙子，他的住所成为都城的知识分子最常拜访的地方。的确如此，开明的西庇阿家族周围环绕着同时代最杰出的智者。西庇阿家族的成员资助这些学者，从而形成一个知识分子的社交圈，他们积极参与罗马贵族上流社会的希腊化进程，也因此招致围绕在严肃的老加图身边的罗马传统派的敌意。

于是从这些知识分子中发展出早期的斯多葛派——罗马现实主义哲学思想同希腊现实主义哲学思想在这里相融合。人本主义的概念从中产生，特指人的人性，没有等级差异和境遇差别。这一斯多葛主义新思潮成为罗马贵族阶层的生活艺术，而非独立的哲学流派。这种构想世界的方式拓宽了人们的精神视野，不再局限于罗马式的认知。美德的概念应运而生：每个人都应该知道什么是好的行为，从而杜绝坏的习惯。

◆ 冲突

“应该摧毁迦太基”

-146年

意大利·这句可怕的话出自老加图之口。怎会有如此想法呢？被地中海隔开的罗马和迦太基这两股势力的冲突仍未结束。罗马在公元前202年的第二次布匿战争中大胜迦太基，大部分人认为迦太基已元气大伤。

然而，参与过上次作战的老加图不这么认为，他发现迦太基依然保存了部分实力，另外他在北非采摘的无花果用船运到罗马时还新鲜得很，这足以说明出产无花果的迦太基离罗马并不遥远。

因此他发表演说时，无论演讲主题是什么，他都会以此句结尾：“应该摧毁迦太基。”虽然老加图于三年前去世，但小西庇阿完成了他的夙愿：这年发动的一场战役中，迦太基在长期遭到围攻后投降。从此再无后患：都城被夷为平地，土地寸草不生。

罗马共和国的主要敌人之一就这样消失了。

◆ 建筑

一条92千米长的水道落成

-140年

意大利·罗马新添一条巨型水道，这是罗马杰出的作品之一，没有这条水道，城市将无法获得水的补给。长约100千米的玛西亚水道得名于它的建造者克温图斯·玛尔奇乌斯·列克斯，它比之前建造的两条水道更长。建造玛西亚水道共花费840万塞斯特斯。水道的发明并非出自罗马，埃及、波斯和印度也有，但这些通常都是在地上简单挖出的短距离水渠。在尼尼微，公元前705—前681年执政的亚述王辛那赫里布修建了一座280米长的高架渠。

罗马在水运方面下的功夫完全是另一种量级：每天都有近500 000立方米的饮用水通过乡村的引水渠或地下无尽的沟渠运输。

玛西亚水道的两端都有蓄水池和倒虹吸系统：当水位升高时，水在自身重量的推动下沿着斜坡反向流动。水流到罗马后被存储在3个水池里。

公元前312年至公元226年这500多年间，修建了不下11条水道。

玛西亚水道，公元52年竣工

◆ 社会

好几千名奴隶起义

-138年

意大利·此事时有发生。看到奴隶的手掌长满老茧，贵族叫道："你用手走路啊！"罗马人很少去农村。农村是罗马的食品储藏室。埃及、高卢、北非是储存小麦的粮仓。战争让大富翁们涌入罗马，但并未让所有人受益。战争也产生了大批从战败国抓获的奴隶，他们被用来开垦土地。

开垦1平方千米的土地大约需要47名奴隶。倘若人手不足，就得把土地分成几块。因此，奴隶是要供养的资本。奴隶受到粗暴对待后，他们也会制造麻烦。事实上，奴隶起义越来越频繁，次数越来越多。

不久前在西西里岛发生了最严重的一次起义：在叙利亚籍奴隶攸努斯的领导下，一支20万人的军队攻占了岛上的大部分土地，建立起"新叙利亚王国"。这就是第一次西西里奴隶起义。直到公元前132年当地才恢复秩序，攸努斯被捕并死于狱中。

文化

帕加马图书馆可自由进入了

-133年 **土耳其**·帕加马城已落入罗马之手，同时落入罗马之手的还有帕加马城珍贵的丛书文集。由欧迈尼斯二世建于卫城之上的帕加马图书馆，它的荣耀可媲美神秘的亚历山大图书馆。

帕加马图书馆与走廊垂直的方向上共有四间厅室。最大的那间阅览室里配备了木质书架，书架上摆放着羊皮卷文稿。实际上，埃及托勒密王朝禁止向帕加马出口莎草纸，这使得帕加马开发出皮革造纸术，制成“帕加马纸”，也就是羊皮纸。帕加马图书馆馆藏丰富，据估计可达20多万卷。有一座雅典娜女神的雕像守卫这里，这座3.5米高的雕像矗立在图书馆里最大的阅览室。这也是一座伟大的建筑应得到的保护。

◆ 政治

格拉古兄弟因土地改革被杀

格拉古兄弟提出的土改建议获得了民众的支持，却以失败告终。

-121年 **意大利**·格拉古家族自公元前4世纪起便属贵族。提比留和盖约又被称作格拉古兄弟，兄弟二人很早便有了改革罗马社会的愿望，但并未获得成功。

土地改革。提比留从公元前137年开始自己的政治生涯，位居罗马大臣职务，一次到西班牙出差途中他看到伊特鲁里亚的乡间有许多奴隶在劳作。他从中悟出开垦土地，让土地发挥价值，是对土地更高的崇敬，因此应该将土地分给所有罗马公民。

作为由平民选出有一年任期的保民官，提比留于公元前133年提出每户占有公地不得超过2.5平方千米，须将多余的土地分给穷人。为防止大地主重新购得土地，他规定每块土地都不可转让。然而，提比留的这项计划遭到广泛的反对，他只能依靠民众使这项决议通过。

不久后，当他想连任保民官时，在对手的煽动下，一场骚乱爆发。提比留和他的300名支持者一起遭到残杀，他的尸体被扔进台伯河。

接班。提比留的悲惨命运并未使比他小12岁的弟弟盖约泄气，他决心继承哥哥的事业。公元前123年，盖约被选为保民官，他再次提出改革，并想改得更彻底：他想限制元老院成员的权力，增加元老院一直以来的对手骑士阶层的权力。盖约犯了和他哥哥同样的错误，提出两项过于激进的举措：一是在寸草不生的迦太基建立一个穷人殖民地；二是将罗马人的公民权延展至所有拉丁人，部分意大利人也享有公民权。这一切惹恼了都城的民众。盖约失去了民众对他的支持，没有当选保民官，当他试图离开时，为时已晚：元老院用尽一切办法诛杀他。他是被谋杀的吗？我们不知道。不过，不久前他的尸骸在贾尼科洛山被发现。

◆ 社会

帕拉蒂诺山的房地产：

罗马的豪宅有了色彩 -100年

意大利·在罗马定居可不是一件容易的事。这座城市已有大概120万名居民。最富有的人住在高处的七座山丘上，最贫穷的人群居住在低处约4.5万间条件艰苦的房子里，他们用火盆取暖，水管里的水只能到一楼，住在楼上的居民只能自己想办法用水桶到楼下打水。

罗马式房屋是伊特鲁里亚式房屋的升级版：房屋围绕中庭而建，不断扩大中庭的面积，增加厅室和小房间的数量。豪宅里通常还建有浴室和厕所。饭厅里配备长沙发。罗马人借鉴了希腊人的居住方式。他们在镶嵌瓷砖和装饰画方面颇有品位，通常会有一些珍品，我们在罗马帕拉蒂诺山上格里芬一家居住的豪宅里就能看到一些。这座房屋始建于罗马共和国时期，呈现出新的装饰风格，人们不再用灰泥刷墙，而是用能产生视觉效果的画作把大理石贴面装成彩色的。

住在外省。对于想住在距罗马稍远些的人来说，意大利南部，尤其是坎帕尼亚地区有一些建筑风格考究的漂亮房屋。布匿战争结束以来，这些房屋变得更加奢华了。庞贝古城的神秘别墅就是一个很好的例子：屋子里画有真人大小的人像，是庞贝式风格淋漓尽致的体现。法尼尤斯·希尼斯特在博斯科雷亚莱的房子相较而言年代更近一些，里面的装饰画展现出剧院装饰风格的影响力。最富有的家庭为了保护隐私会想在家门入口处建一个门房。

事件

新闻

条顿人和森布里人掀起的风浪

朱古达战争之后，与森布里人的战争推动罗马军事化。

-101年

意大利·他们的威胁并非从昨日而起。来自丹麦的森布里人公元前2世纪后便迁居中欧。但很快他们就向阿尔卑斯山脉附近罗马控制的区域靠近：跨越莱茵河后，森布里人向西进发，并与凯尔特人结盟。当元老院勒令他们撤退时，森布里人服从了命令，但当他们发现罗马人的秘密军事行动后，便于公元前113年攻打罗马人，并打得他们落花流水。森布里人没有在意大利境内开战，而是驻扎在山北高卢和纳尔邦高卢之间，两次击败罗马军团。公元前105年他们又出现在罗讷河河谷，与条顿人、阿姆布昂人和赫尔维西亚人结盟，想再一次攻打罗马人。

如此这番接连进攻终被遏制。在公元前102年艾克斯战役中战胜条顿人和阿姆布昂人后不久，盖乌斯·马略将军又在韦尔切利附近打败了森布里人。罗马终于可以喘口气了。

◆ 宗教

桑奇佛塔

-100年

印度·百乘王朝统治下诸多富裕的王国统称为安得拉王朝，有关这些王国的消息很少。有传闻说这些君王们修建了三座桑奇佛塔。

佛塔是一种半球形建筑，正中央存放着佛陀的圣物。在桑奇，最大的佛塔直径为 32 米，高 36 米，墙基长 46 米。这座佛塔建于公元前 3 世纪阿育王时期。

佛塔前有四个宏伟的柱廊，上面是托拉纳门，托拉纳门是印度艺术的杰作之一。托拉纳门位于东南西北四个基点上，表示从物质世界通往精神世界的边界，门上还饰有浮雕和雕塑。

佛陀被以象征性的形式呈现出来，还有许多不寻常的浮雕讲述长有六根象牙的大象的故事和其他类似的传说。

时尚

高卢和日耳曼时期的时尚

-100年

欧洲·随着罗马对山北高卢的征服，未来的纳尔邦高卢——罗马占据的领地——逐渐扩大，甚至跨越了阿尔卑斯山，从日内瓦湖至比利牛斯山。这也是探索发现当地居民穿衣打扮和附近其他地区居民穿衣打扮有何不同的好时机。

像高卢人一样穿。高卢人一定很羡慕罗马人天热时穿的那种宽松的亚麻布大衣。高卢的气候让那里的人只能穿用毛皮和皮革做成的厚衣服。他们的毛织品大都粗糙不堪，他们也很少有麻织品。他们的衣服一般都绚丽多彩，饰有方块图案或条纹。女装是好几件衣服叠加起来的：帔络袍、毛织内长衣、方形或长方形的外套……男人则穿一种贴身的宽松长裤。上面穿的是用两块方形布料制成的条纹外套，有的带袖有的不带袖，中间有一个开口，头部可以穿过，可以用一颗金属扣将其固定在下巴颏儿下。

像日耳曼人一样穿。高卢时尚时常被拿来和日耳曼时尚比较，因为两者非常接近，而日耳曼时尚的灵感又来源于凯尔特时尚。日耳曼人一般穿一条裤子和一件外衣，有时戴一顶帽子。女人的着装方式大体相同，她们的衣服上饰有扣钩或衿针，大小不一，形状各异。这一时期的衣饰是金银丝式的，用的是金珠和银线。此外，将成堆的金珠和银珠串到一起还能制成项链或手链。美人们还会用玻璃珠串和琥珀珠串来装扮自己。

肖像

中国史学奠基人——司马迁

-91年

中国·司马迁是中国史学奠基人。他在汉武帝身边曾经当过郎中、太史令等职。司马迁想要超越传统的编年史，他是从起源开始编写中国通史的第一人。司马迁被看作“中国的希罗多德”，他的文章以实地调研和旅行见闻为依据。他的人世经历让他付出了惨重的代价：为了维护一位兵败的将军，汉武帝判处司马迁腐刑。司马迁得罪下狱，后来获得赦免，重回朝廷并被任命为中书令。

他不久前完成了他的代表作《史记》，司马迁从公元前104年便开始编纂这部作品，他在里面用了很大篇幅讲述了老子的生平。

◆ 冲突

斯巴达克被打败，奴隶起义被镇压

为期两年，奴隶在第三次也是最后一次起义中英勇地抗击罗马。

-71年

意大利·罗马发动的多次战争让奴隶的数量大大增加，以至于难以控制。第一次西西里奴隶起义发生于公元前138年，第二次奴隶起义发生于104年，也在西西里岛。色雷斯人斯巴达克一次战争失利后被捕并成为角斗士，他领导的这次奴隶起义为期两年，远比前两次规模大。

罗马派出3 000名士兵抵抗斯巴达克和他的奴隶们，结果却是枉然。这些难以组织的奴隶试图掠夺并摧毁罗马共和国。随着逃亡的奴隶和穷人不断壮大起义队伍，起义军登上了波河平原并多次抵抗罗马军，后踏上地中海的归途。斯巴达克希望能重回祖国，但他遭到背叛，只能留在意大利南部。罗马军团从此由马库斯·李奇尼乌斯·克拉苏领导，他成功击溃了起义军，斯巴达克被杀。

为预防奴隶起义再次发生，从卡普阿到罗马的路上将有6 000名奴隶被折磨致死。

新闻

政治

恐怖分子苏拉：公元前82年的“公敌宣告”

-82年

意大利·罗马经常出现争夺政权的情况，不久前两位将军之间又发生了类似的事情，一位是战胜森布里人的马略，另一位是公元前86年小亚细亚喀罗尼亚战役中的英雄苏拉。

第一位将军获得了民主派的支持，第二位获得了元老院的支持。内战于公元前88年爆发。马略获得了一时的胜利，但于公元前86年逝世。苏拉又用了4年时间建立政权。公元前82年，苏拉正式成为终身独裁官。

掌权后，苏拉轻而易举地解决了他的反对者。他并没有直接杀死他们，而是发布“公敌宣告”：名单被公示出来，所有人都必须交出名单上的人。这些名单上的人后来在苏拉面前被斩首。

◆ 国际

海盗猖獗

-67年

希腊·海盗猖獗，使各处都不太平：西地中海和东地中海、黑海……提洛岛港口因运输奴隶而出名，克里特岛和小亚细亚半岛的海岸线也被作为奴隶贸易者的运输基地。

保民官加比尼乌斯提议将特别的权利交给一个人以镇压海盗并终结他们掠夺沿海城市的行径，这个人就是40岁的庞培。赋予庞培的权力扩展至地中海沿岸的所有行省，他成为20支军团和50只战船的指挥官。他以迅雷不及掩耳之势在50天内端掉海盗的所有据点，荣耀加身。这会是海盗行径的终结吗？

快讯

-64年

庞培建立一个新的行省——奇里乞亚——用以保护米特里达梯六世扩张主义下的海上贸易。

-63年

海卡努斯二世失去他的国王头衔，变为大祭司。犹地亚成为罗马的保护地，此后需要缴纳贡金。

-50年

被演说家西塞罗释放的奴隶泰罗发明了一种用1 000个符号记录的速记法，这种方法被称作“泰罗式笔记”，一直被使用至17世纪。

◆ 文化

西塞罗让演讲成为一门艺术

-55年

意大利·大律师西塞罗在他最近出版的作品《论演说家》中陈述了演说艺术的基本原则。一场演说不仅仅依靠观念的集合和说话的方式技巧，重要的还包括能灵活运用自己掌握的知识里任意领域知识的创造力；有效组织自己的观点，从而成功说服他人的组织力；语言表达方式，音色以及咬字的方法；演说风格和辞藻的运用。身体语言和手势在吸引观众的注意力上也能起到作用。最后，记忆力是极为重要的，拥有好的记忆力才能记下要讲述的全部内容。

只有应用这些逻辑规则的人才能成为演说家。

城市之声

罗马为诗人卢克莱修和卡图卢斯哀悼

一年间，永恒之城失去了两位伟大的诗人。

-54年

意大利·卢克莱修生于维苏威火山地区，他的思想与德谟克利特和伊壁鸠鲁的思想非常接近。他在庞贝应有一处居所。公元前55年，43岁的卢克莱修突然逝世，关于他的死现在仍有很多传说。有些人认为他是用自己的剑自杀的，还有一些人认为他丧失理智后服春药而死。卢克莱修编写的诗作《物性论》呼吁在因政治混乱、暴力冲突、价值沦丧而晦暗的罗马重拾光明。对卢克莱修而言，没有人能逃离死亡。因此，没有理由害怕死亡。

卢克莱修将这首诗献给盖乌斯·麦米乌斯。麦米乌斯还是另一位于公元前54年去世的诗人卡图卢斯的资助者。作为“新诗人”团体的一员，卡图卢斯将博学珍贵的诗风带入罗马，与前人的创作精神不同。他的作品预告了后来的哀诗，哀诗直到奥古斯都（屋大维）统治末期因卡图卢斯的后继者加卢斯、提布鲁斯、普罗佩提乌斯和奥维德而出名。卡图卢斯的诗中表达了浓烈的情感，比如他对列丝比娅的爱情，当她沮丧时，卡图卢斯的情感尤为强烈。

虽然卢克莱修和卡图卢斯不是全票当选的政治领袖，但他们的死对罗马来说仍然是巨大的损失。

《韦辛格托里克斯把他的剑扔在恺撒脚下》，莱昂内尔·罗耶，1899 年

◆ 政治

阿莱西亚之战：战胜韦辛格托里克斯的恺撒

-52年

法国·儒略·恺撒可不是一般人。虽然他的儒略家族是二等贵族，但他们自称拥有神的祖先埃涅阿斯和女神维纳斯。他不同寻常的一生绝对值得一提。为在家族中寻求有利的联姻，他多次再婚。公元前 63 年，他被选为祭司长，是罗马宗教里的最高阶祭司。

他有着远大的政治抱负。他和庞培、克拉苏组成前三头同盟，公元前 59 年，恺撒被推选为执政官。恺撒依靠的是罗马民众。当他执政官的任期结束时，他又被任命为总督，负责管辖不止一个行省——山南高卢和伊利里亚，外加山北高卢和达尔马提亚海岸的一部分。同时他还有 4 个军团 5 年的兵权。任期满后，他还被特批再延长 5 年。

他在任期间征服了高卢剩下仍未归顺罗马的部分，甚至抵达了大不列颠岛海岸。

公元前 52 年，高卢各部落起义，青年族长韦辛格托里克斯带头反抗。恺撒借助日耳曼骑兵前去镇压。9 月，恺撒的军队终于在阿莱西亚击溃起义军，2 万高卢人被俘，韦辛格托里克斯也落入罗马人之手。

政治

马赛在罗马的怀抱中

-49年

法国·自公元前2世纪起，原希腊殖民地进入衰退时期。实力被布匿战争削弱后，尤其是公元前124年和前123年萨利克联盟攻打他们时，福西亚人转而投向罗马人。公元前118年，马赛成为罗马行省后便开始与罗马商人直接竞争。但马赛的错误主要在于当庞培和恺撒对战时，马赛选择了庞培。这一年马赛被恺撒攻克，为了不完全落入敌手，马赛不得不将被占领的城市分离出去。

◆ 政治

恺撒得到庞培的项上人头

-48年

埃及·自从公元前53年克拉苏远征安息王国被擒杀后，恺撒和庞培之间的对抗便昭然若揭。恺撒想要成为新一任的执政官，却遭到对手庞培无情的反对，庞培此时有西塞罗和小加图的支持。

元老院要求恺撒放弃指挥权，恺撒拒绝服从元老院的命令，他跨越阿尔卑斯山，向罗马逼近，最终于公元前49年1月下令军团渡过外省军团不可跨越的界限——卢比孔河。内战爆发。

庞培失势。公元前49年8月，恺撒战胜庞培的西班牙军团，后在公元前48年7月的都拉基乌姆之战中被庞培打败，一个月后，恺撒终于在萨洛尼卡大区的法尔萨拉碾轧庞培。庞培逃到埃及后，恺撒继续追逃。埃及法老托勒密十三世想讨好恺撒，向他献上庞培的项上人头。但恺撒收到这份礼物时情绪激动，感到恶心。通过这件事，埃及人发现恺撒身上有一个他们始料未及的性格特点：尊重被打败的对手。

恺撒后来也攻打了这位年轻的法老，并于公元前47年推翻他的政权。公元前46年，恺撒在塔普索斯攻打共和国拥护者和他们的同盟努米底亚国王朱巴一世并取得胜利，他就这样成为整个罗马世界的主宰。回到罗马后，恺撒组织政权，自封为独裁官，任期10年，后改为终身制。

讣告

-46年

恺撒命人杀害**韦辛格托里克斯**，韦辛格托里克斯死于图利亚努姆监狱。

◆ 文学

恺撒的《高卢战记》：他的语言像他的士兵一样铿锵有力

-51年

法国·恺撒当然是一位政治家，但不止如此。他在公元前58年至公元前51年征战期间编写的《高卢战记》前七卷的最后一卷刚刚出版问世。面对贵族阶级、评论家和讽刺诗人的诸多攻击（罗马有人说恺撒是所有女人的男人和所有男人的女人），他必须自我辩护。苏埃托尼乌斯指控他歪曲事实，删减了一些历史事件。

与此同时，儒略·恺撒的处境也变得危险，他希望通过他的作品让民众接受他的政治企图。他采用了朴实的文风，运用了专业词汇。他的幕僚奥卢斯·希尔提乌斯增编了全书的第八卷。

新闻

戏剧

恺撒的胜利：超乎寻常的海战！

-46年

意大利·回到都城后，恺撒组织政权并部署大局：盛大的阅兵、戏剧表演、角斗士决斗、赛跑、竞技，样样精彩。

更超乎寻常的是，他让罗马民众看到了史上第一部海战剧，这是在注水的圆形剧场里上演的海战表演。儒略·恺撒在台伯河附近修建了一个蓄水池。参与表演的2 000名战士都是战争中的俘虏，他们再现了公元前480年萨拉米斯海战中希腊人大败波斯人的战争场面。好戏开场！

《恺撒之死》，温琴佐·卡马卡尼，1804—1805年

◆ 事件

匕首刺了二十三下才制服恺撒

-44年

罗马日历中三月的第十五日，也就是3月15日这一天，恺撒走进元老院时遭遇刺杀。

意大利·儒略·恺撒55岁时死在马库斯·尤尼乌斯·布鲁图斯、盖乌斯·卡西乌斯·朗吉努斯和另外21个谋反者手中，当时恺撒正准备攻打安息王国，当他走进元老院参加最后一次会议时被刺杀者突然袭击。这桩谋逆事件并不让人意外，因为恺撒的政策遭到越来越多的反对，谋反者想要恢复共和国的自由。

2月14日被授予永久独裁权的恺撒是否真的想复辟王朝？没人能知道。

恺撒的养子布鲁图斯，也是恺撒的反对者小加图的外甥，他是这次刺杀事件的主谋。

当恺撒在凶手中认出布鲁图斯时，博学的他用希腊语对后者说道："居然还有你，我的儿子。"

◆ 政治

三人计划：后三头同盟的失败标志着罗马共和国的结束

恺撒死后，内战愈演愈烈。

-43年

意大利·如果用一件事来形容罗马共和国的末期，那就是政治领域中军队和将军的权力越来越大。来自罗马半岛的森布里人、条顿人、高卢人或“同盟者”构成的威胁都被罗马军团逐一消除。他们有着卓越的功勋，也有着巨大的野心。

公元前79年苏拉卸任独裁官时，军队首领们便意欲争权。公元前60年克拉苏、庞培和恺撒三人平分政权结成的“前三头同盟”到公元前57年再次出现。前三头同盟以悲剧收场，克拉苏去世，庞培被杀，恺撒被刺。

恺撒死后，内战再次爆发。在博洛尼亚，后三头同盟于公元前43年成立，它集结了恺撒的三位亲信：他以前的马术老师李必达，从前的副长官和执政官马克·安东尼，以及恺撒的甥孙，即他的养子和继承人屋大维。这三位强人平分了地中海周围的势力区域。他们追捕并处决他们的反对者，也就是罗马共和国的拥护者或元老院的议员，其中包括西塞罗。但李必达很快就退出了后三头同盟，而屋大维和安东尼之间的关系越来越紧张……

◆ 旅行

巴尔米拉，财富的绿洲

叙利亚·当屋大维在罗马世界的西部壮大势力时，安东尼把重心放在东部和由他的人掌管的高卢地区。他想征战安息王国，但需要资金。巴尔米拉资源丰富，马克·安东尼决定洗劫这座城市。只能说安东尼至少尝试过了，因为提前收到消息的居民带着他们的财富逃到了幼发拉底河的另一边。

巴尔米拉确实成了重要的商业中心，印度和阿拉伯的产品途经波斯运输到这里。这座城市自称泰德穆尔，自公元前2000年起被记录在卡帕多西亚地区库尔特佩遗址的一块石碑上。巴尔米拉的希腊拉丁名称是近期才取的。佩特拉是巴尔米拉强大的商业竞争城市。巴尔米拉的主干道长1千米多，道路两边有375根17米高的廊柱。

-41年

-45年

城市之声

新的日历：儒略历

意大利·今天，罗马采用了一种新的日历。这种日历最初由恺撒决意采纳。他去年请亚历山大港的天文学家索西琴尼改良罗马日历。这部带有恺撒姓氏的“儒略历”的特殊之处在于将地球绕太阳的公转周期365天算作一年，月份的长短略有不同。但因为一个太阳年（回归年）比标准的365天还稍长一些，因此每四年一闰，增加一天。顺便一提，每年的第七个月被称作“儒略”（Julius），表示对恺撒的家族——儒略家族——的敬意。还有一个小故事，“日历”（calendrier）一词来源于“朔日”（calendes），是旧历中每月的第一天，也就是罗马人还债的日子。

巴尔米拉人崇拜的众神之中，月亮神阿戈黎波占据重要地位。但众神之首却是贝尔，贝尔的名字借用了巴比伦大神的名号，他的地位和宙斯类似。为贝尔神修建的寺庙足见其在美索不达米亚地区的影响力。寺庙的庭院周围环绕着双门廊，用的是精雕的科林斯式柱头，这是叙利亚独有的技艺，利用光影突出浮雕。整座寺庙极其宏伟，面积为 40 000 平方米。围墙长 210 米，侧长 205 米，有仪仗队伍绕其行进。

◆ 政治

克娄巴特拉的面容……

恺撒之后，克娄巴特拉勾引了罗马的新强人安东尼。

-41年

埃及·史上最有诱惑力的女人无疑是埃及艳后克娄巴特拉七世了。也有一些人恶语相向，称她是红颜祸水。她的第一位丈夫即她的哥哥托勒密十三世恰巧淹死在尼罗河三角洲，她重获自由；她的第二位丈夫（也是她的哥哥）托勒密十四世中毒身亡；最后，她在以弗所阿耳忒弥斯神庙的台阶上一剑刺死了自己野心勃勃的妹妹阿尔西诺伊四世。然而，她爱自己的父亲，她的绰号里也蕴藏着这个含义——“爱父者”。

恺撒之后，是安东尼。埃及艳后的感情生活相当丰富。当权 3 年后，公元前 48 年，她在极为特殊的情形下遇到恺撒：为了接近恺撒，她让人把自己裹在一条毯子里送到恺撒身边，这是安全接近他的唯一方法。恺撒被勾引，爱上了埃及艳后，还和她生了一个儿子恺撒里昂（Césarion），但由于恺撒此时已经成婚，他并没有打算让恺撒里昂当他的继承人。

恺撒的死对克娄巴特拉来说，意味着一切都要重新开始。她想重振埃及，但此时的埃及太弱小，不能缺少罗马的保护，埃及此时的独立只是名义上的。然而她强烈地执着于此。出自希腊人统治的托勒密王朝的埃及艳后是唯一讲埃及语的人。

公元前 41 年，东罗马的新领袖马克·安东尼传召埃及艳后和他手下的所有首领到塔尔苏斯。埃及艳后深谙男人的虚荣心理，她见马克·安东尼时摆上宫廷最华美的排场，用上勾魂的珍稀香料，如女神般出现在马克·安东尼的面前。粗野的马克·安东尼平时只见过军中女子或士兵，一下就拜倒在埃及艳后的石榴裙下，为她着迷了 10 年。

-44年

城市之声

恺撒星

意大利·9月，在为恺撒举办的纪念活动上，所有人都看到了这颗星星。据作家苏埃托尼乌斯所说，这颗彗星会连续闪耀7日。对罗马人来说，这是他们那遭到背叛的独裁官化作的星星。奥维德认为这是他的灵魂。这颗彗星很快就成了政治宣传的托词，预示着屋大维是恺撒的继承人和未来的帝王“奥古斯都”。后来屋大维为纪念恺撒修建了寺庙，里面藏有一座雕塑，恺撒这位伟人的雕塑上方悬着一颗星星，让人想起这颗彗星的经过。

讣告

-43年

恺撒里昂死在安东尼派出的密使刀下，无从抵抗。

-40年

◆ 美术

看这个伙计和他的儿子们：拉奥孔群像

希腊·“宏伟壮观”和“精妙绝伦”是一位艺术家形容这组在帕加马完成的雕塑作品时用到的两个词，雕塑作者是三位罗得岛人：阿杰山德、阿典诺多罗和波吕多罗。

这组群像反映出特洛伊战争的一段故事：斯巴达国王墨涅拉俄斯的妻子美人海伦跟特洛伊王普里阿摩斯的儿子帕里斯私奔逃到特洛伊，为夺回海伦，希腊人旷日持久地围攻这座城。在奥德修斯的建议下，他们建造了一匹巨型木马，木马的肚子里藏着一群士兵。希腊人佯装撤离，把木马扔在海边，特洛伊人想把木马搬进城，波塞冬和阿波罗神的大祭司拉奥孔表示反对。拉奥孔警告他们：“即使是希腊人送礼，我也有所忌惮。”

从海里突然出现的两条巨蛇对拉奥孔和他的儿子们发起攻击，在他们逃到雅典娜神庙之前杀死了他们。这起事故被特洛伊人诠释成女神对拉奥孔的惩罚，因为他不愿将木马献给女神作祭品。

这组两米高的作品展现出祭司和他的孩子们被蛇攻击的情形。其扭曲的肌肉上弯曲的线条被活灵活现地雕刻在大理石上，给人孔武有力的印象。拉奥孔极力挣扎，和儿子们试图摆脱巨蛇的纠缠，但其脸上惊恐的表情已经预示出失败的结局。

◆ 建筑

屋大维准备自己的小陵墓

-28年

意大利·屋大维本人不久前下令在罗马的战神广场上为他自己和家人修建陵墓。这将是一座45米高，类似伊特鲁里亚式的坟墓，跟希腊式陵墓的建筑标准大相径庭。底座用砖石修砌，整座陵墓饰有大量的大理石和雕像。复杂的走廊结构通往各个墓室。屋大维还命人在他墓前的柱上撑起两块青铜板，上面刻有他的赫赫功绩——《奥古斯都神的功业》。

-30年

大工程

建筑角：无懈可击

欧洲·纳尔邦高卢的城邦阿尔勒因支持恺撒攻打马赛而受到奖赏。公元前46年成为罗马殖民地后，阿尔勒开始修建它的广场。这座广场位于城市两条主干道的交叉点：一条南北走向的主干道和一条东西走向的主干道。罗马、高卢、叙利亚……到处都在修建新城市，规划图遵循的是罗马城市的几何规则。桥梁、水渠、神庙从各处拔地而起。自公元前2世纪开始，罗马建筑受到广泛认可，并被宣称与希腊建筑完全不同。

屋大维的陵墓

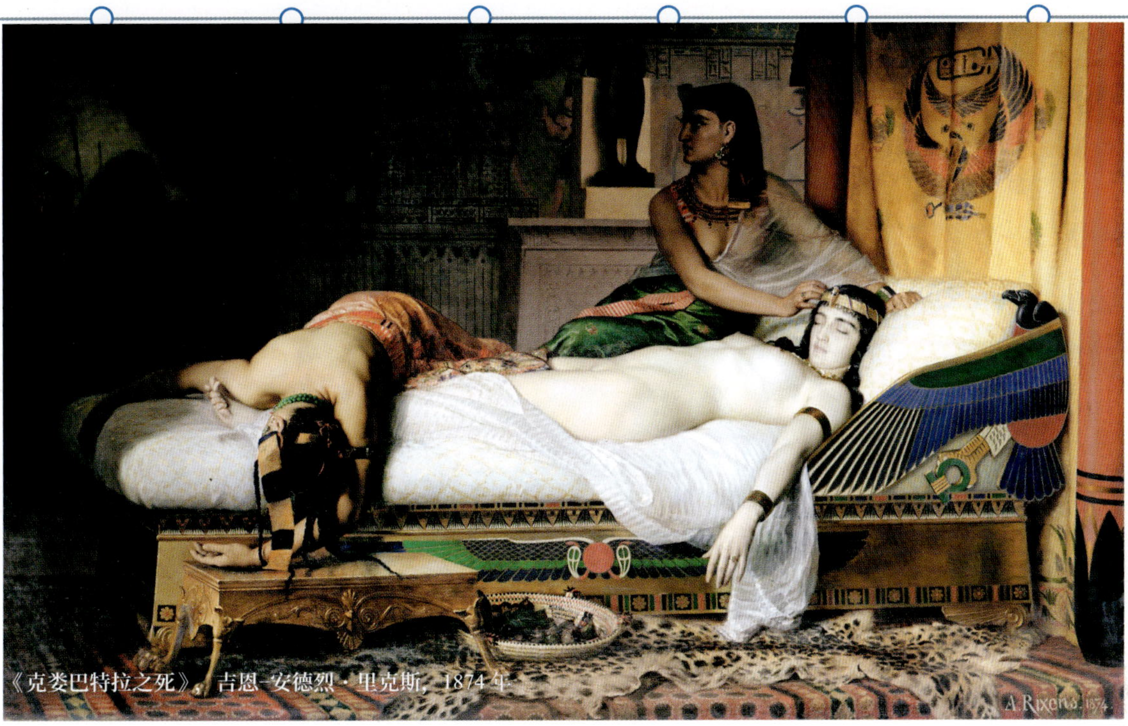

《克娄巴特拉之死》，吉恩-安德烈·里克斯，1874 年

◆ 政治

克娄巴特拉，她的爱人，她的麻烦

克娄巴特拉和马克·安东尼的死让屋大维成为唯一的主宰。

-30年

埃及·克娄巴特拉和马克·安东尼的爱情故事成为一桩政治事件。公元前 32 年，马克·安东尼休了他的合法妻子，而他的妻子正是屋大维的姐姐。在西罗马，屋大维用舆论大肆攻击马克·安东尼，说他的行为更像是东方的暴君而不是罗马的国君，还说他背叛了自己的国家，想将罗马的权力让给亚历山大港。对抗在所难免。

公元前 31 年，希腊亚克兴海战的失败注定了这对情人的命运，屋大维成为胜利者。这年春天，屋大维莅临亚历山大港。听信克娄巴特拉已死的传闻，马克·安东尼拔剑自刎。据普鲁塔克（Plutarque）记载，克娄巴特拉同年 8 月才死，是被藏在无花果篮里的蛇咬伤而死。[编者注：另有辞典记载，公元前 30 年屋大维进入埃及，安东尼绝望自杀（女王亦自杀）。] 这位神秘的美人、政治的操纵者和恋爱中的女人，如今化作永恒。

-33年

社会

罗马向破房子开战

意大利·诚然，罗马人是著名的建筑师，天赋异禀，但我们看到苏布拉或维拉布鲁姆脏乱的街区里集体房屋的状况时，就会觉得大家没有好好利用这份天赋。六七层高的脏乱房屋是仓促建起的，因居住人数太多差点倒塌，而且随时可能着火。里面的公寓昏暗不堪，窗户极小，害虫滋生。就在不远处，贵族们居住的房屋供水充足，还有浴室。而住在破房子里的人还得用桶到最近的水池里去打水。希望他们的请愿能改善这些可怜租客的生活条件。

此间，屋大维的一位密友，市政官阿格里帕开始整修城市的引水渠和下水道系统。这年他刚启动一系列大工程来清洁和修缮马克西姆下水道，这是罗马公元前 6 世纪左右建成的巨型下水道。它是用来将雨水排向台伯河的，不需要排涝时，罗马人就使用它来排污水。听说阿格里帕考虑修建罗马城第一批公共浴场。

宗教

雅努斯神庙关门了：多平静啊！

-29年 **意大利·200年来，**雅努斯神庙的大门第一次被关上。1月11日，屋大维以这一官方举动，表示正式结束战争。此前，罗马还未结束战争时，雅努斯神庙仍旧开放。该神庙战时庙门大开，象征雅努斯庇佑战士出征；战争结束，庙门关闭，以示和平。军队出战前都从神庙的门下经过。雅努斯神的雕像是双头形象，一头转向过去，一头转向未来。每年的第一个月以他的名字命名，因为他掌管事物开端。

◆ 建筑

罗马的万神庙可供参观

万神庙的重建工程刚刚结束！公元前110年的一场大火烧毁了这里原来的建筑，这座精妙的新建筑要归功于杰出的罗马建筑师。

-27年 **意大利·**截至目前，大部分的建筑都用同一种方式封顶：把大块的平面放置在垂直的支撑点（墙体或支柱）上。建筑原理始终是平台和直角。罗马建筑师做出了创新：他把横梁换成了木顶或石顶。伊特鲁里亚似乎用过这项工序，但只用于部分建筑：城门、陵墓的走廊、有坍塌危险的地下走廊。现在这一工序则用于走道和走廊的筒形拱顶、两个筒形拱顶垂直构成的穹棱肋和圆形室的半球形穹顶。

罗马的珍宝。提到穹顶，万神庙的穹顶周长为43.3米，高度也是43.3米，堪称一绝。顶部的眼洞窗直径为9米，光从那里射进来，万神庙的这座穹顶是最完美的穹顶之一，通过装饰的藻井制造出特有的视觉效果。为支撑起这座穹顶，建筑师必须反复推敲它的垂直支撑物，建造5米厚的承重支柱。

更广泛而言，我们注意到，对石材、砖材和砂浆的融合使用孕育出罗马特有的建筑风格。奥古斯都的陵墓完美呈现出罗马人对曲线运用自如。

快讯

-27年 奥古斯都桥是一座杰出的建筑，仅用4个桥拱便撑起了160米长的弗拉米尼亚大道。

-19年 罗马的第一个公共浴场——阿格里帕浴场——完工了。这座浴场位于战神广场上，在万神庙和庞培剧院之间。

◆ 政治

奥古斯都：不仅是一个名字，还是一个头衔

屋大维成为奥古斯都，他结束了罗马共和国，建立罗马帝国。

-27年

意大利 · 罗马因多年内战精疲力竭。对手马克·安东尼被除掉后，屋大维无须大费周章便可完成他养父恺撒的宏愿。因与各行政长官建立的赫赫战功，屋大维于公元前28年已然获得皇帝称号。公元前27年1月16日，元老院还授予他“奥古斯都”（意为“神圣”）和“元首”的称号（指第一公民或首席元老）。屋大维还接收了所有军队的指挥权和所有行省的执政权。

奥古斯都从此名副其实，并开创元首制时代。当然，罗马的新主人悉心维护自己的形象，以防和前任落得同样的下场：他拒绝独裁官的头衔，假意重振元老院的权威。这种共和的假象一直维持到戴克里先时期，但事实上奥古斯都身兼多个要职，集大权于一身。奥古斯都出色的统治让他的名字成为一种头衔，被继位者采用。罗马共和国就这样结束了。

◆ 科学

地理学家斯特拉波普查世界

-20年

意大利 · 斯特拉波写了43卷《历史学》，但让他出名的并非历史。斯特拉波在工作中深感必须写一本书来描绘人类居住的土地。于是他决意在这一年开始编撰一本17卷的《地理学》：头2卷给这门学科下定义，后15卷描绘世界上的已知地区。书中重点描述了地中海地区和希腊，记录了从欧洲到小亚细亚、利比亚和埃及等地不同民族的地理状况。

◆ 国际

犹太王希律扩建圣殿

-19年

近东 · 大希律王为夺得权力不会在任何事情面前退缩。公元前40年，罗马元老院授予他“犹太王”的称号。在罗马军队的援助下，公元前37年，大希律王把安息人赶出犹地亚和耶路撒冷，并推翻了哈斯蒙尼王朝。统治期间，大希律王和克娄巴特拉之间冲突不断，克娄巴特拉想干预犹地亚的内政，因为她想牺牲犹地亚的利益壮大埃及。大希律王通过献礼维持罗马人对他的支持，并排除异己，甚至殃及自己的亲属。

不过希律首先是一个伟大的建造者，为巩固自己的权力，他开始修建马萨达堡垒，整修恺撒里亚人工港口，更重要的是，他还重修了耶路撒冷圣殿。为在重大节庆时容纳不断增长的犹太人口，他还在圣殿山的周围用坚固的挡土墙围起一座巨型广场。

社会

单身汉们，你们要交税了

-18年 **意大利**·奥古斯都颁布《朱利安法》，这是一部制止通奸、鼓励生育的法典，明令禁止元老院成员同被解放的奴隶通婚。事实上，大量的单身汉并非真正的单身汉，他们会选择一位奴隶解放她，这样就可以选择是否抚养他们与这名奴隶所生的孩子。

奥古斯都想要组成新的人口结构，尽量避免不同阶层的人混在一起，这样罗马人会更加聪明，比如构建由一个军官、行政官员和各种公务人员组成的社群。他想要打造两种级别的精英阶层：一种是元老院的贵族阶层，身份世袭，承担行政官员的职务；另一种是富有的骑士阶层，出任公务人员和军官。

讣告

-4年

大希律王临终时极其痛苦。他死于坏疽，享年69岁。是他重建了耶路撒冷圣殿的西墙——“哭墙”。

◆ 美食

阿皮基乌斯：美食餐厅

-5年 **意大利**·阿皮基乌斯虽年纪轻轻，却已经因大胆研究烹饪而赫赫有名。例如，他烹饪粉色火烈鸟的舌头，用新鲜的无花果养肥鹅和猪的肝。他还改良了鱼酱这种用鱼和盐制成的调料。

听说他打算撰写一本有关酱料的书和一本更完整的烹饪食谱，里面提到如何做棒子形的肉，含鸡蛋菜肴的准备工作，炖菜要添加丰富的香料和稀有的配料。

阿皮基乌斯让罗马人品尝到了烹饪菜肴的味道，因为在他之前人们主要吃肉粥和谷物粥。作为与塞涅卡同时代的人，严肃的斯多葛主义者并不太喜欢他，也不太欣赏他对美食的热衷。

记事本

罗马的诗歌之王维吉尔陨灭了

-19年 **意大利**·维吉尔刚刚去世了。他因公元前37年出版内含十首田园诗的《牧歌》成名。维吉尔被看作寓言式田园诗的最高代表之一。他描绘了曼图亚地区农民和牧民的生活，勾勒出乡村的田园风光，此地是适合冥想和沉思的静心之所。

最重要的是，他谱写出一部关于建造罗马城的史诗巨著《埃涅阿斯纪》，一举成名。维吉尔想撰写一部与《伊利亚特》和《奥德赛》相媲美的作品，他将世代相传的传说汇编起来，讲述了罗马人神秘的祖先特洛伊英雄埃涅阿斯的传奇经历。从埃涅阿斯在特洛伊沦陷前的历险经历，一直到他成功到达拉齐奥的海岸，维吉尔以无人能及的叙事才华讲述了这位英雄和他的同伴们为开拓新的家园而遭遇的困难和挑战。

《耶稣诞生日》，汉斯·莱昂哈德·舒弗莱因，1507 年

城市之声

-4年 犹地亚马厩里的神秘诞生

巴勒斯坦·传说有一场不同寻常的降生。孩子的希伯来语名字是约书亚（Joshua），也就是希腊语中的耶稣（Jésus）。他的父母非常普通：父亲约瑟是一名木匠；母亲马利亚在旅馆里找不到房间，把孩子生在了伯利恒的一间马厩里。

具体的出生日期并不确切：孩子可能在公元前4年出生或三年前就已经出生了。这个孩子出生时发生了许多离奇的事件，比如，一些牧羊人说他们在马厩上方看到一颗流星。这强烈地勾起了大希律王的好奇心。未完待续……

耶稣受审，新圣亚坡理纳圣殿，意大利，拉文纳

1-500年

◆ 宗教

耶路撒冷群情激愤：一个叫耶稣的人被定罪

30年 **近东**·三年间，大家一直在谈论施洗约翰的亲戚——拿撒勒的耶稣，他在加利利布道，身边聚集了一帮年轻人，其中一位名叫彼得，耶稣曾告诉他自己就是救世主。

不久前，耶稣在耶路撒冷跟自己的门徒吃饭后被人逮捕。原因至今未明，其中一个说法是犹大即传说中的加略人背叛了他：他把士兵带到耶稣面前，向耶稣行贴面礼，表示要逮捕的正是此人。

刑罚已定：犹太教法庭和罗马法官相继审判后裁定，耶稣将和两个偷盗者一起被钉在十字架上。有人控告耶稣亵渎神明，自称“神子”、救世主和犹太人之王。尤其是他的雄辩和说服力构成威胁。罗马帝国犹地亚的总督本丢·彼拉多宣布了对耶稣的判决。

耶路撒冷的居民密切关注耶稣事件。虽然不少人因耶稣在圣殿驱逐有公民身份的商贩感到讶异，但大家无疑会深深怀念这位治愈者、同情穷人的慷慨之人、奇迹的创造者和新宗教的推广者。

无论如何，复活节这天，耶稣将被钉在十字架上。

快讯

1年

奥维德出版了他的著作《爱的艺术》，讲述男女互相吸引的技巧。

4年

奥古斯都下令建造的最美建筑之一尼姆的方形神殿竣工了。

6年

大希律王的儿子亚基老被奥古斯都罢免，巴勒斯坦成为罗马的一个行省。

冲突

赤眉军

18年

中国·王莽是新朝的创始人，新朝意指新的王朝，王莽是新朝唯一的皇帝。年轻的皇帝汉平帝死后不久（死因可疑），王莽利用儒家夺权。王莽选中他的继承人，是一个两岁的孩子，名叫孺子婴，并立他为太子。接下来再简单不过，褫夺汉朝的权力，篡夺皇位。

王莽试图改制缓和社会矛盾，却加剧了社会矛盾，他不得不面对一次声势浩大的农民起义。为表示团结，方便辨认，农民们把自己的眉毛染成了红色。很快原汉朝的农民也加入了他们。

这起冲突首先让刘玄受益，但他也很快与起义军开战，后刘秀受益，于公元25年建立东汉王朝。至于王莽，他在公元23年的斗争中被杀。在王莽的统治下，汉朝在中亚地区的征战大部分以失败告终。

◆ 政治

提比略在卡普里逝世

27年

意大利·大家在私下悄悄议论，皇帝提比略自他的弟弟德鲁苏斯被近卫军长官塞亚努斯谋杀，他的侄子兼养子盖尔曼尼库斯于19年去世后，非常伤心难过。

69岁的提比略大概认为自己需要出门散心，便离开罗马，奔赴温暖舒心的卡普里岛，住在山顶的花园住宅里。

提比略执政的头几年，他都是一位明智而严格公正的君主。皇帝出都城后，近卫军长官塞亚努斯的权力日涨，成为类似于首相的长官，但31年一封告发他谋反的信毁了他。

在此期间，罗马充斥着恐惧和血腥的气氛，没有人知道主子想要什么。提比略指定他的侄孙，盖尔曼尼库斯的儿子盖乌斯·恺撒，也就是未来的"卡利古拉"，和他的孙子提比略·杰米卢斯为自己的财产继承人。

41年

城市之声

27亿塞斯特斯被侵吞！

卡利古拉挫败好几次阴谋后（其中一次还跟自己的两个姐姐有关），前不久于8月24日被几个近卫军军官谋杀。问题是没有任何人为他感到惋惜！

意大利·不是随便什么人都能侵吞成百上千万公款的，但卡利古拉也不是随便什么人。他是盖尔曼尼库斯的第三个儿子，提比略的养孙，在母亲这边他是奥古斯都的曾孙，卡利古拉从37岁时开始执政。

起初，卡利古拉还知道通过召回流放人员和减轻税务来赢得民心，但他很快有了心理问题。许多人都发现他的行为前后不一。他不仅奢侈无度，花费了罗马帝国27亿塞斯特斯，似乎还想提拔自己的马到执政官级别，甚至砍掉朱庇特神庙雕像的头，换上自己雕像的头。除此之外，卡利古拉将一种源自东方的盛典引入宫廷，还出征过几次，尤其是大不列颠岛和莱茵地区，但都不值一提。

苏埃托尼乌斯给我们提供了一件笑料：卡利古拉过度扩建他在帕拉蒂诺山上朝古罗马广场方向的房屋，以至于卡斯托尔和波吕克斯神庙成了他的宫殿入口。

讣告

14年

奥古斯都8月19日在坎帕尼亚旅行途中因严重的腹痛去世，享年77岁。他的遗体被带回罗马，他的女婿和继承者提比略宣读悼词。

17年

142卷《罗马史》的作者**蒂托·李维**想用这种写史的方式关注罗马人的集体记忆，记述自罗马建城到公元9年间的史事。

18年

61岁的**奥维德**刚刚离开了我们。被流放到托米数年后，他又因撰写了《爱的艺术》一书被奥古斯都流放，他在不能重见罗马的痛苦中殒逝。

◆ 大工程

克劳狄乌斯新建奥斯提亚港

42年

奥斯提亚的[illegible]雕塑

意大利·克劳狄乌斯重启奥古斯都的一项计划：在奥斯提亚新建一座港口，代替台伯河河口现有的港口，现在的港口过于狭窄，船只不易通过，时常搁浅。建筑师评估工期需约12年。他们想建筑大型堤坝和一个像亚历山大港一样的灯塔。

自从奥古斯都执政时期罗马遭遇饥荒，后来的皇帝需养活约20万罗马自由人。因此他们必须保障罗马的粮食补给。如若不然，恐怕就会面对大规模的抗议。因此不仅要把奥斯提亚建造成都城的粮仓，还得让它成为地中海地区的商业风向标。于是执政者从埃及和非洲运来1 200万斗小麦，从中国运来葡萄酒和香料。

54年

城市之声

克劳狄乌斯之死疑点重重

意大利·这则消息震惊了所有人：克劳狄乌斯可能被他的第四任妻子野心家阿格里品娜毒害而死。克劳狄乌斯收养的儿子尼禄即刻宣布成为继任者。很有可能是因为比起他自己的儿子布列塔尼库斯，克劳狄乌斯更宠幸尼禄。无论如何，死去的皇帝给世人留下了诚实的印象，他曾攻克布列塔尼南部和威尔士，并将毛里塔尼亚变成罗马帝国的一个行省。

◆ 司法

塔尔苏斯的保罗

因公共事件被刑罚

61年 **意大利**·这位固执的法利赛人犯了什么事以至于要被判死刑啊？在去大马士革的路上见到耶稣复活后，保罗便皈依了基督教。他立即开始撰写《保罗书信》（写给基督教徒的书信汇编），并在希腊化国家展开长途旅行。他在这些国家传播基督教，他的口才招揽了不少信徒，但保罗在犹太人和基督教徒中也有不少敌人。

这年，保罗在到达罗马之前就被监禁了，所有罗马公民都有权在皇家法庭受审，而保罗一出生便是罗马公民。保罗被捕的起因好像是犹太教徒起诉他曾让一位非犹太教信徒进入耶路撒冷圣殿。

保罗最终被斩首。罗马第一位主教圣彼得的命运也没有比他好多少。

科技

云雾缭绕

65年

希腊·机械师和数学家亚历山大港的希罗刚发明出第一台蒸汽机汽转球——虽然因功率很小被看作一种玩具。这台机器有一个装满水的水盆，上面有一条横轴架起的球体，球体连接两根水管，在两侧转动。我们将整个装置放在火上加热，冒出的水蒸气便能使球体转动。希罗设计这台机器是为了温暖雅典冬天的夜晚呢，还是就为了娱乐参观者？

◆ 肖像

流亡的塞涅卡

62年 **意大利**·第二个塞涅卡一开始一切都好。第一个塞涅卡是他的父亲老塞涅卡，老塞涅卡在罗马活动，成为有名的修辞学家。出生于安达卢西亚的哲学家塞涅卡很小的时候就到了罗马帝国的都城。他在斯多葛学派的大家身边研习多年，成为斯多葛派的代表人物，他去埃及游历，31岁时回到罗马，正式开始法学生涯。

卡利古拉登基后嫉妒塞涅卡的才华，想将他流放，但卡利古拉实施他的计划之前就被谋杀了。克劳狄乌斯执政后，情况并未好转，41年塞涅卡被迫逃亡科西嘉岛，因为他与卡利古拉的姐姐交往甚密。皇帝的妻子阿格里品娜8年后召回塞涅卡，并让他教授自己的儿子尼禄知识。当尼禄54年登基时，塞涅卡成为执政官。当时的皇帝还小，塞涅卡权倾朝野。但渐渐地，他们之间的关系逐步恶化，塞涅卡不赞赏尼禄的过分行为，于是决定辞去职务，全身心投入哲学中。

塞涅卡的哲学思想首先是容易让人理解接受的伦理道德，源自日常生活。这在他的著作《论生命之短暂》和《论幸福生活》中便有所体现，从他正潜心撰写的《寄卢奇利乌斯书信集》中也可看出这一点。

塞涅卡认为哲人和哲学爱好者是不同的，人在智力和道德上都是可以不断完善的。温和的斯多葛主义是他的哲学基石，最终目的是达成更有道德更高贵的人性。

天气预报

60年·瓦兹的居民们，拿出你们用来御寒的兽皮吧，天气真的很冷。

◆ 灾难

谁该为罗马的大火负责？

64年 **意大利**·7月18日，罗马城浓烟四起。城市的14个区中，只有4个区幸免于难。事后人们都在问谁该为这场灾难负责。

这场大火是因人类冒犯了神灵，所以神灵对人类发出了警告吗？也有人说罪人可能身居权力之巅，他想通过将城市烧毁制造出一个宏大的可观看的场面，然后，再大肆兴建另一座新城。

基督徒也被怀疑，其中有许多人于8月1日被捕，这时的火势也得到了控制。基督徒的宗教行为不为罗马大众接受，比如他们拒绝叩拜皇帝的雕像，这让他们遭受公众的谴责。

《尼禄的火把》，亨里克·希米拉兹基，1876 年

◆ 肖像

金光闪闪的跳梁小丑——尼禄

68年 意大利·尼禄不怕任何人任何事。

尼禄执政的第一年颇有成效，塞涅卡做他的顾问，国家事务被管理得井井有条。1 世纪 60 年代，他举办尼禄竞赛，醉心于他的一项嗜好——诗歌，但很快罗马的文化圈和议员圈中形成了密谋者团体。尼禄可能遭人嫉恨了吧。

结果却是他于 55 年杀害了克劳狄乌斯的儿子布列塔尼库斯，59 年又因不堪管教杀死了自己的母亲阿格里品娜。62 年，尼禄处死了他的合法妻子屋大维娅。人们也怀疑他就是 64 年 7 月罗马大火的始作俑者。这还没完。尼禄的过分行径让议员皮松动了推翻他的心思。皮松拉拢诗人卢坎、作家佩特罗尼乌斯和塞涅卡一起行动。但他们的计划被尼禄挫败，密谋者们集体自杀了。

尼禄生命的尽头也和他的人生一样激烈，6 月 9 日，元老院派遣士兵前来捉捕他，尼禄自杀身亡。塞维乌斯·苏尔比奇乌·伽尔巴称帝。

冲突

耶路撒冷的犹太教徒起义

66年 **近东**·在恺撒里亚的犹太教堂前，一个男人选在安息日这天献祭鸟。犹太教徒们怒火中烧，在街上争吵起来。一些人决定告知行政长官（负责行省行政管理的官员），但长官并不想管，还趁机从圣殿的金库里取出17塔兰特。

这种亵渎行为激怒了犹太教徒，他们一路抗议到耶路撒冷。

但他们什么也做不了，犹太教抗议者和罗马当权者之间毫无商谈的可能。不久之后，抗议者就占领了马萨达。主和派的希律党人、法利赛人、大祭司家族等试图平息暴乱，但没有成功。抗议继续发酵，好几千名犹太教徒在这场可谓战争的起义中死去。

◆ 国际

犹太人不再有国家

70年 **近东**·66年，因罗马课税过重，犹太民众怨声载道。怨气最大的是反对罗马统治的犹太教狂热人士。法利赛人积极寻求和平解决之道时，韦斯巴芗率罗马军于67年攻占了巴勒斯坦周围的行省，并以此遏制耶路撒冷。

四年的血腥镇压结束了犹太人的起义。70年，罗马人围城。韦斯巴芗的长子提图斯对耶路撒冷发起进攻，并夺得圣殿。一切都结束了，幸存者也沦为竞技场的角斗士。

起义者的最后一个据点——马萨达堡垒——也于72年陷落。从叙利亚分离出来的犹地亚成为罗马的一个行省。

◆ 宗教

撰写四福音书

70年

近东·耶路撒冷被毁之际，圣城的一个犹太-基督教社群在约旦的佩拉安定下来。接下来的30年间，四福音书以及《启示录》被编写出来。

小贴士

房地产

百夫长21出租罗马的金色豪宅

64年罗马大火后，尼禄修建了这座2.5平方千米的金色豪宅。不同寻常的是，这座金宫由两位建筑师塞维鲁和切莱共同修建。金宫内饰有华丽的壁画，地面和墙上铺满大理石、珍宝、镶嵌画和铺面。还有人工湖和大花园，与金宫一道出售。

虽然修建相应的厕所和厨房也是必要的，但里面有多个饭厅可用来招待客人，其中一个风格独特的饭厅就在帕拉蒂诺山上。这是一座直径为16米的圆形大楼，耸立在高处，中部有一根厚厚的支柱，通过坚实的拱与墙体相连。高20米处，建筑师设计的木质天花板可以360度旋转！为实现这一点，一种由一支桨轮启动的滚珠轴承被设计出来。这套装置能让进餐的人将罗马广场的景色尽收眼底。

◆ 灾难

地狱之城——庞贝

10月24日，短短几分钟内，庞贝这颗地中海的明珠便被4米高的灰烬和火山砾（火山喷射出的浮石）掩埋。这是悲剧性的一天。

《庞贝的末日》，卡尔·布留洛夫，1830—1833 年

79年

意大利·美丽的庞贝古城坐落在萨尔诺河边，直到昨日，它在地区经济中都占据着重要地位。当地居民享受着得天独厚的自然环境和繁荣昌盛的经济条件。62年时庞贝曾发生地震，这次灾难发生时上次地震的修复工作已近完成。

庞贝的2万名居民中，无一人曾想过维苏威火山会苏醒，喷出火焰，毕竟山上种满了葡萄树，一派平静祥和的场面。远处，能看到浓烟滚滚，袭城而来，之后是一阵石雨和铺天盖地的灰烬。炙热的岩浆从火山流出，灭绝一切生命。在庞贝，死亡顷刻之间降临，日常生活瞬间被碾碎。意大利最美的一些花园房屋几分钟内消失殆尽。

公共浴场消失了。新修建的几座公共浴场也没能逃过这一劫。位于浴场街上的这座公共浴场长54米，包含庭院和拱顶房屋。内部的步道适合讨论和散步，而精力充沛的人会到室内做运动。房间的地面是黑白相间的大理石，墙上是镶嵌画。有几处的雕塑和画作完善了整体装饰。各处的火盆和长椅令人感到放松。现在都没了，真是可惜啊！

文学

天生的笔杆子

70年

意大利·费德尔是第一位拉丁寓言作家，他非常崇拜伊索并深受其启发。费德尔几年前殒逝，此时，另外两位与他同年出生的诗人风头正健。难道神灵偏爱40年出生的人？

马提雅尔如今是最杰出的短诗作者，他的诗句和散文被雕刻在纪念碑上。他给我们留下了十二本犀利的时文，毫不留情地批判罗马社会。

另一位诗人斯塔提乌斯正在撰写《阿喀琉斯纪》，但他难以收尾，同时，他还在撰写《忒拜战纪》，书写底比斯的神话故事。他或许是最后一位史诗诗人了。

记事本

老普林尼，一位科学烈士

79年

意大利·老普林尼的一生都在进行文学活动。他是受过训练的专业律师，还曾是海军司令，也担任过行政长官。

他出版了一本百科全书式的著作，取名为《博物志》。77年出版的这本书在37卷的篇幅里涵盖了当时大部分领域的知识：天文学、地理学、植物学、动物学、医学、矿物学、冶金学……老普林尼说他为了搜集资料查阅了2 000卷文献。

10月24日维苏威火山爆发时，老普林尼就在不远的米塞努姆，他被韦斯巴芗派到这里。老普林尼想近距离观察这种现象，并对幸存者施以援手，于是他决定向维苏威火山靠近，前往斯塔比亚。也是在那儿老普林尼因吸入火山喷出的毒气中毒窒息而死，10月25日逝世。他也因此成为科学史上的一位烈士。

他只留下了一个养子（也是他的侄子）——小普林尼。

◆ **经济**

意大利红酒面临威胁

图密善颁布了一项法令

92年

意大利·图密善为保护意大利红酒颁布了一项法令。近日，红酒产量大幅增加令皇帝为之担心。不仅如此，卢瓦尔河谷、勃艮第地区和吉伦特河口的葡萄种植技术得到提升，与坎帕尼亚的意大利红酒产业形成激烈竞争。

图密善下令拔除高卢一半的葡萄树苗，并下令禁止在意大利种植新的葡萄树。这项举措是为了保护他的大生产商朋友吗？还是为了制止农民一股脑种植收益更佳的葡萄树而放弃种植小麦？无论怎样，红酒的价格现呈下降趋势，但这并不意味着红酒生意会终止。

◆ 建筑

罗马斗兽场，一项家族事业

80年

意大利·今晚，皇帝提图斯为罗马斗兽场举行落成仪式，罗马斗兽场也被称为弗拉维圆形剧场，因为这个剧场是在弗拉维王朝由他的父亲韦斯巴芗于70年开始修建的。事实上，这座建筑在提图斯的弟弟和继位者图密善统治时期才真正修建完成。

罗马斗兽场是最大的圆形剧场，可容纳5万多名观众。椭圆形的竞技场规模宏大：角斗区域长86米，宽54米。四周都是阶梯，由3层穹拱支撑。每一层包含80个拱孔，由突出的柱子隔开。还有一个巨型长廊，下雨的时候供观众躲雨，也能分散人流。

在此之前，角斗士竞技一般都在临时搭建的木质结构里举行。从此之后角斗有了更大的规模。比赛开始！

◆ 肖像

图密善，建造者和该下地狱的“主上”

96年 **意大利**·自81年图密善开始执政，一场真正的建造狂热席卷罗马。元老院和民众兴建了提图斯凯旋门，这是城里最美的建筑之一。

建造者图密善。始建于85年的涅尔瓦广场（完工于涅尔瓦统治时期）是一个长120米、宽45米的长方形巨型广场。在广场东部的轴线上，一座楼梯通往米诺瓦神庙。这座广场不像其他广场一样有柱廊，只有一面饰有一些圆柱和壁柱的墙。

帕拉蒂诺山上的皇宫由建筑师拉比里乌斯悉心建造，在城市上空雄伟地矗立着。宫殿面积约5万平方米。罗马的新主人想给自己创造一个前所未有的尊贵环境。他的宫殿包含三个整体：作为朝堂的弗拉维安宫、私人的寝宫和体育场。整座宫殿给人以无与伦比的奢华印象。皇帝的加冕仪式就在宝座室的半圆形后殿举行，这在罗马历史上还是第一次。

提图斯凯旋门，罗马

“主上”图密善。图密善是弗拉维王朝的第三任皇帝，他希望和卡利古拉一样在宫廷里施行东方的跪拜礼。的确，当一个人身上没什么值得崇拜的地方时，他就会自我推崇，这样就能感到自我价值得以实现。图密善长着一张可憎的脸，还是明显的近视眼。不仅如此，图密善还因卑微的出身被人瞧不起。86年，他自诩为“主上”。

图密善被秋后算账。元老院和军队越来越反对图密善本人和他的专制统治。图密善将城中的所有哲学家驱逐出罗马，因为他不喜欢哲学辩证。总而言之，他大失民心！

最近的一次谋反对他来说是致命的：图密善被杀。很快，所有刻有他肖像的雕塑和纪念章都被摧毁。这是记录抹杀，即元老院投票表决后，同意消除相关政治人物的全部痕迹。上一位遭受如此待遇的皇帝是尼禄。

◆ 文化

卷轴时代结束，进入翻页时代

80年 **欧洲**·终于，我们可以翻页了，不用再翻开书轴！一开始用木板，然后用羊皮纸折起、捆起或缝起，现在标好页码的古抄本在罗马流传开来，阅读起来更方便舒适。

纸即将被发明出来，但还得等一下。

快讯

100年

今年编好了一本伟大的中国字典！《说文解字》的迷人之处可不止一点：它用到了词典编纂法，包含540个部首划分成的9 353个字。

◆ 美术

佛祖首次呈现出人的形象

100年 **巴基斯坦**·孔雀王朝以纯象征的形象（如法轮）呈现佛祖，并严格禁止在印度的图像里以人的形象展现佛陀，但事情正在发生变化。贵霜帝国统治时期，巴基斯坦西北部的健驮逻国地区成为重要的艺术中心，也是希腊罗马亚洲最具东方风情的地域。安得拉在此建立王国，定都阿默拉沃蒂。他们的艺术沿袭了巴户特派和桑吉派的风格，与罗马世界有直接的关联。在阿默拉沃蒂的佛塔中，佛祖一般都是僧侣的形象，身着长袍，右手手掌摆出“无所畏惧”的姿势。

在佛教艺术中，佛祖一般有两种形象：站立的佛祖讲授传教布道，坐立的佛祖沉思冥想。第一种形象是典型的希腊化形象，第二种形象由印度创造。极具特点的是，突出唇部呈现出佛祖的微笑。希腊美学的渗透是孔雀王朝解体的原因之一。圆锥体和浅浮雕的发展促进了纪念碑、佛塔和寺院的修建。

新闻 宗教

佛教传到中国

100年 **中国**·诞生于印度的佛教传到中国，无关任何政治意图，而是佛教逐渐流传的结果，与政治变化和商业潮流相关。来自印度的佛教世界和这种新的哲学被植入一种完全不同的文化。佛教徒使用道教词汇来确立第一套佛教词汇，并将外来术语翻译成中文。（编者注：关于佛教传入中国的时间尚无定论，另有辞典记载，一说为前2年，一说为67年。）

◆ 建筑

胜利纪念柱

113年 **意大利**·98年，图拉真毫无悬念地接替年迈的涅尔瓦。他来自西班牙的伊塔利卡，是第一位出身于行省的皇帝，这表明罗马人的心态有了显著变化，对皇权的认知也有极大发展。

图拉真担任了10年的军官。他那著名的纪念柱今年完工落成，彰显这位战士攻打安息人和达契亚人的赫赫功勋。整个纪念柱40多米高，由18个直径为2.5米的鼓形柱段和2 000个浮雕装饰建筑而成。若将这些柱段和浮雕平铺开来，可形成一条200米长的平面带。纪念柱的底座存放着皇帝和他妻子的骨灰。

图拉真广场是最大的皇家广场，由大马士革的阿波罗多洛斯建筑而成。这座长方形大广场后沿的柱廊与整体的九殿大教堂独立开来，大教堂两端是半圆形的后殿。图拉真在世时被公认为最好的皇帝。

◆ 时尚

像高卢罗马人一样打扮自己

100年 **法国**·不久前高卢还企图摆脱罗马人的控制，现在罗马的习俗在整个高卢传播开来。从吕泰斯途经普罗旺斯地区艾克斯到达克斯，带公共浴场的城市数之不尽。

更广泛而言，干净卫生成为口号。人们常去公共浴场或私人浴池。家中的锡合金镜和铜镜让大家可在家中梳妆。人们用手指涂抹一种用老鼠骨灰和蜂蜜制成的牙膏来清洁牙齿。

女士的妆容和发型。女士的妆容越来越精致。为使肤色白皙，她们使用一种用白垩制成的软膏。铅白是最合适的粉底，大家把铅白制成膏涂在脸上。嘴唇涂成红色，眉毛画成黑色。眼睑涂上藏红花。只有最高贵的女人才能用上从亚洲进口的香料。所有女士都留着长头发，用木质、骨质或铜质的饰针别住，但不同社会阶层的女性发型不同：分为简单的发辫和发髻。已婚女人出门前可别忘了遮住头部。

◆ 潮流

高卢陶瓷风尚

120年 **法国**·高卢陶瓷：我们只能在罗马市场上找到它！它在货架上格外突出，浆料非常细腻，高温煅烧，包裹着一层红釉。第一批陶瓷制造中心位于高卢南部的拉格罗弗桑克、蒙唐和巴纳萨克。后在中央高原又发展出一批陶瓷制造中心，尤其是勒祖的陶瓷很快便能和其他所有地区的陶瓷抗衡。

◆ 科技

罗马的科技战争

105年 **意大利**·几世纪以来，罗马人凭借工程师和建筑师的技术发明发展出许多应用于战争的科技成果。立足于希腊人留给他们的科技遗产，罗马人提高了围城的技术，通过在城市周围凿坑，布满木桩，将这座城与外界切断。罗马人还配备着围城的武器，比如木质投石器，得益于一套平衡系统，可以将 80 千克的石块掷出近 1 000 米远。他们用这些武器将燃烧的石块和投射物发射出去，用挂在平衡器上的木锤猛锤城门，将车轮上架起的高塔靠在城墙上，让进攻的士兵顺着塔楼爬上城墙。如此装备很难抵御啊……

希腊建筑师和工程师大马士革的阿波罗多洛斯最近来到罗马，他打算就此论题写一篇论文献给图拉真皇帝，大马士革的阿波罗多洛斯曾在图拉真 103 年至 105 年攻打达契亚人时陪伴其左右。他给这篇专论题名为《围城工事》。

◆ 社会

官员的所作所为引人非议

120年 **意大利**·大家一定都还记得腰缠万贯的克拉苏，一开始担任行省总督，后成为执政官和检察官，身价达 20 亿塞斯特斯。据说以前有人想用 600 万塞斯特斯买他的住宅，却被他拒绝了。然而克拉苏并不是唯一一个有万贯家财的官员。地方财政长官从他们掌管和搜刮的行省回来时也都赚得盆满钵满，在罗马开启奢华欢愉的新生活。有 30 多间屋子的住宅并不少见，大理石和高柱在这些特别的房屋里随处可见。

与此同时，民众被各种非法的苛捐杂税逼到喘不过气。实在是太多了！

◆ 大工程

127年 哈德良建造长墙

英格兰·怎样将喀里多尼亚人（苏格兰人）挡在罗马人的边境之外？

“哈德良长墙”从爱尔兰海延伸至北海，规模宏大：长120千米，整体高5米，厚3米。墙体主要用石块和泥块建造而成，间有墙角塔和堡垒。

这座长墙是近3个世纪以来“最宏伟的戍边建筑”，这一点名副其实。

与前任皇帝图拉真不同的是，在位已10年的哈德良并无扩张帝国的野心。

肖像

哈德良：旅行统治 132年

意大利·他一半的统治时期都在帝国的路上度过。哈德良巨大的好奇心引领他游历四方：高卢、日耳曼尼亚、121年后的西班牙、希腊、爱琴海、124年的小亚细亚、128年后的非洲和帝国东部……今天他回到罗马。游历期间，哈德良失去了自己的男宠安提诺乌斯，后者在尼罗河溺亡。

他所有的旅行都有一个共同的目的：奔赴边疆，巩固界墙，抵御蛮族。哈德良的长墙便是如此。他在身后留下了许多伟大而壮丽的建筑，如雅典的奥林匹亚宙斯神庙。在罗马各行省，哈德良都留下了皇帝的身影。这或许也是他最大的成就之一。

安提诺乌斯

哈德良

新闻

肖像

博学的苏埃托尼乌斯失宠

122年

意大利·苏埃托尼乌斯与其说是历史学家，不如说是一位传记作家。他汇编了1世纪所有皇帝珍稀的逸事。在哈德良的朝廷里，苏埃托尼乌斯身居要职：他是图书馆的总管，私人秘书。但他的大好事业不久前被断送了，因为他与皇后萨比娜显得过于亲密。长年累月陪伴君侧让苏埃托尼乌斯得以搜集必要信息，用来撰写《罗马十二帝王传》，讲述安敦尼努王朝前所有帝王的事迹。此后他能全职写作了。

◆ 社会

罗马式学校

130年

意大利·虽然说富有的罗马人不太关心战败民族的教育问题，他们却有办法让自己的子女从很小的年纪便开始接受希腊教育。在希腊，家里的母亲负责家庭的进步。在罗马则一般由父亲负责，父亲为孩子选择家庭教师或去学校送子女上学。

罗马学校一般是男女混合的，但女孩上学的时间没有男孩的长。男孩自7岁开始必须穿镶边托加袍，边缘有两竖条红色的镶边，代表童年。学生们都会带一个小盒子到学校，里面装的是他们的学习用具：书卷、纸页、芦苇笔……

年纪小的学生学习阅读和算术，他们会用一种珠子做的算盘计算。有一个故事讲到雅典有一个富有的公民叫希罗德·阿提库斯，他让自己儿子的家庭教师叫来一些奴隶列队站在儿子面前，这些奴隶会携带大木板，木板上分别写着字母表里的24个字母。

孩子们11岁时学习文本释义。接下来会学希腊文学、数学和神话学。高官子弟会有一个修辞学教师教他们修辞学，学习如何正确地使用拉丁文撰写一篇演讲稿。

在罗马，演说家仍是文化水平最高的人。

◆ 经济

我们可以称它为66号公路

140年

欧洲·罗马修建的公路虽然使罗马获得了史无前例的发展，但也可能导致了它后来的没落。如果说这些公路让皇家军团可以在抗击蛮族时更迅速地移动，它们同样也使蛮族的军事行动更加便捷。

已执政两年的安敦尼努决定将尼罗河沿岸的安提诺波利斯城和南方通往红海的贝雷尼塞港相连。这样可以助力商业发展，尤其可以缓解科普托斯和贝雷尼塞之间的交通压力。同时亚历山大港和印度洋之间的交通联系还需要加强。尼禄统治后，罗马想方设法地从北方绕开安息王国，因为他们对从中国进口的丝绸征收沉重的关税。

约有120万名居民的罗马成为一个庞大的商业贸易中心。突尼斯和埃及将他们的小麦送到这里。粮食通过海运补给，在奥斯提亚港登陆。我们能在帝国各处看到希腊葡萄酒、叙利亚丝织品和高卢陶瓷。所有公路都以古罗马广场上的金色里程碑为起点，里程碑上刻有数字零。

◆ 美术

艺术头像：在法尤姆画一幅肖像

140年

埃及·这很新潮，有异域风情，非常的东方。在法尤姆，每个人都可以画一幅肖像，然后把它放在棺材上或者挂在墙上。法尤姆肖像画是第一批画架画。的确，这些画是在亚麻画布或薄木板上垂直画成的。画家们尤其注意突出每张脸独有的特征，并不刻意掩盖缺点。画中的每个人的眼睛都睁得大大的，好像有人看着他们一样。画家使用的颜料都是天然取材的矿物质和非有机物，因此能长期存放。这些颜料中混入了蜂蜡。于是人们开始画蜡画，能让色彩发出光泽。

◆ 传统

地下墓穴的幽暗之中，骸骨蒙上神秘的色彩

150年

意大利·参观最神秘的地下墓穴是很有意思的。在城市边陲之外不同层次的凝灰岩里凿有最大的墓穴，如此是为了遵守将尸骨埋葬在城外的罗马法律。

大部分的地下墓穴属于基督教，但伊特鲁里亚人和犹太人也有他们自己的地下墓穴。我们能在墓穴中看到砖块砌筑的墓室和走廊，里面摆放着殉道者的石棺。

最早的基督教的象征物——十字架、耶稣鱼、橄榄和面包——都被摆放在恰当的地方，它们成为象征复活的符号。比如耶稣鱼“ichthus”来源于一个希腊词，其中蕴含一首藏头诗，意指“耶稣是神子，耶稣是救世主”（Jésus-Christ, Fils de Dieu, Sauveur）：I 代表 Iesus，CH 代表 Christos，合起来是耶稣的名字；TH 代表 theou，指“神的”；U 代表 uios，指“儿子”；S 代表 sôter，指“救世主”。大约一整个世纪后，这些地下墓穴里才出现了跟罗马住宅里一样的装饰画。

◆ 科学

托勒密给我们提供了一种新的世界观

150年

埃及·托勒密的《地理学指南》刚刚出版了。这位天文学家出生于图拉真统治时期，他在亚历山大港附近度过了自己的整个青年时代。这本书将所有的地理学知识结集成册，汇集 8 000 多处地理位置，并包含地图。这本著作出版后，托勒密开始撰写一本有关天文学和数学的完整书籍：《天文学大成》。

托勒密认为地球是一个静止的飞碟或球体，因为圆是完美的且有神性的图形。其他的行星围绕着地球做向心运动，恒星也围绕着地球，但它们是固定不动的。宇宙是运动的，所有的行星以恒定的速度移动。

◆ 旅行

人化作神的城市

150年

墨西哥·“众神之原”就是特奥蒂瓦坎这个词的意思。众神会在那儿聚集在一起将生命献给太阳，并创造前四个世界末日后的第五个也是最后一个世界。太阳金字塔是特奥蒂瓦坎城中最古老的建筑之一，和月亮金字塔一样古老。各地的建筑风格几乎一样：干燥的砖块上覆盖一层红色或白色的石灰浆。许多寺庙都饰有壁画。当地居民用的瓷器还挺讲究，都是带脚的容器和带盖的容器。

特奥蒂瓦坎和周围的城邦一起形成了一个大商贸中心。城中有 10 万名居民。

人口

罗马的百万居民 富人的出生率下降

意大利·据最新消息，罗马人口已超百万。然而，出生率却在下降，这种情况在富人间尤为突出。帝国的城市人口已过剩，妇女的思想越来越开放，她们不再像以前一样生那么多的孩子，即使采用的方式是非法的。

男人们频繁进出妓院，妓院也越来越受欢迎，但犹太人和基督教徒可不欣赏这种自我放纵的方式。

穷人们虽然穷困，却依然生很多孩子。

170年

◆ 政治

罗马放松压制，希腊松一口气

170年 **希腊**·罗马对希腊人温和了些，希腊人终于松了口气。罗马过去几个世纪的统治着实给希腊造成了灾难性的后果。大家还记得公元前146年的科林斯大屠杀，以及86年彻底摧毁希腊经济、切断所有商业联系的雅典大屠杀吗?

自公元前27年起，希腊采用罗马行省的组织方式，此后希腊人可列席元老院。奥古斯都在尼科波利斯建立新城。建造者皇帝哈德良在雅典、德尔斐和奥林匹亚建造宏伟的建筑，他还资助宗教节日。安敦尼努·庇乌和马可·奥勒留则在雅典开设了修辞学和哲学的讲坛。

即便如此，对雅典来说，一切都太晚了，雅典的特权阶层几乎掌握了所有财富。以往密集的农田变成无人打理的牧场。与此同时，门外的蛮族保持警觉，窥伺着这个放松警惕的世界。

◆ 文学

阿普列尤斯的荒诞文学

170年 **北非**·阿普列尤斯是生于努米底亚的作家，对东方文化持非常开放的态度。他给我们留下的作品《变形记》（又名《金驴记》）是流浪汉小说的始祖，他笔下的主人公路鸠士身处不同环境，当过边缘人、奴隶和强盗。他在书中讲述了路鸠士的冒险经历。这位醉心于魔术的年轻人因一次失误变身为驴。如果他想变回人类，就得食玫瑰。直到路鸠士学到伊西斯的魔术之后他才变回人形。

◆ 戏剧

一场大戏：野兽1分：基督徒0分 请下注！

177年 **意大利·**罗马今晚沸腾了！从下午开始下注，人们用几塞斯特斯赌一点希望。

恺撒和他的继位者让决斗成为一门真正的学问。在罗马，是皇帝本人在官员的帮助下组织一切。在外省，则需要专门的承办人来组织。大家到奴隶市场上挑选最强壮、最敏捷的奴隶，他们随后被送到角斗士的训练营卢杜什里。有时为使游戏更有趣，组织者会让角斗士与一头大象或犀牛或狮子对决。观众喜欢看！

斗兽场里的基督徒。基督徒因他们的宗教信仰和神秘的宗教仪式让人对他们缺乏信任，并产生怀疑。他们无可撼动的信仰和劝诱改宗的行为让大家质疑他们的公民诚信。不仅如此，他们还丢弃了对帝国的崇拜。公元1世纪，尼禄发明出各种刑罚对付他们。他把基督徒缝到动物皮上，使其被动物吞食掉。图密善继续进行宗教迫害，直到涅尔瓦统治时期，基督徒才得到一段时间的喘息。后来的图拉真和哈德良变本加厉，直到安敦尼努·庇乌刚成为皇帝就颁布一项对基督徒的保护法令，禁止对他们进行宗教迫害。不过，一切都过去了。现在基督徒被带到斗兽场里跟野兽搏斗，悠闲的民众想好好观赏这场表演，并为之颤抖。

殉难者的殉道散发出神圣的味道。基督徒在卢格杜努姆（现在的里昂）遭受了最残酷的待遇。从3月到8月，48位基督徒在赞美上帝时被害。无论如何，狮子可区分不出看客和殉道者。里昂奴隶出身的白郎弟娜和其他基督徒一起拒绝崇拜上帝以外的神，并拒绝尊崇罗马皇帝。马可·奥勒留发起一项逮捕行动，导致基督徒和里昂主教殉道，这一惨剧发生在三高卢圆形剧场。但令人意想不到的事情发生了：狮子不去吞食白郎弟娜。白郎弟娜又被绑到架子上，被公牛用角顶撞，但最终是失去耐心的刽子手割喉杀死了她。

◆ 冲突

警告！夸德人和马科曼尼人跨越了边界

180年

欧洲·这是马可·奥勒留和拉贝河岸边日耳曼民族之间的连续故事。

169年，这位皇帝第一次大败夸德人和马科曼尼人，战后他们不得不释放13 000名囚犯，并上缴牲畜作为战争赔款。但夸德人违反了和平条约，172年他们和马科曼尼人一道跨越了边界，对意大利北部形成威胁。罗马成功反击后，皇帝制定了一份新的和平条约，但只维持了很短的一段时间，因为177年后冲突再起。这一年，马可·奥勒留逝世，他的儿子康茂德继承大统。比起和平条约，康茂德更注重享受生活，他在执政的12年里折损了他父亲的功业。

记事本

罗马皇帝和哲学家 马可·奥勒留逝世

180年

奥地利·皇帝刚刚去世了。消息传出千里之外，传到多瑙河以外的区域。马可·奥勒留3月17日因鼠疫逝世于文多博纳（现在的维也纳）。马可·奥勒留是安敦尼努·庇乌的继承人，安敦尼努·庇乌75岁去世，统治帝国23年，马可·奥勒留和路奇乌斯·维鲁斯同为安敦尼努·庇乌的养子。

马可·奥勒留安排他的弟弟参与外省的管理，直到生命终结。这段时间罗马享受着绝对的平静，促进了经济和文化的蓬勃发展。马可·奥勒留延续了上一位皇帝的政策，承认元老院的合法权利。他取消了角斗竞技，因为他为之感到恐惧。就个人而言，马可·奥勒留非常自律。作为斯多葛学派哲学家，他给世界留下了《沉思录》这部杰作，试图制止罗马人的荒淫和堕落。

◆ 健康

一位医术精湛的好医生：盖伦医生

192年

意大利·盖伦生于小亚细亚的帕加马，曾到地中海盆地各处游历，到有最好学校的伊兹密尔、科林斯和亚历山大港探寻当地不同的医术。

约 162 年，盖伦来到罗马，为角斗士行医。他也得以近距离观察不同类型的伤势和伤口。很快，盖伦在解剖学上的能力也得到大家的认可，许多显要人物成为他的病人。盖伦遭人嫉妒，不得不于 166 年离开罗马，但两年后重回都城，后来成为马可·奥勒留和他的儿子康茂德的私人医生。

一场大火刚刚烧毁了和平神庙，也烧毁了大部分有关解剖学、生理学、病理学和伦理学的原稿，以及“医学之父”的藏书。

◆ 灾难

恐怖的灾难：鼠疫再次来袭！

180年

意大利·公元前 430 年发生于雅典的鼠疫刻印在人们的集体记忆中。三分之一的居民在那场瘟疫中丧生。一些人猜测那是伤寒引起的发热，不管怎样，结果是灾难性的。

公元前 395 年西西里岛人在叙拉古围城战中也有类似遭遇，当时鼠疫还未传染给迦太基人。图拉真统治时期的那次鼠疫主要在北非地区肆虐。直到那时，人们还在说这可能是伤寒。鼠疫一直延续到康茂德统治时期，著名医生盖伦见证了其传播。60 年间，罗马帝国被感染的人数约达 500 万。

新闻
事件

康茂德沐浴时被勒死

192年

意大利· 又有一个人死了！看尽谋反之事后，他首先杀死了自己的姐姐露西拉。他是享乐的终极爱好者，肆意挥霍国库里的财产。他喜欢打扮成角斗士到竞技场上与野兽决斗。传闻有一天，他遇到一个极其肥胖的男人，他将这个男人劈成两半，在地上检查他的五脏六腑。他认为自己是大力神赫丘利，用狼牙棒打死失去双腿的人（因不明原因），并声称这是赫丘利用来对付怪兽的办法。当他想将罗马称为“康茂德的殖民区”时，他离死亡更近了。他死于他的姘妇安排的一场阴谋：12月31日，运动员纳西斯趁他沐浴的时候勒死了他。

还是要公正地评价一下康茂德，这是一位在各行省主张和平的皇帝，他没法同时在各处剑拔弩张！

◆ 休闲

卡拉卡拉浴场落成：极致的享受

216年 **意大利**·所有参观过的人都为之折服：这是史上最宏大最奢华的浴场，并且还会保持很长时间！

这是一座真正的宫殿，占地面积为10万平方米，分为对称的两边，一边是男宾浴室，另一边是女宾浴室。穿过主入口和次入口，以及前厅和更衣室后，顾客花一笔小钱就能进入温水浴室、圆顶的高温浴室和蒸汽浴室。浴场还有一个冷水池、几间健身室、几间按摩室、一间戏剧表演室、几间图书室和一些供大家欣赏富丽堂皇的浴场的参观区域。

卡拉卡拉浴场是一处社交和休闲场所，在这里身体得到舒展，人们相互攀谈，也会像色情场所里男女之间那样行淫乱之事，但国家批准的经营主会经常提醒大家注意行为的合法性。

政治

刺杀和谋杀轮番上阵

218年 **意大利**·康茂德死后，佩提纳克斯从193年1月1日到3月28日只当了几个星期的皇帝后，就被近卫军刺杀。他的继位者，富有的尤利安努斯在位时间更短，自3月28日起至6月1日结束。尤利安努斯也被刺杀身亡，因为他曾许诺给每个推举他成为皇帝的士兵25 000塞斯特斯，但实际只给了一半……

我们很快就来到了塞普提米·塞维鲁的统治时期，他于193年成为帝国的君主，在高卢都城卢格杜努姆屠杀了18 000名基督徒。也是他摧毁了拜占庭，但203年在城中建起一个富丽堂皇的赛马场。塞普提米·塞维鲁65岁时去世，将权力交给了自

新闻 政治

汉朝灭亡

220年

中国·曹丕成为汉朝之后三国时期魏国的新君主。他被称作魏文帝，想在魏国之外重振皇权。曹丕是一位大作家，同时也是诗人。他还是中国文学批评史上第一部文学专论《典论·论文》的作者。

◆ 事件

死在王座上

222年

意大利·瓦里乌斯·阿维图斯·巴西安努斯被称为赫利奥加巴卢斯（也被称为埃拉加巴卢斯），他曾任圣职太阳神埃拉加巴卢斯的大祭司，故亦以太阳神之名称之。

离开叙利亚后，219年，埃拉加巴卢斯以一种对一个罗马人来说颇为怪异的方式进入罗马，他的身边簇拥着一群舞者和宦官，他们倒行至帕拉蒂诺山。一辆巨大的马车载着一块从天而降的巨型黑石，这是埃拉加巴卢斯的圣石。有些人认为赫利奥加巴卢斯是他外祖母尤利亚·玛伊莎手中的木偶，因为他把权力都给了尤利亚·玛伊莎。他因情感过于丰富而被世人指责。当近卫军知晓埃拉加巴卢斯想摆脱品行高尚的亚历山大·塞维鲁，这位刚和他分权不久的表弟时，他们决定谋杀埃拉加巴卢斯。他们追杀埃拉加巴卢斯一直追到厕所。随后，亚历山大·塞维鲁称帝。

◆ 文化

一种新的字体：安色尔体

224年

欧洲·拉丁字体最早的书写形式是大写字体。字母表一开始包含19个字母，后来随着语言的进化发展至26个字母。人们从左往右书写。

安色尔体是大写字体的一种变体，字母表里三分之一以上的字母发生了变化。这是一种非常简单、非常圆润、没有修饰的字体。写出来在行中铺陈颇宽。

安色尔体用于特别精致的书籍。逗号用安色尔体写出来是一条竖线，中间加一个点，问号是一个平躺着的“S”。句号用两个点表示，句末用排列成三角形的3个点表示。

己的两个儿子：卡拉卡拉和盖塔。

不到一年，哥哥急忙杀掉了自己疲于分担责任的弟弟，成为唯一的皇帝。如果我们听信坊间传闻，便可知后来卡拉卡拉醉心于谋杀自己所有的敌人，也就是盖塔的支持者，共约2万人。卡拉卡拉212年颁布的敕令尤为著名，该敕令将罗马公民权扩大至帝国的所有自由人。然而，该发生的始终会发生！217年4月8日，卡拉卡拉自己被当时的军团长，后来的皇帝马克林努斯暗杀，而马克林努斯刚刚又在一年的统治期末被杀。

他的继位者埃拉加巴卢斯会打破这一魔咒吗？

◆ 建筑

萨珊人有装饰上的天赋

安息王国的最后一位国王被打败了：萨珊人这一年夺得了权力，建立了一个强大而持久的王朝。他们想在当地的艺术和建筑领域留下自己的印记。

224年

中东·只要去过泰西封城，就会发现萨珊王朝的建筑是安息王朝艺术的延续，不过也有一些自己的特色，尤其是伊万建筑，这种大型拱顶门廊，一面为开放的长方形，通常用镶嵌瓷砖装饰。

萨珊人也有一些创新，比如宏伟的拱门以及石砌或砖砌的穹顶。他们的房屋是封闭式的，里面的套间围绕内庭而建，这种布局非常适合当地的气候。经过迅速干燥处理的砖和砂浆是他们用得最多的建筑材料。接待室用灰墁覆盖。

阿契美尼德王朝的陵墓位于纳克歇-洛斯塔姆，这是萨珊人选用来雕刻石壁浮雕的处所。修饰法尔斯山上岩石的38个浅浮雕是雕刻艺术中最具代表性的作品，马术竞技是其中最常见的主题之一。

我们美丽的罗马妇女颇为欣赏萨珊人制造的丝织品及其美丽的色泽，以及他们众多的金器和银器。

小贴士

贝尔格罗家的品质罗马鞋

您在商店里所有这些鞋款里一定能找到您的最爱。皮鞋多少有点封闭和高跟，鞋底是单层或多层的厚度。不过我们还有木制鞋和软木鞋。这种鞋的穿着方式是用皮质的带子在脚背上交叉固定，绕过踝骨绑在小腿上。

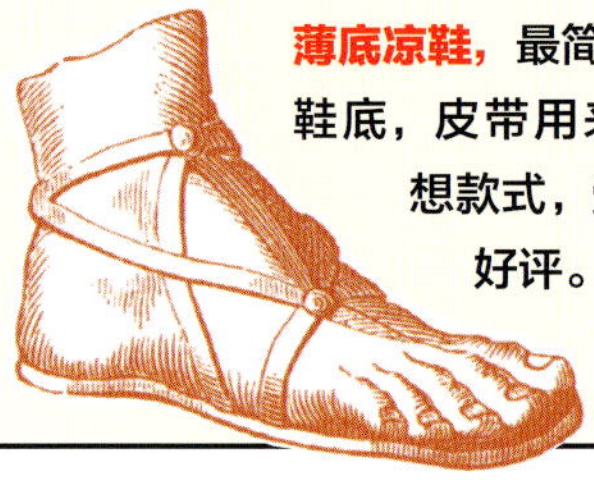

薄底凉鞋，最简单的款式，皮质鞋底，皮带用来固定，居家理想款式，受到女性的一致好评。

麻绳拖鞋，一种更轻，使用植物材料制成的鞋，用脆弱的麻绳捆绑。

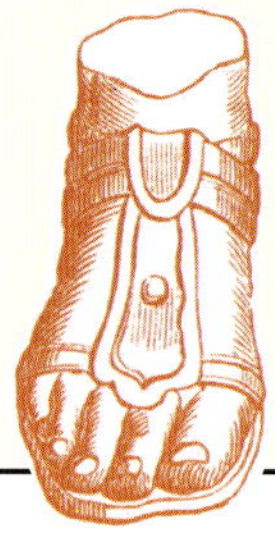

高底礼仪鞋，一种高跟的高帮皮鞋，覆盖到脚踝，用软皮制成，适合在城市里穿，与托加长袍相配。

◆ 大工程

罗马的第十一条水道建成

226年

意大利·亚历山大·塞维鲁想提高尼禄浴场的水流速度，于是命人修建了亚历山大水道，这也是古罗马的最后一条水道。这条水道从博尔盖塞湿地引水，通过几乎全地下的渠道运到罗马。

卡拉卡拉时期，罗马有950座浴场和1 350个水池。为节省开支，人们放弃了青铜管道，通过砖石管道输水。目标是获得稳定和足够强劲的水流。

◆ 宗教

基督教受人追捧

255年

欧洲·每天都有人改信基督教，他们壮大了基督教的队伍。不同于已充分发展但教徒不多的密特拉教和伊斯兰教，基督教每天都有新的信徒。

禁令和迫害等手段都无济于事：他们的信仰无可撼动。基督徒如此发展壮大，对政府构成新的威胁。马可·奥勒留、亚历山大·塞维鲁、戴奇乌斯和瓦勒里安都对基督徒采用了极其严苛的手段。在众位皇帝的逼迫和残暴下，教会用仁爱、尊重和怜悯与之对抗。教会的强大之处在于它让最杰出的作家和领袖来领导：德尔图良始终展现出强大的演讲才华，奥利金是伟大的神学家，将基督教思想和柏拉图哲学思想巧妙地融合在一起。还有一位新的人物在基督教传播中起到举足轻重的作用，那就是主教，尤其是当他在诸如亚历山大港、伊兹密尔、安条克和卢格杜努姆之类的大城市举行宗教仪式时。这些就是最佳的传教士。拥有如此的组织能力，教会自然日益壮大。

思想

普罗提诺提出新柏拉图主义

253年

意大利·普罗提诺在亚历山大港完成学业后，随戈尔狄安三世的军队行至波斯，在那儿学习了东方哲学和印度哲学。这位哲学家247年后回到罗马，受到新皇加利埃努斯的庇护和支持。他的门徒波菲利让我们得以探索他的思想。普罗提诺的新柏拉图主义试图融合柏拉图的学说和基督教的教义。与柏拉图认为哲学家在城市中必须建立秩序和正义的思想相反，普罗提诺主张思考灵魂的升华，从而与神达成连接。

《九章集》包含54篇论文，由普罗提诺亲笔书写，他的门徒波菲利编订。

乡村高帮鞋， 在乡村流行，高至小腿的高帮鞋。

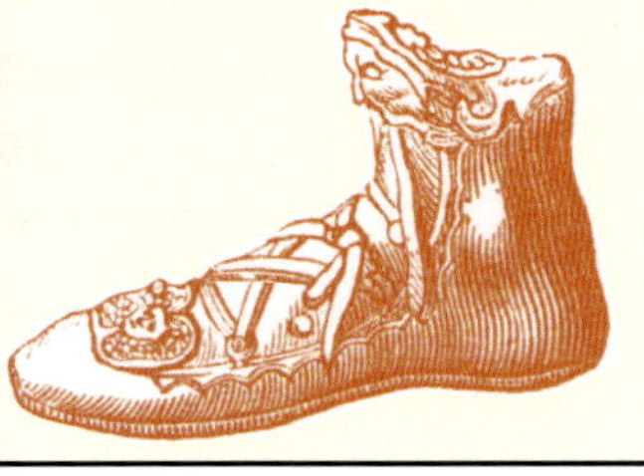

绑带凉鞋， 鞋底与覆盖脚脖子的部分和脚的两侧捆绑起来。

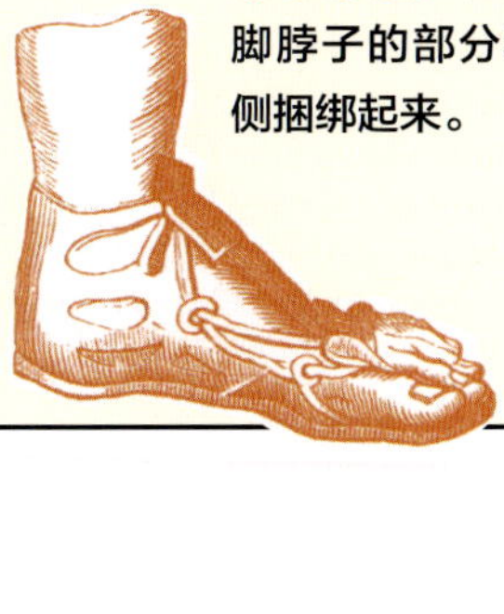

厚底高帮靴， 一款在小腿中段前系带的靴子，它是悲剧演员的福音，因为它的鞋底非常高，能达到增高的效果；左脚和右脚的鞋不可互换。

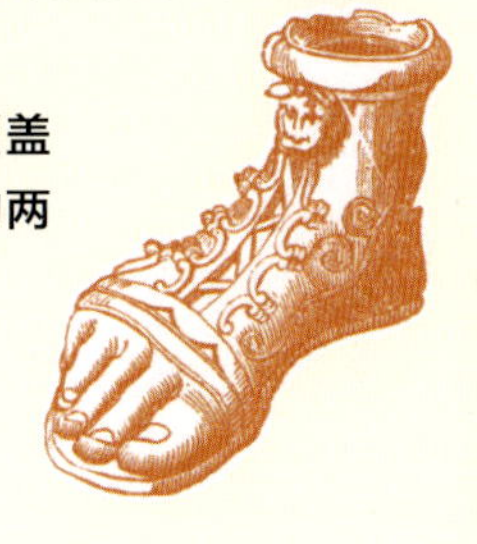

我们也推荐军用鞋：

行军靴， 由一块皮革和钉上尖铁钉的鞋底制成，绑在很高的位置，通常前面开口；一双行军靴价值100塞斯特斯。

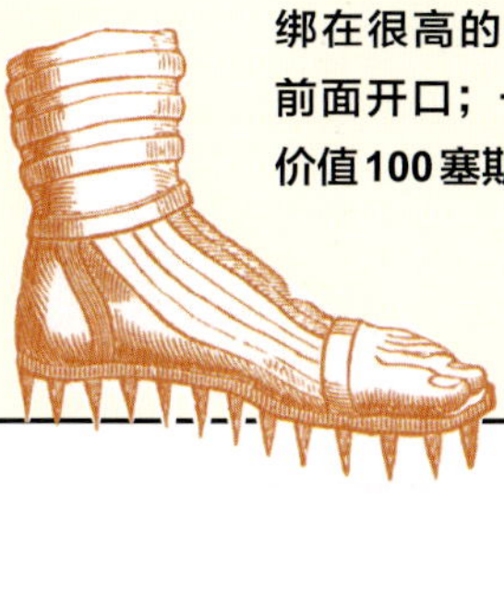

新闻

国际

沙普尔一世用凳子的好方式

259年

伊朗·消息刚刚传来：皇帝瓦勒里安被萨珊国王沙普尔一世抓获了。传闻瓦勒里安在被俘期间遭受极刑。瓦勒里安被迫身着驴皮，也许更可怕的是，他被活活剥皮。沙普尔把他当作上马时踩的脚凳，还命人制作一幅浅浮雕将此场景永久地记录下来。

与此同时，沙普尔一世深谙在王国内统一宗教的重要性，他表示支持摩尼教的创始人——先知摩尼。萨珊王国始终抵制西方的基督教和东方的佛教。本土的琐罗亚斯德教似乎成了国教。

◆ 传统

警告！蛮族即将入侵罗马

262年

欧洲·300年的和平期后，罗马帝国四面楚歌。

自238年起，战争不断。240年后，各路出现蛮族的身影。新的部族逐渐形成：哥特人、勃艮第人、萨克森人从此加入夸德人和马科曼尼人的队伍。摩尔人在非洲暴乱，边防军队组织混乱，难以抵御。哥特人和法兰克人（Francs，名称意指“勇敢的人”“正直的人”，斯堪的纳维亚古老的语言古诺斯语中写作“frekkr”）闯入高卢地区，未被抓获。在皇帝加利埃努斯的统治下，蛮族直达西班牙。随后跨越了多瑙河……不久，他们便到达阿尔卑斯山脉和意大利北部，之后便是罗马。

幸好，这些分散的部族未能组建政治统一体。但罗马此时的状况可不好：政治动荡、货币贬值、农业生产力严重下降、人口大量减少……好像这还不够，一场鼠疫在这种不安的环境中暴发。

◆ 宗教

密特拉教与基督教竞争

274年

意大利·奥勒利安不久前颁布法令宣布，对密特拉和无敌的太阳神索尔的崇拜是罗马帝国宗教的根本。

他创立新的一神教作为国教，并将这一教派的象征符号印在军旗上。奥勒利安想以此遏制基督教的发展。为巩固密特拉教的地位，一座神殿在战神广场上建起。

密特拉教的影响力扩大，尤其在军队中大受欢迎，由此引发了密特拉教徒和基督教徒间的竞争。密特拉教后和所有异教一样，于391年被废止。

◆ 事件

大游行：奥勒利安庆祝胜利

274年

意大利·真是豪华炫目啊！20头大象开道，后面跟着一辆由4只雄鹿牵引的哥特式马车。帕尔米拉女王贞诺比娅和高卢皇帝泰特里库斯一世作为俘虏站在马车里。他穿着高卢长裤，她的手上绑着链条。为庆祝罗马帝国的重新统一，这是怎样的盛况！仅3年前，贞诺比娅还手握小亚细亚和埃及，泰特里库斯还控制着布列塔尼和高卢。

270年即位的奥勒利安还成功地重整经济。他一方面重获了几乎完成独立的高卢，另一方面巩固了罗马和帝国的主要城市。奥勒利安是一位值得尊敬的伟大帝王，他为后继者奠定了坚实的基础。

国际

贞诺比娅，被遗忘的女王

274年

意大利·贞诺比娅这个非同寻常的女人让帕尔米拉成为近东最闪耀的文化中心。这位王后攻克了埃及这个对罗马来说极具战略意义的粮仓，而且由于埃及的地理位置，它也是通往印度的优选之道。不久后，贞诺比娅攻打小亚细亚，成功抵达比提尼亚，来到博斯普鲁斯海峡，开拓了另一条重要的海上之路。

271年，贞诺比娅自封罗马女皇“奥古斯塔”，封自己的儿子为“奥古斯都”。恼怒的奥勒利安攻打帕尔米拉，次年逮捕了这位女王。

战败的贞诺比娅被流放到蒂沃利。她走在蒂沃利的街上，无人知晓她的身份。

天气预报	279年·卢格杜努姆发生大洪水。	290年·彻骨的寒冷袭击高卢。

◆ 政治

花一个人的钱请四位皇帝：四帝共治制

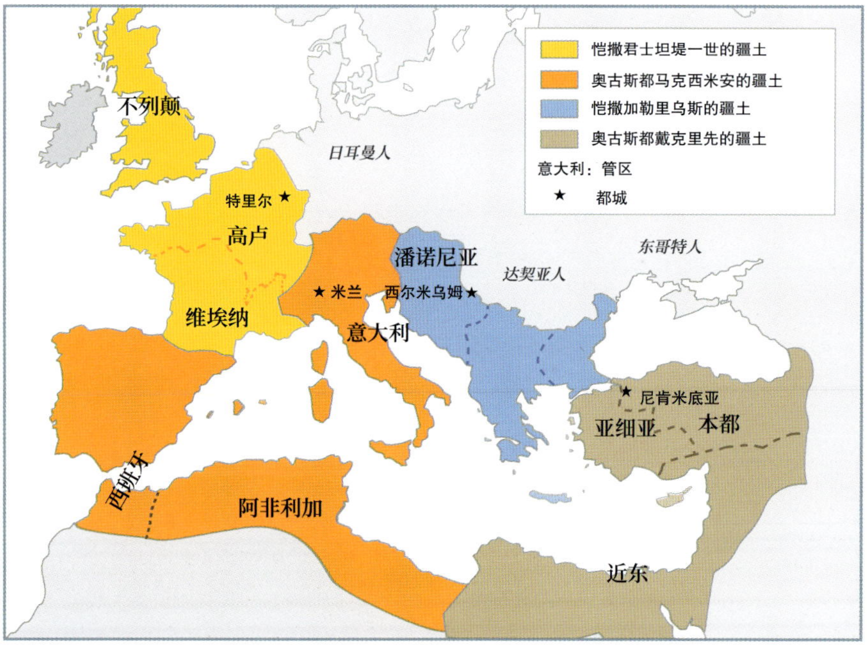

293年 **欧洲**·293年创立四帝共治制时，马克西米安和戴克里先共分帝国。西边属于马克西米安，东边属于戴克里先。但只有两位奥古斯都，两位皇帝，还是少了些。此后他们由两位恺撒辅助执政，两位恺撒同时也是皇帝：君士坦堤一世辅佐马克西米安，加勒里乌斯辅佐戴克里先。

这套通过分担职责来管理庞大帝国的政治体系一直持续到324年，君士坦堤的儿子君士坦丁一世统一了帝国，成为唯一的皇帝。

建筑

皇家住所和都城特里尔

德国·君士坦提一世293年成为恺撒，为抗击布列塔尼的篡权者，保卫莱茵河，他将都城定在德国的特里尔。

自公元前几年奥古斯都建立这座城市（当时名叫奥古斯塔·特里维罗鲁姆，Augusta Treverorum）起，特里尔便是一座重要的城市，曾一时是高卢帝国的都城。275年被法兰克人和阿拉曼人摧毁后，君士坦提一世重新建造特里尔。他在那里留下了一流的建筑物。

296年 巨大的浴场掩藏在拱顶大厅里，里面还有更衣室、柱廊和体育场。热水浴室配备了地暖系统。计划在下个世纪的头10年建造一座大教堂。墙面用砖砌，风格非常简约。

不过特里尔最著名的建筑当属尼格拉城门，它于一个多世纪以前建造，将宫殿建筑和防御城门结合起来。它有30米高，36米宽。

城市之声

难以长久的罗马皇帝

自235年亚历山大·塞维鲁去世到不久前戴克里先执掌罗马帝国，其间有64位皇帝或谋权篡位的专制君主相继登基或相互争权。希望戴克里先这位奴隶的后代能让罗马的政治重新稳定下来。

284年

意大利·3个世纪的军事混乱，真令人难以置信！罗马仅在238年这一年就经历了5位皇帝：马克西曼被他的士兵杀死，戈尔狄安一世统治一个月后因知晓和自己共治的儿子戈尔狄安二世逝世而自杀身亡，普皮恩努斯和巴尔比努斯则被近卫军暗杀。

戈尔狄安三世于244年被他的一个士兵杀害。阿拉伯人菲利

◆ 工艺

科隆的玻璃工业蓬勃发展

300年 **德国**·一个世纪以来，所有的玻璃制造技术已然被开发。因此，如今技术上的进步更多的是造型上的完善。玻璃的质量仅取决于所用原材料的质量。科隆的玻璃制造者只加工天然着蓝绿色的玻璃，而透明的玻璃从亚历山大港出口到高卢南部、不列颠群岛和莱茵兰。科隆的手工制造业如今增长极为迅猛，无论是日用玻璃制造还是艺术品制作都欣欣向荣，这种繁荣得益于当地手工艺人对抛光和雕刻技术的熟练掌握。

莱茵兰的玻璃业者想到在玻璃上添加彩釉，甚至在制造品上涂上金釉，让它们更加光彩夺目。

多么杰出的艺术家啊！

◆ 宗教

不准画像：基督教的艺术开端

300年 **欧洲**·基督教徒不得描绘人物作品，大概是为避免异教行为。

杜拉欧罗普斯是位于幼发拉底河拐角处的城市，建于245年至256年间，杜拉欧罗普斯的犹太教堂出现了历史上最早的犹太教画像。同一时期，《圣经·旧约》和《圣经·新约》里的基督教场景只出现在一间隐秘的私人住宅中。墙壁上有“好牧人”（Bon Pasteur，编者注：意指耶稣，因为好牧人为羊甘心舍命）的画像，耶稣在水上行走，还有亚当和夏娃、大卫和歌利亚。不过，大部分的基督教画像都出现在丧事布置上。

最初的基督教雕塑出现在石棺的浅浮雕上，灵感来源于异教主题。最常见的图案便是《圣经·旧约》和《圣经·新约》中的场景。

普249年在与他的继位者争斗中死去。251年，戴奇乌斯对抗哥特人时去世，紧接着他的儿子霍斯蒂利安在鼠疫中丧生。两年后，加卢斯被他的亲信杀死，他的继位者埃米利安也只在皇位上待了两个月。260年，瓦勒里安被波斯国王沙普尔一世处死。268年，加利埃努斯死在手下将领的剑下。奥勒利安于275年被他的士兵杀死，塔西图斯和弗洛里恩次年也落得同样的下场。282年，普罗布斯在一场兵变中身亡。

卡鲁斯于283年征战波斯时逝世。他的长子纽米里恩被时任近卫军长官的岳父杀死，而他的幼子卡兰在战争中倒下，被自己人刺杀身亡！

这就是我们不幸的罗马皇帝的不完全列表。但罗马从未倒下！

◆ 社会

他们在纳斯卡吸食了什么？

300年 **秘鲁**·这是一种颇为离奇的文明……比如，传闻教士借用迷魂药、蘑菇或仙人掌引领当地的首领，以此让他们在传教仪式上和神明交流。

不过纳斯卡人尤为著名的是他们的地上绘，这些线条勾勒的动物巨画或巨型几何图案从天上看都清晰可见。这些很可能是日历，其中一些线条听说能让人观测到一些天文现象。

纳斯卡这座城市因多色陶瓷著名，陶瓷上有16种从彩矿上攫取的色彩。纳斯卡人的纺织品同样美得出色，因为他们运用了刺绣和锦缎。

纳斯卡瓶，2世纪

◆ 大工程

戴克里先浴场竣工

305年 **意大利**·可以说，浴场几乎是罗马制造的标志。只要攻克了一座城市，统治者就会兴建浴场，吸引居民进浴场洗浴。在巴斯，有两个巨型水池的罗马浴场已经老旧。在盎格鲁人的家乡，天气寒冷多雾，热水让生活更便捷舒适。

托戴克里先皇帝的福，罗马最宏伟的浴场刚刚开张了。里面还配备了逐渐升温的蒸汽浴室，顾客根据个人喜好可选择温水浴池和冷水浴池。蒸出汗后还能按摩放松一下。

天气预报	**305年**·诺曼底的河流完全结冰了。

◆ 政治

戴克里先之后，罗马帝国会变成怎样？ 305年

意大利 · 戴克里先让位前，重振了罗马帝国，并完成了奥勒利安已经开始的事业。他被视作古罗马的国家缔造者。

他与来自帝国各行省的人合作，从而巩固加强皇权。通过四帝共治制，戴克里先巩固了国家政权，但也牺牲了人民的自由。在他的统治下，一切都行不通。301 年戴克里先颁布的《最高价格法令》意在消除货币持续贬值的现象，抑制物价不断上涨。这项法令在经济发展如此多样的帝国实在难以实施。

患病的戴克里先和他选中的助手马克西米安不久前一起让位给他们的恺撒。

305年 城市之声 患病的戴克里先在萨洛纳的宫殿里度过余生

克罗地亚 · 戴克里先把住所建在他的故乡达尔马提亚的萨洛纳附近的海岸上。从外围看，这座宫殿像是一处军事据点，一个罗马营地。从它的南部可以监视到远处靠近的船只。参观者从最具装饰性的北门进入，穿过拱廊后，他们来到一块平坦的空地，左侧便是这位皇帝于 313 年入葬的皇家陵墓。

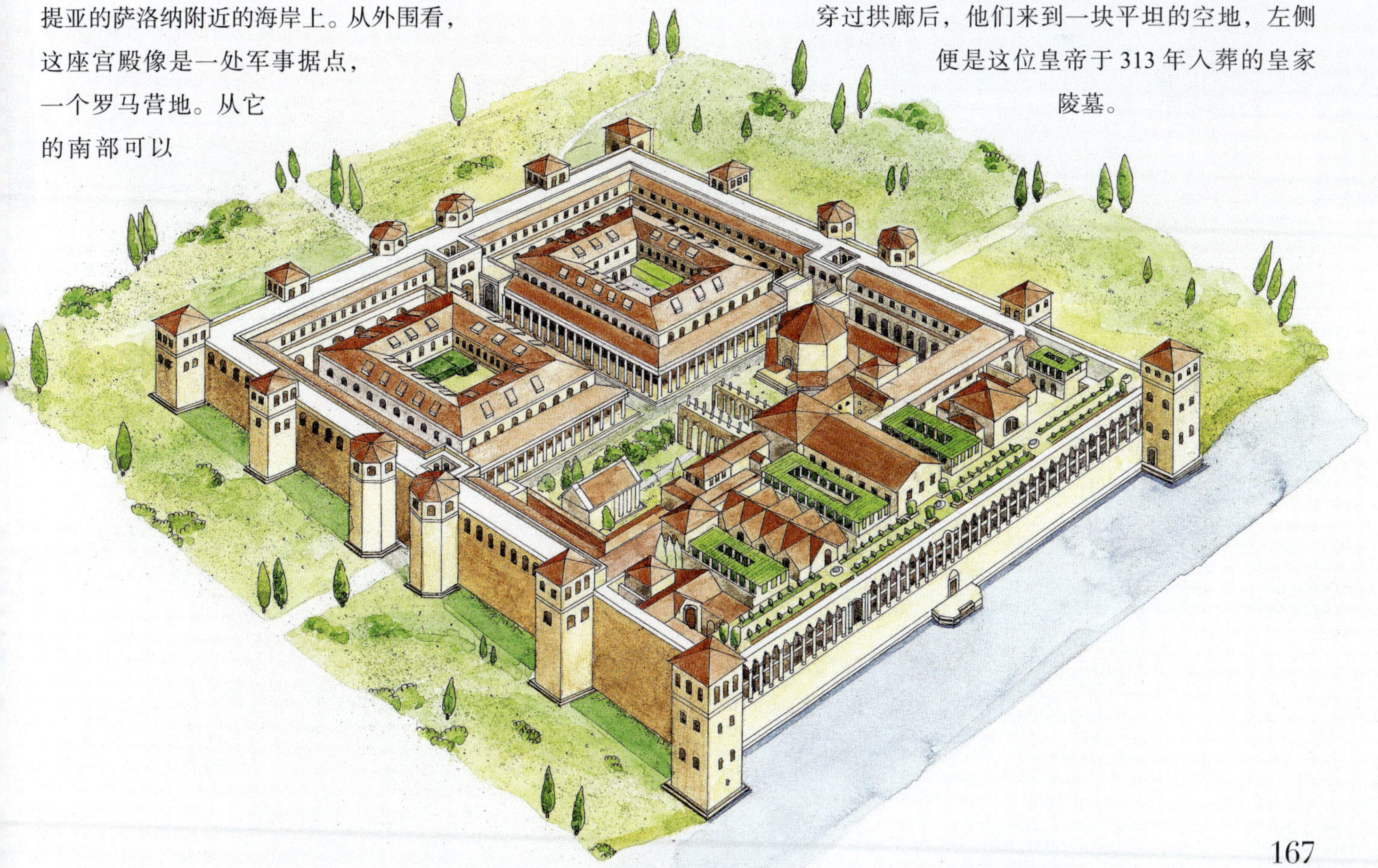

◆ 肖像

天空中的一道光宣告君士坦丁一世的胜利

312年

意大利·君士坦丁一世是怎样获得权力的？这道天空中的信号光又是什么？君士坦丁一世是君士坦堤一世（恺撒，马克西米安让位后成为西方奥古斯都）的儿子，306年，他的父亲去世时，他的军队宣布君士坦丁为罗马皇帝，但加勒里乌斯只承认他是恺撒。与马克西米安的女儿弗斯塔成婚后，君士坦丁一世获得奥古斯都的头衔，他的内兄马克森提乌斯也宣称自己获得此头衔。

为统治帝国，君士坦丁一世必须解决麻烦的对手。他驱使马克西米安自杀，因为马克西米安退位后有意收回权力，并在312年10月28日的米尔维安桥之战中打败篡权者马克森提乌斯。

此后，整个西方都属于君士坦丁一世。听闻，战争前夕，天空中曾出现十字符号，并配有文字："这是你将赢得胜利的信号。"也许就在那时他决定皈依基督教。

君士坦丁一世争取到李锡尼——这位奥古斯都在加勒里乌斯去世后开始掌管帝国的东部——不久后，《米兰敕令》里的条文规定基督教和其他宗教享有同样的地位。在他的领导下，一个强大的帝国正在建立。

◆ 经济

特里尔铸造的新金币——苏勒德斯

310年

德国·在君士坦丁的命令下，一种新的金币刚被铸造出来：重4.5克的苏勒德斯。渐渐地，它替代了奥里斯金币。苏勒德斯用来资助军队和内战，并成为罗马帝国新的货币计算单位。它对赚取金币的有钱人、官员和士兵尤为有利，而流通的铜币和银币不再稳定。

◆ 社会

君士坦丁一世让人们可以自由选择信奉的宗教

313年

意大利·法令允许民众自由选择宗教，这在罗马历史上还是第一次。基督教主教从此享有和元老院议员同等的权利和尊荣。教会成为法律主体，有权接受遗赠。

不过，《米兰敕令》也影响了公共生活，自从基督教成为国教后，其他信仰被正式禁止。基督徒占据最重要的位置，从前从他们那儿没收的财物也逐渐归还给他们。

◆ 政治

印度新王朝 320年

印度 · 旃陀罗笈多一世在印度北部建立笈多王朝。他娶了离车族的公主鸠摩罗提毗，并将自己的王国扩张至比哈尔邦，后至西孟加拉邦和中央平原。不过，笈多王朝的崛起要归功于他的儿子萨摩陀罗笈多。他的战功被刻在一根阿育王石柱上。笈多王朝时期，印度的艺术、文化和教育到达顶峰。这一时期的一大创新是露天神庙，这些在悬崖峭壁上雕琢而成的宗教建筑是独一无二的。阿旃陀石窟的洞穴里饰有丰富的雕塑作品，具有重要的历史意义。石块是庙宇的建筑材料，砖块被扔到一边，神庙里呈现的形象主要是佛陀和他的化身。这一时期印度教得到极大的发展，同样得到发展的还有婆罗门教的种姓制度。

阿旃陀石窟里 26 号洞穴内部，印度

新闻

社会

“可敬的太阳日”：周日成为假日

321年

意大利·君士坦丁一世为向“无敌的太阳神”致敬，在7月3日这一天颁布了一条法令，规定了法官、官员和城市平民的休息日。他以正义之名暂停一切活动，用来纪念一件事。在此之前这只是一项特殊举措，但皇帝让这项举措得以长久持续下去，适用于每个周日，无论是对基督徒还是异教徒来说，皆是如此。按周计时的方式终于在罗马日历上正式确定下来。

◆ 宗教

君士坦丁一世在尼西亚主持基督教公会议

325年

土耳其·君士坦丁一世在看到不同省（尤其是东部的省）之间存在无数的分歧后，想恢复宗教和平，于是他下令召集两三百位主教齐聚比提尼亚的尼西亚，于7月20日至7月25日召开尼西亚公会议。

亚历山大港的神父阿里乌提出要裁定三位一体论，他认为圣子耶稣不同于神，他是另一种存在，具有神的力量。只有路加、马可、马太和约翰的四福音书被保留作为承认圣父和圣子为一体的信息来源。一些神学家，如恺撒里亚的主教优西比乌就支持这一观点，虽然这种猜测有可能使基督教会分裂。

大公会议谴责了阿里乌，所有信奉阿里乌论断的人被驱逐。但这个议题最终未被裁定，因为令人害怕的事情发生了：东方世界的所有基督徒都信奉阿里乌的理论，而西方世界的基督徒都信奉《尼西亚信经》。

大工程

希腊拜占庭成为新罗马

330年

土耳其·5月11日这座城市正式成立。君士坦丁一世将自己的名字赐予这座希腊古城拜占庭——君士坦丁堡。他想让它成为新的罗马，可以抗击给帝国带来威胁的巴尔干半岛的蛮族和波斯的萨珊人。

根据324年绘制的这座建立在古城拜占庭基础上的新城的草图显示，这座新城的面积将是旧城的三倍。城市占地7平方千米，将能容纳10万名居民。君士坦丁一世称它为“新罗马”，因为新城是按照罗马都城的模式建造的，包含七个“区”，代表七座山丘，还有一座广场、几条水道、几个赛马场、一座元老院……整体工程于336年完工。

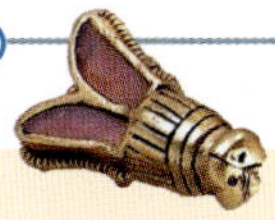

◆ 时尚

嵌金属丝花纹的珠宝

350年 **德国**·这是所有美女都想戴的新款式：由哥特人制造，嵌金属丝花纹的珠宝。的确，哥特人从斯基泰人、伊朗人和萨尔马特人的图案里获得了大量灵感。他们将五颜六色的珍贵宝石嵌在金叶上，将珐琅点在彩色玻璃上。女士们最喜欢的宝石是红色的铁铝榴石。

◆ 建筑

圣彼得大教堂

326年 **意大利**·313年颁布的《米兰敕令》准许帝国内的宗教自由，为受罗马大教堂启发而建的基督教建筑提供了有利条件，于是建筑工程便多了起来。

拉特朗圣约翰大殿是君士坦丁一世赐给罗马主教的礼物，320年开始建造，位于罗马城郊。

326年投入使用的圣彼得大教堂是罗马教宗的教堂。它就建在圣人的坟墓之上。圣彼得大教堂不仅是同类型建筑里最古老的建筑，也是君士坦丁一世统治时期的建筑范本。为建造圣彼得大教堂，就必须拆除卡利古拉竞技场。大教堂由一个长方形的主殿和边侧较低的耳堂构成，122米长，66米宽。彩色大理石砌成的石柱将中殿和耳堂分隔开也相连起来。各个厅室由木质天花板封顶，能看到简单的屋架。

为维护大教堂，君士坦丁一世为大教堂提供了大量捐赠。大教堂前方有一个柱廊环绕的前庭，用来接待基督徒。

宗教

耶稣的生日定在12月25日

354年 **意大利**·听说在罗马，教宗利伯略将耶稣的生日定在了12月25日，也是他举办了最早的庆祝仪式。利伯略是将罗马定为教廷中枢的第一人。最终，他因与君士坦提乌斯二世的阿里乌派斗争被皇帝驱逐。

天气预报

357年 塞纳河的水结冰了：我们可以在河上滑行，从河岸的一边滑到另一边。

肖像

为什么尤里安被称作“背教者”？

360年 **意大利**·古代最后一批大异教者之一新皇尤里安被基督徒称为“背教者”，他想在新柏拉图主义的基础上复兴多神异教。基督徒认为他背叛了自己的宗教，背弃了君士坦丁临死前在卧榻上选定的基督教。尤里安下令重建罗马原有宗教的神庙，并收回基督教会的一切特权。

尤里安深受军队爱戴，他的军队不久前称他为皇，他带领军队攻打日耳曼人，赢了几场漂亮的胜仗。高卢恺撒尤里安在君士坦提乌斯二世361年去世后正式成为罗马皇帝。

◆ 旅行

千佛洞

366年 **中国**·相传一位叫乐僔的和尚眼中出现幻觉后，开始在丝绸之路的著名驿站敦煌凿窟造像。这些石窟按高低排列，由木质凸出部分、楼梯和走廊相连。

所有石窟里都有壁画，有些还有雕塑。有些画像使用蛋彩画法绘制。这些石窟受到希腊–印度风格的影响。

新闻 国际

西哥特人过关了，瓦林斯去世了

378年 **土耳其**·378年8月9日，罗马人在亚得里亚堡遭受了一次严重挫败，皇帝瓦林斯在战争中死去。主要聚集在色雷斯干燥地区的西哥特人一方面因难以忍受饥荒，另一方面因罗马皇帝派的代表让他们遭受压迫而起兵造反。瓦林斯放弃了前往小亚细亚的一次远征，以抵抗地中海方向的进攻。西哥特人曾与罗马缔约，他们可以跨越多瑙河，但不得带武器。显然，西哥特人没有遵守诺言。

蒂卡尔神庙，危地马拉，建于 734 年前后

◆ 文化

我们亲爱的邻居玛雅人

380年

中美洲·玛雅人两个强大的城邦蒂卡尔和卡拉科姆鲁一直相互竞争。但不久前，蒂卡尔落入外来入侵者手中，跟其他好几个城邦一样被特奥蒂瓦坎文明统治。纪念碑上记录了这次落败。

玛雅人口越来越多，同样增长的还有他们的瓷器产量。玛雅文明也发展起来。他们的城市由梯形金字塔和宫殿组成，中间用空地隔开。蒂卡尔的一些金字塔建于神庙之上，高度超过 70 米，攀登塔上非常危险，因为人脚不能完全放在台阶上。拱形顶也是玛雅文明的特点之一。

玛雅人使用草写字体，而在他们之前的奥尔梅克人用的是雕刻字体。玛雅人还擅长天文观测，因此他们使用两种日历：宗教日历为卓尔金历，一年有 260 天，还有一套太阳历，一年有 365 天。不过最重要的日子每 5 125 年发生一次，那是一个时代的结束，下一个时代充满希望的开始，虽然一切都是未知。

◆ 政治

狄奥多西一世是最后一位伟大的皇帝吗？

395年 **意大利**·如果说狄奥多西真的是“伟大的”，那会是因为他将东西罗马再度统一。考虑到这件事的难度，这无疑是罗马的最后一次了。

379 年，狄奥多西被西罗马奥古斯都格拉提安宣布为东部皇帝，一年后，他颁布《萨洛尼卡敕令》，重立基督教为国教，大概是受了圣盎博罗削（米兰主教）的影响，他自己也皈依了基督教。381 年，狄奥多西召开第一次君士坦丁堡公会议，是尼西亚公会议的补充，确认了圣灵的神性。

《圣盎博罗削阻挠狄奥多西一世进入米兰大教堂》，安东尼·范戴克，1620 年

392 年，西罗马统治者瓦林提尼安二世去世后，狄奥多西成为罗马帝国唯一的主人。

四分天下。但不到 3 年时间，狄奥多西也去世了。遵照他的遗愿，帝国由他的两个儿子分别继承：东罗马归阿卡狄乌斯，西罗马归霍诺里乌斯。近卫军统帅鲁菲努斯辅佐当时年仅 18 岁的阿卡狄乌斯，而年仅 11 岁的霍诺里乌斯则由汪达尔人斯提利科辅佐。斯提利科一直到 408 年都是西罗马真正的主人。他还想干涉东罗马的政务。不久前，他除掉了他的绊脚石——鲁菲努斯。

在此期间，西哥特人再次入侵。他们离开了保加利亚和罗马尼亚之间的莫西亚，在国王阿拉里克一世的带领下进入色萨利和北马其顿区域的色雷斯。在阿卡狄乌斯的命令下，斯提利科将西哥特人击退至多瑙河之外。

在日耳曼不同部族的多次进攻下，罗马帝国逐渐衰落。被霍诺里乌斯谴责的斯提利科与其家人一起被处决。汪达尔人和苏维汇人在西班牙定居，而西哥特人 410 年包围了罗马。

讣告

383年

哥特主教**乌尔菲拉**从 350 年开始便试图让哥特人皈依基督教。他是阿里乌派的温和支持者，留下了《圣经》的哥特语译本，他借用希腊字母和北欧古文字自创了一套字母体系，用来撰写译本。

407年

“金口”**圣约翰**因他出色的雄辩能力而得名。397 年后担任君士坦丁堡主教，他重组了君士坦丁堡的教职人员。但因与阿卡狄乌斯的妻子尤多西娅皇后不合被流放，并付出了自己的生命。

快讯

394年 埃及菲莱神庙脚下的哈德良门上雕刻着最后的埃及象形文字，由书吏官奈斯梅特·阿克霍姆于 8 月 24 日所刻。这是关于努比亚曼杜利斯神演讲的介绍。

◆ 美术

中国东晋画圣——顾恺之

405年

中国·这位在绘画艺术史上标志辉煌新时代的画家是谁？六朝时期，佛家、儒家和道家三大主流思想并驾齐驱。思想的融合在艺术和文学领域激发出新的灵感。

绘画创作成为贵族阶层的爱好。顾恺之便属于贵族阶层。身为艺术爱好者的顾恺之同样擅长文学。他深受印度艺术影响，另外作为金陵画家，顾恺之用他的绘画天赋描绘宗教人物和人物肖像，他非常善于通过人物表达情感。

◆ 冲突

阿拉里克一世洗劫罗马

日耳曼人攻占高卢 410年

欧洲·这是近三年来西哥特人攻打罗马的最终答卷，因为罗马一直拒绝承认意大利北部的西哥特王国。这也是一起重大事件，因为800年以来，罗马从未落入敌人之手。

围攻罗马三天后，8月底，阿拉里克进入罗马，并洗劫了这座城市。他掠夺了丰富的战利品，皇帝霍诺里乌斯同父异母的妹妹伽拉·普拉西狄娅也成了他的阶下囚，阿拉里克开始撤退，想向南方进发，大概想攻占非洲。但410年年末，阿拉里克在卡拉布里亚区逝世，没能完成自己的计划。而西哥特人、匈奴人、勃艮第人、阿拉曼人……在这个国家涌现。罗马的统治地位和影响力逐渐衰弱。

记事本

斯提利科英勇赴死

408年

意大利·谈一谈斯提利科这位勇敢的男人。祖上是汪达尔人的斯提利科当上罗马统帅，后带领着狄奥多西一世的小儿子，年仅11岁的霍诺里乌斯登上皇位。他战胜了带领军队直抵意大利北部的西哥特首领拉达盖苏斯。他除掉了自己的竞争对手，东罗马的执政官，同时也是死对头鲁菲努斯，让厄特罗普代替鲁菲努斯。击退东哥特人后，他将都城从米兰转至拉文纳。虽然斯提利科战功赫赫，但他的雄心勃勃也使其树敌无数，以致霍诺里乌斯最后落入阴谋，判处斯提利科死刑。

斯提利科就这样奔赴刑场，慷慨赴死，连眉头都没有皱一下。

◆ 文化

第一所大学开设于君士坦丁堡

425年 **土耳其**·2月27日，东罗马皇帝狄奥多西二世颁布一条法令，在君士坦丁堡组织高等教育。皇后尤多西娅是这项计划的发起人，这项计划也被称为宫廷大学。

要知道当时位于雅典、亚历山大港和安条克的其他知识文化中心在法学教育上与君士坦丁堡竞争激烈。但君士坦丁堡有它自己的优势，因为君士坦丁一世为他的都城提供了大量书卷，收藏在一座公共图书馆里。狄奥多西二世组织了31人教师组，并设立一系列教授职位，由国家发放薪水：10位拉丁语语法教师和3位拉丁语修辞学教师，还有希腊语哲学教师和希腊语法学教师。所有人会聚在卡比托利欧山，就像罗马的朱庇特神庙一样。

我们向这项卓越的创举致敬，因为它让东罗马的学生有了学习拉丁语的机会。

讣告

420年

出生于斯特利同的**哲罗姆**曾游历各地（小亚细亚、埃及、高卢……），他的身边聚集了罗马最伟大的哲学家和各行学者。他最著名的作品是将《旧约全书》由希伯来文直接译为拉丁文的《武加大译本》。一些人将该译本看作对犹太人的让步，认为十分危险，但哲罗姆的初衷是维护耶稣的各种救世主头衔。他还留下了许多抨击异教徒的文章。

记事本

基督思想的化身，圣奥古斯丁逝世

430年 **阿尔及利亚**·354年生于塔加斯特城的圣奥古斯丁刚刚在他的主教城，也即被汪达尔人围攻的希波去世。圣奥古斯丁一生完全以西罗马人的方式生活，并见证了罗马帝国的崩溃。

他任主教期间曾参与壮大基督教。作为摩尼教的信徒，他自383年起便教授修辞学，第二年在米兰接受教授职位。

他受到了圣盎博罗削和新柏拉图主义的影响。

对《保罗书信》的学习使他彻底皈依基督教。圣盎博罗削387年为他洗礼。他的《忏悔录》在那个众人都三缄其口的年代揭露出他的个人情感。而他的《上帝之城》则是作为对阿拉里克一世劫掠罗马城的回击。

好牧人》，伽拉・普拉西狄娅陵墓，意大利，拉文纳

◆ 美术

镶嵌画之都——拉文纳

430年

意大利・423 年，霍诺里乌斯去世后，一个伟大的艺术时代开启了。霍诺里乌斯同父异母的妹妹伽拉・普拉西狄娅结束了一场令人难以忍受的航海旅行后，命人在拉文纳建造了一座向圣约翰致敬的教堂。这座大教堂是拉文纳最早的大教堂之一。

近 430 年，她按照希腊十字式的建筑形式，建造了自己的陵墓，风格极为朴素。墙面均用砖块砌成。但里面的镶嵌画使之成为一座独特的建筑。

入口上方的三角楣上是好牧人耶稣的画像。好牧人周围有一群母羊，手里有一个大十字架。入口正对面的小天窗里圣老楞佐手里拿着《圣经》和十字架，正奔赴殉道场。这个场景中间，一副烤架已被点燃。穹顶上的镶嵌画最美，画上是四位福音传教士的象征物：圣马可的狮子、圣路加的公牛、圣马太长着翅膀的人和圣约翰的鹰，围绕着一个金十字架。

中央的半圆形穹顶位于教堂十字形的四个支架交会处，800 多颗金光闪闪的小星星分布在靛蓝的穹顶上。基督十二使徒在穹顶周围簇拥着中心的十字架。

◆ 美术

基督教艺术得到发展

442年

埃及·我们注意到亚历山大港的平民阶层同希腊化和国际化的贵族阶层之间的差异越来越大。我们越深入当地，越能感受到基督教的深刻影响。接触到东方的手工艺和其他艺术后，出现了一种新的艺术表达——基督教艺术。

基督教艺术最早的形态呈现在开罗圣色尔爵巴克斯教堂的墙上。埃及的科普特基督教艺术逐渐脱颖而出，体现在木雕、圣像、纺织品、建筑和新的载体上，法尤姆肖像画是这种艺术的集中表现。建筑方面，各主教是主要的建造者，修道院迅速扩张，例如索哈杰的白色修道院刚刚完工，可容纳2 000多名修道士。

讣告

450年

法拉蒙德的儿子“**长发人**”**克洛迪奥**是萨利克法兰克人的首领。

◆ 宗教

爱尔兰使徒圣帕特里克

450年

爱尔兰·圣帕特里克在阿马建立他的主教区。

他的人生在此之前多少有些起起伏伏。16岁时，他被海盗养大后被当作奴隶卖到爱尔兰。一次，他看到上帝让他向民众布道的异象，之后他便逃到高卢。他在莱兰群岛和欧塞尔接受了宗教培训后便成为教士。于是他回到爱尔兰，并于432年奔赴爱尔兰北部。当时人们不够重视教会的教育功能。但这正是在群众中建立坚实团体的最佳方式。向日耳曼人传教的是乌尔菲拉。之后接受基督教的是法兰克人，他们的王国后来成为西方最强大的势力之一。

基督教在不列颠群岛的传播是当时最引人注目的事件之一，基督教传播到苏格兰、英格兰南部和爱尔兰。爱尔兰的基督教化要归功于圣帕特里克，当地的基督教组织形式也与欧洲大陆上的组织形式大为不同。这里由修道院构成行政基础。

新闻 国际

汪达尔人有一个王国：迦太基

439年

突尼斯·10月9日，汪达尔人和阿兰人的领袖盖萨里克夺得迦太基，从而在地中海获得了一个绝佳的战略基地。迦太基的船很快对罗马的粮食供应构成威胁。罗马地主和教士的财物被没收。作为交换，盖萨里克开始向罗马运送粮食。在此期间，其他蛮族也驻扎下来，法兰克人在北方，勃艮第人定居在罗讷河和索恩河流域。

《阿提拉与他身后的蛮族蹂躏意大利之城和艺术品》，
欧仁·德拉克洛瓦，1843 年

◆ 冲突

匈奴王——阿提拉

451年 **欧洲**·所有人都知道匈奴王阿提拉，绰号“上帝之鞭”。434 年，阿提拉和他的哥哥布列达一起继承了西部从阿尔卑斯山脉到波罗的海，东部一直延伸到里海边界的广袤王国。

我们简要概括一下他的事业轨迹和主要的军事行动。441 年，阿提拉对多瑙河流域发起强攻，洗劫了重要城市，屠杀了罗马军队，并向帝国内部进发。只有君士坦丁堡的高墙拦住了他。445 年杀死自己的哥哥后，阿提拉于 447 年向东罗马帝国发起了比之前更为广泛的进攻。他掠夺了巴尔干半岛的行省，后一路南下，直达希腊。

451 年，他乘胜追击西罗马帝国：他派军队前往高卢，几乎到达了吕泰斯，在那儿他被圣日内维耶（后成为城市的保护者）制止，圣日内维耶鼓励城市里的居民全力抵抗。阿提拉在卡塔隆尼平原（香槟地区沙隆附近）被罗马将军埃提乌斯和两位日耳曼领袖法兰克人墨洛温和东哥特人狄奥多里克一世的军队打败。

阿提拉会从此一蹶不振，偃旗息鼓了吗？有人说他打上了意大利的主意……

冲突

教宗利奥一世阻止了匈奴人首领！

452年 **意大利**·我们对利奥一世任教宗前的经历一无所知，甚至连他的生辰也不知晓。440 年，利奥一世被选为教宗，他在罗马镇压摩尼教的教派，每年召集各主教参加公会议。451 年，他否认卡尔西顿公会议的第二十八条教谕，想让君士坦丁堡与罗马匹敌。

利奥一世在曼图亚附近遭遇了阿提拉，当时阿提拉正打算侵袭罗马，并想在掠夺威尼斯后入侵整个意大利。据传闻，匈奴王听从利奥的劝阻，放弃了自己的入侵计划，为此他还收到了一个绝妙的礼物。鼠疫似乎也起到了作用，也可能是因为东罗马帝国皇帝马尔西安的军队此时正打算从后方攻击匈奴人……

◆ 国际

奥多亚克成为“蛮族”国王

476年

意大利·自455年起，各蛮族领袖开始介入意大利的公共生活，并指定西罗马的皇帝。毋庸置疑，赫鲁利人的国王奥多亚克因将西罗马皇帝罗慕路斯·奥古斯都路斯从王位上赶下来而名留青史。

在阿提拉以前的秘书，奥多亚克的父亲埃德科拒绝的情况下，奥多亚克当上军队首领，并逼迫罗慕路斯·奥古斯都路斯让出王位。9月4日是罗马治世的结束和西罗马帝国的末日，奥多亚克攻占罗马，废黜皇帝。他的士兵称他为王，但他将君主制的徽章送回君士坦丁堡，以此显示西罗马帝国不复存在，即使在法律上也不复存在。

西罗马帝国的衰落是帝国长达30年混乱不堪的结果，而集结在罗马的蛮族成为独立的王国。最终，奥多亚克被称为“蛮族”国王，以拜占庭帝王之名统治王国。他和贵族阶层交往甚好，通过获取西西里和达尔马提亚壮大自己的王国。

新闻

事件

致命宴会

493年

意大利·3月15日在拉文纳组织这场宴会是为了在饭桌上庆祝匈奴人附近的部落赫鲁利人的国王奥多亚克和东哥特国王狄奥多里克之间达成和解。为此安排1万名赫鲁利人列席在1万名东哥特人旁边。当狄奥多里克把自己的剑刺进奥多亚克的身体时，他给自己的人一个信号，让他们对身边的赫鲁利人做同样的事。奥多亚克的军队被杀，狄奥多里克成为意大利绝对的主人。

之前为获得奥多亚克的信任，狄奥多里克曾和奥多亚克达成协议，并向他保证，他会毫发无伤并能够保留自己所有的权力。然而，这并不是事实……

◆ 文学

拉丁诗歌的最后时光：圣希多尼乌斯·阿波利纳里斯

488年

法国·圣希多尼乌斯·阿波利纳里斯离开人世时，留下了被视为拉丁诗歌的最后一部作品。

他来自高卢主要的部落之一阿维尔尼人，阿维尔尼人的皇帝阿维图斯是他的岳父，圣希多尼乌斯·阿波利纳里斯深受罗马传统文化影响。文化在他的政治生涯中扮演着重要角色。他在元老院前为阿维图斯颂赞，468年开始行使罗马行政长官的权力，后迅速回到罗马行省奥弗涅。之后他自然而然地开始钻研拉丁文学。

他从前人如塔奇佗和奥维德那里汲取灵感。他的《布兰诗歌》汇集多首诗歌，他写给高卢罗马达官显贵的书信足见他的沟通才能。

474年，哥特人夺取阿韦尔尼（现克莱蒙-费朗）时，圣希多尼乌斯曾被关押，但哥特国王尤里克恢复了他的主教职位。这位重要的时代见证者于488年陨灭了。

记事本

法兰克王国的缔造者希尔德里克一世逝世

481年 **法国** · 希尔德里克一世被认定是萨利克法兰克人部落首领墨洛温的儿子，而希尔德里克的儿子、法兰克王国的创建者克洛维以墨洛温的名字命名了后来的墨洛温王朝。

在墨洛温的祖父“长发人”克洛迪奥的统治下，定居在马斯河和斯海尔德河之间的萨利克法兰克人开始向西南方向进发，直抵索姆河。他与罗马签订联盟协议，就地安置法兰克人，成为罗马的辅助部队。希尔德里克大力帮助罗马人击退西哥特人。他知晓如何扮演两种角色，既是罗马人的盟友，又是法兰克人的领袖，并在围攻好几座城市后，推动他们与自己和谈。

希尔德里克一世便如此开始征服未来的法兰克王国，而他就是王国的缔造者。他的儿子克洛维继承了他的遗志，继续完成他的事业。

◆ **事件**

苏瓦松的花瓶事件

486年 **法国** · 攻打西阿格里乌斯后，高卢罗马军队的首领、萨利克法兰克人国王克洛维夺取了他的都城苏瓦松。

兰斯主教向他派遣了一位信使，请他归还掠夺苏瓦松时盗走的银制圣瓶。克洛维不想按照传统的抽签方式决定战利品分配，而想直接将花瓶据为己有。几乎所有士兵都同意，只有一位士兵用他的法兰克战斧（一种短斧）砍向花瓶，并高声叫道：“除了命中注定的东西，其他的你什么也得不到。”克洛维最终得到了（破碎的）花瓶，于是将它还给主教。

事情还没完。一年后，克洛维检阅军队时认出了那位反对分赃方式的士兵。这位士兵的兵器没有佩戴好，克洛维趁机一把抓住他的兵器，将它们扔到地上。当士兵弯下身子去捡时，克洛维抬起他的法兰克战斧，斩掉了这位士兵的头颅，并说道：“你就是这么砍碎苏瓦松花瓶的。”

《克洛维和克洛提尔德》，安托万-让·格罗，1811 年

500–1000年

◆ 司法

蛮族的权利和法律

507年 **法国** · 萨利克法兰克人制定《萨利克法典》的目的在于结束个人报复，框定各种罪行及其惩罚。今年编成的这部法典是萨利克法兰克人的习惯法汇编。更准确地说，里面包含了65章，来限制家族间的仇杀。

尤里克统治时期，第一部西哥特法于约470年开始实行。最近又颁布了《阿拉里克短文集》，这是506年出版的罗马法汇编，是对《狄奥多西法典》的编录。里面的公共事务和私人事务很大程度上混在一起。勃艮第人也有他们自己的法律汇编，也就是502年出版的《勃艮第法典》。

萨利克法兰克人克洛维命人从《阿拉里克短文集》和以前的日耳曼旧法里汲取灵感，编纂出《萨利克法典》。《萨利克法典》的颁布是为了解决诸如公民平等权以及废除复仇旧习等问题，并规定土地继承权只能由男性继承人享有。

宫廷生活

首都巴黎

508年

法国 · 克洛维刚刚决定，巴黎将成为他的王国的中心。他的第一个都城是图尔奈，他的父亲在那里定居。苏瓦松是他的第二个都城，也是他军事行动的起点。巴黎成为第三个都城，因为巴黎最靠近他新攻占的领地。

克洛维定居在西岱岛上的一座宫殿里，周围围绕着美丽的花园。克洛维想让巴黎成为一座基督教城市。他的妻子克洛提尔德让他为基督徒修建一座大教堂。

◆ 肖像

波伊提乌斯在狱中写出他的《哲学的慰藉》

524年

意大利·波伊提乌斯是一位学识渊博的罗马人，翻译过希腊人的作品，曾翻译亚里士多德和柏拉图的全部作品。他出生于罗马最显赫的贵族家庭之一，东哥特人之王狄奥多里克大王统治时期，波伊提乌斯身居要职，比如执政官（自510年起）和宫殿主管，他也积极参与政治。后因被告"叛逆罪"锒铛入狱。他在监禁期间撰写的《哲学的慰藉》中提及柏拉图式和斯多葛式的古老智慧，从而抚慰他那被厄运折磨的灵魂。他追求幸福，而哲学指引他寻找幸福。不久后他被处决。

◆ 宗教

修道士的家长：努尔西亚的圣本笃

529年

意大利·修道士（abbé）一词大概来源于叙利亚语里的阿爸（abba）和希腊语中的阿爸（abbas），都表示父亲。圣本笃和他制定的教规让这个词传入西方。简单介绍一下这位杰出人士。

这位本笃会的创始人生于努尔西亚的翁布里亚，这座城市距罗马约100千米。他的家族为他取名为本笃，表示"被上帝保佑的人"。他去罗马求学，但很快便离开了这座纸醉金迷的城市，逃到荒漠（指无人居住的区域）之中，潜心向上帝祈祷。

成为修道士的本笃不久前成立了卡西诺山修道院。他在修道院中执行自己的教规。这还是第一个能自给自足的固定教会。其他的教士过去也在修道制的发展中扮演了重要角色。埃及的圣安东尼是天主教隐修会的创始人，隐修会里的基督徒们共同祈祷，但单独住在荒漠的洞穴里。圣帕科缪在埃及设立了团体式的修道院：基督徒们在修道院的回廊里共度宗教生活。

新闻

社会

狄奥尼修斯·伊希格斯确立复活节那个周日的日期

526年

意大利·狄奥尼修斯因个子小而被称作"小狄奥尼修斯"，斯基泰修道士狄奥尼修斯于约600年来到罗马，成为修道士。他致力于将希腊语文献翻译成拉丁文，同时忙于计算耶稣的生辰。教宗约翰一世让他负责寻找确定复活节日期的方法。于是他采用了亚历山大的日历推法，将复活节日期定在3月22日和4月25日之间。他也就此开创了以基督降生为纪年基点的新纪元，也就是公元。

◆ 事件

竞技场阵营动摇王位

532年

幸亏贝利撒留将军镇压了尼卡起义，查士丁尼一世才勉强保住自己的王位。

土耳其·在君士坦丁堡的竞技场，战车竞赛分为两个阵营：贵族支持的蓝队和民主派支持的绿队。他们的政治角色越来越重要，以至于能够代表城市的几个街区。两大派掠夺了君士坦丁堡，每一派都想让一位篡权者上位。起义者在街上高喊：“尼 卡！”（或“尼 克”，表示“胜利”）。

查士丁尼一世

贝利撒留

要不是查士丁尼得到了贝利撒留将军和他的军队强有力的支持，他大概已经逃了。最终的数字是悲壮的：3万多人被贝利撒留逼到绝境，在竞技场上被杀。尼卡起义彻底摧毁了圣索菲亚大教堂，重建它是很有必要的。

文学

顾问和历史学家普罗科匹厄斯

527年

土耳其·我们这个时代最重要的历史学家普罗科匹厄斯成为拜占庭皇帝查士丁尼一世的将军贝利撒留的顾问。

普罗科匹厄斯也因此参与到历史中，他在《查士丁尼战争史》中讲述了查士丁尼一世攻打波斯人、汪达尔人和东哥特人的战争故事。在《秘史》中提到查士丁尼一世，把他轮番刻画成魔鬼、凶手，和他的妻子西奥多拉手中的木偶。他也描述了查士丁尼一世建造的大量建筑，并在《论建筑》一书中扮演旅游向导的角色。

当然，他的作品也并非全都是事实。

快讯

507年

第一尊巴米扬大佛在阿富汗建成。

◆ 司法

查士丁尼一世的法治工作终于完成了

534年

土耳其·查士丁尼一定有着伟大的理想和抱负才会把现存的法律推翻重来，并推出《民法大全》，尤其是里面的《查士丁尼法典》。在此之前，罗马的法律都被编纂在（不完整的）古籍里面，例如438年的《狄奥多西法典》。

528年，查士丁尼开始开展一项长期工作，他任命了十几个委员组成一个委员会，首席是法学家特里波尼安，负责组织安排一切。这项大工程触及整个立法领域，法令用拉丁语编纂，法律资讯《新律》用双语（希腊文和拉丁文）编写，涉及帝国的部分地区。另有一部针对律师和法官的《法学汇纂》，同时还有一本他们的罗马法学习指南《法学纲要》。

查士丁尼一世的功绩在于他知道如何让新的法律与君士坦丁堡的道德风俗相适应。

◆ 建筑

圣索菲亚大教堂的穹顶之下

537年

土耳其·圣索菲亚大教堂正式竣工前经历了5年的工期和2次火灾。位于君士坦丁堡的圣索菲亚大教堂的墙上铺满彩色的大理石，这些大理石来自帝国的各个地方。建筑师和数学家特拉勒斯的安提米乌斯和几何学家米利都的伊西多鲁斯一起参与了建筑项目。

这些拜占庭式新教堂的原型是建在君士坦丁一

快讯

520年 君士坦丁堡有四五十万居民。

530年 查士丁尼一世关闭了伊西斯神殿

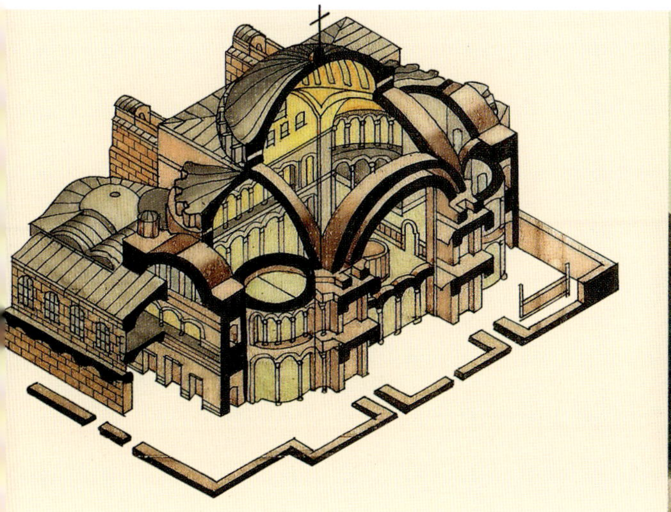

世陵墓上的土耳其圣使徒教堂。而数学和建筑学上的发现如今也用于中心建筑的盖顶，让整体建筑显得更加宏伟。另外，将一个大穹顶架在两个半圆顶之上能增加大殿的空间。耳堂三层楼的窗户都是被凿穿的。

教堂穹顶的重量被减轻，因为它由罗得的白瓦片制造而成。

如果说罗马建筑多用直角，打造平行六边形，拜占庭式教堂则多用圆形。

542年 541年埃及部分地区的鼠疫传到君士坦丁堡，造成每日1万多人死亡。鼠疫随后传到意大利和地中海海岸，并以同样的速度向东传播，直到美索不达米亚。

◆ 休闲

玛雅人的蒸汽浴室

535年 **中美洲**·奔赴墨西哥、尤卡坦半岛和危地马拉的玛雅城邦可真是一场远行。玛雅城邦奇琴伊察建于4世纪，科潘几十年后才出现。玛雅人跟罗马人一样四处修建马路，建筑材料是用白灰墁覆盖的石块。所有城市都是同样的格局：平民街区位于城市边缘；中心区是政府建筑和神庙，还有一个休闲广场和一些贵族的住宅。

每个城邦也都有一些小型建筑，一些圆形小土屋。蒸汽浴室是一种建筑物，由火炉加热，里面最多可容纳10人。蒸出汗后，玛雅人就用冷水洗澡。也许这种蒸汽浴不仅能清洁身体，还能洗净灵魂。

发现

旅行，旅行！

544年

冰岛·生于爱尔兰的圣布伦丹出发去寻找伊甸园了。他之前还准备去格温特王国的兰卡凡修道院修道，但最终决定坐上一艘小圆舟去冒险。

从那时开始，秘境和现实交织。他的第一次远行去到冰岛的法罗群岛。他继续出发，似乎发现了极乐岛（加那利群岛），后又发现亚速尔群岛，甚至有可能发现了安的列斯群岛。他多次宣称找到了天堂。远行的过程中，布伦丹描述了异域的水果（椰子）和蔬菜，甚至还有海龟肉。还有什么是人类的想象力无法企及的啊？

◆ 大工程

这座建筑建好的时候，一切都能建好

547年

意大利·从526年东哥特王狄奥多里克大王统治时期开始修建的圣维塔尔教堂经过二十多年的工期后不久前终于完工了，这项工程大部分由银行家尤利乌斯·阿根塔里乌斯资助。今年5月17日马克西米安主教为圣维塔尔教堂祝圣。它是圣索菲亚大教堂后最重要的拜占庭式建筑。中心建筑是八边形的，祭台周围有回廊。两层楼的七个壁龛置于柱间。第八个壁龛形成祭坛；上方饰有特别的镶嵌画，例如年轻的耶稣坐在一颗蓝色的球体上，位于半圆形后殿。后殿左侧的墙壁上有查士丁尼一世和高官的画像。对面右侧有他的妻子西奥多拉，周围围绕着她那些尊贵的夫人。

拉文纳主教们的天主教堂克拉塞的圣亚坡理纳圣殿的建筑工程（始于535年）几乎同时完工。这座大教堂也有一些美丽的镶嵌画，一楼拱廊上方的圆雕饰里有各主教的肖像。它将于两年后落成。

记事本

皇后西奥多拉的胡作非为

548年

土耳其·西奥多拉长得极其美丽，长舌妇们从没抓住她违背自己的皇帝丈夫查士丁尼一世的把柄。但有了普罗科匹厄斯的论断，加上一些说皇后胡作非为的谗言，流言蜚语便传开了。

西奥多拉的父亲是君士坦丁堡竞技场的狗熊马戏表演员。西奥多拉很小就开始学着做舞娘和交际花，按照普罗科匹厄斯的说法，这位年轻的女郎在北非所有大城市的舞台上展示了她“超乎寻常的淫荡”。而后，她勾引了当时的王位继承人查士丁尼，于527年4月1日被册封为皇后“奥古斯塔”，并与查士丁尼同时由大主教加冕。

尼卡起义时，西奥多拉为保住王位起到了关键作用，近几年（尤其是查士丁尼生病后），西奥多拉开始正式与查士丁尼共同执政。

圣维塔尔教堂

◆ 旅行

在巴黎看什么？

584年

法国·想参观完巴黎至少需要一整个周末的时间，因为每个国王都在那儿增添了一点自己的东西。吕泰斯在2世纪末遭受了严重的损坏和好几次火灾。整个城市都在废墟中重建。

克洛维在位期间选择吕泰斯作为自己王国的都城。502年他建起十二宗徒圣殿，并决定将自己的坟墓安置在那里。他的儿子希尔德贝尔特一世在位约50年，558年他命人修建了圣日耳曼德普雷修道院。大概墨洛温王朝最伟大的建筑之一圣艾蒂安大教堂也要归功于他，这座教堂包含五个殿，有36米长。

墨洛温王朝将巴黎放在首位。希尔佩里克一世刚刚重建了游客必去的高卢–罗马斗兽场。在西岱岛上漫步对游客来说也是无可替代的体验，可以现场看看王家宫殿以及高卢–罗马宫殿的广场。

◆ 工艺

蚕丝，量体裁衣

550年

土耳其·蚕丝文化用了很长时间才借道丝绸之路传到君士坦丁堡。一开始，两个聂斯脱利派教徒在高额酬金的诱惑下答应运送的并不是丝绸布料，而是真正的蚕。他们将蚕的幼体藏在他们的竹棍里。

后来成立了一些皇家工厂发展这桩生意，纺织技术也从埃及流传过来。

几十年间，丝绸一路传到拉丁和希腊部落。“当地产品”的价格大幅降低，于是这件奢侈品开始走进千家万户。

新闻 经济

什一税，10%的税

585年

法国·天主教堂征收一种什一税。起初，它针对所有的收入。后来567年召开的第二次图尔公会议提到了它，同一年的马孔公会议决定对不缴纳什一税的人处以绝罚。手工艺者必须缴纳制作收入的十分之一，农民也按类似的比例缴纳收成。

天气预报

570年·整个法国尤其是诺曼底地区已经经历了一个极为严峻的寒冬，不幸的是，今年还会发生罕见的洪灾，尤其是高卢中部地区。

575年·卢瓦尔河再次泛滥。

14世纪 15世纪 16世纪 17世纪 18世纪 19世纪 20世纪 21世纪

文学

时下畅销书

《哥特史》

550年

出生高卢的拉丁历史学家约尔丹刚出版了一部有关哥特人的人种志文献。

我们也能从中学到最早的斯拉夫人的生活和风俗习惯。作者描述了他们打算定居的意图。他在作品开头提到一座名为斯堪德扎的岛（现在的斯堪的纳维亚半岛），以托勒密的学说为参考。他的作品对人们认识大迁徙做出了巨大贡献，是最重要的作品之一。自《卡西奥多罗斯史》遗失后，《哥特史》是唯一一本讲述哥特史的作品。

《法兰克人史》

575年

图尔的格雷戈里出生于克洛维511年死后的大约第三十年。他编写了10卷的《法兰克人史》，前两卷一直讲述至克洛维统治末期。他描述了一些我们在其他地方找不到的细节。

克洛维481年接任他的父亲希尔德里克一世时，他只是众多地方君王中的一个，但很快他就证实了自己建立法兰克王国的能力。他是一位韧性很强的战士，通过攻克索姆河和卢瓦尔河之间东至上索恩的疆土，在高卢结束了罗马的统治。格雷戈里写到克洛维496年受洗。克洛维相信受洗能帮助他在与阿拉曼人，以及后来的西哥特人的战争中赢得胜算不大的胜利。于是克洛维成为一位拥有神权的君主，持续地对他的臣民行使权力，而不仅仅在战争时期。当时基督教会的政治权力也强大到让克洛维想与之和平共处。

没有这些，克洛维可能也无法统治高卢。

◆ 音乐

格列高利圣咏

590年

法国·格列高利圣咏或单旋律圣歌的创作可能源于一只鸽子启发了罗马教宗格列高利一世。如果没有音乐伴奏，格列高利圣咏便由一支合唱队无伴奏演唱，主要是将人们的注意力集中到圣文上。梅斯主教座堂是传播格列高利圣咏的主要地点之一。另外，弥撒曲也刚刚确定，按顺序依次吟诵垂怜经、光荣颂、信经、圣哉经、降幅经和羔羊颂六个乐章。

时尚

像玛雅人一样穿

580年

中美洲·国王的服装上色彩斑斓，他的衣服让他成为众神之一。他确实穿了很多专属于神的服饰。整体装扮有些像“迷彩服”。

三样东西决定了整体造型：象征大地的长衣或长裙，饰有一张鱼嘴的腰带，以及一个上面盘绕着一条蛇的头饰。

单看衣服上每个部分对应一种神秘的动物或一位神灵，国王本身并不是神，只有他的整体服饰才让他近似于神。

◆ 国际

佛教传入日本

604年 **日本**·圣德太子为他一直辅佐的姑姑，日本第一位女天皇推古天皇行使摄政权。圣德太子曾受到中国文学和佛教的启蒙，因而他按照中国的模式改造日本，并开展《十七条宪法》的编写工作。有人说这部宪法是由他本人编写的。

这部文献同时受到佛教和儒家学说的启发，汇编了政府管理的总则和行为道德规范。第一条劝告不同社会阶层的人服从日本天皇。因为圣德太子推翻了传统神道里的家族争斗，佛教才得以在日本发展。607年，圣德太子命人建造法隆寺，这是日本的最古老的佛教寺庙之一。

儿时的圣德太子，1292年

记事本

教宗和作家，格列高利逝世

意大利·3月12日的早晨，罗马在哀悼，它刚刚失去了教宗格列高利一世。他是唯一一位被后人贯以“大”前缀的教宗。当时的意大利遭受了各种各样的灾难打击，还有一个基督民族沦为蛮族，格列高利一世成功恢复了教会结构和秩序。

格列高利一世是本笃会里第一位登上圣彼得宝座的修道士，他因积极传教并在教会行政管理中建立新的秩序而闻名。他时刻小心提防别人说他独断专行，尽量避免让人感受到他教宗的权威。他在君士坦丁堡度过了6年时间，不久前被教宗佩拉吉二世授予六品修士圣衔。590年佩拉吉二世去世后，格列高利被选为教宗。当鼠疫蔓延时，格列高利四处奔波组织祈祷活动，并给居民提供支持。在他的整个人生中，比起神学上的思辨，他更关心信仰的传播。他鼓励人们崇拜圣物，相信奇迹。

教宗格列高利身后留下了近850封有关他主教活动的书信。他还撰写了关于《约伯记》的书评。这些诠释让他获得了教会圣师的头衔。

604年

◆ 宗教

622年 三个帝国和一个新的一神教

世界·这一世纪形成了三个大帝国：在中国，618年唐朝取代了隋朝；在墨西哥，玛雅文明达到鼎盛，而纳斯卡文明和莫切文化消失殆尽；在阿拉伯，穆罕默德成立了一种新的宗教。

穆罕默德的人生。穆罕默德很小的时候就成了孤儿，他被迫工作，被一个名叫赫蒂彻的富孀雇用，带领沙漠商队赴叙利亚。穆罕默德向赫蒂彻求婚，当时是穆罕默德20岁，卡蒂嘉40岁，他们生了一个女儿名叫法蒂玛（穆罕默德把她嫁给了自己的侄子阿里）。穆罕默德已习惯到沙漠洞穴中隐居，610年，他听到天使吉卜利勒向他传达神的话语——《古兰经》。

穆罕默德和最早的一批教徒在麦加遭到迫害。这一年（622年）是伊斯兰教历纪元希吉拉的元年，他们从麦加出走，逃到麦地那。经过一系列的战争，穆罕默德以战胜者的姿态回到麦加。穆罕默德死后，其他人继续征战，意图扩大“达尔·伊斯兰”（Dar al-Islam，意为“穆斯林居住区”“伊斯兰教地区”）。

宗教

先知有了第一位继承人：艾卜·伯克尔 632年

近东·最后一次在麦加朝圣后，穆罕默德去世了，没有指定任何人做继承人。很快，穆罕默德最早的同伴之一艾布·伯克尔自立为继承者，自封哈里发（继承者）的头衔。

634年，艾布·伯克尔去世后，欧麦尔成为第二任哈里发，直到644年。他是第一个拥有“教徒王子”头衔的人。他将穆罕默德建立的国家变成神权统治的国家。在位期间他征服了巴勒斯坦、叙利亚、波斯和埃及等国。

◆ 文学

语源学，20本纯正的文化通识

636年

西班牙·通过20本有关事物起源的语源学书籍，城市的主教和西哥特首领的顾问伊西多尔提供了一种独特的概论。

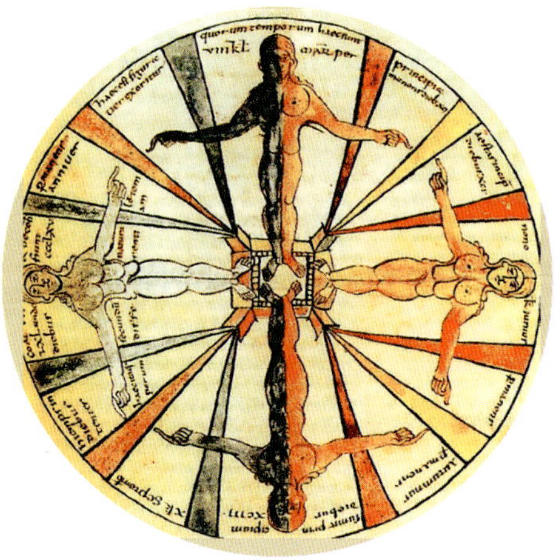

他用古语法（种差、词源、类同、注释）的思维方式解释了基督教和异教古代的传承。涉及的主题是七大学科的知识，包括法学、医学、圣知、自然科学或技能。伊西多尔称古文化对理解圣书是必不可少的。

◆ 科学

印度人发现了零

630年

印度·数学家婆罗门笈多既通晓代数，也通晓几何学，他是第一个定义零的人：一个数减掉自己本身的得数。特指零的印度词语是“舜若”，表示“空”。

公元前3000年，在美索不达米亚，零已经是一个数字了，后来被希腊天文学家取用。而印度人将零同时作为数字和数量使用。零的形状是一个圆，用来描绘天穹。

记事本

达戈贝尔特一世留下了一个繁荣的王国

639年

法国·629年，克洛维死后约150年，克洛塔尔二世的儿子达戈贝尔特一世成为法兰克人的国王。加斯科涅人、布列塔尼人和萨克森人承认了他。他与君士坦丁堡的关系极好。他在东部边境抵抗斯拉夫人的新兴力量，并将高卢和日耳曼尼亚的大部分疆土归于一个政权之下。达戈贝尔特一世登基前夕，王国的人口大幅下降，国库空虚。达戈贝尔特一世不仅恢复了王国的文化和经济，还让王国走上繁荣复兴之路。达戈贝尔特一世统治王国直至生命终结，王国始终安定统一。

达戈贝尔特死后，墨洛温王朝在几位“懒王”的统治下不断衰落。

◆ 建筑

圣但尼修道院，法国国王的寝陵

638年

法国·由达戈贝尔特一世修建的这座修道院存放着圣但尼和他的两个同伴神父鲁斯提库斯和教宗义禄的棺材，这两位和圣但尼一同在蒙马特尔被斩首。圣但尼被视为巴黎的第一位主教。他的工作主要是向巴黎人宣讲福音，传教布道。圣但尼最终成为殉道者逝于250年。传闻圣日内维耶扩建了圣但尼修道院，此后法兰克王族中的重要人物，例如阿恩贡德王后，都被埋葬在这里。达戈贝尔特是第一位埋葬在此的国王。

记事本

达戈贝尔特的金银匠和顾问圣安利日去世

660年

法国·这个人身上怎会有如此多的才华！所有人都在讲圣安利日的故事。

在利摩日铸币工坊接受培训后成为金银匠的安利日，被克洛塔尔二世委派制造一个金质王座，上面镶嵌珍贵的宝石，但由于他手上有太多的金子用于制造王座，于是他又做了一个。他制作的作品极其精美，其中就有圣但尼修道院里单独摆放的彩色玻璃十字架。

他也是克洛塔尔手下的铸币长官，后成为克洛塔尔的内阁长官。克洛塔尔去世后，他的继位者达戈贝尔特选安利日为财务长官。632年，安利日在利摩日附近修建了一座修道院，又在巴黎塞纳河右岸修建了另一座女修道院。641年，53岁的安利日退出政坛，成为努瓦永主教。

肖像

特别的神话：一个有多重人格的怪人

642年

埃及·亚历山大港的艾蒂安，亚历山大港的斯特凡诺斯或者雅典的斯特凡诺斯——好几个名字都可以用来指同一个人！显然他们同时出生，同时死亡，有同样的作品，那如何区分呢？

两个斯特凡诺斯的身份就存在问题：一个来自亚历山大港，他是炼金术士、天文学家、哲学家和君士坦丁堡的教会解说员；另一个来自雅典，他是哲学家和医生，与前者生活在同一时期。作为亚历山大港新柏拉图学派的最后一位代表，艾蒂安或者是斯特凡诺斯（我们已经分不清了）对亚里士多德和柏拉图做出了评述。

他曾是坎特伯雷第七任主教塔尔苏斯的西奥多的学生。我们还知道希拉克略皇帝曾召这位哲学家和天文学家来君士坦丁堡。总之，我们还把其他人当作这两个相同的斯特凡诺斯。可能至少有五六个斯特凡诺斯！有关这位在多个领域成就卓越的多面人的资料相当厚实。但疑问一直存在。

宣礼塔和穹顶

敏拜尔

◆ 建筑

知晓如何辨认清真寺

661年

叙利亚·当我们旅行时，最好知道哪里值得参观。伊斯兰教建筑在被征服的国家里有其独特的发展方式，建筑本身也有其特点，尤其是清真寺的建筑：穹顶象征大穹；伊万是拱顶门厅，带有一面由圆拱打开的长方形墙体；清真寺前带有连拱廊的庭院用来做净礼；米哈拉布指示礼拜的正向；敏拜尔是伊玛目诵经的经坛；最后宣礼塔是穆安津召唤信众礼拜的地方。穆罕默德的第一批追随者没有什么建造清真寺的意图，他们满足于简单的诵经室。倭马亚家族则从661年开始留下大量建筑杰作。

伊万和米哈拉布

◆ 美术

爱尔兰的黄金岁月

684年 **爱尔兰**·我们没办法了解所有人的情况，但显而易见的是，爱尔兰人迎来了真正的黄金年代。

各部落首领向教会提供大量捐赠。手工制造业非常繁荣，人们不断制造时钟、十字架、圣物盒、主教权杖……

手工艺者发挥自己的最佳才能，用各种颜色的金属、镶嵌饰、金银丝和珍宝装饰这些器物。世俗艺术也得到发展，用动物图案的绠带饰来装饰。爱尔兰艺术的典型特征是高耸的石十字架，有一些十字架高达9米，下面有一个金字塔形的底座。

爱尔兰人的浅浮雕装饰与图画版圣经起同样的作用：通过圣书的讲述教化民众。

◆ 文化

希腊语和拉丁语终于同时被教授

690年 **英国**·在希腊土地上被任命为修道士的塔尔苏斯的西奥多66岁时来到罗马。不久，他就被教宗维达派往布列塔尼，填补坎特伯雷大主教的空缺。西奥多想建立可对所有基督徒施行的统一教规，680年，他在赫特福德召开大公会议，解决英国教会内的所有争端，减少罗马基督徒和凯尔特基督徒之间的分歧。

西奥多还更新了修道士的培训方式，增加了音乐、文学和诗歌课程。他开设了一所高等学校，教授古代经典学科。学生从王国各地赶来，因为他们终于可以正式学习希腊语和拉丁语了。

新闻 国际

朝鲜半岛深受中国影响

668年

朝鲜半岛·现今在朝鲜半岛，向中国人借鉴一些文化和时尚潮流是常有的事。

历史上，中国对朝鲜半岛的影响从公元前57年就开始了，当时有大量中国的避难者来到朝鲜半岛。7个世纪后，新罗在唐朝军队的帮助下，660年令百济臣服，不久后又征服高句丽。大部分的居民移民日本。中国士兵撤退后，新罗深受唐朝文化的浸润。

朝鲜半岛文化的兴起与佛教的传播息息相关。其建筑从中国建筑中汲取灵感，采用曲顶。大铜钟则具有典型的当地特征。大量制造的小雕像和陶器见证了唐朝文化对当地的影响。

◆ 大工程

建造圆顶清真寺

691年

近东·您一定不会错过它，因为建造它就是为了让人们从远处就能看到它！哈里发阿卜杜勒-马利克启动了在耶路撒冷建造圆顶清真寺的工程。圆顶清真寺位于已知最古老的清真寺——阿克萨清真寺——的对面，阿克萨清真寺刚建造不久，所在位置原本是所罗门国王的陵墓。圆顶清真寺象征着倭马亚王朝战胜了犹太教徒和基督徒。

这座建筑非常特别，它是八角形的，里面立着一块相传是穆罕默德骑着天马登霄时所踏的岩石。建筑里有一个穹顶大厅和一条双回廊。4 根支柱和 12 根斑岩柱起到支撑作用。圆顶清真寺的建筑技巧和外观设计灵感来源于拜占庭的忠烈祠。圆顶是木质的，屋架撑起两块独立的薄壳，搁在圆顶坐圈上，坐圈上开了 16 扇天窗。每个方位基点处都有一个入口。

政治

新闻

威尼斯选出第一位总督

697年

意大利·568年，为躲避伦巴第人的进攻，避难者纷纷逃到这块由拜占庭掌管的海滨地区定居。这里包含了无数的小岛，后来发展出威尼斯这座水城。

自588年起，威尼托是拜占庭在北意大利唯一的属地。里亚托是威尼斯的起源，而保罗·吕齐奥·阿纳法斯托则是第一位民选的总督。拜占庭的权力式微时，这座城市便有必要交由一位行政长官管理。再者，威尼斯人的人口暴增，他们决意利用总督的权威来制止地区间的争端。这位总督也与民众一起商讨公共事务。

虽然说君士坦丁堡丧失了对这座城市的监管权，但它仍然保有对威尼斯的影响力。

◆ 文学

传奇英雄贝奥武夫

700年

丹麦·国王贝奥武夫是一位史诗中的同名英雄，他的经历多少带有传奇色彩，有一部史诗讲述了他的英勇事迹：他曾打败海上怪兽格伦戴尔，他最终死在一条龙的爪下……

事实上，这些故事反映了丹麦人在哥特人居住在瑞典南部时与他们建立起的关系。这部作品非常有趣，讲述了战争与和平时期住在城堡里的丹麦贵族的生活与伦理。它也明确了一位好领袖的重要品质，首要的就是赏罚分明，奖赏效忠者，惩罚背叛者。

快讯

700年

美洲虎神庙坐落在危地马拉的蒂卡尔。这座45米高的金字塔是玛雅最高的金字塔。金字塔顶端有一座为美洲虎神修建的神庙。

•

711年

穆斯林军队侵占了伊比利亚半岛。5年后，安达卢斯（穆斯林在中世纪对伊比利亚半岛的称呼）政府在科尔多瓦成立，科尔多瓦成为当地所有穆斯林的首都。

•

◆ 事件

五星级的倭马亚宫殿

715年

叙利亚·倭马亚人是天生的建筑家！他们自661年掌权后，不断发展民用建筑和宗教建筑，一个比一个炫目。倭马亚王朝的缔造者穆阿维叶一世在叙利亚的大马士革定都。这是一座非常古老的城市，由拜占庭人掌控，成为阿拉伯世界的中心。

大马士革目前的建筑杰作有倭马亚大清真寺，经历了十年工期后，不久前刚刚完工，它是哈里发瓦利德一世命人建造的。在叙利亚干燥的平原上，许多城堡拔地而起。所有城堡都由砖块砌成，被围墙包围。方形院墙里有一些半圆形的高塔，看起来像是防御堡垒。

倭马亚的宫殿的奢华程度令人惊叹。大马士革的宫殿上方有一个绿色的穹顶和它的内壁，听说上面铺满了绿色大理石。这些建筑各式各样，装饰豪华，由珍宝、镶嵌画和绘画作品装饰。距巴勒斯坦耶利哥几千米处希沙姆宫的装饰是最出色的。这座宫殿包含三部分（卧室、浴室和沐浴设施），还有一块种植区。客厅按照基督大教堂的风格建造，有一个加高的半圆形后殿，上方穹顶高悬。

城市之声

日本第一次有了固定的都城：奈良

707年

日本·元明天皇继任了她的儿子文武天皇的皇位。她一直待在奈良，直到去世都没有换过居所，而这打破了传统——因为人们惧怕死亡，担心神道认为最不洁的事物夺走天皇后会降灾都城。

皇室开展了许多文化活动。修建了寺庙和神社。佛像通常用金属打造，采用失蜡法，后经剪刀多次打磨而成。奈良市的佛教寺庙兴福寺的雕刻工匠特别擅长干漆技术：首先在木质结构上涂一层黏土，再在黏土上盖好几层生漆浸过的麻纤维。最后一层漆里混合了纺织和黏土纤维。

◆ 冲突

君士坦丁堡借希腊火 抵御外敌，赢得胜利

718年

土耳其·阿拉伯人已两次试图侵略君士坦丁堡：一次是在668年至669年间，另一次是在674年至680年间。716年的这次是第三次。

君士坦丁堡城周围实行封锁，但阿拉伯船队不久前被摧毁，得益于一位来自赫利奥波利斯的犹太人加利尼科斯的新发明——希腊火。这是由生石灰、硫黄、煤油混合而成的可燃物，即使与水接触也能燃烧。

博斯普鲁斯海峡岸上的阿拉伯人蒙受巨大损失，丧失多条人命。有了前一年登基的拜占庭皇帝利奥三世强有力的指挥，加上敌军受到鼠疫和饥荒的打击，拜占庭人最终赢得胜利。

科技

雕版印刷使翻阅书籍成为可能

730年

中国·中国人刚利用雕版技术发明出印刷术。人们在木板上制造印版，然后将墨涂在被雕刻过的印版上，用来印刷。我们找到的最早的雕刻印刷品是唐朝的《陀罗尼经》。

该技术于约751年和770年相继传入朝鲜和日本，但这项发明何时传入西方仍缺乏文物史料的证据。

快讯

721年

伊斯兰教徒的征途刚开始时，他们对海上战争的战术技巧毫不了解。他们针对一些岛屿如塞浦路斯岛、罗得岛、西西里岛和撒丁岛开展军事训练。但这些敌人都是难以击退的。

◆ 潮流

720年 人们住在卡帕多西亚的洞穴里

土耳其·听起来可能令人惊异：现在还有几百人住在洞穴的房子里，就像以前神灵时代的人一样。安纳托利亚的这片地区总是遭到侵略者入侵，于是当地居民从公元前2000年的赫梯时期便开始修建这种居所用于自保。卡帕多西亚的火山凝灰岩是这些岩石里挖出的城市的见证，有些还建在地下，配有粮仓、水库、牲畜棚和教堂。自基督教创立以来，一些隐修士来到这里定居，寻求安宁。

◆ 宗教

什么危机？圣像破坏运动

730年

土耳其 · 圣像破坏运动开始于利奥三世统治时期，这是拜占庭文明历史上最严重的一次精神动荡。它严禁马利亚、耶稣和其他所有圣人的画像。破坏圣像者以《圣经》(《出埃及记》20:4)中的段落为依据，指出：“不可为自己雕刻偶像；也不作什么形象仿佛上天、下地和地底下、水中的百物……”为了替这项决定辩护，人们宣称这些圣像里融合了人类和神灵。但还是有很多基督徒拒绝摧毁圣像。

利奥三世的儿子君士坦丁五世于754年在君士坦丁堡召开宗教会议，宣布破坏圣像为国家政策。

有关圣像的讨论

圣像崇拜者萨迪斯的额迪姆主教成为殉道者

◆ 文化

突厥人有一种古文字：突厥字母

735年

蒙古 · 这是突厥人使用过的最古老的文字，他们是亚洲内陆第一个突厥帝国的缔造者，他们说“古突厥语”。突厥字母共有38个字母（4个象征符号形成9个元音，剩下的34个符号形成21个辅音）。发现于蒙古国鄂尔浑河河谷的方尖碑刻文告诉我们，这种字母体系的历史不到15年。

由于突厥字母与斯堪的纳维亚的如尼字母相似，这些字母也被称为突厥如尼字母。

普瓦捷之战，查尔斯·斯图本，1837年

◆ 冲突

多亏了查理！

查理·马特救了高卢和西方

732年 **法国**·查理·马特的力量和魄力让他有了“铁锤查理”的名号。阿拉伯文献将查理·马特10月攻打倭马亚王朝的战役称为“殉道者之路”，因为古罗马的马路就在图尔和普瓦捷之间的战场附近。

显然，阿拉伯人看上了图尔圣马丁圣殿的财富，与其说他们想攻克高卢，不如说这就是一次军事袭击。这是安达卢斯总督最后一次率军侵袭西方，造成了很多后果。查理·马特通过为阿基坦公爵欧德提供帮助，和率领的法兰克人一起进入拒绝臣服于自己的区域，从此这片地区的大门便向他敞开。

法兰克人联合瓦斯孔人和阿基坦人获得的这场胜利令穆斯林在西方的扩张戛然而止。这是欧洲人获得的一次胜利，也是他们第一次将西欧看作同一种文化和文明。

◆ 政治

一个关键岗位
——宫相

741年

法国·墨洛温王朝末期，法兰克王国只是类似于一个扩大了的公国组织，其势力已被敌国大大削弱。基督教是凝聚法兰克文化的最后一个因素。

起初由国王任命的宫相负责宫廷里与物质生活有关的一切事务。渐渐地，宫相成为唯一的永久性行政官员。奥斯特拉西亚、纽斯特里亚、勃艮第，墨洛温王朝的每一个部分都有一位宫相。奥斯特拉西亚的这个职务很快变成选举制；宫相不再由国王选出，而是由权贵选出。宫相的职责是监督税务征收，并指挥军队，同时也要关注王国的领地。

宫相的权力在最近几十年间极大增长，互相之间你争我斗，尤其是纽斯特里亚和奥斯特拉西亚之间。奥斯特拉西亚的宫相丕平二世于687年战胜了纽斯特里亚的贵族，并使宫相一职成为世袭制。695年，他让自己的儿子格里莫二世当上了纽斯特里亚的宫相。此后，丕平的子嗣让克洛维的继承人都成了有名无实的国王。他们的亲信身居要职，就像传说中的那样，他们为未来做准备。

737年，墨洛温王朝的国王蒂埃里四世去世，其后未再立国王。717年开始担任纽斯特里亚和奥斯特拉西亚宫相，当时权倾朝野的丕平二世之子查理·马特独揽大权。他去世后，他的两个儿子卡洛曼和“矮子”丕平继承王国。

社会

新闻

王国会走向何方？

751年

法国·世事发展迅速，我们可能会在近几世纪发生的事件中看花了眼。

高卢–罗马文明加速没落，日耳曼人占领全部领土。出自日耳曼民族的克洛维成为法兰克人的第一位国王和墨洛温王朝的奠基者。墨洛温王朝从开始（481年）到今年结束历经了两个半世纪多。在此期间，法兰克人与高卢–罗马人相融合，改变了高卢的风貌。

墨洛温王朝在政治上和领土上分为四个小王国（奥斯特拉西亚、纽斯特里亚、阿基坦和勃艮第），遭遇了语言上的问题。一条边界在说日耳曼语的北方（卢瓦尔河以北）和延续拉丁语传统的南方之间形成。

自从阿里乌派和异教被摈弃后，高卢展现出强烈的宗教狂热。朝圣活动越来越多，修道院仍是文化和精神传播的主要场所。贵族占据领导位置，宫相是冉冉上升的新星，在王国内手握越来越多的职责和权力。由于战火不断，王国人口较之前减少。总共估约500万居民。

“懒王”们加速了墨洛温王朝的灭亡，其中包括743年被查理·马特的儿子们摆在王位上的“木偶”，墨洛温王朝最后一位国王——希尔德里克三世。

◆ 政治

"矮子"丕平成为法兰克国王

751年 **法国**·741年查理·马特死后，阿基坦、巴伐利亚和阿勒曼尼亚发生了多起暴动。王国落入查理·马特的两个儿子之手。747年，大儿子卡洛曼到意大利的一所修道院隐居。两年后，他的弟弟"矮子"丕平觉得自己的权力已足够强大到称王。但据日耳曼传统，王权为世袭的，这对"矮子"丕平造成阻碍。于是他寻求教宗扎加利的支持，这一年，在教宗的许可和教宗代表大主教圣波尼法斯的祝福下，"矮子"丕平当选国王。于是一个新的王朝——加洛林王朝——诞生了。

时尚

毛皮大衣回归

750年 **法国**·毛皮大衣很时髦，但并非所有人都如此！最富有的人穿白鼬皮、睡鼠皮和鼬鼠皮，这些鼠皮相当稀有。他们在各处用上毛皮，风帽、大衣、衬里，到处都是，也将毛皮裁剪成带状，做成衣服的边饰。尤其是北方人，模仿日耳曼人，在最寒冷的冬季穿上兽皮。

就像这种奢侈的手艺，时尚是矫饰的。此时的服装风格吸收了拜占庭传统，与罗马的朴素风不同：绚丽的色彩、精美的刺绣、大量的装饰点缀。身体完全被包裹，宽大的外衣用厚重的布料制成。有几种混搭的着装，例如卡米萨这种内长衣。男士和女士都会披上一种叫哥奈拉的披风，用一颗铜扣固定在肩上。

墨洛温王朝时期，男士会在内长衣下面穿裤子，用皮带绑在小腿周围。他们留短发，剃胡须。我们对当时女士的着装知之甚少，对加洛林王朝时期的女士着装了解多一点。她们通常穿两条裙子，穿在外面的那条装饰得更华丽，缀有珠宝和珍珠。两条裙子用扣钩固定在一起。女士会在裙子上系一条腰带，也会在头上笼纱。

◆ 国际

丕平开创教宗国

法国·4月14日，“矮子”丕平在巴黎西北方的基尔希向教宗斯德望二世承诺维护圣彼得的教权。

法兰克军队在伦巴第人的威胁下将南下意大利。被攻克的领土将以“圣彼得的遗产”的名义献给教宗。通过签署条约，“矮子”丕平开始打造一个由教宗行使主权的国家，并对教宗实行保护。作为交换，教宗承认加洛林王朝的合法地位。教宗授予丕平“罗马人守护者”的头衔。斯德望二世于7月28日在圣但尼为法国的新王和他的妻儿加冕，丕平以此接受王国的继承权。

754年

丕平献土的范围是潘塔波利斯和拉文纳总督辖区，这两处是教宗国最早获得的土地。

天气预报

763年·高卢被10米厚的大雪覆盖，这在历史上从未有过。农作物种子在土壤里冻结，造成严重饥荒。

◆ 社会

阿拔斯人的朝廷

762年 **伊拉克**·阿拔斯王朝的人是怎样生活的？

一个新的王朝。作为先知的叔叔阿拔斯的后裔，阿拔斯人长期反抗倭马亚家族，认为他们是不虔诚的，并在不久前打败了他们。阿拔斯人捕获了之前的哈里发，他的疆土从北非海岸线向西延伸至伊比利亚半岛，东至印度和中国的边界。这个新王朝的第一位哈里发是阿布·阿拔斯，也被称为萨法赫（“施恩者”）。

阿拔斯王朝的中央权力从叙利亚转至伊拉克，这一年建造的巴格达成为首都。巴格达位于亚洲商路的十字路口，并与亚历山大港一起决定着奢侈品的价格。阿拔斯王朝将会迎来经济的巨大发展。

阿拔斯首都的气氛。巴格达和所有波斯古城一样，按照环形设计建造。街道的布局如同车轮的辐条。双城墙的塔楼多达28座，轴向门由1 000名士兵把守。哈里发的宫殿和大清真寺位于城市的中央。与哈里发宫殿媲美的其他宫殿位于城中高雅的街区。庭院铺设大理石和镶嵌砖，庭院的门由乌木和金箔建造。会客厅里的水池散发出阵阵清凉。宫殿的墙用灰墁和黏土砖块装饰，地上铺了一层金布。银制器皿里焚烧的香料散发出淡淡的香气。乐手弹奏着五弦琴。

文学

时下畅销书

《杜罗之书》

700年

这本彩绘福音手稿来自爱尔兰中心的修道院。

共包含248张犊皮纸，其中有大幅彩绘，以及路加、马太、马可和约翰的四福音书。梦想用它来度过一个美妙的夜晚。

《英吉利教会史》

731年

可敬的比德先后编写的这五册巨著将让您对英国历史有全面的了解，尤其是基督教化的历程。

作者为此参阅了大量资料，其中包括教宗的书信和英国最早一批基督传教士的叙述。

那不勒斯的迪奥斯科里德斯

700年

这部作品只包含古希腊医师和植物学家迪奥斯科里德斯的一部分有关草药的文献。这些草药名称按照字母排序。这本书共计172页，409幅彩绘图，是一部精美绝伦的作品。

《弗莱德加编年史》

768年后

如果您爱阅读编年史，不要犹豫：这几部编年史非常适合您。由不同时期不同的作家编写，它们讲述了从创世以来到768年查理曼（查理大帝）登基的历史事件。

小贴士

实习工坊

如何制作加洛林手抄本

您不会独自一人，抄写员和画师的团队中将有一人担当工坊指导全程跟进您的进度。

第一步：抄写文本。接下来便是彩绘时间，模本通常出自要再版的样本。手抄本里的批注告诉我们是谁做的这项工作。最精美的书籍用鲜红的羊皮纸和金色墨水或银色墨水书写。加洛林彩绘的特点是对字母和重要部分进行装饰。被装饰的起始字母慢慢变得越来越大，越来越多。

加洛林人在大型修道院里不断增录手抄本。的确，独自或集体阅读已成为"矮子"丕平强制执行的圣本笃会规的一部分。这些在王国流传的抄本为知识分子提供了宝贵的思路，并使基督教思想得到更广泛的宣传。

◆ 文化

文字改革：加洛林小草书体

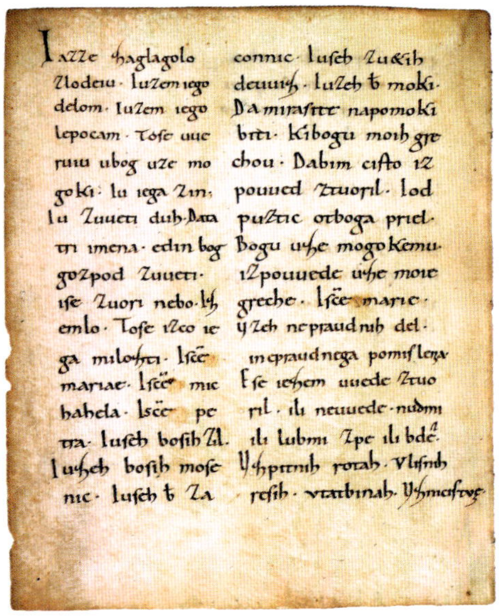

法国 · 在法兰克国王查理曼和他的弟弟卡洛曼的命令下，抄写员必须万分小心地编写书籍。罗马人、哥特人、伦巴第人和法兰克人的文字因含有大量省略符号和缩写而十分复杂，因此需要考虑解决这个问题。墨洛温王朝的大写书体非常冗长，难以抄写；安色尔字体和半安色尔字体因连体而显得复杂，对所有外国人来说都难以阅读。

770年

加洛林小草书体从本世纪中开始引入，字母的字形较以往清晰了很多，出现连体的情况也少了很多。它是由皇家书吏在掌玺大臣公署设计而成，用以编撰法律文书。

书吏戈德斯卡尔克后用加洛林小草书体撰写了《戈德斯卡尔克福音书》。

◆ 冲突

罗兰在朗塞斯瓦尔峡谷精疲力竭

西班牙 · 这是一个值得被编成歌曲传唱的故事：查理曼的侄子勇敢的罗兰的生命尽头。法兰克国王在西班牙打败了摩尔人，途经比利牛斯山返回法国。加尼隆建议他将后卫队交给布列塔尼军区长官罗兰，这样可以加快军队的行进速度。但加尼隆是一个背叛者，他在巴斯克人和萨拉森人的帮助下在朗塞斯瓦尔峡谷设陷阱陷害罗兰。当罗兰的得力助手奥利维耶看到士兵们一个接一个地倒下后想提醒查理曼，但罗兰两次拒绝了他。当罗兰感到大势已去，在山口吹响号角寻求国王援助时，已经太晚了。尊贵的骑士罗兰和他的同伴们就这样死去了。

778年

◆ 肖像

院长阿尔昆

782年 **德意志**·阿尔昆是英格兰和西方最伟大的学者之一。本是约克大教堂附属学校校长，他刚被查理曼招来担任亚琛宫廷学院院长，须制订教学计划。

这便是加洛林文艺复兴的开端。宫廷学院的所有作家都学习大量西塞罗和维吉尔的作品。教堂里的教父，尤其是希波的奥古斯丁也接受过相同的教育。查理曼不仅在宫廷周围集结了最好的教会代表，还有爱尔兰和盎格鲁-撒克逊的传教士，他们掌握着希腊文化和宗教文献。西哥特人奥尔良的提奥杜尔夫不久前也加入了约克的阿尔昆和日耳曼人安吉贝尔的阵营。一个国际性社团逐渐形成。

阿尔昆于796年成为图尔圣马丁修道院院长，后成立一个文学社团，命名为“学院”，起初有九名成员（对应希腊神话中的九位女神），他们为表对先人的尊崇，选取了化名。于是，阿尔昆取名为“弗拉库斯”[Flaccus，罗马诗人贺拉斯（Horace）的姓氏]，安吉贝尔取名为“荷马”，这些学院成员为查理曼取名为“大卫”。

阿尔昆的《书信》是了解宫廷生活的重要资料。这些精深的文书涵盖文法、修辞学、辩证法，甚至神学的内容。孜孜不倦的阿尔昆留下了80多本著作和350多封书信。

◆ 社会

是谁有一天突然有了创办学校的疯狂想法?

789年 **德意志**·经典文化传到欧洲一些拜占庭和伦巴第的城市已有些时日。查理曼与所有的这些文化中心保持联系。他在3月23日颁布的著名的《广训》中第72章写道：上帝的使者有义务教导最聪颖的男孩，让他们从事宗教事业。

虽然查理曼没有创办任何学校或大学，但他让教育跨越了决定性的一步。他在修道院学校旁发展主教座堂学校。他在学校内推动自由七艺：三学（文法学、修辞学、辩证法——文科）与四术（算术、音乐、几何学、天文学——理科）。813年，美因茨主教会议提议开设乡村学校，培养年轻教士。

宫廷学院。宫廷学院面向宫廷中所有达官显贵或贵族的子嗣，不久前在阿尔昆的领导下全面开放。正如其名，这所学院开设于亚琛宫廷，为接下来开设的所有院校做出示范。学校教授文法、法律、诗歌、自然史和圣书释解……听说皇帝甚至关心宫廷教堂里的教士如何用拉丁语歌唱。

然而，查理曼推崇的文化非常有限。因为其首要目标是培养合格的基督徒，以及推行古文化遗产。

快讯

786年 科尔多瓦大清真寺建成，规模宏大。内部就像立柱的丛林。通过浅色石灰岩和红色的砖块实现颜色的变换。

795年 维京人首次袭击英国海岸。

◆ 事件

教宗利奥三世为查理曼加冕

800年

意大利·见证如此重大的历史事件的机会是很难得的。当教宗利奥三世于圣诞弥撒前将皇冠戴到查理曼头上时，圣彼得大教堂四处响起人们的欢呼声。

遵照“矮子”丕平的遗嘱，查理曼自768年起与弟弟卡洛曼共同执政。两人平分王国直至卡洛曼去世，留查理曼一人当权。于是查理曼成为“伟大的查理”或查理大帝，并以自己的名字为王朝命名为加洛林王朝。

在他的统治下，法兰克王国的版图拓展至西班牙、意大利和日耳曼尼亚的大部分。773年对伦巴第人发起进攻并赢得胜利后，查理曼被称为法兰克人和伦巴第人的国王。他将亚琛作为都城和王国的行政中心，创立了今日的帝国。

快讯

800年

用拉丁语撰写的《凯尔斯书》以独特的方式展现了四福音书。这本彩绘手抄本的杰作得名于爱尔兰的凯尔斯修道院。

城市之声

797年

野心勃勃的伊琳娜女皇挖掉了自己儿子的眼睛

土耳其·年轻的拜占庭皇帝君士坦丁六世刚被他的母亲伊琳娜褫夺王位。当她的儿子年幼，伊琳娜还是摄政王后时，她便于790年发动了第一次政变，但无功而返。经历多次失败后，皇帝的地位被削弱，此时正是行动的好时机！伊琳娜挖掉了皇帝的双眼，并将其监禁在一座修道院里。

宫廷生活

查理曼和伊琳娜联姻？

802年 **德意志**·这些可不只是宫廷里的流言蜚语。连当朝大学问家艾因哈德都将这件事写在他的《编年史》中。伊琳娜女皇打算献出自己。她极想接近查理大帝，以此联合两大帝国。伊琳娜认为可以利用美色征服查理曼，甚至如果有需要的话，可以在婚礼后除掉他……

然而此时发生了一场由拜占庭贵族策动的政变，他们并不看好伊琳娜的计划。对伊琳娜来说，这场政变的结局并不好：她被迫流放到莱斯沃斯岛。

也许应该举办这场婚礼，因为两个帝国都信奉基督教，并且有共同的根源（罗马帝国）。然而，还是有太多的差异，尤其是伊琳娜和查理曼语言上的差异。两个人应该都待在自己的都城，王国可以有两个统领，这种情况也实际出现过，没有真正的联姻。

◆ 旅行

在亚琛看教堂

805年 **德意志**·所有的加洛林建筑都从古罗马建筑中汲取灵感，修建包含中心主建筑的建筑群。相对拜占庭教堂而言，加洛林教堂的主建筑周围有层层叠叠的拱顶廊。亚琛查理大帝宫殿旁的教堂在梅斯的尤德斯的支持下，历经近10年的工期，终于在不久前完工了。中心的八角形建筑周围环绕着十六形回廊（十六条边和十六个角）。皇帝的御座置于西部，正对祭台。

相比其他住所，查理大帝偏爱亚琛，因为在攻下意大利和萨克森公国后，亚琛位于帝国的中心。宫殿里的规矩和组织方式都仿照罗马皇帝君士坦丁的宫廷设立。

亚琛大教堂，迈克尔·内尔，1853年

802年 城市之声

查理大帝的白象

德意志·查理大帝惯常收取大量礼品，这是一种外交技巧，但现在有一件不同寻常的礼物：一头叫"阿布-阿拔斯"的白象，意指"阿拔斯之父"。

5年前，还只是法兰克国王的查理曼曾派使者前往巴格达拜见阿拔斯王朝哈里发哈伦·拉西德。这位使者今年7月回来，带着一件硕大的礼物。

如果说大象在欧洲赫赫有名得益于希腊人的描述，那么白色的大象——源于一种罕见的白化病——就更为奇特了。这头大象让宾客感到惊奇，尤其在奥格斯堡。

804年，阿布-阿拔斯与皇帝的军队随行击退丹麦国王戈德弗里德的军队。不幸的是，这头来自印度的大象没能适应欧洲的天气，死于810年。

◆ 旅行

从中国回来该带点什么呢？

830年

中国·618年宣告成立的唐朝开创了一个繁荣的时代。去中国的旅行者可以参观一下逐渐替代砖木的砖石覆盖的佛塔，也可以在都城长安走走，此时的长安是世界上最大的城市之一，有200万名居民，是君士坦丁堡的两倍多。许多建筑都创造了奇迹，例如大雁塔和小雁塔。

好奇的游客可以让当地人给他们展示一项有趣的发明——雕版印刷。他们也会喜欢中国人大量出口的陶瓷制品。游客还可以往他们的行李箱里放一些书法作品和帛画，选择非常多。

但唐朝最大的特色是动物雕塑，尤其是马。它们充分体现现实主义的特点，并展现出动物的性情、灵活和力量。陶器上涂上一层黄色、蓝色和绿色的彩釉，效果就更出色了。旅途愉快！

◆ 文化

巴格达的“智慧之家”

832年

伊拉克·在哈里发马蒙的统治下，巴格达的智慧之家不断发展，成为科学与哲学互相接近的首选之地。智慧之家包含一所翻译中心、几间会议室和一座图书馆，这座图书馆是哈里发哈伦·拉西德在巴格达最早建造的图书馆，它事实上是一家私人图书馆，为各领域的学者服务。智慧之家成立的初衷是汇集、传播、誊抄、翻译各大文明的知识（当然包括波斯文明，除此之外还有希腊文明、印度文明和中华文明……）。阿拔斯人与中国人的接触让他们学会了造纸术，从而促进了书籍的生产和传播。在所有译本中最有代表性的是827年托勒密的《天文学大成》，阿拉伯人将其译为《至大论》。阿拔斯人对天文学的兴趣与宗教信仰相关：确立斋月、麦加的方向、祷告的时间……

◆ 政治

争端结束，瓜分帝国

查理大帝814年逝世后，他的儿子“虔诚者”路易继承整个帝国。三年后，817年，他将帝国分给了他的三个儿子：罗退尔、丕平和“日耳曼人”路易。这是麻烦的开始……

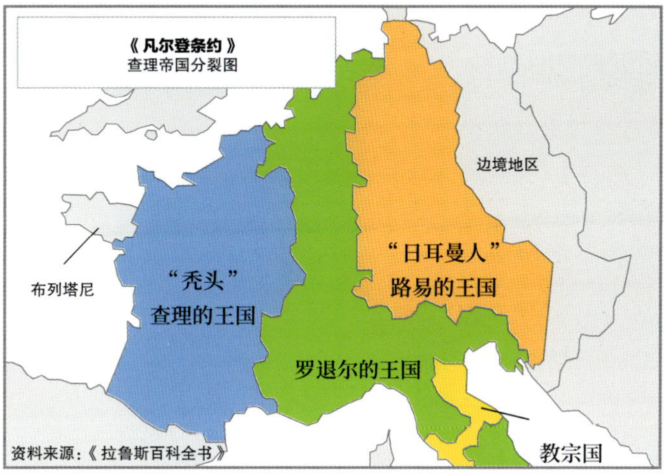

843年 **法国**·“虔诚者”路易一世起初认为他能预先安排好后事。他活着的时候便将自己的王国分给他的三个儿子，认为自己做出了最艰难的决定。但事实上，王冠只能戴在一人头上，其他人必须向王冠所有者效忠……823年，他和第二位王后所生的第四个儿子查理打乱了局面，将继承问题重新摆上台面。“虔诚者”路易去世时，他的第二个儿子丕平也逝世了，而兄弟相残在罗退尔、“日耳曼人”路易和“秃头”查理之间展开。

用俗语撰写的誓言。通过842年2月14日签署的《斯特拉斯堡誓言》，路易和查理联合起来对付他们的兄长。路易用罗曼语签署，查理用古德语（日耳曼语）签署，两人承诺互相帮助，对付他们的哥哥罗退尔：“为了上帝与基督之爱和我们共同的拯救，今日以降，迨上帝赐予我智慧与力量，我将竭力保护我的兄弟，双方竭力保护对方。”

直至此时，人们仍用代表权力的教会语言拉丁语书写。这是第一次用仿照口语的俗语书写文字，虽然《斯特拉斯堡誓言》并非文学作品，但也是政治文献。

《凡尔登条约》。8月签订的《凡尔登条约》最终将王国一分为三。西法兰克王国归查理，东法兰克王国归路易，至于罗退尔，他获得了两位弟弟领地中间的缓冲国——中法兰克王国，并保留了皇帝称号。皇权在这个分裂的国家被大大削弱。

宗教

新闻

被迫害的佛教徒：4 600余座寺院和4万余座庙宇被摧毁

845年 **中国**·唐朝的大文豪之一韩愈极为排斥佛教。在他眼中，佛教和道教会破坏人的灵魂，只有儒家才能带来社会的稳定。显然，韩愈的想法受到了广泛的认同。

一项大规模的灭佛运动正在中国开展，在唐武宗的统治下将佛教徒从他们的寺庙中驱逐。一项敕令明令禁止所有的外来宗教：景教、佛教、拜火教和摩尼教。这些举措部分是出于经济和政治考量，当时的佛教僧侣掌握着大量财富。

文化

同时使用三种语言：三语现象

850年

欧洲·在欧洲，人们会说三种语言。西部的人说的是一种出自拉丁俗语的方言，由罗马人引入。日耳曼人的反复入侵导致高卢–罗马语分裂成多种小方言，这些方言又可分为两组：北方的奥依语和南方的奥克语。同时，语言中加入了大量日耳曼语的元素。在意大利，人们说的是拉丁语。伦巴第人入侵后，基督教文学发展得不太顺利。

我们不禁疑惑，不知这种三语现象会不会使查理大帝留下的帝国更加分裂。

◆ 科学

萨莱诺刚开了一家医学院

医学不属于自由七艺，它被看作一门机械技艺。
新医学院的建立让这一学科得到了前所未有的发展。

850年

意大利·萨莱诺医学院的创始人有四位：一个犹太人、一个阿拉伯人、一个拉丁人和一个希腊人。这所医学院教授医学和外科学的理论与实践，既立足于对理论的研究，又重视对临床病例的研究。医学院毗邻卡西诺山，方便医学院的学生去圣本笃529年建造的修道院图书馆中研读书籍，该图书馆藏有大量资料。

医学院学生来自欧洲各地，学院颁发的文凭可以让他们走到各处都享有名气。医学院里似乎也有女教师。毋庸置疑，学院的名气很快便会跨越法兰克的边境，传出国外。我们祝愿这一美好的创举获得长久的成功。

快讯

850年

马肩圈出现了（逐渐代替了马项圈）。它能防止马的脖子被勒，并能更好地分配要拉的重量。因此，农民的收入得到了提升，收获农作物也变得更快。

◆ 国际

中国正处于唐朝，而日本则处于平安时代

858年

亚洲·在中国。此时是变革和外敌入侵的时期。阿拉伯人、回鹘族、吐蕃人往中亚和东亚地区迁移。藩镇越设越多，用于抵御外敌。在此背景下，唐朝明显衰败。两税法应运而生，针对农民征收，征夏税不超过六月，秋税不超过十一月。对盐和茶的垄断也越来越严重。四处爆发饥荒，人民揭竿而起，唐朝于907年灭亡。

在日本。通过政治联姻，藤原家族不断接近平安时代（始于794年）的天皇。这一贵族家庭手握大量地产，势力庞大。藤原良房被授予太政大臣的官衔。自此开始，藤原家族的势力如日中天，尤其是他的外孙这年登上天皇宝座，成为清和天皇。藤原良房则成为摄政。

◆ 建筑

婆罗浮屠，一座建筑群

850年 **印度尼西亚·**佛塔一座挨着一座排列。在爪哇岛中部，人们发现了一座大型建筑群：婆罗浮屠，建于夏连特拉王朝，起初是一座更古老的锥形佛塔。

夏连特拉人在印度尼西亚刚一建立政权便开始思考如何传播佛教，并将佛教立为国教。他们想过建佛塔让佛教徒接受佛陀的教化——那些雕塑可以用来讲述佛祖的生平。

佛塔建在一块天然形成的高地上，高地的形状经过改造形似宇宙中心须弥山。

整个建筑有九层：五层方形天台上有三个圆形平台，饰有七十二个小钟形舍利塔（形似圆拱顶），最上面一层则立着一顶大佛塔。从天上向下俯视，整座建筑按照曼荼罗的方式排列。

婆罗浮屠被看作印度尼西亚建筑艺术的最高代表。

记事本

大数学家花拉子米去世

850年 **伊拉克·**一盏学术灯塔刚在巴格达熄灭了。智慧之家的常客，著名的波斯数学家、天文学家和地理学家身后留下大量著作。他在《印度计算中的加减法》中阐述了算术法则三率法。他的《还原与对消计算概要》一书被看作阿拉伯代数大厦的第一块基石。书名中的贾布尔（al-jabr）一词被拉丁化后成为法语中的“代数”（algèbre）。

◆ 事件

维京人登陆

如果您看到龙头船，赶紧逃！龙头似乎用来保护船只对抗恶魔。那么谁来保护被维京人袭击的居民呢？

860年

欧洲·根据词源学，维克（vik）一词在北欧古语里指“海湾”，维京人便是游弋于海湾的海盗。

袭击不断。来自斯堪的纳维亚的维京人首先出现在海岸线上的800处地方，先是爱尔兰海岸，然后是英国海岸，最后抵达高卢西部的海岸。他们袭击了港口、修道院和城市，巴黎已遭受两次围攻（845年和856年）。约840年，维京人直探直布罗陀，后向安达卢斯靠近。

他们从波罗的海进入今天的俄罗斯，顺着伏尔加河和2 000多千米长的第聂伯河南下，并在这一年袭击了君士坦丁堡。

他们闪电般的速度以及高超的航海技术使他们的袭击战无不胜。他们使用由船桨和船帆控制的大船（被称作维京长船，更常见的名称是“龙头船”）。在维京人的族群里，想要晋升只能靠军功或财富。袭击便能达到这一目的。有人猜想这一次对欧洲西海岸的猛烈袭击的原因是人口增长。占领爱尔兰或今俄罗斯的荒地肯定是有好处的。

维京艺术。维京人的艺术尤受凯尔特艺术和日耳曼艺术的影响，包含大量的象征符号。动物和植物图腾极为常见。有些木制家具奢华无比，比如奥赛贝格农场附近阿萨王后陵墓里约834年放入的那件家具，墓穴里还有一艘完整的维京长船！

文学

法语进入贵族文学

880年

法国·843年，“秃头”查理和“日耳曼人”路易联合对付他们的兄弟罗退尔时签订的《斯特拉斯堡誓言》便是法语的出生证明。但这只是一个法律文本。这一年撰写的《圣女欧拉丽赞歌》则使法语具有了文学价值。这是一本包含29首韵诗的小说，颂赞了梅里达的殉道者圣女欧拉丽。这部传记收录在教宗格列高利的讲话汇编中，另有3首拉丁诗和一首用日耳曼语写的诗。还有一本同样的29首序诗用拉丁语撰写，用于随音律歌唱。适逢宗教礼拜时，这套诗歌便在法国北部的圣阿曼德修道院唱诵。

这首最初由奥依语编写的短诗是法国文学史上最古老的丰碑。

◆ **经济**

在加纳挖出的金矿石

875年

非洲·当其他大陆都进入严重衰退期时——加洛林帝国分裂、维京人入侵、玛雅城邦衰落、阿拔斯人遭遇困境——对加纳帝国来说却正是繁荣昌盛的开始。

位居塞内加尔、马里、毛里塔尼亚的边界，这是一个广阔的王国，起初被称为瓦加杜帝国。最近更名为加纳后，帝国依靠商业，尤其是其首都昆比萨利赫的商业极速发展。来自阿拉伯世界无数的商队来此地寻找食盐，尤其是黄金。加纳的黄金产量达到每年5吨，几乎全部运往摩洛哥，后运至欧洲。地中海的伊斯兰国家和中世纪的西方是主要的消费者。

◆ **政治**

基辅，古罗斯国的首都

882年

乌克兰·俄罗斯起源于基辅，即奥列格王公建立的基辅罗斯。他当时的统治区域仍有限，但在后继者的扩张下，从伏尔加河延伸至黑海，直至波兰。奥列格是东欧平原上的维京人分支瓦良格人的后裔，并以瓦良格首领留里克之名延续了最初定都诺夫哥罗德的留里克王朝，后迁都基辅罗斯。

记事本

阿拉伯哲学家肯迪逝世

873年

伊拉克·我们刚刚得知确切消息，这位百科全书式的思想家离开了我们。801年出生于库费的肯迪吸收了希腊哲学，尤其是新柏拉图主义的思想。他848年失宠于哈里发穆台瓦基勒前，人们首先将他视为一位学者崇拜。

人们收集了他的270部作品，其中一些可能已丢失。他的作品涉及各个领域：天文学、哲学、药理学、光学、星相学和音乐。他的思想与伊斯兰教义学相关，追寻事物的神学原理。他认为从无到有创造世界、身体复活和预卜先知的学说没有理据。在他的书信《论灵魂》中，他对亚里士多德和柏拉图做了概述。

国际

新闻

895年

马札尔人到达欧洲

中欧·来自欧洲东部的民族马札尔人不久前到欧洲定居。起初被驱逐至多瑙河，后抵达喀尔巴阡山脉，最终驻扎在潘诺尼亚富饶的平原上（匈牙利）。受到来自土耳其的民族佩切涅格人威胁后，马札尔人朝西撤退。马札尔人共计40万人。他们擅长袭击与征伐，在加洛林帝国大幅衰落之时以此获得大量财富。

◆ 司法

尸体上庭

897年

意大利 · 没错，您看得没错！教宗斯德望六世一年前坐上圣彼得宝座，召开主教会议审判他的前任教宗福尔摩塞，这就是“僵尸审判”。

福尔摩塞因反对斯波莱托公爵重夺帝国被告叛国罪。福尔摩塞甚至投向与罗马人为敌的加洛林人阿努尔夫！福尔摩塞死后由斯德望六世继承教宗之位，他丝毫不愿忤逆大家族。他甚至挖出已故教宗的尸体，以此满足波莱托公爵们的报复心理。重新穿上主教服装后，福尔摩塞的尸体被审判，被判刑，他的饰物被抢走，右手（用来祝圣）的三根手指被截断，后被扔进台伯河。

小贴士

新玩意

平纹布来啦

给自己买这种新布料吧，伊拉克摩苏尔的纺织工人用它织布，所以它叫作“莫塞林”。这种布料被整块染色，由极细的丝线和棉线织成，一绞再绞，而不紧密，这使它看起来有一点透明，像层薄纱。平纹布在东方市场大获成功。掀起一阵潮流！

◆ 健康

医院条件改善

900年

法国 · 在此之前，医学文献以药典为主，列出对抗疾病的各种药方……之后，行医实现了登记编号，列出贫民的姓名清单（由教区主教负责管理），这些贫民利用教会的部分收入和公众施舍看病求诊。

就诊场所被设置在修道院内，诺曼底的圣旺德里耶修道院便内设一家医院，680年到695年间接诊12名贫民和16名病人。索姆科尔比的圣彼得修道院门口也有一处为贫民看病的场所，被称为“门口医院”。9世纪初，修道院医院得到发展，因为查理大帝规定每所修道院都须设有一家医院。克吕尼修道院有一家医院组织主要分散在德意志各地。

资料。人们经常援引希腊作家，如希波克拉底和盖伦，他们留下的文献详细描述了好的坚实的医学行为。还有其他一些资料也被引用，如特拉勒斯的亚历山大，他的医书列举了所有疾病；埃吉纳的保罗写过各种外科疾病，其中包括气管切开术；奥里巴斯写过一本医学百科全书《医学丛书》；抑或是圣比德，写过一本关于放血的著作。

我们无法保证每个人都能从医院里活着走出来，但这是可能的！

◆ 文化

摩萨拉布文化繁荣发展

900年

西班牙·“摩萨拉布”这个词指8世纪初阿拉伯人征服伊比利亚半岛后留在这片穆斯林土地上的基督教居民。不知这些居民的西班牙人和基督教徒身份在穆斯林占领的背景下能否延续，还是相反，基督教王国会通过再次征战而崛起。

无论如何，此时的文化渗透体现在方方面面。例如，科尔多瓦的基督教文人之间出现了一种争论，一些人认为应该保留宗教语言，另一些人则认为应在宗教仪式中引入阿拉伯语。在建筑领域，起源于西哥特文化的马蹄形拱门特点显著，而摩尔人则引入了饰有玫瑰窗的螺纹圆顶。建在卡斯蒂利亚和莱昂的教堂形如长方形廊柱大厅，里面的马蹄形拱门营造出伊斯兰教的氛围。

科尔多瓦主教座堂的米哈拉布

◆ 事件

科尔多瓦：君士坦丁堡后欧洲人口最多的城市

929年

西班牙·不久前的1月16日，阿卜杜·拉赫曼三世趁遥远的巴格达阿拔斯哈里发衰落之时，在科尔多瓦重振哈里发的权威。当阿卜杜·拉赫曼三世登上科尔多瓦哈里发的位置并开始执政时，这座城市已因内部争斗精疲力竭。

西哥特王国时期，科尔多瓦曾被托莱多取代。在阿卜杜·拉赫曼三世的统治下，国家获得新的发展。科尔多瓦向南扩张。郊区并入后城市面积大大增加。科尔多瓦城中共计50万名居民，成为君士坦丁堡后欧洲第二大城市。据说科尔多瓦有600座清真寺，其中最杰出的是科尔多瓦主教座堂，以及900个公共浴场。

但科尔多瓦最成功之处，在于它成为著名的文化中心，科学与艺术同步发展。科尔多瓦还有大量的图书馆，一所哲学和医学学校，被视为当时最具文化气息的城市。

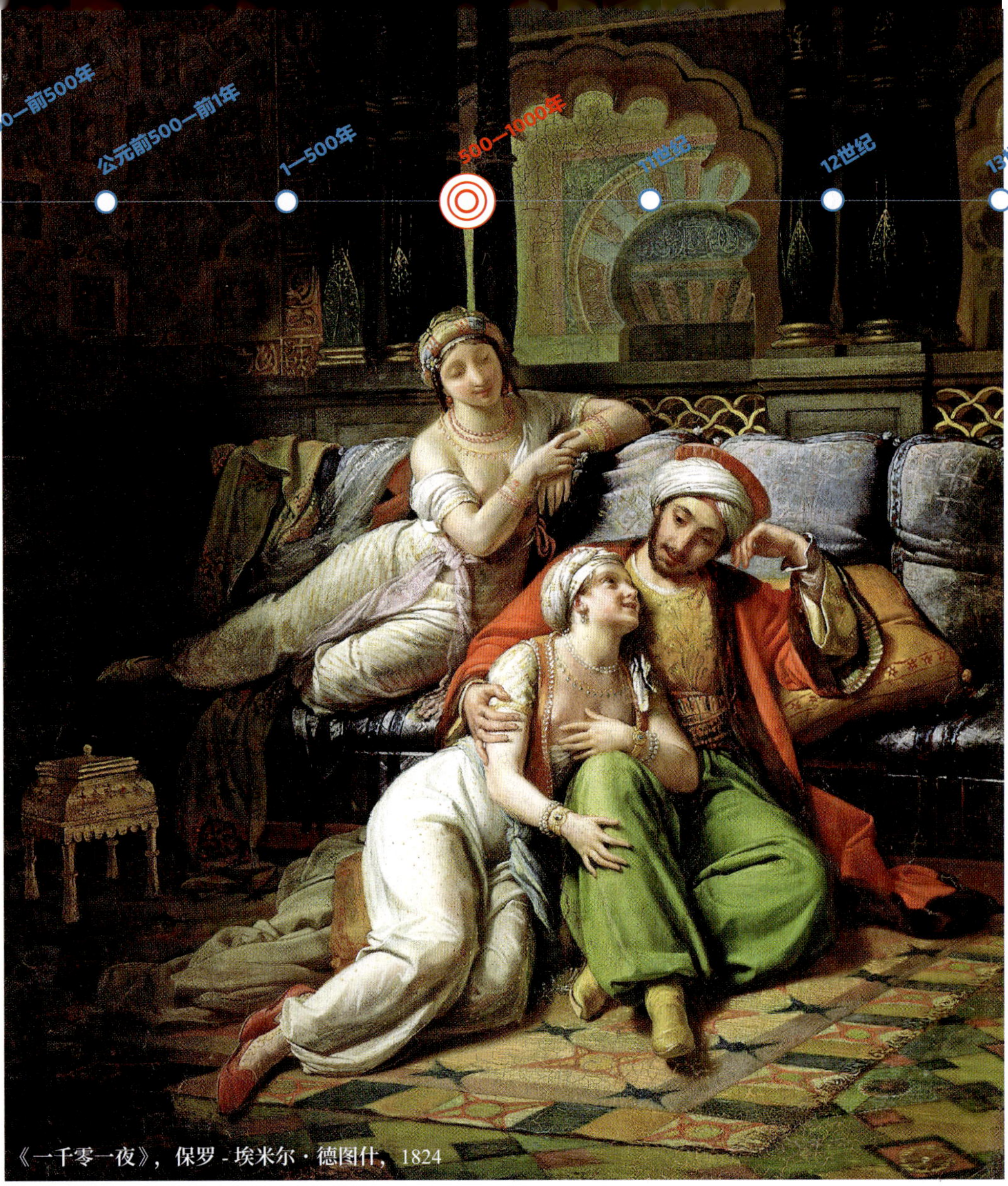
《一千零一夜》，保罗 - 埃米尔 · 德图什，1824

新闻

宗教

卡尔马提人偷走了黑石！

930年

沙特阿拉伯 · 巴林地区的卡尔马提人是伊斯玛仪派穆斯林，他们拒绝逊尼派哈里发的统治。约900年，他们成立了一个国家，并展开几次劫掠。930年，他们夺取并洗劫麦加，抢走人间天堂的圣物“黑石”。直到20年后，麦加才得以复原。

◆ 文学

一位美人和她的一千零一夜

950年

伊拉克 · 人们在讲一个有意思的故事，一位苏丹想每晚都娶一位新娘，第二天早晨砍掉新娘的头颅，防止她有不忠的行为。重臣之女舍赫拉查德决定将自己献给国王，防止每天早晨都有新的女子牺牲。她每晚都给苏丹讲连续故事，讲到第二天旭日东升时，故事发展到最激动人心的时刻戛然而止。苏丹每夜都给她更长的时间，想要知道故事的后续。

毫无疑问，关于这些夜晚的故事很快变得越来越厚。在波斯语、印度语和拜占庭语翻成阿拉伯语的译文中，我们发现不少内容出自《一千零一夜》这本书。时下流行的这本不知名的故事集主要以巴格达或埃及的文献为蓝本。

故事主线非常简单，难怪一代又一代的读者都喜爱阅读其中的故事。

◆ 宗教

在本笃会的修道院，接待是一项义务

960年

法国 · 即使朝圣者们一贫如洗，本笃会修士也知道该怎样在勃艮第的克吕尼修道院和韦兹莱隐修院接待所有人。他们的修道院里总有一个地方专门用来接待路过的旅人和想在此停留几日的人。这里的人衣着和言行必须符合规范，修道院每日举行弥撒，其他时间修士们便亲手劳作或学习。他们醉心于文学和艺术工作，尤其擅长为圣文配彩画或复制圣文。据本笃会规定，修士必须在他们的地域里提取一切生活必需品。因此他们自己建造了菜园和花园。

院长向留宿在克吕尼的居者讲述，约 910 年，阿基坦公爵威廉一世如何在自己勃艮第的领区之一成立修道院，表达对圣彼得和圣保罗两位使者的崇敬。他为了自己和后代，放弃了对修道院所有资源的权益，即刻将修道院置于教宗的直接管辖之下。院长伯尔诺在管理时期开始赋予克吕尼经济和法律上的独立权，修道院结束于圣奥多当院长的管理期，即 927 年至 942 年。克吕尼修道院的布局与瑞士圣加仑修道院相似。客房（收留朝圣者的场所）位于主教堂的西北方。待客跟施舍一样在修道院里是一项义务。

◆ 社会

梅泽堡的妙方及其他一些歌曲

960年

德意志 · 梅泽堡的妙方是两种典型的德意志咒语，已口口相传近 3 个世纪，近期才得以被文字记录下来。日耳曼人认为通过念咒，魔力就会降临。

第一个妙方包含神奇的词语——“跳出枷锁，逃脱敌人”——用来解放战争中的俘虏。第二个妙方用来为马疗伤。

除日耳曼民族间这些流行的咒语外，时下还有一些送葬歌曲，尤其是纪念匈奴王阿提拉和狄奥多里克大王的歌曲。我们还见证着史诗时代的开端，此时著有《勃艮第人之没落》的原始版本。

快讯

962年

奥托一世缔造日耳曼民族的神圣罗马帝国，后成皇帝。

969年

开罗成为法蒂玛王朝都城。

◆ 美术

青瓷是什么？

960年

中国·宋朝开启了中国历史上思想和文化最繁荣的时代之一。随着印刷术的传播，知识得以迅速普及。有文化的官人在社会中占据重要位置，商人们也在城市中扎根。文学、哲学、科学得到前所未有的发展。其中最具代表性的无疑是绘画，绘画主题主要是风景。陶瓷不再追求功用性，逐渐成为一种奢侈品。被称为青瓷的蓝绿色陶瓷是最稀有珍贵的瓷器。通过在釉面下夹杂氧化铁获得。此外有些还在釉面下饰以雕刻或绘画图案。

◆ 宗教

上面有座阿索斯山

963年

希腊·对隐修士们来说，还有比山顶更好的清静之所吗？阿索斯山位于海平面上2 000多米的高处，南有爱琴海，北有色雷斯。圣亚大纳西这年正是在阿索斯山的山坡上，在拜占庭皇帝尼基弗鲁斯二世·福卡斯的支持下，建造了阿索斯的大修道院。主教堂建于半山腰上。这是第一座修道院，很快便有了其他的修道院。

阿索斯是为圣母所建，她是唯一被允许居住在此的女性。

新闻 冲突

阿克苏姆王国被洗劫

980年

埃塞俄比亚·自从埃扎纳王4世纪中期皈依基督教后，阿克苏姆王国便开始持续攻打信奉伊斯兰教的地区，尤其是在阿拉伯西海岸附近的海上劫掠。哈里发们担心麦加被吞并，便逐渐取得尼罗河和红海的控制权，以此降低阿克苏姆王国的影响力和经济辐射。

突然，来自南方信奉泛灵论的朱迪特女王拿起武器，攻克了阿克苏姆王国，并摧毁了教堂。亚历山大主教和努比亚国王成功击退了她，但王国却已被重创。埃塞俄比亚政权在当地不复存在。

◆ 政治

于格·卡佩在兰斯加冕

987年

法国·卡佩王朝接替加洛林王朝的故事是一个真正的传奇。“强人”罗贝尔之子厄德在教士的支持下被推选为西法兰克国王。在此之前，他带着巴黎伯爵的头衔，掌管着塞纳河和卢瓦尔河地区，该头衔后由于格·卡佩继承。“懒王”路易五世去世后无子嗣继位，987年6月，于格·卡佩被推举为新王。12月25日，他将自己的儿子“虔诚者”罗贝尔二世提拔为共治者，并让兰斯的大主教在奥尔良为他加冕。

加洛林王朝结束于路易五世，卡佩王朝万岁！

新闻

科学

阿拉伯数字传到欧洲

999年

西班牙·阿拉伯数字是在倭马亚王朝占领伊比利亚半岛时传入的。这些数字通过数学家们的作品传遍整个欧洲大陆，尤其是刚被选为教宗的西尔维斯特二世，他将十进制计数法引入西方，分别写了一篇关于除法和一篇关于乘法的专论。

◆ 宗教

对千禧年的恐惧与朝圣

999年

世界·我们应该畏惧千禧年的到来吗？

世界末日会降临吗？

怎样防范世界末日呢？

有些人窥伺天空中最细微的异象。有些人会因最细小的天色变化而忧心忡忡。一些《启示录》的读者相信撒旦会在千年之时被释放。一些像大改革家和神学家弗勒里的阿邦这样的教会人士指出，几年来一些教士已经宣告过世界末日。所有人都在自我安慰，大恐慌并未感染所有人。最有文化的人应该与这种时代焦虑保持了审慎的距离。然而在圣雅各之路、耶路撒冷和罗马掀起了一阵朝圣热潮，每个人都认为能以此得到拯救。大家都慎之又慎。

快讯

985年

挪威探险者“红胡子”埃里克发现格陵兰并在那里定居。

•

999年

欧洲人口近4 000万，其中800万在法国。

•

圣米迦勒，
《弥撒经本》精装版，
拜占庭艺术，
11 世纪

11 世纪

◆ **社会**

千禧年

当人口达到近3亿人时，世界会变成怎样？

欧洲·这是一个封建时代：人们在领主的管辖之下。

加洛林帝国被行政划分为各个伯爵领地是后来王国林立的根源。众王国之中，现占主导地位的是普罗旺斯、勃艮第和意大利。忙于掌管塞纳河和卢瓦尔河中间地带的法国国王无力干预此事。

亚洲·平安时代的日本处于皇室、艺术和文学的鼎盛时期。中国宋朝耕种的大米使中国人口在百年间翻倍。至于印度，此时已分裂成多个王国。

非洲·这是穆斯林的黄金时代，科学、艺术和文学得到极大发展。西非、中非和南非的黑人经历着被称为“东方奴隶贸易”的人口贩运。

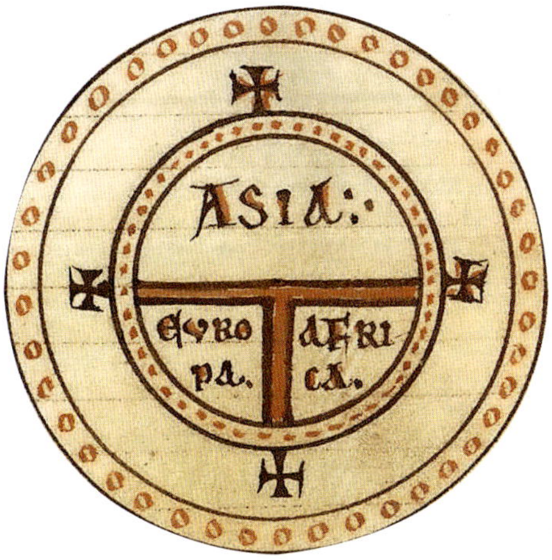

1001 年：每个国家都有自己的日历

格里历（公历）：1001 年 · 儒略历：1001 年 · 科普特历：717—718 年 · 佛历：1545 年 · 拜占庭历：6509—6510 年 · 波斯历：379—380 年 · 日本历：长保 3 年 · 泰国历：1543—1544 年 · 迦利时代：4102—4103 年 · 伊斯兰历：391—392 年 · 埃塞俄比亚历：993 年 · 希伯来历：4761—4762 年

◆ 冲突

一个皇帝，一百五十个独眼人和一万五千个盲人

1014年

马其顿 · 我们目前知道的是，自去年7月29日保加利亚沙皇萨穆伊尔在克列第翁战役中落败后，战胜者拜占庭皇帝巴西尔二世似乎就战无不胜。

巴西尔二世让15 000名战败士兵在他面前列队行进，后宣读两项判决。首先，他宣布可以放了败军，让他们回家。然后，他又说道：在此之前要挖掉他们的双眼，但每一百个人中有一人可以保留一只眼睛，用来为其他失去双眼的士兵导盲。从此人们便将巴西尔二世称为“保加利亚人的刽子手”。败军于10月初步行回普里莱普，来到萨穆伊尔面前。沙皇大惊，郁郁而终。

宗教

新闻

教宗西尔维斯特二世将自己的灵魂卖给了魔鬼

1003年

意大利 · 不知是传奇还是谗言，听说不久前逝于罗马的教宗西尔维斯特二世为得到圣位将自己的灵魂卖给了魔鬼。大家还指责他将教宗国无视的法国封建制度引入教宗国，并称自己是出生于奥弗涅大区欧里亚克的吉贝尔。不仅如此，这位逝者还因试图优待罗马大贵族的对手——外国大贵族——而被严厉斥责。醉心于天文学的西尔维斯特二世是皇帝奥托三世的教师，受到奥托三世的资助，在西班牙的阿拉伯大师身边学习地理、数学和机械学。999年，教宗格列高利五世逝世，奥托三世得以让亲信西尔维斯特二世坐上圣彼得的宝座。那么，魔鬼在这次即位过程中起到作用了吗？

无论如何，这个故事是法国多明我会的修道士博韦的樊尚在他的著作之一《历史通鉴》中支持的论断。

◆ 政治

一位丹麦国王、英格兰国王

1016年

英国·1014年2月，被称作“八字须”的斯汶一世逝世，他是将基督教引入丹麦的第一位皇帝，他的儿子克努特获得军队和船队的指挥权。

他多次率军袭击英格兰，同时帮助英格兰北部的丹麦殖民地。他迅速攻击英王“勇敢者”埃德蒙，“勇敢者”埃德蒙是埃塞尔雷德二世之子，埃塞尔雷德曾于1002年血洗了一个丹麦殖民地。1016年10月18日，阿兴顿之战中，克努特大败只在王位上待了7个月的敌人，并迫使埃德蒙与自己瓜分王国。埃德蒙很快逝世，克努特成为英格兰唯一的国王。

克努特后又成为丹麦国王，并在他的哥哥哈拉尔二世去世后成为挪威国王。

建筑

世界上最古老的玫瑰

1022年

德意志·青铜门昭示着原罪的历史，圣米迦勒柱和上面螺旋形的装饰讲述着耶稣受难前的人生……这些就是萨克森州的希尔德斯海姆宗教建筑的宝藏。这些包含一座教堂和一座前罗马式天主大教堂的宗教建筑美得动人心魄，在它们面前静默冥想再合适不过。

由伯恩瓦尔德主教建造的这座圣米迦勒教堂始建于1010年，不久前刚刚完工。距离几百米处，1015年建有青铜门、1020年后有圣米迦勒柱的圣玛丽大教堂因它最古老的玫瑰而闻名，这些玫瑰可追溯到815年。

历史上记载，“虔诚者”路易在一次狩猎后命人在大教堂举行弥撒。圣母的圣物盒被送至于此，挂在一根犬蔷薇的树枝上。弥撒结束后，圣物盒就没法摘下来了！皇帝认为这是天启，让他在此处成立新的主教驻地，并置于象征圣母的玫瑰树下。

讣告

1028年

富尔贝尔主教
1020年重建了
沙特尔主教座堂。
他使沙特尔主教座堂
成为一个重要的文化中心。

奇闻逸事

法蒂玛王朝最受争议的哈里发离奇失踪

1021年

埃及·法蒂玛王朝第六位哈里发哈基姆不断引起人们的惊异和质疑。他的行为很古怪，在严厉——甚至是残酷——和慷慨之间摇摆。2月13日夜间似乎是他最后一次在穆卡塔姆山上漫步。

人们没有找到他的尸体，却找到了他的衣服——多次被匕首刺穿。有些人认为杀手是他姐姐派来的，因为她担心自己的淫秽行为被谴责；另一些人认为哈基姆隐居修道了。

对于这位在1012年拆毁圣墓教堂并迫害犹太教徒和基督教徒，却又在一年后支持重建修道院、保护耶路撒冷所有教堂的哈里发来说，一切都可能发生。

应该说这个人不简单，他的行径前后不一，他甚至禁止基督徒饮酒！

将哈基姆视作先知化身的德鲁兹教徒也许始终认为：他认为时机合适时会再度出现。

◆ 大工程

圣米歇尔山上的建筑工程

1023年

法国·“坟墓山”（圣米歇尔山的原名）的岩石在古代已是异教的庇护所，709年被一座为大天使圣米迦勒修建的教堂取代。也是在此时“坟墓山”被一场海啸淹没，变成了一座岛。

很快，一座加洛林修道院替代“地下圣母院”。933年，诺曼人占据“坟墓山”，并将小岛变成防御工事用来监管边境。诺曼底公爵查理一世966年决定在此建立本笃会社群，克吕尼改革运动规范修道士的生活。几年前设想的修道院在山顶开始建造，同时建造的还有岛屿北部为适应狭窄空间设计的三层高的修道院。

◆ 宗教

为“上帝的休战”收起您的武器

1027年

法国·为减少社会暴力，保护如农民、商人和教士等手无缚鸡之力的弱势群体，教会决定对违反刚在埃尔讷举行的宗教会议决议的战士处以精神惩罚。从周三下午到周一早晨，禁止一切战争行为。周日仍是留给主的一天。继989年沙鲁宗教会议颁布“上帝的和平”运动理论之后，“上帝的休战”运动理论延续同样的思想，并想让社会更人性化。

新闻 文化

巴比伦犹太学院的终结

1038年

伊拉克·我们刚得知这个令人难过的消息：最后一所犹太经传学院——庞贝迪塔学院——不复存在了。学院院长刚被行刑。除了学院的内部斗争外，主要原因是犹太人生活的区域现主要集中在欧洲、西班牙、莱茵河流域的国家和地中海靠北非的海岸。

天气预报

1025年·北大西洋遭遇不寻常的酷暑：气候变暖让维京部落通过没有封冻的大海来到格陵兰定居。同时，非洲在11世纪初遭遇了气候变干。

◆ 音乐

发明了一种新的音乐体系

圭多手，音阶的教学方法

1030年

意大利 · 新音乐系统的发明要归功于本笃会修士阿雷佐的圭多，他还发明出一种新的教学方法，根据音节唱音符，并记录在乐谱上。1030 年的一封信中首次描述了这套音乐系统。

圭多也许就是这样发现了音阶。直至此时，音符都是从字母表中的前几个字母里挑出来的，此后的音符则是献给圣约翰的赞歌中的首音节：

UT queant laxis
REsonare fibri
MIra gestorum
FAmuli tuorum
SOLve polluti
LAbii reatum
Sancte Ioannes.

由此而来：ut，re，mi，fa，sol 和 la。si 则是 16 世纪才加进来的。

法兰西 王国新闻	**1037年** 韦兹莱隐修院展出玛丽·玛德莱娜的圣物。	**1050年** 罗马艺术分成好几个流派：普瓦捷流派、勃艮第流派、普罗旺斯流派和佩里戈尔流派。

◆ 宗教

教会大分裂

君士坦丁堡和罗马之间已势不两立!

1054年 **土耳其** · 分裂的起因是教会想在被诺曼人攻占的意大利南部统一宗教仪式。过去的几个世纪两地的教会已然有许多纷争，7月16日达到高潮：君士坦丁堡的普世牧首米海尔一世被教宗特使在圣索菲亚大教堂上宣布处以绝罚，于是米海尔一世召集教务会议，强烈谴责罗马教会。

双方相互谴责的原因比起教义上的众多误解，更多的还是在于两座城市间的政治对抗。天主教会接受教宗作为罗马主教和圣彼得继承人的权威，而东正教会的组织方式则是在各大城市（君士坦丁堡、亚历山大港……）设置主教管辖区。还有另一个争议点：神职人员的独身问题。东正教会不主张神职人员独身，并抗拒这一点。无酵面饼同样也是冲突的起源：东正教会弃用无酵面饼，而罗马教廷则将它作为圣体饼使用。最后，“和子句”纠纷也是一个潜在的争议：东正教认为，圣灵由圣父而出，而对天主教而言，圣灵由圣父和圣子而出，拉丁语将这一争论称为“Filiaque”。

◆ 大工程

威尼斯总督重建圣马可大教堂

1060年 **意大利** · 威尼斯第三十任总督多梅尼科 · 孔塔里尼决定重建威尼斯的圣马可大教堂，同时并入圣狄奥多拉教堂。新教堂将在原址上重建，原教堂曾是总督的私人教堂，976年被烧毁。毋庸置疑，新教堂将比之前的建筑更加恢宏美丽。

建筑师们来自君士坦丁堡。根据他们的设想，圣马可大教堂将包含一些穹顶，造型参照拜占庭的座堂，并遵循希腊十字形制。后增镶嵌瓷砖。

圣马可是威尼斯的四位守护天使之一，他的象征物是狮子。第十一任总督为圣马可建造第一座教堂，是为了保护圣马可的圣物。不幸的是，他的圣物如此珍贵，却在开始动工的时候不见了。人们在1094年才找回圣马可的圣物。

讣告

1037年

阿维森纳本名伊本·西那，既是医生又是伊朗哲学家的他给我们留下了上百本书，主题多样，包含政治学和医学，让每个相关专业人员的学科水平得到提高。医学上，阿维森纳会参考盖伦医生，哲学上则会参考亚里士多德。

1049年

克吕尼修道院第五任院长**克吕尼的额多**在新年前夕离开了我们。

1050年

勃艮第的修士**拉乌尔·格拉贝**给我们留下了他的《历史》，书中介绍了自900年以来西方所有的重要产物。

◆ 科学

萨莱诺的特洛塔 第一位女医生

1060年

意大利·9世纪成立的欧洲第一所医学院位于坎帕尼亚区的海滨城市萨莱诺。这座城市除古老之外，还有一个特点：允许女性学习课程并获取文凭，最难得的是，还允许女性在意大利南部以外地区从事医生职业。这些女医生成立了“萨莱诺女性”组。

在她们之中，有两个响当当的名字：其中一个是萨莱诺的特洛塔，她是第一位女医生、外科医生、医学教授，传闻她既美丽又充满智慧。她是妇科学的先驱，《女性疾病》《女性医疗》和《女性美容》的作者，她致力于研究女性的月经和分娩问题。不久后的13世纪初，另一位来自萨莱诺的女性丽贝卡·瓜尔纳继承了萨莱诺的特洛塔的衣钵，她也是一位医生和外科大夫，以其著作《尿液》闻名，她在书中陈述了基于尿液样本检查的相关疾病症状。

萨莱诺医学院以其《萨莱诺健康计划》而著名，书中以诗句的形式汇编了大量医学建议，许多建议都非常有趣，正如推荐语里的一句：“撒尿时放屁无须隐藏/这是一种古老的做法，对肾非常有益。”

◆ 政治

“征服者”威廉：英国的君主

圣诞节这一天，“征服者”威廉刚刚在威斯敏斯特教堂戴上英国的王冠。这是一段闪电征服史。

1066年 **英国**·去年1月5日，1042年继任英国国王的“忏悔者”爱德华逝世，无继承人。他似乎指定了威塞克斯伯爵哈罗德二世继承王位，但有些人说“忏悔者”爱德华在去世前剥夺了哈罗德二世的继承权，转而选定了诺曼底公爵威廉。这其实无关紧要，因为第二天，1月6日，哈罗德二世就夺取了王冠。

彗星计划。威廉的抱负可不止于此。几个月间，他先后在迪弗和索姆河畔圣瓦莱里集结了1 000艘海船和5万名士兵，打算出发进攻英格兰。

几个星期中，他的攻势因恶劣天气不利于跨越英吉列海峡而延缓，但威廉充满信心，因为他看到一颗流星划过天空。这颗闪闪发光的“长尾星星”预示着威廉的胜利。

这颗彗星被描绘在贝叶挂毯上，配以按语“这些人对

星星感到惊奇”。听说它是在哈罗德加冕那天出现的，天文学家认为这颗彗星对哈罗德来说是不祥的预兆……

黑斯廷斯。威廉和他的军队最终于9月末渡过海峡，在萨塞克斯的佩文西登陆，后沿着海岸线向东挺进。10月14日，诺曼底军队和撒克逊军队会战黑斯廷斯。这场决定性战役中，约损失15 000名士兵的诺曼底人成功击溃英格兰人。哈罗德就此丧生，威廉赢得“征服者”的名号。

王位上坐着一位诺曼底人。成为英国国王的威廉仍保有诺曼底公爵的头衔，他将承担新的责任。1075年，“征服者”威廉在把所有神职和非神职岗位的盎格鲁-撒克逊人换成诺曼底人后，不得不镇压男爵们发起的一次大抗议。新的领导层试图利用英格兰使诺曼底受益，尤其当英吉利海峡两岸有着相同的封建制度时。

美术

一张讲述历史的挂毯

1082年

法国·经过16年的精心制作，这件杰作终于完成了！

是“征服者”威廉同母异父的兄弟巴约主教孔特维尔的厄德在1066年，诺曼底刚征服英格兰后，下令制作一张巨幅挂毯：“玛蒂尔德女王挂毯”（贝叶挂毯）。这可是一件大作，它的尺寸也很大：70米长，50厘米高。通过58个场景展现了诺曼底公爵如何登上英国王位，尤其是他在黑斯廷斯的决定性胜利。

这幅绣在麻布上的巨大画卷存放在巴约圣母主教座堂。诺曼底艺术家为了完成这幅杰作，使用了原色、蓝色、红色、黑色和黄色的线……

小贴士

出　租

视野开阔的防御城堡

方形的城堡塔楼最早出现在诺曼底，既用来防御也用于居住。它们的造型类似“征服者”威廉1068年下令修建的伦敦塔。诺曼底的塔楼通常是石质建筑，建于小土岗、小山岗上，基座通常被围墙保护起来。“秃头”查理于864年颁布《皮特雷敕令》后，鼓励修建防御工事。于是防御堡垒工程在接下来的动荡时期大幅增加。

出　售

卡昂城堡

1060年由“征服者”威廉建造

面积5.5万平方米，全部出售

这是欧洲最大的防御城堡之一。作为王公居所，它非常适合大家族居住。

经济

基尔特

1060年

欧洲·基尔特是一个建立同行联系的组织，也叫“行会”，通常是一些希望在绝对安全环境下经商的商人。第一批基尔特诞生于10世纪亨利一世统治的德意志北部，在荷兰和法国北部得到迅速发展，毕竟这一组织在查理大帝时期已有一定反响。一个基尔特能以连贯有序的方式组织与其他基尔特之间的经济和商业贸易。但没有任何一个基尔特可以违反法律法规，例如城市的自由和特许经营权。基尔特的成员招募主要在大城市进行。

人口

欧洲有4 800万人口

完全客观地统计11世纪的人口并不是一件容易的事。所有人都认为经历战争、袭击、传染病、饥荒后，人口会大幅减少。加洛林王朝时期近45%的人在20岁之前逝世，平均寿命一直没超过30岁。然而，即便如此，欧洲人口仍然有所增长：1000年到1100年间，欧洲人口从4 200万升至4 800万。这一人口增长有多方面原因，其中包括对沼泽地的开垦，把沼泽变为可耕地。维京人或摩尔人结束袭击后政治相对稳定，新的经济制度使农奴和领主间产生联系，农民被固定在新的土地上耕种。大型中心城市的形成也促进了此次人口增长。

◆ 宗教

激烈冲突：教宗对皇帝

1075年

意大利·“叙任权之争”不断地撕裂罗马教廷和日耳曼民族的神圣罗马帝国。

这起争端的起源是诸位皇帝企图剥夺主教的教职，并取得教职的任命和授予权，他们几近成功。不幸的是，这样的教职任命是政治性的，而且经常授予一些德不配位的人。格列高利七世1075年发布《宗教教会》27条，宣称宗教权力高于一切，主教由教宗任免。紧接着，格列高利用一种皇冠替代主教冠。教宗卜尼法斯八世又增添了第二重皇冠用以象征进入14世纪时教宗的精神和世俗意义。几年后，教宗克雷芒五世增加第三重皇冠。由此，教宗的头饰成为真正的三重冠，代表教宗的权力位于君王之上。

◆ 政治

到卡诺萨去

1077年

意大利·“叙任权之争”后：皇帝亨利四世严冬翻越阿尔卑斯山到卡诺萨向教宗忏悔！

禁止世俗统治者任命教职的教宗格列高利七世遭到德意志国王和未来的皇帝亨利四世的严惩。亨利四世于1076年1月废除教宗，而教宗则在同年的复活节将亨利四世处以绝罚。1077年1月20日，亨利四世在德意志各诸侯的施压下，冒着风雪走向教宗的驻地卡诺萨城堡谢罪。连续三天，他赤足披毡以忏悔者的姿态出现在教宗的门外，最终获得了教宗的原谅。

但1080年，教宗格列高利七世再次将他处以绝罚。而亨利四世则选出一位对立教宗，并逼迫格列高利离开罗马。格列高利最终逝于萨莱诺，众叛亲离。

“到卡诺萨去”这一表述是指在某人面前让步，后被19世纪的俾斯麦多次使用。

宗教

加尔都西修道院的修士们

1084年

法国·本笃会修道院起初遵守创始人本笃制定的会规，后遵照阿尼亚讷的本笃制定的会规，遭到批判，因为其与俗世未保持足够距离，对传福音不够重视。于是科隆的布鲁诺意欲在6位同伴的帮助下建立加尔都西会，通过静默和冥想找回基督教起初的纯净性，代价是过一种苦行僧似的生活。加尔都西会不久前在加尔都西山上成立了。加尔都西会的“制度”成型后，在中世纪的大型修道院中占有一席之地，1127年制定的制度相当于修道院的教规，尤其是1140年制定的第一总章具有重要地位。

◆ 经济

拜占庭允许威尼斯在其境内经商

1085年

土耳其·其实这是一个交易。拜占庭皇帝阿列克塞一世希望得到保护，免受野蛮的诺曼人的侵袭，而威尼斯则希望获得在东方帝国经商的自由。诺曼人不仅是拜占庭和威尼斯共同的敌人，还活跃于亚得里亚海岸的商贸活动，因为他们控制着意大利南部。自威尼斯9世纪与罗退尔一世签订第一份商贸协议开始，威尼斯就不断发展，几乎垄断波河地区。不仅有大量的食品货物通过（威尼斯）共和国运往意大利，地中海蓬勃发展的奴隶贸易也给威尼斯带来巨额收入。

◆ 社会

英格兰的财产清单

第一份包含王国所有地主姓名的报告

1086年

英格兰·历经近一年在英格兰全范围内调查编纂而成的《末日审判书》是一本用拉丁文撰写的共两卷的汇编。法语书名为“*Livre du Jugement dernier*”，因为把每个人都登记在册，如同基督徒的末日审判一般。为了解王国的财产和资源，“征服者”威廉下令汇编1 700个教区和30个郡县的地籍册，让王家国库以此为据征收税金。在12位陪审员的严密监控下，调查从国家北部和东部展开，计算居民收入，划分属于国王的部分，并统计土地面积和牲畜数量。

位置最北的郡县和一些城市，比如伦敦，逃过了这一调查，它们采用另一套税务系统。

天气预报	**1067年·法国连续6周创低温纪录。**	**1077年·这是欧洲本世纪最寒冷的冬季。极度严寒，大家最好待在火炉边。**

建筑

破土动工 1088年

欧洲·欧洲披上一件巨大的建筑石衣。修道院和大教堂如雨后春笋般出现。位于图卢兹的罗马式教堂圣沙宁教堂也于1080年开始兴建，用于供奉250年殉道的圣萨蒂南的香火，"圣沙宁"是圣萨蒂南姓名的缩写。温彻斯特大教堂也始建于同一时期。今年第三个大规模建筑的第一块基石刚刚铺就：克吕尼第三教堂。这座罗马式建筑规模宏大（187米长，90米宽），配有15个钟楼。

必须指出的是欧洲人并不是唯一的修建者：伊斯兰世界最精巧的建筑之一伊斯法罕聚礼清真寺也在修建。自8世纪起，伊斯法罕聚礼清真寺便不断被改造，先后被改成不同的伊斯兰建筑风格。

◆ 肖像

像熙德一样战斗 1094年

西班牙·罗德里戈·迪亚斯·德·比瓦尔还有一个称号："领主熙德"，即"主宰战场的人"。熙德生于布尔戈斯附近的一个村庄，不到22岁便成为卡斯蒂利亚国王桑乔二世手下的军队统领。

桑乔二世1072年逝世时，熙德继续在王位继承人桑乔二世的兄弟"勇敢者"阿方索六世手下领兵。两年后，国王将自己的亲眷多纳·希梅纳嫁给熙德。但1081年时迪亚斯因表现得过于野心勃勃而被流放。

他有一段时间在穆斯林身边作战，并于1094年从来自摩洛哥撒哈拉边陲的阿尔摩拉维德王朝摩尔人手中夺取巴伦西亚，并因此得名熙德，意指"领主"。他将巴伦西亚变为自己的领地，直到他去世。

◆ 国际

第一次十字军运动！

1095年 **近东**·十字军运动是什么？第一次东征还未完全结束之时，最好了解一下这场既残忍又血腥的战争爆发的原因。

最好的政治学家解释道：基督教西方对伊斯兰教近东展开的这些军事行动与所有人相关——欧洲、亚洲大部分地区，甚至还有北非，伊斯兰教的主要目的是保护耶路撒冷的圣地。除意识形态和宗教冲突外，也不能忽视这场军事运动的政治、经济和人为因素。对战士们来说，十字军运动不仅可以再续殉道者的传奇——丧生则能到达天堂，幸存则能得到救赎，这还是一次掠夺、致富、旅行、逃离沉闷生活和脾气暴躁的妻子的机会。如何抵御？如果说这并不是最后一次十字军运动呢？

胸前的红十字。1088年当上教宗的乌尔班二世在1095年11月27日的克莱蒙会议上发表了一次掷地有声的演讲，号召组织十字军远征。他特别强调此次响应号召出征的基督教徒将被洗去罪恶，得到救赎。

为表团结，基督徒用红布为自己在胸前绣上十字架，表明“上帝希望如此”。因此，他们被称作“十字军”，即“佩戴十字架的人”。

出征日期定于1096年的8月15日，军队将在君士坦丁堡集结。对苦于塞尔柱突厥人威胁的拜占庭皇帝阿列克塞一世而言，这是一次及时的援助。

冲突

群众十字军屠杀犹太人

1096年

德意志·教宗乌尔班二世号召大家解放圣地后，十字军除正式行动外还掀起一次民众发起的大规模宗教行动。

所谓的贵族组建的十字军开始远征前，在讲道者的动员下，成千上万人集结起来，意图远征耶路撒冷。这些出身低微的十字军大多是农民，他们既没有武器装备，也没受过军事训练。

他们曾有过许多无耻行为。在前往圣地途中，他们为非作歹，攻击犹太人，特别是在莱茵河谷。1096年5月22日，在沃尔姆斯，800个犹太人被囚禁在一座教堂里，并被杀害，因为他们拒绝接受洗礼。随后，大屠杀从5月23日至5月25日在施派尔和美因茨两座城市继续。同一个月的30日，布拉格和雷根斯堡也发生了大屠杀。

在“隐士”彼得率领的25 000名群众十字军中，只有3 000人于1096年10月在尼西亚附近与塞尔柱突厥人对战的希维托特战役中存活下来。

重要时间

1078年
塞尔柱突厥人夺取耶路撒冷，禁止基督徒朝圣。

1095年 11月27日
克莱蒙会议上，乌尔班二世呼吁十字军远征，解放圣地。

1096年 8月15日
军队（共计15万人）在教宗特使的带领下出征。

1097年 6月19日
十字军围攻尼西亚，并夺取城市。

1097年 7月1日
十字军在多里雷打败塞尔柱突厥人。

1098年 6月3日
十字军夺取安条克。

1099年 7月15日
十字军夺取耶路撒冷。

1099年 8月12日
布永的戈德弗鲁瓦在阿斯卡隆城打败埃及的法蒂玛军队，第一次十字军运动结束。

◆ 国际

十字军夺取了耶路撒冷

1099年 **近东**·6月的一个早晨，准确地说是基督纪元1099年6月7日的一大早，十字军出征耶路撒冷。

围攻耶路撒冷的军队分为四支：第一支听命于布永的戈德弗鲁瓦，第二支听命于图卢兹的雷蒙，第三支由诺曼底公爵波希蒙德一世率领，第四支则由布卢瓦的艾蒂安率领。

耶路撒冷于7月15日被攻陷，城中居民皆成为刀下魂。在血泊中踩踏数小时后，十字军转战乌尔班二世命他们誓死捍卫的“圣墓”教堂，并请求上帝祝福他们获得成功。布永的戈德弗鲁瓦拒绝耶路撒冷王的头衔。他的弟弟博杜安于次年登上王位。

建筑

奥托艺术和罗马艺术

欧洲·千禧年给我们带来的不是只有大恐慌！从加洛林艺术和拜占庭艺术中汲取非凡灵感，一种新的艺术诞生了：奥托艺术。

奥托艺术与神圣罗马帝国的第一位皇帝奥托一世相对应。包含绘画、雕塑和建筑的奥托艺术诞生于10世纪中叶，早期罗马艺术在欧洲南部兴盛之时。意大利和法国南部等“罗马地区”似乎没有受到此次艺术发展的影响。奥托式建筑的特点是恢宏和简约，延续了加洛林建筑的风格。建筑各处设有双祭坛，一个大耳堂与西祭坛相补充。一座巨塔和周围的小塔俯瞰四周。有些地方是双塔楼，例如巴塞尔和

时尚

先生们女士们，时尚属于你们

欧洲·古希腊罗马时期的穿衣风格为如今的时尚提供了大量素材，以整齐划一的着衣风格为特点，无论是男人还是女人，皆是如此。众多男性前来瞻仰“玛蒂尔德女王挂毯”，从而知道自己该怎样穿衣打扮。

男人们还穿着古代的宽松长裤，上身套两件短衫。第一件叫衫子，第二件叫布里奥德。女人穿的布里奥德更长一点，腰间束紧。裹住腿部，带脚或不带脚的紧身裤梭丝是布织品，通常是朱红色的。梭丝贴合在小腿上，用皮带

1095年 斯特拉斯堡。建筑内的装饰寥寥无几。墙壁大多饰有装饰画，例如奥伯采尔的圣乔治教堂。

奥托艺术还解放了艺术造型。用木头雕刻的杰罗十字架就是一个例子，还有美因茨、奥格斯堡和希尔德斯海姆的城门，都是查理大帝后最早的青铜作品。

奥托彩绘在主题和装饰形象的选择上继承了加洛林彩绘和拜占庭彩绘，也发展出全新的风格，代表时代的精神。

皇帝和高官命人制作的奥托工艺品都是通过如圣加仑修道院、赖谢瑙修道院和科维修道院这样的大修道院里的工作坊制造而成。奥托时期的德意志无疑是如今欧洲艺术当之无愧的先导。

罗马艺术约于950年接替奥托艺术。大教堂还是加洛林艺术的风格，但有些许变化，东边增加了一个或好几个半圆形后殿，还增添了一个耳堂，而西边则主要是装饰。墙上的绘画没有遵照透视原则。塔楼位于中堂和各边祭坛的交叉点。建筑物非常厚重，出入口狭窄，装饰丰富。约1100年开始加盖穹顶，将墙体、屋顶和整体建筑联合起来。三角楣上专门刻上雕像，尤其是末日审判的场景。

1099年

或毛带束紧。贵族外穿的长披风用一颗精致高贵的环扣合紧。

女人们常在头上笼上一层轻纱。长发散落或束起，出席重要场合时也会梳成两股长长的麻花辫。

布料

羊毛在制服材料中占据重要地位。

与东方的贸易带来了丝绸，但它是富人的专属织料。短衫通常用麻布织成，而短衫上的束带种类非常丰富。

◆ 社会

诺曼人很好地融入英国社会

1099年 **英国** · 大量诺曼人横渡英吉利海峡，来英国定居。不仅他们，法国和佛兰德斯的商人也纷纷成为这里的新居民。慢慢地，诺曼人开始融入当地人，采用他们的生活方式，像他们一样修建城堡、修道院和教堂。起初的征服者在英吉利海峡的另一头找到了平静的生活。

◆ 文化

法国的两种新语言

1099年 **法国** · 起源于拉丁语的法语分化成两种新的语言，这要追溯到11世纪文学开始出现的时候。人们口中的"罗曼语"源自粗俗的拉丁语。我们将北方的罗曼语奥依语和南方普罗旺斯的罗曼语奥克语区分开。

法语也因此与法律和宗教使用的知识之语拉丁语相冲。法国南方的行吟诗人用奥克语表达感受、抒发情感，而"武功歌"则用奥依语讲述骑士的英雄事迹。

文学

时下畅销书

1040年至1045年间编撰的书《圣阿列克塞的一生》当下大获成功。这部由五份手稿组成的作品实际上是一首包含120节625句的诗。无数家庭都被阿列克塞的历险经历所感染，他在新婚之夜出逃，成为隐修士沿街乞讨，在东方流浪。当他回到罗马时，没有人能认出这位贵族之子，他被完全排除在社会之外，写下了自己的故事。他会到达自己的天堂。

其他畅销书有《纪尧姆之歌》和《罗兰之歌》，这是两部最早的武功歌，创作于11世纪初。武功歌主要呈

现的是骑士的英雄事迹。在法国北部和诺曼底地区尤为盛行。

◆ 文学

威廉九世的一点诗兴 1099年

阿基坦和加斯科涅公爵威廉九世是最早用奥克语撰写骑士文学诗的作者之一。是他创造了“宫廷爱情”，与德意志的“恋歌”相对应。以下是威廉九世的作品节选：

愉快地，我陷入了爱恋，
但我不得不离开，离开这份欢愉，
我想回来，这也是为何
我会倾尽全力
寻找你，
我很荣幸
因你知道我能倾听你，我能看到你的心。
我经常自夸
却不是因为别人的夸赞，
从来没有任何一种喜悦
可以比另一种喜悦开出更多的花，
但它一定会结果，
突然有一天在阴影中绽放美丽的光芒
让不知欢欣、不知爱情、不知欲望为何物
不会感受美妙的男人焕发光芒；
如此喜悦永远无法找到
足以匹配的赞词
会有得到它的一天吗？

◆ 文学

四处都有萨迦 1099年

斯堪的纳维亚半岛·“萨迦”一词的词源本义为“短故事”。一则萨迦即以极简的散文形式，用当地语将一则故事编写出来。它原本讲述了10世纪和11世纪生活在冰岛的一些遥远而英勇的祖先的光辉事迹。而这类长文不适合用古文字母。999年以后，斯堪的纳维亚的居民开始信奉基督教，教会的教士将他们的文字带入北欧。毋庸置疑，这类文学在接下来的一两个世纪便能达到鼎盛。

◆ 美术

查理曼的棋盘

1099年

意大利·意大利南部，大概是萨莱诺的一家制造工坊不久前创造出一套非常精致的棋子。棋子用象牙制成，体积庞大，有些棋子重达1千克。因此有人怀疑这些棋子是不是真的用来摆在棋盘上。它们的意义似乎是纯象征性的，如果用它们来充实皇家宝库，倒是非常合适。一条关于这件奇珍异宝的传言开始流传，它有时被称作“查理曼的棋盘”。有人认为这是阿拔斯哈里发哈伦·拉西德9世纪初送给法兰克国王的礼物……

◆ 旅行

克久拉霍：儿童禁入

1099年

印度·一座恢宏的寺庙不久前在印度中部对外开放。950年至11世纪间在克久拉霍建造的这座寺庙群包含近85座庙宇，算得上是昌德拉王朝最主要的寺庙之一。该寺庙与印度教复兴相呼应。儿童不宜参观，因为里面的众多雕塑展现出夫妇或飞天女神之间的色情场景。它们呈现出性爱的多种姿势，这些石制雕像的神态看上去似乎都因此变得慵懒而柔软。

圣伯尔纳和西多会修道院的修道士们

12 世纪

◆ 宗教

修道士隐修

1112年

为什么与世隔绝之风再度兴起？建于10世纪初的勃艮第克吕尼修道院显然在此次修道复兴中扮演了一定的角色。

法国·宗教组织臻于完美的克吕尼修道院即将超越本笃会的清规戒律。150年间，克吕尼修道院的院长都是杰出人士：奥多、艾马尔、于格……之后的组织都没有这段时期那么辉煌。但几十年来，克吕尼修道院被控敛财无数。这也是成功的一种代价……于是人们在清贫、苦修中寻求沉静和安宁。

修道院增多。1075年至1080年的人口剧增大概也是人们想要隐修的原因之一。人越多，越需要归隐从而找到上帝。因此规矩森严的修道院得以发展：1043年至1050年间建于奥弗涅的**拉谢斯德约**同克吕尼一样也是本笃会修道院，不能容忍任何违反院规的行为。罗贝尔·达布里塞尔1101年在安茹建立的**丰特夫罗修道院**以最严格的要求遵照圣本笃会的会规，宣扬禁欲和静修。修道院里既有男人也有女人。

莫莱斯姆的罗贝尔1098年在勃艮第创立的西多会修道院同样以严格的要求使用圣本笃会的会规，并宣扬回归极简的日常生活，在朴素的房屋中过粗茶淡饭的生活。修士们负责包括种地之类的农活，从而维持生计。西多会修道院的荣耀属于刚刚皈依的圣伯尔纳。

从建筑角度而言，这些修道院的风格非常朴素，没有绘画、雕塑和其他装饰物，只有一些白玻璃窗，也没有高塔和耸立的钟楼。

记事本

所罗门·本·伊萨克，塔木德和酿酒师

1105年

法国·时下最受欢迎的犹太教士之一所罗门·本·伊萨克，更常被亲切地称为拉什，不久前去世了，享年65岁。他是《巴比伦塔木德》的大评论家，这部编纂于6世纪的宗教文献在西方犹太社群中流传。拉什极其清晰的评述使这部文献得以推广。

生于特鲁瓦的拉什经常提到自己的家乡。他在那里成立了自己的塔木德学校。但他似乎不想以拉比的身份谋生，更希望通过种植自己在香槟地区的葡萄树赚钱。

这位大学问家一定会在西方基督思想中留下他的印记。他作品中用希伯来语撰写的罗马术语是重塑奥依语的珍贵资料。

◆ 宗教

圣殿骑士

基督的贫苦骑士团

1119年

近东·骑士团不断涌现！1119年标志着军事宗教骑士团——圣殿骑士团——在耶路撒冷诞生。更准确地说，两位骑士，一位法国骑士雨果·德·帕英和一位佛兰德斯骑士格弗雷·德·圣欧莫共同创立了“贫穷的基督和所罗门圣殿骑士团”，后被人称为“圣殿骑士团”。这是一个富有意味的名字，因为雨果·德·帕英和他最早的同伴就是在所罗门圣殿的南部创立了骑士团。两位创办者受到刚登基成为耶路撒冷王的博杜安二世的庇护。他们保留了“圣墓”教堂议事司铎的惯例。

1129年，十年后的特鲁瓦大公会议上已有14名骑士。在伯尔纳的请求下，骑士团当日正式成立了，会议还通过了自行编纂的七十二条规定。很快骑士团便收到了来自贵族、院长、主教和领主的捐赠。1139年，教宗英诺森二世承认了这个宗教军事组织。1147年，他允许圣殿骑士佩戴红十字，嘱咐他们保护通往圣地的道路，并保障朝圣者的安全。

◆ 国际

在阿拉贡开始“收复失地运动”

1118年

西班牙·12月18日，萨拉戈萨落入“征服者”阿方索一世之手，成为阿拉贡王国的首都。经过几个月的围攻，穆斯林王国沦陷。

基督教首领发起的收复失地运动蓄势待发。阿方索一世此后转战埃布罗河流域，后对安达卢斯展开猛烈进攻。

阿方索试图夺取格拉纳达，但无功而返。阿尔摩拉维德统治者击退了阿方索的军队，但前者意识到一种新的军事关系形成了：他们这些征服者从此转为防守。

◆ 政治

"胖子"路易六世加冕为王

1108年 **法国**·路易六世8月3日在奥尔良加冕，继承自己的父亲腓力一世的王位。对他来说，此时正是重振王权的好时机，因为一些封建主，尤其是诺曼底公爵和阿基坦公爵，拒绝按照惯例在路易六世的加冕礼上向他致敬，以示臣服。

路易六世任命自己的同窗，圣但尼修道院的院长絮热为特权顾问。在絮热的帮助和明智的建议下，国王得以加强王权，同时与侵略者对抗。

◆ 政治

我要再看看我的诺曼底

如何在位居英格兰国王的同时保住诺曼底呢？对"征服者"威廉来说没问题，但他的继任者们呢？

1106年 **英格兰**·1087年，"征服者"威廉去世时，他的第二个儿子"红脸"威廉二世登上英格兰王位，并统治诺曼底公国，这得益于他的长兄"穿短护腿者"罗贝尔发动的第一次十字军运动。当"红脸"威廉去世时，罗贝尔想拿回英国王位为时已晚：他们的弟弟"儒雅者"亨利一世已然加冕为王。然而，罗贝尔保留了诺曼底公国。

不久后的9月28日，罗贝尔在坦什布赖战役中被亨利一世打败，并被俘虏，在牢房中度过余生。此后，诺曼底和英格兰再一次正式统一。

世纪婚礼

路易七世与阿基坦的埃莉诺大婚

1137年7月25日，埃莉诺与路易在波尔多成婚。埃莉诺带来一份天价嫁妆：吉耶讷、普瓦图和加斯科涅。埃莉诺才能出众，她既是行吟诗人的资助者，也是阿基坦宫廷的成功管理者。但国王得知自己的妻子品行不端后，与其离婚。

一年后的博让西大公会议确认二人离婚，这成为英法新一轮战争的起源。

快讯

1100年

意大利的每一座重要城市都出现了水磨坊。

1101年

罗贝尔·达布里塞尔成立丰特夫罗修道院。

1104年

威尼斯军械库建成，将使威尼斯的海军力量成倍增长。

1118年

柬埔寨的吴哥窟建成。

1122年

威尼斯和君士坦丁堡之间的战争开始。

1123年

主教叙任权之争结束了。

1140年

中国人口达一亿。

讣告

1122年

欧玛尔·海亚姆不仅是著名的诗人，他还对同时代的所有学科均有涉猎：医学、天文学、物理学、化学、哲学。他在波斯旧历上开创了一种新年号，每四年定为一个闰年。他通过自己创作的诗歌《鲁拜集》(或称《四行诗选》)来抒发情感。

1155年

蒙茅斯的杰弗里在他的主要作品《不列颠诸王史》中将亚瑟王放在首位。

1160年

“格言大师”伦巴第人彼得是《四部语录》的作者，这是一位或好几位教父的文集汇编，是他们对圣书篇章的解读。这部书以问题的形式编纂，讨论了当时的重大神学问题。

◆ 思想

1121年

有关共相的激烈争论

法国·一方面，纪尧姆·德·香浦等人宣扬“唯实论”，另一方面，追随在贡比涅的罗瑟林身后的是一群“唯名论者”和包括皮埃尔·阿伯拉尔在内的“概念论者”。继古代希腊哲学家波菲利俄斯定义“五全称命题”：属、种、特异性、固有性、偶然性后，哲学家们都试图定义其“全称性”。“概念论者”认为，这些共相与概念类似。唯名论否认概念的存在，认为概念就是一幅图像、一个词语。

◆ 思想

1122年

阿伯拉尔思想

法国·神学家和哲学家皮埃尔·阿伯拉尔一开始因他与自己的学生，议事司铎菲尔贝尔的侄女海萝丽丝之间一段悲伤的爱情故事而闻名。菲尔贝尔坚决反对两人的婚姻，并认为海萝丽丝遭到离弃，于是在1117年阉割了教授。两位恋人皈依宗教，不过阿伯拉尔继续讲授哲学。

12世纪初是思想斗争的新时期，向阿拉伯思想家传播的古代哲学思想开放。想综合新思想和教会的传统思想并非易事。

试图实现融合的哲学叫作经院哲学。经院哲学包含所有可传授的知识，着重辩证和理智。经院哲学的思想方法并非从一开始就假设真相，而是理解真相。阿伯拉尔将辩证法用于神学研究，尤其体现在他今年撰写的代表作《是与否》中。

◆ 音乐

1137年

马卡布鲁的流行歌曲《洗衣歌》!

法国·一段时间以来，法国和卡斯蒂利亚王国的宫廷尤爱行吟诗人。我们已经知道赞扬青春之心的威廉九世，但一个新的时代似乎来临了，这是由马卡布鲁和他的作品《洗衣歌》引领的时代。人们在酒馆里、大街上，总之几乎所有地方都能听到这首歌!

马卡布鲁在歌中宣扬与异教徒的斗争，清洗他们的污点，净化他们的灵魂：灵魂就像被洗过的衣服一样洁净。这首歌带有暴力的苦涩与安详宁静的氛围，提及伊比利亚半岛针对伊斯兰世界的收复失地运动。行吟诗人加斯科涅的塞卡蒙将诗歌艺术传给了这位江湖艺人。马卡布鲁只有42首诗歌得以流传。

14世纪 15世纪 16世纪 17世纪 18世纪 19世纪 20世纪 21世纪

◆ 建筑

令人折服的哥特式建筑

圣但尼、努瓦永、苏瓦松、鲁昂，以及即将建成的拉昂、巴黎、兰斯或亚眠……法国北部新潮的建筑风格！

1150年

法国·哥特式建筑的秘诀，在于它的拱顶！无论是否经过加工，放置在拱顶对称轴上的石块都可以分割推力，沿着拱柱分配重量。罗马式圆形拱顶的时代结束了，随着哥特式建筑的到来，尖形拱肋分割的穹顶开始流行。飞扶壁也越来越多，代替了以前的廊台。一种全新的骨骼式建筑出现了，旨在分散墙壁的不同功能。

◆ 大工程

总承包商絮热

1144年

法国·圣但尼圣殿（前身为圣但尼修道院）的司祭席后部和祭坛不久前在国王路易七世和王后埃莉诺面前被祝圣。毫无疑问，这座王室寝陵在德高望重的絮热院长的推动下越来越尊贵。絮热于1122年成为圣但尼修道院的院长，也是这项建筑工程的总负责人。先后担任路易六世和路易七世顾问的絮热决意修建一座哥特式教堂，既包含早期的加洛林教堂，又突出（从地下室移至祭坛的）圣物。为此，絮热想运用所有的艺术风格。他希望这座建筑能成为他宗教生涯甚至政治生涯顶峰的标志，同时可作为法国君王的寝陵。王国也能在与神圣罗马帝国的霍亨斯陶芬王朝对抗时显示自己的光辉与荣耀。

圣但尼的哥特式建筑。即将迅速风靡法国的哥特艺术通过各处修建的教堂发挥着支撑民族情感的作用。1130年，首先修建的是教堂的东面，随后是司祭席后部，现以前所未有的效率（四年）完成修建，是哥特式建筑修建史上的重大成就之一。光线通过祭台周围的双回廊和辐射四周的小祭台散射。穹顶是时下最大的拱顶之一。圣但尼圣殿里的26根象征《圣经·旧约》里国王和王后的圆柱雕像是哥特式雕塑的典范。这些雕像的姿态仍然比较生硬，即使其衣服上的褶裥被打磨过。稀奇的是，修建计划中包括在圣殿正面中央门廊的上方安装一扇玫瑰窗。

◆ 国际

我们的士兵讲述：第二次十字军运动

1149年 **近东**·“这是一次灾难，”我们光荣的战士们说道，“我们为光耀基督信仰而战，而最终它却蒙受巨大损伤，就连我们对教宗的信任也被削弱不少。”

1144年12月，伊斯兰教徒攻克第一次十字军运动时建立的埃德萨伯国，点燃了与基督教的战火。一年后，罗马教宗尤金三世向路易七世和德意志的康拉德三世求助，未见成效。伯尔纳从1146年起倡导十字军运动，尤其是在勃艮第的韦兹莱市，那里的群众已摩拳擦掌。事情终于发生了。德意志军队于1147年5月离开雷根斯堡，9月抵达君士坦丁堡。1148年春，路易七世与康拉德三世同时进入耶路撒冷。十字军在1148年夏天试图攻打大马士革，但几天后不得不放弃这一目标。这次失败让他们忘记了十字军运动的本来目的，人员损失惨重。

世纪婚礼

金雀花王朝的亨利二世与阿基坦的埃莉诺大婚

1152年5月，阿基坦的埃莉诺不久前结束了与路易七世的婚姻，后又嫁给诺曼底公爵和阿图瓦伯爵亨利（传言亨利二世之父习惯在帽子上插上一枝金雀花），并提供了与当初献给法国国王同样的嫁妆。1154年12月，他们成为英国的国王与王后。

◆ 社会

一座新兴城市：莫斯科

1147年 **俄罗斯**·新兴城市莫斯科（原名“Moskov”出现在1147年的一份官方文件上）实际上是一座周围围着绿篱和树障，在156米高的山丘上发展起来的小乡镇……起初，这座要塞处于莫斯科河40米上的高处。莫斯科只占据左岸，右岸是沼泽。目前它的面积未超过5万平方米。莫斯科的奠基人尤里·多尔戈鲁基邀请他的盟友参加庆功宴，庆祝莫斯科城的建立。

◆ 肖像

布雷西亚的阿诺德，神职人员腐败的揭露者

1155年 **意大利**·阿伯拉尔的崇拜者，布雷西亚的阿诺德冒着极大风险揭露了神职人员的腐败和他们对权力的渴求，捍卫了回归清贫质朴的思想和基督教的原始形象。即使如此言论发表的时机正合适，但这位意大利的改革者还是被驱逐了。

他隐居在巴黎的圣女日南斐法山，靠近阿伯拉尔，布雷西亚的阿诺德曾在1140年的桑斯宗教会议上支持过阿伯拉尔的论断，但也无济于事。

1141年从法国被驱逐出境的阿诺德在伯尔纳的施压下回到法国。1143年，英诺森二世的教职末期，在2 000位村民组成的军队的护卫下，阿诺德的支持者抢占了罗马，在此定居并订立法律。他们希望回到古代（恢复骑士等级制、护民官职务……）。阿诺德一直都是罗马的主人，直到1154年当选教宗的阿德利安四世复活节前以不让罗马人庆祝复活节为威胁，煽动民众对付阿诺德。罗马民众向阿德利安四世交出了改革者，阿诺德后来逃出监狱。

他很快被今年6月刚在圣彼得大教堂加冕称帝的“红胡子”腓特烈一世的军队捕获。布雷西亚的阿诺德被宣布为“异端”而吊死，他的尸体被烧毁，骨灰被扔进台伯河。

◆ 奇闻逸事

教堂里的凶杀案：主教被杀！

宗教场所发生如此惨剧并不常见，何况这还不是随便哪座教堂，而是英格兰最负盛名的教堂之一！坎特伯雷大主教托马斯·伯克特长期担任国王亨利二世的顾问，也是他最好的朋友，不久前的12月29日，他在大殿中央被四位骑士杀害。

1170年

英国·主教与君主之间一直存在争端。首先，君主认为授予教会的特权太大。其次，当教士犯罪时，国王有权对他们进行惩罚，然而原则上，所有教士应由教会法庭裁决。

1164年颁布的《克拉伦登约章》使国王与教会的争端达到顶峰。金雀花国王想界定教会与国家间的关系，于是英国教士做出回应。伯克特反对这一举措，不得不背井离乡逃到法国，躲避王室的怒火。当他回到英国时，他因误会被错杀。亨利二世曾公开表示："谁能帮我摆脱这位大主教？"四位骑士将这句话视为谋杀主教的许可。1174年，国王在伯克特的坟前公开忏悔，并收回《克拉伦登约章》。

◆ 文学

日本人有趣的卷轴书 1160年

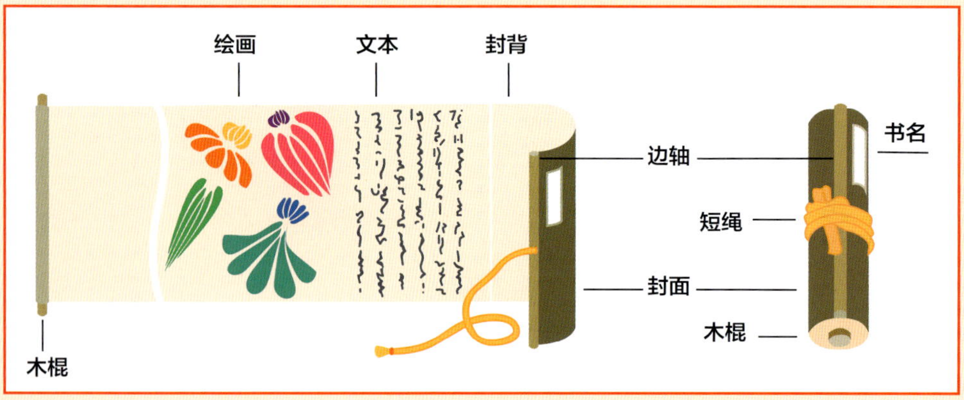

日本 · “绘卷”是一种配有插画的卷轴书，由纸张或丝绸页组装而成。这一来自中国的技艺可追溯到8世纪。起初，绘卷用于记载佛教经文，有精神启发作用。此后，日本人将绘卷用来记述紫式部的小说《源氏物语》。

旅行

我们从非洲带回一个小面具怎么样？

1165年

尼日利亚 · 去尼日利亚东南部能找到伊博族和他们的精美产品。他们手艺高超，擅长做木工：他们制作的面具是白色的。让人想起死去的年轻妻子。这个民族还因他们在乌克瓦工坊的青铜工艺而闻名。

伊博族的手艺人用的是“失蜡法”：先用蜡制作模型，再在模型上覆盖一层黏土。一旦蜡被高温熔掉，就往里面注入玻璃或金属。待冷却后便打碎黏土，取出成品。

◆ 文化

希尔德加德的秘名语

1170年

德意志 · 众所周知，希尔德加德 · 冯 · 宾根是出了名的神秘人物。她一直对政治感兴趣，并与历任帝王和教宗保持密切联系（听闻有300多封书信），与显贵的来往使她成为有影响力的人物。1136年当选迪希邦登堡的本笃会修道院院长，希尔德加德于1147年成立鲁伯茨堡修道院，后又于1165年成立圣希尔德加德修道院。希尔德加德声名显赫，因为她在三本书中阐述了她自3岁以来的愿景。她还写诗、写歌，并完成了一篇科学专论和一篇医学论文。

秘名语。希尔德加德流传至今最匪夷所思的发明就是“秘名语”，这是她唯一在说的语言，但始终令人费解。这种特殊用语共有23个字母，用来描述一种极为特殊的奥义，这种谜语被收录在一部包含1 000个词的词典里，尤其见于有拉丁语注解的名词和一些形容词。是希尔德加德发明了这套词汇，但语法仍然是拉丁语的语法。

音乐

日耳曼人的“恋歌”

1170年

德意志 · 日耳曼人读什么书，听什么音乐呢？

“恋歌”是一种用不规则的诗句和规律的诗节抒发情感的诗体。“恋歌”应在竖琴伴奏下演唱。几年来，这种音乐形式在法国吟游诗人和他们创作的诗歌影响下不断发展。大部分“恋歌”的创作者都是贵族，他们赞美骑士阶层中他们可望而不可即的恋人。另一种十分流行的歌曲形式是“艺术歌曲”，由单人演唱。

◆ 经济

家家银行通威尼斯

1171年 **意大利**·自十字军运动时期起，热那亚和比萨便在地中海占主导地位。两座城市明争暗斗，想要控制撒丁岛和科西嘉岛，后撒丁岛属于比萨，而科西嘉岛属于热那亚。

第一次十字军运动使这些城市变得富裕，因为它们负责十字军和军粮的运输工作。金融业务是犹太人、圣殿骑士和伦巴第人的专利。大量资金汇集，并被有效地再投资。

终于有了银行。第一家银行1171年在威尼斯成立。伦巴第人开始使用汇票，承认对卖家的债务。汇票可兑换为货币。这种新的操作方式可以避免直接运输货币，成为不怀好意者的攻击对象。这样也避开了被教会视为罪恶的有息贷款。当然，这套系统还有其他益处。

1071年至1084年多梅尼科·塞尔沃做总督时期，威尼斯在银行和地中海商业领域取得了举足轻重的地位。皇帝阿列克塞一世要求塞尔沃从西西里的诺曼底人手中再次夺得拜占庭的财产。通过驱赶诺曼人的船只，塞尔沃让威尼斯获得了开设商店的权力，并控制了君士坦丁堡的码头。

世纪婚礼

路易七世和香槟的阿黛勒

香槟的阿黛勒是路易七世的第三任妻子，路易七世的前任妻子卡斯蒂利亚的康斯坦丝于1160年10月去世。一个月后，路易七世与阿黛勒的婚礼于11月13日在巴黎的西岱宫举行。王后将在1190年至1192年间，她的儿子腓力二世率领十字军运动时担任王国的摄政。

◆ 国际

两万威尼斯人眼睁睁看着他们的财产被没收

1171年 **土耳其**·阿列克塞一世的孙子，1143年登基的拜占庭皇帝曼努埃尔一世想大幅削减威尼斯人在海上的垄断权。他与威尼斯的竞争城市比萨、热那亚和阿马尔菲签订协议。自从这四座意大利城市获许在君士坦丁堡北部建立自己的街区，意大利商人便大批涌入，导致本地人之间的商贸严重受损。1171年年初，威尼斯人曾攻击并摧毁部分君士坦丁堡的热那亚街区。皇帝出于报复，下令逮捕帝国境内的所有威尼斯人，并没收他们的财产。双方的外交关系直到1180年年初才恢复。到那时君士坦丁堡境内共计6万威尼斯人。当地居民由于对威尼斯人的不信任和嫉妒，于1182年8月对他们进行屠杀，造成3 000人死亡。

快讯

1154年 阿拉伯学者穆罕默德·伊德里西为西西里国王罗吉尔二世绘制了一张世界地图，并编写了一部地理学著作。

1156年 开始使用由弩和投射器构成的一种平衡炮。

1158年 建立慕尼黑城。

1167年 法国共有800座清洁派教堂。

1175年 源空和尚成立日本净土宗。

◆ 文学

建筑

博南诺·皮萨诺在比萨修建了一座斜塔

1173年

意大利·到底是什么让比萨斜塔变成了斜的？这是建筑上的失误吗？这座塔似乎长期以来一直都是斜的。泥灰岩导致的地面下沉或许是其中缘由。

目前只修建完成了三层。博南诺·皮萨诺发起的这项工程被中断，等候新的命令。它很快会再度动工。1372年，刚完工的比萨斜塔由于倾斜，南面高约60米，北面高55.86米，底部直径15.5米。

小说开始流行！

1183年

法国·一般而言，“小说”是用粗俗的语言编写而成，这种语言与拉丁语截然不同。自12世纪中期起，对一些拉丁语文本进行改编被称为“小说改编”。截至此时，武功歌和英雄史诗占主导地位，但毋庸置疑，小说文体将在接下来的几年里逐渐获得成功。

最近去世的克雷蒂安·德·特鲁瓦被视为亚瑟王文学的奠基人，也是中世纪的第一位小说家。他在15年间写了多部著作，其中包括《囚车骑士兰斯洛特》《狮子骑士伊万》和《圣杯故事佩塞瓦尔》，但最后这部作品没有完成，克雷蒂安·德·特鲁瓦创造了流浪骑士小说文体。这也是史上第一次，人们提到“作品”，因为这些文章组成了一个连贯的整体。

特里斯坦和伊索尔德的传奇爱情故事有多个版本。一些文章里描写了动物的场面，如《列那狐传奇》，这个故事由多位作者编写，里面的狐狸列那与狼伊桑格兰斗智斗勇。现在供宫廷贵族阅览的小说多数以英勇的战士和他们的赫赫战功为主题。

1171年

城市之声

犹太人在布卢瓦被控宗教谋杀

法国·又一个耻辱！如果有人想淹死自己的狗，他就会说这条狗得了狂犬病。现在的这件事是一样的逻辑。卑鄙无耻的谣言四处散播，说犹太人在宗教谋杀中杀害非犹太人的小孩，用来制作圣体饼。

一切始于在英国发现了诺里奇的威廉的尸体，上面有多处匕首刺伤的痕迹。对犹太人的指控由一个名叫（蒙茅斯的）托马斯的基督教士发起。据他所说，一则预言预示如果每年都有一位受过洗的孩子牺牲，犹太人就能重新夺回巴勒斯坦。自此，英国和欧洲大陆所有的儿童失踪事件都找到了解释，这也给政府和群众找到了一个灭绝犹太族群的借口，正如这一年在布卢瓦发生的事件一样。

1180年，腓力二世加冕前夕，巴黎的犹太族群为他们在布卢瓦的教友伸张正义。腓力二世同他的祖父路易七世一样倾向于做保护者，便赐予其中一位犹太人官衔，让其代表犹太族群。两年后，腓力二世却反过来采取了一系列反犹太措施，没收了他们的财产，并将他们驱逐出境，直到1198年，腓力意识到他们的经济实力后才回心转意。

◆ 社会

城市自由的空气

1180年

欧洲 · 时下有个值得注意的新气象：城市的吸引力越来越大。于是，法国和德意志之间的商路上便出现了许多寻求贵族或主教庇护的商户。

手工艺人成批出走，他们离开村庄，走向乡镇，贩卖自己的产品。奴隶也涌向城市，并且这一现象越来越明显，因为只要他们的主人在一年零一天后还没有找到他们，他们就能重获自由。于是便有了这句话："城市的空气让人自由。"

◆ 大工程

从灰烬中重生的教堂

1176年

法国 · 在大火中毁灭，这是许多教堂的悲惨命运！

见证了罗马式建筑向哥特式建筑过渡的最古老的教堂——瓦兹河谷的努瓦永大教堂——曾遭遇三次大火，并于1131年最后一次火灾后重建。在勃艮第的韦兹莱，宏伟的罗马式建筑圣马德莱娜教堂1120年遭遇了一场可怕的大火后，1132年在灰烬中重生。沙特尔市也曾在1134年被大火蹂躏，当地教堂的正面于1145年左右得以修复。在英国伦敦，精妙绝伦的圣保罗座堂从四次大火中立起，并且每次重建都比之前更恢宏。

最近遭遇火灾的是斯特拉斯堡大教堂。主教决定第四次启动修建"神的交椅"——教座，它的精美程度将超过不远处的巴塞尔大教堂。这是一座木质架构，一旦遭遇火星，整座教堂将灰飞烟灭。

1182年 宗教

卡皮雄教派

法国 · 又一个教派！显而易见，各大教派如今已四处开花了！现在又来了一个卡皮雄教派。

它的成员都穿着白色大衣，手持圣母像，口头祝愿世界和平。他们是上帝和平的支持者。这一围绕在一个叫迪朗的人周围展开的运动开始于奥弗涅。他在奥尔良摆脱了以暴力手段挑战社会秩序的雇佣兵，这件事随后传到整个法国。它应该很快便会引起极大轰动。

卡皮雄教派要求来自社会各阶层的成员对抗暴力。教派成员从起初的500人很快发展到5 000多人。教士们在这次运动中看到使社会和谐的方法，有人说它有助于维护图卢兹伯爵和阿拉贡国王之间的和平。但要注意的是，卡皮雄教派有可能会推动民众起义，并指责封建政权的当权者和君王。因此，统治阶级会竭尽全力削弱甚至铲除卡皮雄教派。

◆ 国际

萨拉丁成为东方的主人

1187年

近东·萨拉丁·优素福·伊本·阿尤布在西方通常被人称为“萨拉丁”，在不久前的10月2日占领耶路撒冷。他在推翻埃及法蒂玛王朝，成立阿尤布王朝后，这位苏丹欲征服东方。7月初，他在太巴列打败耶路撒冷王吕西尼昂的居伊，两天后将后者处死。不久后，在哈丁平原上，一支法兰克军队精疲力竭，缺粮少水。这次胜利让萨拉丁结束了法兰克人的耶路撒冷王国。

◆ 政治

腓力二世修改他的王国版图

1189年

法国·22岁的“奥古斯都”腓力二世已经可以为击败最强敌手英国的亨利二世而自豪了。于是，他打算扩大从父亲路易七世那里继承的疆土，准确地说是加上佛兰德斯和香槟地区。腓力二世作为边境问题的专家，长期以来准备建立一个强大的法国。1180年，他与埃诺的伊莎贝拉联姻，伊莎贝拉为他带来了阿图瓦作嫁妆。

大工程

卢浮宫的奠基石

1190年

法国·我们称之为卢浮宫，可能是因为这里有许多狼（译者注：法语里的“狼”，即loup的发音为“卢”）。腓力二世将这座城堡设计成巴黎城墙边的堡垒。它的主要职能是守护这条以前常发生掠劫的通道。国王也希望将它打造成能抵御英格兰人，保卫国库和卷宗的安全之地。

◆ 宗教

上帝会认出自己人

1184年

法国·无力进行深化改革的教会让一些人产生重寻早期基督教的需求，但这并不能撼动宗教等级。

韦尔多派。韦尔多运动由皮埃尔·韦尔多发起，倡导回归基督的清贫。他将《圣经》翻译成通俗语言，并为穷人提供抄本。交由女人和在俗教徒讲道的韦尔多派惹恼了教会，且很快被处以绝罚。教宗卢修斯三世不久前秘密开除了“里昂穷人”。他们遭受暴力和压迫。

弗拉蒂切利派。当前的另一股思想潮流便是弗拉蒂切利派思想，出自方济各。他们也表现出对财富的深恶痛绝，遵守阿西西的圣方济各的规矩，做穷人中的穷人。这一组织的名称来自意大利语“frate”一词，表示宗教意义上的“兄弟”。他们的主要聚集地在朗格多克和托斯卡纳。

所有这些异端的命运似乎早已注定。无论他们隶属哪座教堂，他们都将被杀害。虽然1209年贝济耶大屠杀时，教宗特使没公开宣布：“杀光他们所有人，上帝会认出自己人！”

城堡主塔是一座31米高的独立塔，周围是防御壁垒。

法兰西王国的面积并不大，可为何腓力二世需要这样一座堡垒呢？首先，当君王参与十字军运动时，他希望巴黎受到保护；其次，他想将这个小王国打造成一个大王国。

◆ 社会

成立幕府

1192年

日本·源赖朝于1192年8月21日接受“征夷大将军”的职衔。这一任命开创了幕府时代，幕府制度由幕府将军掌握军事实权，天皇只有象征性的权力。

氏族斗争是这一时期的标志，例如1185年被源氏击垮的平氏。镰仓成为江户幕府的中心城市和首都。武士们通过一套在日常生活中也要遵守的荣誉准则行事。佛教发生重大变革，与禅宗接近。1192年至1333年的镰仓幕府时代，精妙绝伦的艺术品被制作出来，雕刻艺术也达到顶峰。

◆ 国际

第三次十字军运动失败

1192年 **近东**·多位君王参与了1187年启动的第三次十字军运动。1189年，德意志皇帝“红胡子”腓特烈一世、腓力二世和英国国王“狮心王”理查一世一同出发援助顽抗萨拉丁的十字军国家。太巴列胜利的3个月后，萨拉丁又攻克了阿卡、贝鲁特、耶路撒冷、阿什凯隆……此时法兰克人手中只剩萨拉丁不感兴趣的“的黎波里”。十字军已注定失败，因为参战的各大国并不齐心。孤军奋战的理查一世因自己的英勇夺回阿卡，决定与萨拉丁谈判，但不得不接受萨拉丁的条件。这场冲突于9月2日以休战告终。

时尚

1195年

12世纪的人穿什么衣服？

法兰西王国新闻	**1182年** 腓力二世将犹太人驱逐出境。	**1190年** 巴黎圣母院大殿的最后四个梁跨建成。

◆ 文化

一位伊斯兰教哲学大师离开了我们

1198年

摩洛哥·医学家同时也是法学家的伊本·鲁世德因为希腊–阿拉伯哲学传播所做的工作，而成为西方当之无愧最重要的伊斯兰教哲学家。因为他，这一文化遗产得以从巴格达传至科尔多瓦，并走进欧洲成立不久的大学。在人生尽头，伊本·鲁世德被哈里发驱逐，逃往摩洛哥。

他的一生都在研习亚里士多德的著作，试图在他的评述中找到原义。他想将传统的神律和理性的哲学联系起来。他的遗作大概是依靠犹太教徒和基督教徒的传播得以流传。

记事本

“狮心王”理查一世之死

1199年

法国·1183年，阿基坦的埃莉诺与亨利二世之子，“狮心王”理查一世在哥哥“幼王”亨利逝世时继承英国王位。他在第三次十字军运动中起到决定性作用，腓力二世走后，他夺取了阿卡，孤军奋战在圣地。而他的弟弟“无地王”约翰却与法国国王密谋，理查一世不得不于1192年返回英国。回朝途中，在腓力二世的教唆下，他被德皇幽禁，两年后他的母亲以高昂的赎金将他赎回。

理查一世回到英国，赶走了篡权夺位的弟弟，后登陆法国发动战争。1198年3月26日，在一次次军事行动沙吕围城中，一支角镞箭射中了他。4月6日，他死于坏疽。

5月27日，“无地王”约翰加冕成为英国国王。

欧洲·人一定是根据自身条件和社会地位选择着装的。上流社会的人炫耀自己的亚麻衬衫、垂至脚踝的长衣和用整块布裁剪的布里奥德，只留一个穿头的衣口，侧面裁开方便行走。衣服上面还饰有一颗用厚布料缝制的衣扣，位置以穿头衣口的大小为准。整件衣服束有装饰腰带。

有钱人偏爱结实的长裙，或是覆上贝利松的紧身上衣，这是一种长至膝盖处的衬衫。

然而，平民只能穿哥奈乐，一种粗布大袖口上衣，或者卡拉布，一种带风帽的长款无袖僧衣，可以盖住肩膀和上半身。

1194年 原罗马式建筑沙特尔主教座堂（今沙特尔大教堂的一部分）被烧毁，重建工程开启。

1197年 “狮心王”理查一世出于战略考虑在诺曼底的韦克桑修建盖拉德堡，听说至少耗资5万英镑。

1198年 腓力二世允许犹太人重返法兰西。

中世纪一座教堂的施工现场

13 世纪

◆ 建筑

“耶路撒冷之路”，在教堂里徜徉

1200年

欧洲·迷宫在这个年代并不新奇。它们被称作“耶路撒冷之路”或“代达洛斯之屋”。法国、德意志、英格兰都有迷宫，当然还有意大利。最古老的迷宫据说是圣维塔尔教堂，可追溯至6世纪。祭台对面的祭坛里，一侧的八角形砖块上有一座地面迷宫。从中心发射出许多小箭头，艰难地找到出路后，便导向教堂中央。

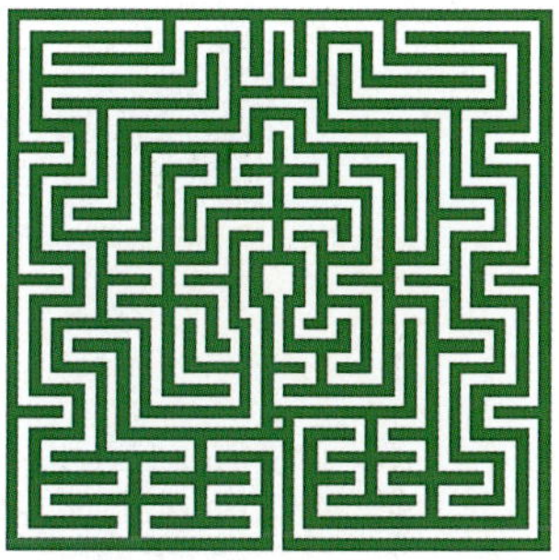
圣奥梅尔

在法国，如今最精美的迷宫之一当数沙特尔主教座堂里的，几乎占据了大殿的整个宽度。圣奥梅尔的圣贝尔坦修道院里的大迷宫也富丽堂皇。诺曼底的巴约圣母主教座堂在集会厅里铺砌的迷宫同样引人驻足，它是修建工程中引人注目的哥特式元素的一部分。

沙特尔

据基督徒所说，这些迷宫会代替信徒前往耶路撒冷朝圣。它们也能让信徒在不离开自己家乡的情况下完成祈祷。

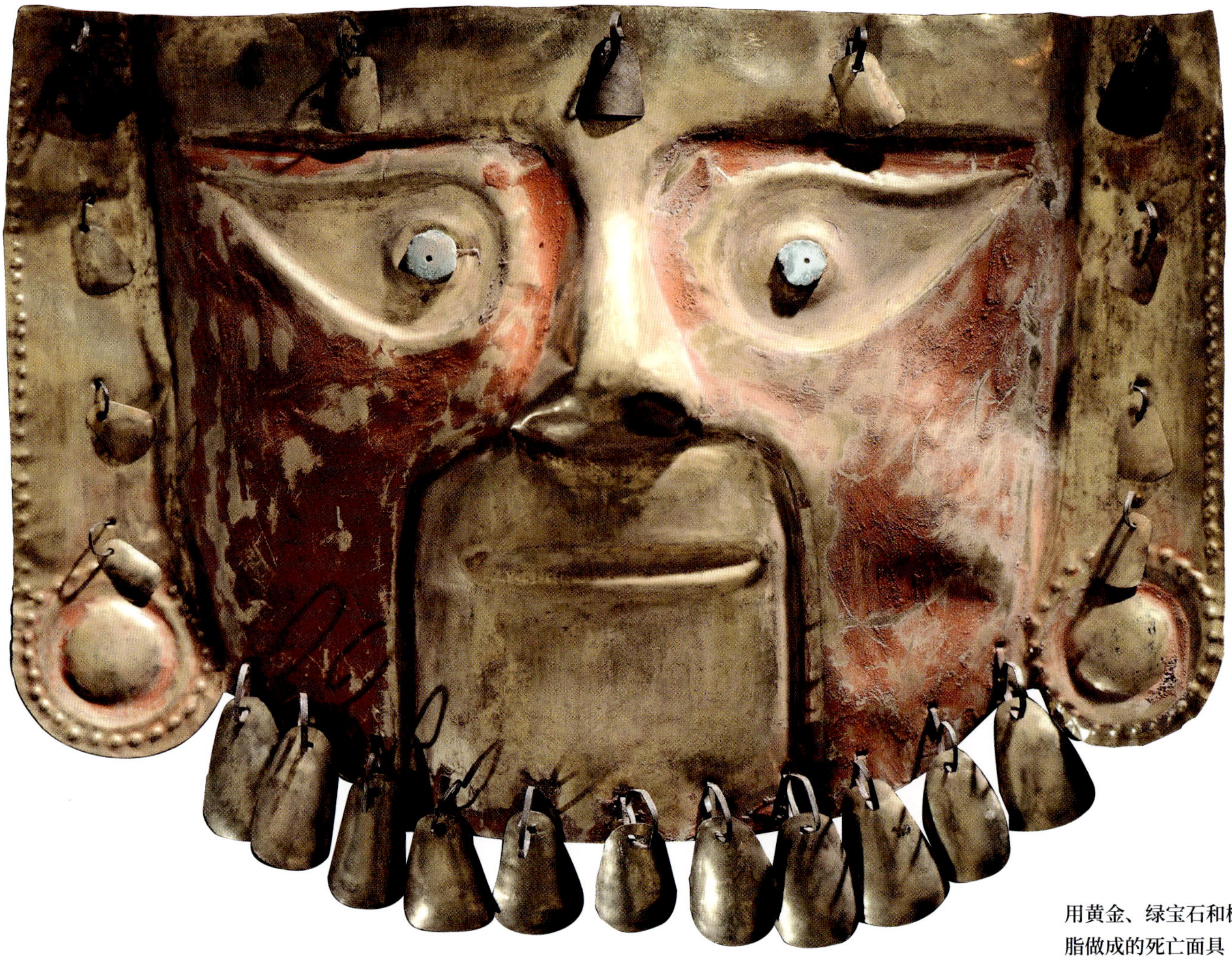

用黄金、绿宝石和树脂做成的死亡面具

◆ 国际

奇穆人的大都会

1200年

秘鲁·奇穆人的力量在上升。他们建立了一个安第斯国家，占据近 1 000 千米长的海岸线。奇穆人在每一个山谷修建了大型灌溉工程和防御工事。800 年起用生砖建成的奇穆王国逐渐壮大，每任国王都在不断修建宫殿和陵墓。王国的都城昌昌面积有 20 平方千米左右。奇穆文明随着 1470 年"印加征服"战役的胜利而终结。

法兰西王国新闻		
法兰西王国新闻	**1200年** 庇卡底诗人吉恩·博德尔创作出第一部法语非宗教戏剧《圣尼古拉斯的奇迹戏剧》。	**1204年** 腓力二世接受巴黎水商和勃艮第商人之间的协议，规定他们各自的特权。

◆ 社会

生意人的新算法？

1202年 **欧洲**·截至目前，整个欧洲都借助算盘，用罗马数字工作及算数。而斐波那契的最新结论似乎标志了一个时代的结束和另一个时代的开始。他刚刚发表了《算书》，在书中展示阿拉伯计算法是多么先进，比罗马计算法更快、更高效。他汇编了阿拉伯数学家的大部分算法，供生意人和手工艺人使用。如果说商人采用新算法，民众可能并不好接受，因为他们难以理解。尤其是数字零使算数变得更加复杂。

斐波那契还编写了自己的作品，被视为西方数学革新的起源。

文学

韵文故事，令人发笑的故事

韵文故事是时下的新事物。在北方城市，在诺曼底、勃艮第或奥尔良，人们为这一新文学形式而狂热。

1200年

法国·韵文故事是充满生命力的讲述，用八音节诗句撰写，以历险故事或喜剧为主题。韵文故事里充满文字游戏和张冠李戴，可以有多种形式：情景故事、剧本、滑稽剧……这些民间故事讽刺了人类的弱点：吝啬、贪食、嫉妒、愚蠢。大多数韵文故事是匿名的，如《居维叶的闹剧》。而在今日的作家中，成功的韵文故事家有让·博德尔（《神父的母牛布汝南》和克特巴尔布（《贡比涅的三个盲人》。

记事本

一位伟大的犹太教法学家逝世

1204年 **埃及**·一位伟大的犹太教法学家不久前离开了我们。他的坟墓上刻着这样一行字："从一个摩西到另一个摩西，没有人像这位摩西。"

作为拉比世家的后裔，出生于科尔多瓦的摩西·迈蒙尼德不得不逃离迫害犹太人的阿尔莫哈德王朝。他首先在摩洛哥定居，后移居（还在十字军手中的）耶路撒冷，后又抵达开罗，成为受法蒂玛人和后来的萨拉丁苏丹欢迎的医生。

迈蒙尼德想给犹太族群一个更具哲学性的发展方向，同时保留摩西启示的本质。但将理性概念应用于传统犹太思想招致了严重非议。

这位犹太教法学家编纂了《迷途指津》，倡导宗教向科学和哲学开放，其中涉及亚里士多德的三大主题：形而上学、伦理学和物理学。他用希伯来语、古叙利亚语和阿拉伯语写作。他教授孤独灵魂的生存问题和彼世制裁的绝对精神性。他的讲授遭到犹太教徒和伊斯兰教徒的批判，他们认为他的论断过于大胆。

◆ 冲突

血与火中的君士坦丁堡

1204年

惨痛的第四次十字军运动，眼见基督徒自相残杀。

中东 · 第四次十字军运动由英诺森三世手下的讷伊的富尔克倡导。佛兰德斯伯爵博杜安九世和西蒙·德·蒙福尔率兵再战耶路撒冷。

威尼斯的影响。这次由威尼斯共和国将十字军护送至圣地，并且索要了基督徒无力支付的巨额酬劳。于是，威尼斯总督要求十字军夺取匈牙利王国的港口城市扎拉，以方便威尼斯人横渡亚得里亚海，并奠定威尼斯在地中海的地位。此事完成于1202年11月。威尼斯是基督教城市，于是冲突在天主教徒间展开。作为回应，英诺森三世立刻对威尼斯人处以绝罚。

十字军运动掉转方向。伊萨克二世的儿子，被自己的兄弟阿列克塞三世废黜的原拜占庭皇帝阿列克塞四世，与威尼斯人和十字军协商争取到他们的支持，最终成功掉转十字军运动的方向，使他们转向君士坦丁堡。同盟军于1203年第一次攻城，并在王位上安置了两位“共治皇帝”：伊萨克二世和阿列克塞四世。而阿列克塞三世则逃之夭夭。新的动荡发生了：阿列克塞三世的女婿推翻了两位“共治皇帝”，并成为阿列克塞五世。被愤怒的十字军捕获的阿列克塞五世只当了两个月的皇帝便被处决了。十字军趁此机会再度洗劫、焚烧君士坦丁堡，据说屠杀了2 000多个希腊人。这就是基督徒之间争斗的惨剧，而基督教还鼓吹爱与对戒律“绝不杀人”的尊重……

拜占庭帝国由此分裂：四分之三的领土归威尼斯和骑士所有，剩下的四分之一归属新皇佛兰德斯的博杜安，他成为东方拉丁帝国的领袖。

政治

新闻

没有土地的“无地王”约翰

1204年

法国 · “无地王”约翰刚刚失去了诺曼底。经过几个月的围城后，“狮心王”理查一世为抵挡法国国王军队通往塞纳河而修建的盖拉德堡也于3月6日崩塌了。自1202年起，腓力二世没收了约翰的地，约翰便有了“无地王”这一绰号。继盖拉德堡后，卡昂和鲁昂也再次落入法国人手中：诺曼底也再次成为诺曼底人的诺曼底。

宗教

对清洁派的追杀开始启动

1209年

法国 · 据希腊词源，清洁派表示“纯净的人”，他们相信我们的物质世界是恶的产物，而善良的上帝不存在于物质世界。世界的主宰权被上帝与魔鬼分割，而

◆ 美术

大金银匠 凡尔登的尼古拉

1205年

法国·凡尔登的尼古拉给我们留下了一件重要作品。他的名声跨越了王国的边界，收获了无数订单。1181 年，居所位于维也纳近郊的克洛斯特新堡修道院的一个德意志大家族，请凡尔登的尼古拉为他们定制一个高讲台。这件令人惊叹的金银器宽 3 米，高 1 米多，用金珐琅呈现出 51 个《圣经》里的场景。凡尔登的尼古拉的名声先于作品传到莱茵河沿岸，他被委托制作科隆大教堂里的三王圣龛。他还被图尔奈的艾蒂安请去完成图尔奈大教堂的圣龛。

人类都是堕落的天使。清洁派认为圣父高于圣子和圣灵，他们否认炼狱、复活和圣事。

清洁派兴起。据说，这次运动从10世纪末开始在保加利亚兴起。11世纪一整个世纪，它以阿尔比作为开端传至法国南部。它的影响力延伸至伦巴第。这一时期，二十几座教堂散布于地中海盆地北部，从朗格多克直至近东。

与罗马教廷的公开斗争。1167年在图卢兹举办了一次清洁派大公会议，1179年天主教廷在拉特兰做出回应，谴责此次运动。几年后，在英诺森三世任教宗期间的1198年，清洁主义被视为亵渎神明的重罪。教宗不久前以清洁派去年杀害教宗特使皮埃尔·德·卡斯特尔瑙为托词，发起一次十字军运动对付这一异端邪说，清洁派从此被称为“阿尔比异端”。据说，皮埃尔·德·卡斯特尔瑙是被图卢兹伯爵雷蒙六世手下的官员杀害，他是第一次十字军运动其中一位主导者的后代。阿尔比派将图卢兹伯爵连同其他强大的领主，如富瓦伯爵和阿拉贡国王，视为自己的守护者。

天气预报

1205年·巴黎洪水泛滥：取出你们的船。一次洪峰将卷走三座小桥。

事件

儿童十字军运动

一则可怕的消息不胫而走：3万名儿童已踏上耶路撒冷之路，而我们竟一无所知！

1212年

欧洲·来自旺多姆的年轻牧师艾蒂安曾看到朝圣的上帝交给他一封信，让他解放基督在耶路撒冷的陵墓“圣墓”教堂。另一位来自科隆的青少年尼古拉也试图以同样的目标号召军队……这两位就是“儿童十字军运动”的起源。

事实上，传言和现实很难区分。没有多少孩子参与这次群众发起的十字军运动，这次征战始于巴黎地区、莱茵兰和北意大利，最初是为了在西班牙战胜撒拉逊人。如果说这次十字军运动的想法得以成行，原因其实在于最底层的人民想找到一个途径，重新与日益衰弱的富裕阶层抗争。

到达地中海大型港口后（威尼斯、比萨、热那亚……），这些新十字军分散开来。他们的命运是悲惨的：许多人在穿越阿尔卑斯山时死亡，其他人在撒丁岛海难中逝世，幸存者被买卖，沦为奴隶。

◆ 冲突

布汶的光辉胜利让民众一片欢腾

1214年

看卡佩王朝下的法国面对日耳曼皇帝奥托四世、“无地王”约翰和佛兰德斯伯爵斐迪南的威胁时如何保持统一。

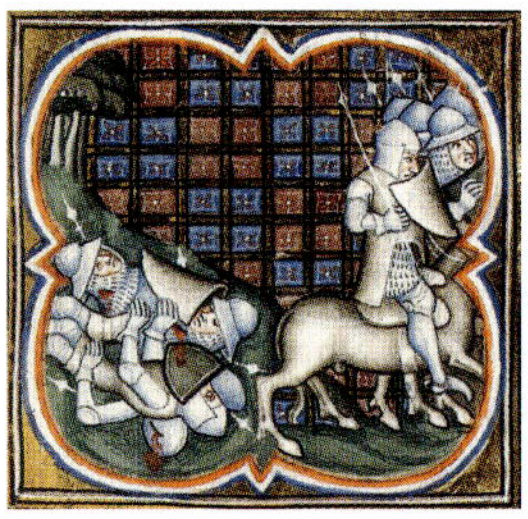

法国·7月27日星期日，众多骑士违背了“上帝的和平”的禁令。这是一个多世纪以来，法国国王第一次亲自发动战争。对战双方是法国王家军队和神圣罗马帝国皇帝以及几位大诸侯（布洛涅伯爵、佛兰德斯伯爵和尼德兰伯爵）的联军，并得到英国分遣队的支持。布汶位于佛兰德斯，里尔以东约15千米处。预测奥托和他的同盟军会从北方入侵，而英国军队却从拉罗谢尔方向抵达。腓力二世手下的士兵人数不及敌军，便朝里尔撤退，驻扎在一汪水塘和一片树林之间。相反，奥托和他的众多士兵则处于一个漏斗状洼地：难以施展，无法正确部署，他们开始互相干扰。他们在数量上的优势被弱化：这正是他们溃败的开始。神圣罗马帝国皇帝和英国国王在各个层面上都失败了。《腓力奥古斯都史诗》中，帮国王管理教堂的神父威廉·勒布雷顿描述了这个神奇的星期日。布汶这次有象征意义的军事胜利为腓力二世的统治带来了天意的加持。他先后遭遇并战胜了三位英国国王：亨利二世、“狮心王”理查一世和“无地王”约翰。卡佩王朝由此变得更加稳固。

◆ 政治

源自英国的《大宪章》

1215年

英国·《大宪章》是英国封建大贵族因外战失败与沉重课税感到不满，而针对“无地王”约翰规定的契约。他们在1215年6月颁布了这份含63条条款，规定阶级权利和个人权利的文件。

自此以后，国王无权修改国家的基本法律和传统的封建惯例，除非得到人民的同意。若国王违反此原则，就将遭到废黜。有了这部宪章，贵族可为了公众利益与国王对抗。

8月，“无地王”约翰让英诺森三世宣布宪章无效，从而引发了战争，英国王冠则献给了法国王位继承人，腓力二世之子路易八世。“无地王”约翰不久后逝世于1216年。

◆ 文化

大学的学术空间

欧洲·第一批大学的出现是对主教操纵主教学院的反抗。与培养神职人员相关的教宗特使在大学的诞生中扮演了重要角色。起初，学生从一所大学去往另一所大学，但很快，大学数量增多，学生无须再如此漂泊。第一所招收学生的大学名叫“母校”（alma matar），表示学术“母亲的哺乳”。

博洛尼亚。西方第一所大学是博洛尼亚大学，专攻法律。成立于11世纪末的博洛尼亚大学得益于1158年皇帝“红胡子”腓特烈一世颁布的一项为教师及学生赐予特权的法令。

巴黎。巴黎圣母院建筑工程周围，聚集了众多神学院和逻辑学院师生的第一个行会出现于12世纪80年代初。在腓力二世的命令下，巴黎大学于1200年对外开放。大学教授四门学科：艺术、医学、神学和教会法。校长是从艺术大师中选出的。巴黎大学非常注重对古文的研习。学习时间非常长：根据不同学院，学制在10年至15年不等；完整文凭包括中学文凭、学士文凭和硕士文凭。1215年，巴黎大学得到教宗的承认。15年后的顶峰期，大学共计约5 000名学生。

牛津。1214年，教宗英诺森三世将多所自12世纪初便存在的神学院和逻辑学院整合成大学。

剑桥。1209年，为逃脱与当地民众的冲突，从牛津来到剑桥的学生不久前在距离伦敦80千米的剑桥定居。这里的第一所学院成立于1284年。1318年，教宗正式承认其办学资格。

1220年

萨拉曼卡。国王阿方索九世于1218年创立的萨拉曼卡大学整合了当时已发展成熟的天主学院，使之成为伊比利亚半岛最强大的大学之一。

蒙彼利埃。（包括萨莱诺医学院在内的）西方主要的医学院从12世纪中期开始成为大学，1220年获得正式资格，后多样化发展。1289年，教宗下了一道诏书承认此大学。

法兰西王国新闻		
1215年	多明我在图卢兹成立多明我会（起初被称为布道兄弟会），倡导绝对贫穷。	
1220年	蒙彼利埃医学院获得正式资格。	
1229年	大学生在巴黎行为放纵，遭到血腥镇压。	

肖像

蒙古开国君主成吉思汗

1227年

中国·孛儿只斤·铁木真，意为“精钢”，1206年被尊称为“大汗”或“成吉思汗”。忽里台大会承认他是蒙古游牧部落唯一的首领。通过一连串的军事胜利，这位新王让其他部落及其首领敬服。每次军事行动，他都得到众多同伴的支持。他的人民面临外敌，成吉思汗便进行战略部署，逐步化解威胁：1215年，他攻克了中原北部，后又占领金朝都城中都。当他组织自己的帝国，实行严格管理措施时，蒙古军队继续顺着伏尔加河和多瑙河向西进发。

60多岁的大汗不久前逝世，就在中国西北部战胜西夏人的当晚，他在狩猎过程中从马背上摔下。元朝建立后，他被追封为元太祖。

◆ 宗教

被封为圣人的“方济各”

1228年

意大利·方济各会创始人阿西西的圣方济各被教宗格列高利九世封为圣人，据说他在1226年出现了耶稣钉在十字架后留下的圣伤痕。

经历了年少轻狂后，阿西西的圣方济各1205年在与耶稣的一次会面中找到了自己的人生道路。他在圣达勉堂的十字架前祈祷时，出现一个让他复兴这座教堂的声音。自从知道自己的人生使命后，1206年他退居隐修。很快，他的许多同伴想像他那样过一种贫穷、宁静的生活，带着平均主义的味道和对大自然的热爱。很快，他们就有了12个人，一起前往罗马请求教宗赞同他们这样的生活方式。

方济各从未当过教士。他想证明所有人都能做到方济各会所宣扬的虔诚，无须任何神学文化基础。临死那一刻，身患重病且几近失明的圣方济各谱写了《太阳颂歌》。方济各会后扩展至德意志、意大利、英国和摩洛哥。

快讯

1212年

阿尔摩哈德王朝在7月17日与基督军队对抗的拉斯纳瓦斯·德·托洛萨会战中战败，这是收复失地运动的决定性战役。

1225年

在意大利，教宗派成员（支持教宗）和皇帝派成员（支持神圣罗马帝国）之间发生对抗。

1229年

阿尔比十字军终结了行吟诗人的礼仪传统，这些行吟诗人大部分是成长于意大利和西班牙宫廷的清洁派成员。

1231年

教宗格列高利九世颁布《绝罚通论》，规定在宗教裁判所的框架下采取镇压措施，并关照其他法庭驱逐一切异端。

天气预报

1219年·这是巴黎尤为多雨的一年：塞纳河的水位升至西岱岛上房屋的第二层楼那么高。布列塔尼和法国西南部的冬天格外寒冷。

1221年·巴黎的房屋在暴风雨中被雷电击中。

◆ 国际

继第五次十字军运动失败后，第六次制造了丑闻！

1229年

近东·第五次十字军运动以失败告终，埃及城市杜姆亚特被完全攻占，1221年退还。但不到十年时间，第六次十字军运动就启动了！

德意志皇帝腓特烈二世不久前不费一兵一卒加冕成为耶路撒冷王。比起战士，他更像一位外交官，于2月11日与埃及苏丹签署《雅法条约》，此事在3月18日将他带上圣城的王位。鉴于腓特烈二世已被处以绝罚，并与异教徒签署协议，教宗未向他提供支持，并要求基督教徒拒绝服从他的命令。无论如何，耶路撒冷、伯利恒和拿撒勒这几处圣地将归属法兰克人的耶路撒冷王国。这些都是史无前例的。

◆ 冲突

十字军镇压阿尔比派

二十年战争后，清洁派被打倒。若他们不弃绝信仰，势必被处以火刑！

1229年

法国·我们回忆一下：几十年前，圣伯尔纳在韦尔费伊不安地发现一个异端教派，并取名为“阿尔比异端”。英诺森三世许诺以没收的土地作为奖赏，在英诺森三世的支持下，基督教徒联合在一起对抗这起异端运动。多明我会的修士担任宗教裁判所的裁判官，进行调查和检举。西蒙·德·蒙福尔和他的儿子阿莫里取得整个欧洲军队的指挥权。

十字军相继夺取贝济耶、卡尔卡松后，1213年9月12日在米雷攻打阿尔比派。阿拉贡国王佩德罗二世参与了战争，并在图卢兹围城中丧生。这场战争结束于1229年年初，以《莫城和约》为标志。尼姆、卡尔卡松、贝济耶并入法国，落入摄政卡斯蒂利亚的布兰切手中。

然而，故事并未就此结束，因为清洁派再次在蒙塞居尔城堡周围活跃。1242年，从这个异端村庄出来的几位领主杀死了宗教裁判所的两位法官，而结局是，两年后他们的堡垒被掠夺，120名异端分子被送去火葬场。

1224年·诺曼底遭遇漫长严冬的侵袭。	**1228年**·法国的气温将非常高，尤其是东部。	**1235年**·冬天是严酷的，尤其是图尔地区，卢瓦尔河被冰雪侵袭，一座桥轰然倒塌。

◆ 传统

今夏踏上圣雅各之路吗？

1230年 **西班牙**·经证实，自1150年起，圣地亚哥-德孔波斯特拉成为三大朝圣地之一，另外两处是罗马和耶路撒冷。圣雅各之路自东往西，顺着银河的方向，因此也被称为“星路”。11世纪，这条朝圣之路与收复失地运动相连。在圣地亚哥-德孔波斯特拉，950年被摩尔人摧毁的教堂于1082年被一座新的天主教堂取代，这座新教堂被不断美化。教堂里供奉的是来自加利利的第一位殉道门徒，西庇太的儿子雅各。他尊贵的圣物让阿斯图里亚斯的国王们在对抗安达卢斯时的地位得以巩固。朝圣之路上有了越来越多的人，国王们沿路修建了一些收容所，用以满足朝圣者的精神需求和物质需求。

圣雅各之路被分为十三个部分，每个路段需要好几天才能走完。教宗卡利斯特的书里提供了相关信息。

◆ 政治

非洲人权：“每个人都是一个生命”

1236年 **非洲**·不久前，马里君王松迪亚塔在他即位当天颁布了非洲大陆上的第一部“人权宣言”。《曼登宪章》包含四十四个条目，被地区首领大会通过。它向“世界的十二个部分”和整个曼登联邦宣布“每个人都是一个生命”。

这部宪章保障了人的基本权利和信仰自由，并废除了奴隶制。它以誓言的形式呈现，包含一个序言和七个章节，规定了公共生活和家庭生活的行为。

这部宪章自1222年开始起草，几十年来口口相传。

◆ 建筑

哥特式建筑：高耸入云

1231年

欧洲·圣但尼修道院的重建工程足见哥特式建筑的兴起，这一工程由院长厄德·克雷芒特开展，继续完善絮热1140年开启的工程。它见证了一种完全不同于罗马式风格的新型建筑概念，将各部分集中排列，增加体积。克吕尼修道院、圣马丁修道院、康克斯修道院这些既方正又沉重的建筑结束了！从此，我们看到的是细长的高塔，高耸入云。

虽然德意志似乎不愿放弃罗马式建筑外形，但法国众多教堂的建筑工地上已然可见经典哥特式建筑，1200年后，布尔日、亚眠，还有博韦都是如此。教堂修得越来越高——冒着坍塌的危险，有时修建过度（柱间距离过大、穹顶过高……），真的发生了坍塌事件。反之，廊台的高度降低，这样能使大殿的窗户面积增大。圣物放置于祭廊，因而无须再修建地下室。

窗玻璃面积越来越大，这也从一方面解释了彩绘玻璃艺术的发展。玫瑰窗成为不可或缺的装饰元素，例如巴黎圣母院里的玫瑰花窗。

◆ 大工程

用来存放珍宝的珠宝盒：圣礼拜堂

1248年 **法国**·法国路易九世在西岱宫修建圣礼拜堂，用来存放耶稣受难后的圣物，圣物从君士坦丁堡带回，尤其是十几年前获得的荆冠和圣十字架上的一块。圣礼拜堂以此重申圣物与王权间的神圣关联。

两层楼高的教堂7年内完成修建，工期创下纪录。下礼堂用来举行堂区仪式。穹顶饰有天蓝色背景的百合花、大红色背景的高塔，和路易九世母亲卡斯蒂利亚的布兰切的军队。建筑师皮埃尔·德·蒙特勒伊曾被要求把他的哥特式建筑立在楼上，缀上15个彩绘玻璃窗，用113幅图景展示《圣经》，并用一个玫瑰窗展现《启示录》。上礼堂为国王、国王的仆从，以及国王的遗物而建。与宫殿相连的外部平台可通往上礼堂。

◆ 国际

金帐汗国如闪电般划过东欧

1241年 **欧洲**·金帐汗国是一个由成吉思汗后裔掌管的蒙古王国。

征服精神。自1237年起，金帐汗国试图夺取欧洲。攻打波兰前，它便侵略了罗斯人建立国家。因内部争端实力大为削弱的基辅城未能抵挡住侵略。大汗的军队攻入南方的大草原，并于1240年攻下基辅城和上伏尔加河流域的主要城邦，后者不得不向蒙古人献上劳动力和士兵，并每年支付贡金。

尽管此时征服西欧还远在蒙古人计划之外，但我们得知匈牙利不久前刚蒙受了一次切肤之痛：匈牙利军队和德意志、克罗地亚的分遣队，以及前来援助的法国圣殿骑士在萨瓦河岸被击溃。这些蒙古人究竟至何方休？有人说他们此后向维也纳进发。

代价惨痛的战略。蒙古人的胜利取决于马上部队极高的灵活度，以及他们作战前侦察兵提供的详细信息。所有士兵和马匹都佩戴一种皮革制的护胸甲。骑兵都配以短刀。作战时，士兵用小旗子互发信号。蒙古人身后留下的满目疮痍长久地留在人们记忆之中。

人口

人口普查：我们有多少人？4亿人

1250年

欧洲·1250年，法国约有2 000万居民。英国有500万至700万人，而11世纪末，英格兰人口仅有约100万人，《末日审判书》中便有记载。尽管有饥荒和战争，英格兰人口仍大幅增长。本世纪中期，欧洲人口达7 000万。大开垦使耕地面积增加，农耕技术的改良大大促进了人口增长。

◆ 科技

航海者不再迷失方向

最近两项发明大大改善了航海者的生活。毋庸置疑，航海的安全性将得到巨大提升！

1250年

世界·指南针。虽然指南针是一项重大发明，但它并不能解决海上遇到的所有问题。人类最早开始使用磁针可追溯到11世纪，尽管一个半世纪后被阿拉伯人独占。指南针的原型是一根放在漂浮于水面的麦秆上的磁针。后来，磁针固定在一根轴上，放在一个分为十八个方位的罗盘上，每一个单位角等于11.25度。整体装置放在一个悬挂的小盒子里。水手们便不会再迷路了。

船尾舵。以前，人们在双桅战船上用大尾桨，将其固定于一边，或固定在两个船舵上，但操作起来并不方便。船尾舵的起源并不明确，有可能来自波斯。它被系在船后的一根金属杠上，并位于船的中轴线上，能更好地指引方向。据可靠消息，这一发明很快促进了更大的船舶的产生。

◆ 音乐

有关经文歌

音乐终于变得更加普及！不仅教堂和修道院，就连宫廷和大学里也有了音乐。当然，它将不断发展。

1250年

法国·经文歌是一种新的音乐形式，既有宗教歌曲，又有世俗音乐。通常用拉丁语，单人或多人演唱，可配有伴奏，也可无伴奏，起初为宗教节日而谱写。它是如今音乐复兴的一部分，根据是否使用练声、复调、增声（由两个声音增为三个，甚至四个声音）可分为不同种类……巴黎的圣母院学校促进了宗教复调音乐的蓬勃发展。庇卡底诗人和音乐家亚当·德·拉·阿勒将成为其继承者。他将谱写多首复调回旋曲、歌曲、戏剧、（以第一人称讲述的）诗文和离别诗（诗人向朋友告辞的诗体）。

◆ 潮流

大钟不再流行，人们更喜欢时钟和摆钟

1260年

世界·机械时钟的发明必定会改变我们的生活！是意大利人的发明还是英国人的发明呢？有一件事是确定的，那就是这项发明来自东方，因为在计时领域，中国和伊斯兰世界远比欧洲先进。

中国人几世纪以来都在使用漏刻、星盘和日晷。11世纪末的宋朝时期，他们发明了一种巨大的天文仪器水运仪象台。它被建造在一座12米的高塔里，可以重现天体、月球和太阳的运动。这也让我们想起穆斯林9世纪初献给查理大帝的珍贵礼物：一个镶嵌了金银丝的青铜水钟，上有12位从小门走出的骑士。

部分带有机械的大钟出现于12世纪，取代了水运系统。接下来出现的是时钟。这些美好的发明在接下来的几年不断发展。“时间就是金钱”……

◆ 肖像

罗伯特·格罗斯泰斯特，一个在放大镜下会发光的人物

1253年

英国·先后担任牛津大学的训导长、方济各神学院的教师，后成为林肯教区主教的罗伯特·格罗斯泰斯特不久前逝世了。他因自己包罗众多学科、百科全书式的学问令人折服。与阿伯拉尔一样，这位足以成为第一次文艺复兴时期的代表人物，他的人生就像一部小说，仿佛他已经历了好几个人生一般。他说希伯来语和希腊语，因此能翻译多部古籍。但他的主要身份是科学家，对埃及学者海什木，又名“海桑”关于光学的著作尤为熟悉。他将对光学的研究置于中心地位，尤其在他的著作《光学》中，他将光视为所有知识的基础。他曾致力于设计可放大物体的光学设备，其中包括透镜。

◆ 宗教

日莲宗想拯救日本

1253年

日本·日本有众多教派。现在又有一个新的教派，由佛教僧侣日莲创立，他的名字意指“太阳-莲花”。日莲抨击日本国内的其他教派，并写书信请求政府禁止除他自己的教派外的所有教派，因为据他所说，其他教派需要对流行病、自然灾害和其他灾难负责。

◆ 文化

罗贝尔·德·索邦创立索邦学院

1257年

法国·1257年在神学家罗贝尔·德·索邦发起下创立的与之同名的索邦学院面向穷苦学生开放。一切开始于他买下了“割喉街”的一处房子，后来又购得其他多处地产，用来容纳出身贫寒的神学院学生。如其他任何一所学院一样，索邦学院的教师和学生形成一个世俗的宗教团体。

1259年，教宗准许索邦学院成立。罗贝尔好几年后才订立学院的章程。他将自己的全部财产赠予这座未来的巴黎大学的核心，它将拥有一座又大又美丽的图书馆。

快讯

1248年

经过一年的攻城之后，塞维利亚再次落入基督徒之手，卡斯蒂利亚国王斐迪南三世进入城中，赶走了穆瓦希德人。

1251年

牧羊人的十字军运动开启，由穷人和强盗组成，目的是解放1250年后成为埃及俘虏的路易九世。

文学

时下畅销书

《奥卡辛和尼科莱特》

1200年

我们这个时代最具魅力的产物之一便是不知名的作家。这本书包含了21个部分的诗歌和20个部分的散文。它的文体独特，我们无法将其归于其他任何一种文学类型。但它可能属于一种抒情诗，模仿了牧羊女和牧羊人之间的爱情故事。故事主题是一位伯爵和一位撒拉逊奴隶之间倍受阻挠的爱情，不过故事终以一场婚礼作为结局。

《君士坦丁堡征服史》

1207年

在若弗鲁瓦·德·维尔阿杜安的编年史中，他以客观的史学家身份试图将责任归于威尼斯人和十字军。他是第一批与教会无关并选用法语撰书的史学家之一。

《被我们称为鞑靼人的蒙古人的故事》

1247年

1245年，教宗英诺森四世委任柏郎嘉宾到开始征服欧洲的蒙古大汗身边执行外交任务。他以传教士和情报人员的身份被委派。

柏郎嘉宾在这本满载观察报告和个人评注的书中描绘了自己的旅行。他的书获得了巨大成功。

《玫瑰传奇》中的乐之园，15 世纪

《大宝鉴》

1263年

1246年，国王路易九世下令编纂一部著作，这部著作属于一种被称为“宝鉴”的文学类型，旨在供王子们参考借鉴，并对他们做道德教育。书的作者是多明我会的修士，但我们对他本人知之甚少。作品共400万字，分为80卷，几乎汇聚了西方世界所有博大精深的知识。每一章（共有9 885章）以概要开篇，防止阅读者迷失在浩瀚的内容中。

《玫瑰传奇》

1270年

寓言小说《玫瑰传奇》分两个时间撰写。纪尧姆·德·洛里斯于1230年左右写了前4 000行诗文，40年后，与学术领域联系密切的国家神职人员让·德·默恩又增添了近18 000行八音节诗。这本书的开头是在乐之园里做的一个梦，梦中主人翁试图抓住一朵玫瑰花。这朵玫瑰花充满寓意：“危险”“谗言”“羞耻”“嫉妒”。

◆ 潮流

为欢乐而旋转，就像苦行僧一样

土耳其 ·

有人为获得快乐而不断转圈，很难相信有这种人，但他们确实存在。梅夫拉维教团由神秘主义诗人鲁米在科尼亚创立。自从第一所修道院成立后，其他类似的修道院也发展起来。据说，里面的苦行僧要隐修一千零一天。旋转的苦行僧（或毛拉韦）都身着象征裹尸布的白衣，脱掉象征坟墓和沉重大地的黑色外套，仿佛迎来新生。他们一边旋转一边将右手伸向天空，左手伸向大地，用来存放从天空承接的恩赐。他们的动作具有极强的象征意义。当教长开始跳第四支舞时，他便代表太阳。这种宗教仪式令人精神恍惚，并会产生催眠现象。

1270年

法兰西王国新闻	1253年 3月，巴黎大学罢工。	1260年 盲人院在巴黎成立，设有300个床位。

◆ 宗教

阿萨辛派消失

1260年

波斯 · 出自伊斯玛仪派的一个伊朗分支，阿萨辛派认为一切权力都是不合法的，尤其是政治权力，随时准备付出一切与之对抗。

无法在毫无遮蔽的乡村战斗，他们便采取策略占领孤堡。被称为“山岳老者”的哈桑·萨巴赫于1090年夺取了波斯的阿拉穆特城堡，也就是未来阿萨辛教派及其扩散的根据地。1094年，法蒂玛王朝第八位哈里发逝世时，阿萨辛派承认其子尼扎尔为合法继承人，而非他最终登上王位的兄弟穆斯塔利——这也是为什么人们也称他们为尼扎里派。他们极其反对政权，屠杀了多位伊斯兰教和基督教君主。

蒙古人对波斯以及马穆鲁克苏丹国对埃及的攻击不久前了结了这一教派。阿萨辛派服食毒品，在杀死目标人物前产生了关于天堂的幻觉。什么都不能阻止他们，他们连死亡都不畏惧。如果有一次谋杀行动失败，马上就会有另一位杀手跃跃欲试。阿拉伯统治者和十字军君王畏惧他们，胜过对瘟疫的恐惧。

◆ 社会

行会激增

1268年

法国 · 巴黎行政长官艾蒂安·布瓦洛的《行业大全》是第一本关于首都行业章程的汇编。其中包含101个行会（对应威尼斯的142个行会），由大师、学徒和仆从组成。大师须具有专业能力并缴纳会费。行会中存在等级制度，行业间也分高低贵贱。例如，建筑工人和粉刷匠享有碎石工人没有的特权。

新闻 事件

1270年

好国王路易九世死于十字军运动

突尼斯 · 因第八次十字军运动途中患上痢疾，身体衰弱的路易九世刚刚在8月25日离开了我们，就在他登陆突尼斯之时。军队开始感染坏血病。路易九世因其虔诚闻名，并因此参加了两次十字军运动。整个国家为这位无私奉献的国王哀悼。约1309年，让·德·茹安维尔在他的《圣路易的一生》中描述了这件悲伤的事情。

小贴士

就 业

手工艺人找学徒

在手工艺人和商人成群的城市，无数小行业发展起来，即使逃跑的农奴壮大了劳动者的队伍，劳动力的需求仍未得到满足。

如果您不知从事哪个行当，大可考虑到矿山或英国平巷里采集煤矿，但要注意，这是个危险且通常由囚犯从事的职业。

如果您喜欢用泥土做手工活，那您可以去做陶艺。陶艺在一些村庄里发展势头良好，这些陶艺村也越来越专业。

喜欢做铁器的人如果知道现在有20多个铁艺工种，应该会感到高兴。

纺织行业也大有可为，因为现在每座城市都有自己的织品。混织品出现了，例如用来做内衣和衬裙的纬起毛织物，除此之外，还出现了毛毡和毛皮。

还有其他职业：金银匠。当然，这是一个有名望的行当，但别忘了学习这门手艺至少得要8年。

1260年	风车普及。
1266年	银币“图尔格罗斯”和首批金埃居铸成。
1271年	5月，路易九世的骸骨被埋葬在圣但尼。

◆ 旅行

参观挪威教堂

海达尔木板教堂

1272年

挪威·在挪威，比起石块，人们更喜欢用木板建筑教堂。那里人们口中的“木板教堂”由信徒修建。它们是此时最精巧的建筑类型之一，尤其是西海岸上的乌尔内斯木板教堂。自12世纪起，教堂便采用经典的巴西利卡建筑形式。梁架上会再叠加一层雕刻的木架。如同罗马式建筑，人们采用半圆拱腹，圆柱形立柱和装饰柱头。雕塑占据重要地位。这种类型的建筑应该足以抵抗暴风雨。

思想

“可敬的学者”罗吉尔·培根出狱了

1279年

意大利·方济各思想的初创人、英国哲学家和学者，被称为“可敬的学者”的罗吉尔·培根刚刚在安科纳出狱了。他因在其1265年至1271年的作品中撰写了宗教当权者眼中“可疑的新事物”而入狱两年。此前，他也曾遭教友嫉妒，被指控施行巫术而锒铛入狱。

罗吉尔·培根是科学方法的推崇者，他拒绝采用思辨法，偏爱实验。在教宗克雷芒四世的庇护下，他将自己的研究撰写成文，并编成《大著作》一书，涉及语言学、哲学、物理学和数学。在光学领域，他还参考了阿拉伯作者的论文，从而也写出了一本大著作。

◆ 文学

拉蒙·柳利找到了捏造事实的方法

1270年

西班牙·拉蒙·柳利是一位神秘主义神学家和诗人，因发展了加泰罗尼亚文学而出名。他发明了一种方法，找到用于支持传教士工作的理据，使之与最尖锐的非教徒辩驳。他刚出版的作品《大艺术》汇编了他的所有箴言。柳利将基督教护教论置于理性争论的高度，用以满足与伊斯兰教徒争辩的需求。他引用了逻辑学和复杂力学的术语，采用了象征符号和组合图表，从而将所有的知识联系在一起。30多岁的柳利曾看到过耶稣的幻象，他将妻子和孩子抛在身后，在阿西西的方济各的影响下，开始自己的传教之旅。精通阿拉伯语的柳利努力在北非地区使伊斯兰教徒改信天主教。1286年，柳利还写了一本虚幻小说《费利克斯或世界奇观之书》，用来普及实用知识，但同时也涉及上帝、天使、元素和人的概念。

法兰西王国新闻	1271年 十字军运动后，“勇敢者”腓力三世回到巴黎。	1274年 新日耳曼市郊开了一些肉铺。	1278年 腓力三世禁止骑士比武。

1280年

◆ **文学**

行吟诗人吕特伯夫

法国 · 吕特伯夫的别名意指“力大如牛”，截至此时行吟诗人的地位已降至文学边缘。他的作品《对无耻者的屁话》和《驴的遗嘱》意在影响人们对时代的看法。

吕特伯夫用他喜爱的表达方式发起讽刺的控诉。他多样的作品包含了圣徒传记、论战诗（《巴黎大学和多明我会修士间的纠纷》）、戏剧、十字军战歌（《君士坦丁堡的悲歌》）。而《可怜的吕特伯夫的怨歌》是其中最有名的，还有《不幸诗》：

我的朋友怎么样了
我们曾如此亲密地拥抱
又同样地爱过什么
他们曾过于稀少
我想是风夺走了他们
爱已消亡
这些是风，带给我的朋友
我的门外刮着风
它把他们带走了

1275年

◆ **奇闻逸事**

1.5万人因一头被偷的母牛丧生

比利时 · 这个故事开始时，那慕尔伯国和列日采邑主教区之间的关系紧张了一些时日，并积攒了一定的怨恨。加来村（Jallet，戈讷领地）一位名叫恩格让的农民有一个荒唐的想法，他想偷走一位叫西奈的自由民的母牛，到安黛娜集市售出。西奈在牛市上认出了自己的财产，决定引诱恩格让，并在（列日采邑主教区）地区执行官的帮助下逮捕恩格让，后行绞刑。戈讷领主将群众聚集起来，开始讨伐西奈，而西奈的领主也武装了他的人。极短时间内，六十几个村民开始斗殴。抢掠行为点燃了整个地区。“母牛战争”持续了两年多，1.5万人因此丧生。

记事本

圣托马斯·阿奎那：一位基督教的亚里士多德

1274年

意大利 · 他尤为沉默寡言，他的同伴因此称他为“西西里沉默寡言的大牛”。被视为如今最伟大的哲学家和神学家的托马斯·阿奎那刚刚离开了我们。他就在前赴第二次里昂会议前去世了，发表著作《神学大全》后，他作为专家被邀请参会。

某种程度上，托马斯·阿奎那是一位基督教的亚里士多德，因为他将亚里士多德和圣奥古斯丁的书稿作为自己的思想基础。在他的《哲学大全》中，他的思想坚定不移地以自然和理性为基础。在《圣书的含义》中，他认为信仰与理性可以并存。成为巴黎大学神学大师的托马斯·阿奎那曾在好几座意大利城市授课。

天气预报

1280年 · 巴黎被洪水淹没：塞纳河的水涌向街道，房屋被冲走，右岸的庄稼被淹没。

1283年 腓力三世颁布禁令禁止犹太人开放新的墓地。

1284年 博韦主教座堂的穹顶因设计上的缺陷坍塌了。

1288年 严禁在巴黎街头携带刀剑与盾甲。

◆ 事件

西西里晚祷敲响了对法国人的屠杀

3月31日，生活在西西里岛的8 000名法国人被岛上的居民屠杀。这个复活节星期一在巴勒莫发生的事件永世流传，名曰“西西里晚祷”。

1282年 **意大利**·事情的起因，是安茹王朝对西西里人的一次搜刮，他们试图找到武器，却迅速衍生出一场惨剧，或是由于一位法国士兵对一位女士不够尊重。安茹的查理一世自1266年起在西西里岛上实行恐怖统治，岛上的居民想摆脱他的桎梏。

对法国人的屠杀是安茹的查理一世和阿拉贡国王佩德罗三世之间关系紧张的结果。佩德罗三世最终夺得西西里，但因支持西西里人被教宗马丁四世处以绝罚。一年后，他将阿拉贡王冠献给法国国王“勇敢者”腓力三世的儿子瓦卢瓦的查理。

《西西里晚祷》，埃鲁洛·埃罗利，1890—1891年

◆ 宗教

你们的《光明篇》！

1280年 **近东**·现在发展出一种犹太神秘主义思潮：喀巴拉。这是耶和华在西奈半岛和《妥拉》中向摩西揭露的秘密而神圣的话语。这种神秘探究的最终目的是认识神的世界。《妥拉》和希伯来语是达到目的的两个途径，因为它们的文字与创造世界相关。

流传的文稿中最重要的是用阿拉米语撰写的《光明篇》，有一些人说作者是莱昂的摩西。这是一本分为五卷的文集。《光明篇》的创作似乎是为了阻止受伊斯兰哲学家影响，在西班牙发展起来的理性思潮的传播。

快讯

1275年

伦巴第医生威廉·德·萨利切发表《外科》一书，并第一次在书中提及解剖。

1280年

卡斯蒂利亚和莱昂国王“贤者”阿方索十世在托莱多让几位学者研究天文表(《阿方索天文表》)，据说他还命人翻译了《古兰经》。

1292年

出现了第一篇用泰语写的铭文。

◆ 社会

论弃婴轮盘的有效性

抛弃自己的孩子，就像转动手柄一样简单！

1285年

意大利·自1198年起，意大利就存在“弃婴轮盘”。弃婴轮盘就是一种嵌在楼房、医院或收容所里，前面开口的木桶。转动的同时，木桶会拉响一个铃铛，告知新生儿的到来。有了这项装置，婴儿不再被丢弃在教堂里或教堂前广场的台阶上。这也在一定程度上避免丢弃孩子的母亲被认出。极度贫困或通奸行为通常会使女性不得不采取这种得到教会鼓励的措施，教会也希望借此减少杀婴者的数量。我们很难知晓弃婴行为的具体数量，但我们知道整个欧洲都有类似事件。由此收集到的婴儿被托付给收容所好好照顾。

◆ 灾难

“神风”，救命的台风

1281年

日本·元代皇帝忽必烈于1274年和1281年两次派遣船队，第一次共计4.5万人，第二次共计15万人。对日本人来说幸运的是，两支船队都被暴风雨摧毁。忽必烈意欲对外扩张，但日本拒绝投降。据传说，日本领土的保护神掀起海浪对付忽必烈的船只。这次充满天意的台风被日本人称作“神风”。

◆ 科学

比萨航海图给水手提供了便利

1290年

意大利·航海图（来自意大利语“portolano”）描绘了港口及其入口、海岸、岛屿、航行障碍（如陷阱、强风）……地图的背景是一张画满直线的帆布，表示罗盘方位，指示风向，为水手导航。

这些画在羊皮纸上的地图是依靠对地点的位置及其距离的测算，对现实的再现。

比萨航海图虽叫“比萨航海图”却在热那亚绘成，是最早的航海图之一，也是一项伟大的发明。威尼斯、比萨和热那亚的大商人在地中海上航行时都需要这样一张地图，从而避免承受船只沉没的风险。对航海图的记载第一次出现在1270年纪尧姆·德·南吉斯的《编年史》中，书中讲述了路易九世的最后一次十字军运动。

◆ 潮流

时装周

1290年

欧洲·眼镜的发明。当尼禄还在用绿宝石观看斗士决斗，当9世纪的人们用阅读石（雕刻打磨过的半球体岩石晶体）来弥补视力缺陷时，一种新的发明即将改变我们的生活：眼镜。这是一种打磨过的玻璃，一侧是平面，另一侧是圆润的，能扩大小字母，方便阅读。

英国学者罗吉尔·培根开始研究这个问题，想制造一种用玻璃制成的阅读石——他在一篇专论中曾提及。但真正的眼镜似乎最近才出现在意大利。方济各会修士比萨·亚历山德罗·德拉·斯皮纳对此并不陌生。据说他跟某人（仍未考证）学会了如何制作眼镜，并开始生产。这项发明逐渐扩散到意大利的其他城市，如威尼斯（那里的玻璃大师专业从事透镜制造）和博洛尼亚。

时髦的发型。女人们用新的方式包裹头发。由此软垫女帽和遮巾被女士们（尤其是贵族）戴到头上，其中软垫女帽不太高，开口宽大，遮巾则是可系到下巴上的缎带。发网用来包住头发。人们有时会在发网上加一圈丝绒或锦缎软垫，围在耳朵上以包住头发。

新闻

国际

基督教的最后一个据点阿卡刚刚沦陷

1291年

近东·马穆鲁克首领，埃及苏丹阿什拉夫·哈利勒不久前攻占了十字军的最后一个要塞阿卡。5月8日，经过43天的围攻后，苏丹的军队攻克了圣地上的基督之都。

安茹的查理一世1277年曾夺回圣城，觊觎耶路撒冷的王冠。哈利勒攻打阿卡时想继续父亲纳西尔·穆罕默德的征服之路。哈利勒正如从埃及解放的奴隶王朝的所有继承人一样，之前在军队中占据极高位置。他的经历帮了他。

讣告

1280年

大阿尔伯特生前被称为“阿尔伯特大师”，是哲学家、神学家和学者，享有“博士”头衔。作为方济各会修士，曾任雷根斯堡教区主教的阿尔伯特据说拥有魔法和神秘知识。

宫廷生活

路易九世封圣，卡佩王朝的威望增长

路易九世的孙子“美男子”腓力四世不久前在辩论中获胜：教宗卜尼法斯八世为获得法国人爱戴，在十字军运动中牺牲的君王封圣。路易九世由此成为圣路易，巩固了卡佩王朝的威望。我们来回溯一下他人生中的重要事件。

1297年

法国·路易八世于1223年8月6日在兰斯加冕后，开始在普瓦图和圣通日展开攻势，最终以波尔多前的失败告终。他在攻打图卢兹伯爵雷蒙七世时患上痢疾，逝于1226年。

路易九世继位时只有11岁，由他的母亲卡斯蒂利亚的布兰切摄政。他谨小慎微地听从母亲的建议，并不动声色地解决内政和外交问题。1259年，他与英国国王亨利三世签署和平协议，承认吉耶讷和加斯科涅。

同时，他还完成了一件重大的行政和财政事务，尤其是在军事和司法方面，他于1254年颁布了《大法令》。他是卡佩王朝铸造钱币的第一人。明令禁止决斗和私战。他成立巴黎议会，并为穷人在每个教区开户，以更好地帮助他们。极为虔诚的路易九世参加了两次十字军运动。不幸的是，最后一次东征对他来说是致命的。

◆ 美术

契马布埃和乔托让绘画艺术获得新生

大家一致认为，契马布埃老师很快就被他的学生乔托超越了。

1297年

意大利·关于契马布埃，我们都知道些什么呢？1265年，他为阿雷佐的圣多米尼克教堂绘制了一个巨大的木十字架。1272年，他又为佛罗伦萨圣十字教堂绘制了另外一个十字架，正是这个十字架让他名声大振。渐渐地，契马布埃呈现的人物以“温和”著称，并且身体曲线柔美。他采用“法式的”哥特风格，为意大利绘画注入了空间感和雕塑感。他的作品饰有珐琅和镶嵌物，通常做成金银器，并大量借鉴了尼古拉·皮萨诺的雕像作品。

他年轻的学生乔托刚起步就成为知名的画家。乔托刚在阿西西教堂用28幅壁画描绘了圣方济各的人生传奇。他的画作能呈现出三维立体式的场景。我们一定还会再提到他的。

《放弃一切世俗的东西》，乔托，阿西西的圣方济各圣殿，1295年

◆ 潮流

艺术创新：从此在画架上作画

1290年

意大利·人们开始在画架上作画了。最早的例子是那些意大利祭台后的装饰屏，传承了拜占庭晚期圣像画的传统，主题经常是圣母子和置身动物中的圣方济各。教堂后殿悬挂的巨大十字架亦是如此。最近这段时间，耶稣画像得到极大发展：他不再露正脸，而是侧向一边，显得更像凡人。这一时期比较好的耶稣画像出自尤恩塔·皮萨诺、契马布埃、杜乔·迪·博尼塞尼亚、乔托·迪·邦多纳。雕像也不再是在柱子上刻几个大写字母进行装饰，而注入了更多宗教内涵，带褶的衣饰让人体更丰满，富有动感。教堂促进了这一艺术的发展，自此建筑物的外观越来越有活力，并给艺术家带来了很大的自由发挥空间。

◆ 旅行

《马可·波罗游记》马可·波罗的冒险之旅

大旅行家和商人马可·波罗刚刚带着他在亚洲的游记回到威尼斯。

1298年

意大利·1271年，17岁的马可·波罗和父亲及叔叔一起，出发前往丝绸之路和远东。4年后，他们受到成吉思汗的孙子忽必烈的召唤，马可·波罗成为元朝皇帝手下的官员。他为忽必烈服务了16年，曾出使南方、波斯和印度。忽必烈扩张帝国、推翻南宋之时，马可·波罗学会了当地语言并在中国探索，这段经历对他产生了至深的影响。

1295年，马可·波罗返回意大利。参加了威尼斯和宿敌热那亚之间的战争，这位威尼斯人成为俘虏。他和比萨的鲁斯梯谦共处一个牢房，并向他口述了自己的人生经历。他有句名言：“我给你带来了奇迹。”这句话后来成了《马可·波罗游记》的另一个法语名。

马可·波罗想让世人了解他的最后一个探索地——中国，尤其是元朝。他在书中序言里提到1260年至1269年间他父亲的第一次旅行，之后又尽可能精确地讲述了他的所见所闻。他用长篇幅描绘了看到的城市及其建筑，巴格达、宋朝古都汴京、杭州等城市以及探索发现的动物。他的这段冒险之旅带我们发现了一片无比富饶的土地。他记录的丝绸和珠宝足见中国的繁荣富强。

◆ 社会

生活在巴黎

1299年

生活在巴黎是怎样的体验？是忙忙碌碌、精神活跃、虚荣繁华的吗？让我们去首都探秘。

法国·人口激增、农业复兴和商业发展从根本上改变了这座城市。腓力二世划定边界后，巴黎便如此组织排列：左岸是宗教功能，右岸实行经济和行政功能，而中心的西岱岛上是巴黎圣母院和国王的宫殿。

巴黎苏醒。人口达20万的巴黎是西方最大的城市。壁垒环绕的巴黎即使免于外部侵扰，仍然蕴藏无数隐患，尤其是火灾和瘟疫。狭窄的街道造成交通不便，夜晚十分黑暗——但这并没有给宵禁前归家的人造成太多困扰。

工艺和行业。以基尔特行会和汉萨同盟形式存在的行业越来越多地聚集在各个街区。例如一个肉铺老板的周围可能存在许多竞争对手。此时的富商极具影响力，而自由民得到解放，领主赋予他们越来越多的权利。

学问。大学周围出现了一种新式教育：主教座堂学校，逐渐取代修道院学校。拉丁区共有近1万名学生。这样就不怕找不到同伴一起狂欢啦！

讣告

1297年

备受尊崇的加尔都西会修士**盖伊戈·代·蓬特**在伯尔纳的影响下，留下身后作《默想论》。

1299年

“蜂鸟羽毛”**休韦·休兹利惠特尔**在悲惨的情形下逝世。他曾是阿兹特克帝国的军事和宗教首领特拉托阿尼。

埃布斯托夫地图

14 世纪

◆ 科学

超大号世界地图

1300年

欧洲 · 近期，随着人们展现地理知识的愿望不断增长，世界地图的数量越来越多。这些地图的尺寸和精确度不尽相同，通常作为插画嵌在手稿中。

埃布斯托夫地图。这是当今尺寸最大、内容最丰富的地图。3.58 米乘 3.56 米的尺寸（30 块山羊皮缝制在一起的大小），大概由蒂尔伯里的热尔韦于 12 世纪绘制，他是一位学识渊博的修士，来自不列颠群岛，是埃布斯托夫修道院的院长。他的文稿《帝王之乐》和世界地图之间的关联让人猜想他就是埃布斯托夫地图的作者，或者绘制这张地图的人曾将这部百科全书式的作品作为参考。

这张世界地图让人一目了然地看到所有的国家、地区和省份、河

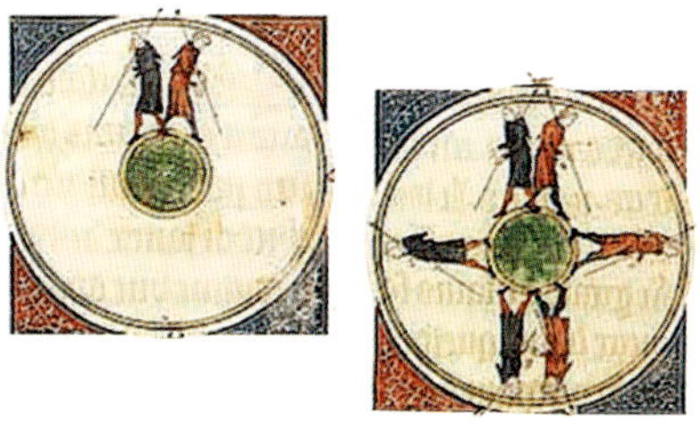

流和岛屿，还有一些动物。其中有欧洲（罗马、亚琛……）；耶路撒冷位于地图中心；北方的严寒地区，人的头发都是白色的；毛里塔尼亚或埃塞俄比亚的摩尔人肤色很深。世界边缘之外居住着一些畸形的野蛮人，他们看起来凶猛残暴。地图包含 500 处房屋标志，1 500 处说明文字，160 条河流，600 座岛屿和山川，60 种动物和 45 种现实或虚构的人类。

赫里福德地图。追溯到 14 世纪初的赫里福德地图同样也呈现出我们认识的世界。哈丁汉和拉福德的理查德是赫里福德地图的作者。这张地图的尺寸（153 厘米乘 133 厘米）小于上一张，它被绘制在一张牛皮纸上。轮廓用黑墨水绘成。

地球是圆的。从泰勒斯到托勒密，“地球似乎显然是圆的”，虽然仍有一些人固执地反对这一观点。自 7 世纪起，人们毫不含糊地用“地球”一词来形容世界。11 世纪的阿拉伯地理汇编也同样提到一个圆形的世界。在埃布斯托夫地图上，世界用一个圆形代表。但在基督教世界里，大部分的地图仍遵从基督主导的宗教信仰，耶路撒冷位于中央，世界是平的。而这些地图被后来出现的航海图取代，航海图绘出的是圆形的地球。

◆ 冲突

佛兰德斯和法国拔刀相见

5年来，被“美男子”腓力四世夺回的佛兰德斯伯国和法兰西王国之间纷争不断。局势似乎已经到了难以回头的地步。

1302年

比利时·在腓力二世和圣路易的先后统治下，法国已非常强大。但从12世纪起，英国也变得同样强大。得益于各地，尤其是根特和布鲁日的羊毛生意，佛兰德斯也变得繁荣昌盛。“美男子”腓力四世想掌控伯国至今仍相对独立的呢绒城市，从而获得大量新收入。

布鲁日晨祷。这一天不得不让人想起西西里晚祷，20年前众多法国人被屠杀的那天。腓力四世听到风声，知道佛兰德斯伯爵想与英国国王结盟，便在佛兰德斯任命了一个新总督。后者却成为独裁者。结果是：5月18日早晨，布鲁日的手艺人揭竿而起，屠杀了法国的驻军。

金马刺战役。愤怒的腓力四世调动骑士攻打这些放肆的自由民。7月11日，他的军队在科特赖克堡垒附近遭遇佛兰德斯的民兵。法国军队有6 500人，其中2 500人是骑士。而佛拉芒人有大约9 000名战士，由那慕尔伯爵和于利希的威廉指挥，还有一些圣殿骑士。在重型铠甲保护下急于与佛拉芒人战斗的国王士兵最终陷入敌人藏身的壕沟。战争以难以名状的灾难结束：过度自信的法国军队被打得落花流水。无数贵族丧生。战场上，佛兰德斯的胜利者拾起了一些属于王国骑士的镀金马刺（而非金马刺），因此科特赖克冲突被称为“金马刺战役”。

快讯

1300年 教会组织了第一次正式的大赦。教宗卜尼法斯八世宽恕前来罗马的罪人。20万人涌向罗马。

◆ 经济

在香槟开集市

1305年

法国·没有什么比做买卖更能养活自己的了。每周固定一天开门。人们可以买到当地或地区的好产品。而集市是买卖中的典范，可以卖更多的东西，尤其是外来商贩带来的食品，有些还是从遥远的国度带过来的。按照传统，最大的集市开设在香槟地区，它们的成功依靠的是其位于佛兰德斯和意大利之间的绝佳地理位置。

然而，好像自1284年香槟伯国并入法兰西王国后，集市发展便开始走下坡，因为香槟的赋税变重，自主权减少。不仅如此，当地频繁的暴力冲突更是雪上加霜。这个古老传统是否要就此绝迹了呢？

天气预报

1306年·我们的德意志表亲刚告诉我们莱茵河结冰了。德意志、尼德兰和英国的冬天真的非常寒冷。

事件

谋杀：教宗还能站起来吗？

1303年

“美男子”腓力四世身边的法学家诺加雷的威廉试图谋杀教宗卜尼法斯八世一事将永载史册！

意大利·谋杀发生于9月7日罗马附近的阿纳尼，在教宗的夏日行宫里。法国国王派遣了小批人马试图逼教宗让位。卜尼法斯八世被法国人的同盟、行政官夏拉·科隆纳折磨、殴打、掌掴后仍拒绝让位，但他的身体却每况愈下。幸运的是，城里的居民很快解救了教宗。

这次极为严重的行径缘于教宗威胁要将“美男子”腓力逐出教会。帕米耶的主教曾对君王恶语相向，怂恿各伯爵违背国王的命令，为此他受到了审判。卜尼法斯八世支持腓力四世出席世俗法庭（而非教会法庭），并借机再次重申自己作为教宗的合法特权，以及位于所有仅有俗权的王公之上的精神领袖权。法国国王以质疑教宗选举的有效性予以反击。有人说遭到羞辱后身体非常虚弱的卜尼法斯八世撑不过今年。

◆ 事件

圣殿骑士灭绝

巴黎的天罗地网：138名圣殿骑士在王命下被逮捕！

1307年

法国·所有人都想赚钱，“美男子”腓力四世也不例外。为填补与佛兰德斯长期作战引起的财政空缺，他求助于教会，但无果。一直在想办法的腓力四世想解散圣殿骑士团，获取其财富，并清除对英战争中欠下的巨额债务。

结束的开始。虽然圣殿骑士团最初发誓保持清贫，但他们还是积累了巨大的财富和力量。阿卡沦陷后，200位圣殿骑士回到法国。1307年9月，国王下令逮捕王国的所有圣殿骑士，借口是他们放荡不羁、信奉异端、不信上帝并且荒淫无度。此事于10月13日结束，没有人知道有多少人受到牵连。诺加雷的威廉撰写的逮捕令张贴在巴黎的墙上。未能逃过天罗地网的圣殿骑士遭到审问、拷打和逼供。许多人，尤其是高官，被判火刑。他们的财产被掠夺，一部分归圣约翰骑士团，剩下的归国王。

“美男子”腓力四世将对圣殿骑士团提出诉讼。他让在自己协助下登上圣彼得宝座的克雷芒五世在1311年的维埃纳公会议上宣布圣殿骑士团解散。1312年3月22日的一道教宗谕旨确认了这项决议。为确保第二十三任大团长雅克·德·莫莱是最后一位大团长，他将于1314年在西岱岛一角外的犹太人岛上被活活烧死。

宗教

教宗为了阿维尼翁遗弃罗马

法国·因前任教宗遭受的挫折和意大利的紧张局势（尤其是教宗派成员和皇帝派成员间）而备感心寒的克雷芒五世决定移居到罗讷河畔。

波尔多大主教贝特朗·德戈1305年6月5日当选教宗，后在“美男子”腓力四世的见证下于11月14日在里昂加冕。他与法国国王的关系多少有些紧张，因为国王强烈反对卜尼法斯八世，并决心铲除圣殿骑士。

为说明问题的严重性，需要强调的是教宗想获得至高的俗权和精神统治权，同时，欧洲的君主想削弱教宗的影响力。为获取更多自主权，克雷芒五世刚刚移居到阿维尼翁城墙外的教宗国领土沃奈桑伯爵领地上的多明我会修道院。他的继任者会怎么做呢？

1309年

讣告

1308年

苏格兰人**邓斯·司各脱**因其批判精神被称为“钻牛角尖的学者”，他是方济各会的神学家，钟爱理性，相信自由意识和人的意志。

1318年

杜乔·迪·博尼塞尼亚生前是一位极负盛名且有影响力的锡耶纳画派画家，受到拜占庭传统的浸润。

宫廷生活

国王儿媳通奸

法国·又是一个以悲剧收场的性爱故事！1313年4月爆出一桩丑闻。“美男子”腓力的女儿、英格兰王后法兰西的伊莎贝拉到法国访问期间指控自己的嫂子们——勃艮第公爵罗贝尔二世的女儿玛格丽特，还有勃艮第伯爵奥托四世和阿图瓦女伯爵的女儿让娜和布朗歇——通奸。她们分别嫁给了未来的路易十世、腓力五世和查理四世——“美男子”腓力四世之子。

人们怎么指责国王的儿媳呢？她们与诺曼底骑士欧奈的戈捷和菲利普两兄弟联合起来背叛自己的丈夫。通奸行为发生在腓力二世所建堡垒一角的奈斯勒塔，而这并不是最近才发生的事！一项调查显示勃艮第的让娜只是隐瞒了妯娌们的不良行径。她被关押在杜尔当城堡里。

但就玛格丽特、布朗歇和她们的奸夫而言，则完全是不同的处理方式了。他们对王室造成的羞辱解释了为何他们被严加处置。两个奸夫犯了亵渎君主罪，在蓬图瓦兹被公开处决。他们被活剥、阉割（性器官被拿去喂狗）、拖街后绑在绞刑架上斩首。两位主犯则在位于法兰西韦克桑地区中心的盖拉德堡被严刑拷打后监禁。

政治影响。国王儿媳们不计后果的激情给卡佩王朝带来了危害。被丈夫即未来的路易十世休掉的玛格丽特当了几个星期的王后，最后死在城堡的监牢里。

有人说她是被勒死的……勃艮第的布朗歇比较幸运：她能选择出家。让娜在丈夫的支持下于“美男子”腓力死后几周被释放。

1314年

◆ 政治

“美男子”腓力是一位好国王吗？

1314年

法国·1285年至1314年11月29日，国王“美男子”腓力四世一定是王国里最美的“美男子”，就像他的绰号一样，但他端正的相貌不足以挽救他死后的名声。各处传闻他造假币，残暴地清除圣殿骑士，多次驱逐犹太人并向他们勒索赎金，他甚至还害死了一位教宗！

私生活方面，据说他将自己三个儿子婚姻生活的耻辱公之于众。最严重的是他用苛税压榨他的人民。

但一项深入的调查揭露了一些客观事实：他的金币（重7克）价值稳定，他在教宗的蚕食下维护了王室权力。至于犹太人，不得不承认的是，他只是像当时几乎所有的君主一样行事，而至于圣殿骑士，指责他除掉王国内这股如此强大势力的人并不多。他的儿媳们确实有通奸行为。最后，课税方面他确实下手不轻。

因此，他也许不是一位好国王，但一定是一位伟大的国王！

快讯

1323年
为期五年的佛兰德斯农民起义开始。

1327年
牛津书稿里出现了第一幅有关大炮的图案。

1330年
潘普洛纳成立犹太人街区。

1311年 社会
贝居安女修会修女

尼德兰·贝居安女修会属于半宗教性质。贝居安女修会出现于12世纪末列日附近，后在欧洲西北部发展。贝居安女修会是一些真正的小村庄。里面有一座教堂、一些附属建筑物和绿地。一群有善心的女人，无论是寡妇还是单身，都生活在一起，每个人拥有一间小屋。这样可以让她们无须隐世就能满足自己的精神需求。她们还为城市发展做出贡献，因为她们展现出比许多工人更大的工作热忱。比利时佛兰德斯地区贝居安女修会的数量自发地增多，这实际上是人民极度贫困的自然反应。

教会的永罚。这场运动与“自由灵兄弟会”（libre esprit）的思想接近——摈弃一切多余的东西，献身于上帝，而无须像“蒂尔鲁宾会”（turlupins）一样裸体，但这未得到教会的赞许。

维埃纳公会议不久前谴责了贝居安女修会、“自由灵兄弟会”的支持者、使徒派和弗拉蒂切尔派（fraticelles）。为求生存，这些教派从此以后必须服从方济各会的命令。

想铲除圣殿骑士团的“美男子”腓力同时也给了贝居安女修会决定性的一击。

14世纪 15世纪 16世纪 17世纪 18世纪 19世纪 20世纪 21世纪

◆ 科学

人类的五脏六腑

1316年 **意大利**·蒙迪诺·戴·卢兹医生毕业于博洛尼亚哲学和医学院，后在同一所大学任教。作为解剖学专家，他似乎非常重视冷门的解剖学，并试图将其纳入医学课程中。为此，他不久前为学生编纂了一本大部头课本：《解剖学》（*Anathomia*）。他在书中解释了如何在 1315 年解剖了两位女性的尸体。其中关于颅部的描述比关于胸部的描述更粗略。如果说他走的是盖伦的路，那他同样也知道在观察结论相左时走自己的路。这第一本关于解剖学的书，后被长期参阅。

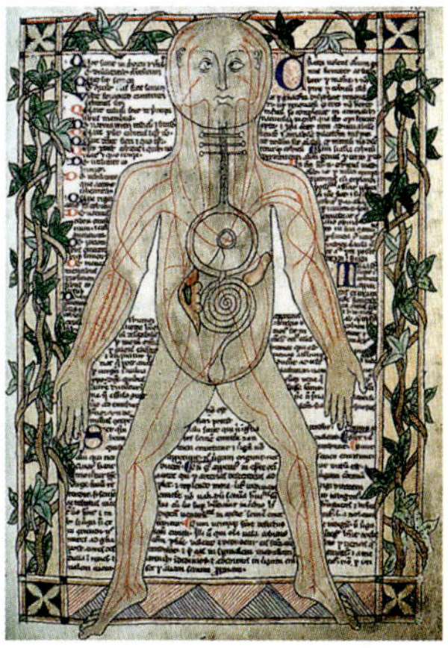

讣告

1331年

佛兰德斯医生杰汉·伊佩曼是一位用荷兰语撰写医书的人。

1337年

乔托·迪·邦多纳给我们在帕多瓦留下了他的杰作：斯克罗威尼礼拜堂。1303 年至 1306 年间，他在此完成了 53 幅特别的壁画。

社会

莫斯科的腾飞

1328年 **俄罗斯**·长期以来，莫斯科都是竞争对手弗拉基米尔阴影下的小地方。然而，今年经历了鞑靼人的打砸抢烧后，莫斯科的王公逐渐超越了弗拉基米尔的王公。伊凡一世同时治理这两座城市，但他的头衔由金帐汗国可汗授予。莫斯科的每个王公和弗拉基米大公都是他的附庸，并每年向他进贡，他因此得名“卡利塔”（Kalita），意为“钱包”“钱袋”。

然而，莫斯科公国直到 1480 年才停止对金帐汗国鞑靼人的依附，莫斯科成为第一个俄罗斯帝国的首都。

◆ 大工程

阿兹特克人有了特斯科科的模样

1325年 **墨西哥**·半游牧民族阿兹特克人终于决定建一座都城特诺奇蒂特兰。深受托尔特克古文明道德信仰浸润的阿兹特克人不断获取财富，变得越来越富裕。据说他们离开了自己的家乡，到查普特佩克山上的特斯科科湖边定居。探索周边后，他们发现一处地方有一只栖息在仙人掌上的鹰正在吞食一条蛇，这正是战神维齐洛波奇特利为他们指定的定居之所。于是他们长时间的流浪终结于此。特诺奇蒂特兰开始修建的同时，阿兹特克人想在相邻的小岛上建造一座姊妹城特拉特洛尔。特诺奇蒂特兰的建筑十分宏大：大型寺庙、金字塔……城市中心是为雨神和农神特拉洛克修建的大神庙，以及为饰有雕塑头颅、红底白身的羽蛇神修建的圆形寺庙。

天气预报	**1315年**·极其凶猛的大寒潮造成了欧洲的饥荒。	**1324年**·塞纳河结冰，河上的木桥被卷走。

◆ 冲突

一场百年战争？

英格兰国王爱德华三世不久前要求收回法兰西的王位，而腓力六世强制从英格兰人手中夺回吉耶讷。无疑，一场长期冲突就此开启。

1337年

法国 · "美男子"腓力四世的三个儿子只比自己的父亲多活了 14 年。1328 年 2 月 1 日，最小的儿子查理四世逝世，未留下任何男性继承人，这直接标志着卡佩王朝的结束。那么谁将坐上法兰西王国的王位呢？两位觊觎者开始争抢：一位是伊莎贝拉的儿子、"美男子"腓力的外孙、当了 10 年英格兰国王的爱德华三世，还有一位是"美男子"腓力的侄子、瓦卢瓦伯爵腓力。法兰西王国的贵族选择了更老练且生于法国领土的腓力。1328 年 5 月 29 日，腓力六世加冕为王，次年，爱德华三世为手中的领地吉耶讷和蓬蒂约向他称臣。随着时间的流逝，他们之间的关系越来越紧张：法国国王在苏格兰与英格兰的斗争中支持苏格兰，而英格兰国王对作为腓力六世的附庸感到厌烦，与佛兰德斯地区（他对佛兰德斯的羊毛生意感兴趣）和神圣罗马帝国缔结联盟。1337 年，两国正式开战。

马里的克罗伊斯

1335年

非洲 · 曼萨 · 穆萨的财富几乎用之不竭，这也因此铸就了他的名声和威望。他统治了一个帝国，鼎盛时期从大西洋蔓延至马里的伊福加斯山，从毛里塔尼亚的瓦拉塔延伸至几内亚的森林。编年史中记载了他 1324 年去麦加朝圣的经历：8 000 人陪他同行，据说花费了 20 吨黄金。回国后，阿拉伯建筑师为他修建了一座宫殿，他为此耗费了 54 千克的黄金；还有 1327 年在廷巴克图建起的廷巴克图大清真寺，也同样耗费了巨资。历史学家伊本 · 赫勒敦后来遇见了穆萨的一位亲信，此人讲述了穆萨的人生经历。

记事本

克雷西战役，14 世纪

◆ 冲突

克雷西：1346年 法国人是否本可避免被屠杀？

英国人自6月中旬在诺曼底登陆以来不断攻城略地。他们在克雷西昂蓬蒂约与法国王家军队的交锋最终以法国军队不可思议的溃败告终！法国国王腓力六世的军队人数可是英军人数的两倍多！

法国·8 月 26 日的克雷西战役开启了战争史上的新篇章：我们第一次看到重甲骑士被长弓步兵打败，主要原因在于威尔士弓比法国十字弓的速度要快。

法国骑士沿袭了在布汶战役中的有效战术，向英军发起无掩护的进攻，却很快被手持斧头的英国步兵斩落，剩下的幸存者也被爱德华三世率领的弓箭手射死。在此次战役中，英军仅损失了五十几人。

◆ 事件

1347年 加来：衬衫、绞绳和资本家

法国·克雷西战役后英国乘胜追击，于 1346 年 9 月 4 日开启了对加来的围攻。这场围攻持续了十一个月之久，激起了英格兰国王爱德华三世的愤怒。只要加来的居民与守军把城门的钥匙和城中最显要的六位资本家交给他，并且这些资本家光脚脱帽，只穿一件衬衫，脖子上套好绞绳，他就同意免除平民百姓的血光之灾。

这六名资本家分别是：厄斯塔什·德·圣皮埃尔、让·德艾尔、让·德·费恩斯、安德里厄·德安德烈斯、雅克·德·维桑和皮埃尔·德·维桑。1347 年 8 月 4 日，爱德华三世最终攻破加来城，英格兰王后埃诺的菲莉帕成功说服丈夫，让几位资本家奇迹般地幸免于难。众多加来人逃离了加来。

◆ 音乐

1320年 创新的艺术

法国·作曲家菲利普·德·维特里不久前写成了一部著作，名曰《新艺术》。这本书与(包括了12世纪音乐的)《旧艺术》不同，它包括了所有新的音乐形式，无论是法国的、意大利的，还是英格兰的。

最新出版的《福韦尔传奇》(*Roman de Fauvel*)就是其中一个例子，这是一首讽刺诗，批判了当时的大人物，将他们比作一只带有所有罪恶的蠢驴。169篇音乐作品穿插在这首诗中，其中一些出自菲利普·德·维特里之手。

起初，教宗拒绝在宗教仪式上演奏这种新形式的音乐。约翰二十二世不认同这种音符的革新。音符已经长期未有变化了。但我们不可否认新艺术的成功，未来教宗会改变自己的想法。

◆ 美术

佛罗伦萨洗礼堂的第一扇门

1336年

意大利·雕塑家安德烈亚·皮萨诺刚完成了他人生中的一项杰作——佛罗伦萨圣约翰洗礼堂的大门，它被用作洗礼堂进出人数最多的南门。受羊毛商会所托，这扇大门用青铜板镀金制成，这项古老的技术如今已很少使用。门上共有28幅方格画，其中20幅描绘了佛罗伦萨保护主圣约翰的生平。

记事本

但丁去天堂找碧雅特丽丝了

1321年

意大利·今年9月14日，当我们悼念但丁·阿利吉耶里这位伟大的佛罗伦萨诗人时，我们不禁想起他曾对碧雅特丽丝狂热的爱意。碧雅特丽丝是城中一位资本家的女儿，24岁时去世。但丁把他们的相遇写进了他的诗集《新生》中。

但丁因极力反对教宗参与佛罗伦萨的政治而被流放。他在维罗纳、帕多瓦、米兰和拉文纳几座城市的流浪生活并未阻碍他写出众多的作品，有用拉丁文写的，也有用意大利语写的，其中《神曲》分三部分记述了在地狱、炼狱和天堂的旅行，让诗人但丁完成了自我救赎。他的创作灵感来自碧雅特丽丝和另一位诗人维吉尔。

◆ 时尚

1350年

绅士的行李箱

欧洲·哪些是永不过时的必备单品？所有男人的行李箱里都应有一件普尔波万紧身短衣。这是如今的新款式，袖长合适并带纽扣，穿在衬衫外，可取代已不再时髦的上衣。我们的行李箱中还应有修身的修尔科长袍。如果不想买鞋，一双高帮袜可以解决这个问题，这些高帮袜可以和上衣连在一起。如果不要袜子，那就选择普莱内鞋，这种鞋非常长，鞋头很尖，用鲸须作鞋底。束腰的宽袖长袍也非常受欢迎。这些衣服的腰带上可以挂一个钱袋用来放零钱(女性朋友们非常喜欢)。

《好政府的寓言》，
安布罗乔·洛伦采蒂，1338 年

◆ 休闲

时尚的最新脚步

1350年 **欧洲**·教会禁止跳舞，并为此颁布了多项禁令。然而节庆日时，这些禁令往往会被忽略。平民百姓有跳舞的习俗，领主们也沉溺于这项娱乐，只要他们的衣服不阻碍他们的舞步。

“颂歌”（carole）一词指代所有个人舞蹈和团体舞蹈，无论是法兰多拉舞（farandole，开放链舞蹈）还是环舞（ronde，闭合链舞蹈），都逐渐成为一种半唱半演的贵族娱乐方式。我们常在公共节日、洗礼和婚礼仪式上跳“颂歌”。叙事歌（ballade）和维勒莱（virelai）是“颂歌”的两个变种。叙事歌起源于奥克地区，包含三段韵脚相同的唱段和一段单韵脚的合唱，维勒莱包含押韵的诗节和重复的合唱。

人们经常唱的埃斯坦比耶舞曲包含了一些强有力的停顿。此外，我们还跳勃浪舞（branle）、萨尔塔列拉舞（saltarelle）和弗雷斯科舞（fresque），萨尔塔列拉舞是欢快的三拍子舞蹈，起源于意大利中部，弗雷斯科舞也起源于意大利，是一种环舞。

小贴士

出　售

信徒的《时祷书》

让·普塞勒大师1323年至1326年间彩绘的《贝勒维尔日课经》。精致的手工制品，配有金子做的书扣，您值得拥有。

◆ 文化

介于舞蹈哑剧和诗歌之间的能剧

日本·在去看能剧之前，你要知道一场表演至少会持续一整天。从三十分钟到两小时时长不等的五场剧伴随着音乐上演。

起初，能剧融合了多种艺术，如哑剧、武术、杂技……两三个音乐家在5米长的木台上露天表演——往往是在农耕节为神灵表演，以求丰收。

镰仓时代的能剧赢得了大众的青睐，在佛教和神道教的节日中频繁表演。在接下来的室町时代，能剧不断发展为喜剧的灵感来源。

演员和剧作家世阿弥受到鼓舞，将编写能剧的规则。

1350年

珠宝店

您在这里可以找到：

镶嵌着彩色宝石的漂亮圆形胸针；金戒指和绿宝石戒指；众多镶嵌着蓝宝石的戒指；银制珐琅奖章；用女性头像或宝石装饰的腰带；固定披风和长裙的别针；内嵌护身符的珠宝手链，护身符上写着上帝或圣母的名字。

◆ 经济

英格兰劳工的法规

1351年

英格兰·席卷了城市和乡村的黑死病使众多农民成为受害者，英格兰议会为此刚颁布了一项法律——《劳工法》。劳动力越来越少，有工作能力的农民要求的工资越来越高。对国王来说，他必须采取行动并确保英国农民有一个不错的就业率。这项法律规定了工资上限，并登记了已就业者、有工作能力的人和无工作能力的人，那些游手好闲的人被迫参加农业生产。这项法律共包含八项条款，以下是其中几条：

·60岁以下的人必须工作，资本家除外。

·任何人要求比鼠疫前更高的薪水将被告上法庭。

·任何人支付规定工资以外的薪水将被告上法庭并承担罚款。

这些规定会被人民接受吗？

◆ 宗教

藏传佛教在亚洲兴起

1350年

中国西藏·西藏人认为是一位高僧在8世纪创立了藏传佛教。来自西北部边境地区的莲花生大士为金刚乘佛教引入了心咒，并借此打败了企图消灭佛教的外道士。实际上，藏传佛教是一种密宗佛教（相传佛祖的真言藏于印度密室的古老经文中），这种佛教最初在喜马拉雅和西藏地区传播，之后在亚洲地区扩散。起初，藏传佛教同印度的宗教十分相似。

藏传佛教包含多个教派，其中“红帽子”宁玛派最为古老，宗教仪式在藏传佛教寺院中围绕着一位高僧举行。其他流派也将效仿。

政治

星骑士团

1351年

法国·“好人”约翰二世效仿爱德华三世在1348年创立的嘉德骑士团，于11月6日创立了星骑士团。按道理，星骑士团将让贵族中最好的500名骑士围绕在国王周围。它的座右铭是：“星星为国王指明道路。”星骑士团的成立仪式将于1352年年初在圣旺举行。但不幸的是，星骑士团的人数一直都没超过100人。而到1356年，国王在普瓦捷被俘时，星骑士团没有人会来解救他。

旅行

阿拉伯版马可·波罗

1352年

摩洛哥·1325—1349年，阿拉伯探索家伊本·白图泰可能行走了12万千米。他游历了北非（包括尼罗河谷地）、阿拉伯、伊朗、巴勒斯坦、叙利亚、安纳托利亚、伊拉克……穿越中亚后，他在印度待了8年，然后重新出发，去往孟加拉地区、缅甸和印度尼西亚，最后到达中国广东。今年，他前往非洲开始了最后一次旅行。摩洛哥苏丹命令年轻博学的诗人伊本·朱扎伊·卡尔比记录伊本·白图泰口述的所有经历。这本环游世界的传记和马可·波罗的游记同样精彩。伊本·白图泰的旅行具有宗教动机，但与威尼斯人马可·波罗不同的是，他在游历各国时并没有被人看作外国人。

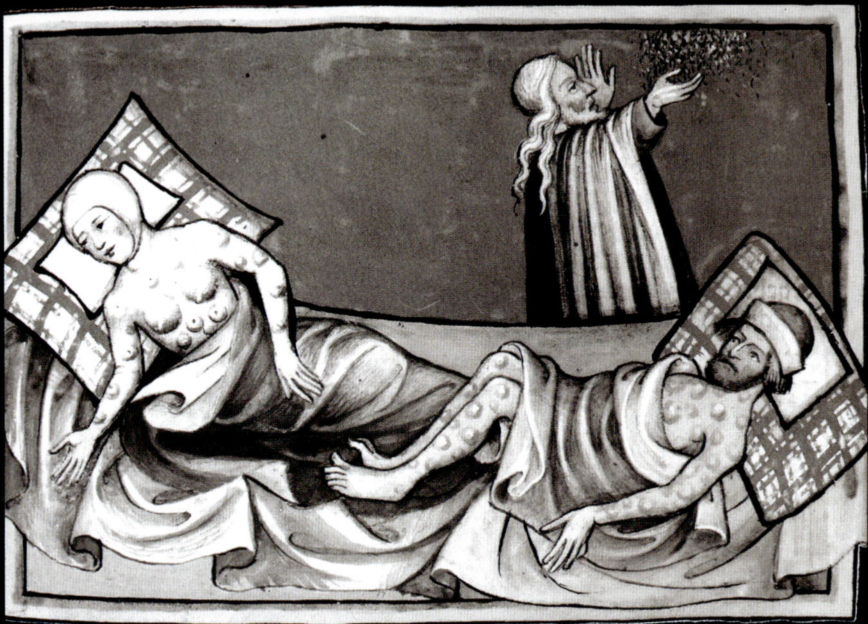

◆ 健康

世界末日到了!

1353年

欧洲·可怕的鼠疫！它感染了整个欧洲，并在七年间夺取了三分之一人口即2 500万人的生命。1312—1319年黑死病已经肆虐过一次。1347年，来自君士坦丁堡的热那亚船舶在欧洲海岸登陆，而鼠疫通过船上的老鼠迅速传播，首先在西西里，后来传播到整个欧洲大陆。尽管法国在14世纪中叶尚有

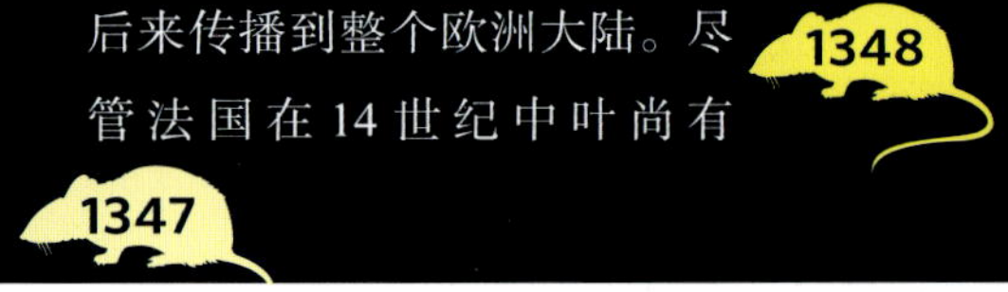

◆ 建筑

参观最大的哥特式宫殿

1352年

法国·这座教宗宫殿于1335年在阿维尼翁北部的高山岩石上开工建设，由锡耶纳学院最顶尖的建筑师和壁画师联手打造。它不仅是当时最大的哥特式宫殿，也是最大的图书馆——藏有近2 000本书。

1316—1334年担任教宗的阿维尼翁前主教约翰二十二世实施了一套新的税赋制度，使罗马教廷的收入倍增。但实际上是1334—1342年在位的本笃十二世教宗开启了教宗宫的建设。此后组织修建的每位教宗都在不断改变宫殿的风格，本笃十二世修建的宫殿有些像城堡，他的继承者，刚刚仙逝的克雷芒六世则把宫殿修建得更奢华与宏大。

艺术中心。阿维尼翁的教宗们非常重视文艺事业。在这所欧洲最大的宫殿庭院里，文人学者、诗人作家（彼特拉克）和神职人员纷至沓来，包括那些意大利最有名的艺术家，比如锡耶纳学院的画家西莫内·马尔蒂尼和利波·梅米。阿维尼翁也成为巴黎之外法国最大的城市，有35 000名居民，其中有1 000人是受到教宗庇护的犹太人。

2 000 万人口，现在又会剩下多少呢？富人们都从城市逃到乡村闭门谢客了。病死的人多到来不及下葬。那些边走边鞭打自己以赎罪的鞭笞派认为世界末日要来了，并说服不少人追随他们。鼠疫的间接影响也很可怕。犹太人被认为是疫情的罪魁祸首，在整个欧洲遭到屠杀。此外，英格兰和波罗的海沿岸的利沃尼亚地区甚至出现了人吃人的现象。

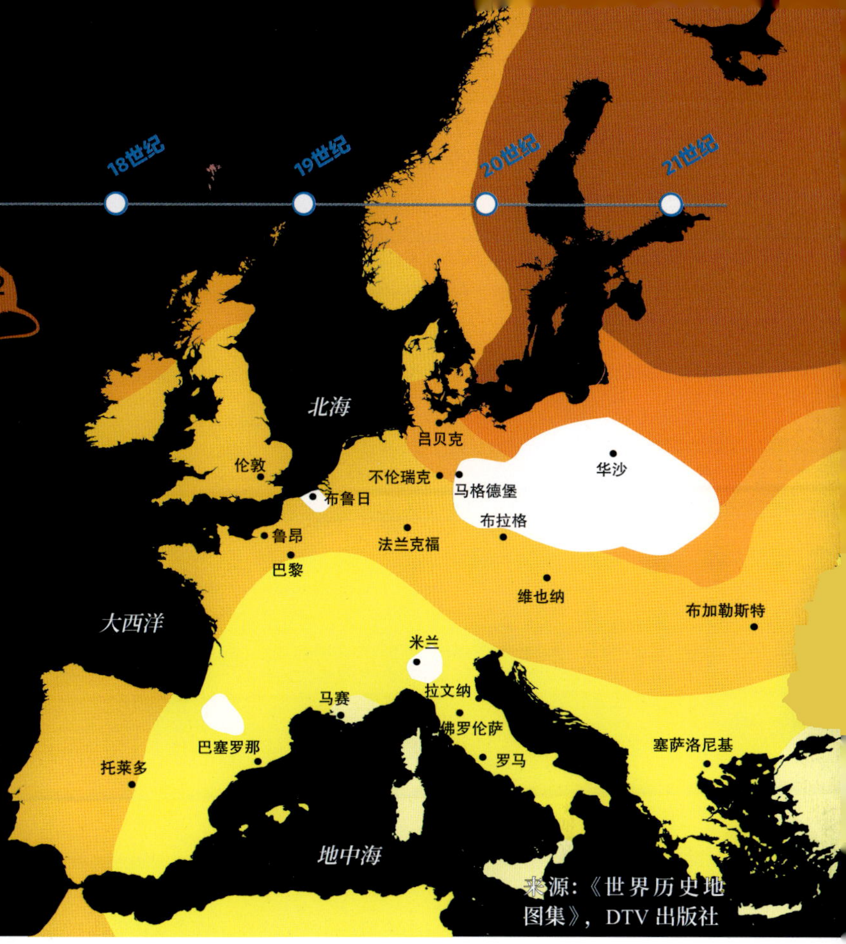

来源：《世界历史地图集》，DTV 出版社

◆ 国际

盖上金玺

1356年

德意志·1 月 10 日，神圣罗马帝国皇帝查理四世颁布了《黄金诏书》，这项法令规定了皇帝的选任方式和选帝侯的权利，也被称为“梅斯金玺诏书”，是神圣罗马帝国的宪法。选帝侯的数量设定为七人，其中四人是非宗教人士，即波希米亚国王、萨克森公爵、勃兰登堡侯爵、莱茵的普法尔茨伯爵，三位是宗教人士，即美因茨大主教、科隆大主教和特里尔大主教。选举时，所有选帝侯都前往法兰克福，因为选举总是在这里举行，得票多者当选皇帝，在亚琛由科隆大主教加冕。选帝侯在他们自己的封地内依然拥有主权。这些就是《黄金诏书》的主要内容。与其他政治制度相同，在选举中它没有赋予教宗任何角色。

◆ 经济

汉萨同盟，1356年一流的商业巨头

德意志·汉萨同盟如今地位非凡，以成员数量之多、贸易领域之广、政治影响之大而闻名。它的第一次全体会议刚刚在吕贝克举行。会议决定向外国派遣大使以捍卫自己的利益。汉萨同盟是欧洲北部的几个贸易城市联合组建的协会，既避免了内部竞争，也能互相保护。同盟的四大商行（伦敦、布鲁日、卑尔根和诺夫哥罗德）使欧洲北部国家和东欧国家之间的贸易愈加频繁。

其他三个同盟。水商同盟成立于 12 世纪，允许其成员享有在巴黎和芒特之间的塞纳河上航行的特权。伦敦同盟，即佛兰德斯行会协会，也出现在 12 世纪，在布鲁日的控制下管理与英格兰之间的贸易（特别是羊毛贸易）。最后一个是 13 世纪初荷兰和法国北部的 17 个服装制造城组成的同盟。

◆ 政治

1356年 英格兰人是如何俘虏法国国王的？

法国领土上的灾难！9月19日对法国来说是黑暗的一天，“好人”约翰二世被黑太子的军队囚禁了。

法国 · 我们提到刚在普瓦捷发生的事件时肯定也会想到十年前英格兰在克雷西的胜利。尽管瘟疫削弱了法国的实力，但对于人数远多于英军的法国军队来说，胜利本应是理所当然的：16 000 人对战 6 500 名英军。交锋发生在普瓦捷附近的一座小山上，法军发动了三次进攻，随后国王约翰二世亲自率军发起第四次进攻。英格兰国王的长子黑太子用计谋在军队后方部署了 100 个弓箭手吓唬法军。法国国王发现自己被困在英格兰士兵中间，无法逃脱。他的儿子腓力一直在保护他，喊着：“父王，靠右！父王，靠左！”最终他们父子俩和 2 500 名步兵同时被俘。据说约翰国王目前被囚禁在波尔多。

事件

新闻

农民怒火中烧！

1358年

法国 · 5月28日，当我们听说在圣勒代瑟朗发生了一场农民起义时，我们还不以为然。然而其他的起义很快就在法兰西岛、博韦、皮卡第、阿图瓦、诺曼底等地的农村地区爆发。著名的“扎克雷起义”开始了！

这场运动得名于农民的短外套，被称为“扎克雷”。针对领主和贵族的这场暴动虽然短暂，但非常暴力，很可能是黑死病、百年战争和最近赋税加重几件苦难叠加的产物。

当改革派贵族都站在纳瓦拉国王“恶人”查理二世一边时，来自博韦的农民纪尧姆·卡尔领导了起义，成为农民的国王，并与巴黎的资产阶级和巴黎市长艾蒂安·马塞尔结成联盟。但这场起义很快就告终了。6月9日，纪尧姆被诱骗至查理设置的陷阱后被俘获，并被以极其残忍的方式处决：为了嘲弄这个农民的“皇室”，“恶人”查理二世命人把一个烧得通红的铁三脚架塞进他的头骨。

一位领袖消失了

1358年

关于巴黎市长艾蒂安·马塞尔7月31日去世的原因，人们有诸多猜测。其中最为可能的是他被王储的拥护者让·马亚尔法官暗杀了。

法国·艾蒂安·马塞尔自1355年开始担任巴黎市长，主管商业、城市供应、工程和地方税收。作为资本家的代表，他有一定的政治影响力，并充分利用了这一角色。

三级会议在闹革命。由于缺乏财政资源，国王“好人”约翰每次需要钱的时候就召开三级会议，就像1355年应对英格兰威胁时召开的那次一样。在1356年的三级会议上，艾蒂安·马塞尔成为富裕资产阶级反对王室专制的代言人。因贵族、资产阶级和神职人员都有改革的意愿，马塞尔很快就确立了自己领袖的地位。在普瓦捷战败和法国国王被囚伦敦的背景下，他想借机限制国王的权力。等待父亲被释放的“摄政王”、王储查理（未来的查理五世）被迫接受了1357年3月颁布的“大赦令”，该法令允许资产阶级参与王国的治理。

起义。然而，人在英格兰的法国国王强烈反对这项法令，因此王储按捺住了改革的冲动。1358年2月22日，艾蒂安·马塞尔在纳瓦拉国王“恶人”查理二世的帮助下攻破了巴黎。戴着蓝红相间帽子的群众冲进王宫，在王储的眼皮底下屠杀了诺曼底地区和香槟地区的元帅。未来的查理五世得以逃离巴黎，并在6月让他的军队开始对巴黎展开围攻。

悲剧告终。反对王储并极力想建立一个王权受限的君主制把这位巴黎市长直接送进了坟墓。7月31日，艾蒂安·马塞尔在准备交出圣但尼门（porte Saint-Denis）钥匙的时候被杀害。

◆ 经济

第一种法郎
——骑士法郎

1360年

法国·12月5日颁布的王家法令宣布这种法郎正式启用。《贡比涅法令》规定了一套征收“间接税”的税收制度。

用12吨黄金换回国王。国王“好人”约翰在普瓦捷被英格兰人俘虏并在伦敦做了四年人质后终被释放。在此背景下，英法在5月8日签订了《布勒丁尼和约》。税收所得将用于支付300万埃居即12.5吨黄金的赎金，这是英格兰人提出的条件之一。40万埃居的首付让国王被释放。

法郎的诞生。24克拉黄金的金币骑士法郎应运而生，这是第一种被称为“法郎”的金币，刻有国王约翰的骑马肖像，金币的正面用拉丁文刻着“受神恩典，约翰为法国之王”。

所有老钱币都要重新熔铸。1364年，查理五世即位后打造了刻有他自身肖像的新法郎。

◆ 社会

性服务：一门没有危机的小生意

1360年

法国·自1096年起，性工作者就时常出现在十字军营中，以保持军队的士气。尽管此前性服务业时不时被查处，但现如今已被容忍，甚至被允许。令人咋舌的是，那些神职人员竟一起与政府管制这门生意，并赚得盆满钵满。

政治干预。圣路易想通过颁布“1254年大法令”同时禁止性服务业和赌博，但徒劳无功。最后他只能让性工作者把头发都染成红色，穿着更加得体，不要佩戴珠宝，并在1270年命令13 000名有偿性工作者随军进行第八次十字军东征。今年，巴黎市长规定她们的裙子不得用任何纱布、刺绣和纽扣装饰。

寻欢作乐的场所。在两西西里王国王后的倡议下，一家妓院刚在阿维尼翁开业。在那里一位医生负责照料性工作者的身体，一位女修道院院长负责救赎她们的灵魂。这一倡议拯救了王国的国库。然而，对于性工作者来说有诸多限制：她们不能根据自己的意愿来去自如，也不能接待神职人员和有妇之夫。

在巴黎，性工作者们都聚集在几条让人想入非非的街道：摸臀街、香肠街、阴毛街等。为了和其他的妇女区分开来，性工作者需要穿显眼的红色衣服。

性服务业得到官方许可后，妓院开门时会挂一个红灯笼来招揽客人。性工作者也会出现在浴室，在大木桶里的鸳鸯浴便于她们开展工作，但这也引发了教会的愤怒。

同时还有一些个体性工作者，地位等同于高级妓女。说句题外话，理论学家可能会问，有多少个情人以上可以算作性工作者？

趋势

如何泡澡？

1371年

法国·现在洗澡可是一件奢侈的事情。澡堂的门票贵得很：蒸汽浴要两个银币，温水浴要四个银币，相比之下，一个大面包只要一个银币。不富裕的人只能在小河里洗澡了。

公共澡堂。上世纪末出现的澡堂可能来源于巴黎。巴黎在1300年共有27个澡堂，澡堂在外省发展得很快，像沙特尔这样的小城市都至少有5个澡堂。在这些澡堂里，我们还可以理发、剃须和按摩。很快，这些澡堂因为不限制卖淫而名声变臭。在巴黎，澡堂负责人被列为一种新职业，市长负责订立澡堂的价目表。

卫生基础。温水浴和热水浴要比蒸汽浴贵，因为蒸汽浴不需要流动的水。浴缸是用木头做的，通常就是一个铺着毛巾的木桶，毛巾用来防木刺。桶上会横放一块木板用来吃饭。肥皂被越来越多地推荐使用，它是用大锅将苏打和油煮在一起形成的混合物。

这里有一个很好的发财之道：今年，克雷斯卡斯·达万成为马赛第一个官方肥皂商。

澡堂内景，15 世纪

◆ 国际

中国的新篇章

1368年

中国·一个世纪以来，中原地区一直在蒙古人的统治下。忽必烈于1260年建立元朝，定都大都。在元朝统治下，官府开始使用蒙古语，陆上丝绸之路中断，穆斯林群体在中国定居。同时，饥荒肆虐，起义不断。出家为僧的农民朱元璋加入了“红巾军起义”，并成为其中一个头目。在推翻元朝并消灭了所有对手后，朱元璋建立了明朝，年号洪武。中文和中华文明重塑威望。

新闻

文化

应该用英文书写

1362年

英格兰·爱德华三世下谕要求今后的审判都用英文书写。之前一直用的拉丁文或法文难以让大多数英格兰人在审判时了解法律、政令或辩护。自1066年诺曼人征服英格兰以来，法文在官方层面被广泛使用。但英语也渐渐流行起来，在14世纪中叶成为中学必修科目。今天，英文只在法院使用。明天，就该议会承认它的官方地位了。

◆ 建筑

阿尔汗布拉宫，一座金碧辉煌的梦幻宫殿

西班牙·1237年，以格拉纳达为都城的奈斯尔王朝刚建立，紧接着就开工建造阿尔汗布拉宫了。阿尔汗布拉宫建在萨比卡山丘上，从外面看它的红砖墙似乎缺乏装饰。它和伟大的科尔多瓦大清真寺一道成为穆斯林在安达卢斯地区存在的珍贵见证。

格拉纳达王国的开国君主穆罕默德一世建造了一个巨型围墙并安装了一套非常重要的水利系统，这为1302年至1308年修建帕塔尔花园打下基础，这可能是宫殿里最早建造的花园。穆罕默德一世的后人埃米尔优素福一世及后来的继位者穆罕默德五世是城堡的主要建设者。他们建造了塔楼、会客厅（包括两姐妹厅及其穹顶、

◆ 宗教

一座教堂的两个皇位

1378年

欧洲·1370年，格列高利十一世在乌尔班五世去世后当选为教宗，他很想回意大利，但教宗国已在毁灭的边缘。1377年1月17日，他回到罗马，认为教宗今后将在梵蒂冈掌权（而不是像之前的阿维尼翁教廷一样在拉特朗宫）。

法兰西王国新闻	**1370年** 4月22日，圣安东尼城堡（未来的巴士底狱）打下第一块基石。	**1370年** 巴黎在西岱宫的塔楼上安装了第一个公用的大挂钟。它是洛林的钟表匠亨利·德·维克的作品。

1375年 科马列斯宫）、带有巨大水池的桃金娘中庭以及方位与之垂直的狮子宫……

宫殿内部如梦似幻，其轻盈感与城墙的沉重感形成鲜明对比。与所有穆斯林宫殿结构相同，整个宫殿以司法塔、御座厅、后宫为中心。因为有水池、喷泉和水渠，所以水无处不在，光影不断变化，在狮子宫中尤其如此。四股溪流汇聚到一个石头泉，十二头狮像喷出水花。

格列高利春天去世后，一位意大利教宗——乌尔班六世——接替了他。起初，那些留在阿维尼翁的法国枢机主教还是认可乌尔班六世的，但看到他的改革措施和严酷的举止后就立马宣布他的当选不合法。后来枢机主教日内瓦的罗贝尔当选为教宗。实际上，他成了“伪教宗”，被称为“克雷芒七世”。他在阿维尼翁定居，与法国王室结为盟友。接下来发生的事对法国极为不利。两位教宗都说对方是异端并把对方逐出教廷。

这就是天主教会大分裂。西方基督教会现在有两位教宗：一位得到了教宗国、意大利北部和英格兰的支持，另一位得到了萨伏依公国、纳瓦拉王国、苏格兰、法兰西和丹麦的支持。

记事本

陆军统帅
杜·盖克兰之死

1380年 **法国**· 我们万分悲痛地得知相貌丑陋但最勇敢的战士——贝特朗·杜·盖克兰逝世了，他是法国和卡斯蒂利亚的陆军统帅。我们不禁想到他已故的妻子——绝世美人蒂费娜·德·拉格内尔，这位高超的占星师经常能提前预知他的胜利。

约1320年出生的贝特朗因相貌丑陋得不到关爱，但他以在布列塔尼骑士比武中的骁勇让父亲刮目相看，后来他在百年战争中扮演了极为重要的角色。他起先是雇佣兵，后成为骑士，1360年被任命为诺曼底统帅。他彻底打掉强盗团伙“自由佣兵团”后赴卡斯蒂利亚征战。他多次被俘，多次被赎，绑架者都钦佩他的骑士精神和荣誉感。

十年前，他被国王查理五世任命为法国陆军统帅。1380年7月13日，贝特朗·杜·盖克兰在围攻朗东新堡时因高烧不退病逝。因其前所未有的荣誉和功绩，国王把他葬在法国国王陵墓圣但尼教堂。

天气预报	**1370年**·英格兰的气候变得非常干燥，并将持续很长时间。	**1383年**·法国酷暑难耐。

《十日谈》，弗朗兹·克萨韦尔·温特哈尔特，1837 年

文学

时下畅销书

欧洲·

无论你喜欢怎样的书，你都可以在14世纪的海量出版物中找到一本好书。

《十日谈》

1348—1353年

佛罗伦萨文学界对薄伽丘这本汇编了一百个故事的文集狂热不已。差一点成为商人后，他转向古文和法律。他的朋友彼特拉克对他有很深的影响，这两位佛罗伦萨作家资助翻译了许多古籍，尤其是支持了用拉丁文重新翻译的《荷马史诗》。薄伽丘的《十日谈》让他名声大振：1348年鼠疫期间，三位领主和七个女人躲到他们在乡间的领地避难。为避免无聊，他们每人每天按固定主题给其他人讲一个故事。这部大作极大地促进了意大利散文的诞生。

◆ 趋势

时尚家具

1390年

法国·如今，贵族们经常搬家。感谢上帝，现在不同尺寸的行李箱让他们可以很方便地从一个封地搬到另一个封地。而家具往往留在原地。这些家具往往体积庞大、做工简陋，还重得很：桌子得摆在架子上，床因为经常多个人睡所以也很大。

新家具中，有与人同高的双开门餐橱，或者珍贵的沙叶尔椅（chayère），这是专为国王和贵族准备的柜式高椅，普通人家则可以用夏尔椅替代。

《歌集》

1356—1358年

就像但丁和碧雅特丽丝一样，彼特拉克也有一个心上人——劳拉。劳拉是他创作的这部《歌集》中大部分诗歌的灵感来源，他直到去世前还不断地创作新的诗歌，以完善《歌集》。彼特拉克曾先后为枢机主教科隆纳、米兰的维斯孔蒂家族、布拉格的查理四世效力。作为一位伟大的人文主义者，他带领我们重新认识了西塞罗和圣奥古斯丁。他研究过当时所有的文学体裁，包括史诗、抒情诗等。

《法国、英国及周边国家的编年史》

1370—1400年

这是我们这个时代的大作之一。书中记述了1327年至1400年理查二世去世之前的战争。这本书的作者傅华萨可以说是世界上第一位记者。他的作品文风活泼，故事里充满了贵族生活的趣事。他很擅长找陌生人套取信息，即便对方是敌对阵营里的人。正因如此，我们才能够得知，在百年战争期间，英国人用木制移动攻城塔登上了敌方的城墙。

《坎特伯雷故事集》

1387—1400年

迷恋法国和意大利文学的杰弗里·乔叟留下了这本未完成的故事集。这本故事集可与《十日谈》媲美，它的问世也标志着英国文学登上欧洲文学的舞台。

◆ 文化

卢浮宫图书馆的917份手抄本

“不断增加的藏品构成了图书馆的历史。我相信这个图书馆将不断增加藏书数量并有一天会成为国家图书馆，谁知道呢！”

吉勒·马莱，
王家图书馆第一守卫

1369年

法国·一座卡佩王朝时期的城堡正被改建成一个巨大的图书馆！原藏于西岱宫的书籍刚被运至卢浮宫并被放至鹰塔中，这是英明的查理五世的决定。这位颇有学问的国王为了彰显自己的智慧与学识，想让图书馆藏满他翻译成白话文的圣书以及他写的科学百科全书与政治文章，他不久前任命吉勒·马莱为这座王家图书馆的第一守卫，负责盘点917份手抄本。

图书馆将于1380年被转交给查理六世。届时，图书馆将藏有72本宫廷小说和26篇亚瑟王传奇文章。国王会读这些书吗？

◆ 音乐

最后一位行吟诗人纪尧姆·德·马肖

1377年

法国·虽为兰斯的议事司铎，纪尧姆·德·马肖却是菲利普·德·维特里编撰的《新艺术》的最大推崇者，积极推行节律和复调。他按照骑士文学的灵感创作了近400篇抒情作品：叙事诗（ballades）、回旋诗（rondeaux）、维勒莱（virelais）、籁歌（lais）、悲歌（complaintes）、经文歌……这些诗歌的独创性主要体现在其结构上。每个作品都通过寓言故事把真实的人物及其个人回忆交织在一起。

恋爱中的纪尧姆·德·马肖将他技惊四座的作品《真实故事》献给了年轻漂亮的女孩阿尔芒蒂耶尔的佩罗纳。他还用“逆行卡农”原理创作了同一个旋律正向反向重叠演奏的三声部回旋歌《我终于始，又始于终》。他最出名的作品是1371年创作的复调歌曲《弥撒曲》。

总之，纪尧姆·德·马肖开创了一条全新的音乐探索之路。

快讯

1360年

用彩色玻璃窗装饰私人住宅。

1377年

来自东方的纸牌游戏出现在佛罗伦萨，并将在欧洲传播。

1380年

在欧洲发现了生铁。

事件

伊比利亚半岛的血色洗礼

西班牙·6月6日，塞维利亚的犹太区最先爆发了骚乱。不幸的是，骚乱很快波及阿拉贡和安达卢西亚。6月18日，托莱多首遭屠戮，7月9日巴伦西亚紧随其后遭难。巴塞罗那也未能幸免。人群所到之处烧杀抢掠、无恶不作，然而没有任何罪犯被缉捕。犹太人区（ghetto）被烧毁，成百上千的犹太人不是被杀害就是被囚禁，或者被迫皈依基督教。教士费兰·马丁内斯想要惩罚那些“弑神者”（déicides），而多明我会修士文森特则尝试让犹太人和平改宗。因此，布尔戈斯著名的拉比所罗门·哈列维携全家皈依基督教，他一跃成为大主教，教名为巴勃罗·德·圣马利亚。马略卡岛帕尔马的犹太人同样惨遭屠杀，只有一些幸存者逃去了马格里布或普罗旺斯。

1391年

◆ 政治

又一次，犹太人惨遭驱逐

1394年

9月17日，法国国王查理六世签署了驱逐犹太人的法令。这是有史以来第七次采取此类措施，单单14世纪就发生了三次。那些依然待在法兰西王国的犹太人，“无一例外、不分特权”全部被驱逐出境，最晚11月初就要卷铺盖走人。

法国·在13世纪末，法国大约有10万犹太人（分布在法兰西岛、诺曼底、香槟、卢瓦尔河地区和巴斯朗格多克地区）。巴黎有1 500名犹太人，占首都人口的1%。然而随着主教会议的煽风点火，这些人不久后就只能待在某些特定区域了。为避免这些人和现有的从业者产生竞争，各行各业都在排挤他们，迫使他们从事其他手工业。

一段纷乱嘈杂的历史。犹太人尝尽了酸甜苦辣，庇护、侮辱、迫害、改宗运动轮番上演……在200年间，他们在法国的处境每况愈下。1290年，犹太人被赶出加斯科涅和英格兰。1306年，他们的财产（土

1382年

城市之声

铅锤党人当街围剿税吏

法国·巴黎爆发铅锤党人叛乱已数月之久，查理六世却始终无法平定叛乱。起义者从市政府武器库中夺取了上千把铅制的锤子来武装自己，遂被称为铅锤党人。

事情的起因是2月28日，国王的叔叔安茹公爵宣布对食品征收新税。次日，来自巴黎贫民区的工人和手工艺人袭击了税吏。有些人还谈及了此事的导火索：一位税吏向一位时鲜果蔬商贩征税时遭到拒绝，双方因此大动干戈。

正在佛兰德斯战场上鏖战的国王即刻拔军赶往巴黎。他需要用以维持战争的钱财，所以不能抛下税吏们不管。这势必是一场血腥的镇压。

其他地方情况如何？在欧洲，因苛捐杂税引发的类似叛乱比比皆是。佛兰德斯首府根特的纺织工奋起反抗佛兰德斯伯爵，匈牙利的农民发动叛乱对抗封建大地主。而奥弗涅和朗格多克地区也爆发了农民和手工业者的抗税大起义。

冲突将充斥整个时代。

《中世纪的犹太人》，卡雷尔·欧姆斯，1890 年

地、房屋、金钱、珠宝、衣服……）被“美男子”腓力四世没收，后者还一并侵吞了他们放出去的债务，成千上万的犹太人逃往阿尔萨斯、萨伏依、意大利和圣地。1321 年，儿童十字军东征期间，图赖讷、贝里和法国南部的犹太人惨遭屠杀。1336 年，贫穷的农民开始杀害犹太人，整整三年，从阿尔萨斯到德意志士瓦本的犹太人无一幸免。他们还被认为是黑死病（1347—1352）肆虐的罪魁祸首。

难逃驱逐的厄运。14 世纪末，人们将所有罪责都往犹太人身上扣：贫穷、饥荒、瘟疫的死灰复燃，甚至王国的财政困难也是犹太人的错……查理六世决定再一次驱逐犹太人，造福教会。犹太人不得不迁往德意志、普罗旺斯和奥斯曼辖下的巴尔干半岛。国王允许他们变卖家私，并一路护送他们至法国边境。

1395年 宗教 调查：罗拉德派是谁？

英格兰·“罗拉德派”（lollards）一词来自中古德语“lollaert”，意为“喃喃的祈祷者”。罗拉德派是对约翰·威克里夫追随者的统称，威克里夫主张教会和所有教徒都应力行廉俭之道。

在英格兰，罗拉德派的“异端邪说”是唯一一个产生巨大影响的反抗行动，无论从信徒人数还是社会影响力方面来看，都绝无仅有。14 世纪 70 年代，牛津大学的哲学家兼神学家威克里夫反对根深蒂固的宗教观念，强调人们应将《圣经》作为基督教教义。他似乎还是将《圣经》翻译成英文的第一人。他认为教宗违反了基督教教义，并希望实现教会分立，作为打破现状的第一步。

第一批罗拉德派成员由赫里福德的尼古拉领导，他们活跃在各个领域。1395 年，罗拉德派提出了《十二点结论》，清楚地阐释了他们的传道主张。其中提到，英格兰教会与罗马教廷牵连太多，以及当前的“教士之职”不是受基督之命。他们在字里行间也对“圣餐”提出了质疑。此外，基督教的教规引导信徒们去信奉神授的“中介人”，而罗拉德派则坚决反对这一点。他们各方奔走，谴责教会无力改革这一现状。

佛罗伦萨卡尔米内圣母大殿
布拉卡契礼拜堂壁画细节图，
马萨乔和马索利诺，15 世纪

15 世纪

◆ 美术

佛罗伦萨洗礼堂北门设计赛 无名小辈一举夺魁

1401年 **意大利** · 这一年，佛罗伦萨圣约翰洗礼堂北门设计赛吸引了多位雕塑师争相角逐。确切地说一共有 7 位，其中就有菲利波 · 布鲁内莱斯基，还有一位名叫洛伦佐 · 吉贝尔蒂的雕塑师。

当时，佛罗伦萨财力雄厚的羊毛商会提议对洗礼堂进行修缮，因此组织了这场设计选拔赛。参赛人员需要以“以撒献祭”为主题来设计浮雕镶板大门，一如 70 年前从安德烈亚 · 皮萨诺艺术工坊里出品的门扉一样。

吉贝尔蒂设计的大门更加简洁，他复古又不乏新意的设计最终拔得头筹。此次设计的难点在于，如何在场景中纳入一些（或裸体或着宽袍的）人物。吉贝尔蒂虽经验尚浅却灵活有余，并且擅长雕刻各种人物高浮雕、半浮雕、浅浮雕。他没有拘泥于当时流行的艺术模式，而是发挥了金匠世家出身的特长，一举拿下了这项艺术作品的创作机会。

国际

威尼斯好奇的游客

1402年 **意大利**·祭司王约翰（Prêtre Jean）的王国可谓吊足了人们的好奇心。意大利诸城和这个神秘王国的“初次接触”可以追溯到前一个世纪末。先是1395年，祭司王约翰曾派出使臣前往米兰，恭贺吉安·加莱亚佐·维斯孔蒂荣登爵位。随后，两位他国使者在长居埃塞俄比亚的佛罗伦萨人安东尼奥·巴尔托利的指引下，带着领主的厚礼——其中就有香水和猎豹——来到了威尼斯。但是问题来了：这个王国难道不只是一个传说吗？1390年，一位葡萄牙的使者不得不委托埃塞俄比亚皇帝转交一封信给祭司王约翰，因为他压根接触不到这位赫赫有名的大人物。

记事本

跛足帖木儿枭雄陨落 草原恐怖时代的终结

1405年 **中亚**·帖木儿，令人闻风丧胆的蒙古首领，出生于撒马尔罕附近。在西方国家，他以帖木儿兰（Tamerlan）之名为人所知。他还有一个别称：跛足帖木儿，而帖木儿的含义是“铁”，所以这一含义为“铁腕的跛脚人”的别称对他来说可谓再适合不过了！

帖木儿自称是成吉思汗的后裔。父亲去世后，帖木儿子承父业，当上部落首领。随后他征服了花剌子模，在那里取得了辉煌的战绩，掳掠了无数金银细软、绫罗绸缎。1398年，趁印度动荡之际，帖木儿率军攻占了德里，俘虏10万余人。

帖木儿爱好艺术，但他更是一名军事统帅，不惜诉诸武力和恐吓来壮大帝国的版图，并且不以为耻。锡瓦斯之战中，4 000名亚美尼亚士兵俘虏被活埋，所有的孩童惨死于战马的铁蹄之下。据说在伊斯法罕，他曾下令屠杀所有的男性，用砍下来的脑袋筑成人头塔。他所到之处，横尸遍野，死者上百万。

1405年2月18日，帖木儿在东征明朝的途中，逝于锡尔河畔的讹答剌。他的遗体被麝香、玫瑰水等香料浸泡涂抹后，放入了黑檀木的棺材中。

政治影响几何？帖木儿的逝世，让一部分人松了一口气，却让另一部分人忧心忡忡。因为他的离去，奥斯曼帝国很可能死灰复燃。君士坦丁堡在过去的15年间被苏丹巴耶塞特一世的军队两度围困，但基本毫发无损。它遭遇的更像是封锁而非围攻，而它还可以从海路绕过封锁，因此它没有遭到太大的破坏。后来帖木儿在安纳托利亚发兵进攻巴耶塞特一世，1402年两军决战于安卡拉，巴耶塞特一世兵败被俘，死于囚禁期间，这宣告了其统治时代的结束。然而随着帖木儿的离世，奥斯曼帝国失去了最强大的敌人。谁又能确定奥斯曼人不会趁机崛起，打破这刚刚建立起来的地区和平呢？

天气预报

1400年·比利时的冬季天寒地冻。湖面结冰了，马车可以通行。

◆ 旅行

从中国驶向非洲

1405年

中国·中国自公元6世纪开始跻身海上强国，这主要归功于其伟大发明：指南针和远洋帆船。大明王朝开国不久，就低调地拉开了航海活动的序幕。这项任务被交给了当时的宦官郑和，他受命打造一支皇家船队，为远渡印度洋做准备。

郑和这支刚刚下水的海上舰队，包含62艘大型帆船（最长超过135米），百余艘小型帆船，载船员共计约28 000名。舰队最初的航迹主要在中国南海一带。但这支舰队的雄心并不止于此，前方还有更远大的目标，那就是印度西南的古里（今卡利卡特）。

郑和曾经七下西洋（直至1433年结束），航迹遍布印度洋，曾抵达波斯湾和阿拉伯海岸，最远甚至到了非洲。但中国根本无意于开拓贸易，更无意于殖民统治（只为弘扬国威，让附属国向明朝皇帝俯首称臣），所以海上力量虽一时显赫，却也很快湮没于历史。

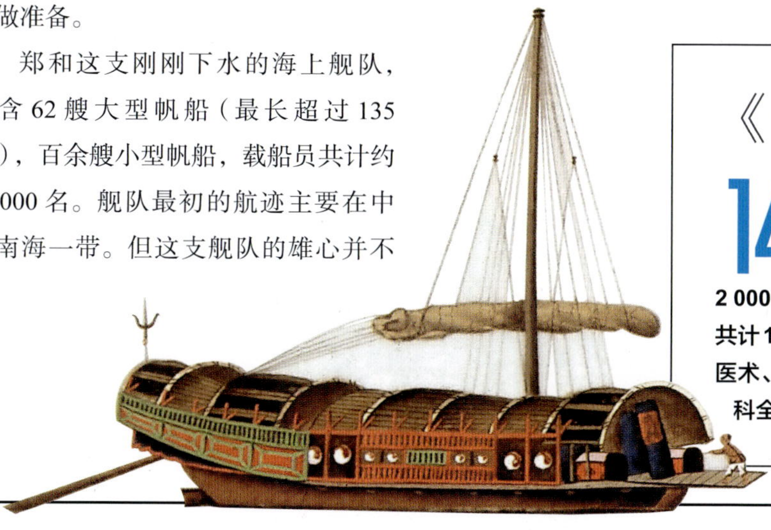

文化

《永乐大典》旷世之作

1403年

中国·永乐大帝刚刚登基不久，就下令打造一部集合中华精粹的鸿篇巨制。这本历时4年、由2 000多名专家学者精心编撰、汇集古代文献七八千种、共计11 095册的《永乐大典》，内容包括天文地理、阴阳医术、自然科学、历史艺术，堪称迄今为止世界最大的百科全书。

1407年·法国历史上最寒冷的冬季之一。巴黎冰冻三尺。举国上下，千里冰封。可想而知，今年的水果收成又要遭殃了。

◆ 娱乐

午后消遣 1407年

欧洲·1369年4月3日，法国查理五世仿效英格兰国王爱德华三世，颁布了一项令人意外的法令，禁止群臣参加除武力竞技类以外的一切娱乐活动。这一切都是为了使军队更具战斗力。从此竞技类游戏蓬勃发展。弓箭更多被用于竞技游戏，而不是作为武器使用。

皮球（La soule，也被称为 cholle）。通常是两个行业协会或者两个乡村之间对决所用的球类游戏。这项娱乐已流行了两三个世纪。现如今，下至黎民百姓，上至达官贵族都乐此不疲。不过大多数情况下，玩球类游戏的主要还是乡村球队，他们在一位“高手”（队长）的带领下，奋力拼抢皮球（用草糠填充的皮球），然后将它作为战利品带回村子。这项游戏没有什么禁忌，甚至在不同地区游戏规则也千差万别。

古式网球（La paume）。这是一项风靡城镇的击球类游戏。可以两人对打，也可以多人分为两组对打。贵族们通常都戴着手套，将球击过网线。巴黎市长在十多年前就明文规定，非周日不得打球。不得不说，那时候的网球生产商比书商还要多。

◆ 文学

克里斯蒂娜·德·比桑 首位以写作为生的女性作家 1405年

法国·在克里斯蒂娜·德·比桑生活的年代，法国四分之三的女性还是文盲，而她已经以写作为生了。克里斯蒂娜·德·比桑出生在威尼斯。她的父亲是一位医生，同时也是一位占星家，后来接受法国国王查理五世的邀请来到巴黎，担任国王宫廷里的占星家。但好景不长，厄运便降临了：查理五世于1380年逝世，他们从此没有了庇护，1387年她先后失去了父亲和丈夫。25岁，年纪轻轻的克里斯蒂娜便开始守寡，还有三个孩子、母亲和姨母需要供养。为了贴补家用，她决定通过写作谋生。1401—1403年，克里斯蒂娜参与了当时文坛上的一场争论。这场论争围绕着纪尧姆·德·洛里斯和让·德·默恩所著的《玫瑰传奇》，书中充斥着大量对女性的讽喻，并具有性暗示的意味。她还批评了那些传递女性负面形象的著作，比如《悲诉》一书，该书将已婚的女性刻画成贪得无厌、对家庭索取无度的败家女形象。1405年，克里斯蒂娜出版了《妇人城》一书——类似于柏拉图的《理想国》，抑或圣奥古斯丁的《上帝之城》——描述了一个只有女性存在的城邦。

◆ 美术

勃艮第雕像的默哀

1406年 **法国**·勃艮第公爵的雕刻师克洛斯·斯吕特刚刚离开了人世。他高超的艺术造诣在世人心中留下了不可磨灭的印记。

克洛斯·斯吕特出生于尼德兰。后来他来到勃艮第，与其他同行一道，参与了尚莫尔天主教加尔都西会修道院的雕塑工作。修道院的大门，由建筑师德鲁埃·德·德马丹设计成类似于巴黎教堂的风格。除了两尊常见的雕像之外，斯吕特按照建筑特点在大门上增加了另外两尊雕像，一尊是圣母马利亚手托婴儿耶稣的雕像，位于大门正中间。他所创作的圣母，神情姿态和14世纪那些静止不动的圣母形象完全不同。另一尊是勃艮第公爵、勇敢的腓力二世和他的妻子佛兰德斯的玛格丽特的雕像，它们面向圣母雕像而立。

在修道院建筑的中间，矗立着著名的“摩西井”。这根高达8米的立柱实际是支撑耶稣受难像的基座。在六面的壁龛中，各有一尊《旧约全书》先知的雕像。这六位先知分别是：摩西、大卫、耶利米、但以理、以赛亚、撒迦利亚。斯吕特雕刻的雕像表情丰富、神采各异，衣袍上深沟高棱的衣褶处理，赋予了人物非凡的气度。

摩西井

◆ 美术

莫斯科绘画艺术

1411年

俄罗斯·在被蒙古金帐汗国统治的时代，安德烈·卢布廖夫将毕生的绘画才华献给了莫斯科及周边的修道院。

人们对这位圣像画家所知甚少，除了他曾经在圣母升天大教堂工作过，偶尔也为莫斯科大公效劳之外，就别无其他了。由于这个时代的俄罗斯画家不在作品上署名，所以人们只能通过风格相似性来判断某一幅圣像画是不是他（们）的作品。

这一年，安德烈·卢布廖夫完成了一幅杰作：《三圣像》，也被称为《亚伯拉罕灵修像》。这幅画作精神内涵丰富，一眼看去具有明显的拜占庭风格，从某些角度看又颇有希腊艺术韵味。光线明亮的基调中，不留一丝一毫的阴影。东正教禁止显现天父的容貌，所以这里天父化身为三位天使的形象，来到亚伯拉罕的家中，向他和他的妻子撒莱显圣。卢布廖夫精心刻画了细腻的线条和明亮柔和的光线，去掉了所有多余的繁复细节，以此来彰显和颂扬虔诚的信仰。

1410年

城市之声

亚历山大五世是被毒死的吗？

意大利·博洛尼亚街头谣言四起。5月3日，教宗亚历山大五世离奇死亡，享年69岁。就在一年前，比萨公会议上，敌对双方的枢机主教试图打破教宗法座纷争的僵局：他们同时废黜了罗马教宗格列高利十二世和阿维尼翁教宗本笃十三世，却将亚历山大五世推上了教宗的宝座。亚历山大五世原名彼得·德·康迪，居于博洛尼亚。人们都在偷偷议论，认为亚历山大五世的继承者巴尔达萨雷·科萨很可能动了手脚，下毒除掉了这个绊脚石。他就是后来的教宗，约翰二十三世。

◆ 社会

麦秸上的信徒和学生

1410年

法国·整个巴黎麦秸遍地。教堂里也铺满了麦秸，当然只有冬天才会如此：夏天人们可以用树叶和芳草。那时候还没有长凳，有些信徒出门时忘了带小板凳，便跪坐在地上。学校里也是如此，年轻的学子东一个、西一个围坐在老师的脚边听课。没有什么比这种场景更让乌尔班五世感到欣慰的了：在他看来，坐在板凳上听课，学生就不够谦逊和虔诚。位于索邦地区的麦秸路，最初叫“麦学子路”，后易名“学府路”。因为过去学生上课时常在麦秸上席地而坐，它故而得名“麦秸路”。如今这种“坐在麦秸上听课”的风尚在大学中似乎不复存在了。在政府的要求下，长凳开始慢慢被接受，哪怕学生们必须付费才可以使用！

◆ 宗教

托尔托萨辩论

“辩论”（disputatio，又称“dispute”或“disputation”，意指“交流观点与理由”），是一种颇受推崇的活动。1413 年年初，在托尔托萨，一场犹太教徒对阵基督教徒的辩论拉开了帷幕。

1414年

西班牙·这个时代人们对犹太人的攻击甚嚣尘上，无论是精神上的打击，还是神学方面的质疑，皆是如此。人们指责犹太人不承认《圣经·旧约》中耶稣的出身，不把耶稣当作救世主看待。基督教徒们因此组织辩论，希望通过合理的神学观点来揭示犹太教的“错误”，让他们皈依基督教。对犹太人来说，这种辩论是强加给他们的，并且注定歪曲事实。因为在一个基督教主宰的社会，很难想象那些有利于犹太教的观点能够占据上风。1239 年，路易九世摄政时期，首场辩论在其母亲卡斯蒂利亚的布兰切以及巴黎主教的见证下于巴黎举行。1413 年 2 月，在本笃十三世（阿维尼翁教宗）的带领下，托尔托萨辩论拉开了序幕，这场辩论召集了诸多拉比。托尔托萨辩论可谓影响深远：除了强迫犹太人皈依基督教之外，关于“已皈依的犹太人”（conversos）这一话题一直争论不休，因为这些犹太人虽然过着基督徒的生活，却依然秉持之前的宗教信仰。最终，伊比利亚半岛上的大量犹太人被驱逐，而犹太教法典在此地再也无迹可寻了。

◆ 科学

皮埃尔·大利的《世界图志》

1410年

法国·皮埃尔·大利居住在康布雷主教府邸期间完成了《世界图志》这本关于宇宙地理的著作。皮埃尔·大利善于雄辩，知识渊博，在当时的神学辩论中是一个举足轻重的人物。作为教会改革的拥护者，他的一大目标就是弥合天主教会大分裂（始于 1378 年）。他主张和解，强调教宗应服从于大公会议，并在 1381 年提议召开宗教会议，尝试终结纷争不断的局面。他还参加了 1409 年举行的比萨公会议，这次会议选出了“第三位”教宗。

《世界图志》一书虽清晰易懂，却并无新奇之处。皮埃尔·大利在书中大量引用了前人的观点，比如，尼古拉斯·奥雷姆、罗吉尔·培根的原话经常被一字不差地引用过来。他的作品也反映出他带有星相学色彩的世界观。

据说，克里斯托弗·哥伦布正是受他的作品启发，认为一场地理大发现已经迫在眉睫了！

◆ 冲突

阿金库尔战役 法国骑士团辉煌不再

1415年

英法百年战争中，英格兰又一次决定性的胜利！

法国·英格兰的亨利五世在1413年登上王位后不久就和法国兵戎相见了。同年8月，他亲率11 000名士兵登陆诺曼底。不久之后，军中疾病肆虐，部队很快减少至6 000人，力量大大削弱。出师不利，英格兰人决定后撤，一路打到加来，继而班师回朝。

10月25日，两军交战。此时的法国坐拥两三万大军，实力雄厚，他们摩拳擦掌，誓要斩断英格兰后路。得益于数量上的优势，法国将战场选在了林中的空地。战场两边都是树林，中间地带狭长，几乎没有任何施展战术的空间。亨利五世选择将英军的5 000名弓箭手一线排开。进攻的号角响起，冲锋在前的法国重装骑兵在泥泞不堪的林地上步履维艰，而弓箭手（按照法国的老规矩）则被安排在第二线，因为战争的荣誉应该留给贵族骑士。结果，勇猛的威尔士弓箭手向法国阵地发射了密密麻麻的箭雨。亨利五世凯旋，带着数量庞大的俘虏回到伦敦。素称“法兰西之骄傲和花朵”的法国骑士团再也不复当年之勇了。

事件

新闻

空中飞人！布拉格“掷出窗外事件”

1419年

捷克·1419年7月30日，布拉格市政厅7名天主教议员被扔出窗外，旋即被下面牢牢矗立的长矛刺穿而死。

这起事件的主导者是胡斯派，即扬·胡斯的信徒。四年前，这位宗教改革者因异端罪名被处以火刑。他强烈的民族主义精神，以及与波希米亚的德意志上层教士所做的斗争，使得他成为捷克万众瞩目的英雄。胡斯曾担任布拉格大学校长，他主张恢复清廉的生活，保持福音的纯粹。胡斯死后，他的信徒自然而然地揭竿而起。起义军队的标志是圣杯，即恭领圣餐（面饼和酒）的象征。胡斯派坚持自由传教，并要求没收教士财产。而所有这些仅仅是漫长起义岁月的开始。胡斯派所面临的两大劲敌，神圣罗马帝国皇帝兼匈牙利及波希米亚国王——卢森堡王朝的西吉斯蒙德，以及罗马教宗，誓要平定叛乱，结束这场声势浩荡的异教运动。

文学

阿兰·夏蒂埃口才成就人才

1416年

法国·阿兰·夏蒂埃是一个诗人，同时以散文著称。他是宫廷官员，先后担任查理六世、当时的王太子查理即后来的查理七世的秘书。他完成了多个外交使命，曾经在威尼斯、神圣罗马帝国和苏格兰担任外交使臣。阿兰·夏蒂埃口才了得，被誉为“雄辩之父”，享有盛名。他经常用法文和拉丁文创作散文诗，歌颂殷切的爱情。阿金库尔战役对他影响颇深。受其启发，今年他发表了《四女士之书》。这是一首由3 600个八音节诗行组成的长篇诗歌。诗中描绘了四位女士各自的悲惨遭遇：她们的爱人分别战死沙场、兵败被俘、临阵脱逃、人间蒸发。而哪一种最为悲惨呢？

阿兰·夏蒂埃随后创作了《四重诅咒》（*Le Quadriloge invectif*，1422年），文中讲述了法国祈求她的三个孩子——平民、骑士和教士——重修旧好。这部作品被认为是中古法语政治文学领域的代表作之一。

◆ 美术

装饰手抄本画家林堡三兄弟

1416年

法国·时祷书在富人和贵族的藏书馆中颇为常见，他们每天要翻开七次，以此表示虔诚。时祷书的首页通常是一幅月历画，里面描绘了人类活动、宗教节日、时令节气、祷告祈福等内容。

林堡三兄弟保罗、赫尔曼与让，1380年左右出生于尼德兰奈梅亨。他们曾经为“好人”约翰二世之子、贝里公爵约翰绘制装饰手抄本，因此成名于世。他们的舅舅——一位法国和勃艮第宫廷画师——将三兄弟推荐给了这位赞助人、藏书家。他们很快在这门艺术上达到登峰造极的境界。

就在三年前，林堡三兄弟开始创作《豪华时祷书》（*Très riches heures*）这部手抄本，很可惜他们最后抱憾离世（死因可能是一场瘟疫），留下了这部未完成的作品。《豪华时祷书》共206页，包含66幅大型细密画及65幅小型细密画，以及整页整页的精美装饰。书中使用了植物或矿物质颜料。

林堡三兄弟留下了令人赞叹的美学艺术成就，其作品颜色绚丽，对比强烈，细节处理精细，风格自然写实。自此之后，人物简笔插画的精美细腻达到了新的高度。

◆ 大工程

紫禁城

世界规模最大的建筑群

1420年 **中国**·明朝永乐皇帝在元大都宫殿的废墟上营建了这史上独一无二的木构宏伟建筑。虽然明朝1421年才迁都北京，但这座皇宫早在1406年就开始修建了。

气势恢宏。这座“紫色宫殿”的修建凝聚了20余万人的心血。据说，在文化意义上，紫禁城中有9 999间半房屋——仅次于天上玉帝1万间房屋的规格——以及面积为50万平方米的花园。皇宫内的建筑沿着三条南北平行轴线一字排开。宫内的主要干道将这些建筑分成了108块片区，形成了东西约750米，南北约960米，占地面积约72万平方米的长方形皇宫建筑群。

名副其实。皇宫戒备森严，寻常百姓禁止进入，故而得名“紫禁城”。皇帝深居幽宫，不可避免地与国家的经济和社会现实隔绝开来。作为天子府邸，紫禁城象征性地位于天地的中心。

布局合理。紫禁城坐北朝南，北为内廷，南为外朝。自南宫门进入便是外朝三大殿，常用于举办皇家仪式，同时也是天子上朝的地方。而北面的内廷，则包括皇帝的寝宫，以及后宫妃嫔所在地。其中就有后三宫：乾清宫、交泰殿和坤宁宫。宫殿建筑的主色调也颇具深意，比如宫殿的廊柱均为正红色，意味着庄严高贵。屋顶的琉璃瓦则是皇家御用的黄色。宫殿、亭台、门廊自北向南一字排开，象征着天地秩序。

明朝强化中央集权政治制度。为了防止兵变，明朝统治者很快迁都北京，入住刚刚竣工的紫禁城。外有52米宽的护城河，内有高墙庇护，明朝的统治者们可以气定神闲地在朝臣的辅佐下统治辽阔的疆域，在特务机构的严密监控下掌握着臣民的一言一行。

《纳税银》，马萨乔，1427 年

◆ 美术

1427年 动态、透视和光影：马萨乔的绘画革命

意大利·托马索·迪·乔瓦尼绰号“马萨乔”——“小傻瓜”之意，因为他经常发呆走神。他出生于托斯卡纳的一个艺术家庭，距佛罗伦萨 65 千米。自 1401 年出生起，他一直寂寂无闻，直到 1422 年 1 月加入画师行业协会。他师从马索利诺·达帕尼卡莱，后者对其启发良多。马萨乔的代表作是 1424 年于佛罗伦萨布拉卡契礼拜堂开始创作的作品，其中包括《被逐出伊甸园的亚当与夏娃》《纳税银》等名作。

马萨乔继承了乔托的绘画风格，但他画得更为写实，画出了人们亲眼所见的世俗世界，而非使用一些原型人物。和乔托一样，他擅长画空间中的人物布局，以及利用远近比例的调节塑造立体感，这一点对于其他画家的影响颇为深远。他会根据观看者的不同观画角度，打造一种 3D 空间的效果。他还首创了灭点线性透视法，用一种更为科学的角度来研究光影效果。马萨乔一旦确定画内的光源，便根据光线投射在人体凹凸部分的光影效果来创作这幅画。这种带有写实主义色彩的绘画手法，是对传统、生硬的前辈作品前所未有的创新。

◆ 社会

1430年 金羊毛骑士团

法国·1430 年 1 月 7 日，勃艮第公爵、“善良的”腓力与葡萄牙公主伊莎贝拉在布鲁日庆祝大婚之际，创立了金羊毛骑士团。骑士团的成员均是佛兰德斯和勃艮第声名显赫的人物。他们佩戴着沉甸甸的金羊毛骑士勋章项链。项链由镶嵌燧石的黄金链组成，中间悬挂着骑士团的徽章——一个绵羊垂饰，以此向伟大的希腊神话致敬。金羊毛骑士团的名字也由此而来。

创立一年后，金羊毛骑士团制定了两项规定，并将总部设于第戎的圣礼拜堂。按照规定，金羊毛骑士团领主必须在征询金羊毛骑士的意见后方能做重大决定或与他国作战。菲利普三世去世后，金羊毛骑士团的领主权被交给了他的儿子“大胆的”查理。

健康

污染，时代的灾难

1430年

欧洲·多么肮脏不堪的街道啊，在我们的目光所及之处，在我们的脚下连绵不断地延伸开来！除了历史悠久的某某“大街”“大道”等称呼，还有另外一些更合适的叫法来形容这场灾难：譬如“小便街”“方便街”等，这些都生动地还原了街道地沟污秽满溢的场景。周遭的居民饱受臭气熏天的环境之害。

据某些城市史志记载，每次公众游行或假日节庆时，道路上便积满了土渣和粪水，路况糟糕得简直无法通行。人们随地“撒尿”，随地吐痰，毫无节制，更有甚者直接在大街上大便起来。如果一个世纪以前人们能够建造更多的厕所，并且规划好位置，如今它们大可以派上用场了。大便槽本来就特别小，人们还不停地往里面扔各种垃圾，似乎完全不担心它们会被堵住。有些缺乏教养的人堂而皇之地在邻居门前大小便——这种老传统后来促使人们颁布了一些禁令。还有一些人从楼台窗口往下倾倒污水，洒在路人身上。在天气的影响下，热烘烘的环境引发了伤寒流行和肠胃疾病……人们对于传染病的恐惧最终是否能够遏制这场卫生灾难呢？

◆ 事件

火堆上的圣女贞德

鲁昂老集市广场上依然弥漫着肉体被烧焦的可怕味道。就在今天，1431年5月30日，圣女贞德被处以火刑，年仅19岁。这场从年初就拉开帷幕的法庭审判，最终将她以异端罪名处死，只留下了这段影响整个法兰西王国历史的英雄事迹，短暂而又荡气回肠。

1431年

法国·1412年，贞德出生于洛林一个富裕的农民家庭。17岁时，她对周围的人声称，她听到了天使圣弥额尔、圣凯瑟琳和圣玛加利大的指示，要求她将英格兰人从法国的土地上赶走。

圣女的丰功伟绩。从1429年到1431年，圣女贞德的英雄事迹浓缩在这短短的两年间。1429年，圣女贞德在希农拜见了查理王储，成功消除了人们对这位年轻的王位继承人合法性的质疑。同年5月，她率军收复了奥尔良，并于7月在兰斯帮助查理王储正式加冕为查理七世。9月初败走巴黎后，贞德次年5月被勃艮第人俘获，后被卖给了英格兰人。英格兰人不愿意处决一位19岁的女英雄，于是将她交给了一个教会法庭进行审判。而担任法官的博韦主教皮埃尔·科雄则迫不及待地将她送上了火刑台活活烧死。

一场政治阴谋？传言说，贞德实际上是阿拉贡的约兰德的政治工具。此人是查理七世的岳母，一位非常老到的谋略家。当时查理的处境异常被动，于是约兰德施以援手，帮助女儿安茹的玛丽保住王后的宝座。1418年5月29日，勃艮第人占领巴黎，年轻的王太子查理不得不逃亡到布尔日。从此以后，查理被戏谑地冠以“布尔日小国王”的称号。为了帮助他重拾信心，约兰德对贞德委以重任，向她详细描述了查理，使年轻的贞德能够在希农的众多追随者中一眼认出查理。约兰德还向贞德坦陈了查理的伤痛（坚信自己是私生子，经常焦虑……），让贞德能够有备而来，安抚、劝说查理，并最后让他成为真正的国王。这些是事实还是想象？这个问题值得探讨。不管怎样，如此这般谋划，约兰德进一步巩固了本已十分强大的安茹家族在王国的影响力。她控制着整个王廷，一直到1442年去世，而圣女贞德的骨灰早已随风灰飞烟灭了。

《圣女贞德进入奥尔良》，让-雅克·谢勒，1887年

◆ 美术

凡·爱克兄弟的秘密

1434年 **比利时·**意大利从来不缺绘画大师，比如佛罗伦萨的乔托、锡耶纳的西蒙·马丁尼。而佛兰德斯尚未向世人揭开凡·爱克兄弟——胡伯特·凡·爱克和扬·凡·爱克——的神秘面纱，他们将与意大利的艺术家们分庭抗礼。

《阿尔诺芬尼夫妇像》，扬·凡·爱克，1434年

凡·爱克兄弟在佛兰德斯绘画改革中扮演着至关重要的角色。哥哥胡伯特·凡·爱克曾经是宫廷画师，现已过世。弟弟扬·凡·爱克既是画家，也是外交使节，为勃艮第公爵"善良的"腓力效力。后者是这一时期重要的文艺赞助者之一，大批艺术家都是他的座上客。

凡·爱克兄弟的油画精巧细腻，技法更为完善成熟。他们在木板上涂上胶水和石膏作画，并创造了透明涂釉的技术，使画面透明鲜亮。明快、干净、亮丽的色调完美地融合在一起。他们钟爱微妙、细腻的笔触，画中的内容精巧逼真，对细节的刻画前所未有，给人的感觉仿佛置于真实世界一般。

两兄弟于1432年共同绘制了代表作《根特祭坛画》，又名《神秘羔羊的崇拜》。1434年，扬·凡·爱克创作了《阿尔诺芬尼夫妇像》，描绘了布鲁日的一位意大利富裕商人和他的新婚妻子。室内的环境逼真，什物摆放自然合适，从各个角度还原了时代特色。背景中央的墙壁上挂着一面凸镜，从镜子里不仅看得见这对夫妇的背影，以及一些近景中看不见的装饰细节，还能看见站在他们对面的两个人，也就是画作的见证者。这种嵌套式技法在绘画领域实属罕见。

佛兰德斯画派的绘画特色。凡·爱克兄弟推动了佛兰德斯画派的蓬勃发展。流行数个世纪的金色背景不复存在，自然的远景取而代之。人们开始借助于光影艺术来呈现空间效果，运用精湛的画法还原物品的用材和质感，塑造出栩栩如生的画面。世俗人物的形象越来越突出，宗教思想暂时被搁置淡化。画中人物也不再非富即贵了。

天气预报	**1431年·**冬寒刺骨，巴黎的小麦价格飞涨。	**1439年·**春季湿冷交加，粮食歉收。诺曼底地区和巴黎盆地很快饥荒肆虐。

政治

科西莫·德·美第奇，银行家与鉴赏家

意大利·1433 年 9 月 7 日，佛罗伦萨贵族阶层统治者里纳尔多·阿尔比齐下令逮捕科西莫·德·美第奇这个让他黯然失色的人物。科西莫·德·美第奇因贪污罪名被判死刑，随后又被改判为流放，远走威尼斯。一年之后，他的支持者将他重新接回了佛罗伦萨。

科西莫的商业建树及银行业务帮他缔造了强大的财富帝国。他也影响了整个意大利的对外政策。

科西莫·德·美第奇爱好艺术，他很快成为一名文艺赞助者，建立了圣马可图书馆、菲耶索莱的巴迪亚图书馆，尤其是劳伦齐阿纳图书馆。他聘请了许多知名艺术家，例如保罗·乌切洛、多那太罗、安杰利科，并向安杰利科定制了圣马可祭坛画。此外他还聘请了一些著名建筑师，例如米开罗佐。科西莫·德·美第奇去世后，被尊为“祖国之父”。

1434年

◆ 科技

谷登堡的铅活字印刷

德意志·约翰·谷登堡发明了一项技术，能够复制活动的字母块，然后将它们排列成行进行印刷。这就是铅活字印刷术。

印刷术的雏形。印刷术的发展要归功于雕版印刷技术的发展。印刷时，人们首先把要印的文章转化为可以雕刻的图形，然后将文章整页整页反刻在一块木板上。印版上墨后，上面铺一张纸，用滚筒用力按压，最后用刷子刷纸即可成型。这种工艺只能实现单面印刷。

铅活字印刷术。谷登堡发现，一篇文章可以拆分为多个独立的、活动的金属字母。由于这些字母可以多次重复利用，这种工艺显然更加快速和合理。此外，德意志人还发明了压印工艺，从而实现双面印刷。

最初的印刷商竭尽所能地模仿原版手稿的字体效果。他们甚至还想将装饰手抄本印刷出来，但很快放弃了这个念头。当时最常见的作品当属《圣经》解说本，通俗易懂且图文并茂。不管是在日内瓦还是在里昂，印刷商都不像巴黎的印刷商那样热衷于学者文化，而是毫不迟疑地将目光投向法语“大众”文学书籍，马不停蹄地印刷出来并加以宣传。

1440年

大事记

首本印刷书

1455年

谷登堡在美因茨完成了第一本书的印刷，即《四十二行圣经》。

1457年

彼得·舍费尔和约翰·福斯特出版了第一本彩色书《美因茨圣咏集》。

1467年

《西塞罗文集》出版成册。

1478年

让·德·阿拉斯在日内瓦出版的《莫卢西娜》是此部文集首版发行，它也是最早绘有插图的两本法语书之一。

快讯

1440年 油画开始出现在尼德兰地区。油画是以植物油、亚麻仁油或菜籽油调和颜料，用松节油稀释，在画布或木板上进行创作的一个画种。

◆ 探索发现

扬帆起航！

1447年

葡萄牙·位于葡萄牙南部的萨格里什学校是世界上最大的航海学校之一。恩里克亲王，即“航海家”恩里克，为其倾注了大量心血。

探索未知的世界。这一时代的探险标志着人类历史将进入一个新的阶段。除了北非和亚洲部分地区之外，欧洲人已知的地域寥寥无几。经济上的需求促使他们前往更远的地方，去探索未知的世界，去寻找香料、棉花、名贵木材甚至奇珍异宝……当时想获得这些东西要几经周折：阿拉伯的船队首先前往印度搜罗各类珍稀物品再将其带到埃及，然后威尼斯人和热那亚人再将其从埃及运往欧洲。渐渐地，欧洲国家就想省去这烦琐不堪的中转过程。此外，寻找黄金和白银的渴望，也促使西班牙和葡萄牙扬帆起航进行最早的一轮伟大探险。

《“航海家”恩里克与制图师的会晤》，阿德里亚诺·索萨·洛佩斯，19世纪

远航的葡萄牙人。“航海家”恩里克，是葡萄牙国王若昂一世与兰开斯特的菲莉帕的第三子。他大力推动了航海探险事业的发展。虽然号称“航海家”恩里克，他本人却从未远航，除了曾经穿越直布罗陀海峡，并在1415年从摩尔人手里夺取休达城之外再无其他。他的主要贡献在于赞助航海探险活动的发展。他将萨格里什岬角作为海上探险队的大后方和物资供应站，以及一个真正的制图中心。

然而探险队的出发地却是里斯本和拉各斯，途经阿尔加维。葡萄牙人尊称的“恩里克阁下”资助并组织了一次比一次更遥远的航行，沿着南部海岸，去寻找著名的苏丹金矿。这些航海活动让人们发现了非洲大部分地区：1419年发现马德拉群岛，1427年发现亚速尔群岛。1434年，探险队成功越过了博哈多尔角。1445年，探险队沿着塞内加尔海岸线巡航。

“航海家”恩里克向非洲东海岸派出探险队，主要是为了寻找传说中祭司王约翰的王国，并抵制伊斯兰教带来的影响。

◆ 建筑

掌控空间的建筑大师

1446年

意大利·菲利波·布鲁内莱斯基可谓是透视画法的先驱，尽管他从未画过一幅画。作为雕塑师和建筑师，布鲁内莱斯基善于设计机械方案，将建材精确放在指定位置。

佛罗伦萨拥有 12 万名居民，人口居意大利城市之首。佛罗伦萨艺术家同样最负盛名。1418 年，布鲁内莱斯基在一场工程设计赛中拔得头筹，被指定为佛罗伦萨圣马利亚大教堂建造一座穹隆顶。这项工程实施时还要确保木头拱架不会被压弯变形。布鲁内莱斯基的设计灵感来自同为圆屋顶的罗马万神庙。但不同的是，这次要把椭圆形穹顶放置到一个八角形底座上。如今教堂已建成 10 年了，接下来应该装饰镶嵌画，但随着布鲁内莱斯基的去世，这项工程恐怕又要拖延不少时日了。

◆ 社会

昔日是否更好？

1450年

法国·15 世纪中叶，存在着三个“法国”：英格兰人的法国，包括诺曼底和吉耶纳；勃艮第人的法国，此外他们还有荷兰、阿图瓦、佛兰德斯；最后是布尔日的法国，差不多相当于法国的南半部地区。

国家四分五裂，必然民不聊生。传染病猖獗，经济危机肆虐，还有无休止的战火——比如英法战争。想要招兵买马，又不增加赋税——确切地说是盐税——已经不现实了，因为士兵总归要领军饷的。而在乡村，农民丢田弃地，他们现在最操心的是如何填饱肚子，在死伤无数的瘟疫中存活下来。宗教无处不在。但也不是所有人都生活在水深火热中：西方最富有的勃艮第宫廷，依然觥筹交错，花钱如流水。

在圣女贞德的帮助下，查理七世成功加冕，登上国王的宝座。他下定决心，誓要一统天下，结束法国的分裂局面。要实现这一点，除了武力征服以外，语言统一是不可忽视的首项强大武器。

1430 年查理七世统治初期的法国

查理七世统治的国土
勃艮第所辖土地
英格兰所辖土地

法兰西王国新闻	
	1445年 5月26日，百年战争休战期间，法国国王查理七世成立了敕令连（根据国王的敕令成立的骑兵连），这是第一支常备军，编制15个连。

《天使环绕的圣母与圣子》，让·富凯，1452 年

1450年 城市之声

“美丽女士”毒发身亡

法国·短短不到两天时间，查理七世的情妇阿涅丝·索雷尔就因腹部绞痛不治身亡。她的死因异常蹊跷。冰天雪地的寒冬，她还身怀六甲，为何在此时前往诺曼底探望查理七世和他的军队呢？人们猜测她很可能识破了某个阴谋，所以赶着去提醒国王。

阿涅丝·索雷尔从1443年起成为国王查理七世的首席情妇。她相貌出众。画家让·富凯为她画过一幅肖像画(《天使环绕的圣母与圣子》,《梅伦双联画》的右半部分)。画中她以圣母形象出现。查理七世对她宠爱有加，动辄赠物馈金，曾赐予她洛什城堡，以及马恩的美丽城堡(她也因此得名“美丽女士”)。查理七世甚至还恩准她佩戴钻石，要知道那个年代这是男子才可佩戴的宝石。阿涅丝·索雷尔是法国历史上第一位官方认可的王室情妇。此外查理七世还承认了他们的三个女儿(索雷尔死后没几天，刚出生的四女儿便夭折了)。

自然死亡还是谋杀？阿涅丝·索雷尔的离奇死亡让人们不禁猜测她可能被下了毒。但下毒人是谁呢？可能是雅克·科尔，他和索雷尔的关系估计不只是普通朋友。在布尔日住所的彩绘玻璃窗上，他和她的形象，就像是被宝剑生生分开的特里斯坦和伊索尔德。凶手也可能是王太子路易，因为索雷尔支持敌方阵营，所以他怀恨在心并痛下毒手。

雅克·科尔最终自证清白，洗清了嫌疑。有证据证明，“美丽女士”索雷尔的死是大剂量汞中毒所致。当然，也可能只是一次医治失误。但有一点是肯定的：这位国王的情妇挡了不少人的路……

政治

大学的整顿

1452年

法国 · 1446 年 3 月 26 日，查理七世将巴黎大学告上三级会议法庭。在他看来，巴黎大学完全沦为了一个政治工具，就像它在处死圣女贞德一案中被人操纵利用的那样。是非与公平，通常由巴黎大学自行裁定。教宗和主教只管发布和执行大学所做的决定。巴黎大学随后进行了大规模罢工，断然拒绝接受由王家管制的改革要求。

5 年之后，尼古拉五世将枢机主教兼教宗特使纪尧姆·德·埃斯图特维尔派往法国，任期一年。后者按照过去的大学规章制度，成功整顿了人员的招聘和选拔。就在 1452 年，查理七世和教宗携手对大学进行了改革。如此一来，罢工一两天内是不会消停了。

◆ 事件

百年战争宣告结束

历时116年

1453年

法国 · 百年战争初期，英格兰屡战屡捷，接连取得了克雷西战役、普瓦捷会战和阿金库尔战役的胜利。法国似乎已经是英格兰的囊中之物。瘟疫肆虐，国力衰竭，国王查理六世疯疯癫癫，阿马尼亚克派与勃艮第派内战不断。如果说贝特朗·杜·盖克兰和圣女贞德以一己之力将王国拉入正轨，那么真正扭转战局的则是 1453 年 7 月的卡斯蒂永大捷，自此之后“胜利者”查理七世才一统天下，收复除加来以外的所有法兰西领土。

事实上，百年战争并没有持续整整一百年：隔三岔五的休战，将整个过程分为多个阶段。但由于战事频繁再起，这场仗给人感觉似乎怎么也打不完，因此得名“百年战争”。

《穆罕默德二世进入君士坦丁堡》，本杰明·贡斯当，1876 年

◆ 事件

君士坦丁堡刚刚沦陷

1453年

土耳其·奥斯曼帝国建国于公元 1299 年。帝国版图从巴尔干半岛延伸至阿拉伯半岛和北非，覆盖黑海流域、叙利亚、巴勒斯坦和美索不达米亚。奥斯曼帝国地处东西文明交会处，是欧亚交通战略要道，因此从建立之初就被西方世界视作抵挡阿拉伯世界的一道有益屏障。

最近，登基两年的苏丹穆罕默德二世开始率军攻打君士坦丁堡。但他立马遭到了拜占庭帝国的顽强抵抗。

1454年

城市之声

雉鸡盛宴开始了！

法国·1454年2月17日，里尔的勃艮第公爵府大设宴席，广邀各路骑士和名门贵妇前来赴宴。根据当时的一个古老传统，一个人如果想要达成心愿，必须在一个活的动物前起誓，然后在餐桌上将该动物分而食之。爱德华三世就曾经对“鹭”起誓，承诺将入侵法国。

勃艮第公爵“善良的”腓力和他的儿子——未来的“大胆的”查理与金羊毛骑士团的骑士们齐聚一堂。这场盛宴的铺张奢华在整个王国尽人皆知：豪华的巨型餐桌让人叹为观止，这一点编年史作家奥利弗·德拉马尔什和马蒂厄·德埃斯库希可以做证。一个巨大的馅饼裂开，从里面走出来一支由28名乐师组成的唱诗班。然后一个巨人出现了，陪同着一位象征神圣宗教的女士。整场盛宴的演出布置和舞台装备让人拍手称奇、大饱眼福。

最后宴会主人提议进行一次新的十字军运动。所有宾客对着雉鸡宣誓，表示愿意为基督教国家效劳。

我们都将为共同的信念视死如归。君士坦丁十一世如此回应一名奥斯曼使节。此时的拜占庭帝国，众叛亲离，弹尽粮绝，已然穷途末路。君士坦丁堡孤立无援，被10万大军围困。西方国家坐视不管。热那亚和威尼斯甚至巴不得看到商业死对头从这个世界消失。1453年5月29日，在末日之战中，君士坦丁十一世带领7 000名守兵奋勇抗敌，战死沙场。当天夜里，穆罕默德二世攻入城内。享国千年的拜占庭帝国从此退出了历史舞台。

“征服者”穆罕默德二世。穆罕默德二世实现了伊斯兰教创建以来所有穆斯林苏丹梦寐以求的伟大功绩。从此奥斯曼将其亚欧版图连接起来。希腊人、拉丁人和斯拉夫人很快缴械投降。1455年，爱琴海上属于热那亚人的群岛被奥斯曼吞并。穆罕默德尽管在贝尔格莱德铩羽而归，但紧接着在1456年拿下了雅典，1463年波斯尼亚也并入了奥斯曼帝国的辽阔版图。

◆ 法律

1454年

改革：《都尔—蒙蒂尔告谕》

法国·百年战争之后，举国上下满目疮痍，法国国王查理七世决定重整朝政。首先要做的，是盘点各地区五花八门的“习俗”，防止它们干扰司法的正常运行。

1454年4月15日，查理七世颁布了《都尔-蒙蒂尔告谕》。法国南部地区在13世纪至14世纪期间，曾经在领主或市政当局倡导下，将数百条“习俗”汇编出版。然而法国北部却依然杂乱无章，那里的法律依据均以旧时的口头规定或约定俗成的习惯为基础，后来还夹杂着流程规定和惯例（usage）。鉴于以上种种，一场改革势在必行。各地“习俗”的汇编工作就此拉开序幕。这项任务最难的地方在于如何区分“习俗”和“惯例”——要知道“习俗”其实就是人们有义务遵守的一种惯例，而“惯例”则是一种人们常有的行为与做法。

法兰西王国的分裂割据，导致地方的“习俗”五花八门。不同地域的地方法庭所参照的“习俗”也因此并无定章。

正因为各类“习俗”解读起来太过复杂，所以国王下定决心进行统一。一旦将“习俗”和“惯例”正式汇编并明确下来，它们就会变得合法化，并且诉讼时间也随之缩短，诉讼费用也随之降低。

记事本

王国首富与世长辞

“天下无难事，只怕有心人。”

雅克·科尔的这句至理名言似乎给他带来了好运。白手起家，凭借强大的信念，还有不得不提的巧用法律规则，他建立起了一个真正的商业帝国，收获了巨额财富和光明的政治前程。但如此风光，却难免招人嫉恨……

法国·雅克·科尔，一位布尔日皮货商之子。他的资产从1420年起就颇具规模了。那一年他娶了布尔日教区长的女儿，这也让他有机会攀附有影响力的风云人物。此时恰逢查理六世刚刚签订《特鲁瓦条约》，承诺将法国王位传给英格兰国王。查理六世的儿子——未来的查理七世——就搬到了贝里的首府布尔日。

雅克·科尔在管理铸币厂时曾经偷工减料，而国王始终不知情。在个人生意方面，他的经营范围十分广泛，在地中海和黎凡特地区做贵金属、食品、东方毛皮的投机买卖。

政治生涯变迁。1435年，雅克·科尔被任命为布尔日铸币总监，次年被任命为巴黎铸币总监。三年后，1439年，他成为国王的财政大臣。1441年封爵后，他进入查理七世的内阁委员会，此外还担任朗格多克的盐税稽查员。

他成功赢得了国王情妇阿涅丝·索雷尔的信任，被选为其遗嘱执行人。

他还曾资助国王出兵收复诺曼底。

倒台。木秀于林，风必摧之。雅克·科尔的富庶很快招来了嫉恨。人们很难接受帝国的繁荣要依靠这样一个出身低微的财政大臣。1451年，他被指控毒杀了阿涅丝·索雷尔。流言蜚语之下，他被逮捕了。虽然最后证明他是清白的，但他还是被判以贪污罪，所有财产被查封。成功逃狱之后，他来到罗马避难。1456年11月底，他接受了教宗加里斯都三世的命令，带领一支舰队出征土耳其，途中病逝。雅克·科尔的一生充满传奇色彩，他的故事被诗人弗朗索瓦·维庸歌颂。

1456年

快讯

1460年

1 600行诗词的喜剧《巴德林律师》问世，作者为无名氏。

1463年

马尔西利奥·菲奇诺在佛罗伦萨附近创立了柏拉图学院。

1464年

科西莫·德·美第奇统治下的佛罗伦萨人口从5万增长至9万。

1468年

保罗·托斯卡内利发明了现代日晷，他在佛罗伦萨圣马利亚大教堂穹顶上设置了采光圆孔，从而能够确定冬至和夏至。

《圣母加冕》，弗拉·安杰利科，143

◆ 美术

僧侣画家弗拉·安杰利科在画布上挥洒着来自天堂的微笑

意大利·弗拉·安杰利科，原名圭多·迪彼得罗，出生于佛罗伦萨地区一个富庶的平民家庭。他间接继承了乔托的画风，同时又见证了托斯卡纳的艺术发展。他在作品中完美融合了线条艺术和色彩艺术，并通过高超的空

1455年 间和光线驾驭能力来丰富二者的美感。光线，也是他所有作品的一大特色。远景色调明快，底色常为金色或天蓝色，让人联想到翁布里亚或托斯卡纳的无限风光。

安杰利科加入多明我会之后定居在阿西西附近。他在修道院的墙上画满了壁画，描绘的多是圣母，以及多明我会的日常修行。他严格遵守修行戒律，但作为艺术家却在绘画上大胆创新。安杰利科紧跟当时的绘画趋势，尤其是透视画法所体现的空间艺术。他的某些作品，比如15世纪30年代所画的《最后的审判》和《圣母加冕》这两幅名画，远景的人物描绘所带来的空间感，与马萨乔的作品有着异曲同工之处。

享年55岁的安杰利科留给后世的主要作品有佛罗伦萨圣马可修道院以及菲耶索莱圣多米尼克教堂的壁画。这座小城的修道院中还藏有不少安杰利科所画的豪华祭坛画。

文学

放荡不羁的诗人弗朗索瓦·维庸留下他的遗言集

弗朗索瓦·维庸，这个时代最伟大的诗人之一。年轻气盛，桀骜不驯，放浪形骸，不拘小节。他的销声匿迹丝毫不令人意外。不知道某一天，是否还可寻得他的踪迹呢？

1463年 **法国**·弗朗索瓦·维庸，原名弗朗索瓦·德·蒙科比耶，生于1431年，这是一个艺术大放异彩的时代：音乐“新艺术”的出现，凡·爱克兄弟的美术成就，铅活字印刷术的问世……21岁的维庸年纪轻轻便当上了巴黎大学的艺术导师，他却毫不知耻地流连于拉丁区纸醉金迷的夜生活。1455年6月5日，在圣贝努瓦市的一次打架斗殴中，他刺死了教士菲利普·塞穆瓦兹，随后逃逸。他来到奥尔良查理的宫廷避难，但很快又和查理翻了脸。1456年圣诞之夜，维庸卷入纳瓦拉学院盗窃案，不得不再次流亡。1461年夏，他被关入卢瓦尔河畔默恩城堡，这是奥尔良主教审判过的犯人的关押地。一年之后，因为参与另外一场斗殴，他再次锒铛入狱，并被判处绞刑。1463年，维庸向法院申诉，成功减刑为十年流放。当时的国王路易十一刚刚加冕，大赦天下，他才免于一死。

在此之后，维庸音信杳然，只留下了法国诗坛上脍炙人口的佳作。在刺杀教士塞穆瓦兹之后，他曾写下讽刺叙事诗《小遗言集》。在卢瓦尔河畔默恩城堡的牢房中，他创作了《大遗言集》，描绘了牢狱生活的恐惧与煎熬。《绞刑架上之歌》向世人展现行刑后犯人尸首悲惨可怖的景象，可谓是他的绝唱。

◆ 政治

公益同盟分崩离析

1465年

法国·路易十一早期的统治失误引发了贵族起义，他们成立了一个“公益同盟”，向国王宣战。

这些贵族指责国王联合资本家进行统治，同时烦琐的行政事务、沉重的苛捐杂税也让他们不满，再加上贵族特权被取缔……“公益同盟”以路易十一的胞弟查理为首，集合了“大胆的”查理，波旁、布列塔尼、洛林等公爵，阿马尼亚克、圣波尔等伯爵，还有其他一些领主。巴伐利亚公爵也助他们一臂之力。3月伊始，对抗国王的战争公开打响了。

“公益同盟”的领主代表们希望能够拥立路易十一的胞弟查理为王。大敌当前，路易十一火速赶回巴黎，勃艮第和布列塔尼的军队随后兵临城下。7月16日，双方在蒙莱里交战。水火不容的两大阵营誓要夺取战争的胜利。路易十一麾下大军向法兰西中部推进，实力碾轧叛军。最终，交战双方在1465年结束之前接连签订了三个和约，从此之后“公益”变成“私利”，普天之下，尽归王土。

讣告

1463年

让·比罗是查理七世的炮兵大师，也是西方使用火炮技术的第一人。

1453年，卡斯蒂永战役中火炮的使用，帮助法国取得了最后的胜利，结束了百年战争。

1466年

多那太罗 这位杰出的雕塑家为后世留下了《大卫》这件代表作，这也是该时期第一尊裸体青铜像。圆润流畅的身体线条颠覆了过去的哥特式传统风格。

娱乐

王廷贵族的游戏：

1470年

意大利·最早关于塔罗牌的记载是在1442年，地点在米兰和费拉拉的宫廷。塔罗牌似乎就是从这些意大利城市传播开来的，以78张纸牌游戏的形式传到德意志，然后随着雕刻（木雕、铜雕）技术和造纸术的发展，迅速风靡整个欧洲。这才有了后来人们常说的“曼提那”塔罗奇——于1465年雕刻而成。

“查理六世”塔罗牌来自意大利的博洛尼亚。它的制作者名不见经传，人们只知道他从装饰画中得到了灵感，成功在牌面上设计出立体透视的效果，使

◆ 建筑

蓝色清真寺

1465年

中东·伊朗西北部的大不里士，一座带有帖木儿王廷特色、追求不朽的清真寺刚刚落成。人们已经开始称呼它为“蓝色清真寺”了。它所使用的六种琉璃整体呈现出一种引人注目的蓝色，在这一时期实属罕见。清真寺的大门和内外墙以蓝色为主调，辅以黑、绿、褐、金等多种颜色。装饰的图案多为浮雕花卉纹饰。

蓝色清真寺由土库曼“黑羊王朝”的首领贾汗·沙所建。这座建筑和其他清真寺不太一样，它罕见的布局和大不里士艰苦的气候不无关系。一座巨大的露天庭院，通往多柱式礼拜殿和一座圆顶建筑。建筑的三面（东、西、北）环绕着拱形或圆顶的走廊。清真寺北边是装饰精美的正门——采用了“伊凡”（Iwan）结构。清真寺南边，贾汗·沙取址于此建造了他的陵墓，陵墓的墙上铺满了钴蓝色的陶瓷壁砖，上面绘有金质图案（石竹、芍药、树木、孔雀、凤凰……）。大不里士地震频繁，但愿这座雄伟的建筑能够逃过大自然的劫难吧。

查理六世塔罗牌

得牌中人物的形象跃然纸上，而不受牌面边框的束缚。人物刻画精致细腻，形态各异，饰以蓝、绿、黄、红、金、银等绚丽的颜色，人物被衬托得更加栩栩如生。不过可以肯定的是，对于这副新鲜出炉的塔罗牌，已经去世近50年的查理六世是无福消受了。

◆ 社会

欢迎来到印加

南美洲·印加君主帕查库特克刚刚与世长辞。在他长达30余年的励精图治下，印加帝国的版图不断地扩大，吞并了奇穆王国，又征服了基多。

45 000千米的印加道路和随享随用的新鲜海味。为了控制疆域辽阔的帝国，印加人修建了一条绵延45 000千米的道路系统，从哥伦比亚南部一直延伸到阿根廷北部。主干道长达6 600千米。正是这一基础设施，维护了印加的长治久安。无论哪里有叛乱，消息很快就会传到首都库斯科。那些印加的长跑好手，将情报牢牢记下，一路跑到下一站，将情报传给下一位长跑信使，就这样依次接力下去。据说，通过这样的“团队接力”，他们总共日行200千米。这样的道路系统，还可以让印加宫廷随时享用到新鲜的鱼虾蚌贝。

1471年

马丘比丘。马丘比丘，在奇楚亚语中意为“古老的山巅”。这座城建在海拔约2 400米的山脊上，俯瞰着乌鲁班巴河谷，距离首都库斯科西北约70千米。马丘比丘建于1450年左右，很可能是印加君主帕查库特克的私人休养所。与很多古建筑一样，马丘比丘的建筑均用石块牢牢堆砌而成，没有使用任何灰泥黏合。城区有建筑物140余处，内有房舍、寺庙、园圃等。与印加社会一样，这里的规划井然有序。神圣区包含“太阳庙”和“三窗之屋”。

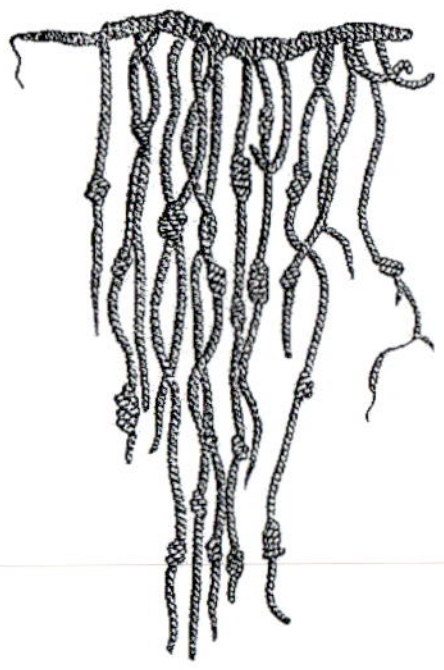

结绳计数。印加人的计数方式令人震惊。他们不用文字书写，而是依靠一种叫作“奇普”的强大计数方式。“奇普”在奇楚亚语中意为“绳结”。他们在一根主绳上串上多根副绳，分别打上绳结：9个简单的绳结代表1，9个复杂的绳结代表10，9个八字绳结（用来打粗绳的结）代表100。印加人采用九进制，根据需要使用。如果想表示更大的数字，就增加一串或多串绳子。通过奇普计数法，印加统治者就可以普查帝国人口，估算大概需要多少口粮和财力（贵金属），然后通过地方官员进行综合管理。

◆ 美术

曼特尼亚的圆窗

1474年

意大利·安德烈亚·曼特尼亚彻底颠覆了以往的哥特式风格。他艺术天赋极高，早年在帕多瓦从事雕塑创作，那里人才济济，吸引了大批探索时代潮流的艺术家。自 1460 年起，他来到曼图亚宫廷，成为声名显赫的贡扎加家族的宫廷画师。

曼特尼亚从古希腊和古罗马的作品中汲取灵感来创作选题。他不仅在透视法理论研究方面建树颇丰，还引入了一种对角线构图模型。曼特尼亚的作品多为宗教题材。他刚刚为曼图亚公爵府完成了《婚礼堂》这幅历时七年打造的壁画。其中的天顶画给人感觉仿佛开了一扇圆形天窗，达到了以假乱真的视觉效果。

快讯

1471年

罗马卡皮托利尼博物馆由教宗西斯克特四世创立。

•

1475年

轻型枪支"火枪"问世，尽管每五分钟才能开一次火，却依然逐渐取代了弓弩。

•

1475年

首本希伯来文书籍出版问世：拉希（Rachi）的《摩西五经》注释本。

•

1475年

梵蒂冈图书馆开始对公众开放。

•

记事本

不再嗜血的"德古拉"伯爵

1476年

罗马尼亚·"德古拉"弗拉德三世·采佩什（意为"穿刺"）去世，终年45岁。他的父亲"龙之大公"弗拉德二世，定会为这样一位勇猛捍卫瓦拉几亚公国、抵抗奥斯曼侵略的后代感到骄傲。他通过谈判，承认奥斯曼帝国的宗主权，从而赢得了瓦拉几亚的独立。弗拉德三世·采佩什的一生以残酷而闻名。所以，最好不要与他为敌，否则下场将会如同他的绰号那样……

有些人认为，他不仅残酷和血腥，还是一个吸血鬼……

法兰西王国新闻	**1470年** 在于尔里克·格林的推动下，索邦工厂出版了第一本书。	**1480年** 路易十一解散了法兰西弓箭手部队，按照瑞士模式设置了步兵常备军。

新闻 事件

“大胆的”查理的遗体已被找回，被狼啃食得面目全非

法国·“大胆的”查理不应该有那样的结局。但对于一个被宠着长大、过分自傲的王子来说，这样的结局似乎也并不奇怪。自1467年开始，在整个欧洲，勃艮第公爵的名号如雷贯耳，是强大和权力的代名词。然而最终，所有的豪情壮志都像阳光下的皑皑白雪一样悄然融化了。

“大胆的”查理是“善良的”腓力之子，生于1433年。很早以来，他就开始与路易十一为敌，反对这位远房亲戚的君主专制。外交方面，他采取反法兰西的政策，联手了英格兰、卡斯蒂利亚和阿拉贡，希望建立一个拥有封建君主权力的勃艮第王国。然而，他的野心勃勃让人心生忌惮。为了对付他，路易十一缔结了一个同盟，其中包括阿尔萨斯诸城，以及瑞士联邦。出于报复心理，“大胆的”查理对后者进行猛烈攻击。1476年6月22日，莫拉之战后，他的军队伤亡惨重。同年10月7日，洛林公爵收复南锡。路易十一重金资助洛林公爵，帮助他从瑞士联邦那里组建了一支一万人的大军。洛林公爵的大军踌躇满志，辎重补给充裕，准备打一场持久战。显然，“大胆的”查理并没有做好长期应战的准备。洛林公爵从领地的北端直攻勃艮第王国的心脏。大敌当前，“大胆的”查理第一次动摇了，开始怀疑是否能赢得这场战争。和对手相比，他的军队几乎一无所有。南锡城前浴血奋战两天后，1477年1月初，他失败了。几天后，人们在南锡城不远的圣·让沼泽地中找到了勃艮第公爵的遗体——已经被野狼啃食得面目全非了……

1477年

讣告

1481年

让·富凯，这个时代最伟大的肖像画家之一，曾于1447年为查理七世画过肖像。几年后，他为阿涅丝·索雷尔画了一幅圣母形象的肖像画。他的作品优雅细腻，巧夺天工。

时尚

戴着希南帽，进门要小心哦！

1478年

欧洲·我们的窈窕淑女们又多了一样装扮的雅物。希南帽，一种圆锥形女帽，高度可以浮夸到令人咋舌。有时候戴着它穿过房门，可要费一点心思。宗教人士和各级修士看到双角的希南帽，仿佛看到了魔鬼的角，所以严令禁止人们戴。希南帽用浆布或硬纸定型，帽子上垂着长长的薄纱。前额上露出来的头发通常会被剃掉。希南帽于1420—1430年出现在法国，之后风靡德意志和意大利一带。但我们敢说，很可能一个世纪后，希南帽就不流行了，因为爱好时尚的人通常喜新厌旧！此外，威尼斯

◆ 国际

莫斯科会成为下一个君士坦丁堡吗？

1480年

俄罗斯·“俄罗斯国土大统一”，这个自14世纪伊凡一世时期就开始的雄图霸业，终于在莫斯科大公伊凡三世的励精图治下于1462年完成了。他毫无疑问是这一时代最伟大的人物之一，拥有“全俄君主”（甚至是“沙皇”）的称号。他不费吹灰之力就结束了公国的分裂局面，吞并了所有邻国，最终将它们合并为统一的国家。1478年，伊凡三世夺取了诺夫哥罗德，打破了该国的共和民主以及独立局面。1480年，他结束了蒙古统治。伊凡三世随后定都莫斯科，希望将它变成一座新的君士坦丁堡。

俄罗斯最重要的扩张方向是北部和东北部，朝着乌拉尔河以及白海方向。1472年，伊凡三世迎娶了拜占庭的索菲娅公主（拜占庭帝国末代皇帝君士坦丁十一世的侄女），因此成为拜占庭皇位继承人。他吸纳了所有拜占庭礼仪，莫斯科从此变成了世界上唯一一座东正教圣城。

人也没有跟风这种风尚：他们更喜欢佩戴软帽，或者将头发染成金黄色，挽成发髻。

服饰。这个时代以鲜艳和怪异为美。自15世纪初开始，黑色虽然时髦，却仍是贵族专属。大街上一眼望去，一片五光十色。人们将宽阔的喇叭袖口撩起，露出亮丽的衬里。总的来说，女性大多穿着紧身掐腰的服饰，曼妙的身材曲线引人无限遐想。勃艮第的时尚风气无疑引领了时代潮流。服饰的重点在于袖口的卷边（齿边或碎边，让人想到城堡的雉堞）。铃铛是人人追捧的饰品。

女性的服饰开始变短，胸部下面通常束着长长的腰带，衬托出玲珑有致的腰身。

至于公子哥们，他们穿着宽大的护裆，这些口袋主要用来遮羞，但看上去总觉得更像是用来吸引眼球的。

1476法令颁布之后，时尚受到了限制。例如，其中规定了服饰剪裁的长度。

《春天》，波提切利，1478 年。

◆ 美术

西斯廷教堂的波提切利

1482年

意大利・亚历山德罗・菲利佩皮，又称波提切利。他在早期学徒生涯所创作的《维纳斯的诞生》中，已经初显个人特色。女神维纳斯浑身散发着温柔、忧郁的气质，画家通过轮廓线使人物呈现浮雕式的感觉。而在某些方面，比如人物身上飘逸的衣服褶裥，波提切利的下笔让人回想起菲利波・利皮的画风。这种风格在他后来的作品中逐渐明朗起来。

波提切利的创作涉及佛罗伦萨的所有艺术类型：壁画、圆雕、肖像……

他曾经为科西莫・德・美第奇的孙子朱利亚诺・德・美第奇画过肖像画，并为整个美第奇家族画了《三博士朝圣》家庭画，波提切利还将自己画了进去。美第奇订制的另一幅画《春》是目前为止波提切利最杰出的画作。

今年，波提切利刚刚离开了自己的家乡。他被西斯克特四世请去为西斯廷教堂制作壁画。不得不承认，他出色地完成了这项工作。和谐的构图、流畅的线条，使他的画作中融入了梦幻一般的意境。

快讯

1482年

莱奥纳多・达・芬奇开始为米兰公爵卢多维科・斯福尔扎效劳，主要负责工程事务。

1483年

乔瓦尼・贝利尼成为威尼斯共和国的官方画家。

1483年

8月9日，罗马教宗西斯克特四世在西斯廷教堂做了第一次弥撒。

◆ 思想

900 个发人深省的论题

1486年

意大利·乔瓦尼·皮科·德拉·米兰多拉，生于意大利费拉拉。他提出了 900 个难解的哲学、神学论题，涉及各个学科领域。他试图调和柏拉图主义和亚里士多德主义，统一哲学和神学，并期待以此引发各方辩论。他希望能够和不同信仰的学者逐个讨论，甚至可以帮他们支付旅费，只要他们愿意前往罗马参加这场公开辩论。后来，他的文章中有 13 篇被认定具有异端性质。1488 年，在法国的一次旅行中，这位学识渊博的才子被逮捕并被送往万塞讷城堡的主塔关押。不过最终，教宗还是将他放回了意大利。

◆ 肖像

最佳审判官？

1481年

西班牙·托马斯·德·托克马达，是一位寻常审判官吗？不，还真不是。作为卡斯蒂利亚女王伊莎贝拉一世和阿拉贡国王费尔南多夫妻二人的忏悔神父，他对付天主教的敌人可谓毫不手软。对于两位君主要求建立宗教裁判所的命令，他执行得不折不扣，惩罚了所有尚未皈依的人士。

1482 年，他被任命为卡斯蒂利亚总审判官。他重组了裁判所，增设了申诉法院。两年后，他发布了 28 条法令作为审判官的审判指南，用来打击异教徒、犹太人和所有对宗教不敬的人。托克马达为人残暴，他的裁判所处死了 2 000 人，让成千上万的人胆战心惊。他因此受到猛烈的抨击，其中就包括教宗西斯克特四世。

尽管如此，托克马达却成功保住了两位君主对他的信任。他不遗余力地煽动双王甩掉穆斯林这个包袱，甚至还将摩里斯科人驱逐出西班牙，尽管这些穆斯林早已皈依基督教了。

◆ 旅行

布鲁日的周末

1484年

比利时·近一个世纪以来，布鲁日一直是欧洲经济最为活跃的城市。这要归功于其得天独厚的地理位置。布鲁日是欧洲重要的水陆交通枢纽，连接汉萨同盟城市、法国、意大利以及莱茵河沿岸国家。早在数世纪以前，布鲁日的商贾和毛呢商就已经开始和伦敦以及香槟地区通商了。地处湿地的布鲁日土地肥沃，是天然的养羊牧场。著名的佛兰德斯羊毛便出自这里。

布鲁日的商人实力雄厚，又懂得经营关系，备受佛兰德斯伯爵的尊崇。布鲁日自然也就成了重要的经济中心。布鲁日的市集琳琅满目，汇集了来自全世界的商品。

小城漫步。布鲁日这座城市并不大（长 2 千米、宽 1 千米）。高达 10 米的城墙和幽深的护城河守护着城里的居民。自公元 12 世纪开始，布鲁日就开始使用公章，所有官方性质的文件都要盖章后才生效。坚固的城门开口朝外。市中心也是政治中心，坐落着伯爵府邸、一座教堂、一家济贫院，还有最古老的商业交易所。凡是气味重的商铺都挪到了城外——比如皮革铺和肉铺。

布鲁日虽然不大，却坐拥 5 万人口，所以房子的建造也是个大工程。木房梁和木筋墙搭成的房屋坚固无比，在房柱之间，人们常用柴泥、茅草、泥土或黏土糊墙。

衰落的导火索？最近，布鲁日商人和奥地利的马克西米利安之间纠纷不断，后者希望安特卫普重新成为欧洲的商业中心。这是不是布鲁日衰落的开端呢？

法兰西王国新闻	**1482年** 法兰西饿殍满地。荷兰、德意志和瑞士同样饥荒肆虐。面对灾情，路易十一开放了谷物自由贸易。

◆ 冲突

玫瑰战争 1485年

子孙满堂的大家庭未必都是好事，尤其还只有一个王位可以继承。英格兰就是一个例子。兰开斯特家族的红玫瑰和约克家族的白玫瑰之间，一场跌宕起伏30年的玫瑰战争刚刚画上句号。这到底是怎么一回事呢？

英格兰·事情要从1399年说起。当时的英王理查二世渐失人心、众叛亲离。他在远征爱尔兰途中被拘捕，被迫让位于堂弟兰开斯特家族的亨利，也就是后来的亨利四世——第一位说英语而不是说盎格鲁诺曼底语的君主。这样一来，理查二世的另一位堂弟约克公爵爱德华就不高兴了，但当时他也无能为力。于是兰开斯特家族一直霸占着英格兰的王位，一直到亨利六世统治时期。1422年，这位新君主登上王位后，一切都变得复杂了。

初次交战。亨利六世情绪不稳，被认为是一位“疯王”。他沦为了妻子安茹的玛格丽特和约克公爵理查争相控制的傀儡。当时英格兰刚刚在百年战争中吃了败仗，国王的情绪跌到了谷底。约克公爵理查便揽过决策权，并在1454年成为护国公，成为实际的政府首脑，行使摄政权。一年后，他又被排挤出局。于是，他开始诉诸武力，对抗国王。1455年5月22日，圣奥尔本斯战役的打响标志着玫瑰战争的开始。亨利六世在此役中战败，精神变得越来越错乱。他被迫承认约克公爵理查而不是他的儿子为王位继承人。然而王子的母亲、安茹的玛格丽特拒绝接受任何剥夺她儿子继承权的决定，于是集结军队，起兵还击。1460年12月，在韦克菲尔德战役中，她力克约克公爵理查的军队。理查在此役中阵亡。

理查·内维尔，沃里克伯爵，“国王制造者”

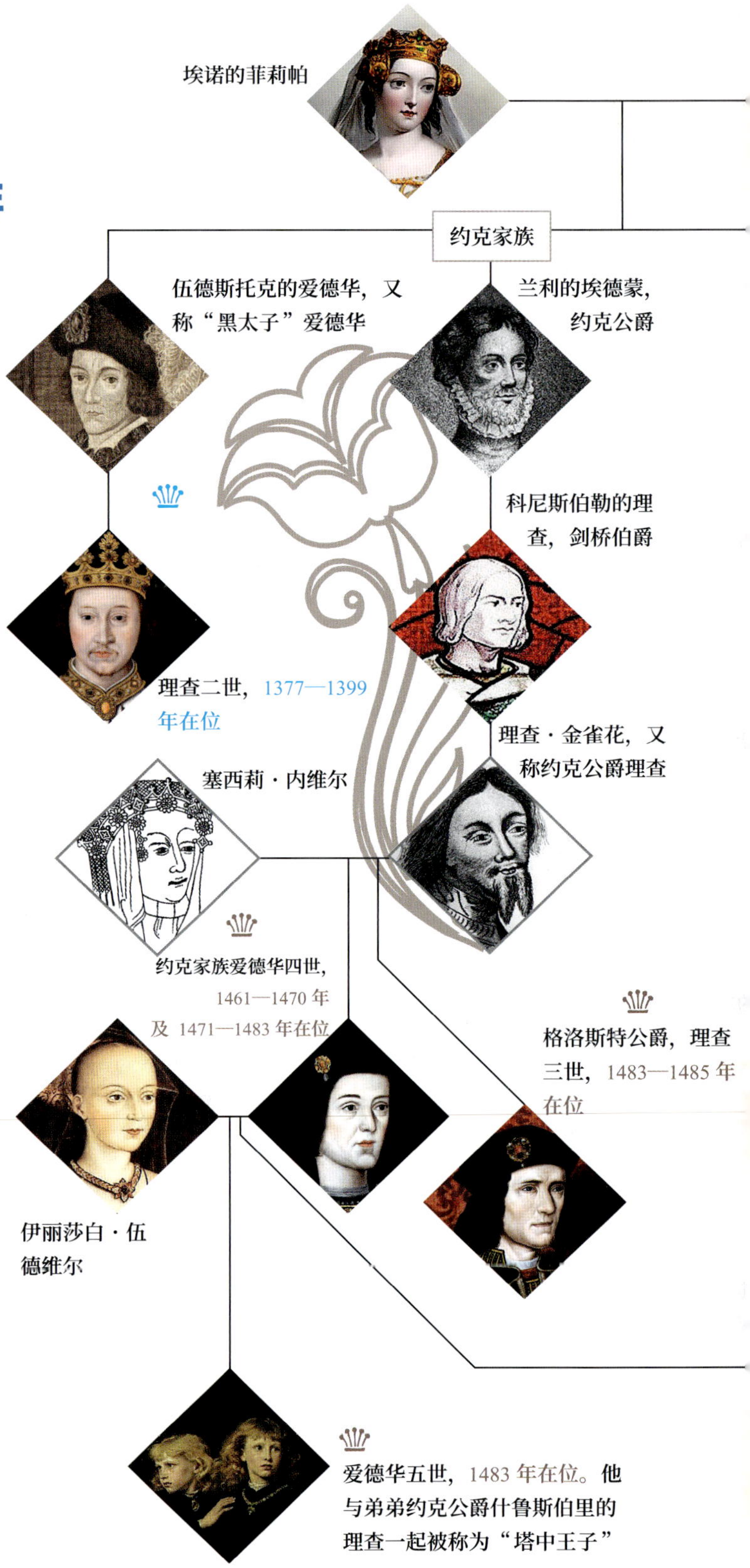

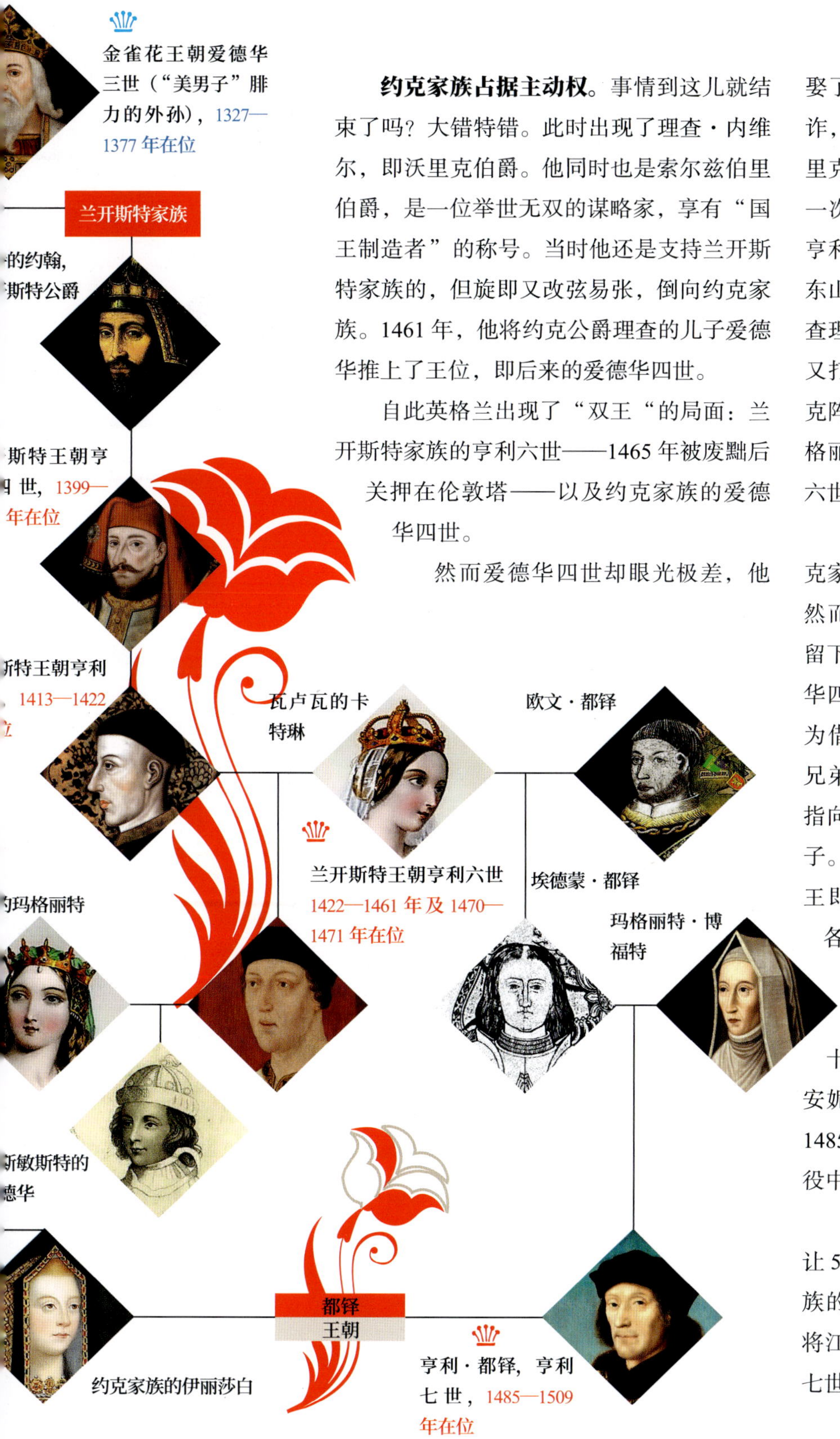

约克家族占据主动权。事情到这儿就结束了吗？大错特错。此时出现了理查·内维尔，即沃里克伯爵。他同时也是索尔兹伯里伯爵，是一位举世无双的谋略家，享有“国王制造者”的称号。当时他还是支持兰开斯特家族的，但旋即又改弦易张，倒向约克家族。1461 年，他将约克公爵理查的儿子爱德华推上了王位，即后来的爱德华四世。

自此英格兰出现了“双王“的局面：兰开斯特家族的亨利六世——1465 年被废黜后关押在伦敦塔——以及约克家族的爱德华四世。

然而爱德华四世却眼光极差，他娶了伊丽莎白·伍德维尔为妻。后者阴险狡诈，不遗余力四处安插她的一干亲戚……沃里克想阻止这场联姻却徒劳无功，于是他再一次改变了阵营。在他的帮助下，1470 年，亨利六世出狱。爱德华四世逃往法国，等待东山再起。他的连襟、勃艮第公爵“大胆的”查理借给他一支军队，供他指挥。新的战争又打响了：1471 年 4 月，巴尼特战役中沃里克阵亡；次月，蒂克斯伯里战役中安茹的玛格丽特惨败。爱德华四世取得两连胜。亨利六世又被关进了伦敦塔，不久后去世。

尾声：最后的动荡岁月。事已至此，约克家族似乎赢定了，整个天下尽在囊中……然而世事难料。1483 年，爱德华四世去世，留下两个十来岁的幼子。他们的叔父、爱德华四世的弟弟格洛斯特公爵理查以保护他们为借口，将他们幽禁在伦敦塔。从此之后兄弟俩销声匿迹。很快，公众舆论将矛头指向格洛斯特公爵，认为他谋杀了两位小王子。格洛斯特公爵丝毫不以为意，他随即称王即位，成为理查三世。他声名狼藉，被各种阴谋针对，而这激发了另一位远房亲戚亨利·都铎的野心。亨利·都铎多年流亡布列塔尼，他在法国路易十一的女儿、查理八世的姐姐兼摄政大臣安妮·德·博热的帮助下，回到了英格兰。1485 年 8 月，亨利·都铎在博斯沃斯原野战役中打败理查三世，结束了玫瑰战争。

新的王朝。这场轰轰烈烈的王室斗争，让 5 万多人付出了生命的代价。兰开斯特家族的红玫瑰和约克家族的白玫瑰两败俱伤，将江山拱手送给了都铎王朝的开国君主亨利七世，王室徽章从此变成了红白两色玫瑰。

◆ 社会

1486年 魔鬼和女巫

欧洲·这个时代对女巫的迫害达到了顶峰。15世纪初，在教宗亚历山大五世的推动下，人们开始雇宗教裁判所的审判官和世俗法庭的法官。这些法官深信女巫一派居心叵测、密谋反对基督教世界的统治。

这种集体偏见在大量的魔鬼学论述影响下不断地加深。尤其随着印刷术的发展，魔鬼学论述远播各地。无论是在多菲内、萨伏依还是在瑞士，人们用最狠辣的手段来镇压大众巫术，甚至比对待精英阶层的魔法更为凶狠。教宗英诺森八世甚至颁布了1484年谕令，鼓励人们在德意志莱茵河流域猎杀女巫。

今年，《女巫之锤》一书出版，作者是德意志的一位多明我会修道士，其中描述了所有和巫术相关的内容，包括巫术的实施和隐藏的罪行。毫无疑问，这本宗教审判指南又不知道要再版多少回了。

◆ 文学

死亡是一种风尚：《骷髅舞》的再版

法国·《骷髅舞》原是巴黎“圣婴公墓”回廊南墙上的壁画，传教士们一般都在此面壁祈祷。1485年以此为原型的《骷髅舞》印刷品首版发行。现在巴黎出版商居伊·马尔尚，又称出版商居约，将其再版，为我们带来了木刻画诗集系列。想必也是因为这部1424年问世的壁画作品太过成功，所以人们才将其出版发行。第二版《骷髅舞》和首版不同，其中加入了一段简短的八音节体对话。对话双方为一个骷髅和一个被它引诱决心赴死的生者。这一版还引入了八个新角色（其中有一位小学教师、一位狱卒和一位牧师）。

出版商居约的木刻画系列在1483年至1506年间风靡法国都城。几乎所有人都是它的读者：识字的人可以读它，不识字的也可以通过插画思索个人灵魂的救赎。死亡，日常生活中随处可见。无情的战火，肆虐的瘟疫，遍地的饥荒，都让死亡变得稀松平常。在这部作品里，死亡似乎也没有那么夸张了。代表死亡的骷髅欢舞跳跃着，好似戏剧表演的主角。国王、教宗、皇帝、平民……死亡面前，人人平等。出版商居约将《骷髅舞》命名为《灵魂救赎之镜》。希望这部作品能够大获成功，经久不衰。

1486年

◆ 传统

全民欢庆“傻人节”

1490年

法国 · 12 月 26 日，也就是昨天，教会的执事们刚刚推选出一位傻人主教。头戴软帽，手执护佑民众的权杖，这位主教如此这般登上主教的宝座，拉开了“傻人节”的序幕。

教堂的钟声在空中回响，搞怪的弥撒马上要开始了。教堂内的场景令人瞠目结舌：教士打扮成女人，脸上涂满烟灰，唱着跳着，吃着祭坛上的食物。很快，这些化了妆的人酒酣淋漓地涌入大街小巷。这个节庆和普通的化装舞会不同，所有出格的举动都是被允许的。1441 年主教们曾经尝试废止傻人节，但最后徒劳无功。那些被排挤到社会底层的民众，通过傻人节找到一种重新融入社会的方式，并借此体验一把身居社会顶层的滋味。总之，阶级秩序被打乱！据某些学者说，傻人节是古代酒神节的延续。

◆ 探索发现

克里斯托弗·哥伦布的伟大探险

1492年

美洲·克里斯托弗·哥伦布出身于热那亚一个纺织工家庭，后来他来到葡萄牙学习天文、地理和几何知识。当时的一些水手在海上向西航行时发现了人工雕刻的木头。哥伦布因此推断，这个方向上存在着有人居住的未知大陆。于是他决定向西航行，前往印度。卡斯蒂利亚女王伊莎贝拉一世独具慧眼，接受了他的航海计划。她向哥伦布承诺，对于所有被征服的新大陆，哥伦布均可以担任总督，并可获得10%的战利品回报。为了完成这个计划，伊莎贝拉一世派出了三艘帆船供他使用："平塔号"、"尼尼亚号"和"圣马利亚号"。

首次航行。1492年8月3日，哥伦布从西班牙帕洛斯港拔锚起航，沿着加的斯湾航行。中途短暂停靠加那利群岛后，他将航向瞄准了"日本"（他以为是日本）。10月11日，哥伦布到达一座岛屿（应该是巴哈马群岛），他将其命名为圣萨尔瓦多。在这里他惊愕地发现了一丝不挂的原住民向他赠送鹦鹉。10月28日，哥伦布抵达古巴（据他所称，这是"人类从未见过的最美岛屿"）。12月8日，船队抵达海地，随后折返西班牙。

发现美洲大陆。1493年，哥伦布再次扬帆起航。这次他率领了一支由17艘船组成的航海队，一众农民和手工业者随行。他抵达了瓜德罗普、多米尼加和牙买加。一直到第三次航海，途经委内瑞拉和哥伦比亚后，1498年8月5日在奥里诺科河河口，哥伦布终于踏上了美洲的土地。

科学

最古老的地球仪

1492年

德意志·马丁·贝海姆可能是当今最伟大的天文学家了。他曾经在荷兰和葡萄牙一带航行，抵达过亚速尔群岛和北非地区。在博览航海日志并潜心研究地图后，1492年贝海姆刚回到家乡纽伦堡，就为市政委员会定制了历史上第一个地球仪，名为"地球苹果"（Erdapfel）。这座地球仪为金属球体，外层裹上绘制的地图，直径长达51厘米。

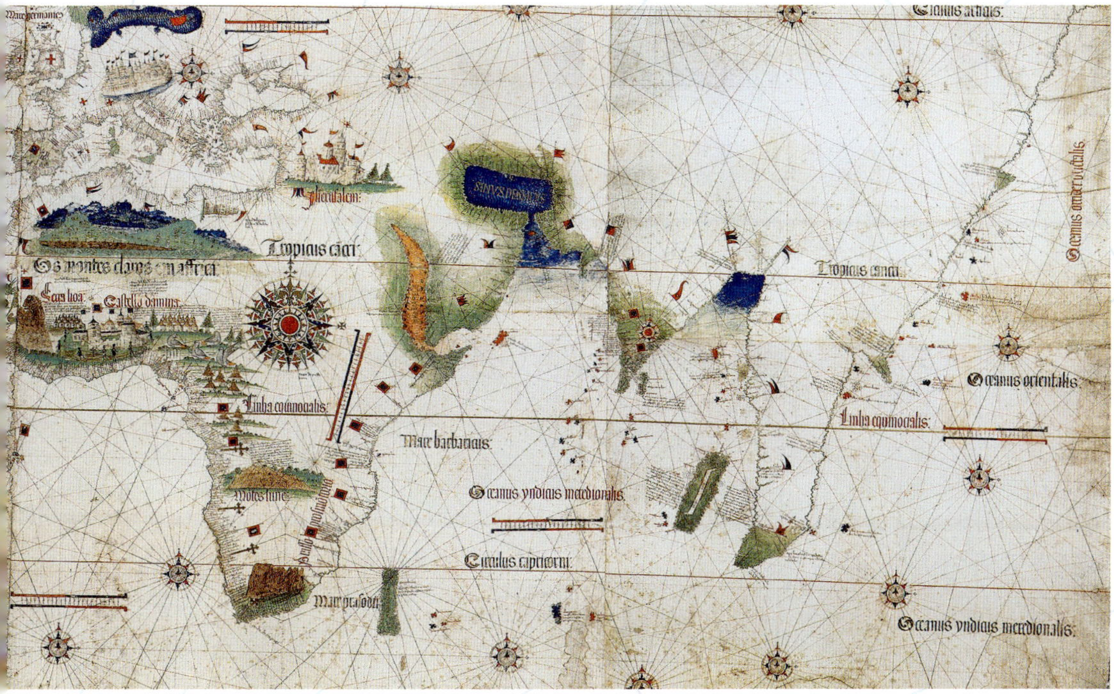

坎迪诺平面球形图，
1502 年

国际

葡萄牙和西班牙瓜分新世界

1494年

伊比利亚半岛·1494年6月7日，西班牙和葡萄牙签订了《托德西利亚斯条约》，同意在佛得角群岛以西370里格处划一条分界线，确定两国在新世界的势力范围。该条约一定程度上修正了1493年教宗亚历山大六世在谕令中所确定的划分方案。

哥伦布地理大发现之后，西班牙和葡萄牙在探索新大陆方面几乎平分秋色。葡萄牙的航海规划由来已久，它发现了亚速尔群岛和马德拉群岛。每年，起锚远航的探险船队络绎不绝，驶向越来越遥远的未知世界。

◆ 探索发现

陆地与海洋，葡萄牙人无处不在

1498年

世界·葡萄牙人的上一次航海壮举已经过去半个世纪之久了。那时的“航海家”恩里克，带领着葡萄牙人抵达非洲海岸，满载当地财富凯旋。1495年，曼努埃尔一世登上王位，就此迈出了葡萄牙帝国的殖民扩张步伐。哥伦布开拓了西边的航线，而南边和东边依旧是一片未知的自由世界，所有人都可以分一杯羹。

驶往“好望角”。十余年前，也就是1487年，巴托罗缪·迪亚士受国王派遣，踏上寻找香料之路。迪亚士率领他的两艘帆船，跨越已知的大陆，克服重重险阻到达非洲南端的岬角。他将其命名为“风暴之角”，一个名副其实的海上风暴之地。若昂二世将其改为“好望角”，因为绕过这个海角，就有希望到达梦寐以求的印度。

印度航线。在迪亚士航海发现的帮助下，瓦斯科·达·伽马成为欧洲第一条绕过非洲直达印度航线的开拓者。达·伽马出生于一个贵族家庭，非常热衷于天文学，是一位公认的航海能手。1497年7月8日，他率领船队从里斯本出发。随他一同出海的不再是航海帆船，而是结实的小型船只，载船员约150人。11月22日，达·伽马穿过了好望角。船队沿着非洲东海岸继续向北航行，这时葡萄牙人遭到了当地商人的猜忌，因为他们袭击了阿拉伯人的船只，夺走了船上的商品物资。在肯尼亚短暂休整后，达·伽马得到了一位阿拉伯航海家的援助。在这位轻车熟路的同行引领下，达·伽马的船队于5月20日抵达了位于马拉巴尔海岸的印度古里。

一年后，达·伽马回到葡萄牙。一场新的航行正在酝酿之中。13艘远洋舰船将载着达·伽马和他的副舰长迪亚士再次扬帆远航。

◆ 政治

格拉纳达沦陷：
八个世纪的伊斯兰文化消失了

1492年

西班牙·收复失地运动，就好比一场“圣战”。审判官托马斯·德·托克马达对此深信不疑。1月2日，格拉纳达被攻陷。卡斯蒂利亚女王伊莎贝拉一世和阿拉贡国王费尔南多以胜利者的姿态进驻格拉纳达。西班牙终于结束了长达七个世纪的收复失地运动。

然而战争给人类带来的后果是沉重的：摩里斯科人——这些已皈依基督教的穆斯林——被驱逐，塞法迪犹太人纷纷踏上逃亡之路。

3月31日，为了驱逐犹太人，统治者颁布了《阿尔汉布拉法令》，要求犹太人皈依天主教；15万人因此背井离乡，流亡到葡萄牙、意大利和马格里布。由于被驱逐，他们在上路前不得不低价变卖家私。在躲避追捕的日子里，身外之物再无用武之地，也没有什么人能和他们做生意了。

西班牙财政大臣伊萨克·阿布拉瓦内尔曾尝试取消这项法令，最后以失败告终。这块犹太人和阿拉伯人的文化沃土，在长达数世纪里磨砺着西班牙的风貌，现已消失殆尽。

◆ 国际

查理八世的意大利梦

1494年

无论是从政治、经济还是艺术角度，意大利都令人无比神往。查理八世终于迎来了一次机会。那不勒斯国王刚刚过世，法国正好可以乘虚而入夺取那不勒斯王国。从15世纪中叶开始，那不勒斯就处于安茹家族的管控之下，理论上来说1480年法国就继承了这块领地。查理八世似乎下定决心要拿回属于自己的东西。他亲率3万多名士兵，开始向意大利进发。

《查理八世攻入佛罗伦萨》，朱塞佩·贝佐利，1850 年。

意大利·长达数世纪以来，意大利诸城邦在欧洲的政治、经济中都扮演着重要角色。其统治者多为王室贵族，他们争相创造出最美好的事物，以昭显自身的实力与权势，比如佛罗伦萨的美第奇家族、费拉拉的埃斯特家族、曼图亚的贡扎加家族。15 世纪意大利五国鼎立：威尼斯共和国、佛罗伦萨共和国、米兰公国、教宗国以及那不勒斯王国势均力敌。然而它们之中却没有一个强大到可以将意大利统一起来。此外，意大利还有许多小国：萨伏依公国、摩德纳公国、热那亚共和国和锡耶纳共和国等。威尼斯承担着帝国首都的角色，所有决策均出自此地。而佛罗伦萨则逐渐攻占了除锡耶纳和卢卡以外的整个托斯卡纳地区。

佛罗伦萨光芒万丈。通过与东方的贸易，美第奇家族的财富急剧增加，该家族成为佛罗伦萨的统治者。美第奇王朝由乔瓦尼·美第奇建立，很快在佛罗伦萨赢得了巨大的声望：1397 年开设银行，随后各分行遍地开花。仅仅在纺织行业，美第奇家族就有 300 家纺织工坊，能够养活大约 1 万名纺织工。

科西莫·德·美第奇深得民心，他的后代伟大的洛伦佐·美第奇则是科学和艺术的赞助者。佛罗伦萨的艺术百花齐放，每个艺术家都不遗余力想超越同行，艺术因此得以蓬勃发展。没有任何一个地方能够拥有如此令人赞叹的学识、创造力和文艺赞助氛围。美第奇家族在佛罗伦萨奉行和平政策，直到查理八世入侵，平静才被打破。

法国入侵。法国国王率领大军经过都灵，于 1494 年 9 月到达阿斯蒂，10 月到达帕维亚，11 月来到佛罗伦萨，随后于 12 月抵达罗马。1495 年 2 月，那不勒斯被攻陷。但法国人的统治并没有持续多久，因为马上他们就要面对强大的威尼斯同盟（罗马教宗、威尼斯、米兰、神圣罗马帝国以及西班牙所组成的反法同盟）。

◆ 旅行

第一份巴黎旅游指南

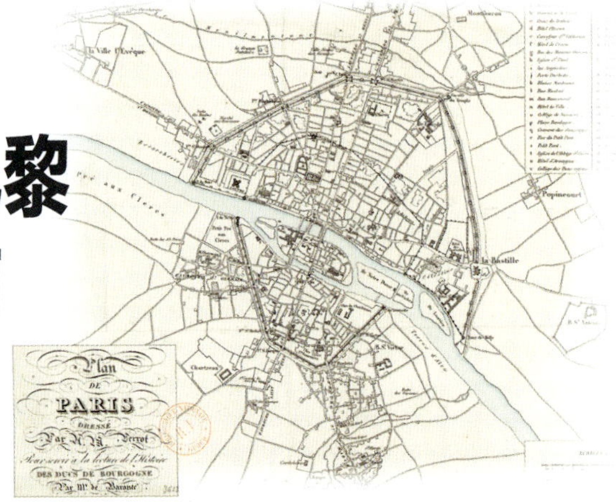

1494年

法国·游客们经常因为不了解巴黎的魅力所在，而未能尽情享受，这种情况比比皆是。就连巴黎本地人也不一定对巴黎的美景胜地如数家珍，了然于胸。巴黎印刷工人皮埃尔·勒卡隆制作了全世界第一份首都巴黎旅游指南：《巴黎街道与教堂以及每日花销》。得益于勒卡隆的这一创举，人们对巴黎旅游资源的认知空白如今得以弥补。这本共计24页的实用指南让人们爱不释手，百翻不厌。

◆ 美食

查理八世将甜瓜引入法国

1497年

法国·战争有时也能带来惊喜！比如查理八世为攻占那不勒斯王国，在过去三年里在意大利发动了战争。他从意大利带回了甜瓜，这种甜美多汁的水果在意大利本地就备受人们喜爱。而查理八世带回的甜瓜种子应该是坎帕尼亚地区坎塔卢比村的居民赠送的。最初人们在蒙特勒伊的温室中种植法国甜瓜。

◆ 肖像

从虚荣之火到处刑之火

1498年

意大利·1497年2月7日，封斋期前夕，修士吉洛拉谟·萨伏那洛拉在佛罗伦萨的领主广场举办了一场盛大的“虚荣之火”仪式，焚烧所有象征虚荣的物品。这场“虚荣之火”却也招致了另一场焚尸火刑……

这位多明我会的修士对一切在他眼中会败坏灵魂的事物都深恶痛绝。由他发起的反人文主义的政治运动，在这场“虚荣之火”中达到顶峰。所有会引人犯罪的，尤其是那些象征着尘世虚荣的物品，都是被焚烧的对象，镜子、化妆品、做工精细的长裙、珠宝首饰、乐器、不道德的书籍、淫秽图片，甚至还有一些佛罗伦萨画派的杰出作品等都毁于一旦：更有人说，一些波提切利受神话启发所创作的裸体画像由画家本人搬到广场上，在“虚荣之

快讯

1492年 15万犹太人逃离西班牙。

1493年 梅毒肆虐整个欧洲。

1498年5月23日，吉洛拉谟·萨伏那洛拉在佛罗伦萨领主广场被处以火刑，16世纪

火”中被焚毁。

萨伏那洛拉是教会的最后一位重要改革者。他宣扬末世论，深刻影响了罗马教廷的教务和君主王公的生活，并在“虚荣之火”后改变了苦修士的日常修行。他对圣托马斯·阿奎那的思想深表赞同，并认为自己是带着先知的使命而来，谴责佛罗伦萨和罗马的贵族领主，批判他们的行为腐朽败坏。萨伏那洛拉长期以来一直以教会之子的身份出现。然而，他对亚历山大六世教宗的抨击导致其被禁止讲道。由于修士拒绝执行该禁令，最终他被教会逮捕、拷打并被以异端分子处以火刑，处刑地点就在“虚荣之火”发生地的领主广场。

1494年 神圣同盟（又称威尼斯同盟）成立，旨在凝聚威尼斯共和国、教宗国、神圣罗马帝国以及米兰公国的力量，以对抗他们共同的敌人——查理八世。

1494年 美第奇家族在佛罗伦萨败落。

1497年 抗税起义震动康沃尔郡。英格兰国王亨利七世通过提高税收来资助苏格兰战役，却也导致其不得不面对人们的反税收抗议。

◆ 社会

奥格斯堡的社会住房

为最贫困者提供的社会住房终于来了！由富格尔家族投资赞助。

1499年 **德意志**·大雅各布·富格尔（雅各布一世）是我们这个时代最富有的金融家之一。他在奥格斯堡依靠香料、织品和丝绸贸易发家致富。1469年他去世后，他的儿子们继承了他的商业计划和财富。

雅各布二世又被称为“富翁”。他接过了父亲的衣钵，开始从事金属贸易，并带领家族企业走向了世界。作为当时最具影响力的金融家之一，他也承担着社会责任：他为穷人建造住宅区，人们仅需支付极少的弗罗林币便可拥有一套60平方米左右的两室房。这样的住房总共有106套，样式统一：最底楼的房子配有一个花园，二楼配有阁楼。这座建于奥格斯堡市内的小住宅城每晚10点关闭五个栅栏，禁止通行。

文学

时下畅销书

菲利普·德·科明尼斯的《回忆录》

1498年 菲利普·德·科明尼斯是回忆录这一文学体裁的创始人。在其所著的《回忆录》中，有八卷篇幅都聚焦于勃艮第公爵“大胆的”查理和路易十一的恩怨纠葛。科明尼斯的著作在近半个世纪相继对勃艮第公爵以及法国国王的外交政策产生影响。他对英格兰和欧洲的各大宫廷以及意大利城邦了如指掌。在1489年至1491年间，他完成了《回忆录》中的第一卷至第十一卷，在1497年至1498年间，完成了第十二卷和第十三卷。此后，他又对初稿进行了润色。

《寻爱绮梦》

1499年 一位名叫弗朗切斯科·科隆纳的人似乎是《寻爱绮梦》一书的作者。该书著于1467年，是用希腊语、拉丁语以及意大利语方言混杂写成的，同年在威尼斯印刷。

普利菲罗爱慕普莉拉，但是普莉拉对他的追求无动于衷。普利菲罗开始了一场入教之旅，并抵达基西拉岛。该书的主要内容是对普利菲罗在旅行途中遇见的历史古迹的详细描写。书中出现了阿拉伯文、希伯来文、希腊文和所谓的古埃及象形文字以及数学注释。本书由234张未经编号的书页构成，其中还有以图画形式出现的谜语。这一切都让其成了最具神秘感、最难看懂的书之一。

◆ 美术

《圣母怜子》雕像中的耶稣有33颗牙齿!

1499年 **意大利**·《圣母怜子》应该是“迄今为止罗马最美丽的大理石作品”——订单合同里早已做了清晰的定位。这座来自意大利卡拉拉的大理石雕塑展现了圣母七苦中的一苦——“圣母怜子”，即圣母怀抱耶稣尸体之苦。

该作品由时任法国驻罗马大使枢机主教让·比雷尔·德拉格劳拉斯订购，展出于圣彼得大教堂的法兰西国王小礼堂内。雕像中，圣母佩戴的绶带上写有“MICHAEL. ANGELUS.BONAROTUS. FLORENT. FACIEBAT”，意为“佛罗伦萨的米开朗琪罗·博纳罗蒂所作”。我们如果观察耶稣的面部，可以发现他的两颗大门牙中间多了一颗牙齿。这颗牙齿破坏了对称性，而且在文艺复兴时期经常出现在背负罪恶的人物身上。也许米开朗琪罗这番塑造正是想表达，耶稣背负了世间所有的罪恶。

讣告

1499年

马尔西利奥·菲奇诺，意大利哲学家，美第奇家族亲信（其父曾是科西莫·德·美第奇的医生）。他令柏拉图思想重焕生机，紧随时代的潮流。

《人间乐园》，耶罗尼米斯·博斯，
1503—1504年

16 世纪

◆ 美术

漫步人间乐园？

1504 年 **尼德兰**·耶罗尼米斯·博斯是“制造恶魔之人”，描绘地狱的画家。人们对其生平认识寥寥，仅知道他住在尼德兰斯海尔托亨博斯的一个小村庄里，以及他喜爱神奇卓越、不同寻常或稀奇古怪的一切。

在 50 多岁时，他完成了作品《人间乐园》，这幅在木板上绘制的油画高 220 厘米，宽 390 厘米。当三联画的左右两幅向里折叠时，人们可以看到一个透明的、沸腾的球体，象征着创世时候的世界。左半边有光亮照耀，意味着正在创造地球的过程。时间上与创世第三天末吻合。彼时正是挪亚洪水结束之后，陆地与海洋分隔，植被开始出现。折叠后的画板上题有“他说有，就有。他命立，则立”。

就作品本身而言，博斯从中世纪的动物寓言集中汲取灵感，寓言集中描述了大量的怪兽和恶魔。左幅画板上展现的是伊甸园中的亚当和夏娃，在他们旁边的是智慧树。而在中间画板上，亚当和夏娃的孩子，即人类正陶醉于各式各样的愉悦享乐之中。右幅画板上描绘的是地狱和各种杂交生物。左幅画作的色彩是绿色、蓝色、赭色和黄色，而右幅色彩更为深沉，以黑调和蓝调为主。

1500 年：不同历法的差异

格列历：1500 年 · 柏柏尔历：2450 年 · 拜占庭历：7008 年 · 科普特历：1216 年 · 希伯来历：5260 年 · 波斯历：878 年 · 穆斯林历：905 年 · 埃及历：1492 年

新闻

文化

安布鲁瓦斯·卡莱班的词典

1502年

意大利·安布鲁瓦斯·卡莱班又称安布罗乔·卡莱皮诺，是意大利学者和奥古斯丁会的修士。他凝聚一生的心血创作了一部多语种词典。该词典于1502年首次问世，于1509年推出了希伯来语、希腊语、拉丁语和意大利语版本，并在整个16世纪陆续被翻译成数十种语言。

◆ 建筑

罗马圣彼得大教堂的奠基者儒勒二世

1506年

意大利·1506年4月18日，教宗儒勒二世开始兴建新的圣彼得大教堂。为了筹集到足够的工程资金，教宗宣布了一项赦罪政策：凡是对该工程有捐助的有罪之人，可完全或部分免去罪罚。

儒勒二世出手排场，将这个雄心勃勃的项目委托给伯拉孟特。后者绘制了平面图，为教堂的建造、柱顶的设计等打下了基础。

多位建筑师都相继参与到该项目中，留下了自己的设计风格，其中有：拉斐尔、巴尔达萨雷·佩鲁齐、小莎迦洛，以及1547年开始参与其中的米开朗琪罗。米开朗琪罗负责教堂大圆顶的设计，贾科莫·德拉·波尔塔负责教堂的拱顶。教堂前的大广场以及上面鼎鼎大名的柱廊则由贝尔尼尼设计。卡洛·马代尔诺完成了教堂外部的设计。

这座享誉全球的大教堂由众多天才建筑师共同打造完成!

快讯

1502年

伯拉孟特设计了罗马蒙托里奥圣彼得堂内的坦比哀多（Tempietto）。这是一个较小的圆柱形礼拜堂。

1504年

米开朗琪罗用一块巨型大理石完成了《大卫》这部作品。

1507年

拉斐尔创作《圣母子与小圣约翰》，又被称作《美丽的加迪涅尔》。

记事本

1503年

波吉亚离去了，伤害不再!

意大利·教宗亚历山大六世，1492年即位，1503年8月12日逝世。亚历山大六世原名罗德里戈·波吉亚，他必将被其庞大的家族成员怀念。在成为教宗前，他曾和瓦诺莎·卡塔内伊成婚，育有四个子女：胡安、切萨雷、卢克雷齐娅和杰弗雷。之后，他又爱上了情妇朱莉娅·法尔内塞，育有一女劳拉。他还和许多情妇有露水情缘，因此还另有三四个私生子……

据说这位私生活混乱的人是通过伯父，即教宗加里斯都三世，成了枢机主教。在收买了其他主要候选人，并在有人弃权之后，他才当选为新的教宗。作为文艺复兴时期的贵族，他沉迷奢华，纵情狂欢，也保护艺术。而他的波吉亚家族更是拥有了大量教会的财富并缔结了各种有利可图的婚姻。此外，他还任命情妇朱莉娅的哥哥亚历山大为枢机主教（未来的教宗保罗三世）。

对亚历山大六世了如指掌的继任教宗曾隐晦地评价道：“为一个下地狱的人祷告是亵渎神明的。”此话一出，便成定论。

◆ 美术

神秘的蒙娜丽莎真的存在吗？

1507年

意大利·伯拉孟特和拉斐尔将建筑和绘画相结合，米开朗琪罗在绘画上的造诣毫不逊色于他的建筑才华，而达·芬奇则更是一位全才艺术家。

他在20岁便成了佛罗伦萨画家行会的一员。1482年，他离开家乡前往米兰，为卢多维科·斯福尔扎公爵服务。达·芬奇在此期间为圣方济各大教堂创作了《岩间圣母》（*La Vierge aux rochers*，1483年），还创作了《最后的晚餐》（*La Cène*，1497年），并计划打造纪念弗朗切斯科·斯福尔扎的大型雕像《马》（*Gran Cavallo*），但最终没有完成。

1507年，达·芬奇完成了《蒙娜丽莎》，这是一幅长77厘米、宽53厘米的木制油画肖像。身后的风景突出了前面这位年轻的女子。女子的衣服用晕涂手法绘制而成，使衣服轮廓变得模糊，宛若有光环笼罩。画中人据说是丽莎·格拉迪尼，即佛罗伦萨丝绸富商弗朗切斯科·德尔·焦孔多的妻子，不过有些人认为该女子其实是朱利亚诺·德·美第奇的情人。也许画家是从一种个人的角度来绘制该作品，他可能同时参考了好几位模特……谁知道呢？

达·芬奇利用色彩的渐变，营造出了一种独一无二的氛围：明暗效果使面部轮廓更加突出。他使用了一种用亚麻仁油制成的透明层，给油画上增添颜色的深度和亮度，同时让底部的颜色若隐若现。

1516年，达·芬奇携带这幅作品移居法国。在画家离世后，法国国王买下了《蒙娜丽莎》并将其收藏在枫丹白露宫。

政治

刚果天主教首倡者

1506年

非洲·阿方索一世原名恩津加·姆本巴。他当然不是刚果王国第一位天主教国王，他的父亲也皈依了天主教（由葡萄牙人施洗）。但由于他的臣民不接受其天主教信徒的身份，于是他又做回泛灵论者。由此我们可以说阿方索确实不愧于“刚果天主教首倡者”这一头衔。

1506年，他战胜了自己的兄弟，成为刚果国王，开始推动王国的现代化和基督教化。但在这个推行一夫多妻制（葡萄牙传教士竭力取缔的制度）、劳动力的基础为女性的王国，实现基督教化困难重重。葡萄牙人十分欣赏阿方索在这方面做出的努力，将其视为莫大的支持，并封阿方索为圣人。在葡萄牙教士的支持下，阿方索对这个显贵的身份大加利用，操纵一切权力为家族敛取利益。但好景不长，他和葡萄牙人的关系火速恶化。1526年，阿方索和葡萄牙就贩卖黑奴问题产生冲突，前者希望减少黑奴贩卖，而后者却要求加大力度推进。

小贴士

新品通告

火速订购您的表！

彼得·亨莱因，这位来自德意志纽伦堡的钟表匠不久前设计出了自己的第一款表，每上一次发条，它便可以运转40小时。究竟是不是他发明了这个日常生活中必不可少的物品呢？答案并不重要。现在就订购吧！一表在手，时间我有。这款表外形就像一个小手鼓，当然了，随着时间的推移，它的尺寸会越变越小。

◆ 探索发现

马丁·瓦尔德泽米勒用“亚美利加”命名了一座岛屿

1507年 **法国**·伟大的地理学家、制图家马丁·瓦尔德泽米勒发布了一张球状世界地图，地图上一座形似锤子的岛屿被命名为亚美利加，以纪念意大利航海家亚美利哥·韦斯普奇（Amerigo Vespucci）。该地图还随附一本地理小手册。

这张长2.3米、宽1.2米的地图的特殊之处在于，它是世界第一张被印刷出来的地图，由12块木质印刷板构成。

在孚日圣迪耶，一个名叫“孚日山科学文化联盟”的学者群体耗费数年时间终于成功地搜集到了两大文献：一个是亚美利哥·韦斯普奇于1497年至1504年在其最后的四次旅行期间撰写的材料，证实他发现了新大陆；而另一份则是根据韦斯普奇的数据设计的地图。借助这两份资料，瓦尔德泽米勒制作了一个小型地球仪。

无论是通过这个地球仪还是地图，这些学者的努力都证明了哥伦布、韦斯普奇、卡博托以及费尔南德斯确实都发现了新大陆。

讣告

1506年

克里斯托弗·哥伦布，这位来自意大利热那亚的航海家，逝于西班牙巴利亚多利德。在他人生的最后几年，他的生活动荡不安。他因被指控隐藏财富而被逮捕审判，不过他的财产最终被返还。

◆ 传统

龙安寺不是几块石头这么简单

日本·枯山水庭院在日本是体现禅宗的最古老形式，而禅宗是由中国传入日本的。龙安寺是一座冥想寺庙，坐落于京都西北部，建于1499年至1507年间。其设计者通常被认为是相阿弥，一位以绘画作品闻名的艺术家。

在250平方米的铺满沙砾的庭院中，相阿弥摆放了15块岩石。而石庭的特别之处就在于无论处在什么位置，人们都无法在目光所及之处一次看全15块岩石。寺里的僧人每日都需要走动，以便变换视角，这是点缀他们日常冥想修行的绝佳方式。龙安寺创建于1450年，是应室町幕府的高官细川胜元的命令修建的。但是，在15世纪后半叶持续了11年之久的应仁之乱中，寺庙毁于一场大火。细川胜元之子细川政元于1488年重建龙安寺。

1507年

记事本

一种榜样：切萨雷·波吉亚

1507年

西班牙·将这位波吉亚家族成员视为榜样，谁能相信呢？切萨雷·波吉亚是教宗亚历山大六世之子，他的一生短暂而动荡。他没有宗教信仰，却应父亲的要求成了巴伦西亚大主教。1497年，他最爱的哥哥胡安被暗杀，但这也使他恢复了自由：他辞去了大主教一职。随后他被法兰西国王路易十二任命为瓦伦蒂诺公爵，并于1499年迎娶纳瓦拉国王的妹妹夏洛特·德·阿尔布雷特。

至此，切萨雷终于可以投身于自己所热爱的战争事业，以及战争在文艺复兴时期意大利的延伸：政治。作为贡法洛尼尔（Gonfalonier），即罗马教宗军队的司令，他征服了罗马涅和马尔凯地区的反抗城市。此时，他结识了佛罗伦萨大使尼科洛·马基雅维利，后者以他为灵感来源创作了著名的《君主论》，描写了一位暴力、狡诈、可怕、为达目的不择手段的君王。1503年，儒勒二世成为教宗亚历山大六世的继任者。作为教宗的死敌，切萨雷被捕，被剥夺了所有头衔，领地也被悉数瓜分。切萨雷一生都在践行自己的格言：“不为恺撒（国王），便为虚无。”1507年3月12日，他在西班牙为纳瓦拉家族奋战而亡。

新闻

灾难

伊斯坦布尔发生大地震

1509年

土耳其·以往被人们视为"新罗马"的伊斯坦布尔却接连面临重重困难。即便有希腊人重返定居于此，这座城市早已不复昨日光辉。肆虐的鼠疫、巴尔干半岛和小亚细亚半岛敌人的持续入侵，都令伊斯坦布尔伤痕累累。这场地震也造成超过4 000人死亡，数千人受伤。

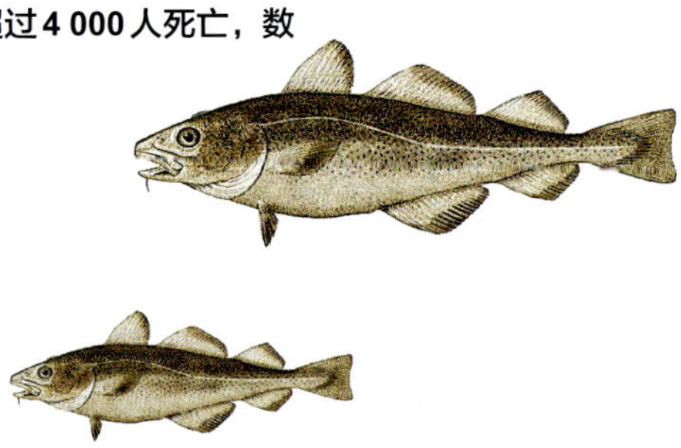

讣告

1510年

波提切利与世长辞。
世界不再拥有春天……

◆ 政治

发生在康布雷的一件蠢事：康布雷联盟

1510年

欧洲·国王路易十二白活了40岁的年纪，在意大利各大政治家的博弈面前仿佛一个涉世不深的孩子。路易十二参与意大利半岛战争，试图抢占一两个领地，最终却上当受骗。

康布雷联盟最初是为了抗击威尼斯而成立的大型联盟，成立于1508年。其成员包括：法国和神圣罗马帝国，紧随其后的是教宗、瑞士、西班牙，还有英格兰、苏格兰以及佛罗伦萨和米兰。

儒勒二世除了是教宗，更是一位足智多谋的兵法家。在使威尼斯遭受了几次屈辱的战败后，1510年儒勒二世突然调转整个联盟的矛头，联盟的敌人变成了法国！1512年，联盟成功将法国赶出了意大利。

◆ 经济

诺曼底和布列塔尼与印第安人和因纽特人的商贸往来

美洲·万水千山，以及其他任何艰难险阻都挡不住他们和大洋彼岸的美洲人进行贸易！布列塔尼人和新大陆的居民开展鳕鱼贸易——当然主要是便于运输的干鳕鱼。诺曼底人则和巴西建立了商贸关系。翁弗勒尔（Honfleur）和迪耶普（Dieppe）码头往来贸易不绝，人流如织。有些商人发现在这些新兴地区更便于从事贸易，便于和印第安人建立某种更近的联系。

1510年

天气预报

天气预报	**1513年**·12周严峻的寒冷天气。莱茵河和苏黎世湖全面结冰，有11天的时间，人们可以直接在冰面上行走。中部高地也将经历寒冬。	**1539年**·法国夏季酷暑，人们可以徒步穿越所有的小河。

◆ 手工业

大不里士的波斯地毯货真价实

中东·1501年开始统治波斯的萨法维王朝让波斯地毯享誉全球。尽管此前几十年间，波斯地毯已经出现在曼特尼亚或凡·爱克的作品中，但直到1512年，波斯地毯才开始远销印度、安纳托利亚以及以荷兰为主的欧洲。

波斯地毯的主要产地是克尔曼、卡昌以及萨法维王朝的首都伊斯法罕。

国王取消了地毯上不得出现动物和鸟类的禁令。一种传统的样式逐渐发展起来：带有花边的花园地毯，花边的主要组成部分是花朵或几何图案。在克尔曼，花边里呈现的是附在藤蔓上的缠绕的花朵图案。这些花边以花朵、动物或几何图案装饰，并根据不同的主题与地毯的中间主体部分相呼应。地毯上的颜色都十分亮丽生动，以红色为主，深蓝色也很常见，而背景通常为象牙色。

1512年

文学

时下畅销书

《高卢的阿玛迪斯》

1508年 这本骑士小说的作者是加尔西·罗德里格斯·德·蒙塔尔沃。他从几年前起便开始编《高卢的阿玛迪斯》，这些故事长久以来一直流传于伊比利亚半岛。作者从中改写出了三卷内容，通过翻译第四卷，为前三卷作续。全集在1508年首次出版，获得了空前成功。随后小说被尼古拉斯·埃尔伯雷·德·埃萨尔翻译为西班牙语和法语，于1540年出版。小说第一卷讲述阿玛迪斯父母的隐秘爱情故事，他们分别是高卢国王佩里翁以及小不列颠（布列塔尼）一位基督教国王之女埃丽塞纳。第二卷充满了奇幻和冒险，为了赢得丹麦国王之女，也就是他从小心爱之人奥莉亚娜的芳心，阿玛迪斯战功连连，豪取胜利。而在第三卷中，二人诞下一子。在第四卷中，二人成婚。

《旅行游记》

1510年 这本书讲述的是作者卢多维科·迪·瓦尔特马的冒险游历。在书中，作者认为自己是第一位进入麦加的欧洲人。这位喜欢当逃兵的炮手游历了叙利亚、埃及、也门、索马里，之后航行驶往亚洲，在印度和苏门答腊之间的地域游弋。在加入马穆鲁克后，他成为苏丹的贴身卫兵。皈依伊斯兰教后，他于1503年左右前往麦加朝拜。由于被怀疑暗地里依然信仰基督教，他被捕入狱，之后在苏丹的一个妻子的帮助下成功越狱，因此才能继续在书中讲述他纷杂嚣嚷的生活。这本书大获成功，被翻译为50多种语言。

《伊拉斯谟》，汉斯·霍尔拜因，1523年

《愚人颂》

1511年 尼德兰人文主义者伊拉斯谟创作了拉丁文作品《愚人颂》。他将这本诙谐讽刺小说献给法学家托马斯·莫尔。小说借愚神之口抨击僧侣、教士和朝臣……在这里，明智只会带来痛苦，而愚蠢才是生命的源泉。整本书以说教训诫的方式引导人们走向愚神。该书出版后大受欢迎，法语和德语版也数次再版。

《马里亚尼诺战役》，亚历山大-埃瓦里斯特·弗拉戈纳尔，1836年

◆ 冲突

马里尼亚诺战役

1515年

意大利·弗朗索瓦一世是一位急躁的国王。1月刚刚即位，他便野心勃勃地想攻占米兰公国。6月末，他亲率3万士兵出征，8月便跨越阿尔卑斯山脉，9月10日直入伦巴第。在这里，他遭遇了约2万名令人望而生畏的瑞士雇佣兵，他们是16世纪初整个欧洲战斗力最强的战士。法军的防线被突破。巴亚尔领主皮埃尔·德·泰拉伊骁勇善战，拯救了队伍。而威尼斯同盟军的抵达则成为战役的最终制胜关键。

9月14日晚，在连续两夜无休止的战斗后，战局终定：1.4万名瑞士兵阵亡。在这场战役中效力弗朗索瓦一世的巴亚尔骑士成为传奇，并被尊称为“英勇无畏且无可挑剔的骑士”。

1514年

城市之声

卡戈人是否患了麻风病？

法国·纳瓦拉的卡戈人（cagots）受够了长期的凌辱，给教宗利奥十世写信抗议：他们被禁止进入教堂，只能在教堂外听弥撒，或者在教堂的尽头被一个栅栏阻隔；领圣餐时，被扔面饼；入土时，也只能被埋在墓地的角落里……

这些卡戈人，在法国西南部被称为“capots”，在布列塔尼叫作“cacous”，在西班牙被呼作“agotes”，最初指的是以木材或打铁为生计的工匠。这些人被指控传播了麻风病，被置于一些真正的隔离区内，还必须在衣服上佩戴一个鸭掌模样的明显红色标记。由于被禁止靠近水源，很快，他们浑身变得又脏又臭。他们彼此之间只能近亲结婚，人们怀疑这是他们患上呆小病的原因。

◆ 社会

邪恶五朔节：伦敦工人暴动

1517年

英国·5月1日在伦敦发生了历时3天的工人骚乱与暴动。起初，数千名工人学徒聚集在奇普赛街，撬开监狱大门，释放罪犯，接着他们开始攻击外国的商贩，指控他们抬高物价的同时又降低了工资。尽管无人丧命，但整个过程充斥着打砸抢掠。1509年即位的国王亨利八世命令第一代萨福克公爵查尔斯·布兰登镇压暴动，不过在王后阿拉贡的凯瑟琳的请求下，他最终赦免了暴乱者。

快讯

1512年

从10月31日开始，人们可以在罗马西斯廷教堂欣赏到穹顶上美丽的壁画了，这是米开朗琪罗耗时4年绘制的杰作。壁画上有超过300个人物，代表着创世。

1513年

麦哲伦将一片海域命名为"太平洋"，而早在1513年西班牙人瓦斯科·努涅斯·德·巴尔博亚就已成了看见太平洋的欧洲第一人。

奇闻逸事

巴巴罗萨兄弟所向披靡

1516年

意大利·海岸地区警报：两名皈依了伊斯兰教的希腊兄弟在地中海地区进行恐怖活动。哥哥奥鲁奇·巴巴罗萨是一位厉害的海盗，活动范围从西西里岛至瓦朗斯。不久前，他宣称自己为阿尔及尔的苏丹。

他的弟弟海雷丁·巴巴罗萨也不甘示弱。海雷丁曾为奥斯曼帝国苏丹苏莱曼一世效力。在他的哥哥带领土耳其舰队远征期间，他成为阿尔及尔的领袖。他尤其擅长在意大利海岸地区强抢掠夺。

1516年 社会 犹太区

意大利·5个世纪以来一直收容犹太人的威尼斯于3月29日宣布，将犹太人的居住地限定在卡纳雷吉欧区的一座岛上。因为小岛上曾经有数个炼铜厂，即"ghettos"，很快这片犹太隔离区就被命名为"ghettos"了。

岛的四周都是墙，只有两扇门。意大利政府此举同时起到了隔离和保护犹太人的作用。比如在复活节时，小岛大门紧闭，避免天主教徒对犹太人施以暴行。而在犹太区内部，犹太人必须佩戴一个红色无边软帽以便识别身份，他们也只能从事有偿借贷或旧衣贩卖。

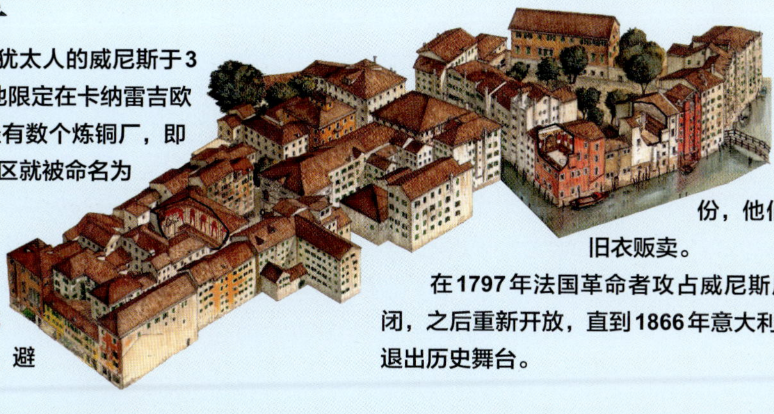

在1797年法国革命者攻占威尼斯后，该犹太区第一次被关闭，之后重新开放，直到1866年意大利成为统一王国后，才终于退出历史舞台。

宗教

路德和他的《九十五条论纲》

1517年

德意志 · 一位德意志修道士公然质疑教宗！10月31日，马丁·路德在维滕贝格诸圣堂门前贴出了《九十五条论纲》。在《论纲》中，马丁·路德直截了当地提出只有两种圣事能使灵魂得到救赎：接受洗礼和参与圣餐。耶稣的牺牲已为无法避免罪孽的世人带来了足够的恩典。信仰唯一的来源便是《圣经》：任何人都可以阐释《圣经》，无须经过教会。路德也反对赦罪，也就是天主教会贩卖的、让教徒免受炼狱之灾的赎罪券（儒勒二世大量贩卖赎罪券以建造罗马圣彼得大教堂）。

记事本

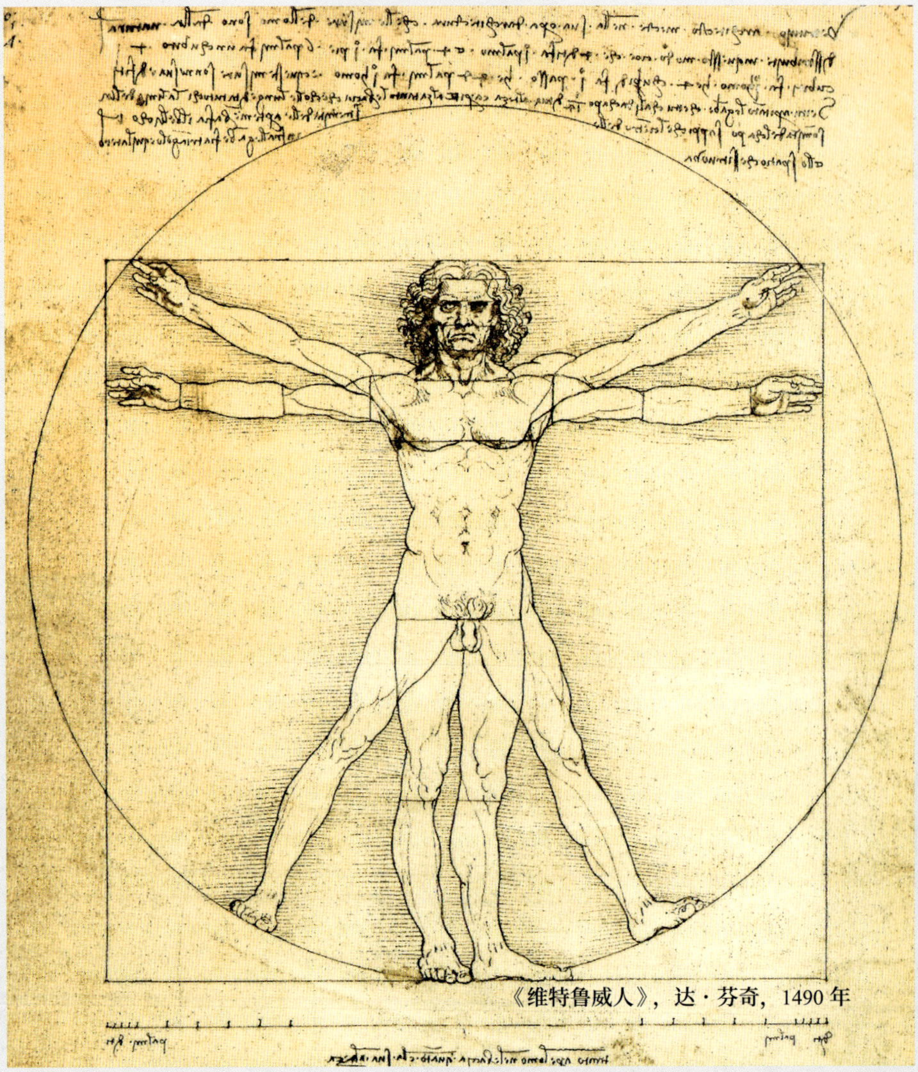

《维特鲁威人》，达·芬奇，1490年

博学者 莱奥纳多·达·芬奇

1519年

法国 · 莱奥纳多·达·芬奇是世间罕见的博学者，一位学识渊博的天才。他不仅在工程学、绘画、建筑、天文、雕刻等方面才华横溢，而且是一位非常具有前瞻性的智者。他曾为卢多维科·斯福尔扎绘制了许多军事设备以及未来坦克的原型。他还发明了潜水服，改进了攻城战的进攻和防守战术。当然，他还创作了《最后的晚餐》《岩间圣母》《蒙娜丽莎》等伟大作品。

他曾游历意大利的佛罗伦萨、米兰、曼图亚和威尼斯。但他不满足于此。1516年，他接受了弗朗索瓦一世的邀请，前往法国昂布瓦斯的克洛吕城堡定居，并最终于1519年5月2日在那里逝世。也有传闻称，他是在国王的怀里去世的。

记事本

被上帝青睐的拉斐尔 37 岁英年早逝

1520年

意大利·拉斐尔·圣齐奥，由于过度操劳且身患疟疾，于4月6日在罗马逝世。拉斐尔的父亲是乌尔比诺公爵的宫廷画家兼诗人，他最早便是在父亲的画室开始创作。后来他前往佩鲁贾，经常去拜访佩鲁吉诺，之后他又接管了父亲的画室。被誉为“绘画大师”的拉斐尔，创作了《被钉在十字架上的基督》（1503年）和《圣母的婚礼》（1504年）。在佛罗伦萨居住期间，他创作了一系列圣母主题作品，其中就包括《金翅雀圣母》（1506年）。

罗马教廷也注意到了这位盛名远扬的才子，邀请他来到罗马，为儒勒二世和之后的继任教宗利奥十世效力。他曾负责装饰儒勒二世的私人住宅，为利奥十世监督圣彼得大教堂的建造工程。在生命晚期，他创作了包括《年轻女子的肖像》（1519年）、《变形》（1520年）在内的一系列作品。

《年轻女子的肖像》，拉斐尔，1519 年

◆ 政治

想要登上皇帝宝座 那就求助于银行家吧

1519年

德意志·1519 年是至关重要的选举年！马克西米利安一世不久前逝世，神圣罗马帝国皇帝宝座虚位以待。

让我们再复述下选举皇帝的章程：根据皇帝查理四世于 1356 年颁布的《金玺诏书》，共有七位选帝侯（三名教会诸侯，四名世俗诸侯）负责推选新任皇帝。此次竞选皇帝的候选者一共有四位：三位国王，分别是法国的弗朗索瓦一世、英格兰的亨利八世、西班牙的卡洛斯一世；此外还有一位是萨克森公爵腓特烈三世，他同时也是七位选帝侯之一。但是由于财力不够雄厚，腓特烈三世很快便弃权了，亨利八世也因远离欧洲大陆而选择弃权。

剩下的便是弗朗索瓦一世和卡洛斯一世对决。皇帝选举其实更是一场经济实力的角逐：每场选举中，七位选帝侯都会被出钱最多的候选人收买。弗朗索瓦一世很快就投出了一大笔钱贿赂这些选帝侯，而来自哈布斯堡家族的卡洛斯一世则更为精明，在财力雄厚的银行家雅各布·富格尔的赞助下，他宣布只有在他成功当选皇帝后才会付钱，并向教会选帝侯和世俗选帝侯承诺他们会得到双倍的资金。于是，他最终成功当选，称号为查理五世。

快讯

1519年 科尔特斯带回了墨西哥的巧克力。

◆ 国际

神在哭泣，特诺奇蒂特兰悲伤的一夜

1519年11月，西班牙人抵达墨西哥东南部。阿兹特克文明宝贵的财富令人震撼，活人献祭更是令人大开眼界。埃尔南·科尔特斯不在的情况下，特诺奇蒂特兰岛成了一摊浑水。

1520年

中美洲·埃尔南·科尔特斯抵达之时，并没有想到阿兹特克人会将他视为他们最崇高的神克察尔科亚特尔（Quetzalcóatl），即“羽蛇神”。不过，刚开始他利用了当地人的困惑，继续侵略征服，并抵达首都特诺奇蒂特兰。此时的阿兹特克帝国皇帝，即1502年即位的蒙特祖马二世带着防备之心，接见了他。

特诺奇蒂特兰的反抗。在到达几周后，科尔特斯却不得不紧急返回墨西哥湾海岸。因为古巴总督以科尔特斯越权为由下令将其逮捕。在他缺席期间，副手佩德罗·德·阿尔瓦拉多负责指挥军队。岛上的贵族和阿兹特克高级祭司在大神庙聚会时，这位见识短浅的副手认为他们暗藏阴谋。于是，他在岛上进行了大屠杀。特诺奇蒂特兰随即反抗，西班牙侵略者被困在城中无法逃脱，因为该城坐落在特斯科科湖中央的岛屿上，仅通过堤道和湖岸相连。

科尔特斯在墨西哥湾解决了个人恩怨后，重返特诺奇蒂特兰，试图平息剑拔弩张的态势。最终，他决定带领军队在6月30日连夜出逃。然而逃离途中，他们一行人随身携带了大量抢掠的战利品。蛇皮鼓发出了声响，响彻夜空。军队行进在狭窄的堤道上，不断遭受阿兹特克士兵的攻击，加上背着沉甸甸的金子，有人因此不堪重负落水溺亡，数百位西班牙人最终丧命。科尔特斯和一些幸存者逃过一劫，到达湖岸边。传说中，科尔特斯在岸边悲痛万分地哀悼己方的损失沉重，而这一幕便定格为了“悲伤之夜”。

阿兹特克帝国覆灭。西班牙人重返特诺奇蒂特兰。1521年8月13日，西班牙军队攻占了特诺奇蒂特兰，阿兹特克帝国随之覆灭。帝国最后一任皇帝夸乌特莫克顽强抵抗，却最终不敌，被捕入狱，1525年死于绞刑。特诺奇蒂特兰短暂地闪耀了两个世纪后便陨落了。

无论如何，西班牙人都必须承认，阿兹特克人曾经创造了一个十分先进的文明。最为称道的就是他们拥有自己的文字和历法。

纳瓦文字。阿兹特克人的文字出现在11世纪，由三部分组成：容易辨认的字符、具有象征意义的成分以及连接二者的任意符号。这种文字介于简单的象形符号、表意符号和语音符号间，不过随着西班牙的侵略，正面临着走向消亡的危险。

《波旁尼克手抄本》。波旁尼克手抄本绘于1507年，是阿兹特克艺术的一大杰作。这是一本占卜用书，也被称为“岁月之书”，里面包含阿兹特克历法和神圣历法。最初，这本书里只有图画，后人往里添加了一些西班牙语的注解。

◆ 政治

金缕地之会

冷汗终未干，热敷却徒劳！

1520年

法国·弗朗索瓦一世闷闷不乐，苦恼万分！他身负巨债却依然没拿下神圣罗马帝国的皇位。更不必说他有多唾弃喜获宝座的查理五世了。除了弗朗索瓦一世外，还有一位君主也在反复思索自己的败北，那便是英格兰的亨利八世……他在法国宫廷中自然而然萌发了两个王国结盟共同对抗查理五世的想法。6月，双方在毗邻加来的地方会晤。彼时的两位国王都年轻气盛，弗朗索瓦只有25岁，亨利28岁。弗朗索瓦一世豪掷千金，尽展奢华，此次英法的“金缕地之会”的名字正源自法国国王蓝色天鹅绒的金呢帐篷。在这般披金戴银的法国国王面前，亨利八世非但没有领会到盛情款待，反而觉得自己被羞辱了一番，被东道主法国挑衅，仿佛跌了个四仰八叉。在整个会晤期间，双方就差没互殴起来了。在为时三周的觥筹交错、竞赛比武后，两位仇敌最终没有签署任何政治协定。

不到一个月后，亨利八世在格拉沃利讷与查理五世会面。后者精明老练，随员从简，还特意穿了一身不及英格兰国王的衣服华贵的衣服，成功征服了亨利八世的心。最终英格兰国王和查理五世签约达成联盟，共同对抗法国。

传统

第一棵圣诞树

1521年

法国·长久以来，人们拿几支树干作为圣诞的装饰点缀。而在文艺复兴时期，圣诞树开始走进千家万户。12月21日，阿尔萨斯的塞莱斯塔镇还颁发了一条政府法令：向护林人发放奖金，让他们监督民众，只许砍伐森林中的小杉树，同时禁止过量砍伐。用杉树作为圣诞树的传统从此诞生了。

记事本

全球富豪榜前位的人物逝世

1521年

葡萄牙·12月13日，国王曼努埃尔一世于里斯本逝世。

在曼努埃尔一世统治期间，得益于印度（1498年由达·伽马开辟）和巴西（1500年由卡布拉尔开辟）的海上贸易之路，葡萄牙经济达到全盛。珍珠和贵金属从这个冉冉升起的殖民帝国中源源流出。

“曼努埃尔风格”便取名自曼努埃尔一世。这种风格融合许多和海洋有关的装饰图案。而这些被葡萄牙人征服的海洋，正是帝国繁荣昌盛的源泉。

曼努埃尔一世颁布《曼努埃尔法典》，加强国王权力。他先后迎娶了西班牙王室的两位公主（阿拉贡的伊莎贝拉和玛丽）和一位国王的侄女。1496年，为了迎合信仰天主教的西班牙王室，他下令驱逐犹太人。不过，只要他们表面上愿意皈依天主教，国王鼓励犹太人继续生活在葡萄牙。但是，1506年，里斯本民众谴责犹太人传播了鼠疫，对犹太人进行了大屠杀，此举令国王只得眼睁睁看着大量犹太人逃离葡萄牙。

音乐

新乐器的诞生：小提琴

1523年

法国·萨伏依地区的财务记录上首次出现了“小提琴”这个词。起初，小提琴流行于乡野舞会，人们非常喜爱弹奏。直到1564年，卡特琳·德·美第奇向意大利克雷莫纳的制琴师安德烈亚·阿马蒂订购了一把小提琴，赠送给儿子，即未来的国王查理九世。自此，小提琴开始走向世界！

新闻 国际

苏莱曼大帝攻占贝尔格莱德

1521年

塞尔维亚·这次，终于等来了好消息。在1440年和1456年的两次失败后，奥斯曼军队终于占领了贝尔格莱德。被誉为“安拉在大地上的影子”的苏莱曼一世亲自率兵，指挥战斗。他于7月抵达战场，先是进行密集的炮弹轰击，接着发起一系列的袭击，控制了河岸地区，以及萨瓦河和多瑙河流域的岛屿。8月30日，贝尔格莱德沦陷。苏莱曼大帝长驱直入，剑指维也纳。究竟，他会在何处停止征战呢？

1522年 惊天动地：苏莱曼大帝占领罗得岛

希腊·苏莱曼大帝攻占罗得岛正好是12月25日，耶稣的诞辰。此前，罗得岛一直由耶路撒冷的医院骑士团驻守。苏莱曼水陆两路并举，最终还是靠陆路成功征服罗得岛。

至此，整个地中海东部都成了“奥斯曼内陆湖”。苏莱曼大帝准许了骑士和罗得岛人自愿离岛。

医院骑士团在流浪了数年后，最终入驻查理五世统治的马耳他岛，改名为马耳他骑士团，并长期沿用了这一名称。

◆ 事件

“除了荣誉，一无所有”

1525年

意大利·这句美好殷切的话语出自弗朗索瓦一世之口。法国国王不善于作战，2月24日，在伦巴第的帕维亚之战中惨败，输给了查理五世率领的军队。法军一败涂地，众多统帅命丧沙场。弗朗索瓦一世被捕入狱，法国群龙无首。母亲萨伏依的路易丝在其空位期间摄政。而在一封写给母亲的信件中，这位败北的国王这样写道：

“母亲大人，如今我除了荣誉与生命已一无所有，这便是我厄运般的人生。”

◆ 国际

弗朗索瓦一世与苏莱曼联盟

1526年

法国·虔诚的基督信徒弗朗索瓦一世和穆斯林的长官达成联盟……尽管自帕维亚惨败以来，法国国王被查理五世囚禁，但这也不是他寻求苏莱曼帮助的理由！

苏莱曼秉持着包容的态度，在信中写道：“你是弗朗索瓦，法国的国王，却写信送到我门口，君王的庇护所，告诉我敌人攻占了你的国家，你也被捕入狱。你来我这里寻求帮助，救你出囹圄。”

不过，苏莱曼却未曾派遣任何军队解救法国国王……但无论如何，双方日后签署了一些商贸协议，令整个欧洲愕然。

法兰西王国新闻	**1528年** 教会首次在弥撒时用法语诵读福音。这个奇迹要归功于本世纪初伟大的学者雅克·勒菲弗·戴塔普勒，他分别在1523年和1528年翻译了《圣经·新约》和《圣经·旧约》。

◆ 潮流

完美廷臣的艺术

1528年

意大利 · 您是否现在还认为，被人称作“廷臣”是对阿谀奉承者的一种侮辱呢？那您一定没有读过意大利巴尔达萨尔·卡斯蒂廖内的唯一杰作《廷臣论》。

在服务教会之前，卡斯蒂廖内曾担任查理五世的教会大使。他多年在宫廷为官，堪称完美廷臣的典范。洒脱、仁慈、精神高尚是他的主要优点。富有教养、思想开明、谈吐优雅，卡斯蒂廖内既符合亚瑟王传说中理想的骑士形象，又是当时人文主义世界的新人类。为了让文字通俗易懂，他在《廷臣论》中采用了对话的形式，故事背景发生在1506年乌尔比诺公爵美轮美奂的宫殿。作者所有的感悟，包括对于男士、女士、贵族、爱情的感悟，都通过四个晚上（该书的四个章节）在舞蹈、音乐、轻松交谈和激烈讨论中淋漓尽致地表达出来。他向我们提供了一本真正的贵族生活艺术指南。

◆ 政治

夫人和约

法国 · 一个被胁迫的君主不一定要信守诺言。1526年1月，弗朗索瓦一世签署《马德里和约》时就是这么想的。他只想恢复自由，离开西班牙的牢狱，所以不惜向囚禁他的查理五世做出任何不着边的承诺：割让勃艮第，放弃对意大利领土的占有，迎娶查理五世的妹妹，将两个儿子当成质子换他回去，恢复波旁公爵死后名誉——尽管其背叛了他，投靠了敌人西班牙……

弗朗索瓦一世刚刚获释回国就拒不承认《马德里和约》，全然不顾两个儿子的死活。查理五世暴跳如雷。对于一位崇尚骑士精神的君王来

◆ 肖像

纪尧姆·布代
一位人文主义学者

法国 · 纪尧姆·布代完美体现了这类作家的特点：已婚、世俗，且家庭成员众多。1492年，他才开始真正下功夫投入这份工作，在攻读法学后潜心研究经典著作。

纪尧姆·布代对知识如饥似渴。1515年，他发表了《论阿司和度量》一文。这是一篇有关古代铸币和度量衡的拉丁文论述。今年，他又发表了一本丰富的词语汇编集《希腊语评注》。

从查理八世起，纪尧姆·布代便出入宫廷。随后他成为路易十二的国王秘书，并常伴弗朗索瓦一世左右。1520年他还随驾参加了“金缕地之会”。他的朋友均是同时代大名鼎鼎的人物：伊拉斯谟、托马斯·莫尔、弗朗索瓦·拉伯雷。他们经常用法文和拉丁文书信往来。布代让人们了解到何为百科全书，并让人们意识到所有学科都依赖于一门学科——语言学。语言，让不同的学科彼此紧密联系、不可分割。

1528年

1529年

说，临时变卦简直卑鄙可耻。

最后不得不由两位贵妇人出面，弗朗索瓦一世的母亲萨伏依的路易丝和查理五世的姑母奥地利的玛格丽特握手讲和。8 月 3 日，双方签订了《康布雷和约》，又称《夫人和约》。弗朗索瓦保住了勃艮第，赎回了儿子，但他不得不放弃对意大利领土的要求，还要交付 200 万埃居的赎金，并迎娶查理五世的妹妹哈布斯堡的埃莱奥诺尔为妻。埃莱奥诺尔在两位小王子身陷囹圄时想方设法减轻了他们囚徒生活的悲惨境遇。

新闻 国际

70 岁古稀英勇的扎尔姆将军，解救维也纳

1529年

奥地利 · 啊……欧洲得救了！所向披靡的苏莱曼大帝1521年攻克贝尔格莱德，1522年占领罗得岛，1526年兵刃匈牙利，1527年又接连拿下了波斯尼亚、克罗地亚、达尔马提亚和斯拉沃尼亚。1529年10月，这位令人闻风丧胆的苏丹终于折戟维也纳，败给了70岁的雇佣兵尼古拉斯 · 德 · 扎尔姆伯爵。但是由于在围攻战中不幸被落石砸中受伤，这位神圣帝国的高级将领几个月后便不幸离开人世。

◆ 健康

医生也是魔法师

“一切都是毒，一切都不是毒：关键要看剂量。”

这位杰出医生的至理名言。将您的尿液带来，他会告诉您哪里不舒服。

他开创了毒理学和药理学。

1530年

德意志 · 特奥弗拉斯图斯 · 邦巴斯 · 冯 · 霍亨海姆，又名帕拉塞尔苏斯，显然这个绰号要好记得多。他出生于瑞士小城艾恩西德伦。作为军医，他的足迹曾遍布整个欧洲。1527 年，他被任命为巴塞尔大学医学教授。次年他就被驱逐了，因为他用德文教课，还将盖伦和阿维森纳的著作投入篝火（而且还是当众！）付之一炬。

在一个死亡无处不在的时代——瘟疫、饥荒、战火、生存希望渺茫……宗教和迷信成为日常生活的主宰。盖伦的“体液说”依然是这一时期用来解释人体失衡的主要学说。1530 年，帕拉塞尔苏斯用德语撰写了《麦粒之书》。书中他认为应从病痛本身入手进行医治，并阐述了医学四大支柱，即哲学、天文学、炼金术和医德。医者在上帝创造的自然万物中寻找上帝。自然万物皆为解药。他通过想象和信念的力量提出治疗方法。尽管帕拉塞尔苏斯的主张体现出当时那个时代的许多矛盾，但他却是将医学视为哲学的第一人。

◆ 文化

弗朗索瓦一世创建王家读者学院

1530年

法国·3月24日，弗朗索瓦一世接受“图书馆馆长”纪尧姆·布代的提议，成立了一座“王家读者学院”，学院主要研究与教授希腊文、拉丁文和希伯来文。学院任命了五位读者教授：两位希腊文教授，两位希伯来文教授，还有一位数学教授。创立这座新的教育机构的灵感主要来源于鲁汶大学的三语言学院。

王家读者学院在索邦神学院附近。对于后者这所捍卫正统天主教的学校，弗朗索瓦一世并不怎么喜欢。15年后，王家读者学院设立了哲学、科学和文学学院，并改名为“王家学院”。所有文学家都成了学院的座上宾，包括让-安托万·德·巴伊夫、雅克·阿米欧、弗朗索瓦·拉伯雷和克雷芒·马罗等人。

◆ 宗教

路德信徒满天下！

宗教改革之父马丁·路德发布《九十五条论纲》来揭露教会，谴责教会将在天堂的位置售卖，这引起了轩然大波。他的思想以星火燎原之势在整个德意志迅速散播开来。

1530年

德意志·《九十五条论纲》的发表触怒了教廷。路德因此遭受教会法院的审讯。1521年1月，教宗下达通谕宣布对路德处以绝罚。由于拒绝悔过自己的言论，路德紧接着被神圣罗马帝国驱逐出境，不再受法律保护。他只好来到萨克森公爵的城堡避难。在隐居期间他将《圣经·新约》翻译成了德文，让更多的人能有阅读《圣经》的机会。与此同时，周边的一些国家（尤其是瑞士）和神圣罗马帝国的部分城市也开始接纳新教，这让查理五世备感不安。1529年春，为了解决改革问题，迫使人们放弃路德主义，查理五世召开了施派尔帝国会议，希望能够重掌局面。然而会上他却遭受了5位王侯贵族和14个市镇代表的抗议。他们都是新教徒。

今年，查理五世在奥格斯堡召开帝国会议，承认了新教徒和天主教徒的分裂。德意志神学家和宗教改革家梅兰希顿在会上公开了他撰写的《奥格斯堡信纲》这一信仰声明，阐释了新教教义。《奥格斯堡信纲》主要基于路德的主张：《圣经》的唯一性、信仰的唯一性、圣宠的唯一性，只保留洗礼和圣餐这两件圣事，以及“因信称义”。奥格斯堡会议的参会者大多是天主教徒，他们否决了《奥格斯堡信纲》。但它还是成了所有路德派的信仰纲领。

路德的后继者。路德创立新教后，欧洲出现了许多教徒：德意志的托马斯·闵采尔、瑞士的乌尔里希·茨温利、法国的约翰·加尔文。他们各自主导着不同的流派，并且很快和路德派分道扬镳。托马斯·闵采尔将激进的宗教改革和社会革命联系起来。他在德意志领导了农民起义，起义被贵族镇压后，他的头颅被插在米尔豪森城外一支长矛上示众。乌尔里希·茨温利则希望摧毁所有《圣经》中没有的东西。约翰·加尔文在1536年写的《基督教原理》中宣扬“宿命论”。他认为，无所不知的上帝早就预先预定了每个人的命运——是上天堂，还是下地狱。人们能做的，唯有积极完成自己的使命。

新闻

奇闻逸事

时钟起义

1531年

瑞典·瑞典国王古斯塔夫一世找到了一条别出心裁的办法来偿还他的战争债。1524年，古斯塔夫一世与丹麦签署了和平协议，但战争已然让他负债累累：汉萨同盟城市吕贝克借给他的114 500马克尚待归还。为了偿债，1531年1月，他下令将瑞典所有教堂的时钟均拿掉1个，从而引发了难以平息的农民起义。最终，瑞典王家军队出兵汉萨同盟军，取得一系列胜利后，1535年瑞典所欠债务也被一笔勾销。

◆ 思想

马基雅维利主义的马基雅维利

1532年

意大利·尼科洛·马基雅维利，难以摆脱命运的桎梏。出身于佛罗伦萨的下等阶层popolo minuto，即“瘦人”（对应上等阶层popolo grasso，即“肥人”，例如银行业、纺织业、法律业的精英人群），马基雅维利曾担任波吉亚家族的外交使臣，和切萨雷·波吉亚往来甚密，后来又接近美第奇家族……

1512年马基雅维利撰写了《君主论》一书。直到1532年，他死后第五年，这本书才出版。马基雅维利广为流传的思想是马基雅维利主义，这也是“machiavélique”这个形容词的由来。但《君主论》和这一思想完全不同，非但没有“不道德”，甚至是“超道德”的。书中认为，对于君主来说，要管理好“性本恶”的臣民，伦理和道德都不是那么重要了。君主要注重实效，强力推行一种政治社会体制。一旦这个目标达成，君主就可以进行道德文明建设。前期必要的暴政专制，此时可以让位于共和制，也就是走向“共和”。

◆ 政治

布列塔尼公国并入法国版图

1532年

法国·40年盘桓不断的难题，如今终于找到了解决方案。理论上说，自1491年布列塔尼女公爵安妮与查理八世成婚之日起，布列塔尼就已经属于法国了。但事实上，这位年轻的女公爵利用国王对她的疯狂宠爱，成功保住了她的土地布列塔尼公国的独立。

1499年，安妮亡夫后改嫁了新的王位继承人路易十二。1514年，安妮去世。次年，路易十二去世。他们的女儿、法国的克洛德继承了布列塔尼公国。克洛德彼时刚刚与弗朗索瓦一世成婚。他们的儿子太子弗朗索瓦于1523年8月12日被加冕为雷恩公爵，随后于1524年继承了布列塔尼公国。9月2日，弗朗索瓦一世在安茹的勒普莱西马塞颁布了同名敕令，宣布布列塔尼并入法兰西王国。

1536年，18岁的王太子喝了一杯冰水后感到不适，随后不治身亡。他的弟弟亨利紧接着成为布列塔尼公爵。1547年，他被加冕为法国国王，即亨利二世。自此之后，法兰西王国和布列塔尼公国终于被同一个国王统治了。

快讯

1533年 亨利八世迎娶安妮·博林。

1533年 德意志画家霍尔拜因创作《大使们》这部肖像画。近景中有一个神秘物体：一个扭曲的人类头盖骨。

1534年 受埃莱娜·巴亚尔迪·塔利亚费里的委托，帕米贾尼诺开始为帕尔马教堂创作《长颈圣母》这幅祭坛画。

◆ 文学

拉伯雷的巨人们 1534年

法国·弗朗索瓦·拉伯雷出生于图赖讷。将近40岁时，他开始进入蒙彼利埃的医学院学习。1532年，拉伯雷被任命为里昂医院的医师。同年，他发表了《庞大固埃》一书。当时他将姓名的字母顺序打乱，化名为阿尔柯弗里巴·纳齐埃（Alcofribas Nasier）发表了这本作品。该书一问世，就被索邦神学院列为禁书，但仍然获得了巨大的成功。书中讲述了巨人庞大固埃和他的伙伴巴汝奇的各种奇遇。后者不仅通晓13种语言，还能将任何遭遇都变得滑稽有趣。故事中还出现了其他巨人，比如格朗古杰（Grandgousier）和加尔加梅勒（Gargamelle），以及他们的对手霹雳火（Picrochole）和约翰修士。

1534年，拉伯雷出版了《卡冈都亚》一书，该书同样被索邦神学院列为禁书。书中讲述了巨人卡冈都亚（Gargantua）从出生到成年波澜壮阔的一生。他是庞大固埃的父亲，也是一位英雄，他勇于面对世界，与邪恶作战。故事最后以描述德廉美修道院画上了句号。拉伯雷通过该书抨击了教会滥用职权却又不愿着手宗教改革这一现实。这部讽刺作品言辞犀利，对神学家和僧侣毫不留情，也难怪他们要将它列为禁书了。

法兰西 王国新闻	**1530年** 6月6日，弗朗索瓦一世在蒙德马桑附近迎娶哈布斯堡的埃莱奥诺尔。一年后，王后在圣但尼加冕。这是国王的第二次婚姻。	**1532年** 巴黎三级会议刚刚下达了一项命令，将乞丐成双成对地拴在一起，迫使他们清理地沟、粪池，打扫街道，以及巩固防御工事。

◆ 国际

法兰西王国不断壮大

1534年

加拿大·法兰西的版图不断扩大。这一年5月，航海家雅克·卡蒂亚踏上了纽芬兰岛的土地，发现了圣劳伦斯湾。在弗朗索瓦一世授意下，卡蒂亚占有了加斯佩的新土地，并以自己的名字命名。同年7月，他在那里竖起了一座巨大的十字架。他们与米克马克人和易洛魁人等原住民关系融洽，经常互赠礼品。卡蒂亚甚至还将酋长的两个儿子带回了圣马洛。但愿这个“新法兰西”能够拥有美好的未来。

宗教

朕即信仰：至尊法案

1534年

英国·故事的开始总是美好的。1521年，为支持天主教会反对路德派，亨利八世发表了《捍卫七圣事》一书，因此还被罗马教宗利奥十世授予“信仰捍卫者”的称号。当然，其中他的良师益友托马斯·莫尔厥功至伟。但国王的一份虔诚之心却是不容置疑的。

1527年，一切开始变得糟糕了。这一年亨利向罗马教宗克雷芒七世提出解除他与王后阿拉贡的凯瑟琳的婚姻，因为她只生了个女儿。实际上，对于国王迷恋王后的女侍官安妮·博林一事，教宗早有耳闻，因此断然拒绝了这一要求。最后，国王的首席国务大臣托马斯·克伦威尔出面，逐步扫清了所有障碍：英国教士宣布国王的婚姻无效。1533年亨利八世迎娶安妮·博林。被处以绝罚后，1534年亨利八世促使议会通过了《至尊法案》，宣布成立英国国教会，由国王担任教会的最高首脑。

1534年

城市之声

苏莱曼一世迎娶罗克塞拉娜

土耳其·难以置信：奥斯曼帝国苏丹苏莱曼刚刚迎娶了他的心上人罗克塞拉娜！这位女奴出身的乌克兰人，入宫后成为宠妃并生育了多个儿子。她现在是而且将永远是这位苏丹唯一娶过的女人。

她的特权还远不止于此。尽管后宫佳丽成百上千，这位“许蕾姆”（Hürrem，土耳其尊称，意为“高兴者”）却能成功集万千宠爱于一身。这也让人不禁改变了对苏莱曼大帝的印象！

这位卓越的征服者对庞大的帝国进行改革，改善国民的生活和地位，开启了一段璀璨的文明时代。

对于苏莱曼本人，人们所知甚少。但和其他奥斯曼帝国苏丹一样，他要从事一种手工活动。苏莱曼选择了珠宝手工制作，而且还非常在行。罗克塞拉娜可真是幸运啊！

◆ 宗教

1534年 新教徒被打入冷宫

法国·宽容已到尽头！在此之前，弗朗索瓦一世一直深受姐姐纳瓦拉的玛格丽特的影响。玛格丽特被誉为“瓦卢瓦的珍珠”，她在宫廷接待新教徒，例如诗人克雷芒·马罗等。而现在，弗朗索瓦一世对新教徒的态度来了个一百八十度大转弯。迫害从此开始了。为什么转变会如此之大？

这要追溯到1534年10月17日至18日的夜间，法国的大街小巷贴满了揭露天主教并带有侮辱字眼的布告，甚至都贴到了国王位于昂布瓦斯的寝宫大门上。弗朗索瓦一世龙颜大怒，关闭了印刷厂和出版社，并建立了火焰法庭，用来审问异端分子，烧死新教徒。

玛格丽特劝说国王弟弟采取缓和的态度，但直到1535年7月大赦，迫害才渐渐平息。然而好景不长，1541年新一轮的迫害又开始了。许多声名显赫的人物被迫害致死，其中就有人文主义者艾蒂安·多雷，1546年8月3日他被活活烧死在巴黎莫贝尔广场上。

快讯

1536年

5月19日，安妮·博林被送上断头台。

•

1537年

巴尔达萨尔·卡斯蒂廖内的著作《廷臣论》被翻译成法语。

•

◆ 思想

抛头颅洒热血，只为乌托邦

1535年

英国·托马斯·莫尔，英国大法官兼拉丁语大师。1535年7月6日，因拒绝承认亨利八世为英国国教会最高首领，托马斯·莫尔付出了生命的代价。

托马斯·莫尔和他的莫逆之交伊拉斯谟在思想上惺惺相惜。他对知识的渴望和热情，如同他的楷模皮科·德拉·米兰多拉一样。

1516年，托马斯·莫尔的主要代表作《乌托邦》问世。这本拉丁文著作让他在文学世界声名鹊起。《乌托邦》展示了在这样一个思想道德无时不被禁锢的时代，人们对梦想和别处的向往与追求。

1536年 城市之声 王者对决？

法国·如果说弗朗索瓦一世是名副其实的文艺复兴式君主，那么他的对手查理五世则依旧是传统的中世纪国王。4月15日，为了结束他们在意大利的争夺战，查理五世当着教宗和枢机主教们的面提出了三种解决方法。首先要解决的是永恒不变的话题：接着打，还是握手言和。接着就有点老套了：组织一场国王间的决斗。地点可以选择在一座岛上，一艘船上，或者一座桥上。武器可以是佩剑或匕首。衣着为衬衫。

弗朗索瓦一世没有做出任何回应。后来伏尔泰嘲笑道：“决斗并没有发生；所有这些都只会沦为笑料，王冠也不能保证他一定是男人”

◆ 美术

您的画像，德意志定制

1536年

德意志·这一时代，在德意志绘画领域，改革、神话、宗教题材以及世俗化场景备受推崇。肖像艺术则拥有特殊的地位，发生了彻底的改变。不同于意大利式的侧面像，德意志肖像画吸取了佛兰德斯画派的灵感，重点勾勒四分之三侧面。其中最出色的莫过于绘画大师丢勒、克拉纳赫和小汉斯·霍尔拜因。

《威尼斯妇人像》，丢勒，1505年

阿尔布雷希特·丢勒，擅长肖像画以及壁画。他广泛涉猎蛋彩画、水彩画、铜版画，创作草图设计木版画。丢勒对所有的绘画技术无所不通，甚至包括蚀刻版画（一种在金属版上利用腐蚀或刀刻而成的一种版画）。在他16世纪初的作品中，人物肖像表情生动，色彩鲜艳明快，比如《威尼斯妇人像》带有威尼斯般的温暖色调。丢勒还是探索完美比例的专家。画家这一行要依靠扎实的理论基础，丢勒研究古代的绘画原理，尤其是维特鲁威的理论。他致力于一系列人体比例的研究，并以此创作了木刻版画《亚当与夏娃》（1507年）。1528年，他发表了《人体比例四书》这部著作。

老卢卡斯·克拉纳赫是一位宗教改革派画家，他的作品《马丁·路德》肖像画便是最好的证明。深受佛兰德斯艺术的熏陶，他在维滕贝格找到了自己最终的风格，将《圣凯瑟琳殉难》祭坛画以更为合理的布局呈现出来。克拉纳赫将人物置于大自然的背景中（例如1531年创作的《维纳斯与丘比特》）。这时，大自然不再只是简单的现实写照，而是一种精神上的启迪。

小汉斯·霍尔拜因，一位擅长心理描绘的画家。他在作品《圣女与孩童环绕的迈耶市长一家》（1528年）中，将人物心灵描绘得淋漓尽致。他对达·芬奇和乔尔乔涅的绘画艺术研究颇深，因此对人物心理的刻画细腻而传神。霍尔拜因一生创作不断，油画、素描、版画、彩绘玻璃画不计其数。其中自然也包含了部分宗教题材的画作，但更多的还是肖像画。1526年，他逃离宗教改革的旋涡，前往英国定居。十年之后，他进入宫廷，成为英国国王亨利八世的宫廷画师。

法兰西王国新闻	**1538年** 艾蒂安·多雷完成了他的《拉丁语诠释》，一本拉丁语的词源词典。	**1539年** 随着《维莱科特雷法令》的颁布，神父必须对洗礼圣事进行登记：身份管理由此产生。自此法律文件均用法语撰写。

宗教

耶稣会，为了更高的上帝荣耀

1540年

法国·1534年8月的一个朗朗夏日，蒙马特尔一座纪念殉道者圣但尼的小教堂内，七位好友齐聚一堂。他们中有一位西班牙巴斯克人，名叫依纳爵·罗耀拉。另有三位西班牙人：阿方索·萨尔梅隆、雅克·莱内斯和尼古拉斯·博瓦迪利亚，还有葡萄牙人西满·罗德里格斯、萨伏依人伯多禄·法夫尔，以及纳瓦拉人方济各·沙勿略。他们决意将生命献给耶稣，誓守仁慈，誓守神贫。耶稣会就此诞生了。

但如果想成为宗教修会，成为一个真正的"耶稣连队"，就必须得到教宗的承认。今年他们终于得偿所愿：保罗三世刚刚颁布了名为"教会军团上谕"的敕令，承认耶稣会的存在。全世界都要严阵以待了！

◆ 潮流

城堡生活

担惊受怕、恐遭袭击的日子一去不复返了。坐拥卢瓦尔河谷，法兰西的国王们将中世纪的堡垒翻整一新，创造出新的建筑风格，城堡即宫殿。

法国·卢瓦尔河的每一座城堡都曾是王家府邸。它们轮番登场，见证了宫廷生活的奢华与喧嚣，而多半又在历史的进程中被遗忘在角落。

昂布瓦斯城堡便是如此。查理八世于1492年至1498年间对城堡进行改造，增加了一座华丽的哥特式侧翼，还有圣于贝尔小教堂以及米尼姆和

新闻

文化

书店的备份

1537年

法国·出于保护伟大思想果实的考虑，弗朗索瓦一世于1537年12月28日颁布了《蒙彼利埃敕令》，规定书店和印刷厂必须对书籍进行法定存档。他们要向布卢瓦王家图书馆各提交两本样书进行备份。对于书店来说这简直烦不胜烦，更别提样本数量和提交地点每年都会发生变化了。但对于国家来说，这样更方便集中管理。而对于作家来说，在这样一个书籍容易损毁的时代，他们的作品从此有了一个存放的保障。

尚博尔城堡

1540年

厄尔托骑士塔楼。然而命运和查理八世开了个玩笑，他因不慎头部撞上了门框，不久后离开了人世。紧接着，继位的路易十二修建了一座文艺复兴式侧翼。而弗朗索瓦一世将克洛吕斯城堡赐给了达·芬奇后，更加钟情于尚博尔城堡和布卢瓦城堡的风采，很快“移情别恋”，抛弃了昂布瓦斯城堡。

他派人修缮了**布卢瓦城堡**，此前路易十二时期它也曾被整修过。1515年，弗朗索瓦一世令意大利建筑师德梅尼科·达·科尔托纳建造了一座文艺复兴式侧翼，作为他的图书馆。他还设计了一座壮观的螺旋式楼梯。从城堡外观上来看，哥特式和文艺复兴式的图案交织在一起，却毫无违和感。布卢瓦城堡本身如同君主的心意一样转瞬即逝：弗朗索瓦一世于1515—1524年短暂居于此地，随后就遗弃了布卢瓦城堡，移居枫丹白露宫。在此期间，从1519年开始他下令修建绝世佳作——**尚博尔城堡**。尚博尔城堡建于索洛涅森林的湿地中央。它四方形的平面图诉说着封建古堡的痕迹。据说达·芬奇和科托纳共同参与了设计。整个城堡围绕着一座壮观的双螺旋楼梯展开，两组独立的楼梯相互交错，螺旋式盘旋而上，直至城堡的屋顶楼台。楼梯一上一下，同时上下楼梯的廷臣们可以相互看见，而不会碰面。尚博尔城堡顶部有一座雄伟的灯塔，矗立在鳞次栉比的天窗和钟楼之间。

弗朗索瓦一世最终却选择在卢瓦尔河谷的另一处修建了他的文艺复兴式宫殿——**枫丹白露宫**，这座宫殿始建于1528年。它既是一座王家住所，又是国王的珍藏馆，其中藏有达·芬奇的《蒙娜丽莎》和拉斐尔的《圣家族》等名家名作，还有各色古器的青铜复制品（例如《拉奥孔群像》）……这些绝世珍品藏于弗朗索瓦一世长廊中，由罗索于1534年至1540年间装饰而成。

舍农索城堡是1520年为黛安娜·德·普瓦捷所修建的。

阿宰勒里多城堡，1518年至1524年间建于卢瓦尔河的一座岛屿上，整体呈L形。

弗朗索瓦一世没有等到尚博尔城堡竣工就离世了。他在这座古堡内居住仅两个月有余，只留下了孤寂无主的426间房间、77座楼梯和282支烟囱。

新闻

1541年

文化

一本了解阿兹特克人的手抄本

中美洲·这一年，为了使人们了解这个神奇的社会，一本献给查理五世的《门多萨手抄本》问世。该手抄本以新西班牙总督安东尼奥·德·门多萨的姓名命名。它记载了阿兹特克从建城一直到后来被西班牙征服的历史，描述了这个特殊民族的日常生活。

《哥白尼》，扬·马捷科，1872 年

◆ 记事本

加尔文，日内瓦的教宗

1541年

瑞士·为了逃避火刑而不得不逃离法兰西后，宗教改革者加尔文在外漂泊了一段时间，随后于 1533 年至 1538 年间迁居日内瓦。他想在那里建立一个神权政治体制，结果却惨遭驱逐。

1541 年，在斯特拉斯堡待了三年的加尔文，怀着前所未有的笃定回到了日内瓦。借助教会审议会和他自创的市政代表和牧师团，加尔文在日内瓦推行了一场真正的宗教恐怖改革。这位刽子手有不少“杰作”：绞刑、砍头、火刑、溺毙……他手下的冤魂中，最著名的莫过于 1553 年被活活烧死的西班牙医生兼神学家米歇尔·塞尔维特。

加尔文对日内瓦的专制统治直到他去世才停止。

◆ 科学

哥白尼：所有行星都围着太阳转

1543年

波兰·怎么能不提这位天才呢，尼古拉·哥白尼，这位波兰的天文学家，在经历了漫长的挣扎岁月后，刚刚从这个星球上逝去了。

因为他的出现，主宰了 14 个世纪的亚里士多德和托勒密的计算和观测都被推翻了。根据托勒密的学说，地球静止不动地坐镇宇宙的中心，月亮围绕地球每月转动一圈，水星、金星和太阳围绕地球每年转动一圈，火星每两年转动一圈……哥白尼却说，地球并不是静止不动的：它只是一个行星，自转的同时围绕着太阳转动（每 365 天一圈）。宇宙是封闭的，边界是一个由恒星组成的天球面。哥白尼的学说可以将行星按照公转周期进行分类。行星的轨道半径越长，它围绕太阳公转一圈的时间就越久。哥白尼除了是天文学家之外，还担任宗教议事司铎。他曾经攻读医学和神学，并取得了教会法博士学位。他的主要代表作《天体运行论》于 1543 年问世。就在弥留之际，他收到了印刷好的样书。

快讯

1541年 西斯廷教堂的壁画《最后的审判》正式揭幕。

1550年 乔治·瓦萨里出版了一本有关画家、雕刻师和建筑师的书《意大利艺苑名人传》。

1551年 依纳爵·罗耀拉的得意门生传教士方济各·沙勿略前往日本京都。

1555年 《奥格斯堡和约》将帝国的宗教信仰一分为二：天主教和路德宗同权平等。

科学

维萨里医生只有预约才接诊

1543年

比利时·巴黎的晚上，夜黑风高。佛拉芒人安德烈·维萨里从土中挖出尸体，松开死囚们脖子上的绞绳，甚至有时候直接从蒙福孔绞刑场上偷取尸首。

维萨里于1533年来到法国首都巴黎学习医学。他师从雅克·迪布瓦，研究解剖学。当时的教学全部建立在盖伦学说的基础之上。因为教会不允许解剖人体，所以人们对于解剖学的认识并没有什么进展。

维萨里指出了盖伦学说的错误。实际上，盖伦如果真正研究过人体的话，就不会犯这样的错误。

1537年，维萨里成为医生。由于神圣罗马帝国和法兰西发生战事，他被迫返回鲁汶（年轻时求学的地方）。在这里他发表了《人体的构造》七卷本。该部作品堪称解剖学全著，并辅以大量插画。其中还提出了一条和盖伦完全不同的观点：心脏的左右心室是不相通的。

现在，维萨里正准备动身前往西班牙，在那里他将成为查理五世的御医。

◆ 宗教

特伦托小城的特殊时刻

1545年

意大利·特伦蒂诺地区的特伦托小城迎来了无比的荣耀。1542年5月，教宗保罗三世决定在此召开大公会议，以推行天主教的反宗教改革运动，抗衡新教所带来的冲击。1545年12月13日，首轮会议拉开帷幕。大会的任务异常艰巨：改革教会、回归《圣经》传统。1551年至1552年，第二轮大会召开。1562年至1563年，第三轮大会召开，会上确定了什么是恩典，以及七件圣事（入门圣事，即洗礼、圣餐礼、坚振礼；治疗圣事，即告解、终傅；使命圣事，即圣秩、婚姻），还有拉丁语弥撒、教宗权威、神职人员构成……耶稣会引领改革的意志，致力于重新赢得信徒。

◆ 政治

伊凡？他太恐怖了

《伊凡雷帝和他的儿子》，伊利亚·列宾，1885年

1547年

俄国·正是今天，1月16日，莫斯科大公伊凡四世加冕为沙皇。

这个尊贵的称号昭显了他的雄心：“沙皇”（tsar）和波兰语的“国王”（czar）一样，都是从“恺撒”（César）这个名字变形而来。恺撒起初为人名，后成为罗马皇帝的尊称。伊凡即俄国的“恺撒”。这位沙皇有一个异常艰难的童年，3岁丧父，8岁丧母，被俄国贵族波雅尔玩弄于股掌之中，他们动辄对他打骂侮辱。然而，这位小君主是个记仇的人。他的外号从“可怕的”伊凡很快变成了“恐怖的”伊凡，他成了名副其实的“伊凡雷帝”。1565年，伊凡建立了“沙皇禁地”（opritchnina）制度，也就是确立了一些他拥有绝对权力的土地。伊凡通过他的“直辖禁军”（oprichniki）——一支嗜用鞭刑、拥有当场处决权的狂热军队，对这些地区的人民和波雅尔进行恐怖统治。此外，伊凡还凶残成性，手段花样百出。他曾经命人把受害者放在铁钎上炙烤，然后把他们交替浸在沸水和冰水中，直到脱皮为止……1581年，在一次盛怒之下，他还不慎用金属手杖砸死了自己的长子。

◆ 美术

感谢提香，总督们都有了自己的肖像画

1548年

意大利·蒂齐亚诺·韦切利奥，又名提香，我们这个时代伟大的肖像画家。他是总督们的官方画家，还经常收到许多来自威尼斯贵族的订单。他让绘画突破了线条和形状的限制。提香曾经在威尼斯习艺，师从乔瓦尼·贝利尼。他的绘画更具人间烟火气，很快就和同师学艺的师兄乔尔乔涅区别开来。

从1530年开始，提香的名气传出意大利，远播整个欧洲。查理五世非常欣赏这位绘画大师。在随后的岁月中，提香的画中多为身姿曼妙的女性形象，如《美女》（1536年），以及《乌尔比诺的维纳斯》（1538年）。后者的灵感来自乔尔乔涅的《入睡的维纳斯》，不过提香画的这幅是位裸体躺卧、醒着的维纳斯。

最近，他的作品，不管是名人的肖像，还是裸体的女性，都带有一种风格主义色彩。他的画作变得更加随性，人们甚至猜测他是在油布上作画。提香与威尼斯另外两位伟大的画家——丁托列托以及后来的维罗内塞——各有千秋。

◆ 文学

一位巨星诞生了？不，是整个七星诗社！

1549年

法国·诗人早已厌倦了人们对于法语的嫌弃，比如“它比不上拉丁语或意大利语，写不出伟大的文学作品”之类的贬低。从今往后，他们不仅用法语创作，还将引以为傲。

1549年，若阿基姆·杜倍雷撰写了《保卫和发扬法兰西语言》一书作为七星诗社的宣言书。诗人皮埃尔·德·龙萨最初为这个文学团体取名“军旅”，后来又从星座（昴星团）上得到灵感，取名“七星诗社”，不过这个灵感也很可能来自古代亚历山大的七诗圣。

七星诗社最初的成员还有：雷米·贝洛、艾蒂安·若代尔、让-安托万·德·巴伊夫、蓬蒂斯·德·蒂亚尔和雅克·佩勒蒂耶·杜芒。此后，其他几位诗人，让·多拉、纪尧姆·德索泰尔以及让·巴斯捷·德拉·佩吕斯也陆续加入诗社。

他们想要什么呢？欣赏古人的杰作，模仿他们的颂诗、哀曲，复现神秘的诗境，学习彼特拉克的十四行诗体，丰富和发展法兰西民族语言，以及夜以继日笔耕不辍，只有如此，才能配得上“诗人”这一美好的称号。

法兰西王国新闻		
	1548年 法国的钱币上印有国王的头像和一副十字架，极易被仿制。	**1550年** 陶瓷家贝尔纳·帕利西改进了陶瓷技术。

◆ 思想

如果他们是人的话……巴利亚多利德大辩论 1551年

西班牙·对“美洲”（很快被称为“拉丁美洲”）的征服，给教宗出了一个大难题。美洲印第安人和其他人一样，都是人吗？如果答案是肯定的，他们都是造物主上帝的杰作，那么极其虔诚的天主教徒西班牙国王就要问一个很严肃的问题了：根据西班牙“委托监护制”（encomienda）这一法律体制，西班牙的殖民者不仅可以拥有土地，还有权要求这些地区的印第安人为他们劳动，只要这些印第安人信奉基督教。在这里，“要求为他们劳动”是一种轻描淡写的客套说辞：实际上很快就会沦为一种奴隶制。

问题是，查理五世早在1526年就废止了印第安人奴隶制，1537年教宗本人也紧随其后。但是，实际上并没有任何改变。所以，这就是为什么国王要在巴利亚多利德组织一场大辩论，他召集了神学家和法学家们一起参加，来裁断西班牙人和印第安人的平等问题。他们要讨论的，并不是印第安人是否有灵魂，这点没有人会质疑，而是印第安人的传统习惯（活人献祭、王族乱伦、嗜食人肉……）是否需要改革。所有这些，都在法定地位更高的西班牙人主持下进行。

多明我会教士巴托洛梅·德拉斯·卡萨斯非常了解当地的现实情况，因此竭力为印第安人的权利辩护。和他针锋相对的，是当时最有名的神学家、亚里士多德派权威学者胡安·希内斯·德·塞普尔韦达。他们在两场各长达一个月的辩论中唇枪舌剑，其中一场发生在1550年。在两次辩论中，辩论双方互通信件交换观点。

1551年，论战双方都心满意足地离开了辩论地。人们承认，印第安人和西班牙人是平等的，所以不必再忍受奴隶制的蹂躏。这对印第安人来说自然是好消息，然而对于非洲人民来说，却是一场灾难，因为他们即将卷入更加密集的三角贸易之中——殖民地需要人力。而对于非洲人，再也没有人提出异议了。

记事本

1549年 纳瓦拉的玛格丽特：集四个头衔于一身的女人

法国·纳瓦拉的玛格丽特，弗朗索瓦一世的姐姐，拥有四个为人所熟知的名号：瓦卢瓦的玛格丽特，昂古莱姆的玛格丽特，阿朗松的玛格丽特，纳瓦拉的玛格丽特。

作为一位女作家，这位纳瓦拉王后发表了许多作品，包括《灵魂的神圣冥想》，以及一本诗集《玛格丽特王后的雏菊》。玛格丽特还创作了一些爱情心理漫谈、致国王的书信、喜剧剧本，所有这些都是带有精神道德意味的文学作品。但她最重要的作品是《七日谈》，一部模仿薄伽丘《十日谈》写出的故事集。这本书凝结了纳瓦拉王后本人的记忆和经历。故事背景发生在一个修道院中，十位旅行者因为一场暴雨被困此地。他们要在这里待上十几天，等桥修好后才能离开。最后他们只待了七天，因为玛格丽特没等完成这部作品就撒手人寰了。为了打发时间，他们每天都要讲不同类型的故事。这些故事，时而让人忍俊不禁，时而让人潸然泪下，从滑稽剧到心理喜剧不一而足。每讲完一个故事，听众都会做出反应并进行解读。故事的主题是爱情，映射了当时的社会风貌和精神道德。

直到1558年这部作品才首版发行，名为《幸运情人逸事》，未署名作者。1559年，作品再版，改名《七日谈》。

新闻

自然灾害

陕西省地动山摇：83万人魂归黄土

1556年

中国·1月23日凌晨，中国发生了一场特大地震，成百上千人一夜殒命。地震的震中位于渭河流域，那里是富庶且人口稠密的陕西省的核心。周围的县市，例如渭南和华阴几乎被夷为平地。人们在1 000千米开外依然能够感受到余震的威力。由于发生在明朝嘉靖年间，此次里氏八级的地震也被称为“嘉靖大地震”。

◆ 政治

查理五世退位

1556年

德意志·哈布斯堡王朝势头正盛，查理五世的人生却难称得上真正的快活。年迈的身体、折磨人的病痛已经让他苦不堪言，权力带来的烦恼更是压得他喘不过气来。

随着王室亲人的逝去，查理五世开始将辽阔而分散的土地安排出去。1539年，他的王后葡萄牙的伊莎贝尔去世。次年，查理五世将米兰公国赐给了儿子腓力（后来的西班牙国王腓力二世），1542年又将佛兰德斯赐给他。1554年，腓力与英格兰王后大婚后，又被加冕为那不勒斯国王。1555年，查理五世的母亲“疯女”胡安娜过世，他开始了最后一步的安排：10月放弃对尼德兰的所有权，次年1月将西班牙王位让给儿子，同时移交的还有金羊毛骑士团的领导权。不过，直到1558年，查理才将神圣罗马帝国皇帝的宝座让给他的弟弟斐迪南一世。1557年，查理隐退到埃斯特雷马杜拉的尤斯特修道院，在此度过了生命最后的时光。出于一种近乎病态的喜好，他在世时甚至还排演了一场自己未来的葬礼，并偷偷参加了。1558年9月21日，这一天真的来临了。

法兰西王国新闻

1555年 路易丝·拉贝发表了24首有关爱情的十四行诗。

1556年 皮埃尔·莱斯科为卢浮宫建造了一个方形庭院，四面围有建筑。

1557年 8月10日，圣康坦战役中，法国军队被西班牙国王腓力二世领导的军队击败。这完全是一场杀戮：1.5万名法国士兵战死沙场。

冲突

漫长的211年：加来回归故土

1558年

法国·1月6日，百年战争最后一丝痕迹、英格兰在法国的最后一处象征终于被抹去了。吉斯公爵弗朗索瓦·德·洛林，在1557年于圣康坦战役中英勇抵抗西班牙人却徒劳而返后，如今终于一雪前耻，从英格兰人手中拿回了加来。这座自1347年8月4日便被英格兰占领的城市，终于回到了故国的怀抱。

国王亨利二世已经翘首以盼，将于1月26日风风光光进入加来城。

◆ 政治

意大利，结束了：《卡托-康布雷齐条约》

1559年

法国·1494年，查理八世从法国动身，打响了毁灭性的意大利争夺战。如今已经是第十一次交锋了。4月3日，法国国王亨利二世和西班牙国王腓力二世在佛兰德斯正式签署了《卡托-康布雷齐条约》，结束了这场战争。当然，双方也别无选择。他们的王国元气大伤，圣康坦战役后，军队几乎全军覆没，他们既没有人力也没有财力来维系这场战争了。法国已于1558年赎回了落入英格兰人手中的加来，保留了图勒、梅斯、凡尔登三个主教区。西班牙则迫使法国将萨伏依公国还给埃曼努埃尔·菲利贝尔，科西嘉并入热那亚。最后，为了巩固两国的结盟，双方还安排了两场联姻，新娘分别是法国国王的妹妹和长女。

时尚

女士们，先生们，您穿长筒袜了吗？

1559年

法国·从齐膝短裤到紧身裤袜，如今又出现了针织长筒袜，这是一种不管男女都非常喜爱的时尚单品。物以稀为贵，因为做工复杂（1589年第一台长筒袜针织机才问世），长筒袜的价格依然十分高昂。尽管如此，近年来一些针织商还是开始缝制羊毛长筒袜或丝质长筒袜。

昨天，就在女儿伊丽莎白公主的结婚庆典上，亨利二世穿了一双丝质针织长筒袜。目前在法兰西，拥有这种时髦穿戴的人屈指可数。这种做工的针织品，是用四根针织就而成，针按照材质主要有木针、骨针、铁针和钢针。

通常，当法兰西引领一种风尚时，全世界都会紧随其后。

天气预报

1552年·欧洲东部和北部经历了一个严冬。在被查理五世围困于梅斯时，许多士兵因为双腿被冻僵而不得不截肢。

1557年·尼姆地区暴雨滂沱，骤雨伴着冰雹密密麻麻从天而降。整个城市几乎被淹没。

◆ 事件

“他刺中了黄金面甲下的眼睛”，亨利二世之死

法国·不是所有预言都能一语成谶！1555年，米歇尔·德·诺特达姆，又名诺查丹玛斯（Nostradamus），在他的预言集《百诗集》中写下了一条让人忐忑不安的预言：

年轻的狮子会打倒老人。在花园一对一决斗中，他刺中了黄金面甲下的眼睛。两处伤合为一处，惨死必将来临。

1559年

没有人注意到这首诗，直到6月30日灾难来临……

这一天，为了庆祝女儿伊丽莎白公主和西班牙国王腓力二世大婚，以及妹妹法兰西的玛格丽特和萨伏依公爵埃曼努埃尔·菲利贝尔的婚礼，亨利二世举行了一场盛大的宴会。虽然自16世纪中期开始，比武已经略显过时，但仍然是此次宴会的保留项目。国王本人对比武非常热衷，何况他还想借此机会在情妇黛安娜·德·普瓦捷面前大展雄风。他甚至还系着她的彩带，而不是王后卡特琳·德·美第奇的彩带。

天气非常炎热，比武的骑士们已经十分疲乏。但国王依然坚持要和他的苏格兰卫队长蒙哥马利比武单挑。就在此时，悲剧的一幕突然发生了：卫队长的长矛挑掉了国王头盔的黄金面甲，插入了他的左眼……

即使最高明的医生安布鲁瓦兹·帕雷也回天乏术。1559年7月10日，法兰西国王在杜尔纳尔王宫离开了人世。

1560年 城市之声 昂布瓦斯城堡和吊死人的栏杆

法国·年仅16岁的年轻国王弗朗索瓦二世孱弱不堪，听命于他美丽活泼的王后玛丽·斯图尔特，以及王后的舅舅吉斯两兄弟。这位国王刚刚逃过了一场针对他的谋反！

这是一伙改革派新贵，即新教徒发起的行动，他们想推翻国王，摆脱吉斯兄弟的控制。1560年2月初，他们在佩里戈尔贵族、改信加尔文宗的拉勒诺迪带领下，聚集在南特。这次会面实在太“低调”了，吉斯两兄弟都收到了谋反的情报，2月22日便将国王从布卢瓦城堡转移到昂布瓦斯城堡，那里更容易进行防卫。然而这都没有阻止叛军的决心。他们来到城堡外的密林中，其中一部分人被王家护卫队逮捕。3月17日，情况越来越不利，他们派出一支200人的小分队，贸然出击，很快被击退了。这次，他们被扣上了“谋害君主”的罪名。死囚们被吊死在昂布瓦斯城堡的阳台栏杆上。拉勒诺迪本人被肢解成五块，尸首被扔在城门口暴晒示众。

冲突

瓦西大屠杀：宗教战争打响了

1562年

法国·1562年年初时，摄政王太后卡特琳·德·美第奇以年幼的国王查理九世的名义，颁布了一项法令，即“一月法令”，允许新教徒在乡村或市郊聚集庆祝宗教信仰。然而今天，3月1日，它却引发了一场血腥的屠杀。这一天，吉斯公爵在公爵夫人陪同下穿越香槟区的领地时，赫然发现新教徒正在瓦西小城的一个谷仓中集会，而根据法令这是一个禁区。公爵派人驱逐他们时，双方发生了激烈的争吵，公爵被痛打了一顿。他的军队围攻了谷仓，最终造成50余名新教徒死亡，150余人受伤。法国宗教战争刚刚被点燃了……前前后后一共打了八次，直到1598年战事才逐渐平息。

《蔬菜园丁》

◆ 美术

从异想到菜园：阿尔钦博托

1564年

德意志·朱塞佩·阿尔钦博托自1522年起来到哈布斯堡宫廷，最初只是挂毯底图设计师。达·芬奇笔下怪诞的肖像讽刺画，以及曼特尼亚在曼图亚公爵府《婚礼堂》壁画中所绘的以假乱真的场景，都成了他艺术灵感的源泉。此外，他还非常欣赏伦巴第画家们还原水果、蔬菜和日常用品时异常细腻的笔触。

1562年，阿尔钦博托来到斐迪南一世的宫廷，在此期间为这位国王画了一幅组合肖像。去年，他创作了《四季》系列，今年又创作了《四元素》系列。

最近他的作品都采用了相同的绘画手法。比如，《蔬菜园丁》，这幅静物图画的是一满盆蔬菜，但是只要把画倒过来，看到的却是一张园丁的脸。

时尚

1560年

女士们时髦的绯红色

法国·理论上说，绯红色是公主王妃的专属。普通贵妇们用天鹅绒就应该心满意足了。最新的限奢令就是这么说的，其中尤其规定了人们的穿着方式。但没有人会真的在意，因为只要涉及时髦和打扮，让这些女士们乖乖听话简直是天方夜谭。除了丝绸、锦缎和天鹅绒，她们对厚重的料子同样也青睐有加。

近年来不可或缺的衬衣变得越发精致。人们还专门在外衣衣领处设计开口，露出里面漂亮的衬衣。衣领和袖口都有花边装饰。因为需求量大，它将创造一个真正的奢侈品市场。女士裙子又多了一个新花样——裙撑（vertugadin），一种上浆的衬裙，外面罩上一层厚厚的塔夫绸裙子。通常，裙子的下摆还有一圈柳藤环箍，使得底部更加蓬松。女士们还戴着金属紧身褡，看上去更加玲珑有致。

《收割者（八九月）》，老彼得·勃鲁盖尔，1565年

◆ 人物

勃鲁盖尔一家

1565年

尼德兰·在勃鲁盖尔家，绘画完全是一项家族事业！他们中最出名的莫过于彼得·勃鲁盖尔，即老彼得·勃鲁盖尔。但事实上，勃鲁盖尔家族整整四代人都影响了佛兰德斯绘画艺术：其中有他的大儿子小彼得·勃鲁盖尔（外号“地狱勃鲁盖尔”）、小儿子老扬·勃鲁盖尔（外号“天鹅绒勃鲁盖尔”），以及他的孙子和曾孙子。

老彼得·勃鲁盖尔大器晚成。16世纪50年代末，在文艺赞助人的订购下他才开始专攻绘画。在此之前，他的重心更多放在了素描和雕塑上。在这位绰号为“滑稽的勃鲁盖尔”的作品中，恶魔的形象占据重要的地位。他对博斯笔下的魔鬼和女巫颇感兴趣，而且热衷于描写日常生活和自然风景，在当时，这是完全标新立异的。他的《月份画》（*Les Mois*）系列于1565年完成。画中人物融入大自然中，展现一种斯多葛学派设计，结构安排精巧合理。

新闻

1569年

科学

墨卡托投影

德意志·这是一样水手和航海家们求之不得的东西。荷兰地理学家、数学家格哈德·克雷默（又名赫拉尔杜斯·墨卡托）发明了它！它到底是什么呢？它其实是整整18页、供水手使用的世界地图，世上独一无二的“墨卡托投影”。它的原理是将地球平面投影到赤道的切圆柱面上。但它有一个缺点：离赤道越远，大陆被拉伸得越大。尽管如此，这在地图史上仍然是划时代的一步。

冲突

"莫城突袭"引发第二次宗教战争

1567年

法国·法国国王要火烧眉毛了！孔代的路易一世可谓所向披靡。继瓦西大屠杀后揭竿而起对抗吉斯家族，并在1562年4月短暂攻下奥尔良城后，这位王侯着手计划推翻查理九世和他的母亲卡特琳·德·美第奇。现在这两位正住在蒙梭城堡，离莫城不远。但因为消息泄露，9月28日，在一队轻骑兵护送下，国王和王后仓皇逃回了巴黎。是的，虽然有失颜面，却成功逃过了一劫。

结果呢？新教徒谋划的"莫城突袭"以失败而告终，第二次宗教战争爆发。同一天，新教徒攻下奥尔良。两天后，圣米迦勒节这一天，尼姆的上百名天主教徒（教士和贵族）被屠杀，史称"米迦勒德大屠杀"。

◆ 医疗健康

战地医师安布鲁瓦兹·帕雷

1573年

法国·在成为亨利二世、弗朗索瓦二世和未来查理九世的御医之前，安布鲁瓦兹·帕雷曾作为外科医生无数次随军南征北战。战场上的切身经历和实地观察磨炼了他的医术，丰富了他的从医经验。

帕雷年轻时做过一段时间的理发师兼外科医师助理，1536年他成为巴黎的一名主治外科医师，参加过大大小小无数次战役。1537年，在一次战役中，他用自己配制的混合药膏为一名伤员处理伤口，这一方法成功取代了过去的沸油疗法。他还发明了动脉包扎法，在截肢时用来止血，比起烙铁灼烧法要安全得多。

在各类战事的间隙，帕雷回到巴黎，在那里写下了自己的医学观察手稿。他没有读过盖伦的著作，既不会希腊语也不会拉丁语，这让巴黎的医师同行们异常愤慨。1545年，帕雷发表了一篇名为《如何处理枪伤和箭伤》的医学手册。在著作的同时，他还设计一些新的医学用品，经营一家巴黎医所，在医所中生产和出售药膏、治疗白内障患者、接生、进行骨折修复工作等。帕雷的作品极为丰富。他在《外科手术和实用工具十卷》一书中首次对手术刀进行了描述。1573年发表的《畸胎和神童》一书则是对畸胎进行的研究，并试图解释什么原因造成了畸形儿的存在。

作为当之无愧的"外科手术之父"，帕雷却不得不依靠国王的支持才于1554年拿到圣孔学院（collège de Saint-Côme）的医师帽。

天气预报

1568年·法国所有的河流都结冰了。波尔多入海口，海面千里冰封。

新闻

冲突

勒班陀海战

1571年

希腊·1566年苏莱曼大帝死后继位的“酒鬼”苏丹塞利姆二世，这次要喝得酩酊大醉才能忘掉这场沉痛的惨败！2万土耳其人丧命。

1571年10月7日，仅仅数小时时间，年仅26岁的英俊将领奥地利的唐·胡安就挫败了土耳其的舰队，结束了勒班陀海战。自此之后，整个天主教欧洲都对这位年轻的王子、查理五世的私生子、腓力二世同父异母的弟弟钦慕有加。

然而，曾经和西班牙舰队并肩作战的威尼斯盟友却要大失所望了。尊贵的威尼斯共和国完全被战事摧毁。此外，根据战后签订的一项丧权辱国的和约，本应重获自由的塞浦路斯依然被握在奥斯曼帝国手里。不过所幸，威尼斯成功挽救了自己在东地中海区域的贸易活动。

可怜的塞万提斯。年轻的塞万提斯在残酷的海战中失去了左臂，因此获得了“勒班陀残臂人”的称号。随后他因著作《堂吉诃德》在文学领域声名大振。

◆ 事件

圣巴托罗缪的血色婚礼

1572年

法国·这本该是一件国家盛事，一次天主教徒和新教徒之间的大和解。1570年8月8日，双方来到圣日耳曼昂莱，又一次签署了一项隆重的、决定性的和平协议，结束了第三次宗教战争。按照协议，新教领袖、纳瓦拉国王亨利，也就是未来的亨利四世，将迎娶国王查理九世的妹妹、天主教徒瓦卢瓦的玛格丽特。

没有人看好这场纯粹政治性的联姻，尤其是两位新人。但不管怎样，1572年8月18日，他们还是完婚了。为了庆祝这场婚礼，成千上万名新教徒千里迢迢来到了巴黎。然后，一切开始急转直下。8月22日，在吉斯家族的唆使下，新教领袖加

法兰西王国新闻	
1576年	艾蒂安·德·拉·波埃西发表了《论自愿为奴》，控诉专制主义制度。该书最初发表时为拉丁文版，随后出了法文版。

《圣巴托罗缪大屠杀》，弗朗索瓦·迪布瓦，1572—1584 年。

斯帕尔·德·科利尼遭到刺杀。他是法国海军上将，同时也是查理九世的首席顾问（国王甚至尊称其为“父亲”）。虽然刺杀未遂，但王太后卡特琳·德·美第奇却惶惶不安，担心新教徒为科利尼报仇雪恨。

8 月 23 日晚，她参加了一场小范围会议，决定暗杀新教徒主要领袖。科利尼成了首批刀下冤魂之一。一场卢浮宫大屠杀开始了。纳瓦拉国王亨利被新婚妻子藏在房内，奇迹般地逃过了这场劫难。

巴黎人对吉斯公爵言听计从，他们看到国王对改革派动手了，于是也开始肆意屠杀起来。8 月 24 日，查理九世试图阻止这场杀戮却没有成功。巴黎城内血流成河，3 000 人遭到残杀。

其他大城镇也开始对新教徒进行屠杀，自以为这是遵从王命。死亡人数高达 1.5 万至 2 万人。

美食

糖、甜食和餐桌礼仪

1574年 **欧洲**·糖在这个时代是饮食的重要一部分。不久之前，它还是一种非常昂贵的食材。但是，1542年出版的一本烹饪书显示，人们用起糖来可一点都不节省。王侯贵族的餐桌上总是摆满了各色甜点：牛轧糖、蜜饯、水果面包、果酱、蛋黄酱、奶油夹心烤蛋白……

蔬菜，这种当时公认的平民食物，也开始进入贵族的餐桌，有一些甚至还是头一次，比如洋蓟、芦笋、婆罗门参、花椰菜、甜菜和苦苣等。这些绿叶蔬菜大受欢迎，导致蚕豆、扁豆等干性蔬菜受到了冷落。肉类，尤其是家禽，依然无处不在。至于香料，生姜成了美食家的首选。

餐盘和叉子摆上了桌。意大利人最早开始使用双齿餐叉。而那时候，法国贵族还只有餐刀和勺子，辅以自己的手指。不过，这一切马上要改变了。亨利三世刚带着他的男宠从意大利归来，带回了餐叉，并决定推广使用。

搪瓷餐盘最近几十年刚刚开始流行，取代了传统的切盘（一种用木材或金属制成的用来盛放食物的盘子）以及餐板（厚厚的面包切片板）。至于餐桌礼仪，这还要归功于伊拉斯谟的《论儿童的教养》，他在书中要求孩子们保持良好的餐桌礼仪：“没有洗手不能上餐桌……除非是老人和病人，否则手肘撑在餐桌上是不可原谅的。”瞧瞧，多么好的建议啊。

1576年 让·博丹在他的《国家六论》一书中捍卫国家主权。	**1578年** 亨利三世创立了圣灵骑士团，总部位于大奥古斯丁修道院。	**1578年** 巴黎首座石桥“新桥”开工建造。

◆ 宗教

信仰之殿

1575年

蒙古·多么强烈的对比啊！天主教徒和新教徒在欧洲正打得不可开交，莫卧儿帝国阿克巴大帝却在自己的帝国实行宗教宽容。这位伊斯兰君主，父亲是什叶派，母亲是逊尼派，他本人则娶了一位信奉印度教的拉杰普特族公主。他废除了向非穆斯林征收的人头税，并鼓励伊斯兰教和印度教的宗教融合。

1575年1月，在新的首都法塔赫布尔西格里，阿克巴大帝建造了一座名为“信仰之殿”的礼堂。每周四，在他的见证下，伊斯兰教、印度教、耆那教、拜火教、耶稣会的信徒们齐聚于此，阐述教义，各抒己见。

1579年，阿克巴颁布《无误法令》（Mahzar），宣称自己有制定宗教法律的权力。此后，1581年，为了统一各教，实现互相宽容，阿克巴创立了“神圣宗教”，该教信奉的主要是一种糅合各教内容的宗教教义。遗憾的是，这些创举并没有延续下来。

讣告

1582年

亚维拉的德兰，西班牙的加尔默罗会修女（她后来领导了该会的改革），留下了多部关于自身神秘经历的著作，对基督教徒的灵修产生了深刻的影响。

政治

西班牙接手葡萄牙

1580年

葡萄牙·葡萄牙王位的继承危机始终没有解除。1578年塞巴斯蒂昂一世去世，膝下无子。他的叔祖恩里克一世继承了王位。但是教宗否决了这位枢机主教国王有结婚的权利。所以1580年，当恩里克去世后，葡萄牙王位又一次虚位以待了！

西班牙国王腓力二世统一了所有人的意见。作为葡萄牙曼努埃尔一世的外孙，还有一位葡萄牙公主身份的母亲，腓力除了打亲情牌之外，还打出了强权政治的组合拳。他入侵了葡萄牙，宣布成为葡萄牙国王。

这两顶王冠就这样一直合并到1640年葡萄牙人大起义宣告国家独立。

快讯

1580年

弗朗西斯·德雷克环球旅行后返回普利茅斯。

◆ 人物

日本的黑人武士

1582年

日本·这位年轻人来自莫桑比克岛，在打猎时不幸被奴隶贩子抓住。随后他被锁链拴着，和其他被贩卖的黑奴一样，被带到一艘驶往印度果阿的船上。他像一个普通商品一样，被卖给了当地的一位好人，在耶稣会传教士的建筑工地工作，就这样度过了两年的时光。1574年，44名传教士来到果阿。其中就包括前来考察传教情况的教士范礼安。他安排这位年轻黑人当他的保镖，二人随后来到了日本。日本人从未见过皮肤如此黝黑之人，因此非常好奇。当时的京都统治者织田信长非常喜欢他，于是范礼安就把他送给织田信长为奴。织田信长给他取了一个名字“弥助”，还他自由，并将他训练成了武士。

◆ 戏剧

在伦敦，“唯一剧院”刚刚开门营业

1576年 **英格兰**·“唯一剧院”是伦敦第一座永久性露天剧场！它位于伦敦东区，由演员兼剧院经理人詹姆斯·伯比奇创建。

过去，剧院都是流动性的，剧团要前往不同的公共场所进行流动演出。观众则围在舞台很近的地方站着观看表演。后面的阶梯座位上坐的都是有钱人。渐渐地，这些表演也开始收费了。

在伊丽莎白一世统治时期，英格兰因出色的戏剧尤其是莎士比亚和同时代艺术家的戏剧而闻名于世。剧院里一共上演了不少于 1 500 出戏剧。

◆ 建筑

博马尔佐的怪物公园

1580年 **意大利**·在拉齐奥，有一个古老的小镇博马尔佐。那里有我们这个时代最怪异的公园。

这些公园的主人是维奇诺·奥尔西尼。1552 年他在教宗军队服役期满后回到博马尔佐，委托那不勒斯建筑师皮罗·利戈里奥进行设计。现在，公园刚刚落成。枝叶繁茂的大自然中突然出现巨大的、如怪兽般的雕像，它们均是用现成的岩石雕琢而成的。从一条路线进去，曲径通幽，引着游客来到公园静谧的深处。我们猜，深爱妻子的奥尔西尼应该是受到了弗朗切斯科·科隆纳 1499 年出版的《寻爱绮梦》的启发。而另一条路线，仿佛让人走进塔索的英雄史诗，也就是 1581 年出版的《耶路撒冷的解放》所讲述的第一次十字军东征的故事情节。

怪物公园的入口处，迎接我们的是两个人头狮身的斯芬克斯。紧接着我们还将看到汉尼拔的大象、正在腾起的天马佩加索斯（Pegaso），还有一只巨大的乌龟。公园里还建有一座倾斜的房子，似乎在影射教会危机四伏。它就像贾科莫·维尼奥拉专为爱神建造的神庙一样。

社会

今年10月少了10天

1582年

欧洲·儒略历法要改革了。2月24日，教宗格列高利十三世刚刚签署教宗谕旨《至要大事》(Inter gravissimas)，宣布终止儒略历法。新的历法将于10月4日生效：次日，日期将直接切换为10月15日，中间有10天被删掉了。这10天，主要是为了弥补官方计算的公转时间和地球实际公转时间的差异。由于这种微小的差异始终存在，所以每四年将设置一个闰年来进行修正。为了向格列高利十三世致敬，新的历法被命名为“格列历”。

◆ 文学

龙萨保护森林

1582年

法国·记忆中年少时的森林被毁，诗人皮埃尔·德·龙萨为此惋惜不已。他想通过哀歌这种通用的语言形式，来保护所有的森林不被破坏。在《反对德加斯蒂讷森林伐木工》一诗中，他像是在同伐木工对话，将森林的杀手视为面目可憎的人。

其实，这首诗真正所指向的不是别人，正是森林的主人、拥有旺多姆领地的纳瓦拉国王亨利。在“圣巴托罗缪大屠杀”第二天，为了筹集资金，亨利卖掉了德加斯蒂讷森林。

在这个时代，砍伐森林主要是为了满足耕地的需求，以及发展渔业和工业。对于国家的当权者来说，木材的供应是一件不容忽略的大事。

快讯

1586年

最偏西班牙风的希腊画家格列柯，为托莱多的圣托马斯教堂创作了他的代表作《奥尔加斯伯爵下葬》，确定了他的绘画风格。

1591年

威尼斯大运河上，里亚托桥刚刚竣工。

记事本

玛丽·斯图尔特，阴谋的牺牲品

1587年

英国·玛丽·斯图尔特可谓命运多舛！她出生才7天就即位为苏格兰女王。1558年，她嫁给法国王太子弗朗索瓦，后者于次年登上法国王位。但这位弗朗索瓦二世是一个脆弱的少年，1560年12月便英年早逝，终年仅19岁。玛丽成了寡妇，在法国宫廷备受冷落。

于是玛丽回到了苏格兰，再婚了两次。她可能还谋杀了第二任丈夫。他们有一个儿子，即未来的苏格兰国王詹姆士六世。随后，为了躲避新教徒挑起的战争，身为天主教徒的玛丽不得不逃亡。1568年，她来到英格兰，寻求表姑伊丽莎白一世的庇护。这位新教徒女王随后将她软禁近二十年。玛丽·斯图尔特胸无城府，轻信于人，多次卷入阴谋诡计之中。最后一次，伊丽莎白没有再原谅她。2月8日，玛丽·斯图尔特命丧断头台。

◆ 军事冲突

“无敌舰队”并非如此无敌 1588年

西班牙·他们互相讨厌可不是一天两天了。狂热的天主教徒、英格兰女王玛丽一世，即著名的“血腥玛丽”去世后，刚刚成为鳏夫的西班牙国王腓力二世就向她的继任者——同父异母的妹妹伊丽莎白一世——求婚了。结果伊丽莎白拒绝了他，不仅如此，她还不断挑起事端，支持荷兰新教徒起义，来对付这位西班牙国王。算了，一年后，腓力二世娶了另外一位伊丽莎白，即法国亨利二世和卡特琳·德·美第奇之女瓦卢瓦的伊丽莎白，通过联姻拉近了和法国之间的关系。

1587年，玛丽·斯图尔特遭到处决，彻底点燃了西班牙国王和英格兰女王之间的火药桶。腓力二世决定和对手英格兰决一死战，以永绝后患。他建立了一支举世无双的舰队，命名为“无敌舰队”。舰队共有130艘战舰，可载士兵1.9万人，经停西班牙在低地的属地时还可以再增加1.8万人。而伊丽莎白一世的海军仅有1.6万人，仓促之间东拼西凑的舰队堪称一支“特混舰队”，除了战舰外还混杂着商船乃至普通的私人小船。

8月7日至8日的夜里，英格兰人趁“无敌舰队”在英吉利海峡的格拉沃利讷附近休整之际，发起了突袭。他们满载炸药的小船熊熊燃烧着，扑向敌人的舰队。西班牙人被打了个措手不及，全部慌了阵脚。麦迪纳-西多尼公爵带领百余艘战舰成功突围，驶回了海岸。然而迎接他们的，却是英格兰人的凶猛火力。在海浪席卷下，舰队被迫向北航行。为了避开苏格兰和爱尔兰，“无敌舰队”在返航途中遭遇了恶劣的暴风雨天气，舰队被打得七零八落，许多战舰搁浅受损，水手们不是被淹死，就是被海岸巡逻队杀死。

最后，在经过漫长而险恶的航行后，只有数百名幸存者回到了西班牙。

记事本

亨利三世少了一个“疤面人” 1588年

法国·1588年11月，法国国王亨利三世被迫离开了巴黎。这群把他赶走的巴黎人非常拥护吉斯公爵亨利——外号“疤面人”。亨利三世善于伪装且阴险狡诈。由于没有子嗣，他本来希望将王位传给他的妹夫，即贝阿恩人纳瓦拉国王亨利，一位新教徒首领。但现在看来，他好像正式放弃了这一想法。不仅如此，他还要任命吉斯公爵为法军统帅，并在布卢瓦城堡召开三级会议。吉斯公爵以为王位已经十拿九稳了，于是参加了这场鸿门宴。1588年12月23日清晨，在情妇的臂弯里纵情一夜后，他啃着布里涅李子，迈着轻飘飘的步子来到国王的房间。

他刚一进门，还没缓过神来，就被大约15个国王侍从用匕首乱刺一通。亨利三世随后进入房间，竟然思索道：“他死了看上去比生前块头还要大！”确实，这位吉斯公爵身高将近2米了！

新闻 灾难

冰川又一次撞击 1595年

瑞士·瑞士阿尔卑斯山上的吉特罗冰川又一次带来了灾难。这次的过程和1549年的那场灾难一模一样：冰川滑坡，堵住了德朗斯河，然后冰川突然垮掉，奔腾的河水咆哮着冲往河谷，淹没了那里的市镇和村庄。5月25日，来势汹汹的泥石流摧毁房屋，卷走桥梁，致使140人死亡。

◆ 政治

“我退教了，这次我保证！”

1593年 **法国**·六次了！这是“贤明王”亨利四世第六次改变信仰了。

出生时，亨利接受了天主教的洗礼。6岁时，他跟着母亲让娜（阿尔布雷的）成为新教徒。但他向二度改信天主教的父亲安托万（波旁的）承诺，会追随父亲的信仰。随后在母亲的影响下，他坚定地走向了宗教改革。圣巴托罗缪大屠杀时，他被迫放弃新教信仰。但是，在一次狩猎时，他成功逃出宫廷监禁，又回归了新教。

可是这一次，他的决定牵扯重大！1589年8月，当时的国王亨利三世被一名狂热的修士刺杀，垂死之际，在床榻前，他指定亨利（波旁的）继承王位，即亨利四世。新君刚刚登基，就不得不迎战那些拒绝承认他的天主教王侯。最后，他打赢了。但是一个隐患始终存在：法兰西的国王，只能是天主教徒。

经过和主教们反复磋商，7月25日，在圣但尼大教堂一场盛大的庆典中，亨利四世宣布彻底放弃新教信仰。这个传奇让这位贝阿恩人有了一个趣谈。他终于可以宣布：“总算，巴黎可以做弥撒了！”

政治

一国两教：《南特敕令》

1598年 **法国**·终于，在法兰西王国，人们可以正大光明地成为新教徒了！

“贤明王”亨利四世要操心的，可不仅仅是平日的农牧耕织和周末国民锅里的鸡。他刚刚在南特签署了一项敕令，结束了1562年瓦西大屠杀引发的宗教战争。实际上，从1594年加冕为王以来，亨利几乎没有停止过宗教上的斡旋：他向天主教徒承诺天主教的国教地位，同时又通过《南特敕令》安抚新教徒。该敕令规定，新教徒们享有信仰自由，每个辖区允许设两个信仰地，允许拥有基本可以在拉罗谢尔、蒙彼利埃等地保留行政教区，新教徒可以平等地担任各种官职，可以在拉罗谢尔、蒙彼利埃等地保留上百个防御设施……但是，首都巴黎依旧禁止信奉新教。

思想

波尔多法官出版了他的随笔集

1595年

法国·米歇尔·德·蒙田的《蒙田随笔》造就了一代散文大师。他在散文集中，不仅描绘了他自己，还思索了大千世界人类的生活方式。

从1572年散文集首次出版，一直到生命结束，蒙田始终笔耕不辍。随着一版又一版散文集的发表，蒙田向我们展现了他的经历和所思所想，并把它们升华成一种生活的艺术。从日常生活到旅行见闻，从阅读心得到各类杂谈，蒙田带领我们漫步在人类的思想长廊，塑造开放的思想与兼容并蓄的精神。

蒙田的随笔并非真正的哲学，他描写人性，有时候还带点怀疑论色彩，就像《雷蒙·塞邦赞》中所体现的一样。温和、虔诚的蒙田并没有教我们如何生活，而是帮助我们生活。他的现代教学思想就是一个令人印象深刻的例子，它强调，要形成正确的判断，既要“读万卷书”，也要“行万里路”，远离所有的教条主义以及“戒尺威慑”下令人讨厌的死记硬背。

最新一版《蒙田随笔》刚刚出版了。信不信，它又要成为各位的枕边书了。

◆ 戏剧

《罗密欧与朱丽叶》座无虚席

1595年

英国·威廉·莎士比亚是伦敦最出名的剧作家，他的青年戏剧作品《罗密欧与朱丽叶》自上演以来大获成功。张伯伦勋爵剧团首次将这个剧本搬上了舞台。

莎士比亚将罗密欧与朱丽叶的爱情故事搬上了舞台，多年后西班牙剧作家洛佩·德·维加的《卡斯特文斯和蒙特斯》(*Castelvines y Monteses*)也写了一个同样的爱情故事。莎士比亚的灵感来自15世纪萨莱诺的马苏乔写的一部短篇小说。约1530年，意大利作家路易吉·达·波尔托将这个故事原本发生的地点锡耶纳城改成了维罗纳城。

《罗密欧与朱丽叶》的故事发生在13世纪蒙太古和凯普莱特这两大拥有世仇的家族之间。这部戏剧共有五幕，讲述了分别来自两个家族的一对年轻恋人的悲惨命运。故事浓缩在维罗纳和曼图亚短短的四天内，以一对恋人殉情而告终。

◆ 娱乐

《金瓶梅》，性之花

关于性，所有你一直想看却不敢问的，都在这里。

1596年

中国·如果您想找一本真正的性爱手册，或者一本情趣用品大全来度过漫漫长夜，那么这本《金瓶梅》简直就是为您量身定做的。

该书有一百回，写于中国明朝时期，讲述了潘金莲、李瓶儿、庞春梅等几位轻佻女性和出身药铺、在朝为官的好色之徒西门庆之间的故事。这部长期被列为禁书的中国文学名著，至今不知出自谁手。它的作者，或者出于谨慎，或者出于戏谑，自称为“兰陵笑笑生”。

《玛丽·德·美第奇和亨利四世的代理婚礼》，鲁本斯，1621—1625 年

17 世纪

◆ 宫廷生活

亨利四世的王后玛丽·德·美第奇

亨利四世的第二任王后玛丽·德·美第奇，成婚时27岁，比国王小20岁。她是托斯卡纳大公弗朗切斯科一世和奥地利公主乔安娜的女儿。

1600年

法国·据传闻，亨利四世是出于维持王国的经济才选择与这位意大利女子成婚。在上一年，亨利四世与第一任妻子瓦卢瓦的玛格丽特，即卡特琳·德·美第奇之女离婚，理由是其未能为国王诞下后嗣。国王原本打算和加布丽埃勒·德·埃斯特雷结婚，唯一的条件是这位美丽的情妇能为他生下男性继承人，他甚至为这个婚约做出了书面承诺。加布丽埃勒·德·埃斯特雷如愿怀孕，可命运使得亨利四世无法履行承诺：她在怀孕的第四个月死于流产。公众舆论普遍认为，加布丽埃勒·德·埃斯特雷是由于前一晚在财政大臣扎迈特家参加晚宴时食用了一枚意大利风味的冰柠檬中毒而死。

无论如何，婚姻最终得以缔结。亨利四世和玛丽·德·美第奇的婚礼最初是在10月通过代理完成的，之后王后前往马赛。她在里昂与丈夫团聚，并于12月17日在当地举行了隆重的婚礼。

亨利四世很快就会明白：即使嫁妆丰厚（高达60万埃居！），新娘也绝不仅仅是个礼物！

快讯

1601年

巴利亚多利德成为西班牙首都。国王腓力三世将王宫搬迁至此。

1601年

葡萄牙皈依了基督教的犹太人向国王支付了10万达克特，换取在西班牙的定居权。

1603年

拉弗莱什耶稣会学院成立。

◆ 肖像

耶稣会传教士来到明朝

利玛窦抵达北京。他是第一个经紫禁城大门而入但未见到大炮或火枪的西方人。

1601年 **中国**·传教士利玛窦前往远东宣讲福音，开展耶稣会传教计划，传播信仰。但他很快意识到，如果不了解一个民族的语言和习俗，就无法向这个民族传播福音。

这位意大利传教士受到了万历皇帝的欢迎和赞赏，来自西方的各种神奇礼物（例如漂亮的钟表和世界地图）让明朝皇帝惊叹不已。利玛窦为万历皇帝工作，参与了历法的修订，可以说他在明朝完全是自食其力。他在制图、数学和天文学等方面的知识令人印象深刻，得到了当时明朝知识阶层的认可和尊敬。他热衷于在中国传播西方的思想和科学，同时，还翻译了儒学的“四书”，使得西方语言和汉语更紧密地联系在一起。出于同样的目的，利玛窦和耶稣会的同伴罗明坚一起用拉丁文翻译中文，编写了第一本葡汉词典。利玛窦的所有经历都可以在后人整理的他的日记作品《耶稣会与天主教进入中国史》中找到。

经过50多年的努力，一部重要的汉语与欧洲语言的双语词典在2001年得以出版。这部汉法词典（总计7卷，共1 200页，包括30万个词语、短语以及13 500多个汉字）将以其书名来永远铭记这位伟大的汉学家：《利氏汉法辞典》。

记事本

为什么焦尔达诺·布鲁诺遭受了火刑？

1600年 **意大利**·一个自由的灵魂离开了这个世界。在经历了一次次逃亡之后，焦尔达诺·布鲁诺不再逃避命运的追逐：他被捕了，由于至死不肯放弃自己的学说和信念，1600年2月16日，这位自由思想的象征人物被宗教裁判所活活烧死在鲜花广场上。他的舌头被事先钉在了木块上，以防他临死前喊出什么异端的口号来。

颠沛流离的一生。1575年，这位昔日的修道士为了躲避“异端”指控，逃离了修道院，开始了漫长的流浪生活。他在法国流浪期间，曾受到亨利三世的短暂庇护，后来由于法国的宗教战争，他又遭到了驱逐。布鲁诺流亡到英国，引起了伊丽莎白一世女王的注意，但由于不停地嘲弄亚里士多德学派，骂他们是驴子，他不得不再次踏上了流亡之旅。他先后途经布拉格、法兰克福，最后在威尼斯被原先的庇护者送到了教宗的手中。

布鲁诺留下了大量著作，主要有讽刺小说《烛台》、哲学和宇宙学著作《论原因、本原与太一》《论无限、宇宙与众世界》以及记忆技术专著《论图像、符号和思想的组成》。

◆ 社会

该拿贫困人口怎么办?

1601年

英国 · 面对国内众多的贫困人口，伊丽莎白一世找到了一个好办法。英国议会通过了世界上第一部对贫民进行救济的法案：《伊丽莎白济贫法》。

根据这部法律，英国开始以教区为单位管理济贫事宜。这个做法非常实用，在教区内人们相互熟识，避免了济贫欺诈现象的出现。教区向残疾人、病人、年老及丧失劳动力的人提供食物、衣服以及可能的庇护所。

但值得注意的是：对于有劳动能力的人，教区会把他们集中送进劳动中心；对于“假贫困人口”或流浪者，则送进教养院改造。

这部济贫法，是社会保障类法律制度的开端。

政治

江户幕府统治下的日本

1603年

日本 · 德川家康刚刚受封为征夷大将军，并设立了江户幕府。他在1600年发动关原之战，对抗20万敌军，造成了4万多人死亡，正是此战的胜利奠定了德川氏统治的基础。

自此开启的时代之所以被称为“江户时代”，是由于德川氏选择了在江户村（后来的东京）建立政府。

在当时的日本，当农民阶级被经年的战争摧残、领主阶级负债累累时，商人阶级逐步繁盛并获得了越来越高的社会地位。江户幕府统治下持久的和平给武士阶层带来了沉重的打击，因严禁私斗，许多武士相继失业。幕府将军似乎想推行锁国政策，隔绝日本与外部世界的一切联系。总而言之，江户幕府前期的政策方向便是如此。

◆ 传统

战争与放屁

1601年

日本 · 在日本，这是一个非常罕见和有趣的文化现象：武士们不仅在战争中用武力搏斗，他们还以屁为武器打仗，这被称为“屁战”。

15世纪的一幅著名的浮世绘讲述了一个滑稽的故事，讲的是一个老人从神那里得到了用屁打仗的天赋。他的邻居福富非常嫉妒，也通过同样的方式掌握了这个技能。后来，老人找到了窍门，让嫉妒的邻居吞下泻药，破除了他的功力。回到我们的讽刺画卷，它描绘了一群以屁为武器战斗的武士被对手的屁熏倒的场景，旁边还有一些艺妓试图用扇子把屁扇走。

这算是一门人人都可以在家里练习的艺术，可比书法容易掌握多了！

◆ 戏剧

来自意大利的戏剧

1604年

法国·意大利即兴戏剧在16世纪上半叶从意大利传到了整个欧洲。杰洛西剧团是当时最著名的剧团之一，自1570年在亨利三世面前表演之后，它先后在多个国家（西班牙、波兰、英国）举行了巡回演出，之后应法国王后玛丽·德·美第奇的要求，留在了法国。这个剧团的表演获得了巨大的成功。一个剧团通常由10名到20名演员组成，演员和他们所扮演的角色简直融为了一体。剧中人物基本定型为以下几种：小丑、商人、医生、城市贫民、打工妹等。

演员在表演时都会戴一个符合角色的皮质面具，身穿戏服，有时还会有一些配饰，比如小丑的棒子。该戏剧的剧目通常只有几种，每个剧目都有其独特的表演动作和表现形式。

◆ 政治

苏格兰和英格兰共主分治

1603年

英国·在统治了近45年之后，英格兰和爱尔兰女王伊丽莎白一世去世了，没能留下子女。她的近亲苏格兰国王继承了英格兰王位，史称詹姆士一世。詹姆士一世非常希望能把爱尔兰、英格兰和苏格兰合并为一个君主国。爱尔兰人没有办法抵制国王，英格兰人和苏格兰人则用尽全力抵制国王的意志。因此，最终形成的只是共主的“王朝联合”。

詹姆士一世非常恼火，在1606年下令统一了国旗，即米字旗（又名联合杰克）。直到1707年，英格兰和苏格兰才真正合并成为大不列颠王国。1801年大不列颠王国才又与爱尔兰合并，成为大不列颠及爱尔兰联合王国。

那么威尔士公国呢？它在1282年被英格兰占领。为了镇守被征服的威尔士，1301年，爱德华一世把自己的儿子封为“威尔士亲王”，自此，英格兰所有的男性王储都沿用“威尔士亲王”这一封号。

◆ 经济

来吧，官职税！

1604年

法国·通过与王后玛丽·德·美第奇的婚姻，亨利四世得到了不少嫁妆，可他依然无法摆脱财政困境。终于，他想出了一个缓解财政困境的妙招。

资产阶级的梦想是什么？当然是把他们自己的官职传给后代了。但问题在于：按照当时惯例，一旦某位官吏离世，他生前的官职就得归还给国王了。因此，1604年12月，亨利四世颁布《波莱特敕令》，规定官吏只需每年向国王交纳一定税款，就能成为该官职的所有者，并可以将官职传给后代。官吏每年需要交纳的税款相当于这个官职买价的六十分之一。

官职税以它的提议者、巴黎高等法院秘书夏尔·保列的名字命名。这位高官也是官职税的首位获益者，他正是通过买卖获得了巴黎高等法院秘书的职位。它的成功可谓立竿见影！

天气预报

1607年·欧洲遭遇极端严寒天气，莱茵河从河口到科隆的上游部分都结了冰。请注意，东部有许多人死于这场寒潮。

◆ 政治

爆炸性新闻
火药阴谋

国王竟然是个高危职业！
英国的詹姆士一世差一点就遭遇这种悲惨经历，
不过这一阴谋因被揭发而破产了。

1605年 **英国**·事件的起因是一些英格兰的乡下天主教徒对国王实施的过于偏向新教徒的宗教政策大失所望，他们决定一举推翻詹姆士一世和他的议会。

这场阴谋瞄准的时机是11月5日，恰逢国王主持议会开幕典礼之时。反叛者在议会大厦的地下室里隐藏了36个装满了火药的桶，由一名同谋者负责监管和按计划点燃。在任何阴谋中，保密都是至关重要的。然而，10月26日，当局却收到了一份匿名揭发信。11月1日，阴谋被上报给国王。其实那封信仅仅描述了议会面临的风险，并没有说明危险程度。直到11月4日，也就是袭击发生的前一天，当局才搜查到了火药桶和反叛者。接着，其他反叛者很快被逮捕并被处决。

自此以后，每年11月5日，人们都会燃放烟花、点起篝火、敲响教堂的钟声，以此来庆祝阴谋的失败。

讣告

1614年

西班牙画家**埃尔·格列柯**去世，他本名多米尼科斯·西奥托科普洛斯，是17世纪最伟大的画家之一。

1616年

米格尔·德·塞万提斯于4月23日在马德里下葬，同一天，52岁的**莎士比亚**在埃文河畔斯特拉特福去世。但由于当时英国使用的是古老的儒略历，《哈姆雷特》的作者的实际逝世日期应该是公历5月3日——尽管这并非历史记载的日期。

法兰西 王国新闻	**1607年** 一条长达440米的巨大长廊将古老的卢浮宫和杜伊勒里宫连接了起来。	**1607年** 作家于尔菲的长篇巨著《阿斯特蕾》获得了巨大的成功。

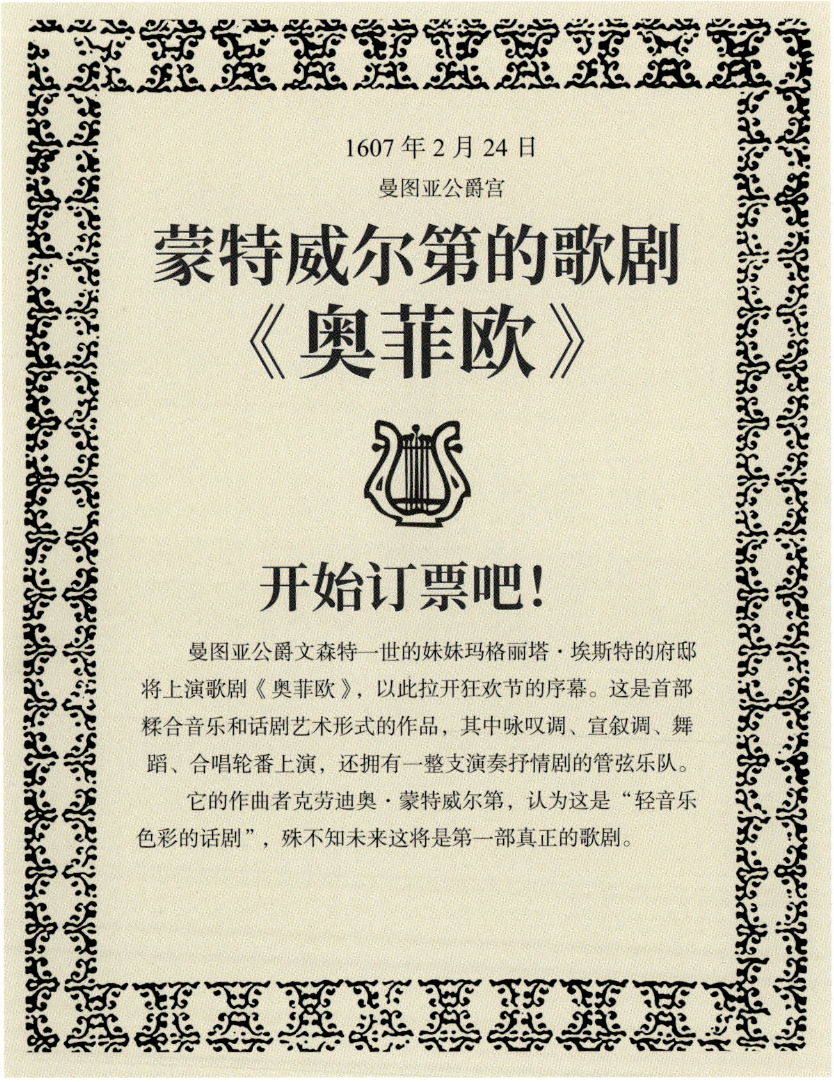

1607 年 2 月 24 日

曼图亚公爵宫

蒙特威尔第的歌剧《奥菲欧》

开始订票吧！

曼图亚公爵文森特一世的妹妹玛格丽塔·埃斯特的府邸将上演歌剧《奥菲欧》，以此拉开狂欢节的序幕。这是首部糅合音乐和话剧艺术形式的作品，其中咏叹调、宣叙调、舞蹈、合唱轮番上演，还拥有一整支演奏抒情剧的管弦乐队。

它的作曲者克劳迪奥·蒙特威尔第，认为这是“轻音乐色彩的话剧”，殊不知未来这将是第一部真正的歌剧。

◆ 科学

开普勒超新星逝去

1605年

捷克·银河系又少了一颗星。1604 年 10 月，人们观测到这颗超新星因爆炸发出的异常亮光。一年后的今天，它暗淡得看不见了。居住在布拉格的德意志天文学家开普勒对它进行了最详细的观测和研究。为了描述研究结果，他写了《蛇夫座脚部的新星》一书，预计将于 1606 年出版。由于这项科学研究的精确性，这颗星被命名为开普勒超新星。

◆ 建筑

白鹭城

1609年

日本·在日本所有的城堡中，白鹭城（姬路城）无疑是最为雄伟壮观的一座。它是木建筑的杰作，拥有军事防御功能的同时也极具创造性和美学价值。

白鹭城位于日本南部交通要地姬路。1333 年，人们在姬路筑起防御工事。1580 年，城堡在海拔 90 米的山崖上拔地而起，此后不断得到扩建。白鹭城最初的建造者是赤松家族，几经易手后，约 1600 年归德川家康，也就是未来的征夷大将军所有。

一直到 1609 年，修建工作仍在继续。这座有着白色围墙的城堡，由 83 座建筑物组成，拥有高度精巧的防御系统。城堡的中心是天守阁，包括一座五层的主楼，还有另外三座较小的附属楼，它们被防御城墙精巧地连为一体。城墙上筑有瞭望塔，配有炮孔。

城堡外围的壕沟使白鹭城固若金汤。为了防止外敌进入主楼，道路、城堡的大门、内庭的走廊都设计得千回百转，好似迷魂阵，使人更难进入。建造这座城堡一共耗费了 400 吨木头和 75 000 块瓦片。

◆ 事件

别走铁器街！

可怜的亨利国王！
我们的风流君主，
又一次，为勇气
付出了惨痛的代价！

《刺杀亨利四世，拉瓦亚克被捕》，
夏尔-古斯塔夫·豪兹，1860 年

1610年 **法国**·亨利四世准备和西班牙开战了。5 月 14 日下午，他决定去找首席大臣苏利公爵听取建议。于是，亨利坐着一辆马车离开卢浮宫，前往兵工厂街的公爵府邸。由于路途很近，他甚至拒绝骑兵的护送。

刺杀。巴黎交通拥堵是出了名的。所以当马车行驶到“圣婴公墓”附近，前面一辆装载干草的货车堵住铁器街时，国王并没有感到担心。他还在和德·埃佩农公爵专注地讨论着，就在这时，弗朗索瓦·拉瓦亚克一脚踏上马车扑了进去，越过公爵的肩膀，连刺国王几刀。在返回王宫的途中，亨利四世就不治身亡了。

拉瓦亚克被当场逮捕，并被判处弑君罪。他的罪行无法得到宽恕，因为国王不仅仅是“受膏者”，还是臣民之父（弑君等同于弑父）。拉瓦亚克被四马分尸。

◆ 奇闻逸事

亲爱的，来一次血液浴吗？

1610年 **匈牙利**·一个新的恶魔出现在匈牙利：伊丽莎白·巴托里伯爵夫人刚刚被逮捕，随后被软禁在恰赫季采城堡。

这位富裕的贵族、王国的首富，被指控串通奶妈和部分仆人，虐待前来服侍她的年轻女孩，用各种手段榨取她们的鲜血。感叹年华易逝，容颜易老，伊丽莎白·巴托里竟然深信涂抹甚至沐浴年轻处女的鲜血就可以让自己永葆青春。

她的地位和财富保她至今日，但同样也救不了她。她的同谋者被一一处死。伯爵夫人自己则被判处终身监禁，不得出住所半步。皱纹将无情地袭上她的脸庞。

至于这个故事，后来就衍生出一版吸血鬼的传说……

◆ 经济

从布尔斯到交易所

1611年 **荷兰**·14世纪时，凡·德·布尔斯家族在布鲁日一个广场上经营一家旅馆。旅馆位置绝佳，饭菜可口，床也很干净，很快欧洲的商人们都愿意在此下榻。但需要谈交易时，为了避免隔墙有耳，躲开竞争对手，他们还是宁愿来到广场上谈。所以每次，商人们都会约定：到布尔斯（旅店名字）广场见。久而久之，这个谈交易的地方，就取名为“Bourse”，即交易所。

然而第一家正式启用这个名字的，却是阿姆斯特丹刚刚开业的“商品交易所”，由建筑师亨德里克·德·凯泽建造完成。

从此，想赚钱不用顶风冒雨也能谈成了。

记事本

疟疾打败了卡拉瓦乔

1610年 **意大利**·伦巴第人米凯兰杰洛·梅里西，又称卡拉瓦乔，很难找到一个生活比他还要动荡的画家了。没有哪一年他不卷入恶性事件或者被警察追捕。关于这一点，数不清的法律起诉案就可以证明。这位艺术家甚至多次入狱，而且据说还杀死过一个人。1610年7月18日这一天，他因病去世，享年38岁。

他的作品。他青年时代的作品中，洋溢着一种世俗的现实主义色彩和光芒。随后，卡拉瓦乔开始恢复使用颜色的真实色调：红色就是红色，就像他在《圣马太殉难》中描绘的一样。明暗对照画法是他的主要表达方式。实际上，这位绘画大师最有名的地方，莫过于简单的组合，以及通过侧光造成明暗的强烈对比。然而随着时光的流逝，光线开始消失，比如《基督下葬》和《朝圣者的圣母》等作品，显示出他如何通过神奇的简化造就自身的绘画艺术：双手似乎是从衣服里迸发而出一样。

在最后的作品中，卡拉瓦乔越来越摒弃排场，留白越来越多。他只用红、棕两色了。

快讯

1604年 意大利画家安尼巴尔·卡拉奇为法尔内塞宫大厅绘制装饰壁画。

1607年 葡萄牙裔的西班牙航海家路易斯·瓦斯·德·托雷斯发现了澳大利亚。

◆ 司法

潘德尔山的女巫

审判尘埃落定。1612年8月22日，10名女巫和她们的同伙将在兰开斯特被绞死。太平绅士出色地完成了这场漫长的审判。

1612年 **英国**·故事发生在兰开夏郡东部，一个叫潘德尔山的山丘上，浓密幽暗的森林深处住着两个著名的女巫家族，德姆戴克家族和恰多克斯家族。每个家族都有一个领头的老巫婆，她们是互相憎恨的死对头。哦，当然，她们都会使用魔法蛊惑人，让牛奶旋转，让麦子腐烂，不过也都是些平平无奇的小伎俩而已，直到1612年3月的一天。当时，一位名叫约翰·劳的流动小商贩穿过森林时，被老德姆戴克的小孙女艾丽森叫住，她想买几根针。小商贩拒绝拆包，他才懒得为这么小的生意费功夫。艾丽森又羞又怒，她求助了一条大黑狗。大黑狗用精神和艾丽森交流，问她想怎么惩罚这位小商贩？ 面对小女孩的犹豫不决，大黑狗建议把他变成瘸子。话音刚落，魔咒施展！小商贩一瘸一拐地走了。

只不过，这位约翰·劳回去就提起了诉讼。经过审问，艾丽森承认自己把灵魂卖给了魔鬼，并且很快揭发了死对头恰多克斯家族。几个月后，所有人都被绞死了。

科学

巨人之谜

1613年 **法国**·1月11日，下多菲内地区一个采沙场内，采沙工人们在6米深的地方发现了一个巨人的遗骸！他们挖出了一些颌骨碎片，一只脚和一条腿的骨头，还有脊椎骨。

有传言称，他们是在一个砖头坟墓里找到这些遗骨的，坟墓上还刻着“Theutobocus”的字样。一位当地的外科医生检查了这些骨骼，认定这是辛布里国王条顿伯德（Theutobocus）的遗骨。这位部落首领曾经在公元前102年与罗马人开战，随后被盖乌斯·马略将军挫败，不幸阵亡。一些科学家则参照一本不可思议的考古特征记录本，推测这位条顿巨人竟然高达8米左右！

这个故事如此传奇，甚至都传到了路易十三的宫廷。一位医生兼法兰西学院的教授站出来反对这一说法，认为不可能存在这么高的巨人。估计要等到未来牙齿鉴定时才能证明，原来这只是一头史前的乳齿象。

1609年	王家港首次进行改革。
1614年	欧洲最古老少数族裔居住区之一，法兰克福少数族裔居住区遭到了当地手工艺人的攻击。
1614年	苏格兰数学家约翰·纳皮尔（John Napier）发明了对数。“奈培”（Néper）便是以他的名字命名的计量单位。

◆ 政治

罗曼诺夫王朝，烂摊子还是王图霸业？

1613年

俄国·自1598年伊凡雷帝智力低下的儿子费奥多尔一世去世后，俄国十二年内经历了5位沙皇。朝政混乱，全俄缙绅会议的特权贵族波雅尔们需要统一意见，推选一位新的君主。

各大家族明争暗斗，统一意见无疑难上加难。1613年3月3日，一位新的沙皇终于诞生了。他便是米哈伊尔·费奥多罗维奇，史称米哈伊尔一世。这位年轻人无疑是最佳人选：他是伊凡四世首任皇后的侄孙，是莫斯科大公之子。当然，他还有点畏惧这个艰巨的任务，不过最终还是接受了。一位预言家还说，他的王朝将一直延续到1917年。

◆ 旅行

圣特罗佩的魅力

1615年

法国·这位在圣特罗佩湾歇脚的是一位非常奇怪的大使。

支仓常长，日本武士出身，皈依基督教后改名为费利佩·弗朗切斯科·支仓。他刚刚远航到新西班牙，在那里受到了墨西哥总督的隆重接待。这位航海家随后在马德里拜见了西班牙国王腓力三世。最后，在前往意大利与教宗保罗五世会面的途中，他的战舰遭遇猛烈的暴风雨天气，不得不停泊在圣特罗佩湾。支仓的异国情调吸引了当地贵族的殷勤款待。

若是这位日本大使在圣特罗佩小镇多留时日，不知道会不会引领一种风尚呢？

社会

重要的是，这可是玫瑰十字会

1616年

法国·谁能说清楚，玫瑰十字会这个新的会社到底有多神秘。

1616年，斯特拉斯堡出版商拉扎尔·采茨纳出版了一本名为《基督徒罗森克鲁兹的化学婚礼》的德语作品，带着我们走进故事主角传奇的经历，以及他如何参加国王和王后的婚礼，并且让他们起死回生。

玫瑰十字会，这个神秘会社实际上早在1614年通过《兄弟会传说》就已经为人所熟知，这本书讲述了玫瑰十字会创始者（著名的克里斯蒂安·罗森克鲁兹）的一生。1615年出版的《兄弟会自白》为信徒们揭开了大自然的奥秘和基督教重建的过程。上帝一定能从中看到自己的秘密……

天气预报

1616年·欧洲正值酷夏，特别适合烧烤、去皮。

◆ 政治

孔奇尼的最后一声叫喊

1617年 **法国**·4月24日，卢浮宫一声惊叫响彻天空，紧接着人们又听到一声欢呼。那一声惊叫，是安克尔侯爵孔奇诺·孔奇尼发出的。他是摄政太后玛丽·德·美第奇的宠臣，时任法国元帅。年轻的国王路易十三为了摆脱这位深得太后信任的当权人物，命令吕伊纳公爵夏尔·德·阿尔贝将他逮捕。自以为无人敢动的孔奇尼大惊失色，情急之下用母语意大利语惊呼："逮捕我？"（A me?）吕伊纳公爵佯装受到威胁，反手杀死了他。路易十三在此刻之前还只是名义上的国王。他从窗前看到孔奇尼的尸体时，不由得振臂欢呼："从现在起，我是国王了！"安克尔侯爵的尸首并没有得到片刻安宁。巴黎市民们随即将其抢走，大卸八块，据说甚至还有一部分被吃掉了。

路易十三可不是唯一一个憎恨孔奇尼的人。这位夸夸其谈的绣花枕头，年轻时犹如男妓一般，在异常丑陋的莱奥诺拉·多里，即加利盖跟前大献殷勤。加利盖是玛丽·德·美第奇的姐妹、密友兼亲信，所以孔奇尼娶了她。孔奇尼死后，他这位外号"黑侏儒"的妻子被指控施行巫术，遭到斩首，尸体被烧成灰烬。

路易十三将对手一一清除后开始掌握实权，随后将他的母亲流放到布卢瓦。

快讯

1616年

阿格里帕·多比涅描写宗教战争的史诗《悲剧集》出版。

1618年

欧洲出现了最早的显微镜。

记事本

宝嘉康蒂 美洲之母

英国·这是一个美好故事的结尾。故事开始于遥远的美洲，开始于英国殖民地弗吉尼亚海岸。1607年12月29日，阿尔冈昆部落公主、年仅12岁的宝嘉康蒂拯救了英国船长约翰·史密斯的生命。约翰被她当酋长的父亲的手下抓捕，命在旦夕。当时的场景如人们期待的一般，非常戏剧化：约翰·史密斯被绑在一块平整的巨石上，即将被打死，在千钧一发的时刻，小女孩疾步跑去，双臂环抱约翰的头部，然后整个人伏在他的身上。他得救了！

1617年

随后几年，宝嘉康蒂被囚禁了一段时间，之后皈依基督教，并改名丽贝卡。她嫁给了富裕的烟草种植商约翰·罗尔夫，育有一子。1615年，她和丈夫被派往英国，向人们证明印第安人并非野蛮人，并吸引新的殖民者。当国王詹姆士一世接见她时，她见到了阔别已久的约翰·史密斯。她一直以为他早就去世了。

不过，可惜的是宝嘉康蒂在伦敦感染了肺结核，在回乡的途中死于泰晤士河畔的格雷夫森德。

宝嘉康蒂的感人故事，无论是真实的还是部分虚构的，都将在未来成为美利坚合众国创立的一段神话。

◆ 奇闻逸事

飞向粪堆

1618年

捷克·从新教改革开始，神圣罗马帝国发生的事就没有一件是简单的。天主教徒和新教徒的相处时好时坏，这要取决于皇帝的个性，取决于皇帝是宽容派还是天主教强硬派。

不过，1618年5月23日，图尔恩伯爵带领一支波希米亚新教徒代表团来到布拉格皇家城堡。在那里，他们会见了皇帝的天主教钦差。皇家钦差言语犀利，很快便开始辱骂起来。新教徒们勃然大怒，于是将两位钦差和他们的秘书从议会厅扔出了窗外。幸运的是，他们摔落在一座粪堆上。他们虽然一身恶臭，却捡回了一条命，赶紧爬起来狼狈逃走了。

虽然没有造成严重的后果，这个小插曲却被剑拔弩张的两大宗教阵营大肆渲染，他们以此为借口之一发动了1618年至1648年席卷整个欧洲的三十年战争。

1620年

城市之声

莱蓬德塞的一场笑话

法国·8月7日，离昂热不远的莱蓬德塞发生了一场非常奇怪的战役。首先，这是一场母子之间的战争：玛丽·德·美第奇无法忍受路易十三将自己排挤在权力圈之外，于是联合各大贵族对抗自己的儿子。其次，这一仗并没有真正打起来，只有一场笑话可以看：清算了一群不怀好意的蠢蛋。

地点？卢瓦尔河上昂布瓦斯和南特之间唯一的一座桥。到场的军队？国王这边有王家军队和身经百战的克雷基元帅坐镇。而他的母亲只有一支杂牌军，士兵来自各大公爵的私人卫队，这些公爵包括旺多姆公爵、曼恩公爵、内穆尔公爵及雷斯公爵。在最后一刻，雷斯公爵还变节了，而他是唯一一个拥有正规军的。叛乱阵营顿时慌了阵脚，纷纷落荒而逃。塞萨尔·德·旺多姆，亨利四世的私生子，马不停蹄地赶到昂热，向玛丽·德·美第奇宣告战争失败。他还假惺惺地表示，他宁可去死。听到这话，他6岁的女儿如此回应："父亲大人，您要是真想死，就不该从战场上回来呀。"果真是童言无忌！

◆ 传统

《五月花号公约》

1620年

美国·“五月花号”上的“朝圣先辈”们坚信自己已经到达弗吉尼亚了。这些虔诚的清教徒逃离了英国，在他们眼中这是一个宗教信仰不正常的国家，对天主教庆祝仪式也太过宽容。他们希望能够建立一个新的社会。好吧！他们刚刚登陆的地方，其实是北边的马萨诸塞海岸！

已经准备好面对所有未知的风险，“五月花号”的102名乘客决定在这里安顿下来。11月21日，他们共同签署了一个互尊、互助的公约，确定了这个新殖民地未来的政治原则，这就是著名的《五月花号公约》。他们建立了普利茅斯殖民地，不过最初的生活异常艰难，许多人死掉了。正在这群移民快要饿死的时候，当地印第安人施以援手，将火鸡送给他们果腹。这是一种欧洲人从未见过的禽类。幸亏有火鸡肉，还有逐渐起步的农耕，这些先辈们艰难度过了在这里的第一个年头。

为了感谢印第安人，1621年11月他们组织了整整三天的欢庆盛宴。我们敢说，未来每年11月的第4个周四，人们的餐桌上再也少不了火鸡！

◆ 潮流

1620年

“蓝厅”里的沙龙

法国·“沙龙”成为一种风尚，这个词被用来指代会客厅，这类客厅里常常接待一些文人雅客以及擅长交谈、热衷于各类文字游戏的才俊智士。朗布依埃侯爵夫人卡特琳·德·维沃纳在其巴黎府邸中专门设了一间“蓝厅”用来接待客人。“蓝厅”的会客原则是“好客”，既不限制宾客名单，也不拘于形式安排。诗人、作家和名门贵族络绎不绝：马莱伯、马兰、拉康、沃热拉，还有孔拉尔、瓦蒂尔、乔治和马德莱娜·斯居代里。此外，昂吉安公爵（未来的孔代亲王）和他的妹妹波旁小姐，以及拉罗什富科公爵、蒙托西耶公爵都是沙龙的座上宾。通过沙龙，女性第一次扮演受到认可的社会角色，担任某种公职。这种新型社交的发展，反映出这个世纪法国精英人士不断寻求一种风雅和殷勤的典范——这一点和意大利不谋而合。

快讯

1620年 埃德蒙·冈特发明了计算尺。

1622年 喜剧兼杂技演员塔巴兰——真名安托万·吉拉尔，让整个巴黎捧腹大笑。

1627年 西蒙·武埃被任命为国王首席画师。

◆ 司法

培根的官司，哲学家发言了

1621年

英国·哲学家弗朗西斯·培根被指控贪污受贿！

他曾经受到伊丽莎白一世的宠臣埃塞克斯伯爵的庇护。伯爵于1601年被指控犯有严重叛国罪而被斩首。在记忆中那场凄惨的审判现场上，培根请求处死这位恩人。从此之后培根在政治生涯上平步青云。他先是担任了国王詹姆士一世的私人顾问，于1617年成为掌玺大臣，次年又升任大法官。不过，他的失势也同样惨痛，除了高额罚款和牢狱之灾，培根还被议会收走了所有的职权。所幸的是，国王似乎并不打算将他囚禁在伦敦塔中太久。

作为国务大臣，培根被国王操控利用。但作为思想家，他富有分析精神和特殊的文化品位。他研究语言，还有天文、光学、数学等所有可以巩固基督教信条的科学。对于培根来说，经验是一切知识的基础，科学的任务就是揭开大自然的奥妙。1620年，培根的著作《新工具》出版，其中详细阐述了科学方法。总的来说，如果想了解大自然，就要打破“崇拜”（错误的观念、偏见），消除怀疑，最终确定真理。

◆ 社会

西班牙公共妓院要消失了？

1623年

西班牙·您印象中的西班牙传统、死板，并且宗教思想浓厚？忘了这些吧！色情业遍地开花甚至还颇被允许：从1600年开始，塞维利亚就有3 000名妓女，马德里则多达3万名。

面对如此“空前盛况”，政府当局决心介入。1623年2月4日，腓力四世颁布了国王敕令。这项敕令对于那些在街角旮旯独自经营的私人妓院起不了什么作用，但用于限制那些公共妓院，还是小有成效的。毕竟，这些妓院遍布西班牙各大城市。当然，虽然明令禁止，但也不排除在禁令生效之前，它们还可以苟延残喘一段时日。

天气预报

1621·寒冬腊月，加来港结冰了。

经济

24美元购入曼哈顿岛：好一桩买卖

1626年

北美·阿尔冈昆印第安人卖身给了彼得·米纽伊特，一位荷兰的殖民者。1626年5月4日，他以60弗罗林币（24美元）的等价物购入了曼哈顿岛。好吧，那里几乎只有树丛和印第安人，还有十几个从1614年开始在岛上勉强安身的荷兰殖民者。不过，未来谁说得准呢？

事实就是，第二年，富裕的荷兰西印度公司在此修建了一座堡垒，周边逐步形成了“新阿姆斯特丹”小镇。1664年，英国人将其改名为“New York”（“新约克郡”，即未来的纽约）。

奇闻逸事

死亡之网

1627年

法国·加斯科涅湾传来了一个骇人听闻的消息。

一支葡萄牙船队从印度果阿出发，驶往里斯本。这支船队配备了两艘卡拉克帆船（一种巨大的商船），还有五艘战船。船上除了载有殖民印度的葡萄牙贵族以外，还载着他们的奇珍异宝、细软家私：丝绸、珍珠、钻石、香料、棉布、乳香，还有100多台新型大炮……

1月，一场强暴风雨冲散了船队，它们在风浪席卷下搁浅了。其中一部分幸运的船员被冲到圣让-德吕兹和巴约讷沿岸，随后被当地居民救起。不过，还有一些船只偏离了航道，搁浅在吉伦特河口湾。在那里，船只被抢劫一空，海难幸存者也被大肆屠杀。最后，船队中有将近2 000人殒命，只有不到300人死里逃生。

《黎塞留围攻拉罗谢尔》，亨利-保罗·莫特，1881年

◆ 政治

拉罗谢尔投降

1628年 **法国**·1598年亨利四世颁布了《南特敕令》，恩准新教徒们在全国拥有多个堡垒。但他的儿子兼继承者路易十三可就没有这么宽容了，更不要说国王的首相枢机主教黎塞留了。

自1622年开始，新教徒的堡垒一个个被收归王权所有，最后只剩下拉罗谢尔负隅顽抗。一年前，这座城市开始叛变并亲近英国人，尤其是英王的宠臣白金汉公爵。

围攻战。1627年10月，在一次国王巡视后，黎塞留开始指挥对拉罗谢尔的围攻战。陆路方面，他围城建起了一整排防御工事；海路方面，他用数十艘战舰筑成了一道巨大的海堤，将这座城市围了个水泄不通。英国人从占领的雷岛上被赶走，无法再向拉罗谢尔提供补给。1628年8月白金汉公爵被刺身亡，断绝了一切支援拉罗谢尔的希望。饥荒肆虐，疫情横行，人口大量死亡。仅仅一年时间，拉罗谢尔的人口就从27 000人降到了不到5 000人。拉罗谢尔的市长让·吉顿尽管放出了“言降者杀无赦”的狠话，也已经无济于事。10月28日，拉罗谢尔缴械投降。几天之后，国王路易十三入城。

讣告

1625年

老扬·勃鲁盖尔为后世留下了他的花卉画。

1628年

弗朗索瓦·德·马莱伯，1605年起成为宫廷诗人古典主义诗歌之父。

◆ 政治

一扇小门引发的“欺骗日”

1630年 **法国**·王太后玛丽·德·美第奇和她一手培养的黎塞留反目成仇。她安排这位吕松主教成为王后奥地利的安娜的指导神父，又提拔他为国王顾问，到头来他竟然调转矛头反对自己的恩人！

黎塞留支持对奥地利哈布斯堡家族开战，哈布斯堡家族不仅拥有神圣罗马帝国皇位，还拥有西班牙王位，对法兰西王国形成了合围之势。黎塞留成功说服路易十三开战。不过，美第奇王太后却坚决反对这场冲突。11月10日周日，她将儿子软禁在卢森堡王宫的一个房间内，派人看守所有的门。对，所有的，唯独漏掉了一扇：黎塞留突然从这扇门出现了，当时她正在咆哮着让国王远离这位宠臣。枢机主教哭着，亲吻王太后的裙角。最后什么事也没发生。路易十三一言不发地走开了，躲进了凡尔赛小小的狩猎行宫中。

玛丽·德·美第奇欣喜若狂，她的盟友、掌玺大臣米歇尔·德·马里亚克摩拳擦掌，准备大展身手治理国家，无耻的黎塞留则马上就要踏上流放的道路了。不过，黎塞留在经过短暂的消沉后，立马赶到了凡尔赛，在那里受到了路易十三的接见。他们谈了什么呢？没人知道。只不过，11月11日，马里亚克就被逮捕了，玛丽·德·美第奇从此被幽禁于寝宫内。这才有了塞朗公爵纪尧姆·鲍特鲁的那句名言：“今天可是欺骗日啊！”

新闻 灾难

维苏威火山的怒火

意大利·多日以来，大地不停地晃动，动物们似乎也惊慌不安。不过，在那不勒斯，这已经司空见惯。没有人想到还会发生比公元79年所发生的更恐怖的灾难。仅仅几个小时后，1631年12月16日至17日夜里，滚烫的熔岩咆哮地飞奔着，吞噬了一个又一个城镇与村庄，喷射的火山灰一直飘到了1 000千米之外的伊斯坦布尔。海岸上，巨大的海浪呼啸而过，将所到之处夷为平地。所有的风景都化为一片荒芜与死寂，4 000人已命归黄土。似乎只有那不勒斯的守护神圣雅纳略才能平息这场神灵的怒火。

1631年

◆ 文化

《公报》开售啦！

1631年 **法国**·5月30日，第一份报纸《公报》出版发行了。在这之前，人们只发行过散页传单，而且还不定期。泰奥夫拉斯特·勒诺多——国王的御医和黎塞留的亲信，从路易十三那里获得了印刷和出售法兰西王国每日《公报、新闻和报道》的特权。在《公报》的四页（随后改成八页）内容里，我们可以看到时事要闻，尤其是国外大事，以及一些官方的文件。

作为法国首个大型报刊的创刊者，勒诺多第二年将出版他的《联络册》，一种真正意义上的广告黄页。

◆ 司法

“可是，它就是在转动呀”：伽利略事件

经过长达20天的审判，意大利天文学家和物理学家伽利略终于全身而退：他逃过了火刑。

1633年

意大利·伽利略·伽利莱，差点因自己的智慧付出生命。不过，他也非常清楚，“地心说”，即地球处于宇宙的中心，所有行星都围着地球转，才是天主教的信条。

1616 年时，伽利略已经使枢机主教贝拉明震怒。这位可怕的宗教裁判所头号人物，曾经在罗马将焦尔达诺·布鲁诺活活烧死。伽利略却痴迷于哥白尼的理论，捍卫“日心说”，即太阳是宇宙的中心，所有行星都围绕着太阳转，地球公转的同时也自转。贝拉明判定哥白尼学说为异端，并禁止伽利略教授该学说。

1623 年，乌尔班八世加冕为教宗，一切好像发生了变化。贝拉明去世了，而新教宗曾经是伽利略的庇护者：他允许伽利略提到可能存在日心说体系这一假设（只是假设，不是事实），前提是必须同时介绍教会推崇的地心说。我们的伽利略是怎么做的呢？1632 年他出版了《关于两个世界体系的对话》一书。书中，伽利略虚构了头脑简单的傻瓜“辛普利西奥”（Simplicio）来捍卫地心说，他的名字一语双关，好像还影射了教宗。书中的另一个角色“萨尔维亚蒂”（Salviati），也就是伽利略的化身，在第三者“萨格雷多”（Sagredo）面前让“辛普利西奥”出了大丑。本来保持中立的“萨格雷多”，也很快开始蔑视“辛普利西奥”。

教宗火冒三丈，伽利略被逮捕，随后接受宗教裁判所的审判。年事已高、孤立无援的伽利略早已看透了一切。1633 年 6 月 22 日，他选择了正式退缩，避开了死刑。在走出法庭的那一刻，估计他还在小声嘟囔着：“可是，它就是在转动呀。”

快讯

1630年
蒂尔索·德·莫利纳发表了《塞维利亚的嘲弄者》。

1630年
弗兰斯·哈尔斯，荷兰平民画家，又创作了一幅个性肖像画《快乐的酒徒》。

1635年
欧洲出现了茶，一种备受质疑的新式饮品。

◆ 美术

卢森堡宫内鲁本斯的24幅油画

1635年 **法国**·1621年，玛丽·德·美第奇聘请佛兰德斯画家鲁本斯，为她和已故的丈夫亨利四世各创作一套历史画。她想用这些画来装饰位于巴黎的新家——卢森堡宫。

《玛丽·德·美第奇的一生》包括24幅油画，描写了她个人生涯和政治生涯方面的变迁。这些画挂在卢森堡宫的西长廊中。1631年，玛丽·德·美第奇被流放，人们不禁猜测关于国王的系列组画估计永远也完不成了。

关于画家本人。鲁本斯曾经多次游历法国、西班牙和英国。他的画坊是一个真正的绘画工厂，他签约的作品不下于2 000幅。为了完成所有的订单，鲁本斯需要助手的大量协助。有些画他仅仅勾勒了草图，有些画他只是最后修饰润色。作为米开朗琪罗、提香和丁托列托的崇拜者，鲁本斯的作品中充满了这个时代的热情洋溢与动感奔放。不管什么样的绘画题材，宗教、神话或狩猎，他总能保持形式和背景的和谐统一，并利用丰富的风景进行衬托。在浓厚的景色渲染下，人物动作因为大自然的力量变得戏剧化。从1630年开始，鲁本斯创作了大量的肖像画，并运用了浓烈的色彩。鲁本斯的画既保留了佛兰德斯的传统，又带有意大利风格的印记，为绘画尤其是肖像画艺术带来了新的活力。

《玛丽王后在马赛港登陆》，鲁本斯，1622—1625年

◆ 文学

四十位大文豪

1635年 **法国**·枢机主教黎塞留创立了一个由40名终身院士组成的机构——法兰西学术院，主要用来促进艺术、文学、科学和法语的发展。路易十三的秘书瓦朗坦·孔拉尔担任学院的领头人。这些文人墨客都习惯在他的家中聚会。一直到1675年，他都是法兰西学术院的终身秘书长。

院士们接到的第一份工作是编纂一部字典。黎塞留也会安排他们准备政治或神学方面的讲话稿。因此，当1637年《熙德》在巴黎声名大噪时，枢机主教转身便授意学术院指出这部取材于敌国西班牙的历史剧的缺点。不过，这也不妨碍十年后高乃依当选为该院院士。1693年至1696年间，学术院在沃热拉的带领下出版了法语字典。

◆ 思想

勒内·笛卡儿“伪装前进”

1637年 **法国**·勒内·笛卡儿就像他本人的座右铭那样，决定“伪装前进”。确实，在这个时代，思考一些教廷许可之外的科学理念是一件非常危险的事。

为了避免像伽利略一样惹上官司，或者更糟的像布鲁诺那样被活活烧死，笛卡儿从不在作品上署名，还小心翼翼地在国外发表这些作品。尽管如此，他对现代思想的革新却不是一星半点。经过一段漫长的沉默蛰伏后，他完成了《方法论》一书，阐释了如何在科学中正确运用理性和追求真理。正是这本哲学著作中出现了他那句著名的“我思故我在”。

笛卡儿还热衷于数学（尤其是解析几何）和物理（机械）。不过，还要看到的是，他的科学方法也有局限性，比如他提出的“动物是机器”的观点就非常有争议，因为动物远不是没有知觉和感情的机器。

◆ 国际

日本锁国令

1635年

日本 · 日本人对西方世界可谓恨之入骨！经过16世纪的对外开放后，日本开始闭关锁国。1635年6月22日，权倾朝野的幕府大将军德川家光又一次颁布了锁国令，关上了岛国的大门。他似乎下定决心将所有国外势力清扫出门。锁国令（先后颁布了五次）中规定：日本人不得出国否则处以死刑；禁止信奉基督教，开始迫害基督教信徒，驱逐传教士和外国人，尤其是葡萄牙人（自1542年起便入岛）。只有长崎港的飞地被保留了下来，用于与荷兰人的商贸往来。信奉天主教的葡萄牙人和信奉加尔文宗的荷兰人从1600年开始就不停地明争暗斗，争先恐后地在幕府将军面前诋毁对方。德川家光刚刚让他们达成一致。

◆ 经济

您是郁金香爱好者吗？

1637年

荷兰 · 1635年，也就是两年前，一股“郁金香热”席卷了荷兰。这种精致娇嫩的花朵，尤其是斑纹品种，让荷兰人竞相追逐。郁金香自16世纪末由奥斯曼帝国引进，在当时还只是用来种植，装点花园。然而，仅仅两年时间，一股对郁金香球茎的疯狂投机热潮蔓延开来。

它的原理很简单：今天人们买入郁金香的球茎，囤上几个月，等到郁金香种植期，由于需求庞大，球茎的价格暴涨十倍甚至百倍，这个时候出手便可牟取暴利。只要需求远高于供给，这种操作就一本万利：有时一根球茎价值相当于阿姆斯特丹的两套房子！

不过今年，这股风潮过去了，郁金香热走到了尽头。历史上第一次大型投机泡沫虽昙花一现，却种下了毁灭的种子。

新闻

社会

哈佛大学的九位新生

1636年

英属北美殖民地 · 美洲大地上英属殖民地的父母们可以放心了。他们现在可以把孩子送往马萨诸塞殖民地波士顿附近的剑桥市就读。那里，刚刚成立了第一所英属北美殖民地大学。现在这所大学还只有九名学生和一名教授——纳撒尼尔·伊顿，不过美好的未来已在前方等待。1639年，为了致敬首位捐赠者约翰·哈佛牧师，这座高等学府改名为哈佛学院。约翰·哈佛于1638年去世，死前将自己浩瀚的藏书悉数捐赠给了这座年轻的象牙塔。

天气预报

1635年 · 亚眠洪水泛滥：亚眠市郊的草地被90厘米深的洪水淹没。

1639年 · 炎炎夏日，酷暑难当：葡萄树被烤焦了，一如1646年那个让泉水干涸的酷夏。

◆ 美术

1639年 尼古拉·普桑的谜题

法国·尼古拉·普桑以阿卡迪亚的牧人为主题创作了两幅画。他刚刚完成了第二幅，一幅油画作品，由未来的教宗克雷芒九世定制的。

画中的四个人正围在一座坟墓旁，他们中有三位男性，一位女性，均着古式服装。近景中，首先映入眼帘的是石砌的地面，后面一座坟墓上刻着“Et in Arcadia ego”的字样；远景是巍巍群山。坟墓上的拉丁文可以解读成：“即使在阿卡迪亚这样的乐土，也有我，死神的存在”。不过，如果我们从埋葬在此的逝者角度来看，也可以将其解读成：“我也是，曾经在阿卡迪亚生活过。”画中的人物好像正在解这个谜题。这幅画贵在构图，而非颜色。人物轮廓由一条细腻的黑线勾勒。用色上，色调变化并不多：冷色调，浅蓝色，淡米白色，还有树木的深绿色……

这幅画和其他作品比起来，带有明显的法国古典主义特色。1641年，出类拔萃的普桑被任命为国王御用画师。他一生创作了无数作品，尤其偏爱法国和意大利的历史题材画。

◆ 社会

1640年 加泰罗尼亚的血腥圣体节

西班牙·没有人会喜欢家里住进一群士兵，即使这是自家的军队。更何况，在17世纪上半叶，加泰罗尼亚人还不大愿意将卡斯蒂利亚人视为同胞。然而，在西班牙对阵法国的战争中，加泰罗尼亚恰好被选为西班牙精英军团“大方阵”的驻地。很多当地的乡镇都拒绝接待这些士兵。一名法官被派去压制他们，结果被杀了。

正是在这种一触即发的紧张局势下，6月7日，巴塞罗那举行了传统的圣体节庆祝活动。无数农民即“收割者”带上干活用的家伙，来到了圣体节庆祝现场。一个小事故顿时引爆了火药桶：一位法官想盘问一位收割者，因为怀疑同事的死和他有关。在接下来的争执中，有人受了伤。追杀开始了，人们开始袭击王室代表。加泰罗尼亚副王达尔毛·德·克拉尔特一直被追到海滩边，继而被杀死。马德里立马调遣部队发动了“收割者战争”。

快讯

1638年

圣文森特·德·保罗接济穷人。

•

1640年

《贺拉斯》首场公演。这是高乃依所著的一部严格遵守“三一律”(行动一致、时间一致、地点一致)的作品。

•

◆ 社会

基督徒们，可以睡个安稳觉了

1640年

土耳其·穆拉德四世1623年起成为苏丹。这可不是一个心慈手软的人物。他深谙权术，手段狠辣，处死了自己的三个弟弟，其中就包括大名鼎鼎的巴耶塞特——拉辛笔下的英雄人物。他最后一个弟弟逃过了厄运，因为是一个病秧子。但即便垂死病榻，穆拉德四世还要下令将他掐死，然而手下抗旨不遵、未能实施。

1632年，穆拉德四遭遇近卫军叛变。这是奥斯曼精英部队，主要由基督徒奴隶组成。此次叛乱促使他逐渐废除"德夫希尔梅"征募制度，也就是"血税"。

让我们回顾一下这是怎样一个制度：每间隔几年的时间，奥斯曼帝国政府官员会前往基督徒居住的村庄，带走村中6岁到16岁的男孩。这些基督徒男孩被转变为穆斯林，接受教育。其中最出色、帅气的（约占10%）被选去为苏丹效力。运气稍差一点的（占40%）会在地方部门任职。剩下的，大多会被招收到近卫军团中。当然，个别男孩最后甚至成为权倾朝野的大维齐尔。但在这些凤毛麟角的胜利者背后，又有多少人的生活支离破碎呢?

潮流

1640年 选一种路易十三的风格吧

法国·17世纪前叶，世事变迁，斗转星移。连人们的品味，都发生了变化。人们开始追求住得更加舒适、更加安全。房间面积变小了，数量却变多了。卧室、前厅、衣帽间都得到越来越精心的打理。

家具和地毯的设计更加多样，并不断跟随新的风尚与潮流。家具多为橡木或胡桃木的实心家具。

当时开始出现三种技术：10毫米厚的乌木镶面、彩木镶嵌，以及拼花（用木碎片拼成图案）。花环和涡形装饰变得不可或缺，尤其是在寝床上。莨苕叶形装饰，还有挥着翅膀的小天使也拥有一席之地。

让我们欣赏一下主要的时尚单品吧……

路易十三的宝座，离地45厘米，而16世纪大多为50厘米。座椅上饰有鬃状花纹，覆以天鹅绒、挂毯、包金或轧花皮革……当时的审美偏爱无木的、长方形高椅背。

家具多为羊蹄式、螺旋脚式和三角断面直腿式。

大多数餐桌都很气派。它们产自修道院，厚重的桌面板长4米、宽1.8米。当然，也有一些比较小巧的款式，同时带有镶嵌的花纹。

寝床并无太多新意，大多带有华盖。白天时，上面遮有密实的锦缎织物和床帘帷幔。

双门或四门的橱柜开始取代箱子。

◆ 科技

帕斯卡发明了帕斯卡计算器 1642年

法国·年仅19岁的年轻人布莱兹·帕斯卡成功设计了一款计算器：帕斯卡计算器。它功能尚且有限，只能被用来做加、减计算。帕斯卡计算器的使用方法简单，其数字用刻度盘来显示，单位对应个位、十位和百位。

新闻 音乐

弗雷斯科巴尔迪留下孤独的管风琴 1643年

意大利·3月1日，罗马传来了令人悲痛的消息：弗雷斯科巴尔迪去世了。这位天才音乐家、羽管键琴师和管风琴师，为后世留下了《音乐之花》作品集，其中使用了赋格曲。弗雷斯科巴尔迪25岁起便长期担任罗马圣彼得大教堂的管风琴师，以精湛的演奏技巧和罕见的表现力赢得了广泛赞誉。

◆ 政治

重要人物的阴谋

1643年 **法国**·这些趁火打劫的大领主们大可以自诩“重要人物”。他们利用路易十三去世的机会，向摄政太后安娜发起挑战。

他们的名字组成了一个真正的贵族花名册：博福尔公爵弗朗索瓦·德·旺多姆、谢弗勒斯公爵夫人玛丽·德·罗昂、吉斯公爵亨利二世·德·吉斯、埃佩农公爵贝尔纳·诺加雷·德·拉瓦莱特、埃尔伯夫公爵查理二世·德·吉斯–洛林……

事情的导火索是这一年夏天，博福尔公爵的情妇蒙巴宗夫人和太后的密友隆格维尔公爵夫人在互通的信件中指责对方的不堪，火药味十足。最后太后将蒙巴宗夫人流放。

博福尔公爵以此为借口，煽动同伙刺杀枢机主教马萨林。马萨林是年轻国王路易十四的首相兼教父。但这些“了不起”或自以为“了不起”的密谋者，显然不成气候。马萨林的密探早已洞察一切。1643年9月初，博福尔公爵被逮捕。那些无足轻重的党羽纷纷请求重回故土，表示再也不折腾了。“雷声大雨点小”，莎士比亚的这句评价用在此处再合适不过了。

快讯

1642年 教宗下令禁烟。

1647年 西班牙遭遇一场持续五年的鼠疫。

1649年 西班牙剧作家佩德罗·卡尔德隆的《人生如梦》大获成功。

◆ 人物

日出之国的达达尼昂

1645年

日本·日本又一位巨星陨落，享年61岁。宫本武藏，著名的剑术家，用数不清的赫赫战绩书写了一部武士传奇。

宫本武藏出生于美作，由作为高僧的叔叔抚养长大。他的父亲是一位知名的剑客，在一场决斗中英年早逝。

宫本武藏很小时就表现出对剑术的非凡天赋：他赢得第一场决斗时年仅13岁！1600年，他参加了关原合战，但是效力的一方输掉了战争。德川氏取得了该战役的胜利，结束了封建无政府状态。1612年，他在人生最后一场决斗中，对阵大名鼎鼎的长剑剑客佐佐木小次郎，最后仅用一把训练用的木剑击败并杀死了对方。

有传言称，宫本武藏在30岁前便打遍天下无敌手，决斗六十余次无一败绩。

随后的一年里，宫本武藏开始学习书法和绘画。他创立了自己的“二天一流”派，教授学生使用双剑，这也是他的剑术特色。他擅使双剑，右手持长刀，左手持短剑。

1643年，宫本武藏撰写了讲述剑法的《五轮书》，分为地、水、火、风、空五卷。

记事本

护法者 格劳秀斯去世

1645年

荷兰·格劳秀斯，原名雨果·德·赫罗特，他是一位温和派新教徒，对古代思想学说研究颇深。他曾经在奥尔良学习法律，之后回到母国荷兰，担任大律师。他的著作涉猎广泛：神学和法学专论、经典诗歌、古代学者作品译文集等。《战争与和平的权利》是他的主要代表作。格劳秀斯写作的那个时代，正值国际关系出现严重危机之际，由于国家间互认的问题，过去的封建法律原则、骑士精神和战争习俗，乃至教会规定都已名存实亡，没有什么实际意义了。

格劳秀斯希望通过法律解决这个问题，那是一种无论何时、何地都适用的自然法，因为它源于人性。他认为对于战争同样可以设立法规。

格劳秀斯还撰写了《捕获法》一书。他在书中倡导贸易和航海自由。他反对无神论，毕其一生都在为天主教和新教的和解做努力，鼓励人们实现更广泛的宽容。

◆ 美术

学院画派

1648年

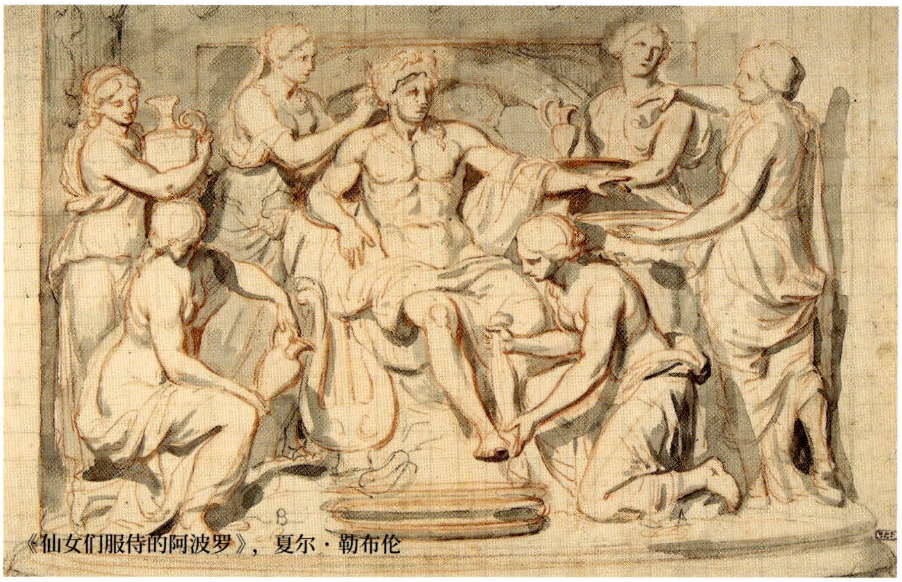
《仙女们服侍的阿波罗》，夏尔·勒布伦

法国·法兰西王家绘画与雕塑学术院于不久前刚刚成立。它的诞生恰逢其时。在王室推动下，各领域学术院蓬勃发展：1635年成立了法兰西学术院，1661年成立了王家音乐学院，紧接着1671成立了法兰西王家舞蹈学院，1669年年成立了王家建筑学院。法兰西王家绘画与雕塑学术院有大约12位创始画家，其中包括菲利普·德·尚帕涅、夏尔·勒布伦等人，该学院垄断了当时的艺术教育。

1661年，马萨林去世后，让-巴蒂斯特·科尔贝成为学院副院长，院长则是当时的首席大法官塞吉耶。塞吉耶1672年去世后，科尔贝升为院长，并对学院进行改革，将勒布伦提拔为首席宫廷画师、学院的实际掌舵人。

素描与色彩之争。学院的院士分为两派，一派崇尚素描（例如勒布伦），而另一派则推崇色彩。前者认为普桑比鲁本斯更胜一筹，而后者则反之。

勒布伦认为，素描可以分为两种：一种是抽象素描，仅依靠想象完成；另一种是写实素描，只需还原物体本身的样子，也就是它们的形状和比例，并重点强调轮廓。

而对于“色彩派”来说，色彩并不仅仅是涂上一层颜料，而是一种让画家化身“上帝造物主”的活动。16世纪的艺术家提香，因其作品《圣母子与圣卡戴莉娜》被认为是最伟大的色彩画家。

题材。绘画要通过一系列诸如神话、宗教等题材来展现美感。除了历史画这些“宏大类型”的绘画题材，一些描绘日常生活风情、人物肖像的绘画也开始流行，此外还有一些静物风景画。

艺术家们的灵感大多来自古代，他们笔下的人物大多着希腊或罗马服饰。

1648年 城市之声 巴黎布满了路障

法国·就在昨夜，8月26日，巴黎人民在首都的大街小巷筑满了路障。是什么原因让他们如此愤怒？原来是法国摄政王太后奥地利的安娜下令囚禁了一位极有民望的巴黎高等法院法官，皮埃尔·布鲁塞尔。

他之所以锒铛入狱，是因为除了反对一揽子政治主张之外，他还阻止国王向各省派出监督官作为王室的直接代表，此外还促使高等法院对捐税一事进行投票。巴黎的副总主教保罗·德·贡迪，也就是后来大名鼎鼎的雷斯枢机主教，也是高等法院运动的核心人物，组织了一支代表团去见摄政王太后。王太后在马萨林的建议下做出让步，于8月27日“路障日”释放了布鲁塞尔。

巴黎人民在确定他们的保护对象出狱后才结束暴行。翌日，奥地利的安娜带着年幼的路易十四即刻动身离开巴黎，腾出手来镇压这场高等法院的投石党运动。继1588年后，历史重演，如今巴黎再一次出现了路障遍地的场景。这是否预示着一个悠久传统的开始呢？

◆ 事件

英王查理一世魂丧断头台！

1649年 **英国**·1649年1月30日，白厅宴会厅前，英国人将国王斯图亚特王朝的查理一世送上了断头台，一刀致命。

1625年登上王位后，这位专断的君主希望独揽大权，他解散议会并不再召集议会，以免处处受到掣肘。1642年一场内战因此爆发。奥利弗·克伦威尔领导的“圆颅党”（削发的清教徒）和长发披肩的保王党之间短兵相接。

尽管中间胜仗连连，但最终保王党还是于1645年输掉了这场战争。议会因此向查理一世建议实行君主立宪制。查理一世却选择了逃亡，引发了1648年的第二次内战。

最后，查理一世被以叛国罪处死。在他死后，克伦威尔宣布英格兰共和国成立。

1648年 国际 《威斯特伐利亚和约》：三十年战争结束了！

欧洲·仇恨总是根深蒂固的，以至于对抗了三十年的天主教徒和新教徒，连签和约都不愿意见面。

最后还是瑞典人想了一招：天主教徒聚集在明斯特市，新教徒在奥斯纳布吕克市，每个城市为和约取一个名字，两个和约合起来，就形成了《威斯特伐利亚和约》，即与两地所在省同名的和约。

随着和约的签订，这场由西班牙哈布斯堡家族、德意志神圣罗马帝国领导的天主教徒对抗以瑞典为首的欧洲新教国家及其盟友法兰西（虽为天主教国家，却与哈布斯堡征战不断）的战争终于宣告结束。《明斯特和约》还终结了八十年战争——爆发于1568年的西班牙国王和低地联合省之间的长期内战。一个没有宗教战争的新欧洲就此要诞生了。

◆ 政治

俄国颁布了一部法典

1649年 **俄国**·“温和的沙皇”阿列克谢一世决定重修自15世纪末实行的法典。1648年7月，他召开了全俄缙绅会议，几个月后，1649年1月29日他颁布了大会的工作成果，即《国民会议法典》。法典中定义了每个人的法律地位：国家自由官员，城市自由民，然后是农奴。这些农奴或者属于沙皇，或者属于封建地主。

沙皇在俄国的每个地区都安排一位总督（voïvode）。在这些地区，人们必须信仰东正教。

记事本

笛卡儿逝世

1650年

瑞典·我们都为这伤心的结局深感悲痛。几个月前，受到瑞典克里斯蒂娜女王宫廷魅力的吸引，勒内·笛卡儿在物资缺乏的情况下依然来到了斯德哥尔摩。他每天清晨5点就开始为女王教授哲学课。

53岁的笛卡儿已经很难适应这种生活节奏和地理气候了。在北欧的冰天雪地下，笛卡儿不幸患上了肺炎，这对他来说是致命的。1650年2月11日，他永远离开了我们。

◆ 肖像

瑞典“国王”克里斯蒂娜

1650年

瑞典·瑞典的新“国王”绝非泛泛之辈，这么说似乎还不够。实际上，这是一位“女王”，克里斯蒂娜。按照先父的遗志她继承了王位，否则她很可能无权统治这个国家。

事实上，他的父亲古斯塔夫二世·阿道夫对于没有男性子嗣一事始终意难平。他把克里斯蒂娜当成男孩抚养。克里斯蒂娜6岁便失去了父亲，从长期抑郁的母亲那里也没得到任何关怀，这个“假小子”（甚至是真小子）简直就是个淘气包，她经常穿着男装到处乱跑，搞得浑身是伤。

克里斯蒂娜在两节剑术或马术课之间，还学习历史和语言，并在这方面极有天赋。10月20日，她在斯德哥尔摩继承王位。此后她迫不及待地想摆脱那些潜在的追求者，把他们一一指婚给自己的堂姐妹们。孑身一人的女王对哲学思想兴趣颇深，尤其是笛卡儿的思想。

奇怪的是，统治国家似乎让她极度厌倦。有人说她已经开始准备让自己的表哥卡尔·古斯塔夫继承王位。

1654年，她宣布退位，由卡尔·古斯塔夫继承瑞典王位。她得到了一笔丰厚的供养费，随后就逃离了瑞典的冰天雪地，前往德意志、法国、意大利，最后定居罗马。罗马教宗要喜笑颜开了，因为这位新教徒选择了皈依天主教。

哦，当然，她也毫不掩饰自己的同性恋情，她还在枫丹白露宫命人杀死了自己的骑士统领。然而对于这样一位文学艺术赞助者，人们又怎能不原谅这些瑕疵呢？

她曾经三次动过重当瑞典女王的荒唐念头，但曾经的臣子们似乎对此毫无兴趣。克里斯蒂娜被完全击垮，于1689年逝于罗马。

◆ 时尚

今年，珍珠戴起来了

法国·在亨利四世统治的时代，随着1608年敕令的颁布，贵族被禁止使用舶来的奢侈品来装饰自己的华服。路易十三紧随其后，也不允许名贵的花边和饰物进入法国。

这些措施极大地刺激了法国本土时尚和服装业的发展，丝绸和花边更是大受追捧。丝缎和天鹅绒成为女士们的心头好。宝石和珍珠更是随处可见：不管是男装还是女装，都缝以珠宝加以点缀。一些勇敢的男士甚至还戴上了耳环！

女装自17世纪初以来就有所简化，变得更加舒适。不管什么场合，女士们在衣服外都披着一件长长的敞口披风。女士裙子的衣袖非常宽大，她们在髋部穿着来自西班牙的撑裙，使得裙子更加立体蓬松。里料通常为棉、布、麻等。这一时期花边、刺绣、缎带等元素越来越多地被搭配在一起。还有一样新品似乎颇受青睐：椭圆领低胸装。

对于男士来说，自1610年开始，穿灯笼裤就代表了时尚。他们着紧身短上衣，衣领处常有繁缛的褶皱。齐膝短裤逐渐被长款的灯笼裤取代。

路易十三统治时期，男女服装上稍显低调与朴素，但最近这种趋势明显被打破。裙式马裤，一种用大量丝绸料子制成的男式短裤裙，开始出现了。

◆ 潮流

1650年 竹夫人和旅行夫人

荷兰·或许是因为长夜漫漫分外难熬，荷兰人就从亚洲带来了一些非常实用的点子。

“竹夫人”，一种形状如模特般、可供抚玩的长枕在欧洲风靡一时。这不禁让人想起水手们在远航时推崇备至的布娃娃——“旅行夫人”。

还有一种日本的性玩具，丝绸填充的龟壳（为了使男士更舒适和享受），也许同样受人追捧。

快讯

1650年 西班牙的贵金属进口量大幅下跌，从新世界运来的金银开始不够了。

1654年 匈牙利引进土豆来应对饥荒。

1656年 北美地区天花肆虐。对于印第安人说，英国人到来之前，他们的人口是现在的10倍。

1657年 英国的预算赤字远超百万英镑。

◆ 政治

嘘！小路易十四睡着了

巴黎人真是一群难以置信的人！
一方面，他们坚定地支持投石党运动，支持以巴黎高等法院为首的叛乱，拥护那些贵族王孙，例如孔代亲王，来对抗王权。
另一方面，他们又不能没有12岁的年幼国王。
昨夜发生的事情就是最好的证明！

1651年

法国·从几天前起，一条小道消息就传遍了巴黎的大街小巷：摄政王太后计划带着小路易离开巴黎。巴黎市民们至今还记着呢，1649 年 1 月 5 日晚上至 6 日凌晨，投石党运动刚爆发的时候，小路易和他的母后就趁乱逃往了圣日耳曼城堡。两年后，故伎重演了！

奥地利的安娜以为一切都已安排妥当。2 月 8 日晚，国王像往日一样上床就寝。几小时后他被唤醒，急急忙忙准备和母后会合，外面已经备好了逃离的马车。就在此时，巴黎市民冲进了王宫，要求立马见到国王。

路易十四又匆忙回到床上，将寝被一直盖到下巴，遮住他已经穿好的衣服。他装作已经睡着，完美地演完了这出戏。愤怒的人群安静下来，纷纷退去。他们根本不知道，小路易有多么屈辱和记仇：他住进了凡尔赛，再也不回巴黎了。

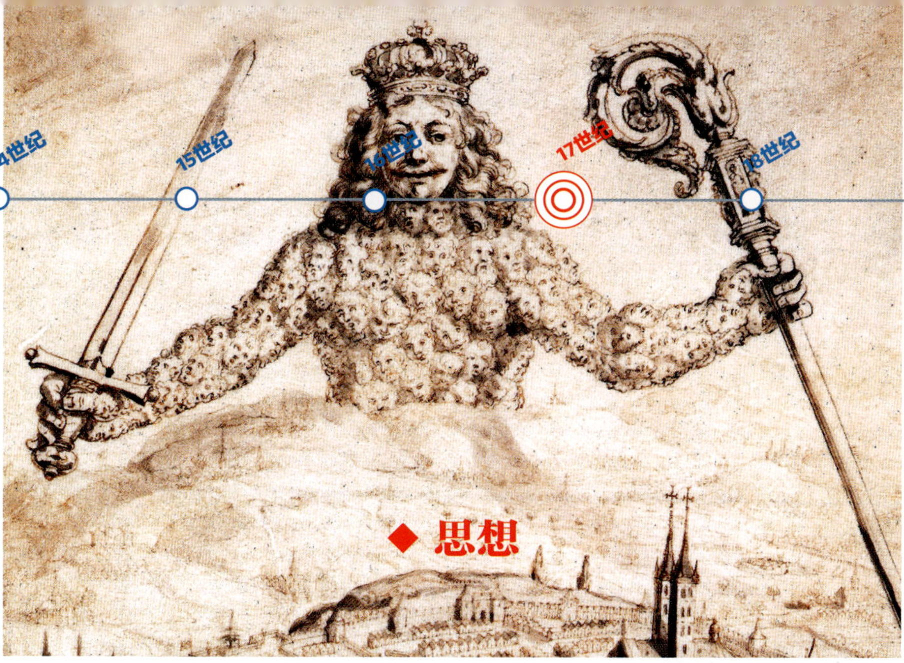

当霍布斯如狼嘶吼

1651年

英国·当流亡在外长达11年的托马斯·霍布斯回国时，英国刚刚经历了一场内战浩劫。霍布斯此时发表了《利维坦》。利维坦是《圣经·旧约·约伯记》中提到的巨人、国家的象征。这位英国哲学家在此书中阐释了自己的政治理论，尤其是国家的起源，还有社会理论。

九年前，在《论公民》一书中，他曾引用了拉丁作家普劳图斯的名言“人与人之间恰如狼与狼”，使这句格言再度为人们熟知。基于这样的假设，霍布斯认为，人如果想摆脱这样的命运，只有服从手握权力的君主，因为无论何时，他可以从死神手中救出自己的臣民。

君主代表着所有人的意志。而每个个人都要和君主缔结一种基础契约，要交给君主绝对的权威来代表自己，让他以人民的名义行使权力。如果每个人都可以放弃自身的利益，和平局面就可以建立起来。

通过《利维坦》这个“骇人听闻”的书名，霍布斯让所有人都如坐针毡：它让保王党不安，因为君王成了人民的代表；它使教会不安，因为教会担心世俗权威高于宗教权威；它让议会不安，因为不可分割的绝对王权让人备感震惊。

在霍布斯之前，从来没有人认为国家的运转有一套思想体系来支撑，也没有人认为所有人的意志都可以通过君主来实现。

他的著作和信条传递了一种重建政治秩序的意愿。由于支持君主制，他不得不于1640年前往法国避难。

探索发现

一位在波旁家狂欢的墨洛温人

1653年

法国·在路易十四时期，墨洛温王朝创立者克洛维的父亲希尔德里克一世能够重回我们的视线纯属一次幸运的意外。

和同时代的君主一样，希尔德里克一世并未把巴黎作为王国的首都。他的儿子克洛维统治时才迁都巴黎。希尔德里克一世的一生在图尔奈度过，最后他也葬于此地。他的坟墓渐渐被人遗忘了。直到有一天，圣布里斯教堂神父的一处房屋破旧不堪、即将倒塌，人们决定将其推倒重建。5月27日下午，一个不起眼的挖土工挥镐入土时，发现了下面的金银财宝。出土的一个图章戒指上刻着“Childerici regis”（国王希尔德里克），证实了墓主人的身份。但是由于当时图尔奈属于西属尼德兰，这些宝藏尽归统治该地的王公所有。

1665年，哈布斯堡家族将其归还给路易十四。

1651年 **城市之声**

马萨林下台！

法国·4月3日，巴黎高等法院成功迫使摄政王太后驱逐了国王的枢机主教！

马萨林的好日子到头了。这个比黎塞留还让人憎恶的枢机主教只好走上被流放的道路。除非他还有什么花招……

他应该和奥地利的安娜没什么关系吧，虽然巴黎人都十分怀疑摄政王太后与这位主教有私情。还有人说是二人是两情相悦……

她和她的儿子不是住在王家宫殿吗？这可是过去为黎塞留建造的枢机主教宫殿。谁知道里面有没有什么秘密通道，可以方便地下恋人私会呢？

◆ 灾难

火药库爆炸!

1651年 **荷兰**·代尔夫特火药库的存在，是一个公开的秘密。人们都说这是“荷兰的秘密”。

1637年建于地下，这座火药库尽人皆知。然而城市的快速发展还是使得周围的建筑越来越多。

结果，1654年10月12日清晨，当库管员提着一盏灯笼为火药取样时，悲剧发生了。一个迸出的火花点燃了库存的30吨火药。巨大的爆炸摧毁了邻近的大部分街道，造成了至少上百人死亡。

对于服丧的荷兰人来说，这场“代尔夫特惊雷”成了他们几乎难以抹平的伤痛。

◆ 宗教

布莱兹·帕斯卡的“惊魂之夜”

1654年 **法国**·我们永远也说不清，一次意外将多么影响人的思想。在奇迹般地躲过一场日常司空见惯的交通事故后，年轻的布莱兹·帕斯卡度过了信仰上备受煎熬的一夜。

这一天是11月23日，就在几个小时前，这位帕斯卡计算器的发明者和他的朋友罗安奈公爵阿蒂斯乘坐的马车在经过讷伊大桥时，马儿突然脱缰，马车差一点点就从大桥的栏杆上翻下去。在这个“惊魂之夜”，帕斯卡慌乱中嘴里蹦出了好多句子，经常连动词都没有，好似灵魂出窍一般：“欣喜，欣喜，欣喜，喜极而泣。”然后他将这个著名的《帕斯卡回忆录》缝在了衣服的衬里中。这下再也不用担心和它分开了。

一种神的启示。意识到自己奇迹般脱险并且见过上帝之后，帕斯卡变得异常虔诚。这位已经在众多领域（哲学、物理、几何……）表现得出类拔萃的天才，开始在巴黎的沙龙里展现他的思想光芒，并书写宗教作品。

在《致外省人信札》中，他为詹森派教徒辩护，猛烈抨击耶稣会会士，指责他们太过轻易地宽恕信徒。1660年，路易十四介入此事，命人当众烧毁了这部作品。

帕斯卡的另一部作品《思想录》写于1656年至1659年间，书中对基督教进行了辩护。他还没写完这部作品就去世了。1670年，该书作为帕斯卡的遗作出版。

最终，这位孩提时代就梦想成为科学家的伟人，在生命的最后时刻，选择皈依信仰而非捍卫真理。在帕斯卡看来，能够救人类于不幸的，并非哲学，而是上帝。

法兰西 王国新闻	**1661年** 路易·勒沃为尼古拉·富凯设计建造的沃勒维孔特城堡竣工了。	**1661年** 菜蓟首次在布列塔尼地区的圣波勒-德莱昂种植。

科学

月球计划！

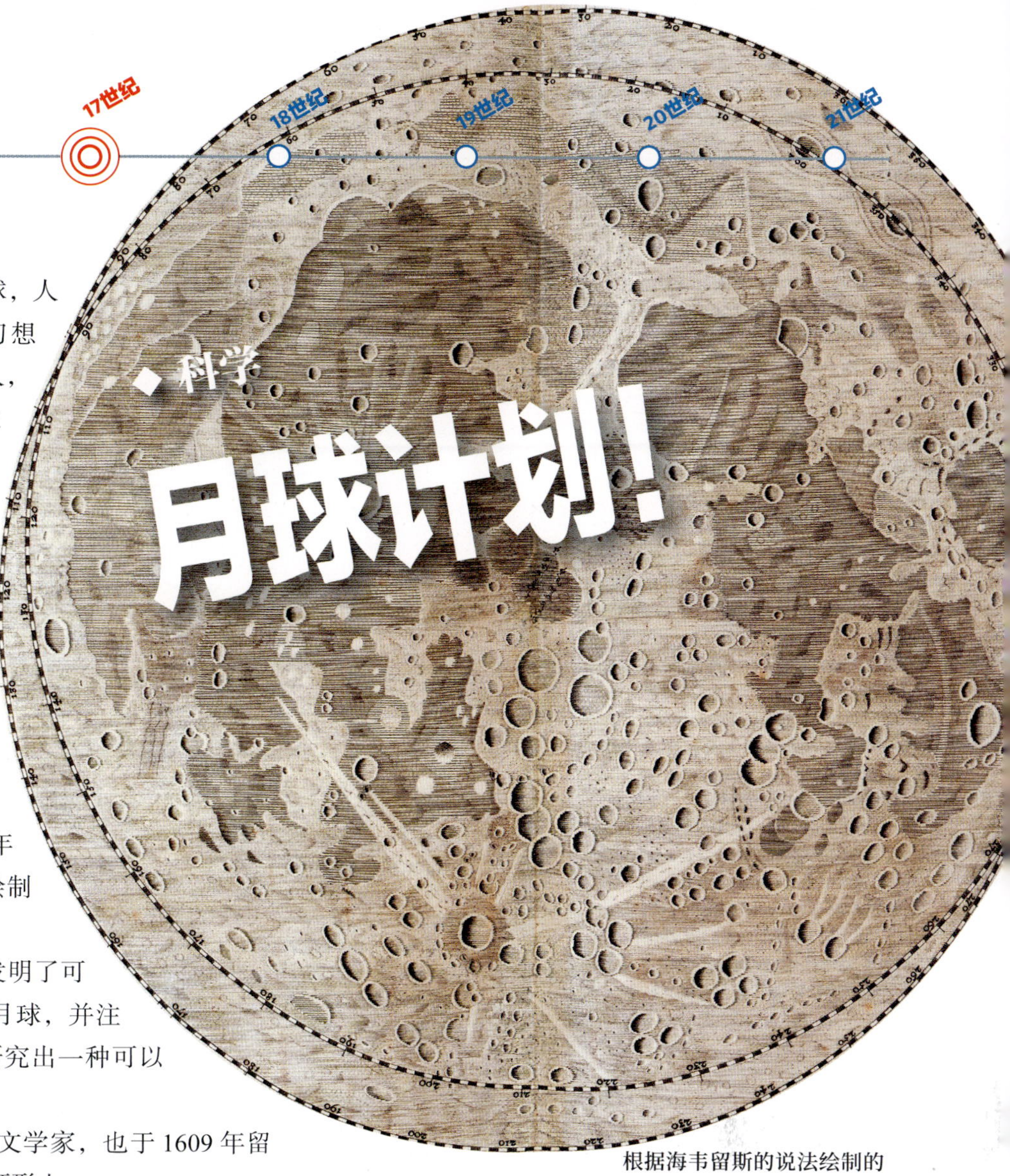

根据海韦留斯的说法绘制的《月球》，1647 年

1657年 **欧洲** · 从地球望向月球，人们总爱浮想联翩，幻想着月球上住着什么人，有着怎样的山峦与沟壑……这一年，西拉诺·德·贝热拉克的遗作《月球上的城邦和帝国趣史》刚刚面世，他为我们带来了第一部故事发生在月球上的科幻小说。对于这个神秘的星球，众多学者兴趣盎然。而对于月球的研究史，也是一部天文望远镜的发展史。

威廉·吉尔伯特于 1603 年通过裸眼观测后，绘制了世界上最早的一幅月球表面素描图。

英格兰人**托马斯·哈里奥特**于 1609 年最先通过 10 倍望远镜观察月球，并据此绘制了月球图稿。

几个月之后，**伽利略**于 1609 年年底发明了可以放大 30 倍的天文望远镜；他开始观测月球，并注意到月球总是呈现出相同的一面。他还研究出一种可以测量月球环形山实际高度的方法。

朱塞佩·比安卡尼，意大利耶稣会天文学家，也于 1609 年留下了一幅粗略的月球草图，上面绘有部分环形山。

米迦勒·范·朗伦，比利时天文学家，于 1645 年绘制了世界上第一幅真正的月面图：图上标出了 322 处地貌，其中一部分以王室名称命名，环形山以学者的名字命名（例如哥白尼环形山、托勒密环形山），月球山脉则以地球山脉名称命名（例如喀尔巴阡山脉）。

海韦留斯，波兰天文学家，经济实力雄厚，建立了一座当时在欧洲数一数二的天文台。1647 年，他发表了一部宏伟巨著，名叫《月图》（*Selenographia*）。这是公认世界最早的月球地图册，影响了整整一个多世纪的研究。

意大利耶稣会科学家**格里马尔迪**和**里乔利**是日心说的积极拥护者。1651 年，二人共同建立了月球的命名体系，成为今天仍在使用的月球特征命名和月球地图的基础。

新闻 灾难

长袖和服大火

1657年 **日本** · 一件稀松平常的小事竟然引发了一场悲剧。1657 年 3 月 2 日，江户本乡区一座寺庙内，僧人们正在做一场驱邪法事。他们要烧掉一件华美的长袖和服，所有穿过它的年轻女孩一个个香消玉殒，因此它被认为是不吉利的邪物。

这场法事的末尾，和服被投入火中烧毁。然而在大风的吹送之下，火苗却飞到了附近的住户建筑上。

骇人听闻的明历大火开始了。它持续了整整三天。大火肆虐下，四分之三的江户地区化为灰烬，10 万余人丧身火海。

宫廷生活

家族逸事

1660年 **法国**·王室之间多为近亲联姻。但不得不说，这种现象在如下这一例上表现得尤为明显。年轻的路易十四，母亲是奥地利的安娜——西班牙国王腓力四世的妹妹。他娶的正是这位国王舅舅的女儿——玛丽·特蕾丝。一场实打实的嫡表亲联姻。

然而细究之下，玛丽·特蕾丝的母亲，即法国的伊丽莎白，还是路易十三的妹妹，也就是路易十四的姑母。所以这场联姻可谓亲上加亲。

当然，这对政治并无丝毫影响：这场联姻是1659年11月7日法、西两国为停战所签订的《比利牛斯条约》的一部分。1660年6月6日，在比达索瓦河费伦特岛（雉岛）上的一次正式会晤中，两位年轻的未婚夫妻首次见面。1660年6月9日，在一片欢腾簇拥中，二人于圣让-德吕兹完婚。

《路易十四与腓力四世于雉岛会晤》，勒莫尼，17世纪末

1658年 **灾难**

失控的塞纳河

法国·这场灾难本来是可以防范的。在经过历史罕见的寒冬后，2月18日天气开始回暖，多日来累积的厚厚冰层迅速地融化了。

塞纳河河水泛滥，水位高于最低枯水位近9米，滔滔洪水以汹涌之势席卷而来。大街小巷皆被淹没——不管是各类主要干道、圣马丁大街还是圣安东尼大街，皆是如此；人们必须划船才能出行。巴黎中央市场一片汪洋，圣厄斯塔什教堂矗立在水中。

3月1日凌晨2点左右，最惨的一幕发生了：连接圣路易岛和塞纳河右岸的玛丽桥轰然一声倒塌。问题是，和那个时代的所有桥梁一样，玛丽桥两岸住满了人家：22座房屋被洪水卷走，20人因此命丧黄泉。

◆ 政治

我的蒙克没有你，我怎么办？

1660年

英国·卧薪尝胆十五年有余，在表亲路易十四接济下度日的英格兰王储查理突然迎来了转机，奇迹的一幕发生了。

奥利弗·克伦威尔，这位1649年领导了英格兰革命、处死了查理一世并结束斯图亚特王朝统治的人物，于1658年去世了。克伦威尔的继承者理查却孱弱不堪，很快败下阵来，交出了烫手的权力。复辟之路就在眼前。可是怎样才能重返英国故土呢？路易十四袖手旁观，并不打算借给查理一兵一卒。幸运的是，还有乔治·蒙克将军可以依靠。这位克伦威尔时期苏格兰的统治者，现已成为英格兰新的掌权人。他带领军队进入伦敦，在那里受到了议会的接待。他说服查理来到荷兰布雷达地区，以接近英格兰。1660年4月，他促使查理发布了《布雷达宣言》，承诺大赦天下。

查理的复辟之路已经铺好。5月25日，他来到多佛尔，受到蒙克的接待。5月29日，他回到伦敦。1661年4月23日，他被加冕为英格兰国王查理二世。

善良的蒙克后来如何？他年事已高，功成名就，被封为阿尔比马尔公爵、托灵顿伯爵。1670年蒙克去世后，享有至高荣誉，葬于威斯敏斯特教堂。

旅行

布达拉宫的耶稣会传教士

1661年

中国·耶稣会会士都是不知疲倦的旅行家，例如白乃心和吴尔铎，他们正跋山涉水，横穿中国和印度。他们于1661年10月8日抵达中国西藏的拉萨，成为首批来到这座圣城的欧洲人。他们打算在此逗留两个月。

作为绘图师，他们带回来大量关于布达拉宫的一手资料，其中可能还有这座雄伟建筑最早的草图。

潮流

路易十四的风格

1660年

法国·路易十四的家具风格庄严气派，既奢华，又讲究完美对称。书桌取代了橱柜，五斗橱代替了箱子。胡桃木、橡木、桃花心木是最受推崇的材质。装饰图案样式繁多，不一而足。既有繁缛的花团锦簇，亦有强劲的藤蔓枝叶……

太阳，作为国王无所不能的象征，在马尔利或凡尔赛的钟表和家具金饰上随处可见。国王的御床更是极尽奢华与气派，以丝织锦缎覆盖，高高搭起的顶棚上定格了一幅天空的画面。

新闻
事件

克伦威尔被掘坟鞭尸

1661年

英国·我们可以毫不犹豫地说，英格兰国王查理二世是个记仇的人。

的确，奥利弗·克伦威尔推翻了他的父亲查理一世，还在1649年将其送上了断头台。但因此要把克伦威尔的坟墓掘开，挖出尸体悬吊示众，似乎还是太过分了。

但查理二世就下令这么做了。1月30日，在查理一世被处决的忌辰之日，人们从威斯敏斯特教堂将死去两年半的克伦威尔的尸体挖出，倒吊示众，然后扔进一口枯井。他的头颅被插在教堂的一根木桩上示众。复仇，是一顿越吃越冷的残羹剩饭……

◆ 司法

松鼠入洞

1661年

法国·一落千丈！权倾朝野、雄心勃勃的财政大臣尼古拉·富凯似乎走到了荣耀的尽头。

9月5日，接到路易十四的指令，达达尼昂伯爵查理·德·巴兹在南特逮捕了富凯。紧接着，针对他的审判即刻启动。他的余生，要在悲惨的皮尼内罗尔要塞中度过了。

未来的很长一段时间，我们都还将记得这位阔绰的文艺赞助者、枫丹白露宫的庇护者。夏尔·佩罗、勒沃、勒布伦和勒诺特尔都曾受过他的恩惠。刚刚过去的8月，他还在自己的沃勒维孔特城堡为国王举行了一场非同寻常的晚会，遍邀宫廷贵人600名。他骄傲的座右铭，也暗含了其名字的寓意（富凯在布列塔尼语中意为“松鼠”）：“何处高枝我不攀？”如今看来，这却是一个可怕的警告。

◆ 社会

“国王的女儿们”抵达魁北克

1663年

加拿大·自1608年魁北克成立开始，法国人就一直希望“新法兰西”能够人丁兴旺。长期以来，魁北克由军队管理，主要是商贸往来之地。从今年起，国王接管了这块殖民地。

没过多久，他就让那里空虚寂寞的男人们找到了合意的对象：9月22日，魁北克迎来了第一批女性。

虽然有流言蜚语，但这些女性并不是什么妓女，而是出身较好的小姐或女士，因为贫困潦倒，她们在法国不是艰辛寡居就是进修道院当修女。于是国王资助她们从拉罗谢尔或迪耶普出发，穿越重洋，来到魁北克，在当地为她们找丈夫。这事儿并不难，因为她们每人还有50利弗尔做嫁资。

在魁北克，现在大约有65位女士待嫁，她们将从700名单身汉中选出如意郎君。

◆ 戏剧

莫里哀是不是太过猖狂?

1664年

法国·这一次，莫里哀可谓铤而走险，尽管他有路易十四的庇护。5月12日，莫里哀的话剧《达尔杜弗》(又译作《伪君子》)在宫廷首演。话剧的副标题“伪君子”颇具挑衅意味，它讲述了一位虚伪又贪婪的伪善人达尔杜弗极尽所能地假装虔诚与圣洁，来骗取富商奥尔恭的遗产。

时下的伪君子可不在少数，首先就是孔代亲王和王太后奥地利的安娜，他们无条件地支持“圣体会”，该组织宣称要“做善事，远恶事”。

虔诚的信奉基督教的国王只好立马禁演了这部话剧，1667年又重申了这一禁令，直到两年后才最终取消这项禁令。

A
JOURNAL
OF THE
Plague Year:
BEING
Observations or Memorials,
Of the most Remarkable
OCCURRENCES,
As well
PUBLICK as PRIVATE,
Which happened in
LONDON
During the last
GREAT VISITATION
In 1665.

Written by a CITIZEN who continued all the while in London. Never made publick before.

LONDON:
Printed for E. Nutt at the Royal-Exchange; J. Roberts in Warwick-Lane; A. Dodd without Temple-Bar; and J. Graves in St. James's-street. 1722.

◆ 健康

去伦敦生活?你绝不会有这个念头!

1665年

英国·从1664年冬天开始，可怕的腺鼠疫就开始肆虐了。1665年4月12日，伦敦出现了第一个死亡病例，玛格丽特·波蒂厄斯。紧随其后，将近10万人死于疫情，英国首都失去了将近四分之一的人口。贵族、富人、王室及其他宫廷人士纷纷逃离了伦敦。只剩下孤苦伶仃的穷人，在这个炎热的夏季每周成百成千地死去。随着秋天的第一轮寒潮降临，死亡率终于开始下降了。

快讯

1663年 卡特琳·吉拉尔东成为王家绘画与雕塑学术院首位女性院士。

1665年 牟利罗为嘉布遣会修士创作了一系列画作。

宗教

“弥赛亚”皈依伊斯兰教

1666年

土耳其·沙巴泰·泽维这个骗子差点儿就把我们说服了！

沙巴泰·泽维出生于士麦那，奥斯曼帝国的一个犹太社区。他精于钻研宗教典籍，很快就成为犹太教法典研究方面的大师之一，一位智者中的智者。他甚至自称是上帝派往人间的弥赛亚。多年来，他的这一套相对来说都很奏效，尤其是在萨洛尼卡和伊斯坦布尔。不过最终，他和他的信徒还是被犹太教教士从各个城市驱赶出去了。

沙巴泰·泽维不仅仅远没有撮合犹太人达成一致，甚至还在社区内造成了分裂。由于越来越被认为是一位煽动者，他被土耳其当局逮捕。为了活命，他皈依了伊斯兰教，并取名阿齐兹·穆罕默德·埃芬迪。

众叛亲离，沙巴泰·泽维的余生都将在黑山的流放中度过。

◆ 灾害

确定了，伦敦，真的很危险

9月2日至6日，一场大火几乎摧毁了伦敦这座城市。幸运的是，大火并没有造成很多人死亡。

1666年

英国·泰晤士河畔布丁巷的一间面包铺失火，引发了这场伦敦史上前所未有的火灾。整个伦敦东区几乎被全部焚毁，大火随后又蔓延至其他城区。60%的建筑被火苗吞噬，其中就包括圣保罗大教堂。火灾最后只造成了十余人死亡，这简直是个奇迹。

英国国王查理二世为街上无家可归的幸存者打气，让他们暂住伦敦城外，等待家园重建。他已经思忖着，可以安排克里斯多弗·雷恩设计未来的圣保罗大教堂，让约翰·伊夫林规划未来的伦敦市。

诚然，火灾过后，城市可以修建一新。不过这个新世界，可真是昂贵至极。

◆ 音乐

王家音乐学院求聘作曲家

1669年

吕利

法国·作为一名众所周知的舞蹈爱好者和精通者，路易十四又为自己的丰功伟绩增添了一曲颂歌。6月28日，路易十四创建了王家音乐学院。他特许里昂诗人皮埃尔·佩兰在巴黎和法国其他地方演出歌剧。

但是毫无疑问，总有一天，还是需要一个声名比佩兰更加显赫的人物来领导学院。感性的让-巴蒂斯特·吕利显然是一位合适人选。1661年起他成为王家音乐总监，监管宫廷中所有的表演节目，尤其握有演出的生杀大权。他编排了多支芭蕾舞，多年和莫里哀并肩创作，并计划创立悲情歌剧。

而当前的礼拜音乐专家，马克·安托万·夏庞蒂埃，因出色的弥撒曲、经文歌、诗篇歌、黑暗的训歌，以及《感恩赞》而闻名，似乎也是一位有力的竞争者。

在这两位天才艺术家之间，路易十四要做出一个选择。1672年，当佩兰因债务入狱后，一切尘埃落定，吕利分走了这杯羹。

政治

被暴民用私刑处死

1672年

荷兰·在荷兰，反对势力如日中天的奥伦治-拿骚家族可没有什么好下场。自中世纪以来，该家族成员经常担任荷兰联省共和国执政，从事实或法律上对共和国实行政治和军事统治。

不过最近二十多年以来，科内利斯·德·维特和约翰·德·维特两兄弟取代了他们的位置，领导着国家。1667年，为了方便对法作战，维特两兄弟取缔了荷兰联省共和国执政的头衔。然而随着路易十四成功入侵荷兰，两兄弟被认为对战败负有主要责任。奥伦治亲王、拿骚伯爵威廉（奥伦治的）身边的随从趁机散布谣言，说维特两兄弟想谋杀亲王。

1672年8月20日，愤怒的人群攻进监狱，带走了维特两兄弟，将他们屠杀之后开膛破肚，随后将尸体倒吊示众。

威廉亲王的统治道路从此畅通无阻。7月9日，他重新成为荷兰联省共和国执政，并于1689年成为英格兰国王威廉三世。

◆ 科学

牛顿的“奇迹年”

1666年

英国·1666年，又被称为“奇迹年”。艾萨克·牛顿的伟大成就几乎都在这一年实现了：他发表了多部物理学著作，创立了微积分这个数学领域未知的概念，阐述了光波的表现……

现在，就差一个苹果砸到他头上，好让他发现著名的万有引力法则啦！

国际

德意志人会原谅我们吗？

1674年

德意志·遗憾的是，战争的残暴已是司空见惯……蒂雷纳元帅在为君主路易十四征战的过程中，在莱茵伯爵领地上制造了骇人听闻的暴行。

为了守卫阿尔萨斯，抵挡德意志选帝侯联军的进攻，今年7月，蒂雷纳带领部队穿过了莱茵河。他不仅下令实施了传统的“焦土”政策，即摧毁一切供敌人恢复元气的补给或歇脚之处，还屠杀了所有村庄的居民。如果他的目的是散布恐怖情绪，显然他成功了。这场血腥的洗劫引发了整个欧洲的恐惧与愤怒。

◆ 经济

苛捐杂税害死收税人

1675年

法国·为了应付对荷战争的开支，路易十四增加了税收名目。此后，所有的公证文书都要使用盖章纸。而盖章纸的价格核定为1苏（sou）。烟草税同样也增加了。面对如此苛刻的财税政策，4月18日，布列塔尼、雷恩等地爆发了“红帽子”起义。王家钦差和收税官的办事处被洗劫一空。随后，这场革命演变成一场社会性的危机，起义的农民开始攻占城堡，烧毁它们，并杀死领主。1675年秋季，镇压开始了。肖尔纳公爵下令将这些“红帽子”成串地悬挂在树枝上吊死，并荡平了雷恩的一大片区域。

讣告

1677年

2月21日，**斯宾诺莎**逝世，享年44岁。在他长眠的地方，他的医生密友洛德韦克·梅耶尔帮助他出版了身后遗作。

1680年

雕塑家兼建筑家**乔瓦尼·洛伦佐·贝尔尼尼**，简称贝尔尼尼，在法国几乎无人赏识，却在意大利赢得了极大的荣誉。

人身保护令：您的身体归您所有

1679年

英国·5月27日，英国议会通过了一句拥有法律效力的奇特话语：“您的身体归您所有。”不过，这个晦涩难懂的表达背后却隐藏着个人法的基础。

人身从此不得受到伤害：不经审判就逮捕拷打的时代结束了；必须由法官来裁决是继续拘留还是予以释放，如有需要或将缴纳一笔保证金。

那个专横无纪、不经审判随意将人扔进牢房任其自生自灭的时代已经渐行渐远了。

希望各国都能尽快采取这种措施！

法兰西王国新闻		
	1670年 巴黎人口突破50万，整个法国共计有2 100万人。	1678年 拉法耶特夫人的《克莱芙王妃》出版。

◆ 探索发现

谁发现了尼亚加拉瀑布？

1678年

加拿大 · 实际上，这一美誉应该属于耶稣会神父保罗·拉格诺，他于1648年左右发现了尼亚加拉瀑布。不过最后，方济各会的修士路易斯·亨尼平将这项荣誉收入囊中。

1678年，他参加了由罗贝尔·卡瓦利耶·德·拉萨莱发起的探险活动，并轻而易举地将拉萨莱的发现据为己有，宣称发现了密西西比河的河口。

尼亚加拉瀑布的名字来自易洛魁语 onguiaahra，意为“海峡”或“雷神之水”。

❀ 小贴士 ❀

致收藏家的建议

瑞典 · 1674年，收藏家们会欣喜地发现，瑞典王国成立了首家估价拍卖公司——斯德哥尔摩拍卖行。从此，大家就可以将待售的物品拿去估价，然后安心地等待拍卖结果啦。

小贴士

家 具

布勒父子
工作室
修理、翻新、设计

您的家具出了点小毛病？

圣日内维耶山上的布勒工作室可以搞定一切。

自从安德烈·查尔斯·布勒成为国王的细木工之后，他还在卢浮宫打理了一个工作室。从1672年起，我们便开始接收来自王家和宫廷的订单。

在凡尔赛，我们和勒布伦合作。

我们的美誉来自一种细木镶嵌的工艺，也就是将金属镶嵌于木饰面之上。餐桌和（靠墙）涡形脚狭桌通常使用黄铜镶嵌。

我们不仅将这项工艺用于摆钟、橱柜、书桌的木面镶嵌，还用它来装饰王太子路易的镶木地板和珠宝柜的墙面。

◆ 政治

危机当前，教宗有备则无患

1682年

法国·毫无疑问，莫城主教雅克·贝尼涅·波舒哀近日来状态甚佳。

作为法兰西王国主教会议的主持，波舒哀于1682年3月推动会议通过了“高卢主义四条款”。条款一出，路易十四龙颜大悦，自尊自爱的教宗却愤慨不满。

确实，每一个条款都是对至高无上的教宗英诺森十一世的挑衅。要知道，遵照“高卢主义四条款”，国王在法国教廷将拥有比教宗更大的权威：国王有权任命主教（教宗只负责授职），全国主教会议的决策要高于教宗决策。因此，后者的意见将不再是金科玉律。

对宗教的最后一击是在财政方面，尤为致命：当主教职位空缺时，主教区的收入将作为“国王特权”进入王室的口袋，而不再属于教宗。

我们敢打赌，一场旷日持久的“外交战”马上就要开打了。

讣告

1683年

让-巴蒂斯特·科尔贝，曾任法国财政大臣、王室国务秘书及海军军务大臣。9月6日，科尔贝因过度劳累去世，享年64岁。

新闻 美食

咖啡搭配羊角面包早餐开始供应咯

1683年

奥地利·早在1529年，他们就来碰过机会了。1683年7月，土耳其人又一次兵临维也纳城下，剑指西欧这道最后的防线。

就在守军陷入绝望之际，9月12日，扬三世·索别斯基领导的波兰军队和萨克斯·约翰·乔治三世领导的神圣罗马帝国军队从卡伦山奔腾而来，自西面杀向奥斯曼军队。土耳其人惊慌失措，数小时内胜负已定。卡伦山战役，又称维也纳之战，取得了胜利。土耳其人从此再也不敢进犯。

仓皇逃跑之中，土耳其人抛弃了他们的咖啡存货。维也纳人很快学会了如何好好享用咖啡，尤其是配上面包师们为纪念战争胜利烤制的羊角面包。这种面包是使用多层面团才卷成羊角状的，这是土耳其人的象征，昔日显得很可怕，如今却被人们放入口中大快朵颐。

◆ 司法

“投毒事件”：路易十四宫廷的惊天丑闻

1682年 **法国**·故事还要从十年前说起。1672年，投机家戈丁·德·圣克洛瓦去世后，人们在清点财产时发现了一些奇怪的东西：他的情妇布兰维利耶侯爵夫人的信件，其中坦白了一些谋杀罪行，还有他亲手签署的借据，以及多瓶砒霜。这就是著名的“继承者毒药”，布兰维利耶侯爵夫人貌似大量使用了该毒药：为了摆脱所有男性的管制，独吞家庭财产，她毒杀了自己的亲生父亲和两位兄弟。1676年庭审期间，就在被执行死刑的前几天，她供出了一个巨大的毒药交易网，而她远远不是唯一的顾客。

投毒人的名单越拉越长。法国教士、总收税官皮埃尔·路易·赖希·德·佩诺捷被指控于1669年毒死了他的前任。1676年被侯爵夫人供出后，他在高级神职人员的帮助下成功脱罪，因为教会不想卷入丑闻。他还“捐赠”了50万埃居，科尔贝从他手中收取了这笔钱用来挖掘米迪大运河。

然而1679年，随着卡特琳·蒙瓦森夫人被捕，“投毒事件”卷土重来。蒙瓦森夫人常被客户称为“邻居”。针对她的指控不胜枚举：女巫、招魂者、毒师、黑弥撒组织者……1680年，她被活活烧死。

故事到此结束？才不是。她的女儿开始滔滔不绝地供认，甚至还牵扯到了宫廷名流，其中有苏瓦松伯爵夫人、鲁尔伯爵夫人、波利尼亚克伯爵夫人和卢森堡元帅。更严重的是，她还指控了蒙特斯庞侯爵夫人，这位国王的情妇及其膝下多名合法孩子的母亲。

王家干预。路易十四中断了1679年为此案特设的“火焰法庭”的调查，推翻了法庭的结论，并在阅读了呈报的卷宗后决定终止对“投毒事件”的调查。

卷宗中到底是什么内容呢，各位自己想象去吧……

宫廷生活

法兰西宫廷迁往凡尔赛

历经将近20年声势浩大的工程建设后，富丽堂皇的凡尔赛宫终于准备好迎接法兰西宫廷了。5月6日，法兰西宫廷离开了圣日耳曼昂莱宫，迁往凡尔赛。作为新的政府所在地，凡尔赛从此变成了权力的中心 。

1682年

法国·致敬路易十三。腼腆又恐惧公共场所的路易十三没什么其他爱好，唯独喜欢清静地待在凡尔赛的大地上追捕猎物。因此，1623年，他命人在凡尔赛一片被沼泽包围的平地上建造了一座简陋的狩猎行宫，10年后行宫又被扩建了。

记忆对于波旁家族来说尤为重要。路易十四没有机会了解他的父亲（在他5岁时父亲就去世了），出于孝心，也可能是想逃离令人讨厌的巴黎，他对凡尔赛进行重建。他决定在这里建造一座名副其实的不朽宫殿。

城堡。1664年，在保留父亲原有行宫的基础上，路易十四启动了声势浩大的修建工程：建筑师勒沃将现有城堡的面积扩大了三倍，勒布伦负责美化装饰，勒诺特尔负责园林设计。1664年至1671年间，大运河、橘园、动物园、忒提斯山洞陆续竣工面世。

从1678年开始，在朱尔·阿杜安-芒萨尔的带领下，工人们相继打造出国王套房和王后套房、大使楼梯、镜廊、战争厅、和平厅，还有大小马厩。

简直难以置信，拥有2 000个房间、坐拥6万平方米的宏伟建筑能够在如此短的时间内从一片沼泽中拔地而起。

花园。凡尔赛壮观的园林设计尤其值得称道。自1662年起，国王前任首席园林设计师之子安德烈·勒诺特尔便着手对园林进行设计。

这位沃勒维孔特城堡的园林缔造者，对凡尔赛宫园林做了法式设计。园林中散布着大大小小的池塘、喷泉（据说超过1 000座）、树林、运河、雕像，这一切都是“太阳王”（路易十四）荣耀的象征。

这项工程异常艰难，因为首先要将沼泽抽干垫实，然后再引水。要知道，要铺设30千米的铅管才能把邻近池塘的水源引到凡尔赛宫园林。此外，还要在比耶夫尔河上建造一座大坝，设计“马尔利机械”来抽取塞纳河的水。大运河于1679年竣工，占地23万平方米，周长超过5千米。勒诺特尔在设计园林时，大量运用了光学和视错觉的设计，这项设计早在1630年至1640年间就在法国出现了。因此，所有花园和小树林与大运河顶端连在一起，在地面上形成了梯形，而人们看上去却是完美的四方形。

所有这些都是为了制造惊喜，让人们可以从城堡的各个角度发现园林的不同美景……它会带来视觉上的错觉：同一个池塘，从不同的位置看大小也会不一样。

施工一直在继续。不管是城堡还是园林，施工一直没有结束。我们敢打赌这估计要持续到“太阳王”统治结束。在最辉煌的时期，凡尔赛宫占地80平方千米，它的外墙绵延43千米，共设22个出入口。

上百个园丁打理着凡尔赛园林，让它维持着君王希望看到的模样。1685年，凡尔赛宫大大小小的工地上将有多达35 000名工人在夜以继日地忙碌着！

《凡尔赛宫及其园林全景鸟瞰图》，
皮埃尔·帕特尔，1668 年

政治

“黑人法典”和“白色黄金”

1685年

法国·财政大臣科尔贝和他的儿子塞涅莱侯爵应路易十四的要求，起草了一部法典来规范加勒比法属“产糖岛”上的奴隶的行为。1685年3月，随着国王敕令的颁布，新的法典出炉。法典包含前言和六十个条款，规定了奴隶是一种资产，一种可以买卖的不动产。奴隶主应将他们培养为良好的基督徒，并监督他们履行宗教义务。允许体罚（鞭笞、铁烙、截肢……）。原则上禁止发生性关系，但实际上只是加以约束，只要确定所繁衍的后代依然为奴即可。“黑人法典”同时也是一种贸易规定：什么也别想阻止奴隶贸易，更别想妨碍蔗糖和热带特产的运输。糖这种在法国消费需求日趋旺盛的“白色黄金”，价格极其昂贵。

◆ 宗教

法国人全民信奉天主教

1685年

法国·犹太教徒自然不是法国国王的子民。不过从此以后，新教徒也和他们一样了。

路易十四未能遵守祖父亨利四世的遗志。10月18日，他颁布了《枫丹白露敕令》，废除了1598年允许新教徒拥有教区的《南特敕令》。

在这一点上，路易十四深受忏悔神父拉雪兹以及平民出身的王后曼特农夫人的影响。国王被说服了，于是便有了悲剧般的“龙骑兵迫害行动”，著名的龙骑士雇佣兵冲进新教徒的家中，掠夺他们的财物，强奸他们的女儿。他的王国不再有新教徒。随后，塞文山区身穿衬衫和裤子的“卡米扎尔”（camisards）顽强抵抗，成千上万名法国新教徒背井离乡，流亡到英国、荷兰和德意志各个邦国。

这不仅仅是一场人口灾难，也是一场经济灾难：这群受过良好教育、掌握先进技术的优秀人才，连同他们的知识与才能，从此远离了法国这块土地。

新闻 娱乐

圣日耳曼大街普罗可布咖啡馆开业

法国·圣日耳曼大街上，就在路易十四新建的法兰西喜剧院对面，巴黎首家咖啡馆——普罗可布咖啡馆——开业了。毫无疑问，它将成为全城所有作家的必经之地。普罗可布咖啡馆的历史起源于一位梦想着发财致富的西西里巴勒莫人，弗朗切斯科·普罗科皮奥·科尔泰利。凭借着在图尔农街一间酒吧中积累起来的丰富经验，他发现了当时一种使人沉醉的新式饮品——咖啡。

从1672年起，法国圣日耳曼集市的某些小店中就开始售卖咖啡了。而在英国，一个叫爱德华的人约于1652年开设了伦敦首家咖啡店。意大利的首家咖啡屋则创立于1681年的威尼斯。

快讯

1681年

伦敦市安装了第一批路灯。

1690年

皮埃尔·米尼亚尔被任命为王室首席画家。

◆ 国际

暹罗国王制衡荷兰人

9月1日，暹罗使节来到凡尔赛。有必要来一场表演欢庆了！

1686年

法国·这些暹罗人太有趣了，他们戴着滑稽的尖顶帽，跪拜时拒绝抬眼看国王。他们向君主告别时，竟然还双手合十倒着退出镜厅。

这是继1681年和1684年之后，暹罗国王那莱第三次派使节出访法国宫廷。他想通过和欧洲联盟来巩固王位，而路易十四则渴望摧毁荷兰人在亚洲的繁荣贸易，使法国在亚洲贸易中能够有一席之地。

所有人都要大失所望了：两年后，那莱被推翻，荷兰东印度公司继续垄断着东亚和欧洲之间的贸易往来。

宫廷生活

光屁股的国王

1686年

法国·如果11月18日清晨7点钟您在场的话，您一定能够在凡尔赛宫国王寝殿中看到这滑稽的一幕。国王俯卧在床，身下垫了一个枕头支撑他裸露在外的屁股，肛门被一个医用拉钩大大地撑开。

他可不是一个人。除了他的御医们，如居伊-克雷桑·法贡和主刀的外科医师夏尔-弗朗索瓦·费利克斯之外，曼特农夫人也陪在床边，握着他的手。

国王已经连续数月饱受肛门直肠瘘之痛。费利克斯医生在数十个患有此疾的可怜人身上试验并把他们送上西天，之后，他设计了一种顶部弯曲的手术刀，可以在不用麻醉的情况下切除脓肿。现在一切准备就绪，可以对“王家屁股”动手术了，而且没有出现致命性出血的风险。

三个小时后，费利克斯雀跃地宣布，手术成功了。国王很高兴，因为不久之后他可以重新跨上马背了。与平时一样，尽管要忍受痛苦，尊贵的陛下依然英勇无畏。

灾害

利马被夷为废墟

1686年

秘鲁·又一次，新西班牙的土地遭到严重破坏。今年10月20日，一场强烈的地震袭击了利马，短短几个小时几乎将整个城市摧毁，并造成600余人丧命。该地区似乎极不稳定，1619年特鲁希略和1664年伊卡就已经遭遇地震侵扰。

当务之急是，居民们要尽快撸起袖子来投入重建工作。

社会

“犬公方”

1687年

日本·这位人物实在非比寻常。声名显赫的德川家族自1603年起便开启对日本的铁腕统治，如今已延续至第五代幕府大将军。如今这位大将军是一位动物事业捍卫者，尤其偏好保护流浪狗。

他刚刚颁布了一项护犬令。以儒家学说的名义，并遵照他推行的“生类怜悯令”，他规定从此以后禁止杀狗和虐狗，违令者最高可判死刑。

狗年出生的德川纲吉不仅聘请兽医，还安装了上千个狗食槽，并将江户的一大片区域划归犬类专用。

不得不承认，与他同时代的人很难理解这种细心呵护，很快给他起了一个外号“犬公方”，即“狗将军”。在这里，“狗”就真的是一种辱骂了。

◆ 政治

英国革命：对，两次了！

1689年

英国·凡尔赛宫是不是要变成英国斯图亚特王朝国王被臣民驱赶后的避难所了？

1649年，当第一次英国革命结束，查理一世命丧断头台后，他的儿子们来到法国避难。1660年，查理一世的长子重新登上英国王位，加冕为查理二世。谨慎的查理二世时刻注意着不去激怒他的新教徒臣民们，直到死的那一刻才真正回归天主教。

但他的弟弟、1685年继位的詹姆士二世就完全不同了。作为一名不折不扣的天主教徒，他认为自己是一位绝对君主，就像路易十四一样。1688年，当他宣布为儿子进行天主教洗礼时，伦敦爆发了革命。12月22日，詹姆士二世逃往法国凡尔赛宫避难。

《权利法案》。一国不能无主，于是英国人很聪明地接回詹姆士二世的女儿玛丽为王。玛丽由于嫁给了荷兰执政、奥伦治亲王威廉，所以已经成为新教徒。当然谁也不用嫉妒谁，他们夫妇俩一个是玛丽二世，另一个是威廉三世。不过，经验告诉我们，凡事不可轻信于人。所以在统治之前，他们必须发誓遵守1689年2月13日议会表决通过的一项新法案，即《权利法案》。一言概之，没有议会的支持，国王无权想做就做：不得随意开战，不得随意征税，需要举行定期、自由的选举，需要尊重教会自由和各市特权。英国君主立宪制就此诞生，这是欧洲第一个真正意义上的民主政体。

未来，在英国，国王或女王将统而不治。

◆ 文学

古典还是现代？

1688年

法国·这个世界还没有那么快就改头换面。很久以来，那些崇尚伟大先辈的人就反对新生派，以捍卫他们那个时代的灿烂果实。这一点在文学领域尤为突出。

在路易十四的世纪，在这个必将载入史册的历史时期，文学两大阵营发生了激烈的碰撞。

一派是“崇古派”，主要人物有布瓦洛、拉辛、拉封丹和拉布吕耶尔，他们崇尚古代的古典作家，主张模仿他们的作品。另一派是“厚今派”，代表人物有佩罗、丰特内勒和高乃依。

崇古派蓄势待发，通过布瓦洛《诗的艺术》阐述他们的观点。而厚今派则借助高乃依的《波利耶克特》，在这部悲剧中基督教取代了神话。此外，还有夏庞蒂埃的《论法语的卓越性》，以及丰特内勒的《古今别话》。

纪念碑上的铭文用拉丁文还是法文更合适？《荷马史诗》是翻译成拉丁文以尽可能贴近原文情境，还是翻译成当代读者易懂的语言更好？数不清的问题引发了整个文坛的头脑风暴……

我们敢说，答案极有可能要很久之后才能揭晓。

◆ 肖像

拉布吕耶尔让我们有品格

1688年

法国·如果生存的考验能够磨炼人的品格，那么让·德·拉布吕耶尔注定要书写属于他的篇章。这位《品格论》的作家曾经历过备受欺凌的人生。

出身于乡下一个卑微的家庭，他继承了叔父的遗产才得以安身立命。后来财产被偷，他只好来到孔代家族当内仆。诚然，他是孔代家族继承人的家庭教师，但是对于一个血统高贵的亲王来说，他除了是一个在教育方面有点能力的仆人之外，还能算什么呢？

拉布吕耶尔在那里观察着世风人情、大人物和有钱人的傲慢、他人的凌辱，并以此刻画了笔下一个个人物画像，让这部作品大获成功。

1693年，这位伦理学家当选为法兰西学术院院士。在饱受“古今之争”牵连，并被丰特内勒持久和严厉地打压后，他的才华终于得到了一份迟来的认可。

◆ 司法

不受欢迎的女巫

1692年

北美·马萨诸塞的塞勒姆小镇上演了一场牵涉数人的女巫惨案。

1691年至1692年的严冬，小镇上一些年轻女孩出现了奇怪的症状，例如她们会胡言乱语讲一种未知的语言，医生们也束手无策。她们的父母迫使她们讲出“实情”：她们都被施了巫术！“塞勒姆女巫审判案”就此开始。这些少女揭发了3个女人：乞丐萨拉·古德、年迈的萨拉·奥斯本和女奴提图芭。她们又接着指控其他人，最终80人被投入监牢。1692年10月27日，大型审判开始了。除1人外，所有被告都被判刑。其中20人被执行死刑（19人被处以绞刑，1人被巨石堆压死），其他人被判处终身监禁。

灾害

西西里岛大地震

1693年

意大利·西西里岛东南部瓦迪诺托发生了岛上有史以来破坏力最大的地震。

1月11日晚上9点左右，这场空前强烈的地震袭击了西西里岛，短短四分钟时间内摧毁了卡塔尼亚、拉古萨、锡拉库萨以及其他数十个城镇。地震引发的海啸袭击了海岸。

除了物质损失之外，人员伤亡也非常惨重。地震最终造成约6万人死亡。

◆ 经济

窗户也要上税！

1695年

英国·威廉三世的收税官可谓想象力非凡，只为能多薅一点纳税人的羊毛。12月13日，他们发明了一项新税种——窗户税。它的原理很简单：您的房子越大，窗户就越多，您就越有钱，因此就要缴纳越多的税。

这项新税产生了双重影响。出人意料的是，富裕人家为了摆阔气，显示他们属于豪门精英，不但不隐藏他们的窗户，还会在墙上漆上以假乱真的假窗户，以使自己看上去更有钱、更高贵。

而对于中产阶级和劳苦大众来说，结果恰恰相反。房主人都忙不迭地堵上了窗户。这下倒霉的可就是租客了。

讣告

1695年

亨利·普赛尔是17世纪最伟大的英国作曲家，这无可争议。

◆ 文化

1696年

小心邮局罢工

我们特别担心塞维尼夫人。整整25年了，她几乎每天都写信给她的女儿格里尼昂夫人。这位伯爵夫人年事已高，是不是该去普罗旺斯亲爱的女儿家安度晚年了？

法国·塞维尼夫人，原名玛丽·德·拉比丹–尚塔尔，对儿子查理不怎么上心，却唯独对女儿弗朗索瓦丝·玛格丽特表现出令人窒息的母爱。1669年，玛格丽特寻得佳偶，嫁给了富贵显赫的弗朗索瓦·阿代马尔·德·蒙泰伊·德·格里尼昂。同一年，新婚丈夫赴任普罗旺斯摄政官，格里尼昂夫人心想这下就和母亲相隔千里了。

塞维尼夫人很失落。于是我们这位文学瑰宝，从1661年2月女儿动身前往南法两天后，就不间断地写信给她。两位夫人之间的往来书信多达数百封。

这些书信见证了这一时期的社会风貌，犹如一部时代编年史，成为后世名副其实的瑰宝。1725年，首批书信构成的《书简集》出版问世。

◆ 文学

1699年

谁将获得下一个“国王奖金”？

法国·在长达半个多世纪的统治后，我们的“太阳王”终于抽出空来为最伟大的作家们颁奖了。

高乃依，不朽的作家，著有《熙德》和多部历史悲剧，如《贺拉斯》《西拿》《罗多古娜》《波利耶克特》。他获得了马萨林授予的1 000利弗尔奖金。

莫里哀可不单单从国王这里领取“文人奖金”，他还继承了一项家族工作：“宫廷陈设商和国王侍从”。一年中总有一个季度，每天清晨当国王起床时，他在君侧履行这份职责。不过这也完全不妨碍他创作并表演《可笑的女才子》《夫人学堂》《伪君子》《恨世者》《悭吝人》《无病呻吟》等杰出作品。

还有一个幸运儿，那便是**拉辛**，他每年获得800利弗尔的奖金，同时担任国王的史官。这项任务可以使他经常伴君左右，因为他要记录国王统治期间的历史事迹。自1665年《亚历山大大帝》开始，拉辛的剧作日益丰富，陆续创作了《昂朵马格》《讼棍》《布里塔尼居斯》《巴耶塞特》《费德尔》等作品。

每个领域都会有“丑小鸭”。而这个角色当由**拉封丹**扮演。这位《寓言诗》的作者是一位忠心的朋友：他多年为财政大臣富凯效力，哪怕富凯后来失宠并被国王下令投入监狱，他还是一如既往地支持和维护富凯。路易十四可不能够接受如此正面顶撞他的人，他对拉封丹始终兴味索然，当然，奖金也没有！

如今，这四位文坛奇才都已离我们而去了。不知道谁会有幸再次俘获国王的心呢？

◆ 社会

殡仪人员的反抗

1696年

荷兰·在阿姆斯特丹，什么稀奇事儿都会发生！因为要缴纳一项新税，阿姆斯特丹的殡仪人员奋起反抗，他们的方式既激进又特别。

1696年1月31日至2月1日这两天，他们拒绝提供殡葬服务，也拒绝将死者下葬。这个方法很管用：第二天晚上，这个税就消失了……

还好事情就此画上句号，因为这次反抗行动的名字“Aansprekersoproer”，其发音对于那些新闻评论员来说实在是太难读了。

◆ 政治

兴致盎然的彼得·米哈伊洛夫

1697年

俄国·嘘！所有人都知道，但谁也不许说。沙皇彼得大帝正在和他的“庞大使团”出访欧洲呢。

这位罗曼诺夫子孙非常特立独行，他化名为彼得·米哈伊洛夫士兵，跟随三位大使出访。他先后到访了荷兰、英国和神圣罗马帝国，但没有去法国，因为法国是他的敌人土耳其的盟友。不过还有更厉害的，在这次长途旅行中，他学到了多项技能：他在柯尼斯堡学习了炮兵技巧，在阿姆斯特丹做木工学徒……因为每次对培训的结果都特别满意，他还给自己颁了一个证书。

人们不知道的是，这些技能总有一天会派上用场。

潮流

明天，剃须免费啦

1698年

俄国·彼得大帝从欧洲游历归来后，就准备让沙俄改头换面了：再见了传统的卡夫坦长袍，现在人们要穿礼服。还有更重要的，男人必须刮胡子。当然了，宗教人士除外——您能想象出一个没有胡子的耶稣吗？国王一纸敕令，禁止男性留有原本让人引以为傲的男性象征：毛发。问题是，跟大多数情况一样，在幅员辽阔的沙俄，越是远离权力中心的地方，法令的执行效果就越差。在宫廷里，胡子确实不见了，可是外省地区依旧一片茂密髯毛。该怎么办呢？那就收税吧。于是，人们打造了一种特制的硬币，正面刻着一个大胡子和数根胡须，反面刻着一句话“税已付清”。所有留胡子的人以后都要把它缝在衣服上，放在显眼的位置。

◆ 美术

梦寐以求的拍卖会

17世纪的绘画都是大师作品！它们历久弥新。

1699年

法国·尽管拍卖会在法兰西王国并不是什么新鲜事儿，因为它在16世纪貌似就已经出现了，至少形式上跟我们现在已知的没什么两样，但今年的这场拍卖会却因为拍卖目录中首批赫赫有名的作品而有所不同，其中包含了290多幅名画和版画。

欧洲艺术不乏伟大的杰作。可想而知，如果名画中的精粹全部集中出现在同一场拍卖会上，该是怎样的一种盛况。

伦勃朗的铜版画便在此之列。它们是收藏家米歇尔·马罗勒神父卖给路易十四的224幅作品中的一部分。其中还有他的巨幅画作《夜巡》。画家的用色暗沉，为了在感观上更加突出，伦勃朗采取了明暗法，他也是这种技法的大师之一。

约翰内斯·维米尔的作品也荣膺此列，例如他的《倒牛奶的女仆》和《地理学家》。荷兰画家的作品均为风俗题材，取材于日常生活，而且只有内景画。在佛兰德斯绘画的黄金时期，由于加尔文宗的严令禁止，几乎没有什么宗教题材画，却涌现出了主题多样的其他题材画作：肖像画、历史画、农民生活风俗画等。

《地理学家》，约翰内斯·维米尔，1669 年

这场让人梦寐以求的拍卖会上还有一些法国和西班牙画家的作品。其中有名的画家有**乔治·德·拉图尔**，一位用明暗法描绘光线（一根点燃的蜡烛发出的光）和室内景物的画家，以及**路易·勒南**，他以室内画著称，其代表作有《农民的晚餐》。此外还有**迭戈·席尔瓦·委拉斯开兹**，他在马德里供职期间将宫廷肖像艺术发展到顶峰，《唐·卡洛斯亲王的肖像》便是其中的典型代表。

为了增添一点异国情调和出人意料的惊喜，拍卖目录上还增加了来自中国的明代青花瓷。青花瓷的原材料是高岭土，因来自官窑附近的开采地高岭村而得名。

毫无疑问，这些独一无二的作品起价一定非常高昂。

《路易十四游览凡尔赛宫北花园》，艾蒂安·阿列格兰，1688 年

18世纪

◆ 政治

西班牙来了一位波旁子孙

1700年

西班牙 · 这是一位充满魅力的年轻王子。11 月 16 日，在他 16 岁时，命运的垂青让他登上了西班牙王位。他便是路易大帝的孙子安茹公爵腓力。今天，他以西班牙新国王腓力五世的身份来拜访凡尔赛宫。

西班牙哈布斯堡王朝最后一位国王卡洛斯二世在遗嘱中明文指定腓力为继承人。作为一连串近亲结婚繁衍的后代，这位已逝的国王不仅遗传了家族特有的“哈布斯堡唇”（下颌前突畸形），还因为大舌头而不停地流口水。再加上他癫痫频繁地发作，并在生前最后一段时间患上了妄想症，所以他还曾经失手杀死了一位朝臣，以为这个人是一头狼。很明显对于西班牙人民来说，国王换成腓力五世稳赚不赔。

不过问题是，没有一位欧洲王公对波旁子孙统治马德里感到高兴。一场恶战似乎在所难免了。

人口

法国人口众多 2 000 万居民

1700年

1700年的法兰西王国大约有2 000万人口，相当于欧洲每4个人中就有1个是法国人。巴黎有50万人口，是仅次于伦敦（约有55万人口）的欧洲人口第二大城市，其人口远多于那不勒斯（约21.5万人口）。18世纪欧洲人口将出现爆发式增长。对比一下，1700年前后的中国约有1.4亿人口。

◆ 工程

沃邦重改要塞

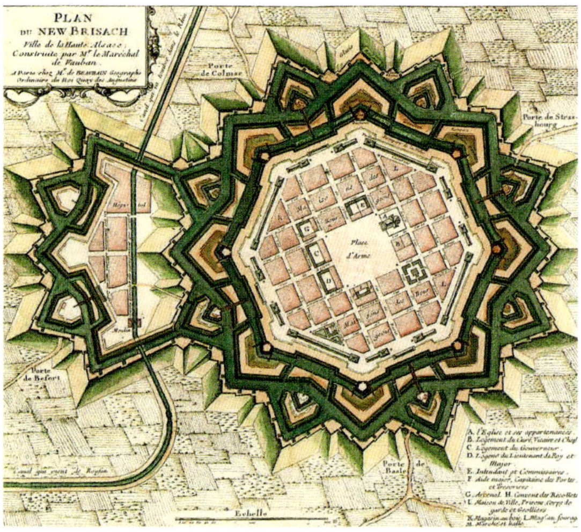

法国·自1643年路易十四登上王位开始，战争就无处不在。防御要塞成为兵家必争之地。塞巴斯蒂安·勒·普雷斯特尔·德·沃邦提出了一套边境防御工事体系，该体系充分利用天然地理屏障将要塞连成一体。这位不知疲倦的军事工程师还发明了一项新的攻城术，通过挖掘蛇形堑壕来缩短围攻战的时间。

1655年，年仅22岁的沃邦就获得了马萨林亲手颁发的“国王的工程师”授职敕书。自1678年起，他开始担任筑城总监。沃邦一生共修建33座新要塞，改建300多座旧要塞。他非常擅长利用天然地势修建要塞。此外，他还致力于军事建筑的统一和标准化。在他的努力下，多座新城市拔地而起。1698年，在阿尔萨斯地区，他根据一张八角形方格图建造了新布里萨克市之后，又建立了新布里萨克要塞。从这时开始，他的设计有了新的变化：炮兵位设在棱堡高处露天位置，此外城堡还设有两道防线，一道内层防御城墙，还有一道外层的战斗城墙。

1703年

1703年1月14日，沃邦被任命为法国元帅。获此殊荣，他实至名归。

快讯

1707年

苏格兰和英格兰投票通过了《联合法令》，大不列颠王国诞生了。

1709年

一位意大利农民在替埃尔伯夫伯爵挖井时，发现了一些雕像和大理石块。他刚刚揭开了赫库兰尼姆古城的神秘面纱。考古发掘工作可以开始了。

浅野

◆ 传统

为了浅野，全体切腹自杀

在日本，“为主尽忠”并非一句空口无凭的废话。“四十七浪人”的故事就是最好的见证。

1703年

日本·“浪人”是没有主君的武士。而这里提到的这些浪人，实际上曾经有过一名藩主，他是一位“大名”，名叫浅野长矩。由于遭到了幕府司礼官兼总管吉良义央的辱骂，浅野一时冲动，在江户城幕府内失仪拔剑。根据礼制，这是不可原谅的以下犯上，只能通过“切腹”这种自杀仪式来谢罪。同一天，即1701年4月21日，浅野切腹而死。

然而，对于浅野手下的四十七名武士来说，主君是遭人陷害而死，他们发誓要为主君恢复名誉。他们精心准备了复仇计划。1703年1月31日，他们包围了吉良的府邸，杀死了吉良，随后前往幕府。被判切腹后，同年2月4日，一行人全部切腹而死。

四十七名武士忠心报主，在日本堪称楷模。他们死后全部葬于泉岳寺主君浅野的墓边。

讣告

莫平小姐，红极一时的法国女歌唱家，巴黎歌剧院多年来的金字招牌。

新闻

文化

欢迎来到《每日新闻》

1702年

英国·1702年3月11日，英国第一家日报《每日新闻》首刊发行，为人们提供国外资讯。在薄薄的一张（两栏）报纸上，我们可以了解到荷兰或法国的时事动向。报纸的基调客观中立，读者自成观点。希望报纸能够一直办下去！

宫廷生活

沙皇娶了位女仆

1712年

俄国·很难想象还有比这更不登对的婚姻。他，彼得大帝，是全俄沙皇；而她，叶卡捷琳娜，只是一位女仆。但是，他们相爱了。

他们最初各自的生活都不幸福。沙皇娶了欧多西亚·罗布金娜，这是一位虔诚的修女，每天以祈祷为主，时不时搞些阴谋。沙皇将妻子送去了修道院，之后离婚了。而叶卡捷琳娜的日子更为艰难：她原名玛尔塔·斯卡夫龙斯卡娅，出生于波罗的海附近利沃尼亚的一个贫苦家庭，幼年丧母，后来被一名瑞典军人玷污后不得不嫁给他。

1702年，俄国将军缅希科夫和他的军队攻占了玛丽恩堡，赶走了瑞典人。这时，幸运之神眷顾了。玛尔塔成为缅希科夫的女仆，并得到了他的欢心。他把她变成了自己的情妇，并带她回了圣彼得堡。但他却犯了一个严重的错误：在一次宴请中，受邀的沙皇遇到了玛尔塔——此时已改名为叶卡捷琳娜，并对她一见倾心。她成了沙皇的情妇。1711年，彼得大帝秘密迎娶了她，随后两人又在1712年3月1日正式结婚。

1725年彼得大帝去世后，她成为俄国女沙皇叶卡捷琳娜一世，对俄国实行了两年的统治。

◆ 经济

蜜蜂的寓言

1714年

英国·长居伦敦的荷兰医生贝尔纳德·曼德维尔决定征用无辜的蜜蜂来讲一个拐弯抹角而又残酷的寓言故事。

1705年，曼德维尔首次发表《蜜蜂的寓言》，最初的标题为《抱怨的蜂巢或骗子变作老实人》。他在寓言中设想了两种蜂巢。第一种蜂巢里住满了勤劳善良的蜜蜂，它们无私地为整个团体奉献，无休无止地工作来维持蜂巢的运转。而实际上，这个蜂巢终将走向毁灭。它们创造财富的唯一可能性被抹杀了，因为它们缺少一样必不可少的要素：恶德。而对于这一点，此书的副标题“私人的恶德，公众的利益”就说明了一切。不过，这个蜂巢却可以支配另外一个蜂巢。第二个蜂巢里，每个小蜜蜂都只想着满足自己的私欲，并千方百计达到目的，竭尽全力地利用那些比它们单纯、老实、没那么爱欺骗的同类。如果蜜蜂们都贪恋物质，那么这个蜂巢就会繁荣起来，因为“成千上万只蜜蜂都会忙碌起来，来满足另外一群蜜蜂的虚荣和野心，后者就是专门消耗前者的劳动成果的”。

自私的辩词。这种对于自私和个人私欲的辩护引起了公愤。大不列颠人毫不迟疑地将曼德维尔称为“魔鬼代言人”。他敢于推翻蜂巢的古老神话——那个为了共同目的的集体奉献的社会模型。从此之后，个人成为一个经济要素。

社会

2月30日：瑞典的稀罕事

1712年

瑞典·瑞典人是不是喝高了？他们的1712年竟然有2月30日这一天！

1582年，教宗格列高利十三世进行历法改革，这样一来人们晚上入睡时是10月4日，第二天醒来就变成10月15日了……虽然有些奇怪，但是天主教国家还是照着做了。而当时的瑞典人是新教徒，他们决定保留旧的儒略历法。起初，一切安然无恙。但随着日子越来越久，约时间变成了一件让人头疼的事！瑞典日期和欧洲日期越来越对不上了。中间甚至相差了10天！

1700年，瑞典决定采用格列高利历，从1700年至1740年取消闰年。然而很快，瑞典与俄国之间爆发了大北方战争，所有人都忘了历法这件事。直到1711年，大家决定重新使用儒略历法。可是问题来了：虽然说1704年和1708年什么也没改，但是1700年却的的确确拿掉了1天。所以，这就是为什么1712年的2月有30天了……

记事本

今晨 8 点一刻 “太阳王”与世长辞

1715年

法国·今日清晨，路易十四于凡尔赛宫逝世，漫长的折磨终于结束了。8月初他最后在马尔利城堡小住时，这一切就已经初见端倪。他的左腿让他痛苦不堪，随后上面布满了黑斑。“陛下，如果病了要待在凡尔赛宫才是。”医生们都这么说。于是国王立马动身离开了马尔利。不过，当时他的主治医生法贡将病情诊断成了坐骨神经痛。他们让他洗驴奶浴、敷樟脑液，但这些不起任何作用。随后人们才意识到，原来国王的腿正在因为坏疽症而腐烂。

8月25日，国王强忍着疼痛接受了临终圣礼，随后他见了下一任国王，年仅5岁的路易十五，并给了他一些临终的忠告：不要过于热衷于战争，要让国民安居乐业，不要像他一样耗费巨资修建宏伟的建筑。

9月1日清晨，“太阳王”长达72年的统治画上了句号。

◆ 经济

1713年

不是我，是“阿西恩托”

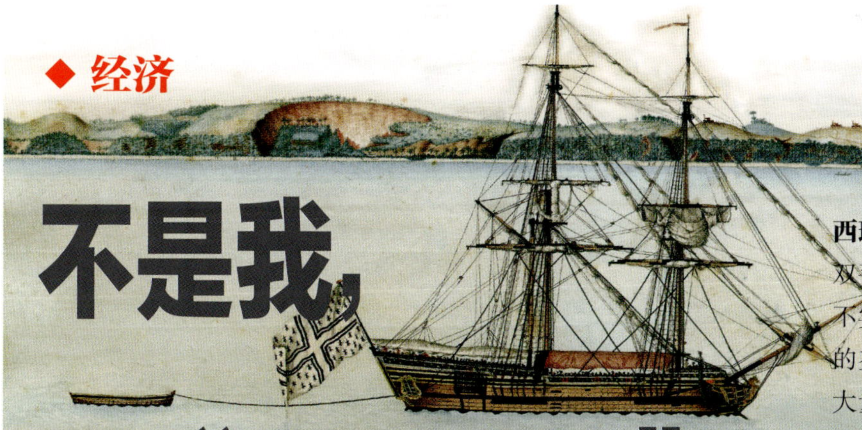

西班牙·西班牙王室总喜欢昂着高贵的头颅，双手不沾一丁点（算是吧）尘埃。西班牙自己不实行奴隶制，却从 1519 年开始将这项国家的垄断权让给了私人。面对黑奴贸易招致的大量非议以及南美西班牙殖民地日益旺盛的需求，西班牙国王决定将奴隶贸易的特权交给其他国家，自己只收取一笔特许费，即“阿西恩托”（asiento，意为进口黑人许可证）。

随后，葡萄牙、荷兰和法国都曾陆陆续续地接过这份差事。不过，战争的不幸让命运重新洗牌。1713 年，随着《乌得勒支和约》的签订，英国获得了 30 年的黑人贸易垄断权。从此，他们就可以将这些黑人运到新西班牙，充实那里广袤的土地了。

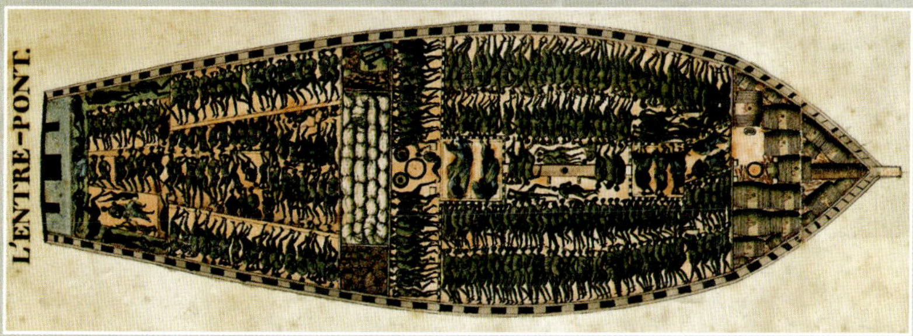

宫廷生活

可怜的安汀公爵

1717年 **法国**·啊，安汀公爵这下可有的抱怨了。因为，作为一位地道的帕达兰家族的成员，他被摄政王奥尔良公爵菲利普安排了一项异常艰巨的任务：迎接和招待5月7日至6月21日访问巴黎的沙皇彼得大帝。

这可不是一个好伺候的主儿！首先，他很讨厌官方招待会，却常常心血来潮“微服私访”。不过，这位大嗓门、不修边幅、身高超过2米的巨人，走在满是法国人的大街上想不被发现都难。更何况，他还有一大群穿得破破烂烂、嘴里叽里呱啦不停讲着俄语的宫廷随从。而且，实心眼的沙皇还很乐意那些市井小民接近他，不管见到什么稀奇玩意儿就“哗”的一下冲进店铺或工坊里一探究竟。

当见到年仅7岁的路易十五时，彼得一世还把他抱了起来，亲了亲他的两颊，还亲昵地挠乱了他的头发。凡尔赛宫还有的受呢……最糟糕的是在餐桌上。他吃得很少，但喜欢纵酒狂欢，把那些下人灌得在桌子下打滚。沙皇在正餐之间也大量饮酒。奇怪的是他很少喝醉。一位非常了解他的外交官看出了他的统治方法：在酒精作用下，那些宾客什么实话都会说，不管有多危险。

安汀公爵用来招待沙皇的巴黎府邸貌似要整个儿翻修一下了。帷帘被扯掉一地，家具破损，餐具被乱扔在庭院里，更别提那久久挥之不去的尿臊味了。酒酣饭饱的人不管在哪里都就地解决。

◆ 美术

华托留给后世的最后一幅代表作：《热尔桑的画店》

法国·安东万·华托刚刚被肺结核带走了36岁的生命。这些年他一直住在朋友巴黎画商热尔桑那里。热尔桑1718年在圣母桥35号成立了一家画店。华托就是在这里画了那幅名作《热尔桑的画店》。

这幅油画原本是用来当作店面“招牌”，好让路人留意热尔桑的画店。实际上，这家画店狭小、昏暗，而且塞满了画作，和画家所描绘的大相径庭。《热尔桑的画店》的画面则完全不同，从街上一眼看去，画店内部整洁明亮。画中的人物，气质高雅、打扮精致的淑女和绅士衣着光鲜亮丽，缎裙华服上透着明亮的光泽，他们正在各类画作（希腊裸体画、静物画、风景画……）旁交谈。其他人则欣赏着柜台后面的盥洗室的装饰。墙壁上陈列着多幅精美的画作。

快讯

1716年 2月3日，阿尔及尔发生的大地震致2万余人死亡。所有宫殿都被摧毁。

1719年 丹尼尔·笛福出版了《鲁滨孙漂流记》。

◆ 文学

波斯人看巴黎

1721年

荷兰·《波斯人信札》在阿姆斯特丹匿名发表。出于谨慎，孟德斯鸠并不承认自己就是作者。他从来没有去过东方，最远也只去过维也纳和威尼斯。因此，他并不曾见过郁斯贝克和黎伽的宫殿。这两位主人公也没有来过巴黎，而且，他们根本就不存在。所以，没有什么比这种虚构的信札更适合来揭露一个完全依赖君主意志的社会了。

孟德斯鸠把它当作一面镜子：以他人为镜，通过了解他人来了解自己。17世纪乔瓦尼·保罗·马拉纳在《大领主的奸细》一书中就使用了同样的手法、同样的讽刺语调描述了法国发生的大事件。确实，这些虚构的信札不露声色地完成了使命。若不这么做，《波斯人信札》恐怕就变成政治书籍了。

1721年 **雅宴画家。**《热尔桑的画店》是华托最后一幅大师之作。这位年少时代喜爱素描（尤其是红粉笔画）胜过油画的画家，是一种独特画体的代表：雅宴体。这一时期，巴黎的达官显贵喜欢在自己的府邸或花园召开盛大的宴会。华托在描绘那些在花园中翩翩起舞、调情嬉戏的情侣时，却能够表现出其中的忧伤韵味。在歌舞升平的宴会场景中，他能敏锐地捕捉到那些转瞬即逝的生动形态，以及爱情的矛盾碰撞（例如《尴尬的求婚》《忐忑的情人》），这些是目前为止鲜有画家描绘的主题。华托画中的人物，都是人们生活状态的无声诉说和写照，所以在《小丑吉尔》（又名《皮埃罗》）中，他笔下的主人公在粉白的面庞和宽大的戏服下掩藏着灵魂的一举一动。而如今，这位将郊外雅宴中即兴喜剧的戏剧性和鲁本斯令人震撼的色彩性完美结合的绘画大师永远离开了我们。按照他留给热尔桑的遗嘱，他的所有物品将被出售。

1721年 约翰·塞巴斯蒂安·巴赫完成了他的《勃兰登堡协奏曲》。

1731年 英国颁布了一项法令，禁止在法庭上使用除英语之外的其他语言。

新闻

音乐

您知道“海豚”吗？

1720年 **意大利·安东尼奥·斯特拉迪瓦里**是一位天才弦乐器制作大师。他曾经在克雷莫纳师从尼科洛·阿马蒂，并在后者去世后成为欧洲首屈一指的弦乐器制作师。他在大提琴制作方面非常出色，但在小提琴制作方面造诣更高。他所制作的小提琴甚至被冠以“斯特拉迪瓦里小提琴”的特称。

现在，斯特拉迪瓦里正处于制琴艺术的黄金期。他刚刚完成了“罗切斯特”这把小提琴。较为著名的斯特拉迪瓦里小提琴还有：“少女”、“海豚”、“土壤”、“阿拉尔”和“弥赛亚”。

◆ 探索与发现

复活节当天发现的一座岛

1722年 **太平洋·** 在60岁高龄时，雅各布·罗赫芬为了实现地理学家和航海家父亲的遗愿，带领了三艘船开始向太平洋深处进发。

4月6日，复活节当天，这位荷兰探险家发现了一座岛屿，于是他将其命名为“复活节岛”。

数百名原住民在那里过着俭朴的生活。他们信仰一种立在大石台上的巨石雕像。它们是半身人头雕像，睁着巨大的眼睛。谁也不知道这些雕像到底代表着什么。

法兰西 王国新闻	**1720年** 在尚未蔓延到全省之前，马赛的鼠疫就已造成三四万人死亡，而该市总人口只有九万。	**1722年** 让-菲利普·拉莫出版了《和声基本原理》，一本深受毕达哥拉斯影响的音乐理论作品。

健康

黄热病和黑色呕吐物

1723年

葡萄牙·在葡萄牙王国的首都里斯本，医生西满·费利克斯·达库尼亚第一次在去过南半球海域的水手身上发现了这种疾病。患病的水手突发剧烈头痛，呕吐出呈黑色的物质——因此这一疾病曾长期被称为“黑色呕吐物”。患者受尽折磨、疲惫不堪，最后会因失血过多而死。由于患病者往往出现发热、黄疸等典型症状，这一疾病最终被命名为“黄热病”。

◆ 政治

“猛烈者”腓力五世 两次登上王位的君主！

1724年

西班牙·腓力五世（绰号“猛烈者”）的一生极具传奇色彩。尽管出生时继承王位的可能性并不算大，他却最终登基成为西班牙国王。但这并不能算作他的好运：1711年至1714年间，他先后失去了父亲“法兰西的路易王太子（大太子）”、兄长路易王太孙、第一任妻子和弟弟查理（贝里公爵）……多位亲人的逝世让腓力五世深受打击，产生了难以愈合的心理创伤。

因此，1724年1月10日，腓力五世让位于长子路易一世。但路易一世执政能力有些欠缺，又醉心于狩猎，迫使腓力五世不得不通过儿子继续执政。然而命运女神对腓力如此狠心。1724年8月31日，路易一世因天花驾崩。同年9月6日，腓力五世再次登上王位，直至1746年逝世。

1723年

城市之声

英国第一个共济会总会的幕后故事

英国·1717年6月24日，共济会正式成立于英国首都伦敦。

共济会诞生于旧伦敦一个不起眼的角落。在几年前新建的圣保罗大教堂附近有一座烤鹅大厦，就在那里，安松·塞亚被同僚推举为英国共济会总会的第一任总会长。自此，共济会摆脱了“实践性的石工”性质（会员皆为工匠），转变成为“思想性的石工”团体。共济会拥有一系列象征符号：石匠围裙、测量工具、所罗门神殿（共济会神庙的马赛克路面的灵感来自所罗门神殿）……会员入会之初分三个级别：工徒、工员和工师。成为工师才算作正式会员，之后可逐步晋升到更高级别。

《共济会宪章》。在制度化建设方面，1723年，英国共济会总会确立了共济会最高纲领文件《共济会宪章》，它包含共济会的组织结构、发展历史、规则、责任义务、条例、规章以及通用的行为准则等内容。这部指导手册是由苏格兰牧师詹姆斯·安德森和英格兰圣公会牧师让·泰奥菲勒·德萨古利埃遵照时任共济会总会长约翰·蒙塔古公爵的指令着手编撰的，历时两年才完成。其初衷是为所有共济会会员提供一份可靠的文本，阐明共济会的教义实践、行为准则和责任义务，以结束不同释义可能引起的争端。这一文本将以《共济会宪章》为题名在一代代共济会会员中传承下去。

法国共济会？

巴黎的第一个共济会会所是圣托马斯会所，由一批英国流亡者于1725年创建。

圣灵音乐会
巴黎—1728年

维瓦尔第的《四季》

安东尼奥·维瓦尔第，这位曾经的神父和唱诗班总指挥，凭借其创作的奏鸣曲、清唱剧、歌剧，尤其是协奏曲而闻名世界。他于1725年通过阿姆斯特丹印刷商米歇尔·勒塞纳发布的音乐作品影响了整个时代，也深深影响着未来的几个世纪。

他的一套大型协奏曲（共十二部，作品第八号）中的第一号到第四号，合称《四季》。这是四首独立的小提琴协奏曲，分别以春、夏、秋、冬来命名，各有三个乐章。作品通过小提琴与弦乐队对话的方式来塑造画面感，这是这位出身于意大利的杰出作曲家尤为擅长的音乐表现形式，被后世命名为独奏协奏曲。

维瓦尔第为每首协奏曲都创作了一首十四行诗，用以简单描述每一乐章的音乐内容。为了让您更想亲临音乐会现场聆听，让我们来看看第一部协奏曲的开头诗篇吧：

春临大地，
众鸟欢唱，
微风轻拂泉水，
细声密语潺潺流。

◆ 探索发现

全是钻石 1730年

巴西·这可是1730年最大发现，轰动全球！在巴西的“冷山”弗里奥山，人们发掘出世界上已知最大的钻石矿。据说钻石年产量可达3.6万克拉！

至于这个发现可能带来的负面影响（它总是存在的），那就是可能会使世界钻石面临价格下跌的风险。专家们的担心可能不无道理……在他们看来，当下可不是投资的好时机。

法兰西 王国新闻	**1728年** 让·西梅翁·夏尔丹，法国静物画巨匠，创作了静物画《鳐鱼》，并当选为王家学术院院士。

◆ 娱乐

溜冰鞋

1730年

法国·在法国，人们对滑冰的兴趣来得比北欧国家晚，但之后这些冬季运动越来越流行了。

在凡尔赛，大运河和长长的大道是最受欢迎的冬季游乐场。路易十四的弟妹普法尔茨夫人曾说过，王太子的最大乐趣之一就是溜冰。香榭丽舍大道（或称王后林荫大道）

让蒂伊滑冰场

和雪橇

是当时巴黎最热门的溜冰练习场所。

路易十五时期，雪橇比赛风靡一时。这是国王最喜爱的娱乐活动之一，人人都想拥有一辆装饰得比别人更精美的雪橇。王室的雪橇出行往往是这样的场景：第一辆雪橇用来开路和做标记，紧随其后的是国王的雪橇，之后是载有乐师的第三辆雪橇，走在最后的则是朝臣们的雪橇。

讣告

1733年

弗朗索瓦·库普兰，别名大库普兰，在法兰西宫廷中熠熠生辉。作为一名大键琴大师，他留下了100多部音乐作品，其中多数为宗教作品。

◆ 司法

当着爱人的面被处决

1730年 **德意志**·作为普鲁士的王储，腓特烈（1712—1786）的生活简直就是一场磨难。

直到18岁，他仍然受到父亲腓特烈·威廉一世（绰号“士兵王”）的肆意打骂。对于后者来说，最重要的永远是军队和战争。在腓特烈·威廉一世看来，没有比待在警卫队里一边喝着啤酒一边和士官们谈论军营事务更让人开心的事儿了。有时他也会强迫儿子参加，但效果甚微，因为王储更喜欢艺术、音乐和法国文学。

当王储遇到大他8岁的汉斯·赫尔曼·冯·卡特后，情况发生了变化。他们都是普鲁士军队的成员，共同参加了军营里的数学和机械课程。1730年春天，腓特烈告知卡特（可能已经是他的情人），他计划逃往英格兰。卡特试图劝阻，但未能成功。

8月5日，年轻的王储将逃跑计划付诸实践，却以失败告终，他被囚禁在屈斯特林监狱。这时，通过一封信，国王了解到卡特一早就知晓王储的逃跑计划，卡特因叛国罪被逮捕并被判处死刑。腓特烈·威廉一世极其残忍地下令在王储牢房的窗户下将卡特斩首，并强迫王储目睹整个行刑过程。他们的告别令人心碎。行刑后王储跪了整整三天。

1740年，腓特烈王储登上普鲁士王位，史称腓特烈二世，终其一生他也不曾再次提起卡特的名字。

巴黎地图，1731 年

◆ 旅游

巴黎，一片荒芜的土地

1731年

法国·此时，整座首都还仅限于艾蒂安·马塞尔和查理五世建造的古老城墙之内。自 16 世纪开始，王室曾发布过多项法令，禁止在城墙外建造房屋。

圣拉扎尔监狱附近有一排巨大的树篱。香榭丽舍大道还是一片农耕地。塞纳河两岸大部分地区是荒芜的，仅有几排建在木桩上的房子。右岸的圣安托万、圣殿、圣马丁、圣但尼、蒙马特尔和圣奥诺雷等郊区，以及左岸的圣维克托、圣马尔索和圣雅克，都与巴黎市区相距甚远。

安顿大马路的两边分别是荒地和牧场。当地的农场或谷仓曾是大型农业经营中心，被称作“内河谷仓”。

满是古老墓穴的“圣婴公墓”无疑是首都最奇特的角落之一了。公墓内侧是骸骨堆和坟墓；公墓外，则满是挤满了江湖艺人、浆洗工人的小摊小店。

文化

阁楼上的聚会

1731年

法国·在经历了这个时代特有的知识界空前活跃期之后，夹层俱乐部关门了。

1724年，在效仿英国俱乐部的基础上，夹层俱乐部成立了。该俱乐部位于克雷基酒店（旺多姆广场7号）的夹层，房产所有人是德芳侯爵夫人的情人“埃诺院长”。

夹层俱乐部的创始人是皮埃尔-约瑟夫·阿拉里神父和圣皮埃尔神父，后者几年前曾因为在《永久和平的计划》中对路易十四不敬而被王家学术院开除。在夹层俱乐部，人们讨论的话题不一而足，包括国际政治、贸易、金融……俱乐部成员总数不得超过20人。

1731年，夹层俱乐部被刚刚入选国务委员会的枢机主教弗勒里取缔，原因是其推行的政策遭到了夹层俱乐部的强烈谴责和抗议。

◆ 政治

“米将军”

1733年

日本·过去两年，日本农民的生活极端艰难。

害虫大量繁殖，庄稼遭到严重破坏，到处都在闹饥荒。

幸运的是，此时的日本掌权人是以“贤明”著称的德川吉宗。将军采取了一系列措施来扩大水稻种植规模、调节米价，并鼓励开垦新的土地。由于不是所有的土地都适合种植水稻这种高要求作物，他还鼓励农民种植红薯和甘蔗。他为民生倾注了大量心血，因此被百姓们亲切地称为“米将军”。

◆ 人物

西奥多一世，科西嘉的国王

1736年

科西嘉·谁都知道，有两件事情在科西嘉岛上尤其难以实现：政治稳定和纳税！这些，热那亚人在1347年就体会到了。但这一次，情况比之前更复杂一些。

这回可不仅仅是一次传统的抗税起义，科西嘉人甚至还打算给自己找到一个国王……而且他们确实也做到了！诚然，对于那些不谙岛上政事的人来说，这个选择实在是令人惊讶。

诺伊霍夫男爵西奥多是一位出生于威斯特伐利亚的冒险家。当科西嘉发起反对热那亚统治的“四十年革命”时，他碰巧也在热那亚。他积极支持科西嘉，与主要的家族首领会面，然后于1736年3月领导了起义。

他不属于科西嘉的任何团体，是一位理想的王位候选人。4月13日，科西嘉的阿莱萨尼举行了一次大会，宣布科西嘉王国诞生，诺伊霍夫男爵被加冕为国王，史称西奥多一世。

西奥多很快向热那亚共和国宣战，但他的统治非常短暂。同年11月，西奥多失去了支持，岛上各派系明争暗斗、四分五裂，国王不得不把统治权让给了摄政议会。

1738年和1742年，被流放至阿姆斯特丹的西奥多曾试图返回科西嘉岛重新掌权，但均以失败而告终。后来，在酒精的麻痹和绝望中，西奥多死于伦敦。

◆ 社会

全美第一支志愿消防队

1736年

美国·这个男人简直是全才！本杰明·富兰克林是出版商、印刷商、科学家、政治家、作家，他还有很多其他身份！而且，他竟然还有时间于1736年在费城成立全美第一支志愿消防队：联合消防公司。那时美利坚合众国还不存在，富兰克林是1776年美国开国元勋之一，不过早在此之前消防队就已经有了。真是个天才！

◆ 健康

干杯！

1736年

英国·从18世纪初开始，英国遭遇了"金酒危机"，百姓的酗酒问题日益严重。面对不断增加的犯罪活动和骚乱，以及越来越多体质虚弱、智商低下的新生儿，政府决定着手治理。于是，当局颁布了《金酒法令》(Gin Act)来限制金酒消费。政府一方面设立了每加仑20先令的酒税，以此来劝退消费者；另一方面为了避免酒商泛滥，将酒商的营业执照费用提高至每年50英镑，这在当时可是一笔巨资！

它的结果也立见分晓：那些酒鬼开始冒着硫酸中毒的风险，自己蒸馏金酒，而纳税的酒商只有一两个。在英国，"纵酒狂饮"的危害还远未被消除。

法兰西王国新闻	**1739年** 圣西门开始撰写《回忆录》。

天气预报	**1740年**·经过一个冰冷的冬季之后，今年的春夏两季依旧天气阴沉。整个欧洲的收成都很糟糕。

◆ 科学

测量温度

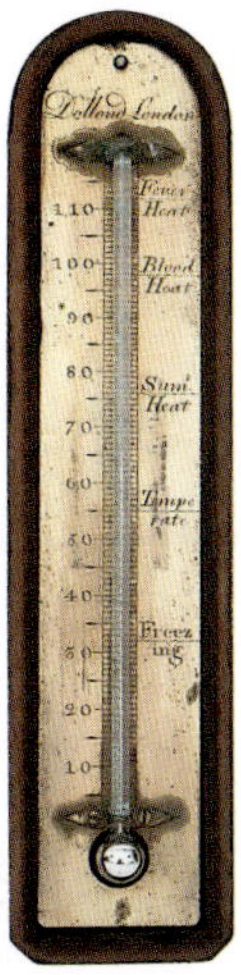

欧洲·丹尼尔·加布里埃尔·华伦海特刚刚确定了温度计的最终造型。其实，关于温度计的研究源远流长。在古代，亚历山大港的希罗发明了验温器来观察（但无法测量）温差的变化。在17世纪，一位威尼斯人，同时也是伽利略的朋友，产生了发明刻度的想法。不过似乎直到最近，温度计的使用才开始真正在欧洲普及。

1742年

1724年，德意志物理学家华伦海特发明了第一支水银温度计，在此之前只有酒精温度计。他还创立了一套温标（以他本人的名字命名，即华氏温标）。

不过1742年，瑞典学者安德斯·摄尔修斯也发明了一支温度计，用于测量气象数据，并创立了一套介于水的冰点和沸点之间的百分制温标。

华氏和摄氏，最后谁会胜出呢？

讣告

1745年

乔纳森·斯威夫特，爱尔兰作家。他以代表作《格列佛游记》而流芳后世。这部讽刺小说首次出版于1726年，部分内容被出版商修改。

小贴士

拉图尔作品待售

德·里厄主席的巨幅全身像

康坦·德·拉图尔的作品不容错过！这位粉彩画大师是路易十五的宫廷画师，他的画架前云集了所有当世名流：蓬帕杜尔夫人、伏尔泰、卢梭、达朗贝尔……

他们可能喜爱他作品的色调，他的作品色调以蓝色和珍珠灰为主，粉色也很常见。他还巧妙地运用配饰来烘托人物。背景的色彩变化精致细腻，隐没在半明半暗的光线中。康坦·德·拉图尔为他的粉彩画发明了专用定型剂，并对它的秘方守口如瓶。

画作简介：德·里厄主席身着黑色法袍与红色长袍，坐在扶手椅上，手里拿着一本书，正准备翻页。在议长的右边，是一张小桌子，上面铺着蓝色丝绒。他身后是华丽的屏风和庞大的地球仪。画作高度超过2米。至于这幅粉彩画杰作的价格嘛，单单它的画框和玻璃就值50金路易了！

1741年 城市之声 纽约“黑人阴谋”？

数月来，纽约遭受了一连串的火灾，人们一直在找纵火者！

英国·幻想还是真实？有一件事可以肯定，纽约因为蓄意纵火事件而变得动荡不安。但这些真的应该归咎于“黑人阴谋”吗？

持阴谋论者依据的是爱尔兰女仆玛丽·伯顿的证词。她因为偷窃被捕，随后揭发了她的同伙，声称他们同时也是不明火灾的纵火犯。根据她的证词，这场阴谋由纽约上百名黑人奴隶和最穷的白人发起，主要针对富裕的白人。而反阴谋论者则认为，这只是因为经济困难和越来越深的对黑奴起义的恐惧。司法部门是怎么处理的呢？他们更倾向于全方位“灭火”，最后以天主教徒的阴谋为理由绞死了很多人。

◆ 文学

马里沃当选法兰西学术院院士

1742年

法国·他可不是一举胜出！皮埃尔·卡莱·德·马里沃之前已经两次被提名为学术院院士，分别是在1732年和1736年。1742年12月24日，在作家唐桑夫人的支持下，他接替乌特维尔神父坐上了第24号席位。他能成功当选还因为当时的竞争对手是伏尔泰，而学术院不太想接纳这位哲学家。成为“不朽者”之后，他的文学创作就枯竭了。他放弃了写了一半的小说，除了学术院演说和几部献给法兰西喜剧院的独幕剧之外，不再写作。马里沃一直这样随心所欲：树立自己的不同，谴责成见，选择最不学院派的表现形式，从即兴喜剧中获取灵感……他关注宗教、政治、哲学上的大辩论，但是明智地没有参与。尽管如此，他还是写了35部戏剧。他的喜剧，虽然只是他著作的一部分，却时常针砭时弊、抨击道德歪风。这些作品也展示了如何通过言语让人坠入爱河。他的经典喜剧包括《双重背叛》、《爱情与偶遇的游戏》和《假机密》等。

国际

“军刀与《古兰经》契约”

1744年

沙特阿拉伯·1744年，伊斯兰传教士穆罕默德·伊本·阿布杜·瓦哈布和来自德拉伊耶（阿拉伯半岛中部地区）的沙特家族结盟，沙特家族遵从了他的教义，他们共同建立了沙特政权。瓦哈布厌恶多神崇拜之类的主流信仰，他坚持从字面意义阐释《古兰经》，弘扬宗教激进主义。他们在德拉伊耶缔结契约，旨在建立一个伊斯兰教国家，由瓦哈布领导宗教事务，沙特家族则领导政治和军事事务。

新闻

司法

裙装日

1746年

苏格兰·苏格兰人陷入绝望。从8月1日起，《着装法案》禁止他们穿苏格兰短裙和格子呢裙，这些服装都是苏格兰部族的标志。对于英国王室来说，这一法案的目的并不在于规范苏格兰人的着装方式，而是为了反对某种政治象征。苏格兰人往往支持詹姆士党，即斯图亚特王朝詹姆士二世的后代。詹姆士二世是一位不折不扣的天主教徒，即位三年后便在1688年光荣革命中被英国新教徒驱逐下台。如今，当权者的当务之急，便是要想方设法控制住这些好战的部族，因为就在几个月前，他们又有了反叛的迹象。1746年4月，苏格兰高地的战士就曾经支援过查理·爱德华·斯图亚特的詹姆士党军队，这支军队在卡洛登与英军交战，最终却惨败而归。

《丰特努瓦战役前的致意》，爱德华·德太耶，1912 年

◆ 冲突

“英国先生们，你们先开火吧！”

1745年

比利时·1745 年 5 月 11 日，在丰特努瓦战役中，约瑟夫·夏尔·亚历山大·安泰罗什上校成功威慑了所有人。

当天，萨克斯元帅率领的法军与坎伯兰公爵率领的英格兰、汉诺威、荷兰和奥地利联军开战。当法国和英国的步兵即将交锋时，双方的军官开始了礼仪比拼。安泰罗什竟然说：“英国先生们，你们先开火吧！”

这似乎在很大程度上推动了文明和侠义精神的发展。

接下来却出乎意料……英国人开火确实令法国军队损失惨重，但他们需要时间重新装填火枪。结果是，当他们忙于这项任务时，法国人反过来发射炮弹，最终取得了战斗的胜利。多妙的战术啊！

法兰西 王国新闻	**1748年** 孟德斯鸠在日内瓦发表了《论法的精神》。他在书里分析了不同类型的政体（共和制、君主制、专制……），衡量它们的优点与缺点，同时主张三权分立（行政权、立法权与司法权）。这本著作打开了政治启蒙的大门。

◆ 戏剧

哥尔多尼终结即兴喜剧

1750年

意大利·卡洛·哥尔多尼出生于威尼斯，那里尽管日益衰落，但仍然是戏剧之都。这位昔日的律师现已转行成作家。他认为即兴喜剧已经过时，而且他不是唯一想要结束这种喜剧形式的人。

在1750年发表的《喜剧剧院》的序言中，他希望摆脱面具对戏剧的束缚，更加突出演员自身，并努力使演员与角色融为一体。他保留了即兴喜剧中守财奴或小丑之类的标志性人物，但会提前编写一部分或全部剧本，从而终止喜剧中的即兴创作，为现代意大利喜剧奠定了基础。他认为作家必须从俗世中汲取灵感，找到最有趣的主题——不过他也因现实主义而饱受批评。次年，哥尔多尼计划在一个演出季中创作不少于16部喜剧！他用威尼斯方言、意大利语和法语一共写了120部喜剧、18部悲喜剧、55部正剧，以及一些康塔塔和小夜曲。在他的喜剧中，大多数女性在智商和心智上都优于男性。哥尔多尼认为，18世纪是女性的世纪，她们无疑统治着各个领域，从艺术到政治，也包括社交领域。

哥尔多尼也关注社会时弊，正如《度假》三部曲所描绘的那样。1762年，厌倦了批评的哥尔多尼移居法国，度过了人生最后三十余年。

狄德罗

讣告

1750年

约翰·塞巴斯蒂安·巴赫，巴洛克音乐大师，7月28日于莱比锡逝世，享年65岁。他留下了最后的著作《赋格的艺术》，这是一部键盘乐杰作。

◆ 思想

《百科全书》面世

1751年

能够与耶稣会士1704年发表的《特雷武辞典》一决高下，能够让尽可能多的人得到时代的启蒙，这就是《百科全书》的初衷。德尼·狄德罗和让·达朗贝尔共同主持编纂的《百科全书》第一卷于1751年出版。它通过订阅的形式出售。

该项目最初由一位名叫勒布雷顿的出版商发起。1745年，他想找人翻译英国人伊弗雷姆·钱伯斯编写的百科全书，可他发现此书援引大量法语文献，而且出版时间已超过15年，已经过时了。狄德罗和达朗贝尔最初作为翻译家参与了这项伟大计划，但他们很快就明白必须出版一本原创作品。此后，《百科全书》很快得到了伏尔泰、孟德斯鸠及马勒泽布等人的支持。

该书原本计划由达朗贝尔和狄德罗共同主编，不过，自1758年起后者成为唯一的主编。《百科全书》最初预计有10卷，但最终由于知识量丰富，1772年全书完工后共有17卷正文、11卷图片，共计71 818篇文章。后来又增添了5卷，另附2卷图表和2卷索引。

成功与反对。《百科全书》在英国、瑞士、意大利和俄国大获成功：欧洲共售出2.5万部至3万部。有4 000人预订《百科全书》，销售额达到800万利弗尔，这在当时是一个惊人的数额。此后它不断引起当局的怀疑。1759年，《百科全书》因为达朗贝尔所写的文章《日内瓦》被查禁，引起了卢梭的愤慨和不满。

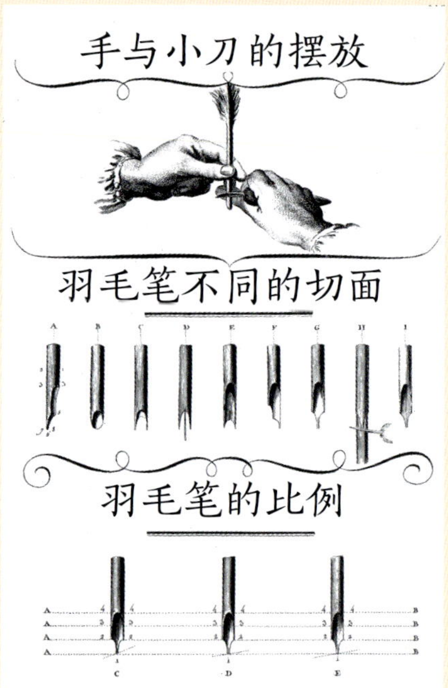

◆ 大工程

重修北京天坛

1751年

中国·天坛位于北京老城区南端，于1420年由永乐皇帝朱棣下令修建，紫禁城也是他在位时修建的。天坛是用于祭祀的建筑群，象征着天与地之间的关系。例如，殿宇的绿瓦寓意大地，而蓝瓦则寓意天空。

重建之时，天坛的面积扩展至2.73平方千米。圜丘坛（祭天坛）于1749年重建，从南门一进去就能看到。圜丘坛是建在方形台面（代表大地）上的三层圆形坛（代表天空），凡与数字有关的地方都大量使用九或九的倍数，非常具有象征寓意（因为“九”被认为是“天”数）：中心圆石外铺石块九圈，每层台面各出台阶九级……

天坛中还有其他大殿，例如用来祈求好收成的祈年殿、皇穹宇……天坛有内外两重围墙，外墙南北长约1 600米，东西长约1 700米。

◆ 健康

美国第一家医院

1751年

美国·一年多以来，物理学家兼外科医生托马斯·邦德都在致力于建立一所面向穷苦人的医疗机构。一位富裕的费城市民提供了场地，而资金则是通过募捐获得的。在医院建设过程中，本杰明·富兰克林的积极参与可谓功不可没：他除了自掏腰包捐款之外，还运用政治影响力消除障碍，同时宣传了该项目。

1751年5月11日，医院成立

了。1752年，医院在临时场所开业，1756年主楼竣工。除了病房和手术室之外，医院还建设了未来美国第一座医学图书馆和第一座解剖阶梯教室。

快讯

1750年

世界人口总数约为7亿，其中欧洲人口1.4亿。

◆ 音乐

喜歌剧之争

歌剧小圈子争论激烈

1754年 **法国**·王家音乐学院的喜歌剧之争发生在两大阵营之间。一方是以让-菲利普·拉莫为代表的法国严肃歌剧爱好者，即“国王一方”；另一方是雅克·卢梭领导的喜歌剧支持者，即“王后一方”。喜歌剧是新出现的意大利歌剧类型，为诙谐（甚至粗俗）的幕间剧。

1752年8月，佩尔戈莱西的《女仆作夫人》在巴黎上演，引发了这场争论。雅克·卢梭——他也为《百科全书》撰写过音乐类文章——在1753年的《关于法兰西音乐的信函》中热切地为喜歌剧辩护，同时批评法国歌剧过于浮夸，法语也不适合音乐创作。当注重情感表达、轻松、欢乐的意大利歌剧爱好者遇上偏爱旋律、情节的法国人时，他们之间的争论还将持续一年之久……

快讯

1752年

本杰明·富兰克林发明了避雷针。

1755年

11月1日上午9点40分，里斯本发生了大地震。强烈的地震、两次余震以及随后引发的海啸，几乎摧毁了整座城市。这场灾难共造成6万至10万人罹难。

◆ 文化

一位独特人物创立了大英博物馆

1753年 **英国**·伦敦最著名博物馆的诞生要归功于一位爱尔兰人。准男爵汉斯·斯隆不仅周游世界，到达过遥远的牙买加，还收藏了7万多件珍贵藏品：版画、钱币、标本等。他将这一切赠给了国王乔治二世和他的国家，只象征性地收取了2万英镑。国王接受了遗赠，他将这些东西加上王家图书馆的藏书，一同安置在布卢姆斯伯里区的蒙塔古宫。

不过，我们还要耐心等待，直到1759年大英博物馆才向公众开放。

记事本

芒德兰被车轮活活碾死

1755年

法国·他是所有包税人的噩梦。这些富有的银行家总是预支税费给经常缺钱的国王，然后再从老百姓身上使劲儿搜刮。

路易·芒德兰出身于多菲内地区一个商人家庭，后来因为背着包税人贩卖骡子而不幸破产。从此他变成了知名“大盗”：他开始走私，从瑞士和萨伏依购买商品，然后再组织黑市将商品卖往法国各大城市，因为不用向包税人缴税，所以价格便宜很多。

不出所料，他很快就走红了，而且他高大帅气，拥有无坚不摧的勇气。这让包税集团无法忍受！一名同伙背叛了他，芒德兰在萨伏依被捕。包税人担心他被释放，因此火急火燎地将生米做成熟饭：仅用一周时间，他就受到审判，被判处车轮刑。

1755年5月26日，芒德兰在瓦朗斯遇害；而他的传奇故事，在一曲曲哀歌中广为流传。

灾难

您知道阻德吗？

1756年

蒙古·很少有人去过蒙古。那里的冬天异常寒冷，最低气温为-50℃。严寒如果再加上暴雪，这就是“阻德”（Zud）了。

当阻德来临时，大量牲畜将饿死，人类的死亡率也随之升高。1755年至1756年的冬天便是如此。我们至今还不知道，这会是一场白阻德（厚厚的积雪）、铁阻德（冰雨连绵），还是黑阻德（歉收后突如其来的严冬）。

◆ **政治**

科西嘉有了宪法

1755年

科西嘉·谁最先拥有了宪法？在英吉利海峡彼岸，英国的法律条文确实像是宪法。不过，帕斯夸莱·保利统治下的科西嘉人也不甘落后。他们的宪法用意大利语写成，规定行政、立法和司法三权分立。所有25岁以上的男性均为选民，当以家庭为单位投票时，一家之主代表所有人的意见。如果一个女人是寡妇，她就是一家之主并代表其未成年的子女。这种情况下，她将行使投票权。

这离所有女性拥有投票权还有一段漫漫长路，不过我们已经迈出了第一步。

讣告

1759年

格奥尔格·弗里德里希·亨德尔，德裔英国籍作曲家，长眠于威斯敏斯特教堂。1741年他曾用不到一个月的时间谱写了最美的清唱剧：《弥赛亚》。

◆ 社会

巴黎第一家邮局开业

1760年

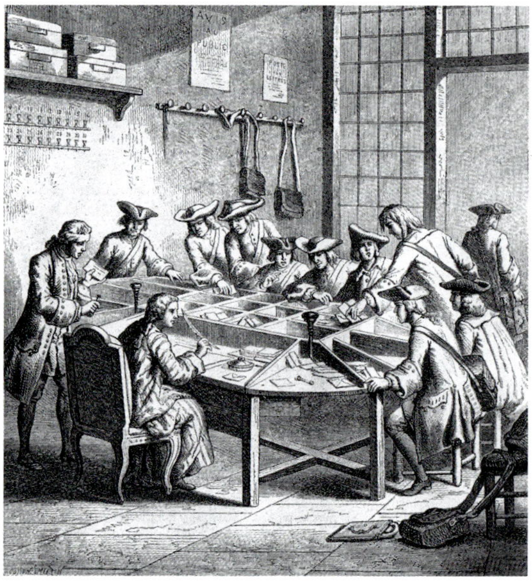

法国·克雷芒·安贝尔·皮亚洪·德·沙穆塞先生实为慈善家典范。他不仅个人出资帮助穷苦人，还创立了一家医院，在那里每床只有一个病人，而非当时常见的一床三四个人。病人的尊严受到保护，传染风险也大大降低。他还在巴黎开设了第一家“小邮局”。

在此之前，人们靠热心的朋友和熟人送信，或是把信和包裹拜托给陌生的旅人。这样的时代终于过去了。我们可以安全无忧地寄信和收信了。

司法

新闻

1757年

捅他一小刀

法国·国王路易十五曾经的确是为人所喜的“宠儿”，那时他的病情能令大批信众去教堂为他祈祷。如今，这已成为遥远的过去。1716年加冕的可爱孩子变成了一个阴郁、孤僻、城府很深的男人，他只关心个人享乐，不问朝事，将治理国家的重任全权交给大臣们。

不过，谁也不曾料到42岁的仆人罗伯特·弗朗索瓦·达米安会做出如此疯狂的举动。1757年1月5日约傍晚6点，天已经擦黑，国王穿过凡尔赛宫的护卫厅走向马车。旋即，他被达米安猛然推倒并刺伤。国王感到身子一侧疼痛，于是用手按住，弄得满手是湿漉漉的鲜血，他差点晕厥过去。其实伤口很小：两根肋骨之间有一道刀伤，达米安的刀刃很短，而且因为是冬天，国王穿了好几层衣服。

达米安因弑亲罪（国王是臣民之父）以及弑君罪，于次年3月28日遭受酷刑，被分尸和焚烧。他的目的究竟是什么？我们无从知晓。有些人认为他受到宗教幻象的感召，想给国王一个警告，另一些人则倾向于认为他是一个疯子，通过无害的一击向国王表达人民的爱。总之，这始终是一个未解的谜团。

天气预报

1757年·阿尔萨斯的2月如此寒冷，河流都结冰了。

1759年·7月27日，斯特拉斯堡大教堂遭到雷劈，教堂顶部被烧毁。

◆ 政治

彼得与叶卡捷琳娜：权力巅峰之战

1762年 **俄国**·沙皇彼得三世年初即位，他是彼得一世的外孙，父亲是一位神圣罗马帝国公爵。彼得三世在神圣罗马帝国文化的熏陶中长大，崇拜普鲁士国王腓特烈二世，刚即位便停止了俄国与腓特烈二世之间的战争，向普鲁士归还了侵占的领土并与之结盟。他强迫侍卫穿上普鲁士制服，宣扬他对神圣罗马帝国的热爱。他的妻子，叶卡捷琳娜·阿列克谢耶芙娜，同样来自神圣罗马帝国，却变得比她的臣民更像俄国人。她改宗东正教，全身心融入斯拉夫文化。

他们俩互不喜欢：彼得炫耀他的情妇，而叶卡捷琳娜几乎公开追求高大魁梧的侍卫……以至于他们儿子父亲的身份引起多方猜测，有不少流言蜚语。

如果不涉及权力的话，这一切也只是游戏而已。然而他们俩都想要消灭对方，必要时甚至可以斩草除根。叶卡捷琳娜更胜一筹。她策划了一场阴谋，于7月9日趁彼得不在时获得了近卫军的拥护。听到风声的彼得试图逃跑，却不幸被逮捕，随后被迫退位。7月17日，他被叶卡捷琳娜的情人阿列克谢·奥尔洛夫刺杀后身亡。

故事结局：叶卡捷琳娜成为俄国历史上伟大的叶卡捷琳娜二世。

新闻

新闻 伏尔泰与卡拉斯案件！

1762年 **法国**·这是一起图卢兹高等法院针对新教徒商人让·卡拉斯做出的极不公正的判决。他被指控因阻止儿子改宗天主教而掐死了自己的儿子。1762年3月10日，他被处以车轮刑，随后被掐死并被烧为灰烬。

然而除了道听途说、毫无根据的指控外，并没有其他证据。法官出于宗教热情，欣然采纳这些指控，通过惩罚一个新教徒来巩固名声，证明他们捍卫了天主教至高无上的荣耀。

心有余悸的伏尔泰起初对卡拉斯案件并不热心，但在确信这位商人的清白和法官的渎职之后，他的正义感占据了上风。1763年，他发表了《论宽容》一书。1764年，御前会议撤销了图卢兹高等法院的判决，一年后卡拉斯被恢复名誉，这在当时实为罕见。

国际

英国人打造日不落帝国

1763年

法国·2月10日，《巴黎和约》签订，就此结束了“七年战争”这场军事、财政与人类的灾难。战争始于1756年，交战双方一方为法国、奥地利及其盟友，另一方为英国、普鲁士及其盟友。欧洲和所辖殖民地都曾沦为它们的战场。最终法国战败，将加拿大殖民地、路易斯安那一隅、安的列斯群岛、整个印度殖民地（只保留5个市镇）和塞内加尔的圣路易割让给了英国。从此之后，在幅员辽阔的英殖民帝国，“太阳将永不落山”。

宗教

北美第一座犹太教堂

1763年

北美·罗得岛走在了时代前沿！自17世纪起，该地区就接纳了因被逼迫改宗而逃离西班牙和葡萄牙的犹太人，并允许他们保留父辈的宗教信仰。很自然，北美第一座犹太教堂便在港口城市纽波特诞生了。在艾萨克·图罗的倡议下，以色列犹太人社团购买了土地。教堂的设计出自一位英国建筑师之手，它的一砖一瓦均来自英国。经过四年的修建后，1763年12月2日，教堂举行了开幕仪式。

◆ 美食

顶级大厨：烹饪之王

1765年

法国·烹饪艺术似乎起源于意大利。热那亚、威尼斯、佛罗伦萨以其出色的厨师而享有盛名。卡特琳·德·美第奇将他们带回了法国宫廷。这些意大利厨师的经验和理论，结合当时在法国和英国流行的诺曼底菜系的“精髓”，催生了法国菜。很快，法国菜成为一种社会纽带，一种馋人的诱饵，甚至成了一种政治和外交的辅助手段。

法国菜也有殉道者，比如富凯的总管瓦泰尔 1671 年因为鱼送来得太晚就饮剑自尽。法国菜也有行家，他们能够把烹饪和摆盘的艺术发挥到极致。

烹饪之王。当时，无论是奥尔良家族、孔蒂家族、苏比斯家族的厨师，还是主教或征税官的厨师，他们都在同台竞技、各显神通，梦想着用主人的名字命名某种酱汁、浓汤或新菜。比如贝夏梅侯爵就因一道奶油酱而知名，贝夏梅酱由弗朗索瓦·皮埃尔·德·拉瓦雷纳调制而成。而美乃滋酱（Mahonnaise，蛋黄酱）则让人永远铭记黎塞留公爵 1756 年在马翁港战役中立下的汗马功劳。还有贝勒维禽肉里脊，则要记在蓬帕杜尔夫人名下（因她的贝勒维城堡而得名）。

餐盘之上。有些人开始尝试来自印度或北美的调味料，而意大利面条、鹅肝酱、火腿、牡蛎和松露已然征服了王室。百年前就已出现的冰激凌和果汁雪糕如今大受欢迎。王家城堡的园丁努力培育新的水果品种。法国的美酒佳酿和知名奶酪开始流行。法式餐具和餐桌服务，就优雅和考究方面来看，在欧洲尚无出其右者。

餐厅的发明。1765 年，一个名叫布朗热的人提出一个奇思妙想：开一家供人吃饭歇脚的店铺。他在巴黎布丽街的餐厅招牌上写道：“如果您饥肠辘辘，可以来我这儿歇脚，我定会将让您大快朵颐、恢复元气。”

◆ 社会新闻

怪兽真的死了吗？

1765年

法国·疑云久久不散。1764 年 6 月，热沃当“怪兽”第一次杀人。怪兽体形庞大，先后杀死了 100 多人，令整个热沃当地区惊恐不安。因事态严重，国王路易十五决定派出王室火枪手弗朗索瓦·安托万，他枪法一流，擅长跟踪。几次无功而返后，1765 年 9 月，他真的杀死了一头巨狼，这头巨狼大到令人震撼。他把它制成标本送到凡尔赛宫，整个宫廷又欣慰又恐惧，人们看得目瞪口呆。不过，很明显，袭击并没有停止……

司法

新闻

1766年

苦命的孩子死于政治斗争

法国·路易十五拒绝给予他王家赦免。弗朗索瓦-让·勒菲弗·德·拉巴尔，又称德·拉巴尔骑士，于7月1日清晨在阿布维尔遭受酷刑后被斩首，尸体尽焚。他还不满19岁。他究竟犯了什么罪？据说在经过某一宗教仪式时他未曾脱帽，亵渎了十字架。因此，他被判犯有亵渎神明和宗教罪。

实际上，这位年轻人应该是当地贵族之间敌对的牺牲品，甚至可以说是国王和巴黎高等法院敌对的牺牲品。伏尔泰在《德·拉巴尔骑士之死与贝卡里亚侯爵的干系》中便对此做了精彩的论证。

法兰西 王国新闻	1766年	法国航海家布干维尔开始了他的环游之旅。

新闻

司法

萨德侯爵臭名远扬

1768年

法国·复活节的周日，巴黎胜利广场上，守寡、失业的纺织女工罗丝·凯勒正在乞讨。一位衣着讲究的年轻男子提议她跟他走。她马上拒绝：我不是妓女！他让她放心，说他只是需要一名清洁女工。然后他们就去了位于阿尔克伊城的一幢小房子。

一到那里，多纳西安·阿方斯·弗朗索瓦，即萨德侯爵就逼她脱掉衣服，不然就要杀死她。罗丝不得不从，她被绑起来，被鞭打到流血，被小刀割伤，被热蜡烫伤。施虐者再解开绳子，让她洗澡，给她一瓶油膏让她疗伤。她被关在房里，最后成功从窗户逃脱。她去法院控诉。这是萨德侯爵第二次惹上官司。1763年，偶尔卖淫的女工让娜·泰斯塔尔曾控诉萨德对她施以残酷的性暴力。为了救他，萨德侯爵实力雄厚的岳父出手了，“穿袍贵族”出身、富裕阔绰的科尔迪耶·德·蒙特勒伊家族平息了这场丑闻，使他免受当庭制裁，并将他转移到更为宽松的王家法院。罗丝收到一大笔钱后撤诉。萨德被罚款100利弗尔，随后在里昂的皮埃尔-昂西监狱被关了几个月。

◆ 肖像

叶卡捷琳娜，开明的专制君主

1768年

俄国·自古以来，专制君主就是按照个人意志统治的君主。那他怎么还能开明呢？叶卡捷琳娜二世给了我们答案。1767年，她用法语写了一部新法典，取名“Nakaz”，意为“指令”。在多达655条的法典中，她规定人民必须将沙皇（确切地说是女沙皇）尊崇为绝对君主，并重申农奴在法律上依附于地主。同时，在法律条文中，她引用了孟德斯鸠《论法的精神》，不过没有注明出处，她承认原则上法律面前人人平等，甚至还打算实行全民教育。这就是开明的专制君主：不可能分权，但依然想为臣民做点好事。为此，叶卡捷琳娜大帝甚至不惜以身犯险。

叶卡捷琳娜接种疫苗。彼时的欧洲天花肆虐，英国医生托马斯·迪姆斯戴勒宣称已经找到预防感染的方法。他称之为接种疫苗。但他一讲到他的方法——接种症状轻微的感染者的病毒以更好地对抗疾病——就没人愿意理会了。叶卡捷琳娜二世深知天花在俄国的破坏力。她找来迪姆斯戴勒，并于1768年10月12日接种了疫苗。她发起了高烧，身上开始出现脓疱。皇室成员逃之夭夭，东正教祭司开始拉下教堂的大钟，准备沙皇的葬礼。他们甚至当着女皇的面念起了祝福亡者的祷文。尽管痛苦难耐，叶卡捷琳娜却依然保持镇定。一个月后，迪姆斯戴勒宣布接种成功。如今在他的门口，朝臣们已经排起了长龙……

◆ 技术

你把我榨干了，瓦特

1769年

苏格兰·显而易见，人类在不断进步！1712年，托马斯·纽科门制造了第一台蒸汽机，但它并不好用；因为水蒸气导致机器过热，人们要时不时地停机、重启。而苏格兰人詹姆士·瓦特却从中得到灵感并改进了蒸汽机，还用这项发明申请了专利。

他在蒸汽机上装了一个分离式冷凝器，用来储存蒸汽热量，然后利用它来驱动活塞。还有一个方向盘能调节速度。这个奇迹的实现全靠实业家马修·博尔顿的资助。蒸汽机将很快量产，并成为蓬勃发展的工业革命大潮中不可或缺的一员。

宫廷生活

贝库入宫

法国·让娜·贝库（Jeanne Bécu），这可不像是一个能叩开凡尔赛宫大门的名字！更何况巴黎还传有她的风流韵事。好在她是个大美人……她能让国王振奋一点吗？国王在遭受一系列丧事打击后神经衰弱，尤其是1764年心爱的蓬帕杜尔夫人去世后他一直没有恢复过来。整个宫廷暗流涌动：谁能给他提供一位新的年轻情妇，谁就能获得权力。

1769年

在这场比赛中，年老风流的黎塞留公爵最终胜出。他是国王儿时的玩伴，现任法国元帅。1768年春天，他将让娜·贝库介绍给路易十五，路易十五疯狂地爱上了这位年轻女子，并将她变成自己的情人。公爵迅速操办了一场溜须拍马的婚姻，新婚国王即刻返回家乡朗格多克，在那里将让娜·贝库封为杜巴利伯爵夫人。

但还有一个问题：杜巴利夫人必须由他人正式引见给宫廷之后才能留在凡尔赛宫。这就需要一个女介绍人。然而那些贵妇不是唯恐避之不及，就是索取天价酬金（即使对于国王来说也太过高昂）。最后，人们想到了贝昂伯爵夫人，她家世显赫，但嗜赌成性，债台高筑。国王一笔勾销了她的债务以换取她的帮助。1769年4月22日，她身着一袭华丽的长裙，陪伴杜巴利夫人左右，将她引见给宫廷人士，以及王太子和公主们。

凡尔赛宫的悲剧婚姻

1770年

法国·一切本来很美好。5月16日，在凡尔赛宫的王家教堂中，法国王太孙路易·奥古斯特，15岁的高个子腼腆少年，迎娶了14岁的奥地利少女玛丽·安托瓦内特。

奢华的庆祝活动让人眼花缭乱：5月19日宫殿花园的烟花表演，5月21日的盛大舞会，5月23日拉辛的《阿达莉》上演，5月29日维也纳王室的大使官邸再次举办舞会……

巴黎也不甘示弱：5月30日，塞纳河码头燃放烟花。就在此时，悲剧发生了！巴黎市民聚集在路易十五广场（后来的协和广场）和邻近的街道上，渴望一睹王储夫妇的风采。拥挤的人群因情绪激动相互推搡，有人跌倒，随后发生踩踏事件。警察不堪重负，最终132人因窒息死亡。

尽管王室表达了关心，向遇难者家属送上了抚慰金，但有些人开始窃窃私语，认为这场引发悲剧的婚姻可不是什么好兆头。

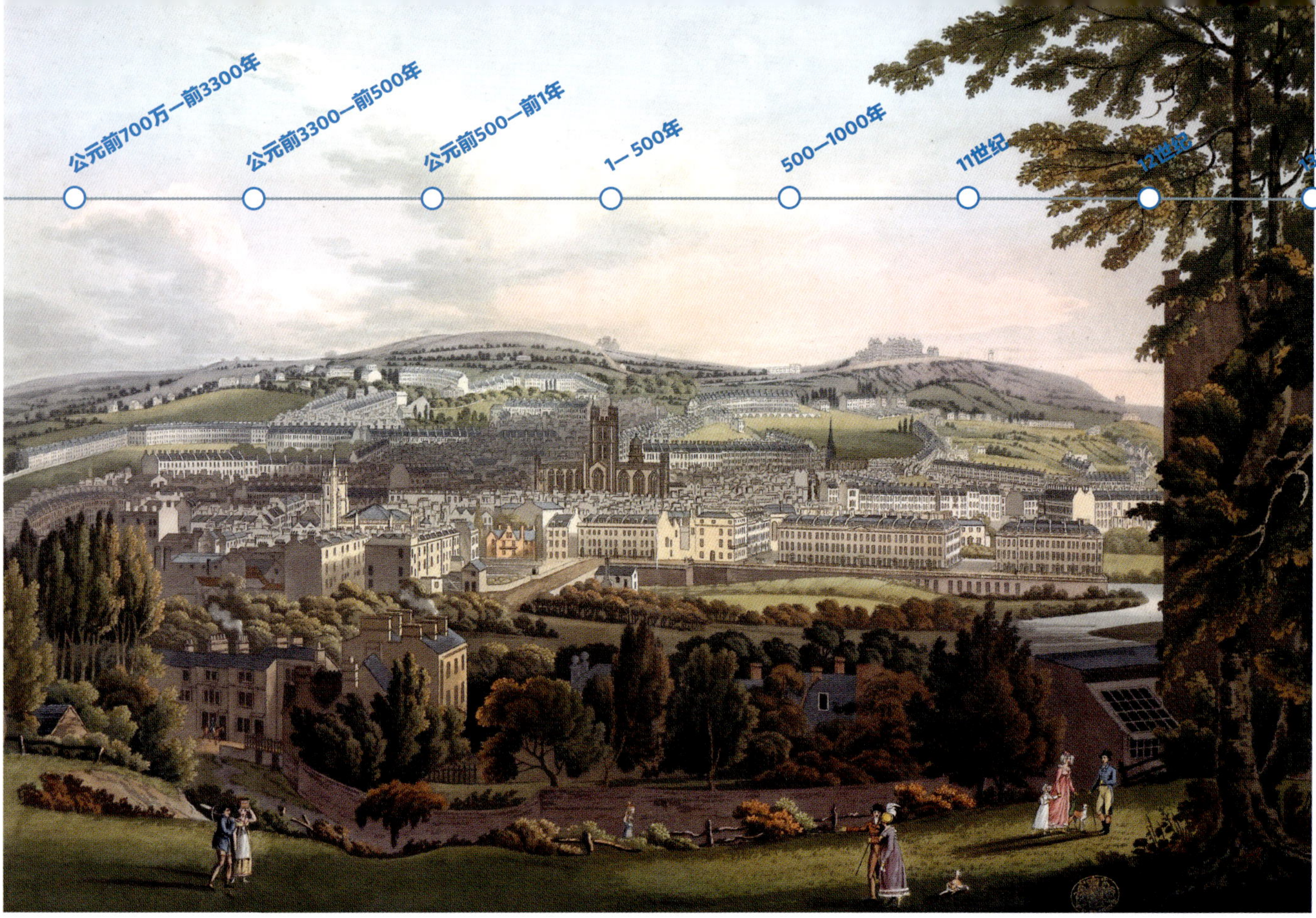

◆ 娱乐

去巴斯泡温泉吧 1770年

英国·巴斯位于伦敦以西150千米的丘陵之中。从建筑图上可以看出，这座独特的小镇拥有迷人的花园和乔治亚风格的房屋建筑，它们出自建筑师约翰·伍德父子之手，始建于18世纪20年代，其中最著名的有圆形广场和王家新月楼。自从英国贵族开始在巴斯泡温泉后，欧洲大陆的上流社会也开始纷纷效仿。

他们喜欢在春天去温泉小镇，有时也在秋天回去消遣。

这些小镇的名望从何而来？通常，它们的水疗文化历史悠久，可以追溯到古代。例如，瑞士的巴登过去就被称为“瑞士水乡”，而奥弗涅的蒙多尔很早就为凯尔特人所熟知……所有这些温泉都山高路远，有时需要几天时间才能抵达。毫无疑问，这些温泉的巨大疗效很快就会得到证实。

◆ 技术

史上第一起车祸 1770年

法国·约瑟夫·居尼奥先生是一个敢想敢干的人。作为法国工程师，他制造了第一辆蒸汽驱动的汽车，名为“居尼奥板车”。

这是一辆巨无霸式板车，长7米多，宽2米多，重达8吨。车头有一个直径1.5米的封闭式的蒸汽装置。军队非常感兴趣，资助了一台昂贵的样车。不幸的是，由于缺乏有效的刹车设置，1769年11月初次测试时，它撞上了旺沃城一间房屋的墙壁。

不过，由于蒸汽装置冷却得太快，人们必须每十分钟左右重新加热一次。所以板车走得不快，速度最快为4千米/时。综上所述，它更适合待在博物馆里，而不是行驶在法国的道路上。

宗教

耶稣会士走投无路

1773年

欧洲·如此结局不可避免，因为他们实在树敌太多。7月21日，教宗克雷芒十四世在弥留之际颁发了《吾主救世主》通谕，宣布解散耶稣会。教宗承受了巨大的压力，特别是来自西班牙波旁王朝的压力，如果教宗继续保护耶稣会，他们便准备脱离罗马教廷。

耶稣会1579年被葡萄牙驱逐，1763年被法国驱逐，1767年被西班牙驱逐，同年还被两西西里王国和帕尔马公国驱逐。讽刺的是，无处可去的他们，只能前往不信天主教而且蔑视教宗指令的国家。

人们因何指责他们？他们因知识渊博而傲慢自负，他们与君主勾结又让这些君主对他们言听计从，他们对罗马教廷绝对忠诚……克雷芒十四世在通谕墨迹未干时，可能就会说："我砍断了自己的左膀右臂。"

◆ 事件

天哪，真难闻！路易十五去世

1774年

法国·国王在很久以前就不得民心了。法国人甚至厌倦了他没完没了的临终期。

起初是医生无知。路易十五年轻时得过天花又幸免于难。这种病不可能得两次吧。1774年4月底，他住在特里亚农宫时发烧了，对什么都提不起兴趣，甚至，波旁家族特别钟爱的狩猎也让他兴趣寥寥。医生很担心，让他回到了凡尔赛宫。他在那里卧床休息，但没人想到他可能得了天花。

4月28日至29日晚上，国王的脸上长满脓疱。人们不再怀疑，这是天花的症状。5月3日，他最后一位情妇杜巴利夫人永远离开了凡尔赛宫。5月7日，路易十五忏悔并接受临终圣礼。他忍受着坏疽扩散的痛苦：又黑又肿的脸十分恐怖，散发出的恶臭令仆人们纷纷离去。他身体臃肿，孤独地死在床上，宫廷成员都用手帕捂着鼻子，躲到了较低的楼层。

历经长达58年8个月零9天的统治后，5月10日下午3点30分左右，路易十五离开了人世。尸体臭气熏天，没有经过防腐处理——也没有人将他的心脏取出放入圣物盒——就被仓促地抬进了棺材。5月12日，路易十五被安葬在圣但尼修道院。路上，围观的人模仿着国王高亢的嗓音，叫着"达哟！达哟！"，就像他们已故的君主在催促猎犬时喊的那样。

1773年

城市之声

愤怒的苦茶

北美·伦敦的英国议会宣布，除了茶税，取消向美洲13个殖民地征收的其他所有新税。12月16日，波士顿港迎来了3艘载有342箱茶叶的货船，货物一上岸就会被征税。"自由之子"的爱国者忍无可忍，他们要奋起抵制英国税！于是该组织60名年轻的波士顿人装扮成印第安人，上船把所有货物都扔入水中。

英国东印度公司损失了价值超过1万英镑的货物，国王乔治三世被波士顿茶党激怒。他下令关闭港口，直到损失得到补偿，并派遣新部队接管殖民地。这种拙劣的应对方式点燃了殖民地人民的愤怒之火。他们组织起来反对国王，渐渐开始憧憬着有朝一日自立门户。而这一切的源头，仅仅是小小的茶包……

◆ 时尚

一顶罗丝·贝尔坦的帽子，否则免谈

著名制帽商罗丝·贝尔坦从22岁起就为公爵夫人、伯爵夫人和公主制作帽子，她刚刚被引荐给几个小时前才成为王后的玛丽·安托瓦内特。

1774年

百丽普尔发型

法国·罗丝·贝尔坦在圣奥诺雷区市郊路的店刚刚开张。这是一家真正的公司：30 名员工和 120 名供货商为“伟大莫卧儿”（Grand Mogol）品牌工作。这位年轻的老板成功地占领了一个以前专属男性的领域：时尚。

她发明了什么，让这些贵妇如此向往？田园系服装、装饰华丽的宫廷服装、毛皮大衣、领子、珠宝、令人印象深刻的发型。她在头饰方面展现出无与伦比的独创性，尤其是饰有翎羽的“孟格菲风格”的帽子。

罗丝·贝尔坦一到凡尔赛宫，就和王后的发型师莱昂纳多联手推出了“情感发型”。他们把头发用软垫堆得很高，又在头发上加了假发、饰带和各种奇怪的装饰品。发型的夸张程度达到顶峰。很快，罗丝又机智地想出各种与热门事件相关的发型。拉法耶特率领“百丽普尔号”军舰赢得大捷时，她就以这艘船为灵感设计了“百丽普尔发型”！

为了取悦玛丽·安托瓦内特，还真要有点想象力，因为她可是一位百变王后——据说她有 200 多条连衣裙。王后特别欣赏罗丝，让她成为自己的“时尚部长”。

法兰西 王国新闻	1775年	皮埃尔·奥古斯丁·卡隆·德·博马舍的《塞维利亚的理发师》在法兰西喜剧院大获成功。	1776年	玛丽·安托瓦内特在严冬时节尽情享受雪橇比赛的乐趣。这些雪橇都被装饰到极致。

◆ 经济

“看不见的手”在哪里？

1776年

苏格兰·1776年3月，哲学家亚当·斯密出版了《国民财富的性质和原因的研究》（简称《国富论》），一部十分出色的著作。这是第一部政治经济学专著，作者阐述了他对经济自由主义、薪水、价格、资本积累、垄断等问题的独到见解。

看不见的手。亚当·斯密，这个藐视曼德维尔的人，他的“看不见的手”这一概念似乎洞察了一切。开始，人们只是寻求个人利益，但这只手引导着人们为满足某种个人需要而采取行动，最终却使整个社会从中得益。在他看来，个人利益协同后将神奇地转化为公共利益。“看不见的手”在书里只被提及一次，但斯密思想的后继者大受启发，因为它深入了人们日常生活的方方面面。

“我们不能借着向肉贩、啤酒商或面包师傅诉诸兄弟之情而获得免费的晚餐，相反，我们必须诉诸他们自身的利益。我们填饱肚子的方式，并非诉诸他们的慈善之心，而是诉诸他们的自私。”

◆ 技术

海龟号，第一艘战斗潜艇

1776年

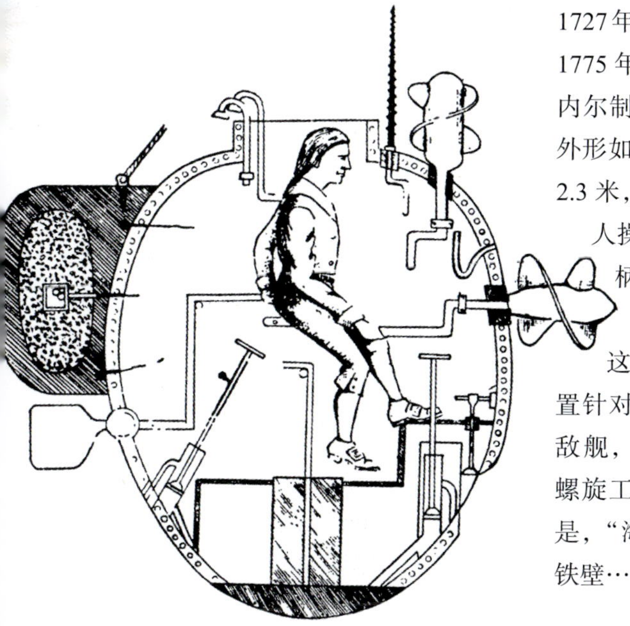

荷兰·早在17世纪，第一艘潜水艇便问世了，制造者是一位荷兰物理学家（他还发明了温控器），名为科尼利斯·德雷贝尔。1727年，英国至少有14艘潜艇获得了专利。1775年，刚从耶鲁大学毕业的大卫·布什内尔制造了一艘新式潜艇：“海龟号”。它外形如同鸡蛋（或是合抱的两只海龟），长2.3米，高1.8米。它是木制潜艇，只能单人操纵，运用手柄和踏板，下水后由曲柄螺旋桨推进。

1776年，美国独立战争期间，这艘潜艇首次被用作武器，任务是放置针对英国军舰的炸药。但潜艇需要靠近敌舰，以方便驾驶者通过内部操纵一套螺旋工具，将炸药固定在敌舰上。不幸的是，“海龟号”怎么也钻不透敌舰的铜墙铁壁……

新闻

政治

美国十三州宣布独立

1776年

美国·7月4日，国际舞台迎来了一位新成员。自1775年起，因为政治和税务原因，十三个美洲殖民地开始起兵反抗英国。独立战争虽远未结束，但对于“叛乱分子”即美国的爱国者来说，胜利是毫无疑问的。1776年的费城大陆会议上，他们通过了由托马斯·杰斐逊起草的《独立宣言》草案。

1777年12月20日，摩洛哥成为首个正式承认美国的国家，而欧洲各国的君主们却保持缄默。的确，摩洛哥穆罕默德三世的母亲是爱尔兰人，他对英国人并没有多少好感。

◆ 戏剧

《演员的悖论》

1777年

法国·德尼·狄德罗在刚刚完工的《演员的悖论》一文中向我们揭露了一个残酷的发现。如果您还认为，舞台上哭泣的演员的确悲伤到撕心裂肺，那就赶紧忘了这种想法吧。

狄德罗的观点恰恰相反。狄德罗认为，演员没有任何感受，既不快乐也不痛苦，任何情绪都没有影响他。正因为这种情绪上的放空，演员才能“让他人感知”。他的感受越少，能让他人感受到的就越多。这是理智与情感的较量。演员只能化身“戏中人物”去表达和感受。

狄德罗进一步提出：演员并不是唯一需要运用这种保持镇定态度的人。我们的情绪只有表演出来才能被他人感知，例如，统治者必须表演才能令人信服。

无论在哪个领域，悖论都有一席之地。喜剧万岁！

新闻

文化

巴黎终于有了日报

1777年

法国·报刊业在法国发展得相当迟缓。相比之下，《伦敦晚邮报》早已拥有50年历史了。不过，1777年1月1日起，法国首都也有了日报。这要感谢曾经的药剂师安托万·亚历克西斯·卡代·德·沃，他创立了《巴黎日报》，法国第一份新闻日报。他每晚印发社会名流的新闻动态，推荐必看的演出，提供有关塞纳河水位或天气方面的资讯。独此一份，巴黎人一定会喜欢！

NUMÉRO 117.

JOURNAL DE PARIS.

Lundi 26 AVRIL 1784, de la Lune le 8

COURS.

◆ 经济

“我姑姑家”

1777年

法国·高利贷毒害臣民，路易十六为此深感忧虑。高利贷者收取30%的利息来放贷的情况并不少见，这让弱势群体的生活雪上加霜。国王因此决定效仿意大利的公办当铺模式，即“慈善信贷”。12月9日，路易十六签发许可证，创立公办当铺，通过收取典当发放贷款，利息为10%。类似的机构早在17世纪初就已经出现了。后来，公办当铺却以“我姑姑家”的花名走红，这全拜茹安维尔王子所赐。他是国王路易-菲利普一世（1773—1850）之子，全名弗朗索瓦·斐迪南·菲利普·德·奥尔良。这位年轻人挥霍无度，负债累累，不得不典当母亲送的奢侈手表。随后，在王宫晚宴上，王后惊讶地发现儿子没戴手表。王子回答说，手表忘在“我姑姑家”了。宾客们差点笑到窒息，王后却不明所以。从此以后，公办当铺对于所有人来说都是“我姑姑家”了。

记事本

伏尔泰、卢梭：光芒逝去

不到一个半月的时间，法国便失去了两位最伟大的哲学家。
说他们互不喜欢实在是轻描淡写，他们一生都在反驳对方，互相辱骂，用词越来越恶毒。

法国·伏尔泰。弗朗索瓦·马里·阿鲁埃出生于17世纪末，他的父亲是一位公证人兼国王的审计司务。他曾在耶稣会办的学校中接受教育，随后敷衍了事般攻读了巴黎法学院。他很早就立志从文，先是写了一些有争议的批判文章，这让他在监狱里待了一段时间，他在狱中写了第一部戏剧《俄狄浦斯王》（1717年），这是一部悲剧。从那时起，他的作品都以笔名伏尔泰（没有人知道具体原因）署名，并取得接连不断的成功。他经常出入沙龙，1745年被封为国王的史官，1746年当选为法兰西学术院院士。除了历史著作（《路易十四时代》），他也擅长写讽刺小说（《札第格》《微型巨人》）和哲理故事（《老实人》）。品行端正、反对教会但持自然神论，这位热忱的哲学家毕生都在为思想自由和包容而抗争。他在荣耀达到顶峰时去世。

雅克·卢梭。跟他的死对头伏尔泰一样，卢梭也对18世纪产生了巨大的影响。他出生于日内瓦，自幼丧母，他的童年并不轻松。他既没有住所也没有社会地位，直到遇上华伦夫人，她把他护在羽翼之下。18世纪30年代末，卢梭抵达巴黎，或多或少算是自学成才，他与当时的伟大人物（丰特内勒、马里沃、拉莫、狄德罗和达朗贝尔……）来往频繁，后来也成为启蒙时代标志性的人物之一。他的名望来自《论人类不平等的起源和基础》，还有他对政治和人类学的思考：《社会契约论》和《爱弥儿》（均出版于1762年）。这两本著作很好地概括了他的思想。首先，他提出了人民主权的思想，探索形成政治公正社会的方法。对他来说，文明是把双刃剑：一方面，它通过发展人的理性来推动人类进步；另一方面，知识让人变得精于算计，腐蚀了人性。在《爱弥儿》这部五卷本的教育专著中，卢梭探讨了儿童各年龄段会出现的教育问题，并试图展示如何调和自然与文化。该书引起了诸多批评，批评者特别乐于指出作者本人就抛弃了自己的孩子。在1770年完成的《忏悔录》中，卢梭对自己进行了清算："这就是我所做的，我所想的，我的为人。"

1778年

◆ 运动

冲浪，开始了！

1778年

夏威夷·在夏威夷，在位于太平洋的波利尼西亚群岛，詹姆士·库克船长的水手们，特别是金中尉，第一次看到当地人不分男女老少，都站在木板上滑行，顺着浪潮起起伏伏。水手们对此更感兴趣，因为冲浪者几乎都一丝不挂。

◆ 美食

吃不吃土豆？

1779年

法国·安托万·奥古斯丁·帕门蒂埃是一名军医。他几次被俘，在德意志靠吃土豆糊活了下来。他很快就看出这种块茎的营养价值和低廉成本，觉得它非常适合穷苦人。

回到法国后，他不得不与顽固的偏见（土豆又丑，又脏，来自地下）和法律（法国从1748年起禁止在北部种植土豆）做斗争。不过他还是把土豆种在了巴黎附近的萨布隆。军队有时会在他的田地边操练，于是就有了一个传言，帕门蒂埃让军队来帮他守田。他是不是想借此让人相信土豆的巨大价值，期待大家都偷来吃掉，然后接受它呢？

事实是，帕门蒂埃把土豆做成了精致的菜肴，劝说上流社会人士食用。他邀请名人共进晚餐，在荣军院组织演示……这一年，他为了推销土豆还发表了《土豆的批判性研究》，来宣扬土豆的多种功效。

◆ 思想

布丰如何看待世界起源？

1779年

法国·在《自然史》中，布丰伯爵乔治·路易·勒克莱尔与神学家彻底决裂，因为他在书中介绍了有关地球、动物和人类的自然史。他的论述主要依赖于古生物学的发现，却有悖于《创世记》中的叙述。如此一来，科学不再尝试面面俱到，不再服务于宗教目的。它不再被用于证明上帝的伟大或者《圣经》的真实性。启蒙运动引入了完美和成就的概念，以及人类在历史长河中始终存在这一观点。

法兰西 王国新闻	**1782年** 皮埃尔·肖代洛·德·拉克洛的《危险关系》面世。

◆ 健康

1780年

来一桶？

新的风潮席卷整个巴黎！有一种方法可以包治百病，那就是“动物磁气”。有流言称，玛丽·安托瓦内特也为此着迷。

法国·王后对这种前所未有的新疗法青睐有加，可能是因为发明者弗朗兹·安东·麦斯麦是她的同胞。这是什么疗法呢？据麦斯麦（他的确是位医生）说，宇宙中存在一种磁流，将包括人类在内的万物联系在一起。如果连接中断或太过微弱，人就会生病。不过别慌。幸运的是，某些人，包括这位有名的医生，拥有一种“动物磁气”，可以治愈他人。

疗法。日常小伤痛，没问题：通几次磁气，在患处做几个手势就好了。重病的话，麦斯麦的木桶就派上用场了。那是一个大橡木桶，底部放入玻璃粉和铁砂，再放上一些瓶子，一部分瓶口朝向木桶中间，另一部分瓶口朝外。别怕，人们不需要泡进去。每位病人握着一根金属线，通过桶盖上的开孔把线插入桶内，然后将金属线另一端放在患处来回移动。在此期间，穿着彩色绸袍的麦斯麦也拿着一根金属棒，碰触病人患处以疏通磁气。木桶的好处是可以同时治疗好几个人，用一根线连接这些人，让强大的“磁气”循环流通。结果，病人，尤其是女病人，开始颤抖、全身痉挛甚至昏厥到不省人事。

友情提示，巴黎医学院曾声称他是“江湖庸医”。您自己体验一下，谈谈看法吧。

国际

新闻

1783年

美国独立

法国·1776年7月4日这一天，美国诸州发表了《独立宣言》，我们对此还记忆犹新。而1783年9月3日，这一宣言终于变成了白纸黑字的现实：英国签署《巴黎条约》，承认了13个前美洲殖民地，即如今的美国实现独立。

美国人选择在法国首都签署条约，是对法国在独立战争期间积极支持美国的认可，特别是拉法耶特侯爵，他曾带领弗吉尼亚军队立下了赫赫战功。

1785年 勇敢的让-皮埃尔·弗朗索瓦·布朗夏尔自制了一个氢气球，试图飞越英吉利海峡。1月7日，他和朋友从英国多佛尔坐上氢气球。经过两个小时的飞行后，气球开始不听指挥地下降。由于情势所迫，两个人脱了衣服跳了下去。最后他们像亚当一样，在法国全裸上岸。

◆ 技术

第一次乘坐热气球升空

不，您不是在做梦！这个充满热气、冉冉升空的大气球，是第一个“载人”上天的热气球。地点在第冬别墅，从前是度假别墅，后来成为王室墙纸工场。

1783年 **法国**·6月4日，热气球的发明者孟格菲兄弟，即约瑟夫-米歇尔和雅克-艾蒂安在阿诺奈的科德利埃广场进行了首次试飞。法语中热气球（montgolfière）一词就源自他们的姓氏Montgolfier。9月19日，在凡尔赛宫，他们在国王面前进行了第二次试飞，吊篮中放了一只公鸡、一只绵羊和一只鸭子。试飞圆满成功：气球到达了600米的高度！10月19日，第三次试飞风险很高，因为乘客是三个人：化学家兼驾驶员让-弗朗索瓦·皮拉拉特·德·罗齐耶、墙纸工场的老板让·巴蒂斯特·雷韦永和一位名叫安德烈·吉鲁·德·维莱特的人。最终飞行一切顺利，热气球平安落地。

运动

新闻

第一次登上勃朗峰

1786年 **法国**·多少人从沙莫尼望向勃朗峰顶，梦想着有朝一日能够征服它。不过想要成功登顶似乎并不可能。许多人跃跃欲试，却都以失败而告终。

最后，法国少年、登山向导雅克·巴尔马在沙莫尼医生米歇尔·帕卡尔的陪同下，于8月8日登上了令人垂涎的勃朗峰。这次壮举备受关注的原因还在于他们没带任何冰镐、防滑鞋钉和绳子。不过，帕卡尔医生受到强光反射的刺激，下山时眼睛是蒙着的。这些后遗症很可能会跟随他一生。

◆ 政治

美国有了宪法

1787年 **美国**·经过长时间的斟酌推敲后，美国制宪会议的议员终于制定出了《美利坚合众国宪法》。1776年美国实现“事实上”的独立，1783年实现“法律上”的独立，而直到1787年9月17日，美国才拥有自己的宪法。

这部宪法确立了国家基本原则：孟德斯鸠推崇的三权分立；总统由选举产生，行使行政权（这是新规）；十三个州（后来者同理）在联邦体制下保持最大程度的独立。国会两院，即众议院和参议院可以通过对修正案投票来修改宪法。最高法院保障宪法内容得到遵守。

1789年，《美利坚合众国宪法》生效。随即，乔治·华盛顿通过选举成为新的联邦国家总统，即美国第一任总统。

讣告

1788年

拉彼鲁兹伯爵让-弗朗索瓦·德·加洛，1785年8月1日率领护卫舰“星盘号”和“罗盘号”从布雷斯特出发，两艘船刚刚在珊瑚海瓦尼科罗附近海域失事。

◆ 文学

卡萨诺瓦开始创作《我的一生》

1789年 **意大利**·他的人生可以用一句话概括：“我的王国，是享乐的世界。”乔瓦尼·贾科莫·卡萨诺瓦刚刚开始动笔撰写他的回忆录。他用一种非学院派的法语风格讲述自己的传奇人生。

卡萨诺瓦出生于威尼斯，父母是喜剧演员。他原本打算从事神职，放弃这个念想之后便全身心投入更适合他的爱情生活中，这也促使他开始周游整个欧洲。1755年，卡萨诺瓦“骗子”和“放浪者”的名声害得他锒铛入狱，他被关入威尼斯的铅皮顶监狱。后来他成功逃狱，将传奇经历一路带到了俄国。

卡萨诺瓦最后的生命时光就没那么流光溢彩了。年龄已到，他获得了塞恩加尔骑士的称号。1783年，为了维持生计，他接受了波希米亚达克斯城堡一个图书管理员的职位。

想必，重返文学的殿堂一定可以帮他打发不少无聊的时光吧。

天气预报	**1788年**·寒冬腊月，巴黎低温创下纪录：-6.8℃。

特辑

1789年6月23日，米拉波在国民议会对峙德勒-布雷泽

技术

断头台万无一失

1789年

法国·约瑟夫·伊尼亚斯·吉约坦是一位仁慈、爱国的医生。他呼吁废除死刑，在心愿还未达成之前，他也在苦苦思索如何能够快速执行死刑，使死囚免受痛苦折磨。他拒绝接受花样百出的斩首形式：为什么斩首贵族可以用剑，而斩首平民只能用斧子呢？死刑面前人人平等。于是，1789年11月28日，他向国民制宪议会提议用斩首机器代替刽子手。

这种机器高效、平等，具有多种优点。1791年议会批准使用断头台，1792年断头台制造完成，同年4月该机器首次被用来处决一名小偷，随后沦为恐怖统治时期的恐怖象征。

吉约坦医生永远不会原谅自己发明了它。

◆ 思想

什么是第三等级？

1月24日，路易十六宣布5月召开三级会议，让教士、贵族和第三等级起草陈情书，用于今后或将进行的改革。

1789年

法国·“什么是第三等级？”感谢西哀士神父提出了这个重要问题。1789年1月他发表的小册子便是以此为标题进行论述的。

这位神父从第一行开始，就有力地指出与前两种特权等级相对立的“第三”等级的问题所在。它代表了至少90%的人口，却被剥夺了权利。西哀士的提问很有道理：“这篇文章的大纲很简单。我们要对自己提出三个问题：

1. 谁是第三等级？谁都是。

2. 迄今为止它在政治秩序中的地位是什么？什么也不是。

3. 它希望什么？不再什么都不是。

这本呼吁法律面前人人平等的小册子，是《人权宣言》的前奏，也是废除特权的开端。

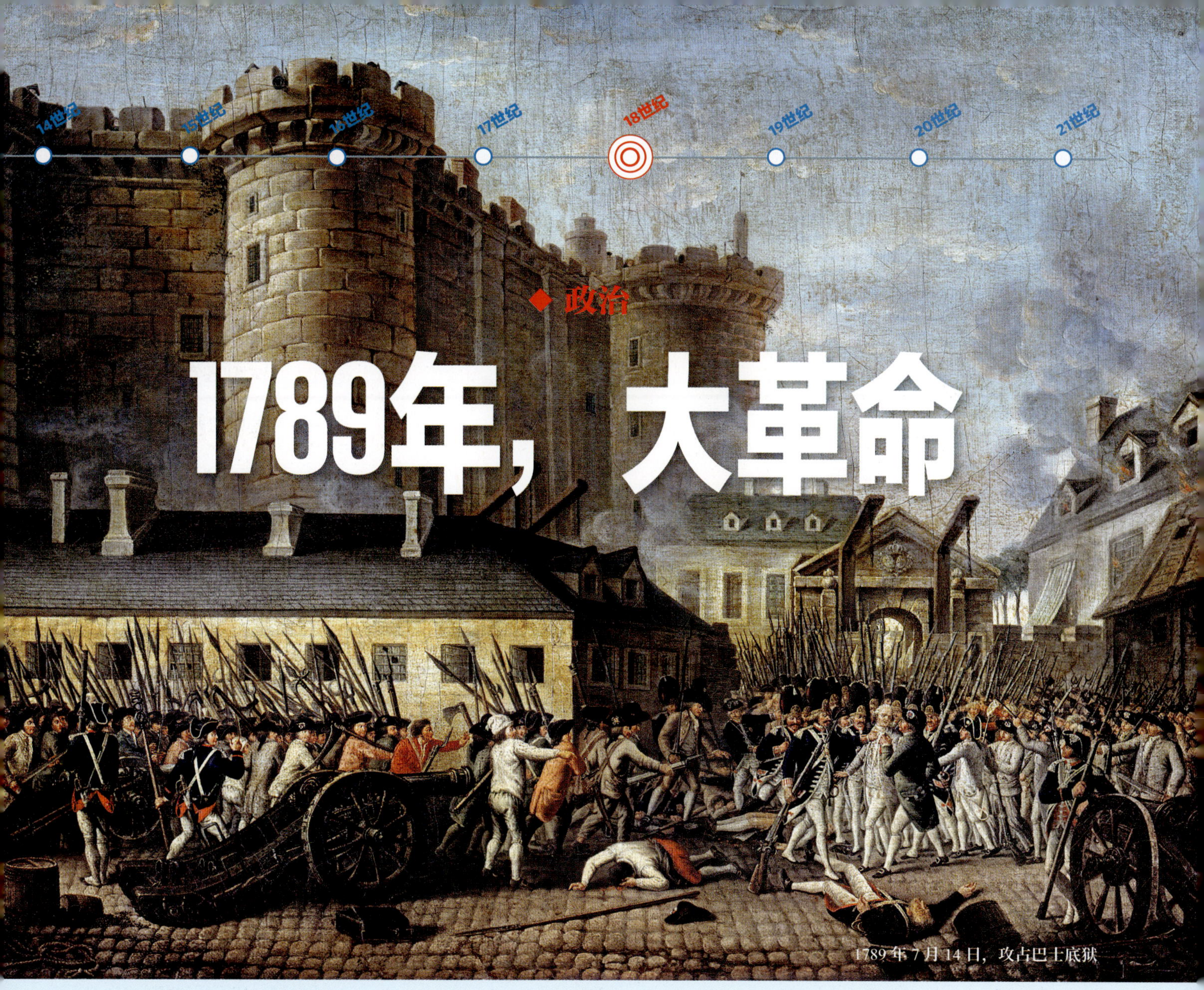

◆ 政治

1789年，大革命

1789年7月14日，攻占巴士底狱

凡尔赛宫正在进行清仓大甩卖！王室离开后，你在那儿可以找到家具、地毯、餐具、花边、裙子和礼服……不要犹豫，去晚了好东西就没了。

1789年

法国·1789年异常动荡喧嚣。首先，5月5日，国王在凡尔赛宫召开三级会议，财政大臣内克尔的开场演说坚定有力，路易十六的演说却吞吞吐吐、含糊其词。6月17日，第三等级宣布成立国民议会，一些低阶教士和贵族加入了他们。6月20日，国王命人关闭了国民议会。议员们在凡尔赛老城的网球场重聚，他们宣誓：不制定法国宪法绝不解散。

像往常一样，路易十六犹豫不决。23日他命令议员解散，但三天后又要求贵族和教士也加入国民议会。7月9日，国民议会宣布改称国民制宪议会。他又摇摆了：内克尔于7月11日被解除职务，7月16日又被召回。在此期间，7月14日，巴黎人民攻占了巴士底狱。国王知道后问："为什么？"因为这个老旧的堡垒里只有几个犯人而已，大炮也同样古旧。

其他人却洞若观火。国王的两个兄弟，普罗旺斯伯爵和阿图瓦伯爵，选择逃亡，宫廷贵族也紧随其后。夏季出现了"大恐慌"，农民攻击并烧毁城堡，有时也杀死城堡里的人。他们一把火烧掉了地契，这东西日渐加重了他们对领主的义务。8月4日夜里，议会掀起了一股呼吁平等的热潮，有人冲上讲台谴责自己所享有的特权。于是，特权都被废除了。

8月26日，《人权宣言》的发表奠定了现代民主的基础。一切似乎都平静了，然后巴黎的饥饿骚乱促使人们——尤其是女性，以及伪装成女性的男性——向凡尔赛进军，将王室带回巴黎。

凡尔赛这座经历数位国王的宫殿，从此谢幕。

奇闻逸事

“邦蒂号”叛变

1789年

大溪地·慵懒岛屿的危险永远说不尽，半裸的岛民诱人放纵。英国皇家海军舰长威廉·布莱就有过这样苦涩的体会。

他的船“邦蒂号”在大溪地停留已有数月，此行是为了把面包树装运到东印度，供给奴隶吃喝。然而漫长的停留却让船员和当地人日久生情。道德松懈了，纪律也是如此。眼看着要拔锚起航，布莱开始严厉惩戒：他实施了大量体罚。大副弗莱彻·克里斯蒂安不赞同他的做法，公开反对他。4月28日，在克里斯蒂安的带领下，船员暴乱。他们把布莱和忠于他的船员驱逐到小艇上。叛乱者回到大溪地，有些人则去了皮特凯恩岛，在那里他们互相残杀。布莱在没有地图和指南针的情况下航行了6 000多千米后，奇迹般地到达了印度尼西亚的一个岛屿。他从那里返回了英国。最后，一支远征队抓住幸存的叛变者，其中一些人被绞死。

◆ 肖像

奥兰普·德古热

法国·1790年，孔多塞出版了一本小册子《论妇女的公民权》，以此捍卫女性参与政治生活的权利（与男性平等）。但如今妇女们的偶像无疑是奥兰普·德古热，她于1791年9月发表了一篇檄文：《女权和女性公民权宣言》。

1791年

文章标题戏仿1789年的《人权宣言》。但这篇文章吓到了很多人：一方面，文章是献给王后玛丽·安托瓦内特的；另一方面，作者宣称如果女性“有权”上断头台，她也应该有权登上议会的讲台。文章第一条就表明“女性生来与男性权利平等。”社会还没有准备好应对此类剧变。因为反对罗伯斯庇尔，1793年11月3日，奥兰普被送上断头台，大好才华就此葬送。

新闻

国际

圣多明各的伏都教

1791年

海地·8月14日夜间，圣多明各岛就开始沸腾。土尔潘（Turpin）种植园的奴隶兼马车夫杜迪·布克曼在博伊凯芒森林中重操旧业，再次担任过去担任的“恩贡”（houngan，伏都教的祭司）一职。在电闪雷鸣和瓢泼大雨中，他邀请种植园里的奴隶参加一场祝福仪式，祈祷他们在反抗白人的奴隶起义中战无不胜。“曼柏”（mambo，伏都教女祭司）塞西莉·法蒂曼来协助他。他们宰杀了一头猪，喝下它的血后开始唱歌跳舞。参加者得知，起义时间定于8月22日至23日的夜间，在富饶的北方大平原进行，那里种植园密集。随后，将近两周的时间里，1 000多名白人被屠杀，他们的房屋和农业设施被烧毁。起义的奴隶试图夺取该岛首府法兰西角，最终被击败。布克曼被杀，但他无疑为后来的起义领袖杜桑·卢维杜尔指明了前进的道路。

◆ 音乐

莫扎特之魂与母亲相聚在圣厄斯塔什

1791年

奥地利·12月5日，沃尔夫冈·阿马德乌斯·莫扎特在维也纳去世。他只活了35岁，却为后人留下了大量作品：数十部交响曲、协奏曲、歌剧、奏鸣曲、圣乐……再加上室内乐和管风琴乐，您应该了解他是多么才华横溢了。

我们无法列出他的全部作品，只好艰难地选择几部：降B大调第10号管乐小夜曲，又名《大组曲》（1784年）；《唐璜》（1787年）；C大调第41号交响曲，又名《朱庇特》（1788年）；D大调第26号钢琴协奏曲，又名《加冕》（1788年）；A大调第11号钢琴奏鸣曲，又名《土耳其进行曲》，当然还有他最后的作品《安魂曲》，这部未完成的作品由他的三名学生受他的遗孀康斯坦丝之托续作完成。

巴黎人还记得莫扎特，1763年这颗流星曾于儿时来到凡尔赛宫，在国王路易十五和蓬帕杜尔夫人面前表演。多年后，1778年，这位年轻的艺术家带着他的母亲重返巴黎。在逗留期间，他经历了丧母之痛。追思弥撒在圣厄斯塔什教堂举行，他的母亲最终被安葬于巴黎。

社会

新闻

1795年

超前的社保制度

英国·伯克郡的一个小镇刚刚发明了社会保障制度。在英国，许多工人辛辛苦苦靠工作谋生。面包价格上涨一点点都会使他们的预算失衡。稍有差池他们就无法养家糊口。

“斯宾汉姆兰制度”很简单：为了解决这个问题，如果面包价格上涨，工人会得到工资补贴。当工资上涨并足以购买与过去相同数量的面包时，这种与面包价格挂钩的补助才会停发。

◆ 思想

康德的巨著！

在德意志启蒙运动中，伊曼纽尔·康德提出要对知识进行批判性考察，对政治和宗教机构也应如此。

1790年

德意志· 康德的思想可以分为两个时期：前批判期和后批判期。一开始，这位哲学家阐述形而上学，试图回答有关世界起源的问题。到了1770年，他发表就职论文并获得柯尼斯堡大学的教授职位后，思想才发生了变化，他首次提到了“批判性思想”。

后批判期。当涉及诸如上帝的存在、自由、灵魂不朽之类的话题时，哲学家们总是看法不一。科学一直在进步，而形而上学却始终原地踏步，因此需要批判，需要对理性的力量进行检验。康德试图回答以下问题：我能知道什么，我应该做什么，我能希望什么，人是什么，一个人能了解自己到什么程度……因此，他遵循自主思索和自主判断的理想，以启蒙运动的精神扪心自问。

在他的哲学巨著三部曲中，康德希望一劳永逸地解决形而上学这一命题，确保它是可行的，甚至将它变成一门科学。在《纯粹理性批判》（1781年）一书中，这位柯尼斯堡的哲学家试图更好地定义我们能够知晓什么，特别是受理性所限的人们能看到什么。《实践理性批判》（1788年）则回答了“怎么做”的问题。最后，1790年出版的《判断力批判》在某种程度上将纯粹理性与实践理性联系起来，主要探讨了美学与目的论。

特辑

◆ 事件

从君主国到共和国

1790年

法国·暴风雨前的平静。1790年是多么平静而和谐啊！划分省份，统一度量衡，取消贵族身份，神职人员必须向宪法宣誓……7月14日，巴黎的战神广场上举行了盛大的庆祝会。出席的人看上去都很高兴：国王、国民警卫队指挥官拉法耶特将军、欢欣鼓舞的群众、感动的议员……然后，一切突然急转直下。

1791年

路易十六逃跑后被捕。路易十六佯装接受“温和”的君主制，然而1791年6月20日，他却与家人逃离了杜伊勒里宫。6月21日，他在瓦雷讷被捕，随后在充满敌意的沉默的人群中被带回巴黎。拿他怎么办？“我们留着他。”议会回答。7月，共和体制的支持者在战神广场被镇压。8月，奥地利和普鲁士要求结束革命，让路易十六重掌王权。宪法于9月通过，并经国王批准颁布。制宪议会完成了使命，立法议会旋即登场。

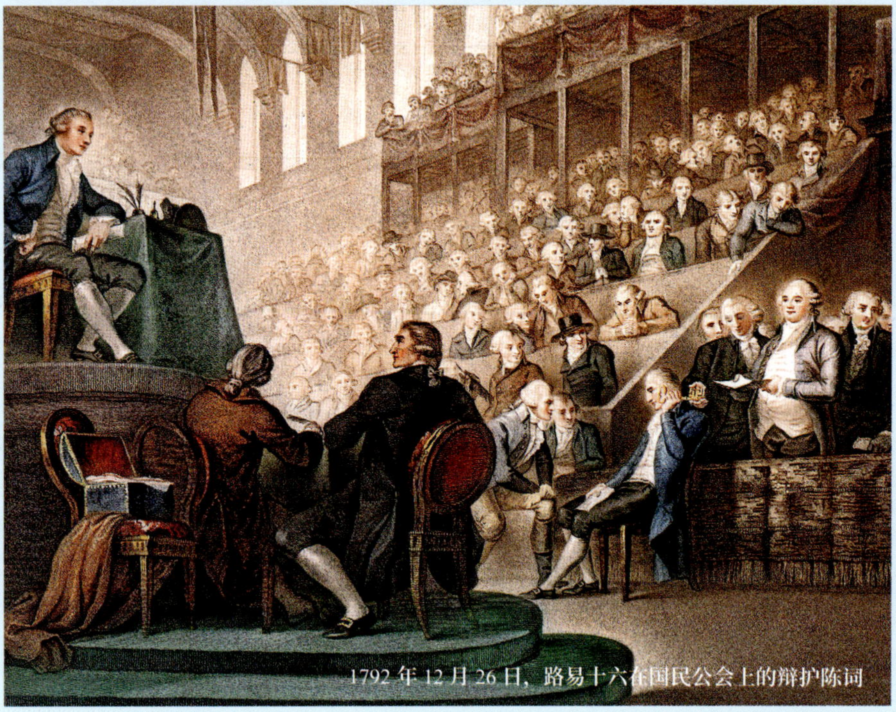

1792年12月26日，路易十六在国民公会上的辩护陈词

1792年

国王下台。1792年4月，法国对奥地利宣战。8月10日，当现实表明国王正想尽办法在这场战争中拖累法国时，巴黎人冲进了杜伊勒里宫。瑞士卫队奋勇抵抗，一些卫兵被杀，王室得以逃往议会避难。9月初，普鲁士将军不伦瑞克公爵威胁说，如果敢动国王，他就要血洗巴黎。愤怒的巴黎人攻占了监狱，他们断定里面全是准备接应奥地利的保王党。屠杀持续数日。9月20日，瓦尔密战役的胜利解除了外国的威胁。

9月21日，君主制被废除，路易十六下台，法兰西共和国宣告成立。一个新的议会，即国民公会开幕。11月，在杜伊勒里宫，人们发现了一个铁柜，里面装有路易十六暗通敌国的信件。

法兰西 共和国新闻

1793年

让-保罗·马拉，山岳派议员，7月13日在浴缸中被夏洛特·科黛刺杀身亡。

◆ 事件

斩首！

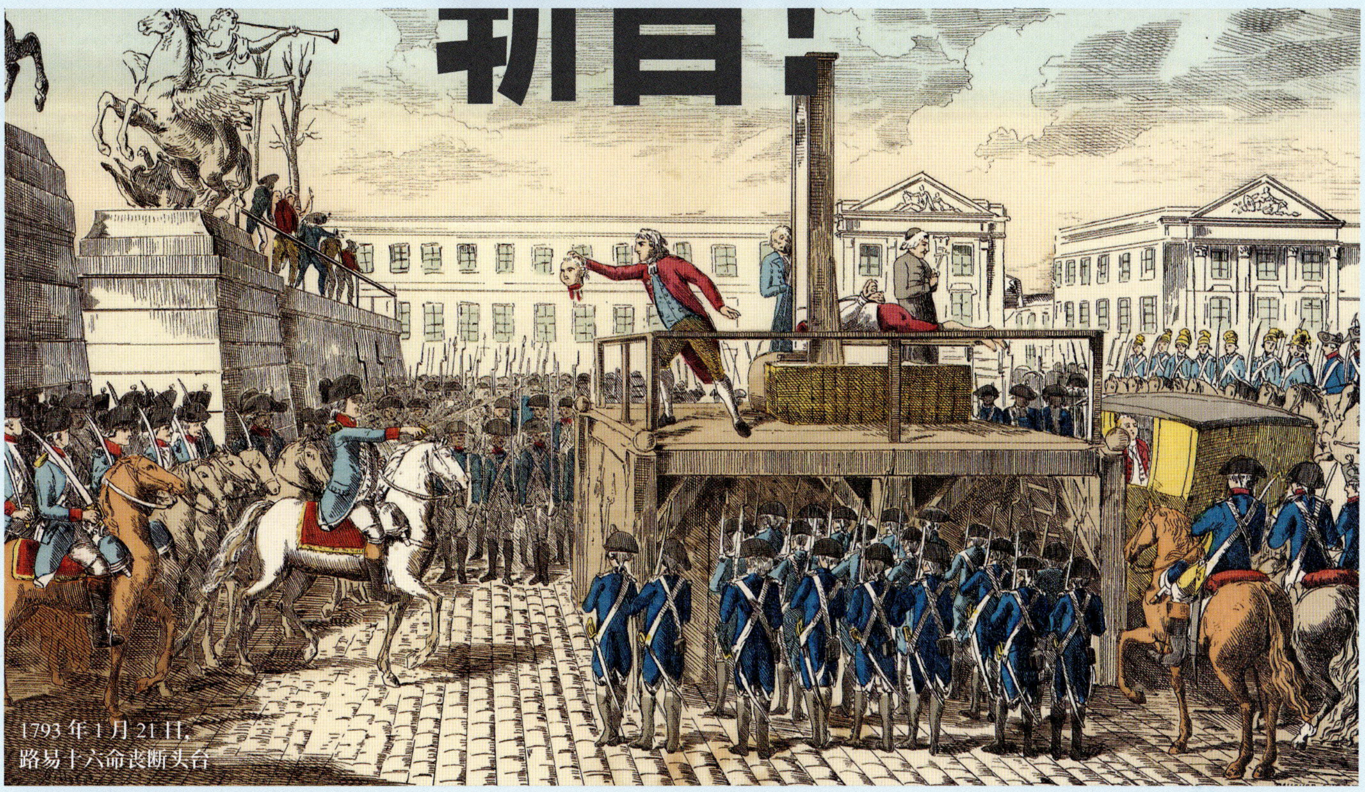
1793年1月21日，路易十六命丧断头台

1794年

法国·大革命的续曲可以概括为一句命令：斩首！首当其冲的是路易十六，他于1792年12月接受审判，1793年1月21日命丧断头台。玛丽·安托瓦内特紧随其后，于10月16日被斩首。10月31日，这下轮到最温和的吉伦特派议员了。

此时当权的是山岳派，之所以叫这个名字，是因为开会时他们坐在国民公会里位置较高的座席上。他们内部分为三派：埃贝尔派（得名于议员埃贝尔），也被称为“忿激派”，他们主张处决更多人以确保革命的胜利；丹东派，由丹东及其盟友组成，属于“宽容派”，认为革命至此结束；还有罗伯斯庇尔派，由罗伯斯庇尔及其支持者组成。谁能在被敌人消灭前消灭敌人呢。

罗伯斯庇尔派和丹东派联手，埃贝尔派腹背受敌，于1794年3月24日被清除。随后罗伯斯庇尔消灭了丹东，同年4月5日用“国家剃刀”处决了“宽容派”。只是，国民公会中的议员已经所剩无几了，那些坐在“平原”或“沼泽”里、习惯了三缄其口的幸存者，都感到无比恐慌。7月28日，他们推翻了罗伯斯庇尔，把他和他的支持者一起送上了断头台。

恐怖统治和大革命自此结束。

1795年 城市之声

葡月将军

法国·这是一位无所畏惧的准将，我们无疑会在很长一段时间里听到他的新闻！

1795年10月5日，巴黎的保王党人决定背水一战。彼时，复辟君主制的希望已越来越渺茫。而且，根据选举法规定，下个月的选举将确保共和派在议会中获得三分之二的席位，听说这一消息后，保王党人拿起武器包围了热月党主导的国民公会的所在地杜伊勒里宫。

巴拉斯议员向拿破仑·波拿巴的军队求助。后者用持续近一个小时的炮火轰散了叛军。圣洛克教堂的台阶上血流成河，据说有300多人死于此战。

他是一个军人，他会毫不犹豫地证明这一点。经此一役，他赢得了“葡月将军”的称号。

◆ 健康

接种牛痘！

1796年 **英国**·自12世纪的伊本·鲁世德开始，医生们就知道能熬过天花的人将从此免疫。他们也明白，健康的人接种少量天花脓液后，未来就能抵抗这种疾病。问题是，天花对于医生和接种者来说仍然非常危险。不过，英国乡村医生爱德华·詹纳找到了解决办法。他注意到农场的男孩和女孩感染天花后，不会出现病症。他找到了原因：他们在日常工作中会接触到奶牛，而奶牛会患上类似天花的牛痘。

5月14日，詹纳从一名感染了牛痘的农场女工手上提取出一些脓液，并通过注射，为8岁的詹姆斯·菲普斯接种。菲普斯长了脓疱，但很快就痊愈了。詹纳大受鼓舞，三个月后又为他接种了天花脓液。孩子安然无恙，他已经免疫了。疫苗就此诞生。

快讯

1797年 年仅21岁的简·奥斯汀完成了《傲慢与偏见》的初稿。

特辑

◆ 政治

督政府，一团糟！

在法国，
很少有哪个政体经历过如此多的危机！
1794年7月，
随着罗伯斯庇尔的去世和恐怖统治的结束，
法国需要建立新的政府体制。于是，督政府
便应运而生了。

1795年 **法国**·督政府，是由掌握行政权的五名督政官组成的政府。字面上来看，似乎一切都行得通。除了督政官之外，还有两个议院，即五百人院（议员人数为500）和元老院（议员为超过40岁的已婚男子或鳏夫），两院共享立法权。

实际上，局面很快就变得混乱不堪。阴谋接连不断（例如平等派密谋和1797年保王党叛变），而且选举结果不管让哪一派占了上风（雅各宾派或保王派……），督政官或军队只要感觉不满意就会宣布选举无效。

1797年 城市之声

断头台处决第一位共产主义者

法国·对有些人来说，大革命尚未结束。他们希望通过继续革命来实现自己的理想。弗朗索瓦·诺埃尔·巴贝夫就抱有这种想法。人们更熟悉他的革命化名格拉古·巴贝夫，他以此名来致敬古代宣扬平等的格拉古兄弟。

在环绕左右的“平等派”朋友的支持下，他准备推翻督政府，此即“平等派密谋”。他的理想是将土地和生产资料公有化，让穷人住进富人家，免费给穷人分发食物，甚至取消货币。这很快让众人坐立不安。最后，由于告密，格拉古·巴贝夫被逮捕、审判，并被判处死刑。1797年5月27日，他在旺多姆被斩首。

1799 年 11 月 10 日，波拿巴在五百人院

◆ 政治

政变，并不正气！

11月9日（雾月十八日），法国人入睡时还是督政府掌权，他们不知道一场阴谋正在权力最高层酝酿筹划。11月11日，当他们醒来时，法国已变成执政府的天下！

1799年

法国·政变最初源自一位革命派，西哀士神父，共和制的坚定拥护者。可政变离不开军队的支持，于是他向拿破仑·波拿巴将军发出了邀请，后者却欺骗了他。拿破仑的确策划了政变，却只打着自己的如意算盘。

我为刀俎，谁为鱼肉？穿着华美古典长袍、手无缚鸡之力的五百人院和元老院议员，以为雅各宾派即将发动政变，于是立马将身家性命交给了拿破仑。军队承诺保证他们的安全，但两院必须搬到圣克卢去。11 月 10 日清晨，议员们勉强安顿下来，有 6 000 名士兵负责保护他们。

下午，拿破仑对他们发表讲话，宣布罢免督政官，建立由他执掌的新政权。出人意料的是，他遭受到元老的讥笑，他们说他是独裁者。他又去五百人院那边碰运气，结果情况更糟，有些议员甚至直接掌掴他的脸。看到此景，他的胞弟、五百人院议长吕西安·波拿巴灵机一动。他把拿破仑拉到外面，提醒士兵，让他们看看将军流血的脸庞，说有人企图杀了他……效果可谓立竿见影！

若阿基姆·缪拉率领掷弹兵冲进五百人院所在的圣克卢城堡橘园里，怒喝一声："把这些人统统给我拉出去！"议员们纷纷脱掉长袍，冒着只穿着短裤的风险，从门和窗户跑进花园里四处逃窜。这可不是拿破仑想要的结果：人都跑了，还怎么体体面面地把权力移交给他呢。

夜幕降临，掷弹兵拿着火把，仍然在忙碌着。他们搜查城堡花园的灌木丛和小树林，四下寻找议员。最终找到约五十个人，就地将他们凑成一个"委员会"。好戏上演：委员会正式任命拿破仑、西哀士和迪科为执政。

将近夜里 11 点时，辛苦的一天终于结束了……

19 世纪

◆ 艺术

加冕礼，真实与画作

1804年 **法国**·5月18日，第一帝国诞生。

拿破仑，终身执政官，这一天成为法国皇帝。看上去一切都很美好，不过要想比肩查理大帝，似乎还有点不尽如人意。后者是罗马教宗加冕的？不要紧，拿破仑一世一定会做得更好：他强迫庇护七世（尽管只是运用政治手段）来到巴黎，参加他在巴黎圣母院举行的加冕礼。在兰斯加冕可不行，那就等于走法国国王的老路。

1804年12月2日，教宗参加了典礼，但拿破仑却自己戴上了皇冠，又给他的妻子约瑟芬皇后加冕。教堂里人山人海，大家都很激动。皇帝的妹妹们被安排托着约瑟芬的巨大裙摆，她们拉扯着想让约瑟芬摔倒。被亲爱的哥哥瞪了一眼后，她们才老实下来……

接下来就要让这一刻定格为永恒的画面。任务被委托给了雅克-路易·大卫，他在一幅巨大的画布上烘托出拿破仑一世高大光辉的形象，画上了岿然不动的教宗，并且稍有虚构之处。在他的画中，皇帝的母亲莱蒂齐娅坐在尊贵的看台上观礼。实际上她并没有露面，因为她认为自己得到的礼遇远远不如约瑟芬。拿破仑没有让步，皇帝总要有点脾气的嘛。

新闻

宗教

拿破仑与教宗庇护七世签订协约

1801年

法国·自法国大革命开始，法国王室与罗马教廷之间的关系就破裂了。而拿破仑需要宗教和平。为此，1801年7月15日，他与教宗庇护七世签订了政教协约。天主教不是法国国教，而是“大多数法国人”的宗教。主教由国家元首任命，再由教宗确认。助祭和神父由国家发放薪水。作为交换，罗马教会不再索要大革命期间被国家没收的教会财产。

快讯

1800年

赫利奥波利斯战役。

1800年

诺瓦利斯发表《夜颂》。

1801年

约瑟夫·玛丽·雅卡尔的织布机问世。

1802年

9月13日，杜桑·卢维杜尔向拿破仑派驻圣多明各的军队投降。

1802年

沙普塔尔和富克鲁瓦制定公共教育法，并创建了45所高中。

◆ 经济

法国有了银行和新法郎

1800年

法国·谁能阻止第一执政拿破仑走向现代？很显然，没有人。1月18日，他签署了创立法兰西银行的法令。这意味着什么呢？

这是一家私人银行，拥有发行法定货币的独家权利。它印的钞票能够随时兑换成黄金。这是让法国人逐渐对纸币建立信心的最好方式。他们在钱的问题上实在多疑！

1803年，拿破仑又为法国带来了新货币“芽月法郎”。之所以取这个名字，是因为它是根据共和十一年芽月七日（1803年3月27日）颁布的法律创建的。当时还铸造了重5克、纯度为90%的银币以及重6.45克、纯度为80%的金币。成功是立竿见影的，在整整一个世纪里货币都保持了稳定。

◆ 社会新闻

维克托，森林里裸体游荡的“野孩子”

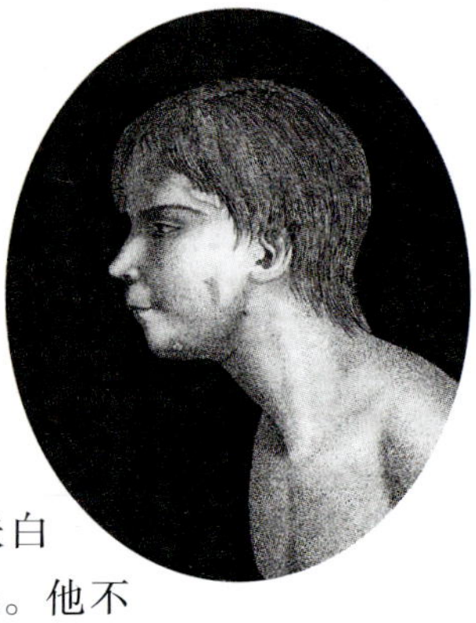

1800年

法国·从8月6日清晨起，巴黎人将会看到奇特的一幕。有人发现一个“野孩子”赤身裸体在阿韦龙的森林里游荡。医生让·伊塔尔给他取名为巴蒂斯·维克托，想要带他重返社会。但他不会说话，好像也无法与人交流。他的皮肤白得惊人，没有毛。他不会爬树，怕水。他的身上布满了伤痕，这不是森林生活所致，而是因为受到虐待。他被托付给盖兰女士，她照顾他以换取补贴。然而，他几乎再无可能融入人类社会了。

新闻

经济

工人身份证的设立

1803年

法国·“工人阶级，危险阶级。”这似乎是执政府的新格言。拿破仑·波拿巴决定约束工人的出行，监督他们的工作变动。他们必须持有工人身份证，不然就会被视为流浪者遭到处罚。他们进入某一城市时，要第一时间找当地警务专员签字。证件里除了有禁止工会和罢工的法律条文外，也包含工人历任雇主的评价报告，还有工人的年龄信息及简要的外貌描述。工人身份证设立于1803年12月1日，于1890年年初停用。

◆ 技术

伏打发明电池

意大利·1800年，人们通过一篇文章得知，亚历山德罗·伏打在他的实验室里发明了电池。同年，这位意大利物理学家应拿破仑·波拿巴的邀请，在法兰西学院展示了电池并借机阐释了电压定律。

这项发明不容忽视。这种电池是一个数厘米高的圆柱，里面叠放着多层铜片和锌片，中间用浸透盐水的布把它们隔开。从上到下有一根电线连接整个结构。放好后，它就产生了电流。铜片带负电荷，锌片带正电荷。

1801年

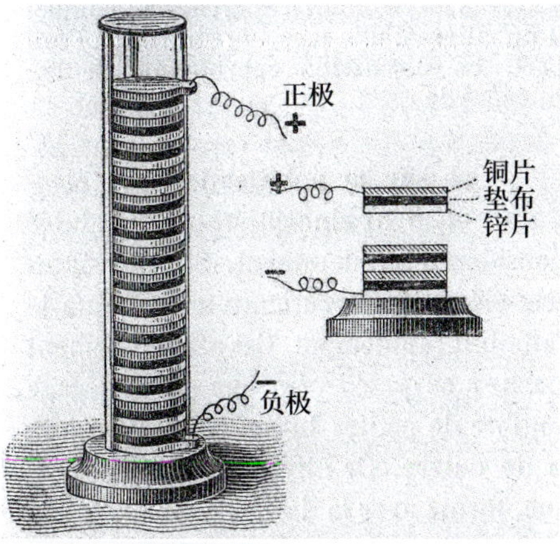

社会

数数吧！

1801年

法国·应第一执政拿破仑的要求，法国开展了首次完整的人口普查。全国共计3 300万居民，他们是这样说的！1789年时人口总量为2 860万。而巴黎人口则从65万减少到了50万。

传统

荣誉与祖国，荣誉军团勋章

1802年

法国·尽管法国大革命曾以平等为由取消发放勋章，现如今它们又开始盛行了。拿破仑·波拿巴希望奖励出类拔萃的公民——不管哪个领域，只要他们建立了卓越功勋。为此，5月19日，拿破仑创建了法国荣誉军团勋章，并赐予其铭文：“荣誉与祖国。”勋章分为五个级别：骑士、军官、司令官、高级军官和大十字骑士。1804年7月14日，第一次授勋仪式于巴黎荣军院举行。

记事本

昂吉安公爵的悲惨结局

1804年

法国·乔治·卡杜达尔和皮舍格吕将军在1804年3月试图绑架第一执政的疯狂举动，可能促成了昂吉安公爵的悲剧命运。保王党人的这次阴谋不仅导致卡杜达尔于1804年6月命丧断头台，皮舍格吕于狱中自杀（有些人说是伪装的谋杀），还将最后一位孔代亲王推向了死亡的深渊。

拿破仑受塔列朗的影响，怀疑昂吉安公爵是阴谋分子想要拥立的“王子”。路易·安托万·亨利·德·波旁–孔代其实已经搬到巴登大公国居住了。3月15日，他在那里被非法绑架。20日晚，他在万塞讷城堡被秘密委员会审判并被判处死刑，当晚在城堡的沟渠中被处决。

他本人对阴谋一无所知，却被当成震慑保王党人的箭靶，并被保王党人视为烈士。

新闻

技术

巴黎人目瞪口呆，一艘船以将近6千米/时的速度行驶于塞纳河上

1803年

法国·这项壮举由美国公民罗伯特·富尔顿完成。他第一次在塞纳河上测试时以失败告终，因为装载过重，船沉了。

第二次测试时，数名法兰西学院的院士来到了现场。还要感谢美国驻巴黎外交官罗伯特·利文斯通，幸亏有他的帮助，富尔顿对汽船的研究才得以顺利进行。8月30日，富尔顿的船在塞纳河重新起航，以每小时3海里的速度拉着两艘小船航行。本次测试圆满成功。回到纽约后，1807年富尔顿建造了“克莱蒙号”，它游弋在哈得孙河上，运送旅客和货物。

◆ 司法

一部全民法典，但不适用于女人

1804年 **法国**·从3月21日起，一部新的法典开始规范法国人的生活，这就是《法国民法典》。它由四位法学家起草，包括习惯法和成文法，又称《拿破仑法典》。拿破仑曾积极参与1800年草稿的修改，因此该法典也带有明显的拿破仑印记。法典第36章第2281条中明确定义了人、财产和物权，以此来统一现实中五花八门的做法。最大的输家是女人，她们被认定终生都是“未成年人”，婚前从父，婚后从夫。

男人在25岁前都要受父亲监护。因此，他们只有取得父亲同意才能成婚。

快讯

1807年

黑格尔出版了《精神现象学》。

1809年

让-巴蒂斯特·拉马克首次提出进化论。

社会

重要文凭：高中毕业文凭

1808年

法国·3月17日起，年轻人要参加一个全新的考试以取得高中毕业文凭（baccalauréat）。这个名字的灵感来自古典时代胜利者头上戴的月桂冠（lauriers）。

人们只有年满16岁才能参加高中毕业会考，考试一律为口试，主要考查对希腊语和拉丁语作者的了解，还有历史、地理、哲学和修辞学。第一次中学会考有31人取得文凭。1816年该数字增至2 000。

◆ 社会

街道楼房编号

1805年 **法国**·人人都曾在拜访朋友的路上迷路，尤其是在巴黎这样的大城市里。这样的时代即将成为历史。1805年2月4日，法国颁布了一项法令，要求对每条街的楼房进行编号。街道一侧为奇数，另一侧为偶数。首先这样做的就是巴黎，那么编号从哪里开始呢？以塞纳河为地标，一号楼就是离河最近的楼。1805年，用了整整一个夏天，人们才钉上所有楼牌。效果果然很好，再也不用晃荡几个小时找人问路了。

天气预报

1803年·整个法国酷暑难当。塞纳河水位降至历史最低点。

新闻

宗教

犹太公民

1807年

法国·皇帝自登基以来就很少操心犹太人。1806年，一群博学的拉比召开了一次犹太教大会，讨论如何组织犹太教的信仰活动。在第一任首席拉比大卫·辛茨海姆的号召下，根据2月至3月举行的“犹太公会”决议，犹太中央议会成立了。犹太人要遵守犹太教律法，也要遵守法国的宗教法律，要与其他法国同胞融为一体，尤其要投身于社会各行各业。他们也要服兵役，但其他公民可以花钱找人代替服役，犹太人却不行。

宫廷生活

拿破仑迎娶玛丽-路易丝 1810年

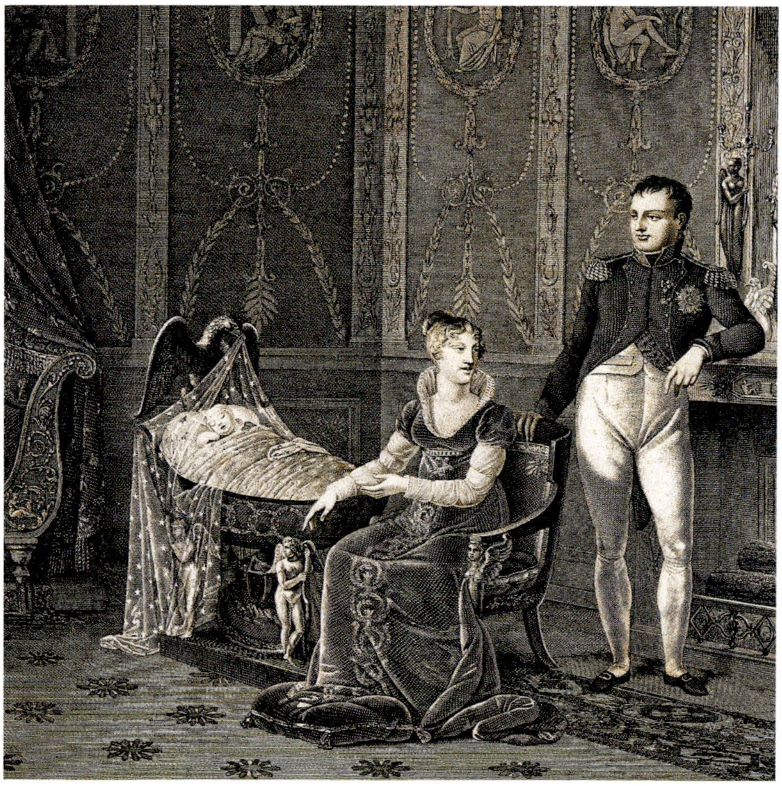

法国·1796年，拿破仑一世与“美丽的克里奥尔人”约瑟芬·德·博阿尔内成婚，1809年12月办理世俗离婚手续，1810年年初得到宗教承认解除婚姻关系。皇帝指责妻子没能为他诞下子嗣来延续他的王朝霸业。

如今，他面前有两位候选人：一位是俄国公主安娜·帕夫洛夫娜，不过她只有15岁；另一位是奥地利皇帝的女儿玛丽-路易丝，时年18岁。他选择了后者。

世俗婚礼于1810年4月1日在圣克卢城堡举行。翌日，宗教婚礼在卢浮宫的方形沙龙举行，由皇帝的叔叔、枢机主教费斯主持。盛大的庆祝活动耗费400万法郎，几乎与加冕典礼所耗费的一样多。

迫不及待的拿破仑一世根本等不到4月2日晚上，当未婚妻3月底到达贡比涅时就已将她扑倒。第二天，皇帝温存地说：“娶一个奥地利女人吧，她们是世界上最好的女人，温柔、善良、天真，如玫瑰般娇嫩清新。”

◆ 社会

卢德主义，鲜为人知的现象 1813年

英国·1月15日，14名卢德分子在约克郡被绞死。他们都是使用手摇纺织机纺织羊毛或棉布的工匠。随着机器时代的降临，纺织工业开始采用自动织布机。工人们感觉到自己的手艺已经过时，担心饭碗很快就要不保。

为了反抗被淘汰的命运，绝望的卢德分子闯入工厂摧毁了机器。他们没有任何真正的组织，仅仅是爆发式地发泄了内心强烈的怒火。

卢德主义得名于一个虚构的人物，工人内德·卢德。据传他是1780年左右第一个破坏机器的人。

快讯

1811年

穆罕默德·阿里想要消灭马穆鲁克势力。

1813年

10月18日，拿破仑在莱比锡战败。

技术

第一批罐头

1810年

法国·家庭主妇们要感激地为他献上花环，她们再也不用为了做饭而天天买菜了。多亏了尼古拉·阿佩尔和他这本畅销6 000份的著作《保存肉类与蔬菜食材的技术》，家庭主妇们可以做出足以保存数月甚至数年的罐头。方法很简单：将食物装入罐中，密封瓶盖，然后隔水加热。阿佩尔先生（M.Appert）以自己的名字命名了这种方法（“appertisation”，密封加热灭菌法），他已经想到使用锡罐了。

◆ 政治

照顾家人，一份全职工作

1814年

欧洲·当皇帝固然很好，但您如果是一个大家庭的家长，那就非常头疼了。理想的情况是为每位家人安排一个宝座。在这方面，拿破仑一世无人能及。

先说他的兄弟们：约瑟夫是那不勒斯国王，后任西班牙国王；路易，荷兰国王；热罗姆，威斯特伐利亚国王。他让妹妹埃莉萨统治卢卡和皮翁比诺，1808年将那不勒斯王位给了另一个妹妹卡罗琳和妹夫若阿基姆·缪拉。不过，吕西安却是家族中的叛逆者。他与拿破仑之间不和是出了名的。他指责拿破仑是一个暴君，并于妻子去世后没有得到哥哥允许就与寡妇茹贝东再婚。皇帝怒不可遏，将他流放至罗马。最后还是教宗庇护七世授予了他“卡尼诺亲王”的称号。

《四角游戏或五个兄弟》。从左至右：约瑟夫、热罗姆、拿破仑、路易以及拿破仑的妹夫若阿基姆·缪拉

◆ 政治

帝国覆灭

拿破仑在枫丹白露宫签署退位诏书

1814年 **法国**·4月6日，皇帝在枫丹白露宫签署了退位诏书。从俄国战场上惨败而归后，接二连三的失利让这个决定不可避免。自3月底以来，反法联军一直驻扎在巴黎。

作为退位的补偿，拿破仑一世可以保留皇帝头衔，每年获得200万法郎的年金，并拥有与科西嘉同一纬度的意大利小公国厄尔巴岛的统治权。

4月20日，皇帝告别近卫军，踏上流亡之路。已故国王路易十六的弟弟、普罗旺斯伯爵以路易十八的名号登上王位。他拒绝使用路易十七的称号，谨以此缅怀死于圣殿监狱的年幼侄子——这位法国大革命期间转瞬即逝的“无冕之王”。

◆ 文化

朱莉·雷卡米耶和热尔曼娜·德·斯塔尔，巴黎的沙龙女王

朱莉·雷卡米耶

法国·不要以为时尚的沙龙不会挑战政治权力。拿破仑一世就体会过其中的苦涩。两位当时最杰出的女性都反对他。**1813年**

朱莉·雷卡米耶的文学沙龙享有盛名，它吸引了当时最优秀的人才。这位美丽的才女因严词拒绝成为皇后的侍女而闻名。最终，宫廷于1813年迫使她流亡海外。

她最好的朋友热尔曼娜·德·斯塔尔是内克尔的女儿，写过几篇专门讨论卢梭的文章。斯塔尔反思文学与社会制度的关系，思考何谓幸福。她对帝国体制的批评激起了拿破仑的愤怒，以至于后者于1813年禁止她的作品《论德意志》出版。斯塔尔同样被迫流亡海外，她把文学沙龙搬到了瑞士的科佩。本杰明·贡斯当和让·德·西斯蒙第等知名人士都频频造访。

王朝复辟后，两人返回巴黎，继续履行保护新一代思想者的使命。

热尔曼娜·德·斯塔尔

◆ 政治

这一次第一帝国，真的结束了 1815年

拿破仑在“贝勒罗丰号”上驶往圣赫勒拿岛

法国·啊！多么传奇的史诗！1815 年 3 月，拿破仑离开厄尔巴岛，重新集合士兵，赢取各方支持，从外省返回了巴黎。路易十八差点没来得及逃跑。在“百日王朝”期间，拿破仑重掌帝国朝政，厉兵秣马。然而，1815 年 6 月 18 日，滑铁卢战役的惨败让这一切戛然而止。1815 年 6 月 22 日，拿破仑再次宣布退位。路易重新收拾行囊，返回巴黎。不过，吃一堑，长一智，英国人可不愿再看到拿破仑卷土重来。这一次就不是厄尔巴岛了。拿破仑一世被流放到大西洋中心的孤岛圣赫勒拿岛上，一直到 1821 年去世。

◆ 灾难

千年之灾 1815年

亚洲·4 月 5 日至 10 日，整个地球经历了或许有史以来最猛烈的火山爆发。印度尼西亚坦博拉火山在猛烈的火焰风暴中醒来。海拔 4 300 米的火山不断向外倾吐岩浆。三股火柱喷发出上百摄氏度的炽热气体，火山云腾空而起。惊天动地的轰鸣声在 2 000 千米开外的苏门答腊岛都可以听到。火山爆发引起了海啸，吞没了数百千米之外的岛屿。喷射而出的火山灰和二氧化硫形成了高达 40 千米的巨大火山云，将天空完全遮盖。1816 年，在西欧，气温骤降 3℃，打破了有史以来的最低温度和降雨量纪录。庄稼腐烂，颗粒无收。火山爆发造成了亚洲 9.2 万人死亡，还致使欧洲 20 万人死于饥荒。

小贴士

寻物启事

埃及主题的茶具

如果碰巧，您有配套的家具，这将是我莫大的福音。自从协和广场上的埃及方尖碑落成以来，整个巴黎都装点着埃及人的智慧结晶。

如有意向，请联系本报。

船床，三脚圆桌或活动穿衣镜

我喜欢这些线条简洁、不带镶嵌物的实心家具，它们大多是桃花心木的。塔夫绸缎、绿色或黄色天鹅绒都可以。我想用它们来装点我的店铺。

如有意向，请联系本报。

◆ 奇闻逸事

一场海难

1816年

非洲·这是一幅令人难以置信的画面。7月2日，“美杜莎号”护卫舰在离非洲海岸大约60千米处的阿尔金沙洲上搁浅了。

这艘战舰之所以遭受此难，最主要原因还是船长于格·迪鲁瓦·德·肖马雷致命而不可饶恕的固执。这位贵族先生对当地海域一无所知，也不听任何经验老到的水手的劝谏。他拒绝改变航线，一心想着尽快到达塞内加尔，好以国王的名义收复失地。

现在他要赶紧疏散随船人员，但问题是救生艇不够用。于是他们搭建了一只20米长的木筏，上面载有152人。起初木筏由救生艇通过缆绳拖着，但某一天夜里，不知是缆绳磨损还是有人故意为之，绳子断了。

整整13天，“美杜莎号”的木筏迷失于汪洋大海中。在经历过自相残杀、食用尸体的恐怖场景后，最终木筏被“阿尔戈斯号”战舰救起，而此时仅有15人幸存。这场灾难引发了强烈的公众情绪。年轻的浪漫主义画家西奥多·热里科将这悲惨的一幕永远定格在《美杜莎之筏》这幅作品中。

快讯

1823年

路易十八签署了法国首条铁路的特许建设协议。这条由圣艾蒂安通往昂德雷济约的铁路长达23千米，专门用于煤炭运输。

新闻

经济

1817年

太棒了！我们可以炒股了！

美国·当然，纽约证券交易所早在1792年便已经存在了。当时24位证券经纪人决定集中在一个专门的场所交易，而不是像过去一样站在梧桐树下。不过，1817年3月8日，一家更为正式的机构出现了。要知道，经过初期积累后，1817年市面上发行的股票已多达38万股。这样一来，纽交所的交易活动急需得到规范。于是，“纽约证券交易委员会”应运而生，会员共同签署了委员会的章程。一个宽敞的股票交易大厅就此走进了人们的视野。

记事本

“轮椅国王”逝世

1824年

法国·我们还记得，维克托·雨果在他的《悲惨世界》中曾经毫不犹豫地将路易十八称为“肥猪”。他引用了那些反制度人士挂在嘴边的一句辱骂。事实上，这是一位患有足痛风症的国王，进进出出都只能坐在轮椅上。他还开玩笑，戏称自己是“轮椅国王”。

1824年9月16日，国王驾崩。作为路易十六的二弟，他的半生都在流亡之中度过，1815年返回法国复辟登基，执掌朝政直到去世。他身宽体胖但机灵睿智，实行君主立宪制统治。

热衷于香艳故事的路易十八有不少情妇，例如巴尔比夫人。但他更爱护他的宠臣们：阿瓦雷公爵、布拉卡公爵，还有英俊非凡的埃利·德卡兹。路易十八去世后，他的弟弟兼继承人阿图瓦伯爵继位，成为查理十世。挺拔而矫健的查理十世更为保守，而他似乎异常难以理解为什么1789年会爆发法国大革命……

国际

“门罗主义”

美国·对于老牌欧洲来说，这是一次真正的革命。作为1814年第二次反英独立战的获胜方，美利坚合众国希望能够真正实现“国如其名”。

为此，1823年12月2日，詹姆斯·门罗总统在一年一度的国情咨文中做了明确阐述。他的演讲清晰明了：欧洲人要放弃对美洲大陆的所有殖民活动。如果欧洲能接受这一点，美国将保证不会插手欧洲事务。

总而言之，“美洲是美洲人的美洲”在彼时就是一句流行口号了。

1823年

◆ 国际

近卫军团苦不堪言 1826年

土耳其·马哈茂德二世怒火中烧。自1344年开始，土耳其精英部队“耶尼切里军团”（Yeniçeri），又称“土耳其近卫军”（类似于法国“近卫军”），一直是土耳其军队的精锐力量。他们战无不胜、坚不可摧，以至于有时苏丹本人也阻止不了他们。

新主登基时，不仅要赐予他们大量金银财宝以确保他们的忠心，还要面对他们时不时密谋发动的造反。什么时候最危险呢？每次只要他们围着那些“大锅”一起吃饭（译者注：近卫军军旗的图案是一口锅），危险就要降临了。他们变成了一个“国中国”。不过现在这一层保护没有了。马哈茂德二世秘密训练了新的军队，随后，6月16日，他命令新军袭击了近卫军的军营。这是一场可怕的屠杀，因为民众对他们的傲慢厌恶已久，终于可以趁机报复。事发当天，7 000多名近卫军士兵惨遭杀害。而随后的日子里，帝国各处血流成河，超过10万士兵被杀。

天气预报

1827年·这是19世纪最寒冷的冬季之一。巴黎−17℃，马赛−10℃，米卢斯−28℃。

新闻

1822年

文化

古埃及象形文字被破解

法国·这是一位32岁的天才，9月27日他让古埃及文明发出了自己的声音。

让-弗朗索瓦·商博良在《致达西埃先生信函：象形文字标音初阶》一文中，向法兰西学术院的院士阐述了自己是如何破解1799年所发现的罗塞塔石碑的。通过研究石碑上用三种语言写就的铭文——一种是古埃及象形文字，另一种是古埃及通俗文字（前者的简化形式），还有一种是希腊文字，商博良成功破译了石碑上的古埃及原文。他破解了克娄巴特拉、拉美西斯、图特摩斯等名字，并以此破译出石碑全文。

◆ 潮流

"ZARAFA" 长颈鹿来到巴黎

1827年

法国·继外省人之后，巴黎人终于可以一睹它的风采了。这是埃及总督穆罕默德·阿里送给查理十世的一头长颈鹿，1826年11月14日它来到马赛，而1827年7月9日它终于来到巴黎。今天，在巴黎植物园，它被正式赠送给了国王。在学者艾蒂安·若弗鲁瓦·圣-伊莱尔的精心看护下，它将在园内度过一段美好的时光。

这是一头非常勇敢的动物，它可是从马赛一路用它的小蹄子走过来的。它身边还有一队骑兵护送，以及三头供它喝奶的奶牛。别忘了还有一辆四轮马车，载着稻草和它的小被子。它度过了平静安详的十八个春秋。

人们总爱称呼她为"Zarafa"（阿拉伯语中"长颈鹿"的叫法）。

◆ 奇闻逸事

卡斯帕·豪泽尔是谁？

1828年

德意志·一名肮脏不堪、衣衫褴褛的少年来到了纽伦堡。他不大会说话，只能发出动物般的呜咽声。被两位工匠发现后，他交给了他们一个信封——"致第六轻骑团第四营长官的信函"。其中包含两封信，一封信来自一位临时农工，他抚养孩子长大，并给他取了现在的名字，卡斯帕·豪泽尔（Kaspar Hauser）；而另一封信则来自孩子的母亲，她把孩子托付给临时工，并指出他的父亲是第六轻骑团的骑兵，名字不详。

豪泽尔被带到营长官跟前，随后以疑似冒名顶替罪被关了起来。纽伦堡市长出于同情收留了他。据他回忆，他曾经被关在一个未知的地方，由一位"黑衣男子"投喂食物。他根本不是什么野孩子，他学会了读书、写字，还会弹奏羽管键琴。

从这里开始，故事就变得匪夷所思了。他会不会是巴登大公1812年"死于襁褓"的继承人呢？可能有人将他调了包，企图让巴登家族的旁系继承爵位。1833年12月17日，豪泽尔死于刺杀，但他也可能是自残而死。他带着未解的谜题离开了人世。如果您是知情者，恳请您与本报联系。

◆ 国际

阿尔及利亚扇子事件

1827年

阿尔及利亚 · 这很可能是有史以来让人付出最高代价的“一把扇子”。事情发生在阿尔及尔台伊（dey）侯赛因的官邸。4月30日，侯赛因向法国领事皮埃尔·德瓦尔提出清偿债务。他要求法国偿还30年前征战埃及时的借款。当时的台伊曾经借给拿破仑军队一笔钱来购买口粮。当然，这笔债已经还了一半了……不过还剩最后一部分始终没有偿还。他们二人你一言、我一语，争执越来越白热化。侯赛因认为德瓦尔最后几句话有辱伊斯兰教，气愤之下用手中的“苍蝇拍子”——法国人眼中的扇子——扇了德瓦尔一下。制造一场外交事件的绝佳机会来了。

接下来，只需要坐等事件发酵就可以了。1830年，法国以“扇子事件”为借口发动了侵略阿尔及利亚的战争。

快讯

1826年

法国日报《费加罗报》创刊。

•

1826年

路易·阿歇特成立了书店和出版社。

•

1827年

维克托·雨果为自己的剧本《克伦威尔》写了序言。

•

1829年

《两个世界杂志》、《巴黎杂志》和《时代报》相继创刊。

•

1829年

路易·布拉耶发明了“布拉耶点字法盲文”。

•

国际

希腊人：属于自己的地盘

1830年

希腊 · 终于！希腊人拥有了一块属于自己的地盘。

1821年，希腊爆发了反奥斯曼帝国的独立战争，1830年2月3日战争结束。欧洲的热血青年纷纷参与解放希腊的伟大事业。诗人拜伦勋爵就曾经投身于希腊独立运动，最后逝世于迈索隆吉。

在战后的“伦敦会议”上，马哈茂德二世明确放弃对希腊的占据。不过，他也只是放弃了“小希腊”，也就是仅限于雅典及其周边的一块区域，还有阿提卡大区、伯罗奔尼撒半岛和基克拉泽斯群岛的一部分。

在希腊尝试共和体制失败后，欧洲的君主们迫使希腊建立了君主制，并选择了巴伐利亚王子奥托为国王。1832年，奥托一世登上了希腊王国的王位。

记事本

“解放者”西蒙·玻利瓦尔逝世

1830年

哥伦比亚 · 他是如此充满活力，让人感觉他是不朽的。1830年12月17日，一代英雄谢幕。西蒙·玻利瓦尔于哥伦比亚带着遗憾离世，最终未能像美利坚合众国统一北美那样，实现他统一拉美的梦想。

玻利瓦尔出生于委内瑞拉，全名为西蒙·何塞·安东尼奥·德·拉·桑蒂西马·特立尼达·玻利瓦尔·伊·帕拉西奥斯。当大哥伦比亚共和国建立时，他一度以为已经达成了使命。1819年12月至1830年5月，他一直担任该国总统。然而他的玻利瓦尔计划，尽管让拉美殖民地成功摆脱西班牙帝国的统治，并成立了独立的国家，却在政敌反对和新生的民族骄傲面前破产了。

然而，他英勇无畏、传奇一生的“拉美解放者”形象已永载史册。

◆ 技术

最早的公共马车

1826年

法国·做发明家实在是一种艺术。斯坦尼斯拉斯·包德利的经历正是如此。他先是积累了医学知识，又当上了第一帝国的陆军上校，最后才成为发明家。还有一点很重要：他开了一家面粉厂，使用蒸汽机提供动力。

他不愿白白浪费热能，就开了一家大澡堂，温热的洗澡水让整个南特的人都争相前往。他安排了公共交通工具把客人从市中心接到他的澡堂。

马车免费送顾客去澡堂。不过斯坦尼斯拉斯·包德利很快发现也有其他人搭乘顺风车，因为乘马车从一个地方到另一个地方非常方便。于是得到市政府允许后，他在南特和巴黎创建了一个付费的城市公共交通系统。他把这种做法应用到巴黎后，成果可想而知：公共马车诞生了。

◆ 技术

1829年 第一次机车竞速赛

英国·1829年10月，第一次机车竞速赛在新兴工业国家英国举行。选手要以最快的速度驶过曼彻斯特至利物浦路线中的一段。除了500英镑的奖金，获胜者还能得到这条路线的机车供应权。初试过后，五辆机车参加了这次“雨山机车大赛”。最后胜出的是乔治·斯蒂芬森和罗伯特·斯蒂芬森这对父子的“火箭号”。它的表现非常出色：平均速度20千米/时，最快可达48千米/时！同时它还牵引着13吨货物。有时，进步让人有点害怕，尤其是以这种疯狂的速度进步。

◆ 技术

无须手持蜡烛：煤气灯照亮巴黎

1829年

法国 · 继房屋前悬挂的灯笼和蜡烛提灯之后，燃气路灯登场了。早期的照明用气是煤气，即煤炭变成焦炭时释放出的气体。

在法国，直到18世纪初人们才提到照明用气。1829年1月1月，第一批煤气灯安装在了巴黎的和平路上。

剧院是最早使用煤气灯的场所之一。最早一条拥有照明路灯的公路是1817年的全景廊街。

◆ 政治

一场三色旗革命

1830年

法国 · 无革命，不法国。7月27日、28日和29日，巴黎市民让我们再次印象深刻。他们奋起反抗查理十世的统治，让这位国王仓皇而逃。不得不说，他对君主专制的执着蒙蔽了他的双眼，毕竟现在已经不是路易十四的时代了。查理十世签署了《圣克卢法令》，宣布限制出版自由，解散议会，限制选举权。这委实有点过分！

记者们首先奋起反抗，他们发行报刊，国王派来的军队也没能拦住他们。7月27日，巴黎人民起义。7月28日开始，军队就和起义者形成了统一战线。7月29日，巴黎沦陷。国王逃往朗布依埃城堡并宣布退位。觊觎王位已久的奥尔良公爵路易-菲利普终于等来了属于自己的时刻。他成为新的君主，史称路易-菲利普一世。

国际

比利时：一个新的国家诞生了

1830年

比利时·10月4日，一个新的国家登上了国际舞台。这就是比利时王国。不过它的诞生并非一帆风顺。

自维也纳会议（1814—1815）以来，那些力克拿破仑的胜利者开始按照自己的意愿来打造新的欧洲。会议的一个决定是让奥属尼德兰（比利时）并入荷兰王国。1830年9月23日，布鲁塞尔爆发革命，结束了荷兰人的统治。临时政府宣告比利时独立。国民议会起草了比利时宪法，实行议会制君主立宪制。

接下来选择一位君主就可以了。1831年，德意志的萨克森-科堡-哥达公爵利奥波德成为比利时第一任国王，史称利奥波德一世。比利时可比希腊幸运多了：前不久这位利奥波德刚刚拒绝了希腊的王位。

快讯

1832年

巴黎暴发霍乱。

1833年

歌川广重，风景画大师，因作品《东海道五十三次》一举成名。

1834年

8月1日，英国颁布《废奴法》，终结了奴隶制。

1835年

阿尔弗雷德·德·维尼的《查特敦》在法兰西喜剧院首演。

记事本

一位数学天才20岁英年早逝

1832年

12岁时，埃瓦里斯特·伽罗瓦的天分就已经显露无遗了。那时他已开始阅读顶级数学家的著作，其中包括勒让德、高斯、欧拉和雅可比的作品。他的教授鼓励他参加综合理工学院的选拔考试，但他两次投考均名落孙山。拿到文学和理学学位后，他来到一所预科学校任教，培养未来的教师。不过，他却以缺勤和不守时，还有他嘲笑同僚的方式而出名。1830年，伽罗瓦与法兰西科学院的数学大奖失之交臂。不过，他对革命却饱含热情，这使他几次入狱并被学校辞退。

1832年5月30日，为了一个女人，这位血气方刚的年轻人在和他人决斗时腹部中弹，第二天便离开了人世。他留给了哥哥一份手稿，其中记录着代数方程以及群的概念，革新了整个数学界。古希腊作家米南德似乎说得没错：“上帝的宠儿总是英年早逝。”

1831年

奇闻逸事

王家图书馆80千克黄金盗窃案

法国·11月5日至6日的夜间，巴黎发生了一件荒唐事。绰号“红帽子”的在逃劳改犯福萨尔，伙同绰号“旅行者”的乞丐德鲁耶，悄悄潜入王家图书馆，偷走了出土于墨洛温王朝国王希尔德里克一世陵墓的宝藏。他们的赃物中既有金币也有珍宝，价值共计80千克黄金。

一个曾经给弗朗索瓦·维多克当过助手的人找到了线索。此人也曾是劳改犯，现在带领了一支由从良骗子组成的“巴黎警察队”。福萨尔和德鲁耶被捕后供出了另一名同伙，此人已经着手将黄金冶炼成锭。

不过幸运的是，冶炼的过程精细而漫长，有些宝物很难被分解。因此，这些狡猾的家伙就把赃物塞入皮包，在离玛丽桥不远处沉入塞纳河中。1832年8月，一位勇敢的潜水员在潜水钟的帮助下将它们一个个打捞上岸，拯救了绝大多数的珍宝，它们的价值相当于足足77千克黄金。

◆ 音乐

弗雷德里克·肖邦闪耀沙龙

1832年

法国·这是这位天才钢琴家第一次在巴黎演出，但肯定不是最后一次。彼时的波兰在一次起义失败后正式沦为俄罗斯帝国的附庸，弗雷德里克·弗朗索瓦·肖邦逃离了祖国，开始流亡伦敦。他在旅途中经过了巴黎。那里的一切华丽炫目，于是，1831年他选择在此定居。

肖邦的钢琴演奏才华很快得到了波兰流亡贵族的青睐。不久之后，他就开设了私教课程，从而过上了衣食无忧的生活。他也因此有闲暇参加李斯特、卡尔克布伦纳和普莱耶尔举办的音乐会。他们都是肖邦深为敬仰的艺术家。1832年2月26日，正是在普莱耶尔举办的沙龙里，肖邦表演了他在巴黎的首秀，演奏了E小调第一钢琴协奏曲、变奏曲Op. 2，并和其他演奏家一起使用六架卡尔克布伦纳钢琴合奏了波兰舞曲。

有些人批评说他的演奏过于强调技法，不过事实证明他很快就征服了挑剔的社会名流。上流社会对他称赞有加，不仅因为他是一位演奏大师，还因为他有着无比高雅和完美的品性。

◆ 社会

普及初等教育?《基佐法案》

1833年

法国·这个想法非常慷慨可贵。国民教育大臣弗朗索瓦·基佐刚刚签署了一项法案，要求所有拥有500名以上居民的市镇必须开设一所小学并配置相应的师资队伍。从1833年6月21日起，每个省都要办一所师范培训学校。

法案的初心自然是美好的。不过，落实建校场地还算容易，物色教师人选可就不一样了。当然，所有年满18岁的成年人都可以应聘，但还要培训他们，而这需要时间。再加上在这一时期的法国农村，父母们还需要孩子帮忙去农场干活，想要让他们相信上学有好处，无疑是难上加难。

1836年 建筑

巴黎的方尖碑

法国·这的确称得上一件国礼。10月25日，埃及总督穆罕默德·阿里向法国赠送了一座来自卢克索神庙的方尖碑，以感谢法国对埃及发展的积极贡献。经过一番犹豫之后，巴黎人选择协和广场为它的立碑地点。不过，安置一块高达23米、重约230吨的花岗石可不是一项轻松的任务。最终，立碑仪式完美收官，现场至少有20万名巴黎市民驻足观看，国王路易-菲利普一世也从海军府见证了这庄严的一刻。有人讨论过要不要再运一块方尖碑过来，不过鉴于如此高昂的成本，这个想法也只好作罢。

1835年 潮流

赛马俱乐部大奖作秀也优雅

法国·法国掀起了一股“英国热”，人们对所有来自英吉利海峡彼岸的事物都一一效仿。既然高贵富有的英国人都拥有俱乐部，那么巴黎也应该有一个。1834年，愿望实现，门槛极高的赛马俱乐部成立了。

正如它的名字所表明的，这种俱乐部可不是有钱、有身份就能参加，还必须确保赛马品种优良。于是，俱乐部的会员决定创建一项名马的竞速赛，并设立了赛马俱乐部大奖。1835年6月24日，首场比赛将于尚蒂伊举行。

不过也有人对此颇有微词，认为这是对英国埃普瑟姆大型赛马会的平庸效仿，而且这种盛会在凡尔赛举行才更合适。

◆ 美术

透纳，威斯敏斯特宫火灾的画家

1834年 **英国**·也只有威廉·透纳对火焰色彩天才般的把握，才能让人深刻体会10月16日威斯敏斯特宫（英国议会大厦）的那场大火。当时他在泰晤士河的一艘船上，发狂般地挥洒笔墨，现场创作出一幅幅画卷。他的作品流传了下来，威斯敏斯特宫却几近全被烧毁，只剩下了前厅、小教堂、回廊和珠宝塔。

直到1852年，英国的议员们才重新走进这座由查尔斯·巴里修建的新哥特式大厦。

◆ 戏剧

法国的拉歇尔小姐

1838年 **巴黎**·我们至今还念念不忘举世无双的弗朗索瓦-约瑟夫·塔尔马，这位曾经的牙医后来成为大革命和帝国时期最受欢迎的悲剧演员。现在，终于有人接过了他的衣钵，那便是喜剧演员拉歇尔小姐。

这位年轻女孩出身于一个贫穷的犹太家庭。她非常痴迷于古典作家的作品，不管是买东西时还是做饭时，她都在如饥似渴地阅读这些作品。虽然她没怎么上过学，但这也不妨碍她培养良好的文学品味。她虽然衣衫褴褛，却依然能读懂高乃依和拉辛。她的父亲最后给她找了一些养家糊口的小角色，直到知名演员兼教授约瑟夫·桑松注意到她。桑松将她送进了法兰西喜剧院。6月12日，她首次登台饰演了高乃依《贺拉斯》中的卡米耶一角。

1838年9月，朱尔·雅南的一篇文章才让她真正声名大噪。她取得了巨大的成功，没有人会否认这一点。

1848年6月的街垒路障

◆ 技术

摄影史首创，达盖尔摄影法

1839年 **法国**·8月19日，在权威的法兰西学院会议上，路易·达盖尔展示了他的新发明，达盖尔摄影法。

这是一种被用于摄影的工艺。他在一间伸手不见五指的暗房中，使用一块镀银的铜版完成拍摄。随后，图像在碘蒸气中显影。拍摄效果非常出色，不管是人像还是静物，皆是如此。唯一的缺点是，您必须有耐心，因为曝光时间长达15分钟。

美食

科利内主厨发明了贝阿恩酱

1837年 **法国**·通常，人们是在弥补失误时，误打误撞发明出一样美食的。8月24日，圣日耳曼昂莱亨利四世饭馆的主厨科利内正绞尽脑汁，想着怎么弥补小洋葱头酱料过稀的状况。他灵光一闪，将黄油和蛋黄混合后拌入酱料，上面再点缀上龙蒿和香菜。只是，当大快朵颐的顾客询问他酱料的名字时，他有点猝不及防。就那么几秒钟，他只想起了饭馆的名字，于是就称其为“贝阿恩酱”，以致敬这位出生于贝阿恩的国王。

事件

拿破仑魂归故里长眠于巴黎荣军院

1840年 **法国**·这件事至关重要。1821年拿破仑一世于圣赫勒拿岛去世后，他的骨灰该葬在何处呢？前几任当权者都小心谨慎地不愿在此事上做任何决定。所以，最后这项荣耀就落在了国王路易-菲利普一世和他的大臣阿道夫·梯也尔身上，他们将拿破仑的灵柩接回了巴黎荣军院。拿破仑最初被葬于圣赫勒拿岛上的天竺葵山谷。1840年，他的遗体在国王儿子茹安维尔亲王的护送下上了“美少女号”护卫舰，于12月14日抵达法国。他的骨灰盒沿着塞纳河逆流而上，随后在看护下于库尔伯瓦度过了“最后一次守夜”。第二天，接灵仪式正式开始。丧葬队伍从香榭丽舍大道经过，进入荣军院，随后在国王面前举行了庄严隆重的弥撒。

◆ 灾难

“血泪之路”从未干涸

1838年 **美国**·自1830年5月28日《印第安人迁移法》通过之后，北美印第安人就被移民者“抢走”了家园。他们被迫迁往密西西比河以西地区。这个命运对切罗基族来说尤为残酷，因为他们是同化程度最高的部族。举一个简单的例子，这些北美印第安人会使用拉丁字母，还在1828年发行了《切罗基凤凰报》。1838年5月26日，1.8万印第安人被扣押在各类军事堡垒中，然后被集中到亚拉巴马州和田纳西州的营地。“血泪之路”的序曲开始了。他们要步行走过这条蜿蜒3 000千米的漫漫长路，只有极少一部分人通过水路被运了过去。冬季来临时，行进缓慢的队伍还被阻挡在了密西西比河的东岸。

最后，大约4 000名至大约8 000名印第安人命丧旅途，没能抵达政府强行安排的新的家园。

◆ 国际

《南京条约》，一系列不平等条约的开始

1842年 **中国**·18世纪末开始，英国东印度公司从中国进口丝绸、瓷器和茶叶，但这些进口物也让他们付出了高昂的代价。于是，为了实现贸易平衡，他们开展了一种利润可观的贸易：在印度种植罂粟，出口到中国，并鼓励中国人吸食鸦片。中国皇帝绝望地看到“黑色死神”吞噬了大量的人口，然而鸦片贸易屡禁不止。1839年，广东政府查获并销毁了2万多箱鸦片。次年，英国发动战争并取得了胜利。1842年8月29日，英国迫使清政府签订了《南京条约》，规定五口通商、开放鸦片贸易、割让香港。中国还必须在四年内支付2 100万银圆。这个不平等条约仅仅是漫长名单中的第一个。西方列强瓜分中国的行径才刚刚开始。

吸食鸦片者

灾难

爱尔兰土豆饥荒

1846年

爱尔兰·帕门蒂埃要深深自责了。他本想通过推广土豆种植使穷人免于饥荒，现在估计要愕然失色了。最贫穷的爱尔兰人将土豆视为他们的主食。不过，自1845年开始，土豆一直歉收，原因是出现了一种导致土豆根茎腐烂的真菌，名为致病疫霉。持续多年的灾害引发了著名的“爱尔兰大饥荒”。这场饥荒一直持续到1851年，造成将近100万人死亡，超过200万爱尔兰人移居英格兰、中欧和美国……

◆ 政治

“巴丹盖”越狱

1846年

法国·您认识“巴丹盖”（Badinguet）吗？是的，您认识的呀。请允许我向您介绍他的官方名字：路易·波拿巴，也就是拿破仑一世的侄子。在法国王政复辟时期，他和其他皇室成员一样被迫流亡海外，不过他始终梦想着有朝一日能够重拾伯父的雄风。但这并不是件轻而易举的事。

1836年10月30日，他试图推翻斯特拉斯堡驻防部队，深信伯父曾经的丰功伟绩能够重燃王朝的生命之火。然而最后他被公然捉弄，只能仓皇而逃。1840年8月6日，他在布洛涅再次发动兵变未果，被关入阿姆监狱。

1846年5月25日，就从这个监狱，路易·波拿巴逃走了。根据一个有趣的说法，他乔装打扮，穿上一位名叫“巴丹盖”的泥水匠慷慨借给他的破烂衣服。这段插曲极不光彩，以至于早在维克托·雨果毫不留情地戏称其为“小拿破仑”之前，他的政敌就已经拿“巴丹盖”这个绰号来揶揄这位未来的拿破仑三世了。

国际

19世纪非洲首个独立国家

1847年

非洲·众所周知，欧洲列强正在非洲展开一场真刀真枪的殖民竞赛。尽管如此，1847年7月26日，一个新的独立国家还是成功诞生了，这便是几内亚湾的利比里亚共和国。之所以取这个国名，跟这个民族的特征有关。从1822年开始，数以千计的美国前奴隶决定返回祖先的故土，在那里建立一个对曾经的奴隶友好的国家。他们在一些反对美国奴隶制的协会的帮助下，终于实现了这个雄心壮志。

记事本

莱奥波尔迪娜·雨果不幸溺亡

1843年

法国·或许是出于不祥的预感，也可能是因为爱女心切，或者父亲的自尊心受到伤害，总之，1843年2月，维克托·雨果想尽办法劝阻女儿莱奥波尔迪娜·雨果，不让她嫁给夏尔·瓦奎里。19岁的莱奥波尔迪娜顶住了作家父亲的压力，执拗地结了婚。

9月初，瓦奎里一家来到塞纳河岸边的维勒基耶别墅度假。晚秋的景色分外怡人，夏尔决定坐船去几千米外的公证员家里拜访一下。命运无情地捉弄着他们：公证员当时也在，建议他们坐他的顺风车一同前往，却没能成功。莱奥波尔迪娜耽搁了太久，船已经开走了。随后船又开回来装石头，她收拾停当坐了上去。同行的人还有夏尔的叔叔和侄子。行至途中，突然一阵猛烈的大风掀翻了这条船。莱奥波尔迪娜的裙子被船死死压住，夏尔下潜了不下十次试图解救她。后来，当看到爱妻已经溺亡时，他任由河水吞噬了自己，和船上另外两位亲人一起落入了死神的魔掌。

直到9月9日，维克托·雨果和情妇朱莉·德鲁埃从西班牙旅游回来，这位父亲才在报纸上看到爱女死亡的消息。他变得有点迷信，还曾试图通过“灵桌”这种东西和女儿联系。他在《静观集》中发表了一首诗给他的女婿。这对恋人最后合葬在同一棺椁中，永生再也不会分开了。

◆ 国际

图库勒，一个新的非洲帝国

非洲·这是一段辉煌的史诗。主人翁是哈吉·奥马尔，富拉尼族图库勒人。**1848年**他的前半生都在研究伊斯兰教。他在提加尼教团中坚定了自己的信仰，这是12世纪创建于阿尔及利亚的一个苏非派组织，该教团提倡禁欲主义，以及个人与安拉的直接接触。从1850年开始，奥马尔在整个后半生都扮演着军阀领袖的角色。他征服了班巴拉王国，占领了塞古，即马里的大部分地区，随后又占领了横跨马里和毛里塔尼亚的富拉尼族的马西纳王国。

1864年，他将征服而来的王国托付给儿子们，然后消失在邦贾加拉（Bandiagara）的一个山洞中，他在那里找到了栖身之地。后来，图库勒帝国在他一个侄子的领导下存活了多年，直到1897年被法国征服。

◆ 政治

人民之春

欧洲·革命遍地开花！**1848年**1848年2月至夏末，仅仅数月时间，欧洲人民就摆脱了上百年甚至上千年君主统治的枷锁。他们或成立了短暂的共和国，或取得了不容小觑的自由改革成果。

欧洲大陆爆发了一系列革命大地震：1848年2月，巴黎爆发二月革命，国王被推翻，第二共和国宣布成立，并于同年4月27日彻底废除奴隶制；3月，在独立主义者科苏特的领导下，匈牙利建立了自己的国家机构，尽管它仍是奥匈帝国的一部分；3月15日，旧制度的维护者梅特涅宰相被赶出维也纳；同样在3月，意大利米兰人和威尼斯人迫使奥地利占领者撤离，撒丁-皮埃蒙特国王维克托·伊曼纽尔一世开始梦想成为统一意大利的国王，教宗不得不匆匆逃离罗马；与此同时，3月20日，巴伐利亚国王狼狈退位，普鲁士国王被迫颁布宪法；6月，在布拉格，同为奥匈帝国臣民的捷克人，召开了泛斯拉夫代表大会，期待解放所有的斯拉夫人。

这股强劲的自由之风最终没能抵挡得住君主的反扑和军队的铁蹄。1849年年末，君主重掌大权。镇压活动要片刻不停地进行了。

社会

去邮局要一张巴雷的邮票吧

法国·**1848年**只需要20生丁，就可以寄出一封不超过7.5克的信件，不管目的地是法国本土、科西嘉，还是阿尔及利亚。这简直是一种双重革新：一方面，距离不再是问题，过去“越远越贵”的定价体系将成为历史；另一方面，收件人不需要到付就可以拿到信件。邮票图案的设计被交给了雕刻师让-雅克·巴尔，他在邮票的黑色背景上绘制了丰收女神色列斯的侧面像。1848年12月31日，第一封贴有邮票的信函从阿尔及尔寄出，不过邮戳没有更新。这项创举大获成功：不到一年时间，3 100万张“色列斯”邮票就被抢购一空了。

经济

加利福尼亚淘金热

美国·**1848年**这一切都源于1848年1月22日加利福尼亚科洛马的一位名叫约翰·萨特的人所拥有的锯木厂，人们在那里发现了天然金块。消息很快不胫而走。第二年伊始，就有8万人试图一夜暴富。很快，那些准备冒险淘金的人就增加至30万人。加利福尼亚的人口持续增长，旧金山在1850年就拥有了超过2万名居民，而两年前才不到1 000人。“淘金热”也让人们付出了巨大的代价。最早一批到达的淘金人，即“49人”（译者注：1849年抵达的淘金人），从1850年矿脉逐渐稀少之后，就开始驱赶其他人。此外，霍乱和发烧夺走了许多人的生命。疯狂的“淘金热”一直持续了8年才戛然而止，结束与开始同样令人措手不及。

国际

我们不孤单！

全球 · 全球人口总数达到11亿，仅仅欧洲就有2.74亿人。北美有3 300万人。英国有2 700多万人。而广袤的俄罗斯帝国大约有7 500万人。

1850年

新闻

政治

一位王子总统？简直是不可思议！

1848年

法国 · 法国人让全世界目瞪口呆。1789年法国大革命推翻了君主制之后，1804年他们又接受了一位皇帝。随后，王政复辟，国王重新掌权，但又被他们赶走了，比如1830年的查理十世和1848年的路易-菲利普一世。其间，他们还经历了两段共和国时期。

不过现在，第二共和国又迎来了一位新的总统，他不是别人，正是王子路易·波拿巴，拿破仑一世的侄子。诚然，12月10日他以74%的高得票率当选，但最终这会以什么样的结果收场呢？

◆ 政治

蓄奴者和废奴者：美国1850年妥协案

1850年

美国 · 在美利坚合众国，政治平衡是依靠巧妙的国会席位比例来实现的。由于每个州在参议院拥有两个席位，因此蓄奴州和废奴州的总席位最好能够旗鼓相当。这也就意味着，新州的加入很可能会打破这种平衡。而现在恰好就是如此，1849年废除奴隶制的加利福尼亚要求加入联邦。这一决定将使废奴州占据上风。于是，双方经过激烈谈判通过了一项妥协案：加利福尼亚加入联邦；首都华盛顿特区仍实行奴隶制，但禁止奴隶买卖；通过《逃奴追缉法》，南方人可以强制要求北方人移交在北方避难的逃奴。总而言之，这只是权宜之计，但能够避免联邦分崩离析。

◆ 音乐

音乐家们欢欣鼓舞：法国音乐版权协会成立了

1850年

法国 · 很长一段时间以来，作曲家的生活都取决于赞助人的好心资助。一旦资助终止，艺术家们就失去了赖以生存的必要资源。所幸的是，1850年2月11日，“音乐作者、作曲者和出版商协会”（以下简称“音乐版权协会”）成立了。音乐版权协会的目标是管理版权，它的雄心壮志可概括为那句动人的座右铭：“让音乐永生。”建立音乐版权协会的想法始于1847年的大使咖啡馆，当时在场的人有作词家和剧作家埃内斯特·布尔热、作曲家保罗·昂里翁以及他的同事维克托·帕里佐。咖啡馆的老板使用了他们的作品却没有付版税，于是他们拒绝买单。双方对簿公堂，而他们打赢了这场官司。音乐版权协会随后应运而生了。

1848年 政治

法国里昂的丝绸工人起义

法国 · 法国里昂的工人已经两次反抗他们的雇主生产商了，一次发生在1831年，另一次在1834年。里昂红十字区的纺织工人指责雇主将价格下跌的损失转嫁到工人身上，降低了他们的工资。他们希望每件产品的价格都能得到保证。但这两次起义均以失败告终。1848年，那些加入“责任同盟会”的里昂工人，即所谓“贪吃者”（dévorant）或者“狼吞虎咽者”（vorace），在里昂发动起义。他们夺取了几个兵营，控制了这个省会。然而起义运动没能进行到底，他们轻信了共和国政府特使的承诺，这为雇主们赢得了时间，使其得以将生产物资转移到周边的村庄。这些纺织工人没有任何统一的组织。1849年的最后一场起义宣告了纺织工人在蓬勃发展的工业化大潮中的失败。

描绘路易·波拿巴政变的讽刺漫画

◆ 政治

路易·波拿巴再次政变

1851年

法国·历史再次重写，而且还是祖传的……12 月 2 日似乎是个好日子，总让波拿巴的子孙有一种抑制不住想要掌权的冲动。路易·波拿巴 1848 年当选为共和国总统。眼看着新一轮选举在即，而依照宪法自己无法再次竞选，他想通过政变来掌握自己的未来，声称只有这样才能阻止君主制复辟。多高明啊……

1851 年 12 月 2 日拂晓时分，在军队的支持下，巴黎被包围了，路易·波拿巴解散了议会，因为后者拒绝修改宪法让他连任。巴黎市民通过布告才得知这一消息，布告上还说经过一次全民表决这位王子总统将有权修改宪法。早上 6 点左右政变开始，11 点政变成功。帝国复辟的道路从此畅通无阻。次年同一天，1852 年 12 月 2 日，路易·波拿巴复辟。

◆ 国际

1851年

太平天国起义

中国·1851 年 1 月，中国的华中和华南地区爆发了一场起义。在第一次鸦片战争中输给英国后，清朝廷元气大伤，已经无力平定太平军起义。太平军以建立一个“太平天国”为己任，他们的首领是洪秀全，一位科考屡次不中、仕途无望的文人。洪秀全宣称自己是上帝的次子、耶稣的弟弟。他的部队主要由农民组成，但在当时强烈的仇外背景下，他们成功联合了大批不满外国统治的中国人。太平天国运动声势浩大，一直持续到 1864 年。1853 年太平军攻下了天京（南京），但他们未能拿下北京和上海。太平天国内部发生了内讧，洪秀全和他的得力将领（东王、北王）兵刃相向。1860 年第二次鸦片战争结束后，英国和法国开始插手中国内政。1862 年，美国冒险家弗雷德里克·汤森德·华尔组建了一支现代化、高效率的中国军队“常胜军”。在这支军队的帮助下，清军一点点粉碎了太平军，并于 1864 年 7 月攻陷天京。

太平天国玉玺

◆ 科技

伦敦第一届世界博览会盛大开幕

1851年

英国·您还在等什么，赶紧前往伦敦参加5月初的一场新颖独特的盛会吧，这可是全球第一届世界博览会，将于1851年10月15日闭幕。在这个工业领跑的世纪，维多利亚女王和阿尔伯特亲王决定举办一场庆祝艺术、制造业和工业品发展的盛会。当然，最主要的目的还是彰显英国傲视全球的实力。

此次的展馆是“水晶宫”，这座由玻璃、铸铁和钢打造而成的雄伟建筑本身就是一件艺术品。它占地8万平方米，短短几个月便以创纪录的速度完工了。这项壮举要归功于总监欧文·琼斯。他按照约瑟夫·帕克斯顿设计的图纸建造了水晶宫。展馆分为四个展区：原材料区、工业品区、机器区、艺术品区。所有技艺高超的天才都被邀请来展示其非凡的成果。各参展国也在国家馆展示它们擅长的技术。此次博览会期间还举行了首届国际象棋大赛，1851年5月27日德意志人阿道夫·安德森赢得了该赛事的冠军。

新闻

宗教

名副其实的圣母

1854年

罗马·今年12月8日，教宗庇护九世通过《莫可名言之天主》通谕，宣告了一项新的天主教教条：圣母无染原罪。圣母马利亚，上帝耶稣之母，被所有天主教徒认为自出生起便“洁白无瑕”（拉丁语macula），没有受到原罪的污染。注意，这与她儿子的诞生毫无关系，这里指的是她自己的诞生。

生而纯洁，出胎无染，她不需要任何帮助就已经受孕。不要以为所有人都同意。1857年1月3日，巴黎大主教西布尔主教在圣艾蒂安-迪蒙教堂就被一名反对这一教条的神父刺伤了。

宫廷生活

拿破仑三世迎娶美丽的欧仁妮·德·蒙蒂霍

1853年

法国·这场婚姻将是皇帝对西班牙女伯爵的爱情的胜利，这么说似乎远远不够。拿破仑三世经常碰到欧仁妮·德·蒙蒂霍。在阅兵时，她跨身上马的姿势潇洒极了。在他堂妹玛蒂尔德公主的沙龙里，在杜伊勒里宫的招待会上，他都能看到她的倩影。他45岁，她27岁，他热情似火，她却没有。他想让她做他的情人，她拒绝了，她要当他的妻子。皇室和宫廷官员高声抗议：前者认为她的身份不够尊贵，觉得她是一个空手套白狼的投机分子；后者则希望皇室联姻，这样才对国家有利。结果，因为欧仁妮威胁要永远离开法国，这桩婚姻成了。1月29日，杜伊勒里宫举行了盛大的世俗婚礼；1月30日，宗教婚礼于巴黎圣母院举行。欧仁妮成为皇后，再也没有人敢对她不敬了。

健康

头痛不再犯。阿司匹林万岁！

1853年 **法国**·乙酰水杨酸，这可不是一个念起来顺口的名字。阿司匹林，这个名字念起来是不是快捷方便得多？这项发明要归功于法国的大学教授夏尔·热拉尔。他来自斯特拉斯堡，1853年他在蒙彼利埃用柳树皮和绣线菊合成了乙酰水杨酸。

然后呢？没有下文了，因为他并没有充分利用自己的劳动成果。直到40年以后，德国拜耳公司的一位化学家再次找到了配方。1899年拜耳公司将阿司匹林投入商用。为什么称之为“阿司匹林”而不是乙酰水杨酸呢？答案是为了简化：A代表乙酰基（Acétyl），SPIR代表绣线菊（*Spiraca ulmaria*）的学名，而INE则是当时流行的给药物名称所加的后缀。

◆ 大工程

奥斯曼男爵让巴黎脱胎换骨

1854年 **法国**·一场疯狂的豪赌敲响了新年的钟声。改造中世纪的巴黎，使其成为一座现代化城市，变得像拿破仑三世流亡期间的伦敦一样——这项超凡的任务被交给了巴黎新任警察局局长奥斯曼男爵。他将许多地区夷为平地，开辟出一条条宽阔的著名大道：伏尔泰大道、歌剧院大道、圣米歇尔大道、福煦大道。他还增加了许多绿化带：布洛涅森林、万塞讷森林和蒙苏里公园等。

稀缺而必要的水源源不断地输送到新水库中。与此同时，建筑之间铺设了现代化的下水道系统。目的很简单：避免霍乱和其他卫生灾难。新的林荫大道通往各个火车站，例如里昂车站和圣拉扎尔车站，有些通往公共建筑，例如未来由夏尔·加尼尔设计的巴黎歌剧院。一些不怀好意的人指出，这么宽阔的大道，发生骚乱时骑兵冲锋可就方便了。总之，众口难调。在圣厄斯塔什教堂的旁边，维克托·巴尔塔自1854年起还建造了10座玻璃和钢构厅馆，为首都的食品商提供贸易场所。爱弥尔·左拉很快就在小说里称之为“中央大市场”。

歌剧院大道的开辟

◆ 社会

"联合社会"，得克萨斯州的乌托邦社区

1855年 **美国**·夏尔·傅立叶希望建立一个平等的社会，实现男女平权、男女工作机会均等。这种理想在他有生之年未能在欧洲开花结果。不过，1855年，他的学生、理工学院的维克托·孔西代朗试图在美国得克萨斯州创建一个法伦斯泰尔社区，来实现这一梦想。社区成员希望共建一个公平的社会。将近700人（欧洲移民、持理想主义的美国人）迁往此地，建立了一个万物共享的"联合社会"。不过他们购买的土地十分贫瘠，再加上这些移民都是城里人，对农业一无所知，对得克萨斯州艰苦的生活也缺乏准备，所以第二年，很多人离开了。

5年后，1860年，这里只剩下100多人。然而，这个失败的尝试促进了邻市达拉斯的发展，而那里却是一个更为无情的世界。

◆ 国际

克里米亚半岛，诞生了现代护士

1856年 **俄国**·一场异常血腥的冲突结束了。1853年，克里米亚战争在俄罗斯帝国和奥斯曼帝国之间爆发。俄罗斯帝国认为可以向南扩张并削弱土耳其，而法国和英国则支持奥斯曼帝国。可怕的战争（如1854年10月9日至1855年9月11日的塞瓦斯托波尔战役）以及肆虐的霍乱摧毁了军队。

俄国单方面就损失了超过45万人。俄国人还感受到一种失败带来的强烈屈辱感，因为这证明其政治和军事体制远远落后于西欧。

就在这样的战争时期，英国护士弗洛伦丝·南丁格尔的光辉形象诞生了。她从英国报纸上了解到受伤士兵惊人的死亡率。经政府批准后，1854年11月她率领38名护士抵达斯库塔里野战医院。她们努力地清洁各处，保障合理饮食，确保护理卫生。一直攀升的死亡率急剧下降。1856年，南丁格尔回到英国，被国人推崇为民族英雄。她创立了第一所现代护理学校，并以她的名义开设了"南丁格尔基金会"，用来推广防疫事业。

政治

新闻

"锁国令"时代结束，日本打开国门

1854年 **日本**·日本是一个全球特例。在"锁国令"时代，日本门户紧闭，几乎断绝了与外界的一切接触。从1641年至1853年，日本持续闭关锁国，时间如此之久，这是全球任何其他国家所不曾经历的。

1853年，美国决定迫使日本打开国门。美国人想利用日本的港口进行贸易通商。于是，他们派遣海军上将佩里和他的舰队威逼江户。1854年3月31日，无力抵抗的日本被迫让步并签署了一项不平等条约。根据《神奈川条约》，日本将向美国开放两个口岸。全面隔绝时代就此结束。

音乐

雅克·奥芬巴赫开办“巴黎人喜剧院”

1855年

法国·这里最初只是香榭丽舍大道上一座迷你的小剧院，后来搬去了舒瓦瑟尔长廊。作曲家雅克·奥芬巴赫正是在此开始了他的创作。他是一名出色的大提琴家，却选择了作曲生涯，尽管他的剧院一直面临着不确定性和破产的风险。他十分擅长打造“皇家盛会”，通过一种接近意大利“喜歌剧”(opera buffa)的喜剧形式，为第二帝国带来了轻快、柔美的音乐。

7月5日晚，奥芬巴赫为这家著名的剧院揭幕。他在编剧亨利·梅亚克和卢多维科·阿莱维的支持下上演了《美丽的海伦》《巴黎人的生活》《格罗什坦公爵夫人》《佩丽柯儿》等作品。演出大获成功。然而随着第二帝国于1870年覆灭，这一切也戛然而止了。

◆ 政治

西帕依兵变

1857年

印度·“西帕依”是英国东印度公司军队所雇的印度士兵。他们骁勇善战、纪律严明，深受上级军官的赞赏。1857年1月22日这一天，他们要改用一种新型步枪：1853年的恩菲尔德步枪。问题在于子弹盒，它是用纸做的，里面包裹着需要上膛的弹药，士兵需要用牙齿撕开包装。然而，为了避免弹药受潮，子弹盒外面还涂了一层牛油或猪油。对于奉牛为神畜的印度教徒，以及视猪为不洁之物的穆斯林来说，这简直十恶不赦。

这场起义爆发于密拉特，随后蔓延到印度北部和中部。一些印度王公认为这是撼动英国统治的大好时机，于是也加入了战斗，例如章西女王拉克希米·拜依，她英勇奋战，直到战死还紧握着手里的兵器。

战斗一直持续到1858年年底。英国人一一收复了被印度士兵攻占的堡垒。最后，大英帝国解散了东印度公司，建立了属地管制（raj），直接接管了印度殖民地。

文学

新闻

诗人缢亡，自杀还是谋杀

1855年

法国·1月26日拂晓时分，在巴黎老灯笼街一条通往沙特莱广场的不起眼的小路上，路人们将会有一个让人毛骨悚然的发现。

热拉尔·拉布吕尼，也就是著名的热拉尔·德·奈瓦尔缢死在栅栏上。虽然他从不掩饰自己的抑郁和时不时的癫狂，但自杀的推论还是受到了朋友的质疑。他的帽子不是应该掉下来吗？为什么还好端端地戴在头上？

这位敏感细腻的小说家永远离开了我们，留下了他的诗集《幻象集》以及散文小说《荣誉之手》、《西尔薇娅》和《火的女儿》。

◆ 宗教

贝尔纳黛特在玛萨比山洞看见圣母显灵 1858年

法国·2月11日至7月16日，贝尔纳黛特·苏比鲁一共看到圣母显灵18次。这简直是创纪录！教会不相信她的奇遇，但是关于圣地岩壁上涌出的泉水可以包治百病的谣言却不胫而走。这座位于卢尔德的山洞很快就变成了朝圣之地。年仅14岁的少女贝尔纳黛特不得不躲着那些将她奉为圣女、前来求医的人。由于心力交瘁，35岁时她便病死了。

对于体弱多病、渴望奇迹般痊愈的人来说，这座神奇的山洞将成为他们最常拜访的朝圣地之一。

1857年 城市之声

您是一位好通灵师吗？

法国·您想知道答案吗？赶紧买一本亚兰·卡甸的作品吧。这位通灵师原名伊波利特·莱昂·德尼扎尔·里瓦伊（Hippolyte Léon Denizard Rivail）。他在书里解释说，我们的肉身并非我们的全部。人死后灵魂还在，通过一个媒介、一位招魂师、一张转动的桌子，我们就可以和死者对话。因为在空灵世界里，生者与死者的灵魂并无区分。大家都到自己的小桌前吧！

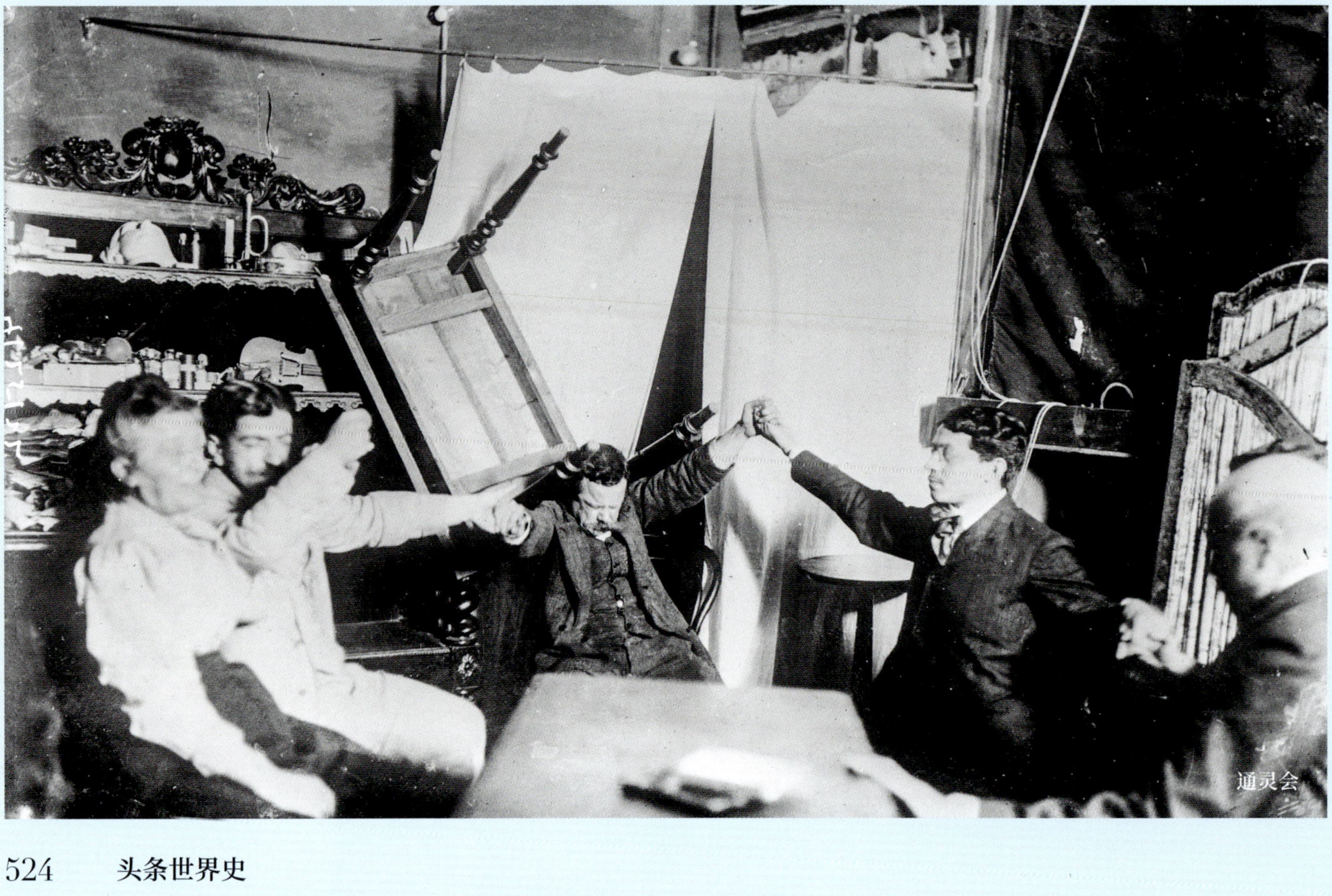

通灵会

◆ 科学

我们的祖先是猴子吗？

1859年

英国 · 这是一起轰动性事件。英国博物学家查尔斯·达尔文在他的《物种起源》一书中提出了非常奇特的观点。达尔文于1831年至1836年间乘坐“贝格尔号”船环球旅行，他考察并研究了各个大陆的大量物种，然后得出动物界存在自然选择这样一个结论。最强者和最适者更有机会存活下来，其能力可以传给后代。而最有争议的，则是他的进化论，即物种进化是由于生物学层面的、环境引起的突变。尽管他在书中没有谈到人类的起源，但有些人得出结论说，我们是猴子的直接后代。很快，恶毒的批评声铺天盖地而来。尤其是对于教会来说，世界是六天内创造出来的，不存在后期进化的问题。教会不会认可进化论，因为这将意味着，神的创造从一开始就不是完美的。这注定是一场热闹非凡的争论。

◆ 灾难

火烧圆明园

1860年

法国 · 1860年10月18日，赢得第二次鸦片战争的英法联军做了一件极不光彩的事。面对中国人的反抗，他们洗劫并烧毁了壮丽的皇家避暑园林“圆明园”。联军从上到下都参与了这场暴行：军官们掠走了瓷瓶、玉器、屏风、家具，将其献给他们的君主；眼花缭乱的士兵们则哄抢着珠宝首饰，或撕下镶嵌的贵金属。这是一场苦涩的胜利，世界上最美丽的园林之一顷刻化为乌有。

◆ 事件

尼斯和萨伏依划归法国

1860年

法国 · 我们很快就会忘记，其实尼斯和萨伏依并非一直属于法国。一切都源自1858年7月的普隆比耶尔会晤。拿破仑三世和加富尔伯爵在此秘密见面，商议法国如何帮助意大利实现统一，即著名的“意大利复兴运动”（Risorgimento）。他们的雄心是结束意大利邦国割据的局面，建立统一的君主制国家。这一政治举措将有利于撒丁-皮埃蒙特国王维克托·伊曼纽尔二世。军事行动于今年展开，一场场胜利接踵而至。3月，拿破仑三世出兵援助后要求对方兑现承诺。12月31日他如愿以偿，得到了尼斯、萨伏依这两个地区。1861年2月，维克托·伊曼纽尔二世于都灵宣布成为意大利国王。双方都成了赢家。

◆ 社会

沙皇亚历山大二世废除农奴制

1861年

俄国 · 农奴制是什么？不要和奴隶制混淆了哦。奴隶是奴隶主的私人财产，就像一把椅子、一张桌子一样。农奴则是其法定地位的牺牲品，依附于其所耕种的土地。人们不能私自买卖农奴。当然，如果土地被售出，农奴也一并被售出。大约14世纪，农奴制在欧洲就已经消失了，只有俄国除外。

1861年3月3日，亚历山大二世宣布废除农奴制。许多地主贵族，例如托尔斯泰，很早以前就已经这么做了。总的来说，这是一个可喜的消息。而实际上，这些过去的农奴并不总是有地可种，他们的生活并没有得到改善，只有一部分到大城市工厂打工的人除外。不过，俄国在改变，这是毋庸置疑的。

◆ 政治

美国的转折年

1865年

美国 · 这是美国政局大震荡的一年。导火索：4月14日，刚刚赢得内战的坚定废奴主义者、美国总统亚伯拉罕·林肯在华盛顿福特剧院总统包厢中被一名同情南方的人刺杀。凶手还大叫：“这就是暴君的下场！”

很快，美国就迈出了关键性的两步。4月26日至8月20日，南北战争结束。这场美国内战持续了五年，交战双方是支持蓄奴、以农业为主的南方邦联和支持废奴、以工业为主的北方联邦。最后，1865年12月18日，美国废除了奴隶制。短短几个月的时间，美国的政治面貌发生了翻天覆地的变化。

佐治亚的奇克莫加战役

天气预报

1866年 · 法国经历了有史以来最强的暴风雨之一。船只纷纷驶回马赛港。

14世纪 15世纪 16世纪 17世纪 18世纪 19世纪 20世纪 21世纪

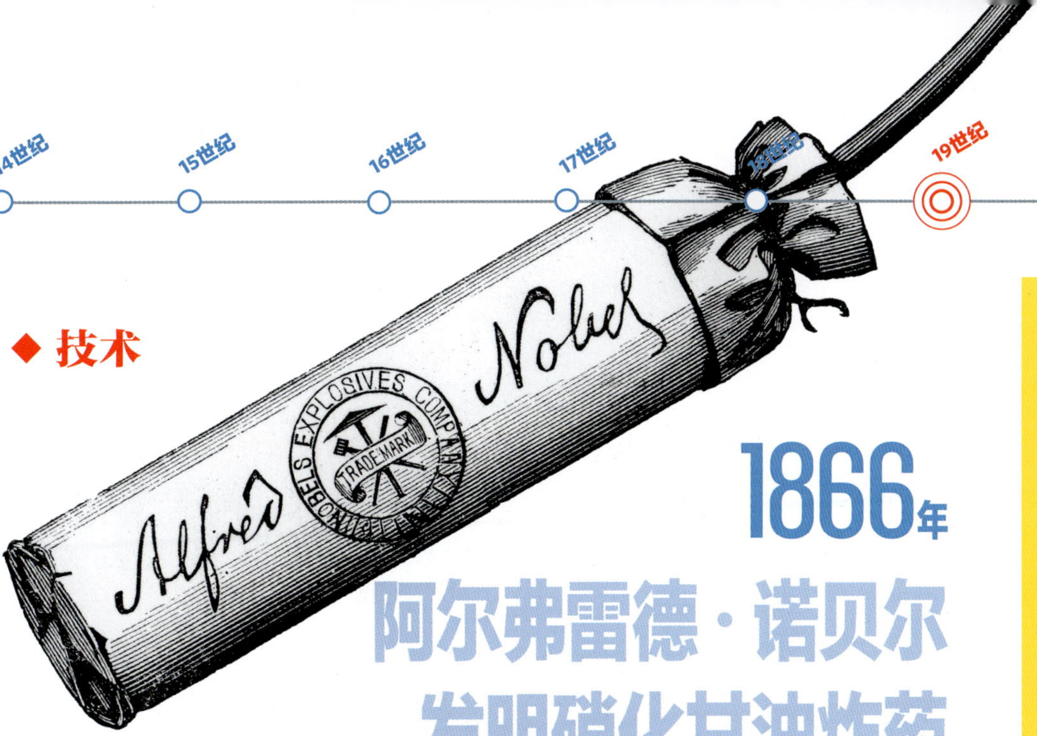

◆ 技术

1866年 阿尔弗雷德·诺贝尔发明硝化甘油炸药

瑞典·化学家阿尔弗雷德·诺贝尔可以毫不谦虚地夸耀他对铁路工程所做的贡献。想要炸开隧道，硝化甘油炸药简直是天赐的礼物。从此，危险又低效的黑火药可以退居二线了。诺贝尔既是科学家又是商人，很快就成为一名百万富翁。然而他的发明也很快引起了军方的兴趣。硝化甘油炸药可以杀人，这让发明者痛苦不堪。1888年，他偶然在报纸上看到一位记者提前为他写的讣告，他被描绘成一个杀人如麻的凶手，这使他更痛苦了。

诺贝尔大受刺激。于是，他创建了一个以他的名字命名的基金会，并在死后将全部遗产捐给了该基金会。这些财富作为奖金，用来奖励那些对人类福祉做出突出贡献的人。诺贝尔奖分为五个领域：和平奖、物理学奖、化学奖、生理学或医学奖、文学奖。

诺贝尔奖没有数学奖。为什么呢？传说是因为某位数学家曾经勾引过他的妻子。不过，他可是一直单身啊。难道是他的未婚妻？我们永远不会知道了。不过，可以确定的是，诺贝尔不怎么待见瑞典数学家马格努斯·古斯塔夫·米塔–列夫勒，后者在瑞典国内创建了一个数学大奖。最后，还是诺贝尔的好友、加拿大数学家约翰·查尔斯·菲尔兹设立了数学界的"诺贝尔奖"菲尔兹奖，该奖于1936年首次颁发。

◆ 社会

第一位女大学毕业生

1861年

法国·所有女性都应该知道她的名字，朱莉–维克图瓦·多比耶（Julie-Victoire Daubié）。这位谦逊的教师是第一位被允许参加并成功通过中学毕业会考的女性。这尤为值得称道，因为多年以来，整个教育界都带有《拿破仑法典》的烙印，女性永远处于微不足道的地位，多比耶曾多次申请考试，都遭到拒绝。凭借第一次的成功，1872年10月28日，朱莉–维克图瓦·多比耶成为首位获得学士学位的女性。成为记者兼作家后，她一直坚持不懈地捍卫女性接受高等教育的权利。

奇闻逸事

歌剧院的悲剧，一位舞蹈演员被活活烧死

1862年

法国· 对于芭蕾舞女演员埃玛·利夫里来说，这是一个可怕的结局。11月15日，在巴黎歌剧院排练时，她的芭蕾舞裙被舞台上的煤气灯嘴点着了。当别人赶来救她时，几乎赤身裸体的她身上的服装残骸还在燃烧着。她在伤痛中挣扎了几个月，最终死于败血症。

国际

亨利·迪南创建红十字会

1864年

欧洲·1859年，瑞士人亨利·迪南在索尔费里诺战役中萌生了为受伤士兵和平民建立救护体系的想法。随后，他开始了一场疯狂的征程：说服各国（即使正在交战）接受人道主义救援权，同时建立提供救助的组织。1863年，他成立了一个委员会，并联合16个国家签订公约。1864年8月22日，随着《万国红十字会公约》的签署，国际红十字会成立，人道主义救援权得到承认。

苏伊士运河通航仪式

新闻

社会

行人受到更好的保护

1865年

英国·当一位疯狂车主飞一般呼啸而过时，哪一位正在过马路的行人不曾胆战心惊？英国人找到了对策，那就是1865年7月5日颁布的《机动车法》。即日起开始限速：市郊不得超过6千米/时，市内不得超过3千米/时。此外，如果汽车拉着货物，或者有车队出动时，必须有人在前面开道，同时挥舞着一面小红旗。希望未来这种合理的法规能够继续实施下去。

探索发现

最大的金块

1869年

澳大利亚·它的名字很奇特，叫作“欢迎陌生人”（Welcome Stranger）。不过，这也不妨碍它成为世界上最大的金块。1869年2月5日，该金块出土于澳大利亚，洗净后总重72千克。为了把它敲碎成三块，人们不得不借用铁匠的铁砧。两位寻金者——约翰·迪森和理查德·奥茨——在一棵树下离地表只有3厘米的地方发现了它，并因此发了财。

◆ 国际

苏伊士运河通航

埃及·感谢工程师斐迪南·德·雷赛布，从11月17日起，我们不用绕过非洲就可以直达欧洲了。通过他开凿的苏伊士运河，我们可以从红海直通地中海，节省了8 000千米的路程。这项建设壮举始于1854年，人们为此专门成立了苏伊士运河公司。今天正是它的巅峰时刻，人们将举行盛大的活动来庆祝通航。

埃及总督伊斯梅尔帕夏过去曾拜雷赛布为师，跟他学习过马术，这位总督摆出了很大的排场：威尔第还专门为庆典创作了歌剧《阿依达》，但由于布景没有及时到达，最终该剧于1871年才在开罗上演。不过，拿破仑三世的皇后欧仁妮、奥地利皇帝弗兰茨·约瑟夫一世都将亲临现场。这是一场胜利！

1869年

◆ 事件

黑暗岁月

1871年

法国 · 法国刚刚经历了可怕又痛苦的两年。1870 年 9 月 2 日，法国在色当战役中大败后，第二帝国覆灭。拿破仑三世沦为俘虏。9 月 4 日，新的共和国宣告成立，但次年 5 月 10 日就被迫签订了耻辱的《法兰克福和约》，割让了阿尔萨斯与洛林。1871 年 1 月 18 日，德意志帝国于凡尔赛宫镜厅宣布成立。这又是一次耻辱。

更糟糕的是国家的四分五裂。1871 年 3 月，巴黎人民发动起义，巴黎公社成立。梯也尔政府逃往凡尔赛避难，并通过军队进行血腥镇压。1871 年 5 月 28 日，最后一批公社社员在拉雪兹神父公墓的墙边被处决。

国际

阿拉斯加并入美国

1867年

美国 · 美国以 720 万美元的价格从俄国手里收购了阿拉斯加。

通过该交易，沙皇亚历山大二世可以整顿一下脆弱的帝国财政。

然而对于美国来说，收购过程并不顺利。美国国务卿威廉 · 亨利 · 西沃德费尽了口舌才取得国会支持。从此以后，每年三月最后一个周一，阿拉斯加都会欢庆“阿拉斯加纪念日”——他的努力总算没有白费。

1871 年 5 月 24 日至 25 日，硝烟中的巴黎

◆ 美术

印象画派，新生流派

1874年 **法国**·新事物诞生了！长久以来，绘画的发展都依托于唯一的官方沙龙。是时候见证一种新艺术的诞生了。拿破仑三世反对官方沙龙评委会严苛的标准，于1863年举办了一场“落选沙龙展”，这是新的绘画流派诞生的初次尝试。在如今看来，这是一次不同寻常的举动。

从4月15日开始，30名艺术家齐聚在摄影师纳达尔位于巴黎卡皮西纳大道的展厅，展示165件绘画作品。这些作品体现了一种崭新的绘画技术，画作在户外完成，强调动态中的瞬时光影。代表作品包括克洛德·莫奈的《罂粟花田》《卡皮西纳大道》，卡米耶·毕沙罗的《白霜》，埃德加·德加的《洗衣女工》，以及保罗·塞尚的《现代奥林匹亚》。

印象画派的名字来源于莫奈的作品《日出·印象》。但这不是画家本人选择的结果，而是因为该画被《喧嚷》(*Charivari*)杂志的评论员撰文讽刺，评论者对印象画派日后的大放异彩全然不知。他在文中抨击道：“印象，我深以为然。因为我也对此印象深刻，这必然是印象在作祟。”

《日出·印象》，克洛德·莫奈

天气预报	**1879年**·极寒之冬，巴黎-23℃。

社会

创办学校的疯狂想法

1882年 **法国**· 不！创办现代学校的人并不是查理大帝，而是法国教育部长朱尔·费里。与1850年颁布的《法卢法案》不同，这位坚定的共和派人士希望教育不受宗教团体的控制。1882年3月颁布的法律规定实行小学义务教育，适用于6岁至13岁的男女孩童。这成为法国教育领域的重大举措。自1881年6月16日起，法国公立学校实行免费教育。1880年12月21日颁布的《卡米耶·塞法》(loi Camille Sée)规定女性可以接受中学教育。1867年，《迪律伊法》(loi Duruy)规定女性小学教育属于义务教育，并计划通过公立小学实现免费教育。但该方案只局限在了法国的城镇。在法国农村地区，家长需要孩子帮忙收割庄稼和葡萄，故教育部长在夏季实行较长的夏歇假期，以更好地推行教育改革。

政治

日益成形的共和国

1880年 **法国**· 为了庆祝法国大革命一百周年纪念日，共和国需要设立一些合适的象征标志。此事于不久前启动。1879年2月14日，《马赛曲》成为国歌。1880年7月6日，法国国庆节定在每年的7月14日。最后，1880年7月14日，“自由、平等、博爱”成为共和国的格言，今后将出现在法国所有官方建筑的三角楣上。

◆ 技术

电力仙女降临人间

1881年

法国·1881年8月15日清晨，国际电力展览会在巴黎举行，预计接待75万名访客。这是首个有关电力及电力设备的大型专题展览会。

展览会位于爱丽舍宫，在一楼展出的是一座真正的多彩电力灯塔。第一届电工大会也将在此举行。电力的广泛应用为人类带来许多希望：1821年，迈克尔·法拉第发明了电动机，1827年格奥尔格·欧姆提出了关于电流的定律，1838年塞缪尔·莫尔斯发明了电报，1861年西门子发明了发电机，1876年贝尔发明了电话（传闻，贝尔申请电话专利的时间比美国人伊莱莎·格雷申请类似发明专利仅早了两个小时！），1879年托马斯·爱迪生发明了电灯泡，1887年埃米尔·贝林纳发明了留声机。

新闻 国际

塔希提岛属于法国

法国·法国在全球的扩张似乎没有界限。自1830年殖民阿尔及利亚后，6月29日，法国接受了塔希提国王波马雷五世的赠予，法国则给予塔希提国王退休年金以及法国荣誉军团勋章。塔希提岛成为法国的保护领地、共和国的一部分。权力统治带来的烦扰以及对红酒的热爱能使人们更好地理解这种和平的权力交接。此后，1881年和1883年，突尼斯与安南相继成为法国的保护领地。1876年4月28日，维多利亚女王获得“印度女皇”头衔后，英国成为全球最大殖民帝国，而此时的法国紧随其后，是全球版图第二大的殖民帝国。

1880年

记事本

瓦格纳创作了《帕西法尔》

1883年

德国·2月13日，理查德·瓦格纳逝于威尼斯。这是一位举世无双、旁人难以望其项背的艺术家。瓦格纳是一位音乐大师，但一生中大部分时间在逃避债务及执法人员，在此期间，他在贝罗伊特创作了系列歌剧《尼伯龙根的指环》，该系列包括四部歌剧《莱茵的黄金》《女武神》《齐格弗里德》《众神的黄昏》，完整演绎需要花上数日时间。他曾是巴伐利亚国王路德维希二世的宠儿，直到逝世前一直在接受国王的资助。

瓦格纳身上也存在着某种反犹主义倾向，和其他才华横溢的作曲家打交道时这种思想尤为明显。从《幽灵船》《特里斯坦与伊索尔德》《唐豪瑟》，到《罗恩格林》和《帕西法尔》，瓦格纳虽以这些歌剧闻名于世，但也是一名室内管弦乐作曲家。

◆ 经济

联盟银行的破产

1882年

法国·一家营业时间如此短暂的银行十分少见。1875年，联盟银行依托君主派的资本于里昂成立，1878年由保罗·欧仁·邦图（Paul Eugène Bontoux）接手，1882年1月倒闭。由于一系列风险投资，银行股价三周内从2 500法郎跌至500法郎，继而破产，并导致其他金融机构破产。这是第一次规模如此之大的崩盘，40亿法郎人间蒸发。作家左拉出于对该事件的关注，从中汲取素材创作了小说《金钱》。

◆ 健康

巴斯德拯救了狂犬病患者牧羊童约瑟夫·梅斯特

法国·1885年7月，路易·巴斯德医生为牧羊童约瑟夫·梅斯特注射狂犬疫苗，该疫苗通过从感染狂犬病的兔子身上提取的脊髓制成。巴斯德医生在10天内重复注射13次疫苗，并逐渐加强剂量，最终拯救了牧羊童的生命。几天前，这名9岁的孩子被一只患狂犬病的狗咬伤。这次成功的治疗宣告了狂犬病疫苗的诞生，也促成了巴斯德研究所的建立。而约瑟夫成了研究所的看门人，直至1940年逝世。

1885年

◆ 旅行

1883年 东方快车始发

欧洲·10月4日，14名英勇的乘客各带了一把英伦手枪，从斯特拉斯堡车站（后来的巴黎东站）乘火车出发，横穿中欧和东欧，4天后抵达伊斯坦布尔。而在不久前，从巴黎到伊斯坦布尔还需要至少10天的路程。这条豪华列车路线的建造者是比利时企业家乔治·纳吉麦克。当然，这条路线还要经历两次换乘，乘客在多瑙河乘船渡河，之后还需跨过黑海。但是无论如何，他们最终抵达目的地时，感受到的是无上荣光！

社会

新闻

欧仁·普贝尔带来一个更干净的巴黎

1884年

法国·首都应该感谢新任塞纳省总督诺曼底人欧仁·普贝尔。他于1883年上任，在1883年11月24日和1884年3月7日颁布法令，确保巴黎每座建筑物的地面都保持卫生。即日起，业主必须为租户提供三个有盖的集装箱，大小从40升到120升不等。第一个箱子放置快腐烂的垃圾，第二个放废纸和破布，第三个放玻璃和陶器。这些定期被收捡的废物箱大获成功，巴黎人民便以其发明者普贝尔的名字命名这些箱子，即“Poubelle”（垃圾箱）。我们敢打赌，垃圾箱绝不会随着时间推移而湮没于历史的垃圾堆中。

◆ 奇闻逸事

精神科医生与开膛手杰克

1888年

英国·这个病例吸引了一些鼎鼎大名的精神科医生，例如埃米尔·布兰奇医生，他著名的帕西诊所曾接待过的病人包括居伊·德·莫泊桑和热拉尔·德·奈瓦尔。此外还有让–马丁·沙尔科医生，他以原创的新颖癔症治疗法以及催眠术治疗法而闻名。

案例中的罪犯，自1888年8月底开始，流窜于伦敦并以“开膛手杰克”之名向新闻界写信，而精神科医生们能从中告诉我们什么呢？

开膛手杰克在伦敦白教堂附近的洼地杀害了五名妓女，并十分精准地开膛挖取了其中三名受害者的内脏器官。时间一点点流逝，没有一个嫌犯被逮捕归案，而嫌疑人名单上已有多达上百人，从普通的屠夫到艺术家，乃至维多利亚女王的医生及其孙子阿尔伯特·维克托王子。时至今日，仍然没有任何嫌犯被缉拿归案。

国际

新闻

欧洲各国于柏林瓜分非洲

1884年

德国·如果能通过协商达成目的，为什么要冒险通过战争夺取非洲殖民地呢？1884年11月至1885年2月，来自十四个欧洲国家的代表在柏林召开瓜分非洲的会议。会议的最大获益者是比利时国王利奥波德二世，刚果被划为其私人财产，一直到1908年国王去世，刚果才成为比利时王国的殖民地。法国则收获了刚果的另一部分土地，即未来的刚果（布），以及尼日尔河内陆地区。尼日尔河三角洲地区仍然属于英国。法国、英国、意大利和德国在它们的领地间划分了分界线，以避免引发与殖民地边界相关的冲突。

奇闻逸事

梅耶林惨案

1889年

奥地利·奥匈帝国举国哀悼。1889年1月30日，人们在梅耶林猎宫发现了王子鲁道夫及其17岁的情妇玛丽·维切拉的尸体，二人持枪自杀。鲁道夫是皇帝弗兰茨·约瑟夫之子，也是奥匈帝国的皇位继承人。维也纳皇室为了封锁消息，发表了许多含糊其词的公告，导致各种死因传闻不胫而走，比如中风、中毒、因打猎武器引发的意外……热衷于历史谜团的人们对此津津乐道。

戏剧

今夜外出？欢迎来红磨坊

1889年

巴黎·现在正值“美好年代”，它凝结了十年来艺术的进步、科学的发展以及生活的乐趣。还有什么比蒙马特尔山脚下的红磨坊歌舞表演更令人愉悦呢？让我们与拉古留、简·艾薇儿、格里耶·德古特和“剔骨瓦伦丁”一起为女性庆祝，为疯狂的法国康康舞喝彩。画家土鲁斯-劳特累克、威尔士亲王、贵族、资产阶级，乃至暴徒，各路人等齐聚于此。再往上走，我们能在狡兔酒吧欣赏阿里斯蒂德·布吕昂的献唱，或在波希米亚风格的黑猫夜总会继续享受歌舞升平的夜晚。

娱乐

嘉年华衍生出的节日彩条

1892年

巴黎·如同每年的2月一样，嘉年华狂欢节如约而至，在巴黎如火如荼地进行，节日彩车在欢呼声中接踵而至。当彩车经过证券交易所时，投掷过来的小型卷纸在空中迅速绽放开来。负责投掷的是一位电报员，他效仿自己的美国同事，利用使用过的莫尔斯电报纸制作彩带。节日彩条的美好使命就此开启。

◆ 政治

丑闻和

法国·1889年开年不利。1月，备受巴黎人民喜爱但畏惧权力的民族主义者布朗热将军结束了他冒险的政治生涯。他本有机会入主爱丽舍宫，却在犹豫中放弃，如今只能流亡比利时，后来于1891年在情妇的坟墓前自尽。

2月发生了巴拿马丑闻。斐迪南·德·雷赛布成功在埃及开凿苏伊士运河后，将目光转向了巴拿马地峡。他成立了一家公司来筹集股东资金。但是，政客们从中牟利，一些议员和部长成为下属的掮客。公司的倒闭揭露了这些新闻界所称的“徇私舞弊者”（chéquards）之间的钩心斗角。成千上万的小股东血本无归。

1889年

幸运的是，1889年3月31

埃菲尔铁塔

日世界博览会开幕了。除了世界各国的展厅外，人们还能欣赏到由古斯塔夫·埃菲尔（Gustave Eiffel）设计的崭新建筑埃菲尔铁塔。这座铁塔约300米高，重量约1万吨，象征着工业和建筑的现代化。自1887年铁塔开建以来，铺天盖地的反对质疑之声如今都变为了对铁塔的好奇和喜爱。约3万名游客将勇攀铁塔，走完超过1 600级的台阶。

布朗热将军自尽

◆ 政治

富尔米血色五一

1891年 **法国**·五一劳动节的传统最初来自美国。1886年5月1日，在美国芝加哥，工人们经过艰苦的斗争，争取到了8小时工作制。但一些雇主却拒绝实施。于是5月4日，工人们在干草市场广场发起了新的抗议活动。最终，活动被警方控制，有人还以无政府主义者的名义投掷了一枚炸弹。但实际上，炸弹是警方投掷的，旨在抹黑此次示威活动。

“干草市场屠杀”是一次具有重大国际影响的事件，随后世界各地几乎都确立了五一劳动节。而今年的五一劳动节，在北方的富尔米，军队向示威者开火，十人命丧枪口。我们永远也不会忘记这个恐怖的五一纪念日。

◆ 事件

投向众议院的炸弹

1893年 **法国**·无政府主义者将走向何方？1892年11月8日，位于巴黎歌剧院大道的卡尔莫矿产公司内，一位门房在楼梯间发现了一枚炸弹。被门房带至警局的这枚炸弹爆炸后造成五人死亡。这起事件的罪魁祸首是一名叫作埃米尔·亨利的无政府主义者。1894年2月12日，他又在圣拉扎尔车站的“终点站咖啡厅”扔了一罐炸药。恐慌的顾客纷纷逃离现场，这次事件仅造成一人死亡。1894年5月亨利被送上断头台。弗朗索瓦·克洛迪于斯·柯因斯登，又称“拉瓦绍尔”，制造了多起暗杀和恐怖袭击事件，最终也死于“黑寡妇”的利刃之下。12月9日下午4点左右，奥古斯特·瓦扬向众议院投掷了一枚装满钉子的炸弹。炸弹在碰到一名参会女性的肘部后，方向发生偏转，造成了部分人员受伤，但无人死亡。瓦扬于1894年2月5日被推上断头台。由于拒绝赦免罪犯，萨迪·卡诺总统于1894年6月24日在里昂被意大利无政府主义者卡塞里奥刺杀。

◆ 文化

卢米埃尔兄弟的电影放映机

1895年

法国 · 这很有可能是1895年最独特的演出。仅需1法郎，就可以欣赏到卢米埃尔兄弟路易和奥古斯特在巴黎“大咖啡馆”的印度沙龙里放映的十部电影短片。12月28日，人们可以观看电影《喷水的洒水车》《婴儿的午餐》《工厂的大门》《海浴》。银幕中的生活生动无比。一时人头攒动，每天都有成百上千张电影票售出。

《火车进站》，1896年1月

◆ 音乐

19世纪的歌剧

法国 · 不要以为歌剧作曲家的生活轻松惬意，事实远非如此。他们有时会收获成功，但更多的时候还是一败涂地。下面就让我们做一个回顾。伟大的音乐家路德维希·范·贝多芬的唯一一部歌剧作品《菲岱里奥》于1805年在维也纳演出时，效果不佳。观众在演出时有说有笑，对作品本身反应冷淡。

焦阿基诺·罗西尼也为1816年在罗马首映的《塞维利亚的理发师》饱尝苦果。当时，一只猫穿过舞台，全场观众都在“喵喵”叫唤。不过罗马人很喜欢这部歌剧，还在半夜把罗西尼叫醒，向他致以热烈的掌声。乔治·比才的作品《卡门》曾遭人痛斥，1875年公演时，观众纷纷逃离喜剧戏院。同年，比才离世。他永远无法亲眼见证《卡门》在国际舞台获得的无限追捧了。

理查德·瓦格纳

文学

时下畅销书

法国 · 每年大家都面临着同样的难题：夏天要读什么书？浪漫主义者可以阅读弗朗索瓦·勒内·德·夏多布里昂的《阿达拉》、阿方斯·拉马丁的《沉思集》或维克托·雨果的《巴黎圣母院》。现实主义者可以欣赏奥诺雷·巴尔扎克的《人间喜剧》或者古斯塔夫·福楼拜的《包法利夫人》。自然主义者可以徜徉在自然主义文学大师爱弥尔·左拉的《卢贡·马加尔家族——第二帝国时代一个家族的自然史和社会史》中。对于那些反对浪漫主义文学、追求美感、为了艺术而艺术的读者，我们推荐泰奥菲尔·戈蒂耶的《帕尔纳斯》和《珐琅与雕玉》，或者何塞–马里亚·德·埃雷迪亚的《锦幡集》和《征服者》。象征主义爱好者？那就阅读奥斯卡·王尔德的唯美主义代表作《道林·格雷的画像》，或者品读颓废派作者若利斯–卡尔·于斯曼的《逆流》。杂食派读者可以阅读诗人夏尔·波德莱尔的作品《恶之花》、斯特凡·马拉美的《牧神的午后》、保罗·魏尔伦的《华宴集》，以及阿蒂尔·兰波的《灵光集》。各类书籍应有尽有，任君挑选。

维克托·雨果，纳达尔拍摄于1884年左右

爱弥尔·左拉，1902年自拍像

古斯塔夫·福楼拜，纳达尔拍摄于1869年

◆ 美术

画室学画选哪家？ 1899年

《自画像》，文森特·凡·高，1889 年

《护身符》，保罗·塞律西埃，1888 年

法国·19 世纪末各流派艺术竞相发展，如果您想抓住时机，学习如何调色运笔，这里给出一些建议帮您更好地选择画室。

如果您喜欢穿着华服的罗马人，请前往雅克·路易·大卫的工作室临摹其新古典主义杰作《贺拉斯兄弟之誓》。您钟情于历史故事？那学院艺术非常适合您，跟随托马·库蒂尔的脚步，和他一起研究《罗马人的堕落》，而不必担心被指责画风是“消防员风格”（style pompier）。

您有绘画的天分？那就前往《土耳其浴女》的创作者安格尔的画室吧。或许您思虑万千，非常浪漫？德拉克洛瓦的画室是个不错的选择，他的代表作有《自由引导人民》。或者您也可以前往创作了《美杜莎之筏》的热里科的画室。如果您喜欢农村风光和日常生活，不妨追随《拾穗者》的画家米勒或是《碎石工》的画家库尔贝的脚步，以更好地学习现实主义。

您更沉迷于时间的瞬息万变？您可以选择《乘船散步》的画家雷诺阿，或是《日出·印象》的画家莫奈。如果您偏爱后印象派，创作了《三浴女》的画家保罗·塞尚将是您绝佳的引路人。

如果您把生活看作一幅点彩画，那就前往《大碗岛的星期天下午》的画家修拉或是《粉云·昂蒂布》的画家西涅克的工作室。

或许您沉迷于时髦的日本版画？那您应该追随保罗·高更以及他的作品《黄色的基督》，或是阿望桥村派和纳比派（“先知派”），再或是《护身符》的画家保罗·塞律西埃。厌恶这个暴力的世界？纯粹的色彩很适合您，比如文森特·凡·高的《自画像》或是爱德华·蒙克的《呐喊》。最后还有突出狂野色彩的野兽派，《静物与银壶》的创作者马蒂斯和《佩戴珍珠项链的女人》的创作者凡·东根的画室都不容错过。

《拾穗者》，让-弗朗索瓦·米勒，1857 年

灾难

霍丁卡广场悲剧

1896年

俄国·在沙皇尼古拉二世的加冕盛典即将举行之际，成千上万的莫斯科人于5月30日聚集在莫斯科霍丁卡广场，这实际上仅是莫斯科北部的一块普通场地。人们等待着承诺发放的礼品：一个印有沙皇姓名首字母的玻璃杯、一块姜饼、一个奶油蛋卷、500克香肠和榛子。突然有传言说礼品是限量的，不是每个人都能拥有。一时人群涌动，所有人都冲向发放礼品的帐篷。这起踩踏事件造成超过1 300人死亡，事件在沙皇到来前被迅速隐瞒下来。这对新任沙皇的统治来说可不是什么好兆头。

◆ 体育

巴黎–鲁昂，首届汽车拉力赛

1894年

法国·赶快把车停在路边！潘哈德–勒瓦索、标致、德迪翁·布东等制造商的赛车正全力出发，21辆蒸汽汽车或燃油汽车参与争锋。第一批赛车于7月22日早上8点出发，当日傍晚抵达鲁昂，按照到达顺序，分别是：德迪翁·布东蒸汽动力车，总耗时6小时48分，平均速度为19千米/时，两辆标致和一辆潘哈德–勒瓦索紧随其后，均是燃油动力车。然而评委会宣布标致和潘哈德–勒瓦索并列优胜，而德迪翁·布东的车由于需要一名司机加煤作为动力，被评委会判定为不够实用。

时尚

女士们，20世纪的时尚精彩纷呈。您打算如何装扮呢？

欧洲·新世纪的钟声即将敲响，让我们对19世纪的时尚做一个回顾，以预测20世纪的时尚潮流。我们基本上可以推测宫廷风格会消失。经典的直筒连衣裙、高腰束胸、与之搭配或不搭配的斯宾塞式小夹克将不再流行。这是一件好事，因为女士们不用再留“提图斯式”(la Titus)的短曲发型，前额不用再顶着非常卷曲的小环扣，头上也不用再佩戴一块包头巾或一顶有褶系带女帽。这都是属于19世纪30年代之前的时尚了。

克里诺林裙撑再度流行。我们还可以大胆想象克里诺林裙撑回归时尚潮流。欧仁妮·德·蒙蒂霍皇后的时装设计师在1855年左右推陈出新，设计出符合时代需求的裙撑。查尔斯·弗雷德里克·沃思改进了克里诺林裙撑，发明了图尔努尔(tournure)裙撑。克里诺林衬裙被套在裙下，由于尺寸较大，需要用柳条箍或鲸须制成的衬架作为支撑。穿着这样的裙撑进门都成问题。而图尔努尔裙撑解决了这个问题。这种裙撑面开得更小，越来越多的装饰被放在裙后，上面打着各式各样的结。无论是哪一种裙撑，都要求女士的腰部收紧，紧身胸衣成为必不可少的单品。

◆ 奇闻逸事

慈善义卖现场的火灾 1897年

法国·这个世界轰然崩塌。在巴黎第八区让·古洪街17号，马耶伯爵夫人为救济穷人组织了一场义卖。全巴黎人蜂拥而至，1 200位嘉宾展示了自己的乐善好施。然而下午4点左右，在卢米埃尔兄弟电影放映展台上，一名放映员不经意间在烟雾缭绕的乙醚中点燃了一根火柴。大火在市集的木屋和焦油屋中迅速蔓延开来，烧毁了古老巴黎的中世纪街道，那里放满了丝织品和纸张。女士们的长裙着火了，在推推搡搡的人群中被践踏。此次火灾一共造成124人遇难，其中仅有6名男性。这背后可怕的真相是，男人们为了谋取活路，一路拳脚并用，挥杖伤人。一些杰出的女性命葬火场，其中包括阿朗松公爵夫人，她是奥地利皇后伊丽莎白的妹妹。

◆ 科学

轰动事件：镭的发现 1898年

法国·发现镭元素的是一对在城里实验室做研究的夫妇：皮埃尔·居里和玛丽·居里。凭借着对科学浓厚的征服欲，居里夫妇于1898年12月26日发现了镭。1895年，威廉·康拉德·伦琴发现了X射线，1896年，亨利·贝可勒尔则发现了铀盐的辐射性。人类历史进入了科学大发现时代！居里夫妇闪亮登场。玛丽·居里发现沥青铀矿的放射性比纯粹的铀强。她设法分离出0.1克纯镭盐，皮埃尔负责研究其特性。1903年，为了表彰他们的科学成果，居里夫妇和贝可勒尔共同获得了诺贝尔物理学奖。

新闻

事件

总统因爱而死

1899年

法国·据官方宣称，总统费利克斯·福尔于2月16日在爱丽舍宫死于突发心脏病。然而事情的真相其实有些让人难堪。据传闻，他在和情妇玛格丽特·施泰因海尔风流之时，死于脑出血。年轻的情妇落荒而逃，把紧身胸衣落在了现场。一位神父前来为总统施行临终涂油礼，并天真地询问总统是否认识衣服的主人。有人幽默地回复："不，她通过专用楼梯逃跑了。"总统葬礼上发生了19世纪最后一次政变，但政变以失败告终：民族主义右翼的拥护者保罗·德鲁莱德试图发动军队掀起政变，最后被驱逐出境。

公主裙。自19世纪80年代以来，女性的胸部和腰部一直被束缚，而"公主式"的连衣裙则更为修长，修饰了髋部的线条，后来发展出优雅的裙褶，并在膝盖后方系上一条宽大的丝带。而公主裙的问题与过大的衬裙刚好相反：紧身连衣裙限制了走路的步伐，让人只能迈着小碎步。再见了，那些乘坐马车采风的日子。你除非练就了柔术，否则根本登不上马车。

男士的时尚呢？对于男士而言，时尚变得简洁了许多，这一切都要归功于布鲁梅尔，他让广大男士摆脱了长至膝盖的短裤、系带的长筒袜、蕾丝装饰以及鲜艳的色彩。这位有品位的男士穿着长裤、深色西装、白衬衫、长筒靴，而整套服装的优雅之处则体现在他精心系的领带上。如今我们还可以用一顶吉布斯（gibus）大礼帽锦上添花，这种高顶礼帽可以借助弹簧折叠或展开。

电子宫上方的刺星山，巴黎，1900年

20 世纪

◆ 大工程

1900年世界博览会，一份“世纪成果总结”

1900年 **法国**·4月15日，巴黎世界博览会隆重开幕，它就像一份“世纪成果总结”。占地2.16平方千米的世博会为全世界带来了一场盛宴，首先是专门为此建造的建筑物：亚历山大三世桥、小皇宫、大皇宫、奥赛火车站和荣军院火车站。

无论是电器宫还是卢米埃尔兄弟的电影屏幕（21米乘16米），都昭示着人类步入了现代化的新纪元。漫步其中仿佛徜徉于一个永不疲倦的美梦里。世博会打造了一条全长3千米的自动人行道。不过要小心跌倒哦，最好选择时速4千米的人行道，而另一条道在以两倍的速度运行！

巴黎第一条地铁线路将于7月正式开通，届时将方便世博会游客的出行。早在地铁开通前，由埃克托尔·吉马尔设计的地铁出入口便引发了人们的热议：这位新艺术的代表大师用铸铁打造出了“植物风格”的地铁出入口！

1900年世界博览会上的电器宫

灾难

噬人的佩雷火山：仅有两人幸存

1902年

安的列斯群岛·5月8日上午8点左右，马提尼克岛上的佩雷火山在沉睡中醒来，猛烈的爆发之势前所未有。岩浆从火山侧面的一个火山口喷涌而出。火山云、有毒气体、岩浆全部倾泻在山脚下的圣皮埃尔镇。短短几分钟，就有3万居民遇难。最终只有路易-奥古斯特·西尔巴里和莱昂·孔佩尔两人逃过一劫。停泊在港口的船只也大多被摧毁。

运动

首届环法自行车赛

1903年

法国·《汽车报》最先提出了举办环法自行车赛的想法。比赛时间为7月1日至19日，共分为六个赛段，途经法国的主要城市：巴黎、里昂、马赛、图卢兹、波尔多和南特。60名参赛选手中最终只有21位抵达终点。赛事冠军是莫里斯·加兰，一位1871年出生的意大利裔法国人。他是赛事第一、第五和第六阶段的冠军，一直高居积分榜首位，最终以25千米/时的平均速度完成全长2 500千米的赛程。在赛事的冲刺阶段，加兰取得了惊人的表现，从南特到巴黎，只用了短短18小时便完成了471千米的赛程。让我们为冠军喝彩！

◆ 技术

首架飞机

1903年

美国·莱特兄弟威尔伯·莱特和奥维尔·莱特，刚刚首次试飞了第一架飞机。12月17日，他们的莱特飞行器在北卡罗来纳州屠魔岗的海滩上升至数米高的高空，多次试飞均获成功。人类首次比空气还要“轻盈”，奥维尔拍摄的这张照片令这一神奇时刻永垂不朽。人类的航空事业正式起步。

记事本

不朽女王维多利亚一世与世长辞

1901年

英国·在位64年后，人们开始怀疑维多利亚女王是否为不朽之身。不过就在不久前，1月22日，女王于怀特岛的奥斯本宫与世长辞。这位统治着全球20%以上土地的印度女皇享年81岁。1837年，由于伯伯们均没有后代，出生时继承顺序排在第五位的维多利亚继承了王位，彼时她刚满18岁。在摆脱了被自己视为累赘的母亲之后，她于1840年嫁给了此生至爱，萨克森-科堡-哥达的阿尔伯特。在对丈夫的爱慕与温情中，她生下9个孩子，但与此同时，维多利亚十分厌恶母亲的身份。她有42个儿孙，他们后来成为欧洲各大王室的国王或王后，因此维多利亚也被喻为“欧洲祖母”。自从1860年痛失所爱后，她坚持穿着黑色衣服，令整个英国社会笼罩在冷峻严酷的氛围中，但在此期间，英国确立了全球领先的工业强国和商业强国的地位。

◆ 事件

圣彼得堡的血色星期日

1905年 **俄国**·沙皇尼古拉二世“小父亲”的形象在不久前轰然倒塌。1月22日是个星期日，一群工人聚集在首都圣彼得堡的皇家住所冬宫前。领头的是一位名叫格奥尔基·加蓬的东正教神父。继普提洛夫工厂罢工后，这群以家庭为单位赶来的工人对一部分同事被解雇表示抗议。此外，工人们还呼吁自由改革。这场酝酿中的悲剧始于沙皇的缺席。他现在人在叶卡捷琳娜宫，远离圣彼得堡这座令他厌恶的城市，远离他不甚了解的人民，他非常害怕会遭到袭击。宫廷侍卫首领出于畏惧下令开火。官方宣称此次镇压造成100人死亡和300人受伤。一股前所未有的民愤浪潮撼动了整个俄国，乃至全世界。

尼古拉二世被一致认定是这起屠杀的罪魁祸首。一场革命终于爆发，6月14日，“波将金号”铁甲舰的士兵发动起义。尼古拉二世最终签署《十月宣言》，赋予人民基本自由和男性普选权，并建立议会杜马。但这首自由主义的插曲很快在君主专制的权力统治下破灭了。

讣告

1902年

爱弥尔·左拉于9月29日与世长辞，死因却谜团重重：寓所内发生的意外？狡诈的谋杀？疏忽大意？我们永远不会知道这位伟大的作家为何会在巴黎寓所中，因壁炉的烟雾中毒身亡。一颗象征着人类道德良知的巨星陨落，全世界为此默哀。

快讯

1904年

《每日镜报》刊登首张彩色照片。

1905年

桥社在德国成立，为不同艺术流派搭建沟通的桥梁。

1908年

一颗巨大的陨石掉落在西伯利亚，摧毁了6 000万棵树。

◆ 宗教

宗教与政权：政教分离

1905年

法国·12月9日，也就是今天，法国众议院投票通过了《政教分离法》，规定在一个中立的世俗国家中，每个人都有宗教信仰自由。因此，国家不再支付任何宗教人士的薪水。

被称为“小父亲”的总理埃米尔·孔布曾经是一名修士，如今成为“神父的灭霸”。这个看似放肆的外号实则体现了孔布政府的意图，1903年孔布将宗教协会赶出法国，梵蒂冈方面震怒并与法国断绝了外交关系。

《政教分离法》颁布后，目前要做的便是清点那些属于神职人员的财产以及应当归属共和国的财产。而这一举动很有可能引发激烈的反对行动……

◆ 司法

德雷福斯案件最终了结

1906年

法国·在1894年的法国军队里，同时身为阿尔萨斯人和犹太人实在不是件好事。阿尔弗雷德·德雷福斯上尉便尝尽了其中的苦涩。

由于被指控向德国提供了机密文件，德雷福斯被误判犯有叛国罪，在虚假证词面前多次受罚，最终他在荣军院被公开剥夺军衔，并于1895年被流放法属圭亚那的监狱。1898年1月13日，爱弥尔·左拉在《震旦报》头版头条上发表了著名文章《我控诉……！》，在这封写给总统费利克斯·福尔的公开信中，左拉控诉了军队总参谋部的阴谋，向众人揭露事件的真相。这确实是一起误判，对于军方而言是一个巨大的丑闻。1899年，雷恩军事法庭再次判处德雷福斯10年监禁，承认其罪行“情节减轻”。这对于清白的德雷福斯而言是极大的侮辱。总统埃米尔·卢贝随即赦免了他。

7月12日，法国最高法院做出判决，推翻了雷恩军事法庭的有罪判决，德雷福斯终于被免除指控，得到平反。忠诚不贰的德雷福斯最终重新加入了军队。

科学

阿尔伯特·爱因斯坦告诉全世界：$E=mc^2$。

1905年

瑞士·一位才华横溢的年轻物理学家不久前超越了牛顿及其徒子徒孙。9月26日，在一篇《物理年鉴》杂志上发表的论文中，他的狭义相对论首次公布于世。这个人就是阿尔伯特·爱因斯坦，他让人类换个方式来思考时间和空间的关系。爱因斯坦认为，随着所选择的参考系不同，时间会发生膨胀，而且会各不相同。这个绝妙的论点就留待博学的读者们慢慢品味了。

法兰西共和国新闻	1900年 4月7日，龚古尔协会首届大会召开。	1905年 《小拉鲁斯》首次出版。	1906年 阿兰首次发表《谈论》。

宫廷生活

1907年

库里南钻石，全球最大钻石

南非·尽管在1880年至1881年间，以及1899年至1902年间，作为荷兰人后裔（17世纪到达南非）的布尔人曾与英国发生过两次可怕的布尔战争，不过就在1907年11月9日，南非德兰士瓦议会却向英国国王爱德华七世贡奉了一枚当时全球最大的钻石。这颗重3 106克拉（621克）的宝石被发现于比勒陀利亚附近的矿场，并被以矿场主库里南的姓氏命名。南非政府通过赠送钻石来表达德兰士瓦臣民对英国的忠诚和依附。这枚钻石被切割为九块，其中最为光彩夺目的两块——重达530克拉的“库里南一世”以及重317克拉的“库里南二世”，将分别被镶嵌在国王权杖中央以及英王王冠的正面。

胡安·格里斯所绘的巴勃罗·毕加索肖像画

◆ 美术

《亚威农少女》：轰动之作！

1907年

法国·《亚威农少女》由西班牙艺术家巴勃罗·毕加索于1907年在巴黎创作，以纪念巴塞罗那（位于亚威农街）的一家妓院。其独特之处在于画作中的空间由多个分割的几何形体组成。这些空间不是以传统的方式连接，而是呈现炸裂的状态：黑色、深色和浅色交替出现。从这幅画开始，一种全新的艺术流派诞生了——立体主义，这标志着与古典绘画的彻底决裂。这幅作品还没怎么展出便已经引发了激烈的讨论。

◆ 娱乐

首部法国动画影片

1908年

法国·法国人不仅是动画片的发明者，更是该领域的大师。埃米尔·科尔，本名埃米尔·库尔泰，于8月17日在巴黎体育馆剧院放映了他导演的动画影片《幻影集》，该片由高蒙电影公司出品。在1分40秒的时间里，这部黑白电影展示了一个小人儿的多次变形，其身体一会儿变为气泡，一会儿又变为剑玉，既能分裂又能合并。老少观众都为之赞叹不已。

灾难

水漫巴黎

1910年

法国·这就是地理学家所说的百年不遇的大洪水。在经历了潮湿多雨的夏季之后，1909年巴黎的秋天如灾难一般暴雨连绵，而紧接着又是一个大雪纷飞的寒冬。

1910年1月初，塞纳河支流河水泛滥，水库显然已无法容纳这么多的水。1月20日开始，情况恶化，塞纳河水位超过警戒线，1月28日奥斯特利茨桥下的水位已涨至最高的8.68米。首都巴黎的许多地区被洪水淹没，船成为唯一的交通工具。雪铁龙汽车厂被淤泥覆盖，工人无工可做。尽管只有五名遇难者，此次洪水却造成了巨大的灾难，民众损失惨重，许多人变得一无所有。这场洪涝一直持续到3月15日，而直至4月底地铁才重新开通。

◆ 灾难

"救救我们的灵魂"，"泰坦尼克号"最后的声音

1912年

大西洋·这艘船是现代化的象征，却永远沉没在冰冷的海水之中。由贝尔法斯特造船厂建造的"泰坦尼克号"客轮是跨大西洋客轮中最大、最豪华也是最安全的。"泰坦尼克号"共有2个钢制船体和16个水密舱室，可预防漏水。有了如此安全的保障，"泰坦尼克号"被认定不需要装载数量充足的救生艇。4月10日下午1点30分，客轮驶离南安普敦，开启自己的处女航。

然而4天后，快至午夜之时，由于瞭望员发现得太晚，这座梦幻客轮撞上了一座冰山。3小时后，船体一分为二没入大海。船上2 207名乘客中，共有1 502人遇难。"泰坦尼克号"发送的最后信息，是凌晨2点17分的一条SOS呼救信息。

◆ 政治

清朝覆灭，中华民国成立！

1912年

中国·从1644年开始统治中国的清朝覆灭了，一年内十四省纷纷宣布独立，拒绝承认清政府的统治。1912年2月12日，6岁的清帝溥仪正式宣布退位，并将权力交还中国人民，皇权统治走向了尽头。

中华民国于南京宣告成立，孙中山担任临时大总统。

◆ 奇闻逸事

激情与政治之间：亨利埃特·卡约被无罪释放

1914年

法国·被指控杀害了加斯顿·卡尔梅特的亨利埃特·卡约最终于7月28日被无罪释放。

这是一桩震惊整个媒体和舆论界的悲剧。3月16日下午，财政部部长约瑟夫·卡约的夫人亨利埃特·卡约前往《费加罗报》办公室，要求与主编加斯顿·卡尔梅特会面。在等待一小时后，主编回来了。亨利埃特·卡约随即严厉地指责了他，并将其枪杀。亨利埃特·卡约试图以这种方式向损害丈夫名誉的人复仇。几周前，约瑟夫·卡约计划向《费加罗报》增加征税，却遭到该报强烈反对，随后被此事连累，以至于名誉扫地。

《费加罗报》披露了约瑟夫·卡约与第一任妻子的亲密信件，并告诉世人，财政部部长在与妻子卡约夫人结婚前双方都是婚内出轨。正是这些披露使亨利埃特走向了犯罪。法国市民对此刑事案件十分关注，纷纷支持对激情犯罪进行判决。

时尚

如何走在潮流前端？

1914年

法国·女士们，在您的紧身胸衣上缝一串珍珠，穿上一条花冠裙，这是时下最流行的装扮。不过当战争来临时，简约才是王道。男士们穿着三件套西装。女士们穿着腰身较高的衣服，露出小巧的鞋尖。20年代赶紧到来吧，让我们的裙子重新回到膝盖以下！

法兰西 共和国新闻	**1909年** 7月25日，路易·布莱里奥首次飞行穿越英吉利海峡。	**1909年** 2月1日，第一期《新法兰西杂志》在安德烈·纪德的赞助下出版。

◆ 冲突

第一次世界大战，关键时间节点

1914年至1918年间，全球经历了一场前所未有的浩劫。让我们一起回顾首次世界大战的关键时间点。

LA DOMENICA DEL CORRIERE

Si pubblica a Milano ogni Domenica

Supplemento illustrato del "Corriere della Sera"

Via Solferino, N. 28 MILANO

Anno XVI. — Num. 27. 5 - 12 Luglio 1914. Centesimi 10 il numero.

1914 年 6 月 28 日

塞尔维亚·奥匈帝国皇储弗兰茨·斐迪南大公及其妻子于萨拉热窝被一名塞尔维亚民族主义者杀害。奥地利向塞尔维亚发出最后通牒，要求在塞尔维亚境内进行事件调查，却遭到了拒绝。自 7 月 28 日奥地利宣战开始，两套机制开始发挥作用。一方面是国家民族主义：以泛斯拉夫主义的名义，俄国沙皇必须保卫所有斯拉夫人，包括塞尔维亚人；以泛日耳曼主义的名义，德皇威廉二世必须保卫所有日耳曼人民，因此德国必须支持奥地利。另一方面是联盟的缔结：协约国阵营中有法国、俄国与英国，同盟国阵营中有德国、奥匈帝国和意大利。一切准备就绪，战争一触即发。

1914 年 8 月 3 日

欧洲·德国 8 月 1 日向俄国宣战，8 月 3 日向法国宣战。8 月 4 日，英国加入战争，对抗德国。

讣告

1914年

“饶勒斯被刺杀”：悲剧发生后的第二天，该标题登上了由让·饶勒斯本人创办的报纸《人道报》的头版头条。饶勒斯作为社会主义思想家，在思想和政治上都标志着法兰西第三共和国的开端。对许多人来说，他的骤然离世是世界走向黑暗、陷入战争的最明显信号。

1914 年 9 月 6 日至 11 日

法国·入侵比利时后，德军向巴黎进发，随后止步于马恩河战役。在此一役中，巴黎军事总督加利尼将军征用了 600 辆巴黎出租车将法军运往战场。此后，“运动战”转为“阵地战”，双方军队在北海至瑞士边境修筑战壕，长期对峙。

1915 年 5 月 7 日

爱尔兰·2 月，德国决定实施无限制潜艇战。随后，“卢西塔尼亚号”邮轮在爱尔兰科克外海被一艘德国潜艇击沉。100 多名美国人命丧海底，而这起悲剧并未能扭转美国国内的反战舆论。

1916 年 2 月 21 日至 12 月 18 日

法国·德军总参谋部希望让法国军队“流尽最后一滴血”，认为倘若让法国遭受惨重的人员损失，那么人口更多的德国将从中受益。一场巨大的攻势在凡尔登要塞展开。超过 5 000 万发炮弹如暴雨般落下，从巴勒迪克到凡尔登的“圣道”上，浩浩荡荡的军用车队纵横交错。凡尔登战役共造成超过 70 万人死亡。

1916 年 7 月 1 日至 11 月 18 日

法国 · 协约国开始掌握战争主动权，法国和英国在索姆河地区发起进攻。这也是人类历史上首次使用坦克。此次战役造成超过 100 万人死亡。

1917 年 4 月 6 日

美国 · 总统威尔逊自 1914 年以来的强烈呼吁取得成效，美国国会最终投票决定参战。

1917 年 4 月 16 日至 10 月 24 日

法国 · 尼韦勒将军在埃纳省的"贵妇小径"发起攻势。法军惨败，随后于 5 月和 6 月发动兵变。菲利普 · 贝当取代了尼韦勒并结束兵变，他枪决了叛变者，同时也改善了"法国大兵"的生活条件。

激昂陈词的列宁

1917 年 11 月 7 日（公历）
1917 年 10 月 24 日（俄历）

俄国 · 继 1917 年 2 月第一次革命迫使尼古拉二世退位后，布尔什维克领导了第二次革命即十月革命。列宁为了巩固苏维埃政权，使苏俄尽早退出第一次世界大战，于 1918 年 3 月与德国签署了《布列斯特–立托夫斯克和约》。至此，德国只需要专心在西线作战。

1918 年 8 月 8 日至 11 月 11 日

法国 · 德军在春天发起总攻失败后，协约国从四面八方包抄夹击，发动"百日攻势"，迫使德军撤退。

1918 年 11 月 11 日

德国 · 柏林爆发短暂革命，1918 年 11 月 9 日德皇威廉二世退位。在法国勒通德贡比涅森林的一节火车车厢上，德国签署了停战协定。战争终于结束了，1 300 余万人为此付出了生命的代价。

健康

西班牙流感造成至少 5 000 万人死亡

1919年

全球 · 西班牙流感于 1918 年席卷全球。由于西班牙是第一次世界大战时期的中立国，并没有实施媒体审查，这场史上最严重的流感在西班牙被首次公开报道。它是流感的一种，但毒性却史无前例，令患者和医生都束手无策。

◆ 文化

《鸭鸣报》首刊发行

1915年

法国 · 记者莫里斯 · 马雷夏尔和漫画家亨利–保罗 · 德沃–加西耶为自己安排了一项光荣的使命，决意要同那些自“一战”以来通篇充斥着“洗脑谎言”的报纸做斗争。《不妥协报》（*L'Intransigeant*）声称德国子弹穿过身体会安然无恙，他们不希望此类文章充斥报坛。因此，就在 1915 年 9 月 10 日，他们创立了一份不靠广告收入且经济独立的自由报纸。

《鸭鸣报》（*Canard enchaîné*）的名称具有双重含义：其一，在记者界的专业行话里，“鸭子”（canard）意为假新闻，这正是两位创报人马雷夏尔和德沃–加西耶所要揭露的对象。其二，后面的限定词“enchaîné”是为了向克列孟梭致敬。克列孟梭的报纸

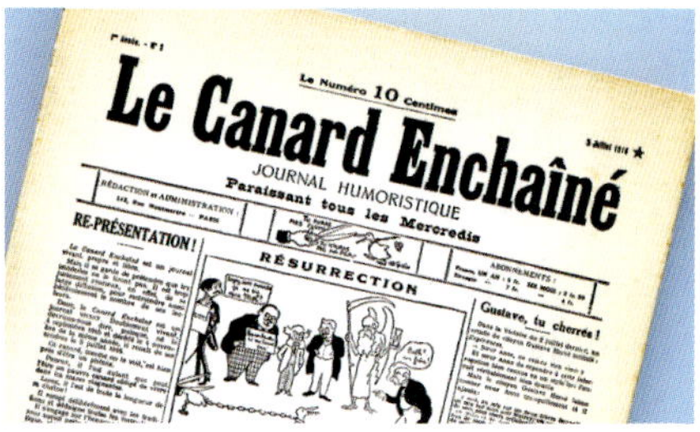

《自由人报》（*L'Homme libre*）因为过于批判，所以没有通过军事审查，被迫停刊。但克列孟梭立即将其改名为《囹圄人报》（*L'Homme enchaîné*）继续发行。《鸭鸣报》就是这样一份不走寻常路、无所畏惧却又无比幽默的报纸，在其首刊发行时就明确表示所有新闻都“极其不正确”。多么幽默的讽刺！

◆ 政治

凡尔赛宫，和约还是“强制和约”？

6月28日，27个国家的代表相聚凡尔赛宫镜厅，签署战后和平条约。

1919年

法国 · 1919 年 1 月，一场和平会议拉开了谈判的帷幕。此次谈判重点考虑了美国总统伍德罗 · 威尔逊于 1918 年 1 月提出的美国参战目标“十四点计划”。战败国出席了会议，却没有资格干涉“四巨头”的决定，“四巨头”分别是：法国总理乔治 · 克列孟梭、英国首相大卫 · 劳合 · 乔治、意大利首相维托里奥 · 奥兰多和美国总统伍德罗 · 威尔逊。条约中包含三类条款。领土条款要求德国将阿尔萨斯–洛林归还法国，并没收德国在非洲的殖民地，由法国和英国等国瓜分。军事条款要求削弱德国军力，其陆军规模不得超过 10 万人，建立莱茵河左岸非军事区。经济条款要求德国对战争负责并支付 1 320 亿金马克的赔偿金。

《凡尔赛和约》对法国来说是一次痛快的报复，而对德国来说是一种莫大的耻辱。因为多年前，1871 年 1 月，正是在凡尔赛宫镜厅，德意志帝国宣告成立。在德国，《凡尔赛和约》被视为“强制和平”的条约。

按照和约规定，国际联盟即将成立，它的宗旨是防止战争。此外还有一系列决定其他战败国命运的附属条约：与奥地利签订的《圣日耳曼和约》、与奥斯曼帝国签订的《色佛尔条约》以及与保加利亚签订的《讷伊条约》。

快讯

1912年

娜芙蒂蒂半身像出土，后于柏林展出。

1913年

西格蒙德·弗洛伊德出版《图腾与禁忌》。

1914年

巴拿马运河于8月15日开通。

1915年

奥斯曼帝国屠杀亚美尼亚人。

记事本

蒙帕尔纳斯为莫迪利亚尼哭泣

1920年 **巴黎**·1月24日，巴黎波希米亚文化的代表人物与世长辞。

从1906年到1908年，莫迪利亚尼的绘画作品体现出了一些表现主义的趋势。而《坐着的裸女》以及《女犹太人》等作品则呈现出颇具特色的深色调以及作者偏爱的粗线条。后来在塞尚的影响下，他更加注重对空间的描绘。1909年至1914年间，他放弃绘画转向雕塑和素描。而在1914年至1919年间，他主要描绘人体头部，完成了近300幅正面头像。从1917年起，他的作品开始为人所知。

1916年至1919年间，莫迪利亚尼在裸体作品中对线条的勾勒尤其受到赞美，他非常懂得如何体现面前造型各异的模特的个人魅力：突出科克托的棱角，描绘苏蒂纳饱受折磨的面相，展现保罗·纪尧姆平静而自信的风采。

露妮娅·捷克沃斯卡、贝亚特丽斯·黑斯廷斯和让娜·埃布特尼是他主要的三位情人。

国际

英国在阿姆利则屠杀印度人

1919年 **印度**·这是一个国家谎言破灭引发的故事。1917年，第一次世界大战期间，英国因需要印度的支援而承诺给予印度自治权。1919年，残酷的现实令人失望至极：印度不但没有获得自治权，新的法律还剥夺了印度“煽动者”的基本自由，他们未经审判就被关押监禁。甘地号召总罢工，使整个国家陷入瘫痪。士兵们蓄势待发。4月1日，当人群在旁遮普省阿姆利则的札连瓦拉花园举行和平示威时，英国的戴尔将军命令部队向人群开火。大屠杀持续了不到一刻钟，却造成了400人死亡和1 200人受伤。

潮流

香奈儿发明5号香水

1921年 **法国**·著名的裁缝嘉柏丽尔，又称可可·香奈儿，一直对香水梦寐以求。她的首款香水由香水界的“名鼻”精心调制。香水调香师被称为“名鼻”，因为他们拥有独特的嗅觉，能够辨别出数千种香味。而香奈儿女士的“名鼻”可与埃及艳后的“名鼻”相媲美。此人便是调香师埃内斯特·博，他曾为俄国皇室调制御用香水。5月5日，他向香奈儿提供了调制好的1号至5号香水样本，香奈儿选择了最后一个。接下来便是为这款香水取名字。事实上，结果已经很明显了：新款香水发布于5月5日，香奈儿5号因此诞生。

可可·香奈儿

法兰西共和国新闻	**1914年** 马塞尔·杜尚历史上首次将酒瓶架打造成现成艺术品。	**1919年** 龚古尔文学奖被授予《在少女花影下》的作者马塞尔·普鲁斯特。

体育

巴黎，喜迎奥运

1924年

法国·1892年11月25日，顾拜旦男爵在索邦大学表示希望恢复已经中断了15个世纪的古代奥运会。次年，名人荟萃的国际奥委会成立。

顾拜旦清楚恢复奥运会有四个好处：令现代体育焕发古代运动的荣光，促使大家合作促进体育教育的发展，以竞争精神团结各个国家，给予体育赛事艺术和文学方面的支持。对于顾拜旦而言，现代奥运会应和古代奥运会一样成为一种宗教信仰、一种培养精英的途径。在保守派统治的法兰西第三共和国，他希望能够实现身心健康全面发展的教育。

技术

可以看电视啦

1926年

英国·1月26日，在伦敦第一大街22号的实验室内，苏格兰工程师约翰·洛吉·贝尔德邀请伦敦皇家学院的院士们收看了全球首场电视试映。通过位于另一个房间的发射器传播的信号，他们成功地在荧屏上看见了一个人的身影。

◆ 政治

法西斯分子虚张声势夺取权力

1922年

意大利·法西斯创始人贝尼托·墨索里尼一路扶摇直上。1914年墨索里尼成为和平主义者和社会主义者，1919年他在米兰成立意大利战斗小组，并于1921年成立国家法西斯党。暴力、恐吓和谋杀是该党经常用来对付社会主义者、共产主义者和工会工人的武器。他们挥舞“大棒”，强迫受害者喝下蓖麻油以放松他们的括约肌……这些暴力行为使他们赢得了部分右翼、警察和军队的同情，但并未使他们掌握权力。

墨索里尼随即决定发动政变。10月24日，他在那不勒斯举行的法西斯党代表大会上宣布，来自意大利各地的法西斯民兵队“黑衫军”将向首都罗马进军。

10月27日，行动开始。墨索里尼十分谨慎地留在米兰坐等时机，随时准备逃跑。10月28日，几千名衣衫褴褛、饥肠辘辘、浑身湿透的法西斯分子终于抵达罗马。国王维克托·伊曼纽尔三世本可以轻而易举阻止此次进军，并逮捕所有法西斯领导人，但他担心王位不保，宁愿让步并呼吁墨索里尼组建新内阁。

“向罗马进军”变成了“在罗马驻军”。10月30日，在匆忙赶来首都的墨索里尼的检阅下，扬扬得意的法西斯民兵进行了列队游行。

◆ 思想

达达主义与超现实主义

1924年 **瑞士**·第一次世界大战及血腥杀戮对人的摧残和否定，让人类如何找回自己这个问题变得非常迫切。首先起来应对这个问题的便是达达主义运动。从1916年起，以特里斯坦·查拉、让·阿尔普、汉斯·里希特和埃米·亨宁斯为首的艺术家、诗人等发起达达主义运动，将荒诞置于人性之首。

资产阶级价值观已无法拯救人类，世界的一切都是微不足道的，在生活的旋涡中，人类只有随之运动才能保持平衡。就连“达达”一词也是从字典里随机选择的，本身不具有任何意义。诞生于苏黎世伏尔泰酒馆的达达主义，依托同名期刊传播至全世界，吸引了曼·雷、皮卡比亚、马克斯·恩斯特等艺术家。安德烈·布勒东也曾加入过达达主义阵营。

20世纪20年代初，随着达达主义之火的熄灭，一种新的文学运动——超现实主义——接过了接力棒。安德烈·布勒东在他刚刚出版的《超现实主义宣言》中对该主义做了首次概述。超现实主义解放了创作者的无意识，文字通过自动书写而成，不试图去寻找任何意义。超现实主义使得幻想、奇幻、美妙和神话占据了中心地位。

法兰西 共和国新闻	**1929年** 10月，安德烈·布勒东于巴黎格曼斯厅举办了首场萨尔瓦多·达利展。

旅行

25岁的查尔斯·林德伯格飞行横跨大西洋

1927年 **大西洋**·美国商人雷蒙德·奥泰格将奖励首位横跨大西洋的飞行员25 000美元。毫无疑问，想要拿到这份奖金需要极大的勇气和镇定，尤其是在法国飞行员农热赛和科立相继失踪后。不过，年轻的查尔斯·林德伯格从不缺乏勇气。仅仅12天后，他就对飞越大西洋发起了挑战。5月20日，他驾驶“圣路易精神号”从纽约附近的罗斯福机场的跑道出发。飞行途中，无论是严寒的天气还是强烈的困意（致命风险）都没能战胜他顽强的意志，在33小时30分钟的飞行后，他最终抵达距离巴黎不远的布尔歇。

成千上万的民众冲向林德伯格，将他抱起并抛向空中，向他祝贺。所幸，我们的英雄没有被铺天盖地的热情淹没，顺利从极度疯狂的人群中脱了身……

文化

《爵士歌王》首部有声电影

1927年 **美国**·继1926年短片电影《唐璜》和1927年稍早的短片《老旧金山》后，艾伦·克罗斯兰带来了全球首部对白电影：《爵士歌王》。更准确地说，这是首部有声电影，因为在全长90分钟的影片中，只有歌曲部分和一分多钟的对话是有声的，其余部分和从前的电影一样以字幕画面呈现。

第一部完整的有声电影还得等到一年后才登上大银幕：布赖恩·福伊导演的《纽约之光》。

◆ 经济

华尔街股市崩盘

1929年

美国·“黑色星期二”，即10月29日星期二，永远不会从人们的记忆中消失。多年来，纽约证券交易所的华尔街证券交易价格一直在不断上涨，1921年至1929年间，平均价格上涨了300%。但此时股票被大量抛售（且无法解释）但又无法找到买主，导致股市恐慌和股价暴跌。

10月24日至11月15日，美国证券交易所的道琼斯指数从469点下跌至220点，300亿美元人间蒸发。崩盘前股价为104美元的高盛集团股票在1932年暴跌至1.75美元，价值缩水了98%！

20世纪最严重的经济危机开始了。

社会

“向食盐进军”，在沙滩采盐的艺术

1930年

印度·在1789年法国大革命之前，法国人不得不缴纳盐税。而在1930年的印度，这样的税收依然存在。盐在印度由英国人垄断，因此被禁止采盐的印度人还要缴纳盐税便显得更加不公。最贫穷的人往往也是最受罪的人。

为了表示反抗，3月12日甘地发起了“向食盐进军”的倡议。他离开位于该国西北部艾哈迈达巴德附近的修道院，前往印度洋海岸的贾拉尔普尔，在海滩上煮盐。这显然是非法行为。成千上万的印度人跟随他的脚步开始行动，离开海滩时带走煮好的小袋盐，同时尊重“非暴力，不合作”的口号。

以甘地为首，成千上万的人被监禁。警察使用暴力手段也无法阻挡这场抗议运动，除非总督授予印度人民自由采盐的权利。

1934年

城市之声

“斯塔维斯基案件”的尾声？

法国·1月9日，亚历山大·斯塔维斯基的尸体在沙莫尼的一个小木屋中被发现。这名男子因贪污巴约纳市政府资金而臭名昭著，并且通过广泛的贿赂享受不正当的政治保护。不过这次被假定的自杀依然疑点重重，毕竟腐败官员可能早就计划除掉这位潜在的指控者。据《鸭鸣报》报道：“斯塔维斯基自杀的子弹是从3米远处射出的。想自杀的话，手臂该有多长。”

极右翼联盟——保王派的法兰西行动党、意大利法西斯推崇者联盟、退伍军人组成的“火十字团”以及受纳粹主义影响成立的法国团结工会——煽动了民众骚乱，试图通过让民众反对议会来从这场政治丑闻中渔利。2月6日，大规模游行示威将抗议活动推向高潮：人群准备冲进议会时，警察开火了，造成16人死亡，数百人受伤。

左翼政党也加入这个混乱的局势，谴责象征着政府腐败的斯塔维斯基丑闻以及2月6日的法西斯未遂政变。2月12日爆发了一场大规模的反示威行动。随后社会主义者、共产主义者和激进党派形成了统一的选举阵线，最终人民阵线在1936年的议会选举中获胜。

记事本

“福尔摩斯之父”柯南道尔刚刚去世

1930年

英国·7月7日，阿瑟·柯南道尔去世，享年71岁。尽管他发表了很多作品（历史小说、诗歌、戏剧……），但他的名字却始终与大名鼎鼎的侦探夏洛克·福尔摩斯及福尔摩斯的朋友华生医生紧密相连。福尔摩斯系列小说包含70个侦探故事，其中第一个发表于1887年，这是贝克街221B号租客第一次走进读者视野。他的最后一部作品发表于1927年。因为故事主角被塑造得太过成功，不堪重负的柯南道尔曾于1893年“干掉了”福尔摩斯，而1903年又将其神奇复活。

◆ 政治

希特勒总理，新的愚人节

德国·德国保守派政党被阿道夫·希特勒这个被兴登堡总统视为“暴徒”的人玩弄于股掌之中。

1933年1月30日，由于担心爆发共产主义革命，他们选择支持希特勒出任总理，尽管希特勒所在政党“民族社会主义德意志工人党”在上一轮选举中仅赢得了33%的选票。当时的副总理弗兰茨·冯·巴本满以为可以把他变成一个傀儡，更何况内阁中只有两名纳粹党的部长。短短几个月的时间，现实就无情地敲醒了他。2月27日，德国国会大厦被纵火焚毁。纳粹党以此为借口，取缔共产党并逮捕其领导人。不过，新一轮选举后，纳粹党依然没有获得多数席位。3月，中间偏右的天主教政党“中央党”联合纳粹党一起投票，将希特勒送上了权力的宝座。

随着兴登堡于1934年8月去世，希特勒宣布成为元首，即帝国总统兼总理，开始了他的独裁统治。

1933年

文学

时下畅销书

超人和斯皮鲁

1938年

第一位超级英雄，**超人**，1938年在加拿大漫画家乔·舒斯特和美国编剧杰里·西格尔的丰富想象力下诞生了。身穿印有标志性“S”图案的红蓝两色紧身衣、脚踏长筒靴、披着长披风的超人，从此在美国开启了风靡全球的漫画新纪元。同一年，在比利时，《斯皮鲁》连环画的第一期在夏尔·迪皮伊的带领下问世。从此，读者们可以跟随著名的酒店服务生**斯皮鲁**和他的伙伴小皮（Spip），一只红棕色的松鼠（据说瓦隆语发音为“斯皮鲁”），开始他们的冒险奇遇。他们的故事最初出自罗伯特-韦尔特之手，后来被其他作者据为己有。随着比利时和法国漫画不断发展，斯皮鲁和**丁丁**共同登上了漫画爱好者“最喜爱的漫画角色”的荣誉殿堂。自1929年开始，丁丁为儿童副刊《小20世纪》的读者们带来了无限的欢乐。1938年，它的作者埃尔热出版了第七部《丁丁历险记》，即《黑岛》，该作品以连载的形式奉献给大家。

◆ 国际

1938年 纳粹德国VS民主国家

德国·1938年，民主国家落入了纳粹德国的魔爪。奥地利首当其冲。很久以来，希特勒一直想将母国并入纳粹德国。奥地利总理恩格尔伯特·陶尔斐斯挫败了他这一野心。于是，1934年希特勒下令刺杀了陶尔斐斯。但由于意大利法西斯的反对，希特勒计划在奥地利发动的政变未能得逞。此后，希特勒与墨索里尼互相勾结，加快了扩张的步伐。2月12日，曾在贝希特斯加登被希特勒接见的奥地利新总理库尔特·冯·舒施尼格宣布辞职。3月12日，德国军队进驻奥地利，希特勒宣布奥地利正式并入纳粹德国，此即德奥合并（Anschluss）。

紧接着，希特勒以德意志少数民族受到欺凌为由，通过9月29日签订的《慕尼黑协定》，占领了捷克斯洛伐克西北部的苏台德地区。英、法两国领导人迫于国内强烈的反战舆论选择妥协。

最后，在11月9日的“水晶之夜”，纳粹在整个德国境内大肆进行屠杀。犹太人教堂被焚毁，店铺被抢砸，私人住宅被劫掠。约上百人被草草处决，上千犹太人被送往集中营，或被驱逐出德国。纳粹的官方借口是两天前德国外交官恩斯特·爱德华·冯·拉特在巴黎被一名犹太少年刺死。国际舆论一片哗然，但也未能阻挡反犹运动愈演愈烈。

◆ 冲突

西班牙因内战分崩离析

1939年

西班牙·1931年西班牙革命结束后，国王阿方索十三世踏上了流亡的道路。接过权杖的共和国政府却始终未能树立威信，西班牙政局动荡不安。

1936年7月，右翼领袖何塞·卡尔沃·索特洛被刺杀，成为引爆事件的导火索。保王派和保守派的官员在佛朗哥的领导下发动叛乱，试图推翻共和政府。于是，一场共和派与长枪党之间的内战爆发了。

希特勒和墨索里尼出兵支援佛朗哥。1937年4月26日，德国秃鹰军团轰炸机对巴斯克地区格尔尼卡镇狂轰滥炸（毕加索因这场屠杀创作了《格尔尼卡》这幅油画）。斯大林为共和国军队提供了审慎的援助，援助虽以武器为主，但也特别注意传播共产主义理想。成千上万个怀有理想的年轻人加入了国际纵队，与西班牙共和派并肩作战，欧洲民主国家也在暗地里支援他们。

1939年4月，这场内战最终以佛朗哥长枪党的获胜宣告结束。

◆ 冲突

1939年 第二次世界大战战况 1945年

1939—1941 年

德国战事告捷

1939 年 8 月 23 日，德国和苏联签署了瓜分波兰的秘密条约《苏德互不侵犯条约》。

1939 年 9 月 1 日，德国入侵波兰。

1939 年 9 月 3 日，英法两国对德宣战。

1940 年 3 月，苏芬战争结束，芬兰投降。

1940 年 4 月 9 日，德国入侵丹麦和挪威。

1940 年 5 月 10 日，德国入侵比利时、荷兰、卢森堡和法国。

1940 年 6 月 10 日，意大利对法国宣战。

1940 年 6 月 17 日，贝当元帅请求停战。

1940 年 6 月 18 日，戴高乐将军呼吁抵抗。

1940 年 9 月 7 日，伦敦大轰炸开始，德国空袭英国。

1941 年 6 月 22 日，巴巴罗萨行动：德国突袭苏联。

1941 年 12 月 7 日，日本袭击美国军事基地珍珠港。美国参战。

1942—1943 年

战争转折阶段

1942 年 5 月 7 日至 8 日，美日珊瑚海海战，这也是第一次航母海战。

1942 年 11 月 3 日，蒙哥马利在阿拉曼战役中击败隆美尔的非洲军团。

1942 年 11 月 8 日，“火炬行动”：美国在摩洛哥和阿尔及利亚登陆。

1943 年 2 月 2 日，苏联取得斯大林格勒战役的胜利。

1943 年 7 月 9 日，“赫斯基行动”：盟军在西西里岛登陆。

1943 年 12 月 1 日，德黑兰会议结束。斯大林、罗斯福和丘吉尔计划结束战争。

讣告

1945年

安妮·弗兰克，15岁，因斑疹伤寒死于贝尔根－贝尔森集中营，死亡日期不详。

为了躲避搜捕，她和家人曾藏身于阿姆斯特丹，在此期间她写了一本日记，于二战后出版。安妮的日记写出了数百万被害犹太人的心声。

1944—1945 年

纳粹德国覆灭

1944 年 6 月 6 日，“霸王行动”：盟军登陆诺曼底。

1944 年 7 月 20 日，“瓦尔基里行动”：刺杀希特勒失败。

1944 年 8 月 15 日，“龙骑兵行动”：盟军登陆普罗旺斯。

1944 年 8 月 19 日，巴黎起义。

1944 年 12 月 16 日，德军发动阿登反击战。

1945 年 2 月 11 日，雅尔塔会议结束。斯大林、罗斯福和丘吉尔准备战后事宜。

1945 年 4 月 25 日，美苏军队易北河会师。

1945 年 4 月 28 日，墨索里尼在梅泽格拉的朱利诺被处决。

1945 年 4 月 30 日，希特勒在总理府地下室自杀。

1945 年 5 月 8 日，德国投降。

1945 年 8 月 2 日，波茨坦会议结束。斯大林、艾德礼和杜鲁门就战败国的命运达成一致。

1945 年 8 月 6 日，原子弹轰炸日本广岛。

1945 年 8 月 9 日，原子弹轰炸日本长崎。

1945 年 9 月 2 日，日本代表签署投降书。第二次世界大战结束。

科学

第一台核反应堆

1942年

美国 · 1938年，意大利物理学家恩利克 · 费米获得诺贝尔物理学奖后移居美国。他在芝加哥建了一个实验室。12月2日下午3点25分，在芝加哥大学足球场看台上，他从核反应堆中取出了一根涂镉条，启动了核链式反应和核裂变。这便是世界上第一台核反应堆。受到罗伯特 · 奥本海默的聘请，费米将参与“曼哈顿计划”，见证全球第一枚原子弹的问世。

◆ 灾难

《最终解决方案》

1942年

德国 · 尽管1934年至1935年的《纽伦堡法案》已经剥夺了犹太人的一切权利，然而随着战争的推波助澜，纳粹党的反犹行动进入了全新阶段。苏联攻入德国后，纳粹党党卫队特别行动队（Einsatzgruppen）开始大批杀害东欧犹太人。纳粹大屠杀开始了。1941年9月，德国的犹太人被迫佩戴黄色星标，被押往集中营。海乌姆诺集中营刚刚搭建起来。

1942年1月20日，一批纳粹高级官员参加了在柏林郊区举行的“万湖会议”，参会者中有莱因哈德 · 海德里希和阿道夫 · 艾希曼等人。他们在希特勒的首肯下，计划执行针对犹太人的《最终解决方案》，即对整个犹太民族进行“科学的”、“有计划的”灭绝。

5月29日，法国占领区的犹太人被迫戴上黄色星标，随后被大规模抓捕。7月16日至17日，13 000名犹太人被法国警方抓捕后关入巴黎冬赛馆（冬季自行车竞赛馆），随后被遣送至境外集中营。

已经有犹太人死于汽车废气，或死于华沙犹太区的饥寒交迫，然而在灭绝集中营面前，这些都不算什么。贝乌热茨灭绝营、索比堡灭绝营、特雷布林卡灭绝营、奥斯维辛-比克瑙灭绝营和马伊达内克灭绝营将屠杀共计500多万犹太人。

◆ 司法

1946年

该如何处置战犯？

全球 · 第二次世界大战的战胜国面临一项棘手的挑战：审判二战战犯。

无法让所有刽子手都血债血偿，更何况彼时的世界渴望和平与安宁。不过，两场重大审判却可以铲除罪恶的种子。

德国。1945年11月20日至1946年10月18日，纽伦堡国际军事法庭对在纳粹德国政治、经济、外交和军事领域身居要职的21名被告进行了审判。法庭上确立了“反人类罪”这个新概念，并摈除任何时效约束。12名战犯被判死刑后被绞死，其中有若阿基姆 · 冯 · 里宾特洛甫、汉斯 · 弗兰克、尤利乌斯 · 施特赖歇尔、阿尔弗雷德 · 罗森堡等人。赫尔曼 · 戈林在被执行死刑前夕服毒自杀。其他人分别被判处10年以上有期徒刑乃至终身监禁，另有3人被无罪释放。

日本。远东国际军事法庭自1946年1月开始审判28名战犯。审判一直持续到1948年。1948年12月，7名被判死刑的甲级战犯在巢鸭监狱被执行绞刑，其中有陆军中将武藤章、陆军大将土肥原贤二、前首相东条英机、前首相广田弘毅，以及驻朝日军总司令板垣征四郎。

◆ 国际

再见，国际联盟 你好，联合国

1945年

美国 · 不能再保留国际联盟了，因为它完全没能阻止战争的发生。早在1941年发表《大西洋宪章》时，罗斯福和丘吉尔就打算要撤换该联盟。如今大功告成：1945年6月26日，51个国家的代表齐聚旧金山，成立了联合国。联合国始终旨在维持和平，创建了一支维和部队，即蓝盔部队。这个新组织设有一个大会、一个由五大常任理事国（美国、英国、法国、苏联、中国）组成的安全理事会，安理会还有十个非常任理事国。联合国秘书长管理秘书处事务。

◆ 思想

存在主义是一种人道主义

1945年

法国 · 金秋十月，您要用力挤进水泄不通的人群，才能有幸听到萨特这场名为《存在主义是一种人道主义》的讲座。保罗 · 萨特这位多产的作家，无论是在他的哲学论著《存在与虚无》（1943年），还是小说《恶心》（1938年），抑或是戏剧《群蝇》中，都表现了他的存在主义思想，强调了个人存在中的自由这一概念。

克尔凯郭尔看到了人类存在条件的荒谬，这种发现使人绝望，若想逃脱这种绝望情绪，就要积极投入并挑战常规。而海德格尔则认为，这个世界不可理解，人的"存在"围绕着死亡、荒诞，具有强烈的目的性，而这个目的应由人进行自我赋予。

作为无神论者，萨特拒绝克尔凯郭尔的宗教式逃离思想。然而，海德格尔的目的论在他看来也只是不可企及的海市蜃楼。最后只剩下人道主义，即人可以自由地做出必要的选择。

科技

第一台计算机交货啦

1944年

美国 · 8月7日，哈佛大学收到了一个特别的订单：研制全球首台计算机马克1号。这台计算机是IBM（国际商业机器公司）团队和计算机专家霍华德 · 艾肯合作的结晶。马克1号重4.5吨，长17米，宽2.5米，需要耗费800千米电线，但它的计算速度是人类的五倍——它只需要1秒钟就可以完成加法运算。

社会

一位曾经的妓女成功关闭了妓院

1946年

法国 · 玛尔特 · 理查德经历了好几种人生：16岁沦为妓女，后来成为飞行员并嫁给一个实业家，这位不屈不挠的女士如今又为关闭妓院而奋斗。从第一帝国开始，妓院就被允许存在，只要妓女登记入册，并定期接受检查以防止性病传播即可。如今这个时代将成为历史。从此，奢靡的"沙巴奈"、异国情调的"一二二"、狂欢的"斯芬克司"都将成为前尘往事。4月13日颁布的法案取缔了所有风月场所，仅仅巴黎就有将近200家妓院被关闭。

不过反对者却预测，"站街女郎"将重返街头，并缺乏保护和防御措施，皮条客也要猖獗起来了。

法兰西 共和国新闻	1945年 4月29日，女性首次参加政治选举。	1946年 经营内衣店的工程师路易 · 雷阿尔发明了比基尼，它于7月5日在巴黎的莫利托泳池首次亮相。

探索发现

死海古卷

1947年

近东·随着死海西岸库姆兰地区十几个洞穴中一系列手稿的出土，我们对犹太教和早期基督教的认识有了巨大的飞跃。这些死海古卷一共包含970份文献，是一些羊皮卷和纸莎草卷碎片，成书时间可以追溯至公元前3世纪至公元1世纪。古卷以希伯来语、阿拉米语或希腊语写成，更好地再现了艾赛尼派苦修者的群居生活，耶稣也常与他们交流。

◆ 经济

马歇尔计划重建欧洲

1947年

欧洲。二战结束已经两年，欧洲却依然没能从一片废墟中涅槃重生。然而，自1946年3月5日温斯顿·丘吉尔在美国富尔顿发表"铁幕演说"后，所有人都明白一面笼罩欧洲大陆的"铁幕"已经降落，一场美国阵营对抗苏联阵营的冷战已然拉开了序幕。

美国国务卿乔治·马歇尔坚信贫穷使人向往共产主义，1947年6月5日，他提出了以自己名字命名的经济援助计划。各国只需要提出申请，就可以得到美国的经济援助。西方阵营有16个国家（两年后随着联邦德国的加入增至17个）总计收到了130亿美元的经济援助。其中主要受益国为英国（26%）和法国（23%）。

美国要求建立一个机构来商讨分配方案。1948年，欧洲经济合作组织应运而生，它为欧盟的建立铺平了道路。1952年，随着战后重建工作的完成，马歇尔计划退出了历史舞台。

国际

要闻 1948年

全球·

甘地在印度遇刺

1月30日，圣雄甘地（"伟大的灵魂"）遭到一名印度教顽固信徒刺杀，被三枪毙命，临终前仅简短说了句："我的神啊。"由于反对印度和巴基斯坦分治，他因宽容付出了生命的代价。1947年8月15日独立运动期间，他曾以绝食抗议，希望以此结束印度教信徒和穆斯林之间的冲突。

二月事件

1948年2月，冷战出现一个转折点。在1919年后通过签署和平条约诞生的国家中，捷克斯洛伐克是两次世界大战期间唯一一个民主国家。因此，它在两大阵营的对抗中拥有十分特殊的地位。1948年，为了抗议政府对布拉格警察机关的改组，一些中右翼部长辞职，此举让对手有了可乘之机。2月13日至25日，不到一周时间，捷克斯洛伐克共产党人就得以掌权。二月事件后，捷克斯洛伐克共和国迎来了首位共产党总统克莱门特·哥特瓦尔德。前任社会民主党总统爱德华·贝奈斯无计可施，于9月因体弱多病逝世。

◆ 时尚

克里斯汀·迪奥推出“新风貌”

1947年

法国·1947年2月12日，在巴黎蒙田大街布萨克别墅安静高雅的沙龙里，一位年轻的设计师得到了幸运女神的眷顾。

在他的首场时装秀中，克里斯汀·迪奥打破了二战前的穿衣风格，将女性之美展现得淋漓尽致：宽身长裙，收腰外套，柔美的肩形，勾勒出纤纤细腰和玲珑有致的线条。

这场女性花朵时装秀在时尚界声名大噪，美国《时尚芭莎》杂志主编卡曼·斯诺不禁脱口而出：“真是新风貌！”一种新的时尚和叫法从此诞生。

以色列建国

1948年5月14日，戴维·本-古里安宣布以色列国成立。按照1917年的《贝尔福宣言》，自1919年起便处于英国委任统治之下的巴勒斯坦不得不接纳一个“犹太民族之家”。1947年11月，在联合国的倡议下，《贝尔福宣言》演变为巴勒斯坦分治决议，按照决议，一个巴勒斯坦阿拉伯国家和一个犹太国家将分别成立。最后却只有以色列国成立了，阿拉伯人拒绝承认分治方案。第一次巴以战争刚刚打响。

柏林危机

自1945年开始，德国就被划分为四个占领区：西部为美、英、法占领区，东部为苏联占领区。但问题是，同样一分为四的柏林却位于苏占区。6月18日，西方阵营将各自的占领区合并，并发行一种新的货币——联邦德国马克（Deutsche Mark），试图通过此举赋予德国更多的自主权。斯大林自然不愿受人摆布，于6月23日下令封锁柏林，切断一切进入柏林的陆路通道。美国另辟蹊径，通过一条长长的空中走廊向西柏林居民运去粮食及日用品补给，直到1949年5月12日这一天，苏联解除了对柏林的封锁。

技术

比克笔，一次性圆珠笔

1950年

法国·1938年，一位名为拉斯洛·比罗的记者注意到，印刷报纸时使用的墨水比钢笔墨水干得快，他便开始尝试用其取代常规墨水。但墨水过浓不容易流出，于是他就在笔尖装上一个小球轴承，旋转即可出水。

12年后，马塞尔·比克在法国推出了自创的一次性圆珠笔“比克水晶圆珠笔”。由于物美价廉，比克笔很快就赢得了消费者的青睐。1953年，这位实业家创立了比克公司，并开始占领意大利、瑞士、荷兰、西班牙、奥地利等国的市场，后来又漂洋过海将产品推广到美洲。1958年，他收购了匈牙利比罗公司，一跃成为全球第一大圆珠笔生产商。

比克笔大获成功，销量达数十亿。

奇闻逸事

“被诅咒的面包”事件

1951年

法国·正值昏昏沉沉的8月，离奥兰治北边几千米的蓬圣埃斯普里小镇上，发生了一件让人不安的事。居民们出现了幻觉，上百人甚至因此被关进精神病院：他们从窗户一跃而下，还以为自己是喷气式飞机……很快，呕吐、腹痛等症状以迅雷不及掩耳之势扩散起来，7人因此丧命。

医生们认为这是食用面包导致的中毒，更确切地说是食用了麦角菌，这是一种高度致幻的真菌，导致的症状类似于麦角酸二乙酰胺（LSD）。人们开始谈论说这是“被诅咒的面包”。它应该就是1392年造成查理六世时不时疯癫发作的罪魁祸首。

后来一位面粉厂主承认他曾在卖出的面粉里掺杂变质的黑麦。但显然这个解释并不能说服所有人……

◆ 政治

中华人民共和国登上历史舞台

10月1日，中国共产党领导人毛泽东在北京天安门城楼上向全世界宣布，中华人民共和国成立了。

1949年

中国·从1911年清朝覆亡，一直到20世纪20年代末，中国始终处于四分五裂的状态。军阀混战。以孙中山为首的中国国民党在苏联和中国共产党的支持下，致力于结束军阀割据局面。

1925年，孙中山逝世。然而他的接班人蒋介石十分仇恨共产党人，从1927年起就开始无情“围

记事本

斯大林逝世

1953年

苏联·1953年3月5日，斯大林于莫斯科郊区昆采沃的别墅内去世。

2月28日至3月1日夜间，斯大林和亲近随从共进晚餐后上床就寝，夜间出事时房内只有他一人。第二天，没有他的示意，人们都不敢进入他的房间，生怕打扰了他。晚上来了一个信使，他的侍卫正好借机进去一探究竟，随后发现斯大林穿着睡衣倒在地上。他已经完全不能动弹了。下属们不敢轻举妄动，因为1952年1月，他曾下令逮捕了他的医生们，指控他们密谋反对自己。可能正是出于这种顾忌，迟迟没有人敢主动担起照顾他的责任。

终于，又过了十多个小时，医生们才赶到，诊断为脑出血。不管怎样，3月5日夜里，斯大林去世了。他对疾病的蔑视最后竟然害了自己。

剿”共产党。1931年，日本入侵中国东北。同年，中华苏维埃共和国成立，毛泽东任临时中央政府主席。1934年10月，红军反“围剿”失败后，开始万里长征，长途跋涉两万五千里，上万人在长征途中壮烈牺牲。在长征初期的危急关头，共产党确立了毛泽东在党中央的领导地位，由此挽救了中国的革命事业。随后，国共两党合作抗日，抗日活动一直持续到1945年。随着日本投降，中国内战卷土重来，共产党取得了接二连三的胜利。退至南方一隅的蒋介石最后在美国的保护下逃往台湾岛。

冲突

1953年

7月27日

经历三年的战火纷飞、无数平民和士兵伤亡后，朝鲜战争画上了句号。根据停战协定，美国支持下的韩国和苏联、中国支持下的朝鲜在“三八线”（北纬38度）两侧建立了一个非军事区。

1954年

5月7日

法国军队在奠边府被越南士兵击败。这是越南抗法战争的最后一场重大战役。

1954年

11月1日

阿尔及利亚民族解放阵线发动了30多场袭击，武装反抗法国的殖民统治。这便是“红色万圣节”，标志着阿尔及利亚战争的开始。

1956年

10月23日

发生匈牙利事件。苏军进入布达佩斯后，事件逐步平息。

1956年

11月5日

10月29日，以色列人进入西奈半岛，英国和法国军队登陆塞得港。1956年7月纳赛尔（埃及总统）决定将苏伊士运河收归国有，引发了这场苏伊士运河危机。

雪铁龙 DS

快讯

1954年

欧内斯特·海明威获得诺贝尔文学奖。

1954年

法国理工学院毕业生、城市互助博彩公司（PMU）老板安德烈·卡鲁斯发明了“前三名独赢”（le tiercé）投注方式，即赛马时押注于最先到达终点的前三名。一旦押中，发财的梦想就实现了。1954年1月22日，首场“前三名独赢”赛于昂吉安举行，观众对其还兴趣寥寥。

◆ 社会

第七国道开启度假之旅

1955年

法国·第七国道最初是罗马时期自北向南绵延不断的一段道路。1955年，夏尔·德内的一首香颂唱响了这条神秘的度假之路：“从巴黎到瓦朗斯小镇，圣保罗德旺斯的郊外……”“疯狂唱匠”的这首民谣为夏日增添了不少趣味，像是在庆祝带薪休假的欢乐，以及随着黄金三十年生活水平的提高人们终于可以享受度假的雀跃心情。

汽车不再是一件奢侈品。蜿蜒 1 000 千米的第七国道上驰骋着潘哈德、雷诺 4CV、DS 或雪铁龙 2CV 等私家车，使这条道路成了“度假之路”。沿线风光各异、美不胜收：从枫丹白露的森林到卢瓦尔河景，从里昂到罗讷，再到普罗旺斯和阿维尼翁，最后抵达沁人心脾的蔚蓝海岸和波光粼粼的地中海。

◆ 国际

欧洲迈向统一

1957年

欧洲·经历过二战的蹂躏后，欧洲需要长久的和平与稳定。加强与盟国之间的经济贸易和往来就成为实现这一目标的有效途径。1951年，有“欧洲之父”之称的法国的让·莫内和罗贝尔·舒曼、意大利的阿尔契德·加斯贝利和联邦德国的康拉德·阿登纳共同主导成立了欧洲煤钢共同体。在当时，煤和钢是重建工程必不可少的两大原材料。

成功在意料之中。1957年3月25日，《罗马条约》签署后，欧洲经济共同体和欧洲原子能共同体（其目的是协调民用核能的使用）诞生了。而这次，签署国增加至六个：法国、联邦德国、比利时、荷兰、卢森堡和意大利。

值得一提的是，1954年，人们曾尝试建立一个欧洲防卫共同体，却以失败而告终。

◆ 思想

哲学家和社会学家雷蒙·阿隆

1955年

法国·政治学领域可能是雷蒙·阿隆的毕生研究所在，比如他刚刚出版了《知识分子的鸦片》一书来抨击马克思主义思想的影响力（尤其是历史方面），但也不要忘了，很久之前他就曾质疑历史知识的客观性。1938年，他的博士论文题目就是《历史哲学导论》。

在这部巨著中，阿隆的立场让自己与其他知识分子有所区分。他在各类作品中表达了构建现代社会的愿望。在他看来，社会学有别于历史学，因为社会学需要研究重复的社会现象，从而总结出某种法则。从该学科中所得到的定义，因不同社会学家的不同观点而异，而且人们还不确定这门学科是否有什么目的或必要性。不过，如果不附加个人判断，也就不可能诠释各种社会、文化和政治现象。

讣告

1955年

如果说有些死亡是愚蠢的，那么詹姆斯·迪恩9月30日在加利福尼亚州公路上开着保时捷丧生于交通事故，无疑是其中之一。这位年轻演员在流星般的演艺生涯中，留下了不过十多部电影，然而他的表演才华、性感的外表和悲剧般的结局已足以打造一部神话。

◆ 文化

电影新浪潮

法国·正如新小说一样，1957年，一份名为《快报》的法国报纸首次提到了法国电影“新浪潮”这个说法。

它新在哪里呢？首先，这些导演出身于影评家或短片制作人，他们对于电影的看法主要基于制作者本人的视角，其影片表现出晃动的镜头、开放式的结局、随性的风格，还有令人不安的主题，例如性欲或流产等。弗朗索瓦·特吕弗、让-吕克·戈达尔、克洛德·夏布洛尔以及阿伦·雷乃都是其中的代表。当然，演员也是新手，他们往往是非职业演员或初出茅庐，例如碧姬·芭铎、让娜·莫罗、让-皮埃尔·利奥德、卡特琳·德纳芙……

1959年，戛纳电影节上弗朗索瓦·特吕弗的《四百下》，以及阿伦·雷乃的《广岛之恋》将电影新浪潮推向了顶峰。传统电影迷们心生怀疑，甚至发出批评之声。这股电影潮流会不会转瞬即逝，一如大海的浪潮一样呢？

1959年

◆ 文学

新小说，还是新小说派？

1957年

法国·19世纪的现实主义小说已然过时了。告别了人物角色，还有无所不能的叙述者，总有天降奇兵搞定一切。从此以后，读者可以凭借自己的感觉来勾勒小说的轮廓，探索对人性、个人存在和整个世界的奇特之处的疑惑。可以说，每位新小说家都可以有自己的文学构思。

“新小说”一词出自埃米尔·昂里奥的笔下，她于1957年5月27日在《世界报》上提到了这个新词，用来形容娜塔丽·萨洛特的《向性》（*Tropismes*）和阿兰·罗布-格里耶的《嫉妒》（*La Jalousie*）。

“向性”是读者的无意识行为，这就留有怀疑小说家及其作品的空间，正如娜塔丽·萨洛特在另一部作品《怀疑的时代》（1956年）中所阐释的那样。而阿兰·罗布-格里耶更侧重于角色的死亡，正如他在《为了一种新小说》（1963年）中所阐释的那样。最后，克洛德·西蒙在《弗兰德公路》（1960年）一书中勾勒出主角乔治复杂多变的情绪，就像多帧电影画面在眼前重叠播放一样。

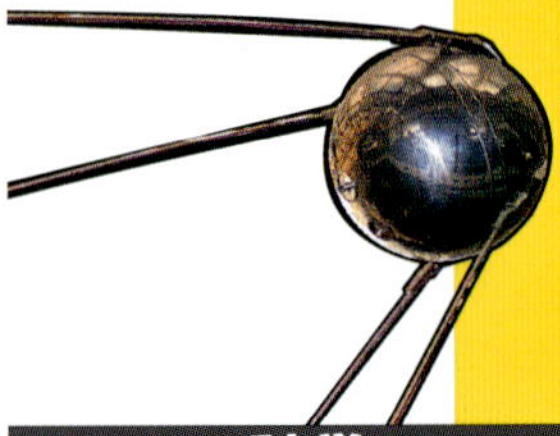

科学

哔——哔——苏联人造卫星！

1957年

苏联·抬起头，支起耳朵，说不定你能听到苏联人造卫星（斯普特尼克，俄语Spoutnik）的歌声哦。

从10月4日起，这个直径58厘米、重约84千克的球体就开始围绕地球转动，大约1个半多小时转一圈，同时发出“哔——哔——”的响声，某些电台频段可以接收到它的声音。通过无线电，它还可以将温度和舱压信息传递给地面的苏联工程师。苏联迈出了征服太空的第一步。这颗人造卫星震惊了美国人，他们无法相信自己已经被抛在了后头。

1958年1月，人造卫星将在大气中解体。

技术

杰克·基尔比发明集成电路

1958年

美国·美国工程师杰克·基尔比是得克萨斯仪器(TI)的一名雇员，他刚刚研制出世界上第一块集成电路。暑假期间，趁着同事放假的机会，他充分利用了留给他的研究实验室。他的第一块集成电路或者说电子芯片是这么设计的：在一块非常小的空间内，多个互联的晶体管连接着存储器和算术模型。通过使用硅进行改进后，这项发明能够让人们在未来开发出各种各样的芯片卡。

◆ 国际

来了一个，走了一个：卡斯特罗接管古巴

古巴·1月8日，古巴革命领导人菲德尔·卡斯特罗将独裁者巴蒂斯塔赶下台后进入哈瓦那。1957年，卡斯特罗在马埃斯特腊山避难期间组织宣传活动，并接受了《纽约时报》一名记者的采访，从此为全世界所熟知。次年，这位革命家走出山区，在副将切·格瓦拉和卡米洛·西恩富戈斯的帮助下一点点控制了古巴。

1959年

冲突

1961年

4月17日

在美国支持下，古巴流亡者试图在古巴南海岸猪湾登陆，推翻卡斯特罗政权。计划最终流产。

1962年

3月18日

《埃维昂协议》的签署宣告了阿尔及利亚的独立。阿尔及利亚战争造成了巨大的人员损失：法国士兵有2.5万人死亡，本地雇佣军损失更为惨重；阿尔及利亚死伤三四十万人。

1965年

3月2日

美国在越南发起地面战并开始轰炸越南民主共和国。“滚雷行动”造成超过15万名平民死亡。

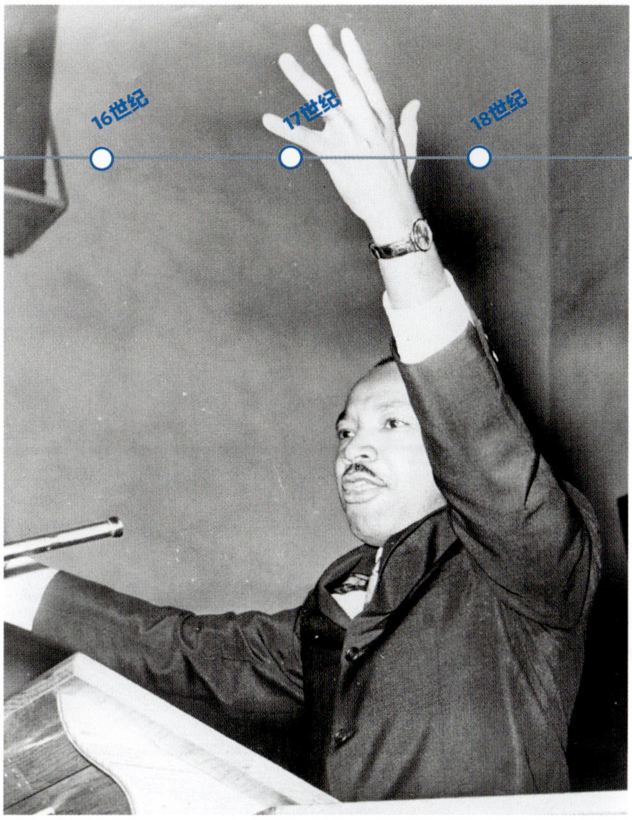

◆ 社会

马丁·路德·金：“我有一个梦想”

我梦想有一天，这个国家将会奋起，实现其立国信条的真谛：“我们认为这些真理不言而喻：人人生而平等。”
马丁·路德·金引用了1776年《独立宣言》的这段话，希望以此唤醒所有美国人，提醒他们不忘曾经的诺言。

1963年 **美国**·民权运动提出，美国黑人和白人应当享有同等权利，并要求废除《吉姆·克劳法》赋予美国南部的种族隔离制度。

1963 年 8 月 28 日，华盛顿一场声势浩大的民权游行结束时，25 万余人齐聚林肯纪念堂前，聆听马丁·路德·金的演讲。他在演讲中提到，作为一个美国人，他梦想有一天，黑人儿童可以和白人儿童如兄弟姐妹般地携手并行。

1968 年 4 月 4 日，梦想破碎，马丁·路德·金于孟菲斯遭到刺杀。尽管早在 1964 年，种族隔离制度已被彻底废除。

社会

美国批准使用避孕药

1960年

美国·1956年，格雷戈里·平卡斯研制出首种女性避孕药“恩那维德”(Enovid)的配方。随后，该药剂在允许避孕的波多黎各成功通过了医学测试。然而直到1960年6月，该药才拿到上市许可，准备商业化投放。根据专利拥有方瑟尔(Searle)实验室内部消息，该药剂预计将于8月上市。女性得到了解放，想必“恩那维德”将很快风靡大西洋彼岸。

而在法国，1920年7月颁发的法律依然适用：它不仅禁止避孕，还杜绝任何有关避孕的信息。直到1967年12月《诺伊维尔特法》颁布，法国民众才终于可以合法使用口服避孕药。

探索发现

太空第一人

1961年

苏联·太空第一人的殊荣属于一位年轻的苏联航天员，尤里·加加林。4月12日，他在一个不允许他身体移动的航天器内绕地球飞行一圈，历时108分钟。这件事让美国总统约翰·菲茨杰拉德·肯尼迪大受刺激，一个月后，他就宣布美国将在1970年前让人类首次登陆月球。

经济

钱包里出现了新法郎

1960年

法国·法郎诞生于1803年，现如今几乎完全失去了价值，更新货币已经迫在眉睫。为此，1958年戴高乐一上台就决定改用一种“重法郎”，也称新法郎。它像英镑或联邦德国马克一样拥有真正的价值，1块新法郎可以兑换100块旧法郎。

1960年1月1日起，新法郎上市流通。最初的一幕颇有意思：人们的平均工资从61 000旧法郎变成610新法郎，1千克面包的价格从60旧法郎变成0.6新法郎。人们总觉得自己越过越穷了。

思想

第二次梵蒂冈大公会议允许用法语做弥撒

意大利·1962年10月11日，教宗约翰二十三世召开了第二次梵蒂冈大公会议，希望实现教会现代化改革（aggiornamento）。大约2 500名主教参加了此次盛会，讨论如何使教会赶上现代社会的发展。1965年12月8日，约翰二十三世的继任者保罗六世圆满结束了第21次全体大公会议。自此之后，司铎职务将对外公开，要用法语而非拉丁语做弥撒（实际上极少有教徒掌握拉丁语），神父的使命是将自己奉献给教徒，庆祝圣体圣事时要面向教徒而非祭坛。此外，犹太人也不再被视为“弑神者”了。

1965年

讣告

1960年

阿尔贝·加缪庆祝新年后在返回巴黎的途中死于车祸。这位1957年的诺贝尔文学奖获得者著有《鼠疫》《局外人》等经典名作。

1963年

美国第35任总统**约翰·菲茨杰拉德·肯尼迪**在总统车队护送下经过达拉斯时遭到枪杀。凶手李·哈维·奥斯瓦尔德被捕。不过，是否还有其他同谋呢？

◆ 时尚

1965年

蒙德里安，圣罗兰的灵感源泉

法国·她是1965年秋冬系列的一颗明珠！对于热爱艺术的伊夫·圣罗兰来说，没有比这更能表达他对荷兰画家皮特·蒙德里安的崇高敬意了。凭借这条无袖、及膝、无接缝的羊毛裙，这位伟大的时装设计师无疑成功升华了画师的几何感和色彩感。蒙德里安裙轰动一时，登上了法国杂志《时尚》（*Vogue*）的头版头条，并成为整整十年法国时尚的象征。

法兰西共和国新闻

1969年

6月15日乔治·蓬皮杜以超过57%的得票率当选为法兰西共和国总统。

◆ 事件

五月风暴！

1968年

法国·数周以前，这些大学生就已经占领了楠泰尔学院。起初，他们只是抗议限制男生访问女生宿舍的禁令。很快，抗议就演变为一场反对政府滥用职权的斗争。3月22日，在丹尼尔·科恩–邦迪的带领下，学生们发动了“3·22”运动却惨遭镇压，引爆了整个事件的火药桶。

示威活动蔓延到各个城市，尤以巴黎为甚。5月，巴黎拉丁区成了一个真正的街垒世界。示威者与警队的冲突异常激烈，他们在5月13日还发起了总罢工。政府开始动摇。戴高乐总统似乎束手无策。直到5月底，一切才重回正轨。不过，法国再也不是过去的法国了。

冲突

1967年

6月10日

“六日战争”结束，以色列击败埃及、约旦和叙利亚，随后占领了戈兰高地、西奈半岛、加沙地带、约旦河西岸和耶路撒冷。

1967年

7月6日

5月30日，尼日利亚某地区宣布成立比亚法拉共和国。尼日利亚军队介入，一场持续两年半的内战就此打响。

◆ 文化

伍德斯托克的疯狂音乐节

1969年

美国·组织者原以为只会到场20万名嬉皮士，这些年轻人渴望拥有真正的人际联系，推行一种与战后盛行的“消费主义”背道而驰的“反文化”。结果，将近50万人冒着大雨、踏着泥泞从四面八方赶来，投入这场摇滚音乐盛会。对于他们来说，那句“要做爱，不要战争”的口号并不只是说说而已。

他们在一片热闹的混乱中租下了纽约贝塞尔的一块农场作为活动地点，这个地方距离伍德斯托克（原本打算举行集会的地方）只有100多千米。8月15日至18日，他们跟着旋律动起来，在琼·贝兹、桑塔纳、贾妮斯·乔普林、谁人乐队、乔·科克尔、吉米·亨德里克斯的歌声中尽情释放。这一刻，对于整整一代人来说，都是一种“花的力量”，即非暴力运动的力量的神奇象征。

1969年	1969年	1969年	1970年
简·柏金和塞尔日·甘斯布的“色情年”。	7月21日，法国国家广播电视台转播了尼尔·阿姆斯特朗踏上月球的第一步。	让–皮埃尔·梅尔维尔的《影子军队》登上大银幕。	10月21日，亨利·卡蒂埃–布列松在巴黎大皇宫举办个人摄影展。

建筑

悉尼一家贝壳歌剧院

1973年

澳大利亚·有着混凝土屋顶、外面铺盖着白色花岗岩釉瓷，这座歌剧院是一座前所未有的杰作。1959年，丹麦设计师约恩·乌松启动了该项目，1973年它刚刚落成。坐落于悉尼湾尽头，这座长190米、宽120米的建筑仿佛从海中破浪而出。这座歌剧院是悉尼剧团和交响乐团所在地。

政治

水门事件

1974年

美国·被誉为“第四权力”的媒体果然名不虚传。经过数月调查后，《华盛顿邮报》和《纽约时报》迫使共和党总统理查德·尼克松于8月9日辞职，他因此得以免受国会弹劾。这就是著名的“水门事件”丑闻，因总统支持者潜入华盛顿民主党办公室所在地“水门大厦”安装窃听器而得名。

快讯

1970年

5月8日，甲壳虫乐队在英国发布最后一张专辑 *Let it Be*。1969年底，乐队成员宣布单飞，其中主要有约翰·列侬和保罗·麦卡特尼。

1973年

9月11日，奥古斯托·皮诺切特将军在智利发动政变，推翻了社会党领导人萨尔瓦多·阿连德。

1977年

由乔治·卢卡斯编剧并执导的《星球大战》登上了大银幕。这部科幻大片显然只是个开始……

◆ **健康**

香港流感致百万人死亡 1970年

全球·继1918年西班牙流感和1957年的亚洲流感后，香港流感成为20世纪第三次流感大流行。1968年夏，该流感首先波及东南亚、印度和澳大利亚，年底蔓延至北美，1969年年初登陆欧洲。根据世界卫生组织数据，短短不到两年时间，这场流感就带走了100万人的生命。

1969年冬，法国的流感疫情达到了顶峰：两个月内有32 000人死于病毒感染。奇怪的是，公共权力部门低估了这场灾难的规模，媒体似乎更喜欢报道其他新闻，尤其是蓬皮杜总统在1968年五月风暴后治理国家的方式。这场健康灾难几乎没有引起注意就过去了……

◆ **技术**

协和式飞机翱翔天空！

1977年

法国·1977年11月22日，协和式飞机首次飞往纽约。这是英法联合研制的超声速飞机，以下垂式机鼻闻名。中午11点11分，飞机于戴高乐机场起飞，预计3个半小时后抵达目的地。半小时后，机长宣布飞行速度已经超过1马赫，即约340米/秒的声速。

然而2000年7月25日，美梦化为噩梦。同样在巴黎飞往纽约的航线上，一架协和式客机起飞两分钟后坠毁，机上人员全部遇难。2003年，英国航空公司和法国航空公司正式停运协和式飞机。

天气预报

1970年·“波拉”（Bhola）飓风袭击了东巴基斯坦（孟加拉）海岸。这是史上最具杀伤力的一次飓风：据称造成四五十万人员伤亡。

法兰西共和国新闻

讣告

1977年

“猫王”埃尔维斯·普雷斯利在他的雅园中去世，终年42岁。据医生诊断，这位曾轰动全美、唱片销量数百万的流行歌手可能死于心脏病突发。不过，他的上千万粉丝拒绝相信。摇滚永不消亡。

◆ 社会

1975年 两位西蒙娜，引领女权主义的发展

法国·20世纪法国女性主义的代表是两位杰出的女性，西蒙娜·德·波伏瓦和西蒙娜·韦伊。西蒙娜·德·波伏瓦，法国哲学教师，让-保罗·萨特的终身伴侣，同时也征服了不少女性，其中包括她的学生奥尔加·科萨凯维兹，奥尔加后来成为她那本描写三角关系的小说《女宾》(1943年)中的人物。1938年，波伏瓦写了一本有关五个女性人物的小说《安娜，精神至上》，该书却因出版商不同意而不了了之，直到1979年才得以出版。1949年，她的《第二性》引发轰动，书中揭露了男权文化主导下女性地位低下的境况。1958年，她在自传体小说《一个循规蹈矩少女的回忆》中，讲述了她如何与提倡乖巧顺从的传统教养决裂，从而活出内心渴望的女性模样。1971年，她签署了《343名荡妇宣言》，和其他女性一起承认曾经堕胎，推动法国实现避孕合法化。从1974年开始，她当选为女权联盟主席。

而另一位西蒙娜，西蒙娜·韦伊，则拒绝“女权主义者”的标签，一方面因为女权主义号称属于左翼，另一方面也是个人信念所致。在她看来，这不是一场男人和女人之间的较量，而是一场关乎“平等”的斗争。在吉斯卡尔·德斯坦执政期间，西蒙娜·韦伊作为卫生部部长曾在议会中为“自愿终止妊娠”法案进行辩护，因此招致大量的口诛笔伐。1975年1月17日，这项以她的名字命名的法案终于获批通过了。

冲突

1979年

1月7日

越南出兵柬埔寨，终结了红色高棉政权的统治。

1979年

2月11日

伊朗革命推翻了血腥镇压抗议活动的沙阿。阿亚图拉·霍梅尼夺取政权并建立了伊朗伊斯兰共和国。

1980年

9月22日

因边界分歧问题，萨达姆·侯赛因决定攻打伊朗。他发动了一场持续八年的战争。

◆ 文学

1980年 尤瑟纳尔入选法兰西学术院

法国·法兰西学术院，这座1635年黎塞留创建的权威机构，终于发现在他们的一方天地之外，世界上除了男人还有女人。3月6日，女性终于迎来了正义，玛格丽特·尤瑟纳尔接替罗歇·凯卢瓦当选为法兰西学术院院士。1981年1月22日，这位《哈德良回忆录》的作者被让·端木松隆重授予院士称号。端木松曾为她的当选进行过坚持不懈的斗争与努力。紧随其后，我们又迎来了其他女院士：雅克利娜·德·罗米伊、埃莱娜·卡雷尔·德·昂科斯、弗洛朗斯·德莱、阿西娅·吉巴尔、西蒙娜·韦伊、达妮埃尔·萨勒纳夫、多米尼克·博纳和芭芭拉·卡森。

1977年 科莱特友人公司出版了第一期科莱特手稿，其中汇集了1954年去世的科莱特从未面世的作品，以及相关评论文章。

1978年 3月16日，利比里亚邮轮“阿莫科·卡迪斯号”在菲尼斯泰尔省海域失事，约20万吨原油流入布列塔尼海域。这是历史上最大的生态灾难之一。

灾难

切尔诺贝利发生了什么？

1986年

乌克兰·上个月底，从莫斯科传来的首批快讯中提到切尔诺贝利核电站于4月26日发生了一场事故。不过，直到5月24日，苏联当局才正式承认事态的严重性：乌克兰核电站的第四号反应堆发生了爆炸，向大气中释放出了海量核物质。欧洲大陆随即开始担心会不会有“放射云”飘过来。

作为苏联衰落的象征，切尔诺贝利灾难事件也让人们对技术风险的认识发生了转折。对于人类亲手打造的工具，到底可以信任到什么程度呢？

健康

携手对抗艾滋病

1988年

全球·在联合国批准下，世界卫生组织刚刚决定将每年的12月1日定为世界艾滋病日。这一天全世界将动员起来，携手抵抗这一迅速蔓延的传染病。十年以前，当首位病例出现时，人们对其一无所知。加利福尼亚一些年轻男性（绝大多数是同性恋）出现了一种罕见的肺病症状和获得性免疫缺陷。1983年，巴黎巴斯德研究所吕克·蒙塔尼教授的团队成功识别并分离出艾滋病病毒。1986年，人们将其命名为人类免疫缺陷病毒（法语VIH，英语HIV）。通过病毒的识别，人们了解到病毒的传播模式，从而研发出艾滋病的筛查方法。就在1987年，全球首个抗逆转录病毒治疗药物（AZT）在美国获批使用。

快讯

1981年

5月10日，弗朗索瓦·密特朗当选为法兰西共和国总统。

1982年

11月30日，迈克尔·杰克逊的第六张专辑《战栗者》于美国发布，迅速风靡全球。

◆ 国际

柏林墙倒塌

1989年

德国·自1985年3月米哈伊尔·戈尔巴乔夫上台后，苏联社会就开启了改革时代。莫斯科对东欧的控制开始变弱，那张笼罩的“铁幕”也微微裂开了一条缝。随着一个又一个缺口被打开，11月9日，柏林墙轰然倒塌。这座昔日冷战的象征如今成为苏联体制终结的标志。苏联开始走向解体，并于1991年12月正式结束存在。

◆ 技术

网络 1992年

美国·早在1966年就启动的“阿帕网”，即“美国高级研究计划署网络”（Advanced Research Projects Agency Network，缩写为ARPANET）最终于1972年建成。这是世界首个数据传输网络，用来传输数据包。感谢雷·汤姆林森，电子邮件成了阿帕网第一个用武之地。而直到“万维网”这个“环球信息网”诞生，普罗大众才真正从中受益。1992年1月，国际互联网协会应运而生。网络大冒险时代开始了！两大企业即将成为科技巨头：1975年由比尔·盖茨和保罗·艾伦创立的微软公司，以及次年由史蒂夫·乔布斯、史蒂夫·沃兹尼亚克、罗纳德·韦恩创立的苹果公司。自此，信息技术开始普及。

讣告

1986年

“这混蛋卡车”：**科吕什**或许会这么评价自己的宿命，他骑着摩托车撞上一辆卡车后身亡。1985年，这位天才笑星兼演员曾在欧洲1台广播电台呼吁大家慷慨解囊，创建“爱心餐厅”。科吕什去世后，他的遗孀接过了爱心的火炬；而法国明星让-雅克·戈尔德曼每年都会举行一场“混蛋”(Enfoirés)义演活动，为爱心餐厅谱写一曲曲爱的赞歌。

1997年

据说**戴安娜王妃**是全世界被拍次数最多的女人。这位威尔士王妃在巴黎因车祸去世，当时她的司机正在试图躲避狗仔队的追拍。她的惨死使全世界为之悲恸。

◆ 国际

近东的一道曙光

1993年

美国·9月13日，美国总统比尔·克林顿在白宫同时接待了以色列总理伊扎克·拉宾与巴勒斯坦解放组织执行委员会主席亚西尔·阿拉法特。

巴以双方签署了一项有关区域和平的原则宣言。这是巴勒斯坦解放组织二号人物马哈茂德·阿巴斯和以色列外交部部长西蒙·佩雷斯在挪威秘密会谈后达成的成果。总的来说，拉宾承认巴勒斯坦解放组织是巴勒斯坦人民的代表，这就为被占领区实现自治提供了可能性；阿拉法特则承认以色列建国的权利。他们刚刚在漫漫和平路上迈出了历史性的一大步。

非洲种族大屠杀

1994年

卢旺达·没有人知道，4月6日这一天，基加利机场附近击落朱韦纳尔·哈比亚利马纳总统座机的导弹是从哪里发射的。不过人们开始担心，卢旺达总统遇害会不会引发胡图族人对图西族人发动酝酿已久的大屠杀。

果然，在不到三个月时间内，将近100万图西族人被胡图族人屠杀，大部分死于砍刀之下。这也是历史上首次在全世界众目睽睽之下发生的种族大屠杀惨案。

冲突

1989年

12月22日

罗马尼亚人民终结了尼古拉·齐奥塞斯库的统治。抗议者闯入各政府机关，齐奥塞斯库携妻子逃跑，随后被捕，三天后被处决。

1990年

8月2日

觊觎石油已久的萨达姆·侯赛因入侵科威特。此次吞并立即遭到联合国的谴责。海湾战争即将打响。

1999年

6月10日

科索沃战争以塞尔维亚撤军而宣告结束。联合国代表团接管后续事宜。这是自1991年以来造成巴尔干半岛动荡不安的南斯拉夫战争的最后一回合。

法兰西共和国新闻		
法兰西共和国新闻	**1995年** 皮埃尔·居里和玛丽·居里的遗体被迁入先贤祠。	**1998年** 7月12日东道主法国获得国际足联世界杯冠军。

21 世纪

◆ 灾难

“9·11”恐怖袭击事件

2001年

美国·9月11日清晨，一组自称来自基地组织的恐怖分子劫持了四架飞机。其中两架飞机撞向了纽约世界贸易中心大楼，两座建筑遭袭后相继倒塌。第三架飞机撞向位于华盛顿的国防部五角大楼。最后一架飞机由于乘客奋起反击劫机者，最终坠毁于宾夕法尼亚。

这场史无前例的恐怖袭击造成将近3 000人丧生。全世界为之震惊。

技术

脸书上线

2004年

美国·哈佛大学的学生将有幸第一个使用专为他们设计的社交网络：脸书网于2004年2月4日上线。一个月之后，其他大学（耶鲁大学、斯坦福大学、哥伦比亚大学……）也纷纷开始尝试这个新的通信工具。

脸书网惊人的成功很快“说服”了它的创始人、20岁的年轻人马克·扎克伯格。他在硅谷成立了一家公司，雄心勃勃地要在两年后推出一个面向公众的社交网络。

脸书网后来正式更名为脸书，并成为未来社交网站的典范。从此，朋友的朋友，也是朋友了……

快讯

2002年

4月21日法国总统大选首轮爆冷：让-玛丽·勒庞位列第二名。

2002年

1999年1月1日，一种新的货币“欧元”正式发行。2002年，欧元成为十二个欧盟国家的通用货币，欧元的诞生是欧洲一体化进程的转折点。

灾难

海啸：25万人丧生

2004年

印度洋·当地时间12月26日清晨8点，印度尼西亚苏门答腊海域，一场震级超过9级的地震引发了大规模海啸。巨大的海浪攀升至30米高点，随后轰然拍打在沿海大陆架上。据我们所知，苏门答腊西海岸受损最为严重，预计将有超过13万人遇难或失踪。印度、斯里兰卡、缅甸和泰国西侧沿海地带同样惨遭破坏。几小时后，这场海啸甚至到达了位于非洲东海岸的索马里和坦桑尼亚。

建筑

世界最高的米洛高架桥

2004年

法国·2004年12月14日启用的米洛大桥，最高的桥墩高达343米，堪称世界第一高桥。大桥全长约2.5千米，横跨塔恩峡谷，连接阿韦龙省的红喀斯高原和拉尔扎克高原。该桥由钢筋混凝土打造而成，可以抵御时速200千米的大风。

◆ 政治

贝拉克·奥巴马 美国首位黑人总统

2009年

美国·就在2009年1月20日，美国举行了第44任美国总统就职典礼。这是美国政坛稀松平常的一幕，而这一天却多了一点不同寻常的新意：贝拉克·侯赛因·奥巴马，47岁，是一位黑人总统。他的父亲是一位肯尼亚黑人、穆斯林，母亲则是一位爱尔兰裔美国白人、基督教徒。奥巴马本人也信奉基督教。他在政治方面犹如一张白纸，只在2004年曾当选为参议员，但这位民主党候选人却能够依靠谦虚的人格、个人的魅力以及重新凝聚美国的承诺来打动选民。最后，他能做到吗？

◆ 文化

凯布朗利博物馆

2006年

法国·6月20日，非洲、亚洲、大洋洲和美洲文化与艺术博物馆在巴黎开馆。这家博物馆是在雅克·希拉克总统的提议下，由建筑师让·努维尔设计建造的。作为一扇欣赏非欧洲文化的窗口，博物馆兼具美学研究和科学方法的双重价值，有望通过丰富多彩的流动展览项目，迅速成为展示原始风格艺术的标杆。

天气预报

2003年·8月酷暑难耐：法国登记的死亡人数比往年增加了15 000人。

2005年·8月23日至31日“卡特里娜”飓风肆虐：墨西哥湾沿岸、路易斯安那州、密西西比州惨遭浩劫，1 836人因此丧生。

快讯

2007年

J.K.罗琳的《哈利·波特》第七部终结篇出版。这本传奇小说成功吸引了全球上亿读者的眼球。

2007年

6月29日，苹果首席执行官史蒂夫·乔布斯发布了最新产品：iPhone。一部集袖珍电脑和摄像功能于一体的手机。

2008年

9月15日，在房地产泡沫破灭引发的金融危机的影响下，美国投资银行雷曼兄弟公司宣布破产。全球要经过十多年时间才能从这场危机中恢复元气。

2008年

统治古巴将近50年之后，菲德尔·卡斯特罗宣布不再连任，并将国家领导权移交给弟弟劳尔·卡斯特罗。

◆ 国际

“茉莉花革命”

2011年

突尼斯·自从地摊小贩穆罕默德·布瓦吉吉因多次被没收赖以为生的货品而选择自焚后，2010年12月爆发的这场抗议活动就以星火燎原之势愈演愈烈。最初四周，人数越来越多的示威者在统治长达23年的总统本·阿里面前尚能保持理智。而2011年1月14日，本·阿里逃去了沙特阿拉伯，因为他发现这场运动已经突破国界，蔓延到马格里布和几乎整个中东地区。开罗的解放广场很快变成埃及抗议活动的中心。利比亚人民奋起反抗卡扎菲。在叙利亚，则出现了针对巴沙尔·阿萨德的抗议活动。在也门，静坐运动声势日大……接下来就看这些领导人面对抗议会采取什么态度了。内战一触即发。

记事本

南非为“马迪巴”哭泣

12月5日，纳尔逊·曼德拉在约翰内斯堡与世长辞，享年95岁。
南非人民永别了这位致力于民族团结的伟大人物。

2013年

南非·纳尔逊这个名字是小学老师给他起的，这是卫理公会学校的传统，他在那里度过了童年时光。20岁时，年轻的曼德拉进入福特哈尔大学就读，这是当时唯一一所接收黑人学生的高校。1948年南非国民党实行种族隔离政策，曼德拉随即加入反种族隔离的斗争。受到甘地的启发，年轻的律师曼德拉最初想通过和平斗争来实现目标。1961年这一想法破灭后，他转而宣扬武装斗争。1962年，曼德拉被捕，后来被定罪，在牢狱中关了27年之久。

1990年，曼德拉在全世界灯光的照耀下走出监狱。一经获释，他便呼吁缓和事态，以便能够和当权者展开谈判。1991年6月，种族隔离政策最后几道法案被撤销。1994年，他当选为南非共和国总统。一个总统任期后，曼德拉退出政坛，但始终作为一名捍卫人权的重要角色活跃在国际舞台上。

法兰西共和国新闻	**2015年** 11月13日，法兰西体育场、巴塔克兰音乐厅及众多咖啡馆附近同时发生恐怖袭击事件，造成130多人死亡，400多人受伤。 “伊斯兰国”恐怖组织宣称对袭击负责，发动了这场过去离法国人非常遥远的冲突。

◆ 美术

21世纪，艺术即商业

当代最知名的波普艺术家之一杰夫·昆斯创作的橙色巨型装置作品《气球狗》在纽约的一场当代艺术拍卖会上以5 840万美元成交。

杰夫·昆斯

2014年

全球·21世纪的艺术家的生活状态与其前辈相比呈现出很大的差异。“浪荡无依的生活”“作品无处销售”“去世后才成名”等遭遇都已成为过去。在当代，艺术可以带来金钱上的回报，而且还非常丰厚！

对于1965年出生于英国的艺术家达明·赫斯特来说尤其如此，他的作品主要围绕死亡和疾病的主题。2007年，他以约1 900万美元的价格出售了一个金属药柜，里面装有6 136颗手工制作的彩绘药丸，作品题名为《春天摇篮曲》（*Lullaby Spring*）。与出生于1955年的美国艺术家杰夫·昆斯的作品相比，《春天摇篮曲》的售价其实只能算一个微不足道的数字，杰夫·昆斯于2014年11月12日成为当时全球作品售价最高的艺术家。

我是查理

◆ 灾难

《查理周刊》恐怖袭击案：当精神消亡

2015年

法国·2015年1月7日周三，恐怖分子谢里夫·库阿奇和赛义德·库阿奇两兄弟闯入巴黎《查理周刊》编辑部，用冲锋枪射杀了11人。次日，他们的同伙阿梅迪·库里巴里在蒙鲁日杀害了一名26岁的女警察，然后在万塞讷的犹太食品店劫持顾客作为人质。1月9日周五，三名凶手被法国国家警察特别介入队（RAID）和国家宪兵特勤队（GIGN）联合击毙。1月11日，首都巴黎举行了规模空前的大游行，聚集人数超150万。在接下来的几天里，法国和世界各地都纷纷喊出了“我是查理”的口号。这次事件的起因是《查理周刊》多次刊登侮辱伊斯兰教的内容。

社会

同性恋婚姻合法化

2013年

法国·尽管反改革人士发起了大规模示威游行，2013年5月17日，法国还是加入了认可同性婚姻的国家行列。

第一批同性婚姻公告很快就会发布。文森特·奥廷和布鲁诺·布瓦洛作为法国第一对合法结婚的同性恋伴侣，将于5月29日在蒙彼利埃举行婚礼并互相允诺，说出那句“我愿意”。

音乐

为我们而歌，肯奇塔！

2014年

丹麦·2014年5月10日，汤姆·诺伊维尔特以肯奇塔·沃斯特为艺名赢得了哥本哈根一年一度的欧洲电视网歌唱大赛。

身着一袭金色鱼尾裙，脚踩高跟鞋，化着精致眼妆，却留着络腮胡子，一位令人惊艳的“大胡子美女歌神”就此诞生了！

快讯

2015年 2015年12月12日，气候变化巴黎大会达成了一项新的全球协议，该协议确定了将全球平均气温上升幅度控制在2℃以内的目标。

2016年 2016年6月23日，英国就是否留在欧盟举行全民公投，结果支持“脱欧”的票数以微弱优势战胜“留欧”票数，英国将脱离欧盟（1973年英国就加入欧盟的前身欧洲共同体了），自此开启一个充满不确定性的时代。

2017年 2017年10月15日，一条推特消息引发了全球风暴。它以#Metoo为主题标语，呼吁所有曾遭受性侵犯的女性挺身而出，说出惨痛经历。

14世纪 15世纪 16世纪 17世纪 18世纪 19世纪 20世纪 21世纪

◆ 政治

唐纳德·特朗普当选美国总统

2016年

美国·当地时间11月8日晚，美国总统大选投票的计票工作接近尾声。共和党候选人唐纳德·特朗普出人意料地击败民主党候选人希拉里·克林顿，当选美国第45任总统。尽管希拉里领先特朗普近300万张普选票，但最终特朗普在选举人票中以306票对232票击败希拉里，赢得了当年的总统选举。

商人就任总统，将带来怎样一段魔幻而又难以预料的总统任期呢？这段时光注定精彩无比！

记事本

法国文学泰斗端木松逝世

2017年

法国·2017年12月5日，法国著名作家、法兰西学术院院士端木松在家中去世，享年92岁。让·端木松，这位眼神里永远带着几分审视意味的文学大师，能在媒体前始终保持文学的优雅传统风骨，被法国人亲热地称呼为“让·德奥”(Jean d'O)。其独特的性格使得他能从容面对形形色色的个人和媒体。作为一名以轻松和豁达出名的诗人，他在最后一部作品中表达了对于死亡的不屑，这部小说在其去世后出版，题名为《我，还活着》。

2017年 1885年，在维克托·雨果的葬礼期间，曾有大批人群涌向巴黎向诗人致以最后的敬意。2017年12月5日，约翰尼·阿利代的逝世也引起了类似的群众反应。12月9日，法国举国哀悼这位摇滚巨星。

◆ 灾难

巴黎圣母院发生严重火灾

2019

法国·巴黎圣母院，所有人都以为它会永远屹立。然而2019年4月15日，当教堂内正在整修时，一场熊熊大火无情燃起。大火中，建筑师欧仁·维奥莱-勒-杜克于19世纪中叶修建的塔楼尖顶在巴黎市民眼前轰然倒塌，教堂中殿和耳堂的屋架也被烧毁了。眼看着人类历史的某一精粹瞬间化为乌有，全世界产生了情感的共鸣，仿佛永恒也可能崩溃……

“故事到此结束，除非……”

图片来源

Préhistoire **p. 8 :** Représentation de l'australopithèque Lucy. © Getty Images ; **p. 10 :** Paysage du Pléistocène tardif dans le nord de l'Espagne avec des mammouths laineux, des équidés, un rhinocéros laineux, des lions cavernicoles et une carcasse de renne. © Mauricio Antón, licence CC BY, modifié par Anne Mayéras, : https://commons.wikimedia.org/wiki/File:Ice_age_fauna_of_northern_Spain_-_Mauricio_Ant%C3%B3n.jpg ; Pierre taillée de la tradition de l'Oldowayen. © DR ; Galet taillé en quartzite de l'excavation du niveau TD-6 de « Gran Dolina », à Atapuerca (Burgos, Espagne), vers 780.000 années. © DR ; **p. 11 :** Groupe d'Australopithèque. © DR ; **p. 12 :** Vue panoramique des gorges d'Olduvai en Tanzanie. © DR ; **p. 13 :** Hommes des cavernes, National Museum of Mongolian History. © DR ; **p. 14 :** Représentation d'un homme de Neandertal. © Getty Images ; **p. 15 :** Biface, paléolithique inférieur, vers 1.2 millions d'années, gorge d'Olduvai, Tanzanie. © DR ; **p. 16 :** Baies rouges, baies roses et myrtilles. © DR ; Steak de rennes, © FotoosVanRobin, licence CC BY : https://fr.m.wikipedia.org/wiki/Fichier:Reindeer_steak_2.jpg ; Champignons vénéneux et leurs similaires comestibles. © DR ; Racines. © DR ; **p. 17 :** Reconstitution d'un habitat humain avec des aliments (baies et graines). © Dagli Orti /DeAgostini Picture Library / Bridgeman Images ; Oncorhynchus gorbuscha, saumon rose à bosse. © DR ; Œufs, illustration d'Adolphe Millot extrait du Nouveau Larousse illustré 1897-1904. © DR ; Schéma d'une main tenant une hache. © DR ; Sambuscus. © DR ; **p. 18 :** Smilodon. © Agostini Picture Library / Bridgeman Images ; Nassarius pullus, et buccinadae. © DR ; **p. 19 :** Flûte datée du paléolithique © José-Manuel Benito, licence CC BY : https://commons.wikimedia.org/wiki/File:Flauta_paleol%C3%ADtica.jpg ; Tête en ivoire de la Dame de Brassempouy ou Dame à la capuche, Saint-Germain-en-Laye, musée des antiquités. © DeAgostini/Leemage ; Homme dans une sépulture du paléolithique supérieur à Sungir, Russie. © DR ; P 20 : Neandertal rencontre Homo Sapiens. © Illustration Grégoire Cirade/Novapix / Bridgeman Images ; **p. 21 :** La Vénus de Willendorf. 2300 avant Jésus-Christ, Vienne, musée national d'histoire naturelle. © Aisa/Leemage ; Vénus de Roumanie, culture de Cucuteni, néolithique. © DR ; Réplique de la Vénus de Lespugue, Paris, musée de l'Homme. © DR ; **p. 22 :** Lampe à graisse trouvée dans la grotte de Lascaux. © Sémhur, licence CC BY : https://fr.wikipedia.org/wiki/Fichier:Lampe_a_graisse_-_Lascaux.jpg ; Maison en mammouth. © Nandaro, licence CC BY : https://commons.wikimedia.org/wiki/File:Mammoth_House_(Replica).JPG ; **p. 23 :** Poignard en côte de bovin. © DR ; Outil de meulage provenant du site archéologique de Gilgal dans la vallée du Jourdain. © DR ; Mortier datant de l'épipaléolithique à Eynan, nord d'Israël. © DR ; **p. 24 :** Le cerf de la grotte de Lascaux. © DR ; Loup de la grotte de Font-de-Gaume. © DR ; **p. 25 :** Peinture d'animaux dans la grotte de Lascaux © DR ; Peinture de hyène dans la grotte de Chauvet. © DR ; Peinture de rhinocéros dans la grotte de Chauvet. © DR ; Hommes de Cro-Magnon peignant des mammouths laineux dans la grotte de Font-de-Gaume, Charles R. Knight, 1920. © DR ; Fac-similé de la gravure du Sorcier, grotte de Saint-Cirq-du-Bugue. © DR ; **p. 26 :** Tente magdalénienne, il y a 12 000 ans à Pincevent près de Fontainebleau, © DR ; gravure rupestre sur le site de Massleberg dans la municipalité de Strömstad (Suède). © Bjoertvedt, licence CC BY: https://commons.wikimedia.org/wiki/File:Str%C3%B6mstad_Massleberg_Skee_614-1_IMG_8921_ID_10159506140001.JPG ; **p. 27 :** Maison danubienne. © Anne Mayéras ; **p. 28 :** Dalles de pierres sur le site de Nabta Playa, © Raymbetz, licence CC BY : https://fr.wikipedia.org/wiki/Nabta_Playa#/media/Fichier:Calendar_aswan.JPG. ; **p. 29 :** Reconstitution d'un lieu de culte dans la cité du néolithique Catal Hoyuk fondée en 7000 avant Jésus-Christ, © DeAgostini/Leemage ; crâne en plâtre vers 9000 avant Jésus-Christ, © DR ; **p. 30 :** Figures humaines. Peintures rupestres dans la grotte du Tassili n'Ajjer en Algérie, 8000-7000 avant Jésus-Christ. © Luisa Ricciarini/Leemage ; Céramique du néolithique. © DR ; Poterie de la grotte Tajos de Cacin (Espagne). © DR ; **p. 31 :** Alignement du Ménec. Période mégalithique, Ve-IIIe millénaire avant notre ère, Carnac, France. © Bridgeman Images/Leemage.

3300-500 av. J.-C. **p. 32 :** Statuette de scribe assis. © G. Dagli Orti /De Agostini Picture Library / Bridgeman Images ; **p. 33 :** Tablette sumérienne archaïque : acte de vente d'un esclave mâle et d'une maison de la ville de Shuruppak, Paris, musée du Louvre. © DR ; Écriture cunéiforme, extraite du « tableau comparatif des écritures cunéiformes, égyptiennes et chinoises aux différentes époques et par les divers procédés », in Recueil de travaux relatifs à la philologie et à l'archéologie égyptiennes et assyriennes, de Gaston Maspero publié en 1870. © DR ; **p. 34 :** Tablette représentant un couple s'accouplant et buvant de la bière, Babylone, IIe millénaire avant Jésus-Christ. © Jérusalem, musée d'Israël, don de Joseph Ternbach, Bridgeman Images ; **p. 35 :** Hiéroglyphes égyptiens, extraits du « tableau comparatif des écritures cunéiformes, égyptiennes et chinoises aux différentes époques et par les divers procédés », in Recueil de travaux relatifs à la philologie et à l'archéologie égyptiennes et assyriennes, de Gaston Maspero publié en 1870. © DR ; Le Pschent, nom donné à la double couronne portée par les pharaons Égypte. © Jeff Dahl, licence CC BY, modifié par Anne Mayéras : https://commons.wikimedia.org/wiki/File:Double_crown.svg ; **p. 36 :** Statuette représentant Imhotep assis. © DR ; Étendard d'Ur, « la face de la Paix ». © DR. ; **p. 37 :** Reconstruction de maisons sur pilotis à Unteruhldingen en Allemagne. © DR ; **p. 38-39 :** Le sphinx de Gizeh avec en arrière-plan la pyramide de Képhren. © Werner Forman/UIG/Leemage ; Costumes de l'Égypte antique, illustrations extraites de l'ouvrage Costumes et décorations de l'Égypte ancienne, de l'Assyrie et de la Perse, par Florence Hornblower et Mary Houston, 1920. © DR ; **p. 40 :** Statuette de femme nue debout, représentant peut-être la grande déesse babylonienne, Paris, musée du Louvre. © DR ; **p. 41 :** Buste présumé de Sargon d'Akkad. © De Agostini Picture Library / Bridgeman Images ; **p. 42 :** Héros maîtrisant un lion, bas-relief de la façade du palais de Sargon II à Khorsabad, 713-706 av. J.-C. © DR ; **p. 43 :** Marchands et négociateurs Phéniciens. © DR ; **p. 44 :** Colonne hathorique, représentant Hathor déesse égyptienne de l'amour, et de la beauté au temple de Hatchepsout. © Deir El-Bahri, Thèbes, Égypte / Bridgeman Images ; **p. 45 :** Récipient en bronze datant de la dynastie Shang. © DR ; Code de Hammourabi, roi de Babylone, Paris, musée du Louvre. © DR ; **p. 46 :** Disque de Phaistos. © Maksim, licence CC BY, modifié par Anne Mayéras : https://commons.wikimedia.org/wiki/File:PhaistosDiskLarge.jpg ; L'expulsion des Hyksos, lithographie de Robert Ambrose Dudley, extraite de l'Histoire des Nations, d'Hutchinson. © Bridgeman Images ; **p. 48 :** La Parisienne, morceau de fresque retrouvé lors des fouilles de Cnossos entre 1900 et 1920. © Zde, licence CC BY, modifié par Anne Mayéras : https://commons.wikimedia.org/wiki/File:La_Parisienne,_small_fresco_from_Knossos,_1450-1300_BC.,_AMH,_145370.jpg ; statue de la reine Hatchepsout assise. © DR ; **p. 49 :** Char égyptien. © DR ; Palmier. © DR ; **p. 50 :** Œil oudjat, ou œil d'Horus. © Benoît Stella, licence CC BY, modifié par Anne Mayéras : https://fr.wikipedia.org/wiki/Fichier:Oudjat.SVG ; **p. 51 :** Hall du palais du roi Minos à Cnossos. © Bibliothèque des Arts Décoratifs, Paris, France / De Agostini Picture Library / Bridgeman Images ; **p. 52 :** Masque funéraire de Toutankhamon, Thèbes - Le Caire, Musée d'Égypte. © Jemolo/Leemage ; **p. 53 :** Peinture de la chambre funéraire de Menna. © DR ; Boîte de cosmétique de la Royal Butler Kéméni. © DR ; Chaise de Reniseneb, 14e roi de la XIIIe dynastie. © DR ; Pigment marron, © DR ; Pigment vert, © DR ; Pigment noir, © DR ; Bleu de cobalt, © DR ; Oxyde de fer. © DR ; **p. 54 :** Ani devant Osiris, vignette extraite du papyrus d'Ani. © DR ; **p. 55 :** Grand Temple d'Abous Simbel. © DR ; **p. 56 :** Les dieux Seth et Horus en adoration devant Ramsès. © DR ; **p. 57 :** Bas-relief d'un autel de la cathédrale d'Auch, représentant le transport de l'Arche d'Alliance. © DR ; Tête colossale d'Olmèque, retrouvée à San Lorenzo dans l'État de Veracruz au Mexique. © De Agostini Picture Library / Archivio J. Lange/ Bridgeman Images ; **p. 58 :** Nuraghe, Sardaigne, Italie, © DR ; Sceau de Tarkummuwa, roi de Mera, environ 1400 avant Jésus-Christ. © DR ; **p. 59 :** Ramsès III représenté sur une fresque dans une tombe de l'un de ses fils dans la vallée des reines. © DR ; **p. 61 :** Le roi David, peinture de Matthias Stomer, vers 1633-1639, Marseille, musée des beaux-arts. © DR ; Pectoral de la 22e dynastie trouvé à Tanis dans la tombe du pharaon Shesdonq II environ 890 avant Jésus-Christ, musée égyptien du Caire. © Franck Goddio/Hilti Foundation, photo : Christoph Gerigk ; Scarabée ailé en or, lapis-lazuli et cornaline. © DR ; **p. 62 :** Le Temple de Salomon, représentation de 1568, auteur inconnu. © G. Dagli Orti /De Agostini Picture Library Bridgman Images ; **p. 63 :** Portrait de Fu Sheng, attribué à Wang Wei. © DR ; **p. 64 :** Détail d'un tableau de l'école française du XIXe siècle, reprise partielle de l'Énée et Didon de Pierre-Narcisse Guérin, 1815, Bordeaux, musée des beaux-arts. © DR ; **p. 65 :** Lupa Capitolina : louve avec Romulus et Rémus. Bronze, œuvre étrusque du Ve siècle avant Jésus-Christ. © DR ; **p. 66 :** Statuette de Taharqa et le dieu faucon. Paris, musée du Louvre. © DR ; **p. 67 :** Un arbitre regardant deux lutteurs grecs aux Jeux Olympiques, lithographie de Tom Lovell. © Bridgeman Images ; **p. 68 :** Adi Shankara avec ses disciples, oléographe de Raja Ravi Varma, © DR ; lion ailé à tête humaine, New York, Metropolitan Museum of Art. © DR ; **p. 69 :** Le Faravahar, un des symboles du Zoroastrisme, © DR ; La célèbre bibliothèque du roi Assurbanipal à Ninive, lithographie de Fernand Le Quesne extraite de l'Histoire des Nations d'Hutchinson. © Bridgeman Images ; **p. 70 :** Statues de Kouros, ou de jeunes hommes et statue de koré ou de jeune fille New York, Metropolitan Museum of Art. © DR ; **p. 71 :** Pompéi, horloge solaire du temple d'Apollon, © Kergeo, licence CC BY : https://commons.wikimedia.org/wiki/File:Temple_of_Apollo_(7238818732)_d%C3%A9tail.jpg ; la mort de Sardanapale, peinture d'Eugène Delacroix, Paris, musée du Louvre. © DR ; **p. 72 :** La porte d'Ishtar, entrée de la cité inférieure de Babylone avec en perspective les jardins suspendus, le palais de Nabuchodonosor et le temple de Marduk. © Dorling Kindersley/UIG/Leemage ; **p. 73 :** Reconstruction des jardins suspendus de Babylone, © DeAgostini/Leemage ; cavalier scythe avec une lance, seconde moitié du IVe siècle avant Jésus-Christ, Saint-Pétersbourg, musée de l'Ermitage. © DR ; **p. 74-75 :** Marseille, colonie grecque, peinture de Pierre Puvis de Chavannes, 1869, Marseille, musée des beaux-arts © DR ; Costumes grecs extrait des Costumes de toutes les nations d'Albert Kretschmer, 1891. © DR ; **p. 76 :** Architecture de l'Antiquité, colonne de style classique. L'ordre dorique, Ionique et Corinthique. Gravure coloriée du XIXe siècle. © North Wind Pictures/Leemage ; **p. 77 :** Le corbeau et la cruche, illustration de Milo Winter © DR ; **p. 78 :** L'Apothéose d'Homère, peinture de Jean-Auguste-Dominique Ingres, 1827, Paris, musée du Louvre. © DR ; **p. 79 :** Le monde selon les Babyloniens, © DR ; Amphore panathénaïque, New York, Metropolitan Museum. © DR ; **p. 80 :** Statue de femme assise, civilisation Nok, Nigeria. © Bridgeman Images ; Crésus montrant ses trésors à Solon, peinture de Frans Francken le Jeune, Avignon, musée Calvet. © DR ; **p. 82 :** Cyrus le Grand avec une couronne Hemhem, d'après un relief de la résidence de Cyrus à Pasargades (Iran), illustration extraite de l'ouvrage Histoire du monde illustrée d'Ernst Wallis. © DR ; **p. 83 :** Buste d'Archytas de Tarente, mathématicien et philosophe pythagoricien, © DR ; théâtre de Dionysos à Athènes © DR ; **p. 84 :** Sculpture en marbre des tyrannoctones Harmodios et Aristogiton d'Athènes assassins du tyran athénien Hipparque, musée national d'archéologie de Naples. © DR ; **p. 85 :** Les Juifs pleurant en Exil, peinture d'Éduard Bendemann, 1832. © DR ; **p. 86 :** Reconstruction de l'Apadana (salle du trône) de Persépolis par Charles Chipiez © DR ; **p. 87 :** Deux cocardes en terre cuite avec masques de théâtre, New York, Metropolitan Museum. © DR.

500-1 av. J.-C. **p. 88 :** Sarcophage des époux, terre cuite, Paris, musée du Louvre. © Luisa Ricciarini / Bridgeman Images ; **p. 89 :** Couple de danseurs sur la tombe du Triclinium (tombe étrusque de la nécropole de Monterozzi). © DR ; **p. 90 :** Jeunes spartiates effectuant des exercices de gymnastique, gravure allemande du XIXe siècle. © Look and Learn / Bridgeman Images ; **p. 91 :** L'Aurige de Delphes ou Heniokhos, elle représente un conducteur de char. Sculpture de bronze, vers 470 avant J.-C., 180 cm de hauteur, Athènes, Musée Archéologique, © Luisa Ricciarini / Bridgeman Images ; Médaillon d'un kylix attique avec l'inscription « Kleomelos (est) beau », Peintre de Kleomelos, 510-500 av. J.-C., Paris, musée du Louvre. © DR ; **p. 92 :** Frise des archers du palais de Darius Ier à Suse. © DR ; **p. 93 :** Statuette en bronze d'un guerrier grec, Ve siècle avant Jésus-Christ, New York, Metropolitan Museum, © DR. Le soldat de Marathon, peinture de l'arrivée de Phidippidès à Athènes, Luc-Olivier Merson, 1869 © DR ; **p. 94 :** Boulangers pétrissant au son d'une flûte © Bridgeman Images ; **p. 95 :** Retour des Grecs de la bataille de Salamine, 1883. © DR ; Buste de Zénon d'Élée, gravure extraite de l'ouvrage Diogenis Laertii De Vitis, de Marcus Meibomius, 1692. © DR ; **p. 96 :** Œdipe et Antigone, peinture de Charles Jalabert, 1842, Marseille, musée des beaux-arts, © DR ; Réglementation en matière de succession, fragment de la 11e colonne du code de la loi de Gortyn. © DR ; **p. 97 :** Hypnos et Thanatos transportant le corps de Sarpédon depuis le champ de bataille de Troie, peintre de Thanatos Ve siècle avant Jésus-Christ, © DR ; Loi des Douze Tables in Figures de l'histoire de la république romaine accompagnées d'un précis historique, dessin de Silvestre David Mirys gravure de Claude-Nicolas Malapeau. © DR ; **p. 98 :** Acropole d'Athènes domine par le Parthénon avec une statue d'Athéna, gravure coloriée du 19e siècle. © North Wind Pictures/Leemage ; **p. 99 :** Aspasie au milieu des philosophes de la Grèce, peinture de Michel Corneille le Jeune, vers 1672. © DR ; **p. 100 :** Athlète, copie romaine d'après l'original de Polyclète. © Raffaello Bencini / Bridgeman Images ; **p. 101 :** Casque de type corinthien, Ve siècle avant Jésus-Christ, New York, Metropolitan Museum. © DR ; **p. 102 :** groupe de huit osselets, New York, Metropolitan Museum, © DR ; détail d'un vase grec, New York, Metropolitan Museum. © DR ; **p. 103 :** La mort de Socrate, peinture de Jacques-Louis David, 1787, New York Metropolitan Museum. © DR ; **p. 104 :** Statuette en terre cuite représentant une femme debout, New York, Metropolitan Museum, © DR ; L'Académie de Platon, le philosophe assis au centre enseigne à un groupe de disciples de l'Académie d'Athènes. © Bridgeman Images/Leemage ; **p. 105 :** Les oies du Capitole, peinture de Henri-Paul Motte, 1889. © DR ; **p. 106 :** Aphrodite de Cnide, copie romaine d'après Praxitèle, © DR ; Vue de Thèbes, peinture de Hugh William Williams, 1819. © DR ; **p. 107 :** Statue en bronze du dieu étrusque Hercle. © De Agostini Picture Library / A. De Gregorio / Bridgeman Images ; **p. 108 :** Vue de Persépolis, © DR ; Alexandre le Grand tranchant le nœud Gordien, peinture de Giovanni Paolo Panini, 1718-1719, Baltimore, Walters Arts Museum. © DR ; **p. 109 :** Phare d'Alexandrie. © Look and Learn / Bridgeman Images ; **p. 110 :** Mosaïque représentant un homme sur un char tiré par quatre chevaux lors d'une course dans un cirque, Barcelone, musée archéologique de Catalogne ©Aisa/Leemage ; Hanse e en bronze en forme de masque, New York, Metropolitan Museum, © DR ; Statuette en terre cuite d'un acteur, New York, Metropolitan Musuem. © DR ; **p. 111 :** détail de la Mosaïque d'Alexandre représentant Alexandre le Grand à la bataille d'Issos contre Darius III en 333 avant Jésus-Christ, Naples, musée archéologique national. © Bridgeman Images ; **p. 112-113 :** L'éducation d'Alexandre par Aristote, gravure de Charles Laplante, graveur et illustrateur français publiée dans le livre de Louis Figuier, Vie des savants illustres en 1866. © DR ; La voie Appia. © DR ; **p. 114 :** Relief d'un poète assis, (probablement Ménandre) avec des masques de comédies. © DR ; Horloge hydraulique de Ctésibios (IIIe siècle avant Jésus-Christ) d'après Claude Perrault (XVIIe siècle). © DR ; **p. 115 :** Athlètes romains, peinture de Aniello Falcone, vers 1640, Madrid, musée du Prado. © DR ; **p. 116 :** La Grande Muraille de Chine sur le site de Mutianyu. © DR ; **p. 117 :** Représentation du Colosse de Rhodes, gravure de Bernard Rottiers, 1828. © DR ; Le passage des Alpes en 218 avant Jésus-Christ par Hannibal Barca, gravure de Heinrich Leutemann, 1866. © Bianchetti/Leemage ; **p. 118 :** Le philosophe grec Archimède dans son bain, gravure du XVIe siècle. © DR ; **p. 119 :** Détail d'une statue de terre cuite de guerrier de l'empereur Qin Shi Huang provenant de son mausolée. © AISA/Leemage ; **p. 120-121 :** La fabrication de la soie, aquarelle réalisée à partir d'une gravure de l'époque Han, XIXe siècle, extraite d'un ouvrage sur l'industrie de la soie, Poitiers, bibliothèque municipale. © Bridgeman Images ; Les différentes étapes de la fabrication de la soie. © DR ; La victoire de Samothrace, marbre de Paros, Paris, musée du Louvre. © DR ; **p. 122 :** Mosaïque avec des masques de théâtre, Rome, musées du Capitole. © DR ; **p. 123 :** Le grand autel de Pergame ou autel de Zeus à Pergame (actuelle Turquie) - Célébration de la victoire du roi attalide Eumène II Soter sur les Galates. © Bianchetti/Leemage ; **p. 124 :** La prise de Carthage, gravure de Georg Pencz, 1539. © DR ; **p. 125 :** Aqueduc de l'Aqua Claudia près du parc des Aqueducs à Rome. © Mauro Francesconi, licence CC BY : https://commons.wikimedia.org/wiki/File:Aquedottopan01pa.jpg ; Esclaves romains enchaînés, Oxford, Ashmolean museum. © Jun, licence CC BY: https://commons.wikimedia.org/wiki/File:Roman_collared_slaves_-_Ashmolean_Museum.jpg ; **p. 126 :** Préparation du parchemin, de Jost Amman et Hans Sachs, Francfort-sur-le-Main, Allemagne, 1568. © DR ; **p. 127 :** Reproduction d'un triclinium, © DR. ; **p. 128 :** Porte ouest de la Stupa à Sanchi. © De Agostini Picture Library / G. Nimatallah / Bridgeman Images ; Costumes gaulois, extrait de Costumes de toutes les nations, Albert Kretschmer, 1891. © DR ; **p. 129 :** Portrait de Sima Qian, © DR ; Statue de Spartacus, sculpture de Charles Nègre, 1859. © DR ; **p. 130 :** Buste de Cicéron, sculpture de Bertel Thorvaldsen, 1799-1800, copie d'un original romain. © DR ; **p. 131 :** Vercingétorix jette ses armes aux pieds de César, peinture de Lionel Royer, 1899, Le Puy-en-Velay, musée Crozatier. © DR ; **p. 132 :** Buste de Pompée. © DR ; **p. 133 :** La mort de César, peinture de Vincenzo Camuccini, 1804-1805, Rome, Galerie nationale d'art moderne et contemporain. © Luisa Ricciarini/Leemage ; **p. 134-135 :** Vue du théâtre de Palmyre, Ier-IVe siècle avant Jésus-Christ, © DeAgostini/Leemage ; Buste de Cléopâtre VII, Berlin, Altes Museum. © DR ; **p. 136 :** Laocoon et ses fil , copie d'après la sculpture d'Agésandros, Athénodore et Polydore, © DR ; Reconstitution du mausolée d'Auguste par Luigi Canina, 1851. © DR ; **p. 137 :** La mort de Cléopâtre, peinture de Jean-André Rixens, Toulouse, musée des Augustins. © Bridgeman Images ; **p. 138 :** Buste romain de Janus, Rome, musée du Vatican. © DR ; Intérieur du Panthéon de Rome, peinture de Giovanni Paolo Panini, 1734, Washington DC, National Gallery of Art. © Bridgeman Images/Leemage ; **p. 139 :** Portrait du géographe Strabon. © DR ; Statue d'Auguste dite de « Prima Porta », © DR ; **p. 140 :** Mosaïque à emblème romain avec la tête de Méduse, Naples, musée archéologique national. © DR ; Mosaïque romaine du IIIe siècle entourée d'une frise (Musée du Bardo). Au centre le poète latin Virgile assis, en toge blanche, avec en main le rouleau de L'Énéide, dont on peut déchiffrer le vers 8 : Musa, mihi causas memora, quo numine laeso (Muse, rappelle-moi les causes, par quelle volonté divine...). Le poète est entouré de deux Muses en robe pourpre, Clio, qui tient un parchemin, et Melpomène un masque de théâtre. Découverte à Sousse. © DR ; **p. 141 :** Nativité, peinture de Hans Leonard Schäuffelin, Hambourg, Kunsthalle. © DR.

1-500 **p. 142 :** Jésus en procès. Mosaïque, basilique Saint-Apollinaire-le-Neuf, Ravenne, Italie. © De Agostini Picture Library / A. Dagli Orti / Bridgeman Images ; **p. 144 :** Buste de Tibère. © DR ; **p. 145 :** Masque de théâtre à Ostie. © Marion Chatizel ; Agrippine, gravure de Claude Mellan. © DR ; **p. 146 :** Machine de Héron d'Alexandrie. © DR ; Portrait de Sénèque, gravure de Lucas Vorsterman. © DR ; **p. 147 :** L'empereur Néron contemplant l'incendie de Rome le 18 juillet 64, peinture anonyme Asterdam, Rijksmuseum. © Bianchetti/Leemage ; **p. 148 :** Les torches de Néron, peinture de Henryk Siemiradzki. © DR ; Buste de Néron. © DR ; **p. 149 :** Maquette de Jérusalem pendant la période du Second Temple. © DR ; **p. 150-151 :** Le Dernier Jour de Pompéi, tableau de Karl Brioullov. © DR ; **p. 152 :** Portrait imaginaire de Pline l'Ancien d'après une encyclopédie du XIXe siècle. © DR ; Satyre tendant une grappe de raisin à Bacchus enfant. © DR ; **p. 153 :** Reconstitution avec coupes permettant de voir la structure du bâtiment, de l'amphithéâtre (colisée) de Flavius construit au Ier siècle à Rome. © DeAgostini/Leemage ; **p. 154 :** L'Arc de Titus à Rome. © DR ; **p. 155 :** Statue de Bouddha. © DR ; **p. 156 :** Art gallo-romain, objets de toilette (peigne, flacon miroir). Saint-Germain-en-Laye, musée d'archéologie nationale. © Photo Josse/Leemage ; Portrait présumé de Sappho, © DR ; Jeune femme aux haltères, mosaïque dans la villa romaine du Casale, © DR. ; **p. 157 :** Mosaïque du Palais de Quirinal. © Oxxo, licence CC BY : https://commons.wikimedia.org/wiki/File:Palais_du_Quirinal_-_Sala_delle_Dame.jpg ; Catapulte en bois. © DR ; **p. 158 :** Une portion du mur d'Hadrien. © DR ; Buste d'Antinoüs. © DR ; Buste de l'empereur Hadrien cuirassé portant le gorgonéion. © DR ; **p. 160 :** Portrait d'homme avec une couronne d'or. © DR ; Portrait d'un jeune garçon nommé Eutychès, © DR ; portrait de jeune femme couronnée. © DR ; **p. 161 :** Civilisation précolombienne, vue du site de Teotihuacan (Mexique), le temple ou pyramide du soleil. © Photo Josse/Leemage ; **p. 162 :** Mosaïque représentant un enfant et un âne. © DR ; **p. 163 :** Martyr de sainte-Perpétue et de sainte-Félicité, gravure américaine de 1832 extraite du Livre des Martyrs de John Foxe. © Granger / Bridgeman Images ; **p. 164 :** Statue équestre de Marc Aurèle, Rome, musée du Capitole. © DR ; **p. 165 :** Portrait de Galien, gravure du XVIIIe siècle de Georg Paul Busch. © DR ; Gladiateur attaquant son adversaire avec une dague. © DR ; Memento mori, mosaïque. © DR ; **p. 166 :** Citoyens de la Rome antique dans les thermes de Caracalla, gravure coloriée du XIXe siècle. © North Wind Pictures/Leemage ; **p. 167 :** Empereur Wendi de la dynastie des Wei, © Bridgeman Images ; Médaille d'Héliogabale, empereur romain de 218 à 222. © DR ; **p. 168 :** Buste de Chapour II, œuvre sassanide. © DR ; **p. 168-169 :** Sandales romaines, gravures. © Look and Learn / Bridgeman Images ; **p. 170 :** Guerriers Germains, gravure extraite de l'ouvrage Germania Antiqua de Philip Clüver, 1616. © DR ; Mithra sacrifiant un taureau. © Alamy Images ; **p. 171 :** La reine Zénobie contemplant Palmyre, peinture de Herbert Schmalz © DR ; **p. 173 :** La coupe de Munich, seconde moitié du IVe siècle après Jésus-Christ © DR ; **p. 174 :** Les thermes de Dioclétien, © DR ; Bouteille prenant la forme d'une silhouette humaine assise. © DR ; **p. 175 :** Civilisation romaine, reconstitution du palais de Dioclétien sur la côte Dalmate à Split (Croatie), construit au IVe siècle où l'empereur s'est retiré après son abdication en 305. © DeAgostini/Leemage ; **p. 176 :** Pièce de monnaie à l'effigie de l'empereur Constantin. © DR ; **p. 177 :** Intérieur de la grotte d'Ajanta. © Bridgeman Images ; **p. 178 :** Le concile de Nicée représenté sur une icône. © DR ; **p. 179 :** Abeilles mérovingiennes retrouvées dans le tombeau de Childéric Ier. © DR ; Fibules en forme d'aigles. © DR ; Scène de la Nativité sur un côté du sarcophage de Stilicon, IVe siècle. © DR ; **p. 180 :** Solidus de Julien l'Apostat. © DR ; Intérieur d'une des grottes de Mogao (ou grottes de Dunhuang ou grottes des mille bouddhas. © Bridgeman Images ; **p. 181 :** Temple du Grand jaguar à Tikal au Guatemala. © Bridgeman Images ; **p. 182 :** saint-Ambroise et l'empereur Théodose, peinture d'Anthony Van Dyck, 1619-1620. © DR ; **p. 183 :** Détail du Récit de la nymphe de la rivière Luo, de Gu Kaizhi, encre et couleur sur soie, Pékin, musée du Palais, © DR ; Alaric Ier, roi des Wisigoths, © DR. ; **p. 184 :** Icône représentant Eudocie, impératrice byzantine de 421 à 443, © DR ; Saint-Augustin dans son atelier, peinture de Alessandro di Mariano di Filipepi dit Sandro Boticelli, 1480, Venise, église d'Ognissanti. © Raffael/Leemage ; **p. 185 :** Le bon pasteur, mosaïque de la lunette au-dessus de la porte d'entrée du mausolée de Galla Placidia, vers 425, Ravenne, Italie. © Luisa Ricciarini/Leemage. ; **p. 186 :** Le Christ sauveur et l'abbé Mena, icône du début du VIIe siècle. Peinture à la cire et stempé sur bois du monastère de Baouit en Égypte. © DR ; Cavalier vandale, mosaïque de Carthage. © DR ; **p. 187 :** Attila suivi de ses hordes barbares foule aux pieds l'Italie et les Arts, peinture d'Eugène Delacroix, Paris, palais Bourbon. © DR ; **p. 189 :** Clovis et son soldat rebelle. © DR.

500-1000 **p. 190 :** Clovis et Clothilde, Antoine-Jean Gros détail de l'esquisse pour le décor de la coupole de l'église Sainte-Geneviève, 1811, Paris, musée du Petit Palais. © Selva/Leemage ; **p. 191 :** Manuscrit des lois saliques, Paris, Bibliothèque Nationale de France. © Bridgeman Images/Leemage ; **p. 192 :** Boèce enseignant, manuscrit de la Consolation de Philosophie, 1385. © DR ; Saint Benoît de Nursie, détail du retable de saint Luc peint par Andrea Mantegna. © DR ; **p. 193 :** Fragment de pavement représentant un aurige blanc. © DR ; Fragment de pavement avec un aurige bleu. © DR ; L'empereur Justinien mosaïque de la basilique Saint-Vital de Ravenne. © DR ; Le général Bélisaire, mosaïque de la basilique Saint-Vital de Ravenne. © DR ; **p. 194-195 :** Justinien tenant le Corpus Juris Civilis caricature de Aleksei Aleksandrovich Radakov. © DR ; Planche avec différentes coupes et plans architecturaux de la basilique sainte Sophie d'Istanbul © DeAgostini/Leemage ; Temazcal (ou bain de vapeur) maya. © Bridgeman Images ; **p. 196 :** Timbre des îles Féroé. © DR ; L'impératrice Théodora, peinture de Jean-Joseph Benjamin Constant, 1887. © DR ; **p. 197 :** Intérieur de la basilique Saint-Vital de Ravenne. © DeAgostini Picture Library / A.

De Gregorio / Bridgeman Images ; p. 198 : L'élevage de vers à soie et production de la soie, gravure anonyme. © DR ; p. 199 : Porteur de miroir, culture maya. © DR ; Détail du Grand pensionnaire enluminé de Weissenau, fondation Bodmer. © DR ; p. 200 : Statuette du prince Shotoku. © DR ; Saint-Grégoire, gravure de Claude Mellan, 1681, New York Metropolitan Museum. © DR ; p. 201 : La Prière (au Caire), peinture de Jean-Léon Gérôme, 1865, Hambourg, Kunsthalle. © DR ; p. 202 : Les quatre éléments, illustration extraite de l'ouvrage De natura rerum d'Isidore de Séville. © DR ; Dagobert reçoit le royaume Franc par les évêques et les grands de Burgondie, in Grandes chroniques de France, Castres, bibliothèque municipale. © DR ; p. 203 : Un orfèvre dans son atelier peut-être saint Éloi, peinture de Petrus Christus. © DR ; p. 204 : La mosquée de Boulak, peinture de David Roberts, 1838. © DR ; Intérieur de la mosquée Metwalis, peinture de David Roberts, 1838. © DR ; Intérieur de la mosquée du sultan Al-Ghuri, peinture de David Roberts, 1838. © DR ; p. 205 : Statue du Bodhisattva Maitreya assis en méditation, période des Trois Royaumes, fin du VIe siècle. Bronze doré, H. 83,2 cm. Visible au Musée national de Corée. © DR ; p. 206 : Le Dôme du Rocher à Jérusalem. © Bildarchiv Steffens / Bridgeman Images ; p. 207 : Mosaïque du mur ouest de la grande mosquée de Damas, © DR. ; p. 208 : Le feu grégeois, enluminure du manuscrit Chronique de Skylitzès de Madrid, bibliothèque nationale de Madrid. © DR ; p. 209 : Discussion au sujet des icônes, enluminure du manuscrit Chronique de Skylitzès de Madrid, bibliothèque nationale de Madrid. © DR ; Martyre de l'évêque iconophile Euthyme de Sarde, victime de la persécution des iconoclastes en 831, enluminure du manuscrit Chronique de Skylitzès de Madrid, bibliothèque nationale de Madrid. © DR ; p. 210 : Bataille de Poitiers en octobre 732, peinture de Charles de Steuben, Versailles, musée de l'histoire de France. © DR ; p. 211 : Charles Martel, maire du Palais. © DR ; p. 212 : Pépin le Bref, peinture de Louis-Félix Amiel, 1837. © DR ; Costumes Francs, extrait des Costumes de toutes les nations d'Albert Kretschmer, 1891. © DR ; p. 213 : Rencontre du roi des Francs Pépin le Bref et du pape Étienne II le 6 janvier 754 à Ponthion. © Isadora/Leemage ; p. 214 : Mosquée de Bagdad. © Werner Forman Archive / Bridgeman Images ; p. 215 : Livre de Durrow. © DR ; L'homme de Matthieu, © DR ; Le Dioscoride de Naples. © DR ; Portrait de saint Jean l'évangéliste enluminure de l'Évangéliaire de Lorsch. © DR ; p. 216 : Une page du second manuscrit de Freising. © DR ; L'empereur Charlemagne retrouve le corps du chevalier Roland à Roncevaux en 778, miniature extraite des Grandes chroniques de France, 1415 environ. © The British Library Board/Leemage ; p. 217 : Le maître d'école d'Esslingen, enluminure extraite du Codex Manesse, 1310-1340. © DR ; p. 218 : Charlemagne couronné roi des Lombards à Milan par le pape Adrien Ier, le 5 juin 774, peinture de Claudius Jacquand, 1837. © DR ; Solidus d'or à l'effigie de l'impératrice Irène l'Athénienne, © DR ; p. 219 : Éléphant de combat blanc, fresque romane, Madrid, musée du Prado. © DR ; La cathédrale d'Aix-la-Chapelle, peinture de Michael Neher, 1853, © DeAgostini/Leemage ; p. 220 : Jeunes femmes joueuses de polo. © DR ; Illustration d'une Bayt al-Hikma ou maison de la sagesse. © DR ; p. 221 : Traité de Verdun, division de l'empire de Charlemagne. © Anne Mayéras ; p. 222 : Une miniature représentant la Schola Medica Salernitana à partir d'une copie du Canon de la médecine d'Avicenne. © DR ; p. 223 : Vue des stupas de Borobudur à Java en Indonésie. © Werner Forman / UIG / Leemage ; Timbre soviétique de 4 kopecks portrait fictif d'Al-Khwarizmi, émis le 6 septembre 1989 à l'occasion de son 1 200e anniversaire (789-1989). © DR ; p. 224 : Proue du drakkar d'Oserberg. © N. Cirani / Bridgeman Images ; p. 225 : Détail de l'Arrivée des Hongrois, peinture de Arpad Feszty, 1894. © DR ; p. 226 : Le Pape Formose et Étienne VI, peinture de Jean-Paul Laurens, 1870, Nantes, musée des beaux-arts. © DR ; p. 227 : Le Mihrab de la mosquée de Cordoue en Espagne. Photo © Herve Gyssels / Bridgeman Images ; p. 228 : Shéhérazade, peinture de Paul-Émile Destouche, Cherbourg, musée d'Art Thomas Henry. © Bridgeman Images ; p. 229 : L'abbaye de Cluny depuis la tour des Fromages. © DR ; p. 230 : Verseuse à tête de phénix, © DR ; Vue imaginaire du mont Athos, projet de monument à la gloire d'Alexandre le Grand, gravure de Johann Bernhard Fischer von Erlach. © DR ; p. 231 : Hugues Capet couronné roi des Francs, enluminure ornant un manuscrit du XIIIe ou XIVe siècle. © DR.

XIe siècle p. 232 : Art byzantin, reliure de missel décorée de la représentation de l'archange saint- Michel. Feuilles d'or repousse et émaux. Icône, XIe siècle, Venise, trésor de saint Marc, Italie. © DeAgostini/Leemage ; p. 233 : Le monde représenté en cercle divisé en trois continents : Afrique, Asie, Europe. © DR ; p. 234 : Second Empire bulgare sous le règne du Tsar Samuel, campagne contre l'empereur byzantin Basile II dit «le Tueur de Bulgares». Peint par Emil Holarek, Berlin, Sammlung Archiv für Kunst und Bildgeschichte. © AKG Images ; p. 237: Main de Guido d'Arezzo (Guy d'Arezzo), bénédictin italien, théoricien de la musique (990-1050) et un des fondateurs de la dénomination des notes de musique. La main guidonienne sur laquelle sont placées les claves qui, dans le domaine du solfège, permettait de visualiser plus facilement les intervalles, in Scienta Artis Musicae, récit XIII, un traité de Hélia Salomon. © CPM/Leemage ; p. 238 : Reconstitution de la basilique Saint-Marc. © DR ; p. 239 : Un médecin soignant un patient, miniature tirée de Practica Chirurgiae (La pratique de la chirurgie) du médecin de l'école de Salerne Rogerius Salernitanus (Roger Frugard), XIVe siècle, Montpellier musée Atger. © DeAgostini/Leemage ; p. 240-241 : La comète de Halley annonçant la défaite d'Harold, tapisserie de Bayeux. © Bridgeman Images/Leemage ; p. 243 : Moine chartreux, gravure de Wenceslas Hollar. © DR ; Débarquement dans un port chinois, miniature extraite du livre Devisement du monde, 1298. © DR ; p. 244 : L'abbaye de Cluny. © DR ; Saint-Urbain II prêchant la croisade, mort de Guillaume II le Roux extrait des Grandes chroniques de France, enluminées par Jean Fouquet, vers 1455-1460. © DR ; p. 245 : Croisé agenouillé, miniature extraite du psautier de Westminster vers 1200. © DR ; p. 246-247 : La prise de Jérusalem par les croisés, 15 juillet 1099 par Émile Signol (1847). © DR ; Costumes français. Femmes portant les tenues des dynasties capétiennes de la deuxième moitié du Xe siècle au XIe siècle. Gravure in Histoire de la mode en France d'Augustin Challamel, Frances Cashel et John Lillie, 1882. © Heritage Images/Leemage ; p. 248 : La Chanson de Roland, enluminure des Grandes Chroniques de France, Saint-Pétersbourg, musée de l'Ermitage. © DR ; Enluminure du Codex Manesse. © DR ; p. 249 : Échiquier dit de Charlemagne, quadrige (tour), ivoire d'éléphant, XIe siècle, Italie méridionale, trace de peinture, d'un ensemble de 16 pièces conservées dans le trésor de Saint-Denis - Hauteur environ 8 cm — Paris, cabinet des médailles, © Siren-Com, licence CC BY, modifié par Anne Mayéras : https://commons.wikimedia.org/wiki/File:Echiquier_de_Charlemagne_quadrige%3Dtour_CdM.jpg ; Sculpture érotique Khajuraho en Inde. © VIARD M./HorizonFeatures/Leemage.

XIIe siècle p. 250 : Saint-Bernard avec les moines de l'abbaye Notre-Dame de Cîteaux, Chroniques des rois et ducs de Bourgogne, entre 1485 et 1490 S. Netherlands, Bruges. © British Library Board. All Rights Reserved / Bridgeman Images ; p. 252 : Croix héraldique. © DR ; p. 254 : Représentation d'Héloïse (1101-1164) et Abélard (1079-1142). Miniature tirée de Le roman de la rose de Jean de Meun ou de Meung (?-1250), 1460, Chantilly, musée Condé. © DR ; p. 257 : Assassinat de Thomas Becket, extrait des Chroniques de saint-Alban. © Bridgeman Images ; p. 258 : Schéma d'un emaki. © Binabik155, licence CC BY modifié par Anne Mayéras : https://commons.wikimedia.org/wiki/File:Emaki_-_sch%C3%A9ma.png ; la langue inconnue d'Hildegarde de Bingen. © DR ; p. 260-261 : Roman de Renart : Renart déguisé en évêque prêche un groupe d'oiseaux. Une autre scène décrit une femme attaquant le renard avec une quenouille, alors qu'il s'enfuit avec une oie dans la gueule. Manuscrit et miniature tirées des Décrétales de Grégoire IX de Raymond de Penafort (vers 1175-1275), texte France, 1300-1340 et illustrations, Angleterre, vers 1340. © The British Library Board/Leemage ; Costumes français, extrait des Costumes de toutes les nations d'Albert Kretschmer, 1891. © DR ; p. 262-263 : La prise de Jérusalem par le sultan Saladin en 1187. Miniature tirée de Chronique abrégée de David Aubert, XVe siècle Paris, Bibliothèque de l'Arsenal. © Photo Josse/Leemage ; Tenue de Samouraï. © Anne Mayéras. ; p. 264-265 : Saint-Jean d'Acre remise à Philippe Auguste et à Richard Cœur-de-Lion, le 13 juillet 1191. Peinture de Merry Joseph Blondel (1781-1853), 1840, musée de Versailles. © Photo Josse/Leemage ; Costumes français, extrait des Costumes de toutes les nations d'Albert Kretschmer, 1891. © DR.

XIIIe siècle p. 266 : Chantier de construction d'une cathédrale au Moyen-Âge. © Selva / Bridgeman Images. ; p. 267 : Labyrinthe de la cathédrale de Chartres. © Thurmanukyalur, licence CC BY, modifié par Anne Mayéras : https://commons.wikimedia.org/wiki/File:ChartresApproximation.svg ; labyrinthe dans la cathédrale Notre-Dame de Saint-Omer. © DR ; p. 268 : Chimu de style Sican : masque funéraire en or, émeraude et résine. Production anonyme. IXe siècle – XIe siècle a.p. J-.C. Lima, muséo de oro del Peru, Pérou. © DeAgostini/Leemage ; p. 269 : Illustration de l'ouvrage Margarita philosophica, (1504) de Gregor Reisch. © DR ; p. 270 : Croix occitane. © DR ; p. 271 : Autel de Verdun réalisé en or et émaille par Nicolas de Verdun (ca.1130/50-1205) : Moïse recevant les Tables de la Loi sur le mont Sinaï. XIIe siècle Klosterneuburg Vienne, Autriche. © DeAgostini/Leemage ; p. 272 : Bataille de Bouvines, enluminure des Grandes Chroniques de France, vers 1330, bibliothèque municipale de Castres. © DR ; L'armée quittant le champ de bataille de Bouvines, enluminure des Grandes Chroniques de France, Paris, bibliothèque nationale de France, © DR ; Philippe Auguste ramenant Ferrand de Portugal, comte de Flandre et Renaud comte de Boulogne, faits prisonniers à la bataille de Bouvines, enluminure des Grandes Chroniques de France. Paris, bibliothèque nationale de France. © DR ; p. 273 : Alma Mater (mère nourricière), emblème de l'université de Cambridge. © DR ; p. 274 : Portrait de Gengis Khan, XIVe siècle, © DR ; Légende de saint-François d'Assise. © DR ; p. 276 : Vitrail. © Anne Mayéras ; p. 277 : Vitraux de la Sainte-Chapelle, vers 1246-1248. © Bridgeman Images/Leemage ; p. 279 : Portrait de Robert Grosseteste. © DR ; p. 281 : Le Jardin des Plaisirs, l'amant et Dame Oyouse ou Dame Oisive entrant dans le jardin. Personnification du plaisir avec des personnes au repos, écoutant un joueur de luth ou de mandoline, autour de la fontaine de Narcisse. Les hommes en bleu portent une kyrielle (ceinture avec plusieurs sacs) in Le Roman de la Rose, par Guillaume de Lorris (vers 1200-1238) et Jean de Meun (1240-1305), vers 1490-1500, © The British Library Board/Leemage. ; p. 282 : Les derviches (moines musulmans) tourneurs. Miniature tirée d'un manuscrit du 16e siècle. Istanbul. Bibliothèque d'Ahmed III (palais de Topkapi). © Aisa/Leemage ; p. 284 : La stavkirke de Heddal, la plus grande église en bois debout de Norvège. © Bridgeman Images ; p. 286–287 : Les vêpres siciliennes. Soulèvement sicilien contre la domination féodale du roi français Charles d'Anjou (1226-1285) en 1282, les émeutes débutent à l'heure des vêpres à Palerme, les siciliens massacrent les troupes françaises. Détail. Peinture d'Erulo Eroli (1854-1916), 1890-1891, Palerme, Civica Galleria d'Arte Moderna Empedocle Restivo. © DeAgostini/Leemage ; p. 288 : Carte Pisane, © DR ; Barbette et touret. © DR ; p. 289 : Buste de Louis IX. © DR ; p. 290 : Le renoncement aux biens. Saint-François rend les habits à son père. Peinture de Giotto di Bondone, 1295-1300. Assise, basilique Saint-François. © Luisa Ricciarini/Leemage ; p. 291 : Mosaïque représentant Marco Polo, palais municipal de Gênes. © DR.

XIVe siècle p. 292 : Mappemonde d'Ebstorf réalisée par Gervais de Tilbury. © DR ; p. 293 : Illustration de la Terre sphérique dans L'Image du monde de Gautier de Metz. © DR ; p. 294 : Enluminure extraite des Chroniques de France ou de Saint-Denis représentant la bataille de Courtrai ou bataille des éperons d'or, Londres, British Library. © DR ; p. 295 : Le marchand de volailles ou paysans au marché, peintures de Joachim Bueckelaer, musée des Beaux-Arts de Vienne. © DR ; p. 296 : Jacques de Molay (1243-1314) 23e et dernier grand maître de l'ordre des Templiers brûlé vif sur ordre de Philippe IV, Gravure de Ludovic Mouchot. © MEPL/Bridgeman Images ; p. 297 : Mademoiselle George dans le rôle de Marguerite de Bourgogne dans la pièce de théâtre La Tour de Nesle d'Alexandre Dumas, 1832. © DR ; La tour de Nesle, gravure de Jacques Callot, vers 1630. © DR ; p. 298 : Philippe IV le Bel d'après le Recueil des rois de France de Jean Du Tillet. © DR ; Béguine de Bruxelles. © DR ; p. 299 : Illustration du XIIIe siècle montrant les veines. © DR ; p. 300–301 : Détail de l'Atlas catalan représentant Kanga Mussa, © DR ; Guerre de 100 ans : la bataille de Crécy le 26 août 1346. Miniature du Moyen Âge tirée du manuscrit Chroniques de Jean Froissart (1337 - 1400), XIVe siècle, Paris, BNF, © Photo Josse/Leemage ; p. 302–303 : Dante Alighieri par Andrea del Castagno. © DR ; Surcot. © DR ; Costumes français, extrait des Costumes de toutes les nations d'Albert Kretschmer, 1891. © DR ; p. 303 : Détail de « Effets du bon et du mauvais gouvernement a la ville et à la campagne ». Les effets du bon gouvernement à la ville : des jeunes gens en train de danser. Fresque de Ambrogio Lorenzetti (1290-1348), 1338. Salle des Neufs, du Palazzo Pubblico de Sienne. © Electa/Leemage ; costumes français, extrait des Costumes de toutes les nations d'Albert Kretschmer, 1891. © DR ; p. 304 : Heure de Jeanne d'Evreux, l'Arrestation du Christ et de l'Annonciation, New York Metropolitan Museum. © DR ; Costume de théâtre : acteur masqué exécutant la danse shikisamba, prélude à la représentation d'un drame no, peinture sur soie de Maruyama Okyo (1733-1795). Japon, période Edo (1603-1868). Collection privée © Deagostini/Leemage ; p. 305 : Illustration du Tacuinum sanitatis représentant l'été. © DR ; p. 306 : Miniature extraite de la Bible de Toggenburg-Suisse de 1411 représentant des pestiférés. © DR ; Moyen Âge : vue du palais des Papes à Avignon, à l'époque où il était la résidence des papes. Dans le jardin, des membres de la curie se promènent pour admirer les animaux exotiques (chameau, lions) XIVe siècle. © Giorgio Albertini/Leemage ; p. 308 : Retour de Jean II le Bon en Angleterre, enluminure des Grandes Chroniques de France de Charles V, 1370-1379, Paris, BNF. © DR ; p. 309 : Assassinat d'Étienne Marcel, riche drapier et prévôt des marchands par l'échevin Jean Maillart. Gravure extraite des Fastes populaires ou histoire des actes héroïques du peuple et de son influence sur les sciences, les arts, l'industrie et l'agriculture, d'Alphonse Esquiros, 1851-1853. © Bianchetti/Leemage ; p. 310 : Franc à cheval, Jean II. © DR. ; p. 311 : Vue de l'intérieur d'une maison close, des couples nus buvant et mangeant dans des bassines, un autre dans un lit. Miniature tirée du Le livre de Valére Maxime», XVe siècle manuscrit 5196 fol. 372 Paris, bibliothèque de l'Arsenal. © Photo Josse/Bridgeman Images ; p. 312 : Portrait de Zhu Yuanzhang © DR ; p. 313 : La cour de l'Alhambra au temps des Maures, tableau d'Edwin Lord Weeks. © DR ; La mort de Du Guesclin au siège de Randon en 1380. Illustration de la Chronique d'Angleterre de Jean de Wavrin. Londres, British Library. © DR ; p. 314 : Le Décaméron. Composition inspirée par le recueil de nouvelles de Giovanni Boccaccio (Jean Boccace, 1313-1375), les dix jeunes gens sont rassemblés dans la campagne idyllique autour de Florence (Italie) afin de fuir la peste Peinture de Franz-Xavier Winterhalter (1805-1873), huile sur toile, 1837, Liechtenstein Museum. © FineArtImages/Leemage ; p. 317 : Les Juifs au Moyen-Age, tableau de Karel Ooms, 1890, musée royal des Beaux-Arts d'Anvers. © DR.

XVe siècle p. 318 : saint-Pierre guérit l'infi me et ressuscite Tabitha, fresque de Masolino di Panicale et Masaccio. © DR ; p. 319 : Détail de La Porte du Paradis, réalisée par Lorenzo Ghiberti. © DR ; p. 320 : Portrait du prêtre Jean. Estampes de Nicolas de Larmessin, 1690. © DR ; Statue de Tamerlan. © DR ; p. 321 : Jonques chinoises du grand Zheng He, eunuque chinois et explorateur maritime. © Renaud/Leemage ; p. 322 : Christine de Pisan écrivant dans sa chambre, 1407 © DR. ; Jeu de paume, gouache sur papier, John Millar Watt. © Look and Learn / Bridgeman Images ; p. 323 : Détail du puits de Moïse, chartreuse de Champmol, Dijon. © Peter Willi / Bridgeman Images ; p. 324 : La Sainte-Trinité par Andreï Roublev. © DR ; p. 325 : Une disputation. Johannes von Armsshein, gravure sur bois, 1483. © DR ; p. 326 : La bataille d'Azincourt. Enluminure du folio 11 recto du manuscrit Les Vigiles de Charles VII de Martial d'Auvergne, vers 1484. © DR ; p. 327 : Les très riches heures du Duc de Berry, février ; les très riches heures du Duc de Berry, octobre. © DR ; p. 328 : La cité interdite, tour d'angle nord-ouest. © Tristan Jeanne-Valès/ Leemage ; p. 329 : Le paiement du Tribut, fresque de Masaccio, 1420, © DR ; Portrait d'Antoine de Bourgogne, © DR ; p. 331 : L'entrée de Jeanne d'Arc à Orléans, de Jean-Jacques Scherrer 1887, musée des Beaux-Arts d'Orléans. © DR ; p. 332 : Les époux Arnolfini peinture sur bois de Jan Van Eyck, 1434. Londres, National Gallery. © DR ; p. 333 : Cosme partant pour l'exil, peinture de Giorgio Vasari. © DR ; Le travail à l'imprimerie, gravure de Chodowiecki Basedow Tafel. © DR ; Portrait de Johannes Gutenberg, gravure de Nicolas de Larmessin, vers 1650. © DR ; p. 334 : Henri le Navigateur en réunion avec ses cartographes. Peinture d'Adriano Sousa Lopes, XIXe siècle. © MP/Leemage ; p. 336 : Vierge entourée de séraphins et de chérubins, Jean Fouquet, diptyque de Melun (1452-1453) figu ant Agnès Sorel. Musée royal des Beaux-Arts d'Anvers. © DR ; p. 337 : Miniature réalisée par Étienne Colaud extraite du manuscrit Les Chants royaux sur la Conception, © DR ; La mort de John Talbot à la bataille de Castillon. Enluminure du folio 229 du manuscrit de Martial d'Auvergne, Les Vigiles de Charles VII, vers 1484. Paris, BNF. © DR ; p. 338 : L'entrée du Sultan Mehmet II à Constantinople, peinture à l'huile de Jean-Joseph-Benjamin Constant, 1876. Toulouse, musée des Augustins. © DR ; p. 339 : Portrait de Charles VII par Jean Fouquet, vers 1445-1450, Paris, musée du Louvre. © DR ; Le vœu du faisan. © DR. ; p. 340 : Vue d'artiste de Jacques Cœur. © DR ; p. 341 : Le Couronnement de la Vierge, Fra Angelico, 1434-1435. © DR ; Portrait apocryphe du poète François Villon. © Gusman / Bridgeman Images ; p. 342–343 : Tarot dit de Charles VI, de gauche à droite : Le Pape, Le Chariot, Le Fou, La Justice, Le Pendu, Le Valet d'épées, © DR ; Intérieur de la mosquée de Tabriz. © Stefan Auth/ImageBroker/Leemage ; p. 344 : Portrait de Manco Capac, premier empereur du peuple Inca. © DR ; Pachacutec selon la chronique de Martin de Murua (1615). © DR ; Un Chaski jouant du pututo (coquille de conque). © DR ; Représentation du quipu inca. © DR ; p. 345 : Détail de la Chambre des époux d'Andrea Mantegna. © DR ; Portrait de Vlad Tepes III dit «L'Empaleur» ou Dracula. Peinture anonyme du XVIe siècle. © Luisa Ricciarini / Bridgeman Images ; p. 346 : Charles le Téméraire, gravure du XVIIe siècle, © DR ; Costumes français extrait des Costumes de toutes les nations d'Albert Kretschmer, 1891. © DR ; p. 347 : Kremlin de Moscou, peinture d'Apollinaire Vasnetsov, © DR ; costumes français et costume italien extrait des Costumes de toutes les nations d'Albert Kretschmer, 1891. © DR ; p. 348 : Le Printemps, tempera sur panneau de bois de Botticelli, 1478-1482, Florence, Galerie des Office . © DR ; p. 349 : Jean Pic de la Mirandole, Florence, Galerie des Office . © DR ; p. 350–351 : Richard Neville, Comte de Warwick, le faiseur de rois. © DR ; Philippa de Hainaut. © DR ; vue d'artiste d'Édouard III, Londres, National Portrait Gallery, fin du XVIe siècle. © DR ; Édouard de Woodstock dit le Prince Noir. © DR ; Edmond de Langley. © DR ; Richard II. © DR ; Richard de Conisburgh, comte de Cambridge. © DR ; Cécile Neville. © DR ; Richard Plantagenêt dit Richard d'York. © DR ; Élisabeth Woodville. © DR ; Édouard IV d'York. © DR ; Richard III de Gloucester. © DR ; Édouard V et son frère Richard de Shrewsbury par John Everett Millais, 1878. © DR ; Jean de Gand. © DR ; Henri IV de Lancastre. © DR ; Henri V de Lancastre. © DR ; Catherine de Valois. © DR ; Marguerite d'Anjou. © DR ; Henri VI de Lancastre. © DR ; Édouard de Westminster. © DR ; Élisabeth d'York. © DR ; Owen Tudor. © DR ; Edmond Tudor. © DR ; Margaret Beaufort. © DR ; Henri VII Tudor. © DR. ; p. 352 : Enluminure représentant le vol de deux sorcières sur un balai et un bâton, Martin Le Franc, Le Champion des Dames, XVe siècle. © DR ; Danse macabre, extrait de la Chronique de Nuremberg 1493. © DR ; p. 353 : La fête des fous et des diacres au XVIIe siècle, gravure, XIXe siècle. © Photo Josse/Leemage ; p. 354-355 : L'arrivée de Christophe Colomb en Amérique, gravure de Louis Prang, Boston 1893. © DR ; Le planisphère de Cantino, 1502, © DR ; Portrait de Vasco de Gama. © DR ; p. 356 : La capitulation de Grenade par Francisco Pradilla y Ortiz, 1882. © DR ; p. 357 : L'entrée de Charles VIII dans Florence en 1494, peinture de Giuseppe Bezzuoli, huile sur toile, 1829, Florence, galerie d'art moderne. © Bridgeman Images ; p. 358 : Plan de Paris dressé par Aristide-Michel Perrot pour servir à la lecture de l'Histoire des ducs de Bourgogne, de Prosper Brugière Barante. © DR ; Coing, chou, melon et concombre, par Juan Sanchez Cotan, vers 1602, Musée d'art de San Diego. © DR ; Portrait de Girolamo Savoranola, huile sur panneau de bois de Fra Bartolomeo. © DR ; p. 359 : L'exécution de Jérôme Savonarole sur la Piazza della Signoria devant le Palazzo Vecchio. Peinture anonyme de 1650. Florence, Couvent-musée San Marco. © DR ; p. 360 : résidence du prince Louis-Napoléon à Augsbourg, extrait du journal Die Gartenlaube d'Ernst Keil. © DR ; p. 361 : La Pieta, Sculpture en marbre de Michelangelo Buonarroti dit Michel-Ange entre 1498 et 1500. Rome, basilique Saint-Pierre. © Luisa Ricciarini/Leemage.

XVIe siècle p. 362–363 : Le jardin des délices, peinture de Jérôme Bosch, huile sur bois, 1490-1500, Madrid, musée du Prado. © Bridgeman Images ; p. 364 : Le Pape Jules II, peinture de Raphaël, huile sur bois, 1511 ; Le Pape Alexandre VI, peinture de Cristofano dellAltissimo. © DR ; p. 365 : La Joconde, peinture de Leonard de Vinci, huile sur bois, 1503-1519, Paris, musée du Louvre. © DR ; p. 366 : Planisphère de Waldseemüller, 1507. © DR ; p. 367 : Jardins de Ryoan-Ji. © Bjørn Christian Tørrissen, licence CC BY https://commons.wikimedia.org/wiki/File:Ryoan-ji-Garden-2018.jpg ; p. 368 : Gravure sur bois illustrant les effets du séisme de 1509, auteur inconnu. © DR ; morue. © DR ; p. 369 : Mamelouk de Constantinople, dessin d'Octavien Dalvimart (ou D'alvimart) gravure de F. H. Clark, extrait de l'ouvrage Costumes militaires de la Turquie de Thomas McLean, 1813. © DR ; Érasme, peinture de Hans Holbein, 1523, Bâle, musée d'Art. © DR ; Tapis de Tabriz. © Arie M. den Toom, licence CC BY : https://commons.wikimedia.org/wiki/File:Tabriz_01_w.jpg. ; p. 370 : La Bataille de Marignan, 14 septembre 1515, peinture d'Alexandre-Évariste Fragonard, huile sur bois, 1836, Versailles, musée de l'Histoire de France. © Bridgeman Images/Leemage ; Le cagot allégorique, gravure de 1823 in Songes drolatiques de Pantagruel de Rabelais. © Jean Bernard/Leemage ; p. 371 : Buste de Khayr al-Din barberousse, Mersin, musée naval, © DR ; Reconstitution du ghetto juif de Venise avec les synagogues dans le quartier de Cannaregio, illustration de Giorgio Albertini. © Giorgio Albertini/Leemage ; p. 372 : Martin Luther, peinture de Lucas Cranach l'Ancien, huile sur toile, 1528, © DR ; Les proportions humaines d'après Vitruve ou l'homme de Vitruve, plume, encre et aquarelle sur pointe d'argent par Leonard de Vinci, 1490, Venise, Galerie dell'Accademian. © Immagina/Leemage ; p. 373 : Portrait d'une jeune femme (La Fornarina), peinture de Raphaël, huile sur bois, 1518-1519, Rome, Galerie nationale d'art antique. © DR. ; p. 374 : La Noche Triste le 30 juin 1520, les guerriers Aztèques massacrent les troupes d'Hernan Cortes obligées de s'enfuir de Tenochtitlan (actuelle Mexico), lithographie du XIXe siècle d'après une peinture de O. Graeff. © North Wind Pictures/Leemage ; p. 375 : Combat de lutte lors de la rencontre du Camp du Drap d'Or, tapisserie, vers 1520. © DR ; p. 376 : Violon d'Antonio Stradivari, New York, Metropolitan Museum of Art, © DR ; Le roi Manuel Ier, enluminure issue de la Généalogie des rois de Portugal, XVIe siècle. © DR ; Soliman le Magnifique jeune homme, miniature ottomane, 1579, Istanbul Palais de Topkapi. © DR ; p. 377 : François Ier, peinture de Jean Clouet, huile sur bois, 1515, Chantilly, musée Condé. © DR ; Portrait de Louise de Savoie, mère de François Ier, peinture de Jean Clouet, huile sur bois, Toulouse, fondation Bemberg. © DR ; François Ier, Titien, 1539, Paris, musée du Louvre. © DR ; Portrait de Soliman attribué au Titien, 1530, Vienne, musée d'histoire de l'art. © DR ; p. 378 : Baldassare Castiglione, peinture de Raphaël, huile sur toile, 1514-1515, Paris, musée du Louvre. © DR ; Louise de Savoie, pierre noire et sanguine, Paris, BNF. © DR ; Guillaume Budé, chalcographie de Jean-Jacques Boissard, Trente, bibliothèque municipale. © DR ; p. 379 : Marguerite d'Autriche portant le deuil, peinture de Bernard van Orley huile sur panneau, 1510-1520, Bruxelles, musée royaux des beaux-arts. © DR ; Portrait présumé du médecin Paracelse, peinture anonyme du XVIIe siècle. © DR ; p. 381 : Nicolas Machiavel, peinture de Santi di Tito, huile sur panneau, Florence, Palazzo Vecchio. © DR ; p. 382 : Gargantua, illustration de Gustave Doré. © Bianchetti/Leemage ; p. 383 : Jacques Cartier, sa première entrevue avec les Indiens à Hochelaga (actuelle Montréal), Washington, Bibliothèque du Congrès. © DR ; Portrait d'Henry VIII d'Angleterre, peinture de Hans Holbein, huile sur bois, 1537, Madrid, musée Thyssen-Bornemisza. © DR ; Portrait de Roxane, auteur inconnu, huile sur toile, Istanbul, Palais de Topkapi. © DR ; p. 384 : Thomas More, peinture de Hans Holbein le Jeune, huile sur panneau, 1527, New York, The Frick Collection. © DR ; François Ier, peinture de Jean Clouet, huile sur bois 1530. © DR ; L'empereur Charles, peinture de Juan Pantoja de la Cruz, d'après Titien, Madrid, musée du Prado. © DR ; p. 385 : Portrait d'une jeune femme vénitienne, peinture d'Albrecht Dürer, huile sur panneau, 1505, Vienne, musée d'histoire de l'art. © DR ; p. 386-387 : Château de Chambord, © Bridgeman Images ; Codex Mendoza, 1534, Oxford, bibliothèque Bodléienne. © DR, licence CC BY: https://commons.wikimedia.org/wiki/File:Bodl_Arch.Selden.A.1_roll113D_frame69.jpg ; p. 388 : Copernic, peinture de Jan Matejko, huile sur toile, 1872, Cracovie, Collegium Maius. © DR ; p. 389 : Ivan le Terrible et son fil , peinture de Ilia Répine, huile sur toile, 1885, Moscou, Galerie Tretiakov. © DR ; p. 390 : Vénus d'Urbain, peinture du Titien, huile sur toile, 1538, Florence, Galerie des Office . © DR ; p. 391 : Nezahualpilli, souverain de Texcoco, Codex Ixtlilxochitl. © DR ; Marguerite de Navarre, peinture de Jean Clouet, 1527, Liverpool, Walker Art Gallery. © DR ; p. 392 : Portrait équestre de Charles Quint à Mühlberg, peinture du Titien, huile sur toile, 1547, Madrid, musée du Prado. © DR ; p. 393 : Henri II roi de France, peinture de François Clouet, huile sur panneau, Florence, musée des Office . © DR ; Philippe II d'Espagne, peinture de Sofonisba Anguissola, huile sur toile, 1573, Madrid, musée du Prado. © DR ; Élisabeth, sœur du roi Henri II et seconde épouse de Philippe II et Henri II, extrait des Costumes de toutes les nations d'Albert Kretschmer, 1891. © DR ; p. 394 : Le Comte Gabriel de Montgomery blessant mortellement le roi Henri II lors d'un tournoi le 30 juin 1559 à Paris, gravure du XIXe siècle. © Photo Josse/Leemage ; p. 395 : L'Ortolano, (le Jardinier) peinture de Giuseppe Arcimboldo, peinture à l'huile sur bois, 1587-1590, Crémone, musée Civico Ala Ponzone. © DR ; Ensemble de gravures de costumes d'Allemagne du XVIe siècle, 1600. © DR ; p. 396 : La Moisson, peinture de Pieter Bruegel l'Ancien, huile sur bois, 1565, New York, Metropolitan Museum. © DR ; p. 397 : Le médecin Ambroise Paré pratique la ligature des artères sur un arquebusier blessé lors du siège de Metz par Charles Quint en 1553, détail d'une peinture de Théobald Chartran, Paris, La Sorbonne. © Photo Josse/Leemage ; p. 398–399 : Le massacre de la Saint-Barthélemy, peinture de François Dubois, huile sur bois, 1572-1584, Lausanne, musée cantonal des beaux-arts. © G. Dagli Orti /De Agostini Picture Library / Bridgeman Images ; p. 400 : L'empereur moghol Akbar préside une assemblée religieuse à la Maison d'adoration à Fatehpur Sikri, les deux hommes vêtus de noir sont les missionnaires jésuites Rodolfo Acquaviva et Francisco Henriques, miniature de Nar Singh, 1605. © DR ; p. 401 : L'Ogre, sculpture de l'architecte Pirro Ligorio, dans le parc des monstres, aussi connu sous le nom de bois sacré. © De Agostini Picture Library / G. Barone / Bridgeman Images ; p. 402 : Pierre de Ronsard, gravure de Louis-Jean-Désiré Delaistre d'après Friedrich Bouterwek. © DR ; Mary, reine d'Écosse, peinture de François Clouet, 1558-1560, Royal Collection. © DR ; **p. 403 :** Bataille entre l'Armada espagnole et la flotte anglaise, © DR ; Henri de Guise représenté avec sa balafre sur la joue vers 1575-1580, Paris, musée du Louvre. © DR ; **p. 404 :** L'entrée d'Henri IV à Paris, gravure de Paolo Toschi d'après François Gérard, 1826, © DR ; **p. 405 :** Michel de Montaigne, peinture anonyme, © DR ; Le portrait Droeshout, gravure sur cuivre de Martin Droeshout, 1622, © DR ; Illustration du Jin Ping Mei. © DR.

XVIIe siècle **p. 406 :** Le mariage par procuration de Marie de Médicis et d'Henri IV à Florence le 5 octobre 1600, peinture de Pierre Paul Rubens, 1621-1625. © Louvre, Paris, France, Bridgeman Images/Leemage ; p. **408 :** Le missionnaire italien jésuite Matteo Ricci et le ministre et mathématicien Xu Guanggi baptisé en 1603, peinture anonyme. © Selva/Leemage ; p. **409 :** Portrait allégorique de la reine Élisabeth Ire auteur inconnu, vers 1610. © DR ; He-gassen ou concours de pets. © DR ; **p. 410 :** Arlequin, 1671, tiré de Masques et bouffons, (comédie italienne), texte et dessins par Maurice Sand, gravures par Alexandre Manceau, préface de George Sand, 1860. © Selva/Leemage ; Portrait de Jacques Ier, peinture de Paul van Somer, huile sur toile, vers 1620. © DR ; **p. 412 :** Frontispice de l'Orfeo. © DR ; p. **413 :** L'assassinat d'Henri IV et l'arrestation de Ravaillac le 14 mai 1610, peinture de Charles-Gustave Housez, 1860, Pau, musée national du château. © Photo Josse/ Bridgeman Images ; **p. 416 :** Hasekura Tsunenaga à Rome, peinture de Claude Deruet, Rome, Galerie Borghèse. © DR ; Le Temple de la Rose-Croix, gravure du Speculum Sophicum Rhodostauroticum (Miroir de la sagesse des Rose-Croix) de Tophilus Schweighardt Constantiens (pseudonyme de Daniel Mögling), 1618. © DR ; **p. 417 :** Concino Concini, maréchal d'Ancre assassiné sur le pont du Louvre à Paris, le 24 avril 1617 par Louis XIII et ses courtisans, illustration de Maurice Leloir dans Richelieu, 1901. © Photo Josse/Leemage ; **p. 418 :** Représentation artistique de Pocahontas sauvant le capitaine John Smith, 1870. © DR ; La défenestration de Prague : ce prospectus de 1618 représente, non un tas de fumier, mais des pierres au pied des fenêtres. © DR ; **p. 419 :** Le Mayflower dans le port de Plymouth, peinture de William Halsall, 1882. © DR ; **p. 421 :** Le Cardinal Richelieu au siège de La Rochelle, peinture d'Henri-Paul Motte, La Rochelle, musée d'Orbigny Bernon. © DR ; **p. 422 :** Éruption du Vésuve en 1631, gravure de Matthäus Merian d'après un dessin de Joachim von Sandrart, 1631. © DR ; **p. 423 :** Détail de Galilée devant le tribunal de l'Inquisition, peinture de Joseph Clérian, Aix-en-Provence, musée Granet. © DR ; **p. 424 :** Le débarquement de la reine à Marseille, peinture de Pierre-Paul Rubens, huile sur toile, 1622-1625, Paris, musée du Louvre. © DR ; **p. 425 :** Tulipa Octaviani et Tulipa Elegant illustrations de Crispin de Passe l'Ancien extraites de l'ouvrage Hortus Floridus, 1614. © The Stapleton Collection / Bridgeman Images ; **p. 426 :** Et in Arcadia Ego (deuxième version) peinture de Nicolas Poussin, huile sur toile, 1638-1640, Paris, musée du Louvre. © DR ; p. **427 :** Devchirmé en Bulgarie, gravure de 1558 exposée au palais de Topkapi. © DR ; Fauteuil de style Louis XIII. © De Agostini Picture Library / J. M. Zuber / Bridgeman Images ; **p. 428 :** Réplique de la machine à calculer de Pascal, © SSPL/Leemage ; Anne d'Autriche, reine de France. © DR ; **p. 429 :** Miyamoto Musashi, estampe de Yoshitoshi extraite de l'ouvrage Cent histoires de fantômes du Japon et de la Chine, 1865-1866. © Woodbury & Page / Bridgeman Images. ; **p. 430 :** Apollon servi par les nymphes, dessin de Charles Lebrun, New York, Metropolitan Museum. © DR ; **p. 431 :** Exécution du roi Charles Ier d'Angleterre à Whitehall le 30 janvier 1649, gravure sur bois coloriée. © Granger / Bridgeman Images ; **p. 432 :** René Descartes d'après Frans Hals, huile sur toile, Paris, musée du Louvre. © DR ; Portrait de Christine de Suède, gravure de Pieter de Jode l'Ancien, Berlin, musée historique allemand. © DHM / Bridgeman Images ; **p. 433 :** Gentilhomme en habit d'épée, gravure de Bonnart, 1675, Paris, Bibliothèque Nationale de France. © Bridgeman Images. ; **p. 434 :** Dans la nuit du 9 février 1651, au Palais-Royal, Anne d'Autriche montre Louis XIV endormi, aux Frondeurs, pour les rassurer sur la présence du roi à Paris, chromotypographie in Le Roy Soleil (Louis XIV) de Gustave Toudouze, illustration de Maurice Leloir (1853-1940), 1904. © Lee/Leemage ; **p. 435 :** Dessin à la plume du frontispice du manuscrit du Léviathan offert en 1651 par Hobbes à Charles II. Londres, British Library. © DR ; **p. 436 :** Une vue de Delft après l'explosion, huile sur panneau, © Bridgeman Images. ; **p. 437 :** Première carte détaillée de la Lune par Johannes Hevelius en 1647. Bibliothèque de l'observatoire astronomique de Brera, Italie. © De Agostini Picture Library / G. Cigolini / Bridgeman Images ; **p. 438 :** Entrevue de Louis XIV et Philippe IV sur l'île des Faisans peinture de Jacques Laumosnier, Le Mans, musée de Tessé. © Bridgeman Images ; **p. 439 :** Le Potala, dessin du jésuite autrichien Johann Grueber en 1661 publié dans China illustrata, de Athanasius Kircher, 1667. © DR ; Commode et horloge avec socle d'André-Charles Boulle, New York, Metropolitan Museum. © DR ; **p. 440 :** Portrait de Nicolas Fouquet, peinture d'Édouard Lacretelle, 1888. © DR ; Vue ancienne de Québec, gravure extraite de l'ouvrage Histoire des États-Unis publiés par Peter et Galpin Cassel en 1890. © Bridgman Images ; p. **441 :** L'acteur comique Du Croisy dans le rôle de Tartuffe en 1668. © Aisa/Leemage ; A Journal of the Plague Year, Journal de l'Année de la peste, roman de Daniel Defoe publié en 1722. © DR ; **p. 442 :** Le Grand Incendie de Londres en septembre 1666, Yale Center for British Art, Paul Mellon Collection, USA. © / Bridgeman Images ; **p. 443 :** Jean-Baptiste Lully, Surintendant de la musique du Roy, gravure d'Henri Bonnart, 1711. © DR ; **p. 445 :** Vue des chutes du Niagara, gravure extraite de l'ouvrage Nouvelles Découvertes d'un très grand pays de Louis Heppenin missionnaire et explorateur français. © DeAgostini/ Leemage ; **p. 447 :** Marie Madeleine Dreux d'Aubray, marquise de Brinvilliers versant du poison dans le verre de l'une de ses victimes, illustration extraite du petit journal illustré 1931. © Lee/Leemage ; **p. 449 :** Vue du château et des jardins de Versailles, peinture de Pierre Patel, 1668. © DR ; **p. 451 :** Louis XIV recevant les ambassadeurs du Siam à Versailles, peinture de Jacques-Edmond Leman, 1865-1867. © Bridgeman Images ; **p. 452 :** Le Bill of Rights présenté au roi Guillaume d'Orange et à la reine Marie, gravure de Samuel Wale, 1783. © DR ; **p. 453 :** Image représentant la Querelle des Anciens et des Modernes, gravure du XIXe siècle. © Selva/Leemage ; **p. 454 :** Les Sorcières de Salem, gravure de Joseph E. Baker, 1892. © DR ; **p. 455 :** Marie de Rabutin-Chantal, dit Madame de Sévigné gravure de Georges-Jacques Gatine d'après une illustration de Louis-Marie Lante in Galerie Française des femmes célèbres, 1827. © Bridgeman Images ; **p. 457 :** Le géographe, peinture de Johannes Vermeer, huile sur toile, 1668-1669. © DeAgostini/Leemage.

XVIIIe siècle **p. 458 :** Détail de la promenade de Louis XIV en vue du Parterre du Nord dans les jardins de Versailles, peinture d'Étienne Allegrain, huile sur toile, entre 1688 et 1695 château de Versailles. © Bridgeman Images ; **p. 459 :** Philippe V roi d'Espagne, peinture de Hyacinthe Rigaud, huile sur toile, 1701, château de Versailles. © DR ; **p. 460 :** Plan de la ville de Neuf-Brisach, construite sur ordre de Louis XIV après la perte du Vieux-Brisach sur le Rhin, vers 1697. DR ; **p. 461 :** Asano Naganori, daimyo (ou seigneur) d'Ako, estampe de Tsukioka Yoshitoshi, 1869. © Pictures from History / Bridgeman Images ; Lecture du Daily Courant, gouache sur papier de Peter Jackson, collection privée. © Look and Learn / Bridgeman Images ; **p. 462 :** Portrait de Catherine I, peinture de Jean-Marc Nattier, huile sur toile, 1717, Saint-Pétersbourg, musée de l'Ermitage. © DR ; Portrait de Pierre le Grand, peinture de Jean-Marc Nattier, huile sur toile, 1717, Saint-Pétersbourg, musée de l'Ermitage. © DR ; **p. 463 :** Marche et convoi funèbre de Louis le Grand, Jacques Chiquet, 1715. © DR ; Navire négrier. © DR ; Plan, profil et distribution du navire La Marie Séraphique de Nantes, René Lhermitte, vers 1770. © DR ; **p. 464-465 :** L'enseigne de Gersaint, peinture de Jean-Antoine Watteau, 1720, Berlin, château de Charlottenburg. © Electa/Leemage ; Portrait de Montesquieu, auteur inconnu, huile sur toile. © DR ; Vignette extraite de la première édition des Lettres Persanes de Montesquieu, auteur inconnu. © DR ; **p. 466 :** Statues de Moais, Ahu Tongariki, Parc national de Rapa Nui sur l'île de Pâques. © DeAgostini/Leemage ; Antonio Stradivari luthier 1644-1737, gravure de Frédéric-Désiré Hillemacher, 1866. © DR ; **p. 467 :** Philippe de France, duc d'Anjou, auteur inconnu, huile sur cuivre. © DR ; La taverne « L'Oie et le Gril» à Londres où fut fondée la première Grande loge de la franc-maçonnerie le 24 juin 1717. © DR ; **p. 468-469 :** Le patinage au XVIIIe siècle sur la Glacière de Gentilly, gravure du XVIIIe siècle. © MEPL / Bridgeman Images ; **p. 470 :** Paris, ses faubourgs et ses environs, plan de Roussel, 1731, Washington, bibliothèque du Congrès. © DR ; **p. 471 :** Portrait de Tokugawa Yoshimune, couleurs sur soie, 1929, Tokyo, Fondation Tokugawa. © DR ; Portrait de Théodore Ier gravure de Charles Mosley d'après Gravelot, 1730-1739, Londres, British Museum. © DR ; **p. 472 :** Benjamin Franklin portant l'uniforme de l'Union Fire Company qu'il a fondée en 1736 à Philadelphie, lithographie en couleur. © American School / Private Collection / Peter Newark American Pictures / Bridgeman Images ; Beer Street, gravure de William Hogarth, 1751, Washington, National Gallery of Art. © DR ; p. **473 :** Thermomètre datant du XVIIIe siècle, Florence, musée Galilée © Musée Galilée, licence CC BY : https://fr.wikipedia.org/wiki/Fichier:Termometro_a_mercurio_inv_2029_IF_22548.jpg ; Le Président de Rieux, portrait de Gabriel-Bernard de Rieux, pastel de Maurice-Quentin de La Tour, 1739-1741. © DR ; **p. 474 :** Portrait de Pierre Carlet de Chamblain de Marivaux, peinture de Louis-Michel van Loo, 1753. © DR ; Bataille de Culloden, peinture de David Morier, huile sur toile, 1746. © DR ; **p. 475 :** Le salut avant la bataille de Fontenoy le 11 mai 1745, peinture d'Édouard Detaille, Paris, musée de l'armée. © Photo Josse/ Leemage ; **p. 476 :** Portrait de Denis Diderot, peinture de Louis-Michel van Loo, huile sur toile, 1767, Paris, musée du Louvre. © DR ; Encyclopédie de Diderot et d'Alembert, planche : taille de la plume. © LessayCatus, licence CC BY : https://commons.wikimedia.org/wiki/File:Diderot-plume.jpg ; **p. 477 :** Temple du Ciel à Pékin. © De Agostini Picture Library / W. Buss / Bridgeman Images ; L'hôpital de Pennsylvanie, gravure de William Strickland. © DR ; **p. 478 :** Costume de magicien pour l'opéra de Dardanus, tragédie lyrique de Jean-Philippe Rameau, extrait de l'ouvrage Menus plaisirs du roi, ballets et costumes, 1765-1789, vol.1. © Selva/Leemage ; Le British Museum à Montague House, gravure de John Roffe d'après Auguste Pugin, 1823. © Wellcome Collection, licence CC BY : https://wellcomecollection.org/works/kfmvvphk?wellcomeImagesUrl=/indexplus/image/V0013506.html ; **p. 479 :** Louis Mandrin, collection privée, auteur inconnu. © DR ; Pascal Paoli, général et corse. © Heritage Images/Leemage ; **p. 480 :** Un des bureaux du petit poste de Paris organisé en 1760 par Piarron de Chamousset, gravure du XVIIIe siècle. © PVDE / Bridgeman Images ; **p. 481 :** Pierre III et Catherine II, peinture de Georg Cristoph Grooth, huile sur toile, 1745, Odessa, Art Museum. © DR ; L'arrestation de Calas, peinture de Casimir Destrem, huile sur toile, 1879, musée du Vieux Toulouse. © DR ; **p. 482 :** Un cuisinier, gravure de Martin Engelbrecht, extraite de l'ouvrage Assemblage nouveaux des Manouvriers habilles, Paris, musée des Arts Décoratifs. © Photo Josse/Leemage ; **p. 483 :** Bête furieuse que l'on suppose être une hyène, gravure extraite du recueil factice de pièces relatives à la bête du Gévaudan formé par Gervais-François Magné de Marolles, vers 1765, Paris, BNF. © DR ; **p. 484 :** Portrait de l'impératrice Catherine II de Russie, peinture de Johann Baptist von Lampi, huile sur toile, Vienne, musée de l'histoire de l'art. © DR ; **p. 485 :** Portrait de Madame du Berry, peinture de François-Hubert Drouais, huile sur toile, 1770, Madrid, musée du Prado. © DR ; Feu d'artifice donné à Paris pour célébrer le mariage du Dauphin avec Marie-Antoinette, le 16 mai 1770, gravure, Paris, BNF. © Tallandier / Bridgeman Images ; **p. 486 :** Vue de la ville de Bath, lithographie de 1750. © The British Library Board/Leemage ; Le deuxième fardier de Cugnot, 1770, musée central de la Mécanique française en 1901. © DR ; **p. 487 :** Une représentation de la Boston Tea Party, lithographie de Nathaniel Currier, 1846, Oxford, Ashmolean Museum. © DR ; **p. 488 :** Caricature sur les coiffures extravagantes des dames : coiffure à la belle poule (avec un bateau sur la tête), gravure de 1778. © Tallandier / Bridgeman Images ; **p. 489 :** Sous-marin Le Turtle construit par Daniel Bushnell utilisé pour la première fois le 6 septembre 1776 gravure sur bois du XVIIIe siècle. © Granger / Bridgeman Images ; **p. 490 :** La Fausse Suivante, pièce de Marivaux de 1724, gravure de Charles-Constant-Albert-Nicolas d'Arnoux de Limoges Saint-Saëns, dit Bertall, 1878. © DR ; Journal de Paris du 26 avril 1784. © DR ; **p. 491 :** Portrait de François-Marie Arouet dit Voltaire, peinture de Nicolas de Largillière, huile sur toile, 1724 ou 1725. © DR ; Portrait de Jean-Jacques Rousseau pastel de Maurice-Quentin de La Tour, 1753 Genève, Musée d'Art et d'Histoire. © DR ; Surf, gravure extraite de l'ouvrage Les Voyages du capitaine Cook à travers le monde. © DR. ; **p. 492 :** Portrait d'Antoine Parmentier, peinture de François Dumont, huile sur toile, 1812, château de Versailles. © DR ; Georges-Louis Leclerc, comte de Buffon, gravure anonyme. © Wellcome Collection, licence CC BY : https://wellcomecollection.org/works/ecseyg44 ; **p. 493 :** Le baquet de Mesmer. Démonstration de Frédéric Antoine Mesmer, médecin allemand, fondateur de la théorie du magnétisme animal connue sous le nom de mesmérisme, gravure de 1779. © Collection Bianchetti/ Bianchetti/Leemage ; Drapeau des États-Unis d'Amérique lors de la Révolution. © DR ; **p. 494 :** Premier voyage en montgolfiè e pour François Pilatre de Rozier et le marquis d'Arlandes, le 21 novembre 1783 au château de la Mouette, gravure coloriée. Louvre, Paris, France / Archives Charmet / Bridgeman Images ; **p. 495 :** Portrait de George Washington, peinture de Gilbert Stuart, huile sur toile, 1797, Williamstown, Clark Art Institute. © DR ; Portrait de Giacomo Casanova, peinture de Raphaël Mengs, vers 1760. © DR ; **p. 496 :** Mirabeau devant de Dreux Brézé à l'Assemblée des députés le 23 juin 1789, peinture de Joseph-Désiré Court, musée des beaux-arts de Rouen. © Bridgeman Images ; **p. 497 :** La prise de la Bastille le 14 juillet 1789 et arrestation de Monsieur de Launay, gouverneur de la Bastille, peinture anonyme, Versailles, musée du château. © Photo Josse/Leemage ; **p. 498 :** Portrait d'Olympe de Gouges, pastel d'Alexandre Kucharski, collection privée. © DR ; Portrait de Leonard Parkinson, homme politique jamaïcain, capitaine des Nègres marrons de Jamaïque gravure sur bois. © British Library Board. All Rights Reserved / Bridgeman Images ; **p. 499 :** Portrait de Wolfgang Amadeus Mozart, peinture de Barbara Krafft, 1819. © DR ; Portrait d'Emmanuel Kant, peinture de Johann Gottlieb Becker, huile sur toile, 1768, Marbach am Neckar, musée-national Schiller. © DR ; **p. 500 :** Discours du roi Louis XVI pour sa défense à la Convention nationale le 26 décembre 1792, gravure coloriée. © Tallandier / Bridgeman Images ; **p. 501 :** L'exécution de Louis XVI, gravure d'Henri Faucher-Gudin. © MEPL / Bridgeman Images ; **p. 502 :** L'origine de la vaccine, céramique du XVIIIe siècle. © Private Collection / Archives Charmet / Bridgeman Images ; Gracchus Babeuf âgé de 34 ans, gravure de François Bonneville, 1794, Paris, BNF. © DR ; **p. 503 :** Le général Bonaparte au conseil des Cinq-Cents, peinture de François Bouchot, huile sur toile, 1840, Musée national du château de Versailles. © DR.

XIXe siècle **p. 504 :** Le Sacre de Napoléon et le couronnement de l'impératrice Joséphine, peinture de Jacques-Louis David, huile sur toile, 1806-1807, Paris, musée du Louvre. © Bridgeman Images ; **p. 506 :** Victor, l'enfant sauvage de l'Aveyron, gravure en frontispice de l'ouvrage du docteur Jean-Marc Gaspard Itard, De l'éducation d'un homme sauvage ou Des premiers développements physiques et moraux du jeune sauvage de l'Aveyron, 1801. © DR ; **p. 507 :** Alessandro Volta présente sa pile électrique à Napoléon, extrait du Petit Journal du 22 décembre 1901. © Bianchetti/Leemage ; La pile d'Alessandro Volta. © DR ; Médaille de Chevalier de la Légion d'Honneur, 1815, Londres, National Army Museum. © Bridgeman Images ; **p. 508 :** Exécution de Louis de Bourbon, duc d'Enghien le 21 mars 1804 à Vincennes. © Photo Josse / Bridgeman Images ; **p. 510 :** Napoléon Ier, l'impératrice Marie-Louise d'Autriche et leur fil . © DR ; Luddites détruisant un métier à tisser. © DR ; **p. 511 :** Le Jeu des quatre Coins ou les Cinq Frères. © Bridgeman Images ; **p. 512 :** Napoléon signe son abdication à Fontainebleau, le 4 avril 1814, peinture de François Bouchot, huile sur toile, 1843, Versailles, musée de l'Histoire de France. © DR ; Détail du portrait de Juliette Récamier, peinture de François Gérard, huile sur toile, 1802, Paris, musée Carnavalet. © DR ; Portrait de Germaine de Staël peinture de Marie-Éléonore Godefroid, d'après François Gérard. © DR ; **p. 513 :** Napoléon à bord du Bellérophon, peinture de Sir William Quiller Orchardson, huile sur toile, 1880, Londres, Tate Gallery. © DeAgostini/Leemage ; Lit, réalisé par Charles-Honoré Lannuier, New York, Metropolitan Museum. © DR ; **p. 514 :** Le radeau de la Méduse, peinture de Théodore Géricault, peinture à l'huile, toile sur bois, 1818-1819, Paris, musée du Louvre. © DR ; **p. 515 :** Janissaire d'Alger, gravure de Nicolas Bonnart. © DR ; **p. 516 :** La girafe donnée au roi de France par le sultan d'Égypte, le 30 juin 1827. © DR ; portrait de Kaspar Hauser, gravure du XIXe siècle. © Fototeca/Leemage ; **p. 517 :** Portrait de Simon Bolivar, peinture de Rita Matilde de la Penuela, huile sur toile, 1860, Caracas, collection d'art de la Banque centrale du Venezuela. © DR ; **p. 518 :** Hippomobile, photographie de Raoul Berthelé. © DR ; Locomotive de l'ingénieur et inventeur britannique George Stephenson, la première à effectuer un voyage avec passagers entre Liverpool et Manchester, en 1830, à la vitesse moyenne de 30 km/h, gravure coloriée, 19e siècle. © PrismaArchivo/Leemage ; **p. 519 :** Pillage de la boutique Le Page, rue de Richelieu, le 27 juillet 1830, gravure de Victor Adam. © DR ; **p. 520 :** Portrait d'Évariste Galois fait par son frère, Alfred, et publié dans le Magasin pittoresque en 1848. © DR ; Érection de l'obélisque de Louxor place de la Concorde à Paris le 25 octobre 1836, peinture de François Dubois, huile sur toile, 1836, Paris, musée Carnavalet. © DeAgostini/Leemage ; **p. 521 :** Frédéric Chopin en 1835, peinture réalisée par sa fiancée Maria Wodzinska. © DR ; **p. 522 :** L'incendie de la Chambre des Lords et des Communes le 16 octobre 1834, peinture de William Turner, huile sur toile, 1835, Philadelphie, Philadelphia Museum of Art. © DR ; Barricades de la rue Saint-Maur durant les journées de Juin, daguerréotype de 1848. © DR ; Rachel, gravure de Josef Kriehuber, 1850. © DR ; **p. 523 :** Fumeurs d'Opium en Chine, photographie de Lai Afong. © DR ; **p. 524 :** Léopoldine Hugo, peinture d'Auguste Châtillon, 1835-1836, Paris, Maison de Victor Hugo. © DR ; **p. 525 :** Le 20 centimes noir, premier timbre-poste émis en France. © DR ; Photographie prise en 1850 d'un forty-niner servant d'une batée sur l'American River. © DR ; **p. 527 :** Une scène renouvelée des Grecs, d'après le tableau de Guérin, Clytemnestre hésitant avant de frapper Agamemnon endormi (1817). Caricature illustrant les rumeurs précoces de coup d'État, lithographie coloriée sans date. © DR ; Sceau du « Royaume du Ciel ». © DR ; **p. 528 :** Intérieur du Crystal Palace à Hyde Park lors de l'exposition universelle de Londres en 1851, lithographie coloriée de J. McNiven, 1851. © DR ; L'Impératrice Eugénie, peinture de Franz-Xaver Winterhalter, huile sur toile, 1854, Houston, Museum of Fine Arts. © DR ; **p. 529 :** Percement de l'avenue de l'Opéra. © Bridgeman Images/Leemage ; **p. 530 :** Une des salles de l'hôpital de Scutari, lithographie de William Simpson, 1856. © DR ; **p. 531 :** La révolte des Cipayes, lithographie de William Simpson. © MEPL / Bridgeman Images ; **p. 532 :** Bernadette Soubirous vers 1858. © DR ; Séance de spiritisme chez von Erhardt. © DR ; **p. 533 :** Caricature de Charles Darwin en singe, lithographie de 1871. Photo © GraphicaArtis / Bridgeman Images ; **p. 534 :** Bataille de Chickamauga, 18-20 septembre 1863, lithographie de Kurt & Allison, vers 1890. Washington, bibliothèque du Congrès. © DR ; **p. 535 :** Cartouche de dynamite de l'usine de Ardeer, Ayrshire, gravure extraite de The Illustrated London News du 16 avril 1884. © Heritage Images/Leemage ; **p. 536 :** Inauguration du Canal de Suez par l'impératrice Eugénie le 17 novembre 1869, peinture d'Édouard Riou, Compiègne, musée national du château. © Bridgeman Images/Leemage ; **p. 537 :** Paris en flammes les 24 et 25 mai 1871, gravure coloriée de Michel-Charles Fichot, Paris, musée Carnavalet. © Bridgeman Images/Leemage ; **p. 538 :** Impression soleil levant, peinture de Claude Monet huile sur toile, 1872, Paris, musée Marmottant Monet. © DR ; **p. 539 :** Exposition internationale d'Électricité à Paris en 1881, gravure de 1883. © Uig/Leemage ; **p. 540 :** Gravure d'époque montrant le premier convoi de l'Orient-Express en 1883. © Gusman/Leemage ; **p. 541 :** Le dixième crime de Whitechapel, gravure de Fortuné Méaulle d'après un dessin d'Henri Meyer, Le Journal illustré, 1er mars 1891. © DR ; **p. 542-543 :** Détail du Bal au Moulin Rouge, peinture de Henri de Toulouse-Lautrec, huile sur toile, 1890, Philadelphie, Philadelphia Museum of Art. © DR ; Deux vues de la construction de la tour Eiffel entre le 14 octobre et le 14 novembre 1888, Paris, musée Carnavalet. © Bridgeman Images ; Caricature sur le suicide de Georges Boulanger en une du Grelot du 11 octobre 1891. © Selva/Leemage ; **p. 544 :** Arrivée d'un train à la Ciotat, 1895. Il s'agit du premier film des frères Louis et Auguste Lumière. © Bridgeman Images/Leemage ; Caricature de Richard Wagner dirigeant un orchestre, parue dans le magazine Vanity Fair en 1877, Bayreuth, Richard Wagner Museum. © DeAgostini/Leemage ; Portrait de Victor Hugo par Nadar, (vers 1884). © DR ; Émile Zola, autoportrait au béret, 1902. © DR ; Portrait de Gustave Flaubert par Nadar. © DR ; **p. 545 :** Autoportrait, peinture de Vincent Van Gogh, huile sur toile, 1889, Paris musée d'Orsay. © DR ; Le Talisman, peinture de Paul Sérusier, huile sur bois, 1888, Paris, musée d'Orsay. © DR ; Des glaneuses, peinture de Jean-François Millet, huile sur toile, 1857, Paris, musée d'Orsay. © DR ; **p. 546 :** Gratien Michaux dans une Peugeot phaeton 3hp. © DR ; Robe de satin blanc, dessin issu de l'ouvrage The World of Fashion, 1838. © DR ; **p. 547 :** Costumes allemands, extrait de Costumes de toutes les nations, Albert Kretschmer, 1891. © DR.

XXe siècle **p. 548 :** Installation de l'étoile au sommet du palais de l'électricité pour l'exposition universelle de Paris en 1900, gravure de Henri Thiriat pour le journal L'Illustration. © Getty Images ; **p. 549 :** Le palais de l'électricité et le château d'eau à l'exposition universelle de 1900. © DR ; **p. 550 :** L'un des premiers vols habités de l'histoire par les frères Wright le 17 décembre 1903 sur la plage de Kitty Hawk en Caroline du Nord, photographie de John T. Daniels. © DR ; La reine Victoria photographiée par Alexander Bassano en 1897, lors de son jubilé d'or. © DR ; **p. 551 :** Le dimanche rouge, 9 janvier 1905, peinture de Wojciech Kossak. © DR ; **p. 552 :** Albert Einstein en 1904. © DR ; **p. 553 :** Le sceptre royal. Photo © GraphicaArtis / Bridgeman Images ; Portrait de Pablo Picasso, peinture de Juan Gris, huile sur toile, 1912, The Art Institute of Chicago. © Don de Leigh B. Block / Bridgeman Images ; **p. 554 :** Le naufrage du Titanic, gravure coloriée de Willy Stöwer, 1912. © DR ; Inondation de Paris le 30 janvier 1910, avenue Ledru-Rollin. © DR ; **p. 555 :** Madame Henriette Caillaux devant la Cour d'Assises en 1914. © Photo Rene Dazy / Bridgeman Images ; Costumes parisiens, issus du Journal des dames et des modes. © DR ; **p. 556 :** Assassinat de l'archiduc Franz-Ferdinand illustré par Achille Beltrame pour le journal italien Domenica del Corriere, édition du 12 juillet 1914. © DR ; **p. 557 :** Troupes d'infanterie allemandes dans une tranchée sur le front Ouest, image extraite du film La Guerre mondiale, 1928. © SZ Photo / Bridgeman Images ; Lénine haranguant une foule de jeunes soldats sur la place Rouge à Moscou le 5 mai 1920. © Spaarnestad Photo / Bridgeman Images ; **p. 558 :** Policiers de Seattle portant des masques fournis par la Croix Rouge lors de l'épidémie de grippe espagnole, décembre 1918. © DR ; Une du Canard Enchaîné du 5 juillet 1916. © Gusman//Leemage ; **p. 559 :** Coco Chanel, photographie non datée. © Pictures Inc./Getty Images ; **p. 560 :** Affi he des JO de Paris 1924. © DR ; Benito Mussolini marchant sur Rome entouré de ses chemises noires le 28 octobre 1922. © ADAGP ©DeAgostini/Leemage ; **p. 561 :** André Breton en homme sandwich portant une affi he de Francis Picabia au festival dada le 27 mars 1920. © PVDE / Bridgeman Images ; Charles Lindbergh en 1927 photographié par Franz Hertz. © Granger / Bridgeman Images ; **p. 562 :** Caricature américaine d'Otto Soglow représentant un capitaliste suspendu à une corde en forme de l'année 1929, année du krach boursier. © Granger / Bridgeman Images ; Cavaliers de la garde républicaine mobile contre les émeutiers sur la place de la Concorde le 6 février 1934. © DR ; **p. 563 :** Adolf Hitler et Paul von Hindenbourg au défilé militaire commémorant la victoire de la bataille de Tannenberg en 1914. © Hulton Archive/Getty Images ; Premier numéro de Action Comics, juin 1938. © Action Comics / Bridgeman Images ; **p. 564 :** Adolf Hitler portant l'uniforme SA à Dortmund pour le défilé de la SA, section de Westphalie, le 9 juillet 1933. © PVDE / Bridgeman Images ; Miliciens antifranquistes en août 1936 pendant la guerre civile espagnol. © Tallandier / Bridgeman Images ; **p. 565 :** Entraînements des soldats pour les débarquements de Normandie qui auront lieu le 6 juin 1944, à Slapton Sands, Devon, Angleterre. © Bridgeman Images ; Un soldat anglais avec une petite fille dans les ruines de la ville de Caen le 10 juillet 1944. © Tallandier / Bridgeman Images ; **p. 566 :** Chaussures des déportés du camp d'extermination d'Auschwitz Birkenau. Musée de Auschwitz-Birkenau II. © Aisa/Leemage ; **p. 568 :** Photographie de Mohandas Karamchand Gandhi. © Dinodia / Bridgeman Images ; **p. 569 :** Femme portant une tenue dessinée par Christian Dior, 1947. © Granger / Bridgeman Images ; Berlinois regardant atterrir un C-54 à l'aéroport de Tempelhof, 1948. © DR ; **p. 570 :** Mao Zedong proclamant la République Populaire de Chine le 1er octobre 1949. © collection privée / Peter Newark Pictures / Bridgeman Images ; **p. 571 :** Cercueil de Staline et cortège funèbre lors des obsèques le 9 mars 1953. © Mondadori Portfolio / Bridgeman Images ; **p. 572 :** La Citroën DS lancée en 1955. © MEPL / Bridgeman Images ; **p. 573 :** Affi he du film Les 400 coups, réalisé par François Truffaut en 1959. © DR ; **p. 574 :** Une réplique du satellite Spoutnik exposée à Washington, National Air and Space Museum. © DR ; Fidel Castro et Camilo Cienfuegos à La Havane. © DR ; Soldats tibétains accompagnés par le Dalaï Lama pendant le soulèvement tibétain de 1959. © Pictures from History / Bridgeman Images. ; **p. 575 :** Martin Luther King en 1962. © DR ; Timbre est-allemand à l'effigie de Youri Gagarine. © DR ; **p. 576 :** La mannequin Diana Gartner porte une robe inspirée par Mondrian. © Thierry Orban/Sygma via Getty Images. ; **p. 577 :** Étudiant lançant des pavés lors d'une manifestation à Paris le 25 mai 1968. © AGIP / Bridgeman Images ; Affi he du documentaire Woodstock de Michael Wadleigh en 1970. © Bridgeman Images ; **p. 578 :** Le Concorde décollant de New York le 22 novembre 1977. © Look and Learn / Bridgeman Images ; **p. 579 :** Simone de Beauvoir en 1977. © DR ; Simone Veil en 1984. © DR ; **p. 580 :** Le ruban rouge. © DR ; Le mur de Berlin attaqué à la pioche le 9 novembre 1989. © Giribas Jose/ Suddeutsche Zeitung/Leemage ; **p. 581 :** William Clinton, Yitzhak Rabin et Yasser Arafat lors de la signature des accords d'Oslo le 13 septembre 1993 à la Maison Blanche. © Pictures from History / Bridgeman Images.

XXIe siècle **p. 582 :** Attentat du World Trade Center, le 11 septembre 2001. © Spencer Patt, Getty Images ; **p. 583 :** Logo de Facebook. © DR ; **p. 584 :** Barack Obama le soir de sa victoire à Chicago, le 4 novembre 2008 © Kristin Callahan/Everett Collection / Kristin Callahan/Everett Collection / Bridgeman Images ; **p. 585 :** Nelson Mandela à l'enterrement de Walter Sisulu, une figu e de l'ANC le 17 mai 2003. © Picture Alliance / Bridgeman Images ; **p. 586 :** Portrait de Jeff Koons à Venise. © Badolin ©AGF/Leemage ; « Je suis Charlie » slogan utilisé lors des manifestations de janvier 2015. © DR ; **p. 587 :** Donald Trump au National Prayer Breakfeast le 8 février 2018 à Washington D. C. © Mike Theiler DPA/Leemage ; Vue du pont de la Tournelle de Notre-Dame en flamme le 15 av il 2019. © Marc Piasecki/Getty Images).

致谢

写《头条世界史》这本书是一次疯狂的尝试吗？

首先要感谢纪尧姆·德尔维厄（Guillaume Dervieux），因他最初的提议后来才有了这本书。

少有这样的作品文本经过千锤百炼，插图被反复研究，排版历经不断创新，从一开始的草稿最终得到一部如此精致的作品。这样完美的工作只有玛丽昂·沙蒂泽尔（Marion Chatizel）和安妮·马耶拉（Anne Mayéras）才能完成。因此我们要在这里向她们致以感谢和赞叹。